Alexander Graf von Tilly

Memoiren

von Tilly, Alexander Graf

Memoiren

ISBN: 978-3-86267-273-8

Auflage: 1
Erscheinungsjahr: 2012
Erscheinungsort: Bremen, Deutschland

Europäischer Literaturverlag GmbH, Fahrenheitstr. 1, 28359 Bremen (www.elv-verlag.de). Die Orthografie wurde an die neue deutsche Rechtschreibung angepasst und die Interpunktion behutsam modernisiert.

Cover: Ausschnitt aus dem Gemälde »Die Liebeserklärung« (1731) von Jean Francois de Troy.

Memoiren

www.elv-verlag.de

Inhalt

Vorwort

Alexander Graf von Tilly, ein Angehöriger jener altberühmten normannischen Familie, deren Ahnherr Wilhelm den Eroberer nach England
begleitete, wurde im Jahre 1764 geboren, kam als fünfzehnjähriger Page
an den Hof der Königin Marie Antoinette, wurde dann Offizier bei den
Dragonern von Noailles und emigrierte 1792. Er bereiste Deutschland,
England und Amerika und erhielt 1807 die Erlaubnis, nach Frankreich
zurückzukehren. Aber sein unruhiger Geist ließ ihn nicht festen Fuß
fassen. Er trieb sich abenteuernd weiter umher und endete wahrscheinlich ausgangs 1816 durch Selbstmord in Brüssel.

Er war im besten und schlechtesten Sinne ein Mann seiner Zeit: des
zu Ende gehenden achtzehnten Jahrhunderts, jenes Jahrhunderts der
Abenteurer, das Leute wie Casanova, Dubois, Alberoni, Ripperda, Cagliostro und Saint-Germain, Theodor von Neuhoff und hundert andere
verwandte Gestalten aus brodelnden Lebenstiefen auf schillernde Oberfläche spülen konnte; das zeitweilig einer rasenden Orgie glich, die in
der Erscheinung des Marquis de Sade eine fürchterliche Verkörperung
fand, das sich in tobenden Genüssen verzehrte und doch auch wieder
ragende Geister und neben Marmorherzen Gemüter voll tiefster Inner-
lichkeit und zartestem Empfinden schaffen konnte.

Man hat Tilly den »neuen französischen Faublas« genannt, in Anspielung auf den Helden des bekannten Romans von Louvet de Couvray.
Und in der Tat könnte man Ähnlichkeiten zwischen ihm und dem char-
manten Chevalier entdecken: Aber sie würden doch immer nur äußerlich-
cher Natur sein. Die Abenteuer des Faublas bilden einen Roman, bei
dem trotz aller dokumentarischen Unterlagen eine zügellose Fantasie die
Feder geführt hat – Tilly gibt in seinen Memoiren ein Stück Leben, das in
jeder Schilderung glühende Wahrheit atmet.

Unwillkürlich drängt noch ein anderer Vergleich sich auf: der mit
Casanova, dem Edelmann eigenster Erhebung, dessen Denkwürdigkeiten in unseren Tagen ja wieder in Mode gekommen sind. Aber zweifel-

los übertreffen die Memoiren Tillys die des Italieners an intimem Reiz und psychologischer Feinheit, an stilistischer Abrundung und künstlerischer Grazie, vor allem an philosophischem Geiste. Seine Schilderungen des Höflings- und besonders des Liebeslebens eines Galanthomme des Ancien Régime sind, als Ganzes genommen, eines der glänzendsten Kulturgemälde der vorrevolutionären Zeit: ein Bild, das uns in wundervoller Plastik die geniale Liederlichkeit der damaligen Gesellschaft vor Augen führt, ihre verpuffenden Kontraste, ihr Hochfliegertum, ihr tumultuarisches Tohuwabohu, das schließlich notgedrungen zu gänzlicher Auflösung führen musste.

Für den Bibliophilen haben diese Memoiren ihre besonderen Reize. Bringen sie doch u. a. die tatsächlichen Unterlagen für Choderlos de Laclos' berühmten Roman »Les Liaisons dangereuses«, eine treffende Charakteristik ihres Verfassers, Rivarols, Dorats, de la Harpes, Chamforts und auch Réstif de la Bretonnes, den Tilly in einer sehr amüsanten Unterhaltung näher kennenlernte. Dazu treten die außerordentlich lebendigen Schilderungen Ludwigs XVI., der Marie Antoinette, Josefs II., des Herzogs von Orleans und anderer historischer Persönlichkeiten, berühmter Abenteurer im Genre des Saint-Germain und Cagliostro, wie jenes geheimnisvollen Chevalier Saint-Ildefonso, der in London spiritistische Soireen veranstaltet, denen Tilly als scharfkritischer Beobachter beiwohnt. Ich zweifle nicht, dass die Denkwürdigkeiten Tillys aber auch dem Sexualpsychologen ein reiches und wertvolles Material bieten können, vor allem über das Weib des französischen Rokoko und dessen eigentümliche seelische Konstitution, über die Feinheiten und geistigen Raffinements der Ars Amandi jener Zeit, in der die ganze Literatur unter dem Zeichen des Geschlechtlich-Sinnlichen stand.

Wir wissen, welche giftigen Blätter diese Literatur unter dem Wandel sozialer und geistiger Bildung in dem Frankreich des achtzehnten Jahrhunderts getrieben hat. Umso eigentümlicher berührt der Zauber einer feinen Resignation, der über den Memoiren Tillys schwebt. Sie sind das Hohelied des epikureischen Pessimismus.

Tilly schrieb sie während seines Aufenthaltes in Deutschland im Jahre 1807. Sie wurden aus dem Manuskript in das Deutsche übertragen und erschienen 1825 bis 1827 in drei Bänden bei Duncker & Humblot in Berlin unter dem Titel »Memoiren des Grafen Alexander von T***. Aus der französischen Handschrift übersetzt.« Der ungenannte Übersetzer war Friedrich Wilhelm Bruckbräu (1792–1874), ein bayrischer Oberzollbeamter, dem seine berufliche Tätigkeit noch Zeit genug gönnte, eine Anzahl von Gebetbüchern, byzantinischen Dichtungen und schlüpfrigen Romanen zu schreiben. Eine zweite auszugsweise und sehr freie Übertragung der Tillyschen Memoiren ließ Bruckbräu schon 1829 unter dem Titel »Der Leibpage der Marie Antoinette. Ein Beitrag zur Chronique scandaleuse« bei den Gebrüdern Franckh in Stuttgart erscheinen. Das vollständigere französische Original wurde erst nach der deutschen Übersetzung verausgabt: »Mémoires du comte Alexandre de Tilly, pour servir à l'histoire des moeurs de la fin du XVIIIe siècle«, Paris 1828, 3 vols. Ein Bändchen »Oeuvres mêlées« hatte Tilly schon 1785 (nicht 1795) in Paris publiziert; sie wurden 1803 auf seinen Wunsch durch Vermittlung des Berliner Buchhändlers Mettra neu aufgelegt und erlebten später sogar noch eine dritte Auflage (Leipzig 1813).

Der hier folgenden Neuausgabe der Memoiren Tillys, die seltsamerweise bisher wenig Beachtung gefunden haben und im Buchhandel fast verschollen sind, liegt die erste Bruckbräusche Übersetzung zugrunde; doch wurde zum Vergleich auch das französische Original herangezogen, sodass mancherlei Abweichungen richtiggestellt und eine Anzahl Lücken ausgefüllt werden konnten.

Spiegelberg bei Topper, den 9. Oktober 1909
Fedor von Zobeltitz

An den Fürsten Karl Joseph von Ligne, Grafen de la Tour d'Auvergne etc.

Zueignung an den Fürsten von Ligne – Aufschlüsse über das Werk, über die Gründe und den Plan des Verfassers – Er schreibt Wahrheit, nichts als Wahrheit – Betrachtungen über die Geschichte, über die Menschheit – Unparteilichkeit in diesen Memoiren vorherrschend – Schluss der Zueignung – Sie ist eine Art von Vorrede

Mein Fürst!
Ich überreiche Ihnen dieses Werk, nicht nur als dem trefflichsten Schriftsteller und Kunstrichter, sondern als einem, welcher Europa und besonders Frankreich vollkommen kennengelernt hat und von Frankreich ebenso sehr geliebt und vielleicht noch höher geschätzt wird als vom ganzen übrigen Europa.

Ihr Ruhm ist in Feldlagern, an Höfen, in den geselligen Kreisen begründet. Ich würde mehr sagen, wenn ich nicht besorgen müsste, Ihre Bescheidenheit zu verletzen und die Geheimnisse eines Geschlechtes aufzudecken, welches wir beide noch immer verehren, obschon wir ihm nur von weitem noch Weihrauch streuen.

Ich will Sie aber nicht durch Lobeserhebungen in Verlegenheit setzen, welche der bloße Widerhall Ihrer Erfolge in allen Gattungen sein würden. Der Glanz, den Sie über Ihr Leben verbreitet haben, das Zarte Ihrer Gefühle, die Güte Ihres Herzens, die Schönheit und der Umfang Ihres Geistes stellen sich mir vor Augen. Ich dürfte die Züge nur ausmalen, aber ich übergehe Ihre vielen Vorzüge mit Stillschweigen, weil ihre Aufstellung für *andere* eine Wiederholung und für *Sie* ein Missbehagen sein würde. ... Ich würde mir vielleicht Vorwürfe von Ihnen zuziehen.

Ich breche lieber ab, um Ihnen von den Gründen, die mich zu dieser Schrift bewogen haben, Rechenschaft abzulegen.

Ich schreibe die Geschichte *meines besten Freundes* – eines Freundes, von dessen Interesse ich das Meinige längst getrennt habe; ich schreibe und rede von ihm, als wären wir nie *unzertrennlich* verbunden gewesen; ich schreibe ohne kindische Eitelkeit, ohne falsche Bescheidenheit; mit einem Worte, ich schreibe seine Geschichte, wie ich die Geschichte eines Unbekannten schreiben würde, dem ich weiter nichts als Wahrheit schuldig wäre. Aber, obschon die Laufbahn meines Freundes mit mehr außerordentlichen Ereignissen übersäet ist als die der meisten Menschen, so sind mir doch die Schicksale von Schriften, denen schon ihr bloßer Name (Memoiren) und die ungeheure Menge derselben, die seit einem Halbjahrhundert erschienen ist, Nachteil bringen, und die Gefahren, welche mit der Ausarbeitung derselben verknüpft sind, zu wohl bekannt, als dass ich die Versuchung, ein Werk dieser Art zu schreiben, nicht lange Zeit hätte bekämpfen sollen.

Sagt man *wenig*, so ist man unbedeutend und erregt kein Interesse; sagt man *alles*, so heißt es: Man sei von sich eingenommen; und wer weiß, ob die verletzte Eigenliebe der anderen uns nicht Untreue und Verleumdung schuld gibt?

Ich habe die volle Überzeugung, dass ich die Feder niedergelegt haben würde, wenn ich bloß von dem Helden dieser Geschichte zu reden gehabt hätte; allein er hat mir erklärt – und man kann es mir aufs Wort glauben: Er ist von allem enttäuscht; er hat die Menschen und ihre Handlungen beobachtet; er hat mir seine Erfahrungen in der Einfalt seines Herzens mitgeteilt – eines Herzens, welches reiner ist als vieler, die sich's angemaßt haben, über ihn zu urteilen. Vielleicht werden die mir von ihm anvertrauten Gemälde die eigene Art und Manier eines Malers bekunden, welcher selbst gesehen, selbst zergliedert, nachgedacht und in der Wahl seiner Tableaus sein eigenes aufgestellt hat; vielleicht wird man es interessant finden, mit ihm die Hälfte einer Laufbahn durchzugehen, die in seinen Augen schon ganz vollendet ist.

Ich hätte meinen Freund vor der Gefahr warnen sollen, von sich selbst zu reden; ich habe es auch getan; aber er gab mir zur Antwort: Eben deswegen wolle *er* nicht schreiben; er lege nicht Wichtigkeit genug auf seine Person, um es zu tun; er mache mich zu seinem Stellvertreter; ich würde ihm, wenn ich statt seiner die Feder führte, die Unannehmlichkeit ersparen, welche von *Pascal* so treffend »das Gehässige des Egoismus« genannt wird. Er setzte hinzu: Diese Schrift wird nicht ohne Interesse für die heutigen Menschen und für die unglücklichen Zeiten

11

sein, in welchen wir leben.[1] Er sagte und ich bin davon ebenso überzeugt als er: Es sei ihm gleichgültig, was für ein Urteil man über sein Werk, in dem Augenblicke, wo es erschiene,[2] sprechen würde. Er schloss mit der Versicherung: Man habe sehr in ihn gedrungen (und das ist die Wahrheit!), diese Arbeit zu unternehmen.

Dieser letzte Grund schien mir nicht haltbar; denn die Eigenliebe soll nicht in die Schlingen fallen, die ihr von Gleichgültigen gelegt werden ... nicht einmal in die Netze, welche ihr die Freundschaft aufstellt.

Er sagte ferner: Er glaube an ein Fatum, welches über alles walte; niemand dürfe darüber stolz sein, dass er dies oder jenes gewesen, dies oder jenes getan; nur die höchste Tugend, ein Geschenk des allerhöchsten Wesens, dürfe uns stolz machen; nur das Laster, ein Hang unserer Natur, könne uns demütigen, wenn wir uns das Zeugnis geben müssten, es nicht besiegt, wenigstens nicht bekämpft zu haben.

Mein Freund bemerkte noch: Es sei mehr die Geschichte seiner Zeit (ein Abschnitt von 24 Jahren und darüber, wenn diese Schrift fortgesetzt werden sollte) als die *seinige*, welche er mir zu bearbeiten gebe; er glaube besser aufgefasst, genauer beobachtet und erforscht, den Begebenheiten näher gestanden zu haben *als viele andere*, welche so schlecht gehört, so falsch und von Weitem gesehen haben, und denen keine anderen Mittel und Quellen zu Gebot gestanden als öffentliche Blätter, lügenhafte Flugschriften, Märchen, Vorurteile, vorgefasste Meinungen, verstümmelte, gehässige Berichte untergeordneter Personen, Antichambre-Getratsche - und das ganze Heer von giftigen Verleumdungen, an deren Fortpflanzung ihre Verbreiter heimlichen Gefallen fanden, und die sie auch fortgepflanzt haben würden, wenn ihr Stil nicht von der Art gewesen wäre, dass er selbst vor Wahrheit Ekel erregt hätte.

Diese Gründe meines Freundes haben mich bestimmt.

Ihnen, mein Prinz, überlasse ich die Entscheidung, ob sie haltbar sind. Ich wähle Sie und eine kleine Anzahl von Lesern für jetzt und die Nachwelt, wenn ja dieses Werk zu ihr gelangt, zu meinen Richtern.

Das Wenige, was ich Ihnen in Berlin daraus mitteilte, schien mir Ihren Beifall zu erhalten; Ihre gütige Nachsicht schenkte mir so viel Lob,

---

[1]   Das Jahr 1804; – aber auch selbst noch, zwanzig Jahre später, für ein anderes Geschlecht und für glücklichere Zeiten. *Übers.*

[2]   Um so mehr, da seine Absicht war, dass es erst zwanzig Jahre nach seinem Tode erscheinen sollte. Übers.

dass es mich aufgemuntert haben würde, weiter zu schreiben, wenn mich auch eigene Gleichgültigkeit davon abgehalten hätte. Denn wer vermöchte wohl, Selbstverleugnung und Entsagung aller Eigenliebe so weit zu treiben, dass er sich über den Zauber des Beifalls der Kenner, welcher schon an sich die schönste Belohnung ist und den Erfolg verbürgt, wegsetzen könnte!

In diesem Werke ist, was die Persönlichkeit betrifft, *nur Wahrheit* vorhanden; in den darin aufgenommenen Berichten und Nachrichten anderer nur das, was man als *wahr* erkennt oder *aufrichtig* für *wahr* hält. Man hat mit eigenen Augen gesehen, eigene Erfahrungen gemacht, aus Quellen geschöpft, welchen die Tatsachen in ihrer ganzen Lauterkeit entflossen sind; oder man hat sich auf bewährte Berichte, auf rühmlich bekannte Zeugen, auf unverwerfliche Gewährsmänner und Beweistümer gestützt und verlassen.

Von dem, was mir nicht durchaus bekannt war, habe ich geschwiegen.

Täte jeder Schriftsteller dasselbe, so würden wir weit über die Hälfte weniger Bücher in einem Jahrhundert haben, wo der Bücherdruck zu einer der Weltplagen geworden ist.

Ich habe die Ereignisse, die sich unter meinen Augen zugetragen, mit eben der Unparteilichkeit und Ruhe behandelt und dargestellt, mit welcher ich Begebenheiten erzählt haben würde, welche vor Jahrtausenden vorgefallen sind. Jahrtausende sind über uns hingeeilt und wir gehören schon der Geschichte zu.

Der Geschichte! Dieser unzuverlässigen Kompilation unserer flüchtigen Erscheinungen auf einem Erdball von Kot und Blut! – Der Geschichte! Die wir nicht einmal von dem kurzen Zeitraum schreiben können, dem wir angehören, und von welcher wir ganze Jahrhunderte in unsere Trugblätter aufnehmen!! – Der Geschichte! Welche wir bis auf die Geheimnisse der Natur, bis auf den verborgensten Plan ihres Urhebers erstrecken wollen!!!

Das Menschengeschlecht gleicht einem Wächter, welchen der höchste Werkmeister neben einen Feuerberg gestellt und dem er den Auftrag gegeben, alles mit forschendem Auge zu bemerken. Der Wächter hat gesehen und bemerkt, wie sich der Erguss der Lava einen Weg gebahnt; er hat jeden Ausbruch des Vulkans, jede Richtung des Feuerstroms gesehen und bemerkt; besonders sind die letzten Erscheinungen in seinen Augen die furchtbarsten gewesen, weil sie ihm noch immer lebendig vorschweben; – aber was ist ihm vom Innern des Vulkans, vom Feuerstoff und dessen Erzeugung, von der Kraft, die ihn emporschleudert, von dem ungeheuren Mechanismus der Feueresse bekannt? Würde er nicht, ohne zu besserer Kenntnis gelangt zu sein, den Tag erreichen, wo der Berg sich selbst aufzehren, in sich zusammenfallen ..., wo der Wächter und Beobachter selbst seine Asche mit der Asche des ausgebrannten Vulkans vereinigen wird? Dieser Vulkan ist die Welt! – Und so wird das ganze Menschengeschlecht, welches bis jetzt mit dem Verluste einzelner von der Natur vernichteter Geschlechter davongekommen ist, einst, ebenso wie der Staub, den es bewohnt, eine vollständige Vernichtung erleiden. Unsere politischen Verbrechen, unsere Rasereien, unsere Kriege, unsere Revolutionen, die beständigen Umänderungen alles dessen, was *war*, in das, was *nicht war*, sind einzelne Akte des langen Trauerspiels, dessen letzte Szene die Vernichtung des zertrümmerten Erdballs sein wird.

Und wir könnten noch irgendeiner Sache Gewicht geben und Wichtigkeit beilegen! Wir, die, erst gestern geboren, schon morgen dahinsterben, und eine Erde betreten, welche eben wie wir verschwindet! Wir könnten es wagen, einige Zeilen unserer Geschichte aufzuzeichnen, wenn alle Blätter des Lebens zerrissen sind, wenn das große Weltbuch selbst vertilgt wird und nichts als die Unermesslichkeit des Nichts übrig bleibt!!

Gleichviel!

Obschon alles auf Erden uninteressant ist, ob man schon Mühe hat, sich den Reiz zu erklären, den es für uns haben kann, auf Trümmern und mitten unter Ruinen sein Andenken zu bewahren, so fühlt gleichwohl der Mensch den Trieb in sich, dem Tode einen Teil seines Raubes streitig zu machen und einige Spuren seines Ichs und der Gedanken zurückzulassen, welche seine kurze Erscheinung im Leben angedeutet haben. Er hofft, seine Schriften werden ihn einige Tage überleben; es tut ihm wohl, mit dem Nichtsein zu ringen.

Diese Befriedigung ist vor allem der Lohn derjenigen, welche der Wahrheit treu blieben (wenn es ja überhaupt Wahrheit gibt). *Mir* werde dieser Lohn! Ich schreibe nur Wahrheit, mein Fürst; und finde mein Vergnügen daran, es zu wiederholen: Ich schreibe nur Wahrheit! *Rousseau* sagte: Vitam impendere vero; ich sage statt vitam – mortem: Denn man ist *tot*, sobald man sich dem Publikum ganz hingegeben hat.

Dieses Buch wird zwei große Charaktere an der Stirne tragen:

Wahrheit, Unparteilichkeit.

Es wird noch einen ändern Vorzug haben; und zwar in einer Gattung, welche gewöhnlich die Klippe ist, woran obige beiden Charaktere scheitern; es wird ein Libell auf niemanden sein ... außer auf *die*, welche kein Libell mehr zu scheuen haben, weil ihr Name dem Strafgericht der öffentlichen Meinung anheimgefallen ist und die meisten unter ihnen als Todesopfer geblutet haben.

Wenn ich von den Lebenden rede, so habe ich Sorge getragen, dass niemand darunter leide. In den Fällen, wo der ausgeschriebene Name jemandem nachteilig werden oder nur zu Unannehmlichkeiten Anlass geben könnte, habe ich ihn entweder ganz ausgelassen oder nur mit Anfangsbuchstaben angedeutet, damit er für den Leser ein Geheimnis bleibe. – Sollten diejenigen, die er bezeichnet, sich zum Teil wiedererkennen und darüber unwillig werden, so glaube ich doch nicht, von ihnen befürchten zu dürfen, dass sie ihren Verdruss an mir auslassen und mich in meiner Entfernung und meiner Einsamkeit aufsuchen werden.

Ich schließe diesen Brief, denn ich werde ihn weder eine *Vorrede* noch eine *Zueignung* nennen; *jenes* nicht, weil eine Vorrede meine Kräfte übersteigt, *dieses* nicht, weil eine Zueignung unter Ihrer Würde sein würde. Ich will diesen Zeilen lieber den Titel: *Compte rendu* geben, da sie sowohl als das ganze Werk ein *Rechnungsabschluss* der Gefühle meines Herzens, der Begebenheiten meiner Zeit, der Forschungen meines Verstandes und der Betrachtungen über mein Leben – oder vielmehr über das Leben meines besten Freundes sind; denn *er* und *ich* sind nur eines; und warum sollte er, dieser Freund, nicht in der Wirklichkeit sein? ... Warum sollten wir beide nicht zusammen existieren, wie *Orestes* und *Pylades* und so viel andere Helden aus jener schönen Freundschaftsperiode, in welcher sie, sozusagen, nur eine und dieselbe Person waren?[3]

Wie glücklich, mein Fürst, wäre der, welcher einen Freund, wie Sie, hätte und mit ihm durch das Leben gehen könnte! Er würde dieses seltene Glück mit der innigsten Dankbarkeit erwidern, sich der Leitung

---

3 Ich lasse hier eine Epistel folgen, welche ich vor achtzehn bis zwanzig Jahren an ihn, diesen Freund, richtete, um ihn von seinem Leichtsinn und seinen Unbesonnenheiten zu heilen. Diese Epistel ist zwar schon oft im Druck erschienen und noch neulich in eine Sammlung meiner Gedichte aufgenommen worden. Dennoch glaube ich, dass sie auch hier einen Platz einzunehmen verdiene.

eines solchen Freundes überlassen und seinen höheren Talenten und seiner aufgeklärten Anhänglichkeit ganz vertrauen.

Ein solcher Freund und Gefährte Ihres Lebens (denn die Freundschaft muss früh im Leben anfangen und nur mit dem Leben aufhören) würde Ihnen Gefühle ausdrücken dürfen, welche ich hier zu äußern mich nicht für berechtigt halte; er würde Ihnen aber diejenigen, die ich mit ihm teilen darf, nicht lebhafter und treuer schildern können als ich – die Gefühle der Bewunderung, der Anhänglichkeit und der innigsten Ehrfurcht.

Alexander von Tilly

Epître

à mon meilleur Ami.[4]

Emporté par des goûts volages
Sur le char de l'illusion,
Tu suivais la religion
Des réprouvés dei tous les âges.

Tu trompais ces pauvres maris;
Tu trahissais même les plus traîtresses:
De ces vieilles enchanteresses
Tu raillais les vieux favoris,
Qui, dans d'immortelles tendresses,
Des mêmes feux toujours épris,
Mettent toujours le même prix
A leurs éternelles maîtresses.
Tu t'attachais par air, et tu quittais par ton.
Tu dépensais indécemment la vie.
Les fiers accens de la saine raison
Etonnaient ton âme engourdie,
Et le flambeau de la philosophie
S'éteignait dans le tourbillon
Où tu promenais ta folie.

D'un air léger, publiquement,
Tu saluais ces demoiselles.
Un créancier était un insolent;
Tes passions étaient des étincelles.
Avec les sirènes du temps
Tu savourais les plaisirs de la table,
Et t'endormais dans leurs embrassemens

---

[4] Da diese Epistel den Verfasser so treffend und ganz charakterisiert, so durfte sie umso
weniger hier weggelassen werden. *Übers.*

Après un souper délectable.
Tes valets étaient impudens;
Ton cheval de course impayable:
Et tu vivais avec l'essaim aimable
Des roués et des élégans.

Un époux aimait-il sa femme?
Le trait était prodigieux.
Tu te moquais de la pudique flamme
Qui brûlait autrefois nos stupides aïeux,
Et tu trouvais miraculeux
Que ce monsieur se servît de son âme.

Tu savais des amans du jour,
Les arrangemens, les ruptures,
Les congés, les billets, les intrigues obscures
Des nouveaux-arrivés qu'on supplante à leur tour,
Et les meilleures aventures
Des danseuses et de la cour.

Tu parlais haut, tu faisais l'analyse
Ou d'une pièce ou d'un roman,
Et tu jugeais dans un moment
L'ouvrage qu'une muse assise
Dans le fauteuil qui rend savant,
Avait dessiné lentement
Pour la postérité surprise.

Comme il l'aut s'occuper un peu
Pour suivre le temps qui s'envole,
Tu jouais sans aimer le jeu;
Quand tu perdais sur ta parole,
Sans daigner pendre de l'humeur,
Tu griffonnais d'un air frivole
Un billet payable au porteur.

Sous ces orangers où chantèrent
La Fare et son ami le Prieur d'Oléron5,
Dans ce temple où les précédèrent

5   Chaulieu.

18

Tibulle, Horace, Anacréon,
Franchissant les routes battues
Par ces chantres ingénieux,
Tu voulais, jeune paresseux,
Contempler de près les statues
De leurs Muses et de leurs Dieux:
Et tu pensais que l'avenue
Où tous ces aimables goutteux
Hument encore des vins vieux,
Allait apparaître à ta vue;
Que les sons négligés et trop présomptueux
De ta muse presqu'inconnue
Charmeraient un jour avec eux
L'âme et l'oreille encore émue
Des derniers fils de nos neveux.

Tu faisais des vers trop faciles.
Il faut gravir au Pinde où tu voulais voler;
La gloire ne sourit qu'aux travaux difficiles:
C'est une vierge, ... il faut la violer.

Aux erreurs qui trompaient ta vie,
Aujourd'hui tu fais tes adieux.
Je suivrai tes leçons, et ne demande aux
Dieux Qu'un ami tendre et qu'une sage amie.

Allez, allez, décevante folie!
Je ne veux plus de vous, je ne veux qu'être heureux,
Que cultiver, obscur et vertueux,
Mes champs et la philosophie.

A Laïs, au regard moqueur,
Je n'offre plus ma bonhomie;
Phryné veut de l'argent; moi, je veux du bonheur:
Il ne s'achète pas, et le jargon m'ennuie.
Dans son alcôve, entre s es bras,
Je ne lasse plus sa mollesse ...
Et puis je veux que ma maîtresse
Ait encore plus que des appas.

J'ai reconnu qu'il était incommode
De devoir à tout l'univers;
En payant les billets divers
Que je signai quand j'étais à la mode,
J'ai promis très-décidément
De respecter mon héritage;
Je réalise prudemment
Le projet que j'eus d'être sage.

J'ai jeté des regards d'effroi
Sur mes plaisirs indiscrets et coupables;
Je ne vis plus avec les agréables
Qui sont trop sublimes pour moi;
Et ce qui plus m'étonne encore,
C'est que maintenant je conçois
Que l'on s'épouse et qu'on s'adore.
Malheureux! je crus autrefois
Que la chose était impossible.
Hé bien, puisqu'un mari peut paraître sensible,
J'en fais serment, si jamais je le suis,
Je prétends régaler madame
D'une si conjugale flamme ...
Qu'un jour elle en mourra d'ennuis.

Dans les foyers, dans les coulisses,
Je ne vois plus l'encan de chaque jour;
Je ne sais plus par chœur l'amour
Des duchesses et des actrices;
Je ne voix plus être au courant.
De ces brillantes bagatelles,
Et de ces courtes étincelles
Que fait pâlir le feu du sentiment.

Je recherche une femme honnête
Qui veuille se laisser aimer,
Dont le chœur gouverne la tête,
Et que le mien puisse estimer;
Dont l'âme devine la mienne,
Pour qui mes goûts soient des plaisirs,

De qui la raison me soutienne:
Qui prenant ma main dans la sienne,
Recueille mes derniers soupirs.

Des auteurs distingués je n'ose plus médire;
De rendre des arrêts je me suis corrigé.
O mes amis, qu'il est difficile d'écrire!
Moi, je ne juge plus, de peur d'être jugé.

Ce n'est plus le jeu qui m'occupe;
J'aime mieux exercer mon esprit, ma raison:
Après avoir trop longtemps été dupe,
Je n'ai pu me résoudre à me faire fripon.

Mais je n'ai pas guéri de la métromanie;
Mais, capricieuse et jolie,
Erato charmera mes jours;
Et si l'amante est quelquefois sauvage,
L'amant ne sera point volage:
Elle aura mes derniers amours.

O vous! l'objet de mon idolâtrie,
Objet d'une immortelle ardeur;
O vous ! des ennuis de ma vie
Ange doux et consolateur,
Tournez vers moi ce regard séducteur;
Mon âme, mon unique amie!
Inspirez-moi des vers purs comme mon bonheur.
Qu'ils vous plaisent alors, et ma tâche est remplie:
Un accessit à votre chœur
Vaut un prix à l'Académie.

1. Kapitel

Exegi monumentum.
(Horat)

Dieses Werk kein gewöhnliches Unternehmen – Es stellt Schwachheiten und Fehler, auch Laster, aber auch Tugenden dar – Geburt des Verfassers – Dessen Familie – Dessen Erziehung – Schilderung meines Vaters – Meine frühe Entwicklung – Erste Jugend –Eerste Liebeoder was ich dafürhielt – Erstes Abendmahl – Ich werde Page bei der Königin

Ein Buch, wie dieses, bedarf keiner Vorrede. Es ist kein gewöhnliches Unternehmen, keine leichte Aufgabe, die Memoiren eines Lebenden zu schreiben, ohne der Wahrheit im geringsten zu nahe zu treten. Die Meinigen stellen, wie ich glauben darf, keine abstoßenden Laster dar, nur Schwächen, Fehler, dabei einige Tugenden, vor allem eine Mannigfaltigkeit von Leidenschaften und Inkonsequenzen – zwei Bestandteile, aus welchen so ziemlich die Geschichte des ganzen Menschengeschlechts zusammengesetzt ist.

Ich werde hie und da Reflexionen einstreuen, die der Gegenstand selbst erzeugt; auch werde ich mir Abschweifungen in das Feld der Philosophie erlauben. Sie hat aber mit derjenigen nichts gemein, durch welche in unseren Tagen[6] die Elemente der Gesellschaft aufgelöst, die Zepter zerbrochen, die Reiche umgestürzt worden sind.

Sollte der Leser auf Spuren einer gekränkten trübsinnigen Einbildungskraft stoßen; sollte ihm in diesen Memoiren das Erwachen aus den lügenhaften Träumen auffallen, in welche das Leben uns wiegt; sollte er die Stimme des Missmuts eines vor der Zeit verschrumpften, übersatten, veralteten Herzens hören: So wird er sich diese Erscheinungen dadurch zu erklären wissen, dass sie in den Erzählungen eines Mannes vorkommen mussten, welcher es nicht gewagt haben würde, seine Geschichte

---

[6] Diese Memoiren sind größtenteils vor dem Jahre 1804 aufgesetzt; ein Teil ist vom Jahre 1806. *Übers.*

aufzusetzen, wenn er der Welt nicht abgestorben wäre, noch ehe er zu leben aufgehört hat.

Ich bin in einer Provinzialstadt geboren,[7] welche durch ihren Etaminhandel und durch ihre Wachsbleichen in ganz Frankreich berühmt ist. Die Schmecker halten auch viel auf ihre Poularden. Meine Familie ist eine der ältesten der Monarchie. Sie hat tapfer und kräftig dazu beigetragen, das Land unter das Szepter unserer Könige zu bringen. Wir stammen wahrscheinlich von den uralten Beherrschern des dänischen Reiches ab.

Mein Großvater widmete seine Jugend dem Staate. Noch in den besten Jahren und im vollen Gebrauche der Kräfte zog er sich auf ein Gut zurück, wo er dem Landbaue lebte und sich die Erziehung seiner ziemlich zahlreichen Familie angelegen sein ließ. Er besaß nur ein geringes Vermögen, war der jüngere Sohn und hatte sich mit der Tochter aus einem alten Hause vermählt, die ihm keinen andern Brautschatz zubrachte als ihre Schönheit. Er war ein Mann von den strengsten Grundsätzen. Seine Gestalt erinnerte an die ehrwürdigen Züge eines Ritters aus unserm Altertume. Ich habe ihn gekannt, als er schon sehr alt und ich sehr jung war; noch immer schwebt mir sein Patriarchenhaupt vor; noch immer ist mir seine heitere unerschöpfliche Munterkeit und gute Laune gegenwärtig, welche ein reines Gewissen und ein auf der Bahn der Ehre geführtes Leben bekundeten.

Mein Vater nahm mit seinen beiden Brüdern frühzeitig Kriegsdienste, verließ aber bald diesen Beruf, dem die Letzteren bis an ihr Ende treu blieben. Er überließ sich jung den Zerstreuungen und Lockungen des Lebens; doch leitete ihn ein guter Genius in der Wahl einer Gattin; sie fiel, unter den Töchtern der Provinz Maine, auf meine mit Reizen, Tugenden und Glücksgütern reichlich begabte Mutter. Er hielt bei ihren Eltern, welche, obgleich aus einer ziemlich neuen Familie, doch zu den ersten der Provinz gehörten, um ihre Hand an, und erhielt sie ohne Schwierigkeit. Meine Mutter hatte einen Bruder, welcher unter den Mousquetaires[8] diente und, im Besitze eines damals für beträchtlich

---

[7] Le Mans; im Jahre 1764 oder 1765. *Übers.*

[8] Man denke hier nicht an das deutsche Wort Musketiere. Die Mousquetaires waren zwei aus lauter Edelleuten (oder doch dafür geltenden Bürgerlichen) bestehende, zu den königlichen Haustruppen gehörige Schwadronen. Der verstorbene Marschall Lefebvre (Herzog von Danzig) war in seiner Jugend Exerziermeister bei diesem Korps gewesen. *S.*

geltenden Vermögens, einigermaßen versprochen hatte, nicht aus dem ehelosen Stande zu treten. So viel ist gewiss: Er würde sein Versprechen nie gebrochen haben, wäre ich nicht, zwanzig Jahre später, unbesonnen genug gewesen, ihn durch einen verdammlichen Übermut und durch eine Beleidigung, die er mir nicht verzeihen konnte, davon abzubringen.

Begabt mit allen Reizen einer höchst interessanten Gestalt, mit dem edelsten Charakter, mit einem ausgebildeten Geiste und Verstande (wie es mir alle versichert haben, die das Glück gehabt, sie zu kennen), zählte meine Mutter keine lange Folge glücklicher Tage in ihrem Ehestande. Die Fackeln, welche Amor und Hymen ihr vortrugen, sollten sich bald, und noch vor Verlauf des ersten Jahres, in Trauerkerzen verwandeln. – Meine Geburt stürzte sie ins Grab. Mit ihrem Tode erkaufte sie mein Leben: ein sturmbewegtes Leben, in welchem mich mein Geschick einige vorübereilende Freuden, aber desto dauerhaftere Leiden, Unstetigkeit des Aufenthaltes, Glückswechsel aller Art und – von allen ungerechten Strafen die ungerechteste – ein langsam tötendes Exil, finden lassen sollte.

Ein schwankendes Rohr am Gestade des Lebens blieb ich in den Händen meiner Großmutter von mütterlicher Seite, der Frau von C...[9], zurück. Ihr Verstand würde zu den vorzüglichsten gehört haben, wäre dessen angeborene und erlernte Klarheit nicht durch eine beschränkende Andächtelei, durch eine Provinzial-Devotion, die so oft in Bigotterie ausartet, verdunkelt worden. Ich entsinne mich, dass sie *Corneille* und *Racine* nicht anders nannte als Seelen-Vergifter. »Jener«, sagte sie, »ist ein profaner Deklamator, *dieser* ein vom Teufel besessener Zauberer, über welchen jedoch zuletzt die Gnade den Sieg davontrug, weil er im härenen Gewande den Tod erwartete.« Ihr Hauptfeind war *Voltaire.* »Lieber den Tod, mein Sohn, als seine Werke!« Sie versäumte nichts, was mir in ihren Augen eine gute Erziehung geben sollte; sie *verzog* mich, aber *erzog* mich nicht.

Unterdessen brachte mein Vater nicht nur sein Vermögen, sondern auch mein Mütterliches durch, dessen Verwaltung er in Händen hatte. Er brauchte viel. Heftige Leidenschaften loderten in ihm; der Hang zu

---

[9] In diesen Memoiren sind viele Namen nur durch Anfangsbuchstaben angedeutet oder halb ausgeschrieben. Der Verfasser gibt seine Gründe an und sagt in einer Anmerkung auf einem Beiblatte: »Ich setze nur die Anfangsbuchstaben, oft nur drei Sternchen; denn ich möchte mich lieber dem Vorwurfe aussetzen, einen Roman als ein Libell geschrieben zu haben.« *Übers.*

kostbaren Vergnügungen riss ihn fort; sein Verstand gehörte zu den mittelmäßigen; sein Herz war besser und gehaltvoller; er würde nicht ohne liebenswürdige und schätzbare Eigenschaften gewesen sein, hätte er sich nicht zu oft den heftigsten Aufwallungen seines Zornes überlassen und wäre sein Ahnenstolz nicht von der Art gewesen, dass dieser schon allein hingereicht hätte, der Revolution zur Rechtfertigung zu dienen. Mir ist in meinem ganzen Leben kein Mensch aufgestoßen, dem das Verlieben so leicht geworden; er hatte, wie mich dünkt, im Herzen eine unversiegbare Quelle liebender Gefühle; noch in seinem höchsten Alter hatte er Geliebte, die er abwechselnd anbetete und verließ. Er wird dem ewigen Richter mit einem Herzen voll der zärtlichsten Neigungen erschienen sein. Wohl ihm! Er ist glücklich, wenn er im Tode Gott nur halb so inbrünstig anrief, als er im Leben den weiblichen Teil der Schöpfung liebte und anbetete.

Mein Vater bekümmerte sich wenig um meine Erziehung, doch fiel es ihm eines Tages plötzlich ein, er würde sie besser leiten, wenn er mich zu sich ins Haus nähme. Und wirklich nahm er mich von der Großmutter weg. Ich wurde dem Gesinde und einer Art von Hofmeister anvertraut, der nicht viel besser war als jenes.

Ich beeile mich, hier zwei Veranlassungen zu erwähnen, welche meinen Vater bewogen, sich selbst ein paar Mal in meine Erziehung zu mischen: Und da es die ersten und letzten sind, wo er sich diesem Geschäfte unterzog; da ferner seine Sorge und seine Strenge beide Male unzeitig angebracht waren und die nachteiligsten Folgen hatten; so will ich beide Vorfälle hintereinander abtun, um diesen Punkt nie wieder berühren zu dürfen.

Ich war neun Jahre alt, als mein Vater bemerkte, dass ich gegen die derben Reize einer Art von Wirtschafterin nicht gleichgültig blieb. Ihre Liebkosungen hatten frühzeitig einen tiefen Eindruck auf mich gemacht. Der Instinkt belehrte mich, ehe der Verstand es konnte, dass diese Liebkosungen nicht unschuldig wären. Mein Vater, der seine Gründe haben mochte, befahl der Frau, meine kindischen Begierden aufzumuntern. Es kam so weit, dass ich ihr einst – maschinenmäßig, wie ich glaube – anlag, mir in der folgenden Nacht den Zutritt in das bescheidene Schlafgemach zu gestatten, das ihre Reize verbarg. Sie sperrte sich; ihr Widerstand verdoppelte meine Wünsche. Aber die Verräterin entdeckte meinem Vater alles. Es ward nun zwischen beiden verabredet, dass er am andern Morgen zum Schein auf die Jagd gehen solle. Sie gab mir zu ver-

25

stehen: Wir wären allein und der Augenblick sei günstig. Ich wurde dringend; sie zeigte sich nachgiebig; wir schlossen uns in ein abgelegenes Zimmer ein; schon siegte ich im Voraus und träumte mir das Glück der Liebe, noch ehe ich wissen konnte, was Liebesglück war, als plötzlich mein Vater durch eine mir unbekannte Tür eintrat, meine anscheinende Geliebte mit Vorwürfen überhäufte, mir aber mit einer Jagdpeitsche, die er eben in der Hand hielt, so empfindliche Streiche versetzte, dass ich laut aufgeschrien haben würde, wenn die schnelle Entdeckung dieser verräterischen Verabredung, mein Stolz und mein natürlicher Widerwille gegen Falschheit, mir nicht Kraft genug gegeben hätte, den Schmerz zu verbeißen.

Dieser erste Auftritt war überstanden, meine Aufregung hatte sich gelegt, als ein zweites Ereignis dazu beitrug, mich gegen Liebkosungen und Drohungen gleich unempfindlich zu machen. Mein Vater hatte eine für die damaligen Zeiten sehr schöne Uhr – die aber heutigen Tages sehr hässlich sein würde. Sie verschwand aus seinem Zimmer und man war niederträchtig genug, mich einer solchen Niederträchtigkeit für fähig und schuldig zu erklären. Die Dienerschaft beteuerte ihre Unschuld und fand Glauben; des Sohnes Unschuld wurde in Zweifel gezogen. Man verhörte mich, brachte aber kein Wort aus mir; ich hielt es unter meiner Würde, mich zu rechtfertigen. Man schloss mich ein, ich stieß alle Nahrung von mir: Man schlug mich, man erregte in mir alle Zufälle einer inneren Wut und das Gefühl einer kalten Verachtung. Die Symptome wurden immer furchtbarer und ich weiß nicht, wohin es zuletzt mit mir gekommen wäre, hätte sich nicht, zu meinem Glücke und zu meiner Rettung, die Uhr im Zimmer des Bedienten vorgefunden, der sie gestohlen hatte. Ich bat um Gnade für ihn; – aber dies und der Wunsch, in eine Pension oder in ein Kolleg gebracht zu werden, waren auch die letzten Worte, die ich im väterlichen Hause bis zur Stunde sprach, wo ich es verließ. Ich erhielt, was ich begehrt hatte, und wurde ins Kolleg von la Flèche geschickt, welches – zwar nur noch ein Schatten von jener Lehranstalt unter den Jesuiten, von jener Pflanzschule des Glaubens, der Gelehrsamkeit, der schönen Wissenschaften – noch immer für ein vortreffliches Gymnasium galt, vielleicht für eines der besten in Europa. Ich machte schnelle Fortschritte; ich legte den Grund zu meiner Liebe für Wissenschaften und für die alten Klassiker, aus denen wir Neueren fast alles entlehnt und denen wir alles zu danken haben. Hier verflossen mir drei Jahre unter den Augen eines Mannes, der es wert war, die Jugend zu unterrichten, sie zu lehren, was gelernt werden kann und soll, und sie stark in dem zu machen, was man nicht lernt, d. h. in guten Sitten.

Mein Vater besuchte mich ein einziges Mal; er reiste mit seinen Pferden, die er über alles liebte, sprach mit mir nur von seinen Pferden und von einem schönen Wagen, den er zu zerbrechen beinahe das Unglück gehabt hätte. Ich bat ihn um Geld, mir Bücher anzuschaffen. Er gab es mir und ich habe es redlich zu diesem Zwecke verwandt.

Ich verweile vielleicht mit zu großem Wohlgefallen bei dieser Schilderung eines Alters, welches so schnell verfliegt und an welches man sich so gern erinnert, solange noch ein Funke von Gedächtnis in uns glimmt. Freilich haben dergleichen Erzählungen und Gemälde nur Reiz und Interesse für die teilnehmende Freundschaft; gleichgültige Leser nennen sie egoistische Ergießungen. Da ich aber behaupte und überzeugt bin, dass die Kindheit eine Skizze des künftigen Lebens ist und dass die Handlungen und Neigungen der ersten Jahre den ganzen künftigen Gang des Menschen andeuten, so hoffe ich, dass der beobachtende und denkende Leser vielleicht meinen Anfangsschritten in der Lebensbahn aufmerksam folgen werde. Diejenigen aber, deren Einbildungskraft beflügelt ist, ersuche ich, sich über diese Einleitung wegzuschwingen.

Ich war dreizehn Jahre alt und im Begriff, meine Elementarstudien zu endigen, als einer meiner Oheime eine Stelle als Page bei der Königin für mich auswirkte. Man entriss mich der Stille und Abgezogenheit des Schullebens, die mir so wohl taten; ich reiste vorläufig zu meiner Großmutter von väterlicher Seite, die auf meine andere Großmutter, Frau von C..., eifersüchtig, mich ebenfalls eine Zeit lang bei sich haben wollte, um mich recht von Grund aus zu erziehen, ehe sie mich nach Versailles schickte und dem Hofe abträte.

Die Natur, die sich in mir entwickelte, machte mich in eine frische bescheidene Bäuerin verliebt, welche beinahe so unerfahren war als ich. Aber das verstanden wir beide sogleich, dass man schweigen müsse. Schriebe ich einen Roman, so würde ich den Verlust meiner Unschuld und meiner Tugend späterhin auf die Rechnung einer Dame vom Hofe setzen; aber die Wahrheit will, dass ich erkläre: Keine Dame vom Hofe, sondern die Bäuerin Susette erhielt die Erstlinge der Liebe von einem

Jünglinge, qui depuis[10] ... Doch wir wollen der Zeit nicht vorgreifen; alles wird sich entwickeln; alles wird seinen Ort und seine Stelle finden.

Wie leicht verrät sich die Liebe! Unsere Zusammenkünfte wurden entdeckt; sie waren bald gefunden. Wir hatten entfernte stille Grasplätze, die Schatten der Wälder gewählt; diese sollten uns mit ihrem Geheimnis umhüllen. Unsere Zeugen, die wir nicht scheuten, waren die Natur und der Himmel. Ein Dritter drängte sich ein; ein Menschenauge sah, was wir nur vor Menschenaugen verbergen wollten. Die Menschen blieben nicht stumm, wie die Natur und der Himmel. Meine Großmutter erfuhr alles und schickte mich wieder in ein Kolleg, aber nicht ins vorige, sondern nach Alençon. Dieses Mal will ich den Leser nicht mit unnötigen Längen aufhalten; er wird mit mir zufrieden sein. In meiner gedrängten Erzählung soll kein Wort zu viel stehen. Ich bin auf sechs Monate in der neuen Schule; – diese Zeit musste ablaufen, ehe ich meinen Dienst in Versailles antreten konnte. Ich studiere von Neuem mit großem Eifer; Susettens Bild verfolgt mich nicht; eine Tante, deren zärtliche Liebe in meinem Herzen einen unauslöschlichen Eindruck zurückgelassen, besucht mich. Sie hält mir eine rührende Predigt über die Gefahr der Bekanntschaften von einer gewissen Art, besonders über das Verbrechen der Verführung und über die Schande, die den Verführer brandmarkt. Es gelang ihr nicht, mich ganz zu bekehren; gleichwohl fand sie mich gerührt; auch verfiel ich nicht wieder in die vorige Schuld; und so konnte sie zufrieden sein.

Einige Zeit nachher stattete man mich schön aus. Zugleich verlangte man von mir, ich sollte bei einem Priester Beichte ablegen, ihm meine Jugendsünden und Fehler bekennen, mein Inneres und sogar meine Gedanken entfalten, selbst das, was mir selbst nicht deutlich vorschwebte. Alsdann sollte ich mich am Tische des Herrn von allen Flecken der Seele reinigen. Ich tat's und es reut mich nicht, es getan zu haben. Zwar weiß ich nicht, ob religiöse Gebräuche und Andachtsübungen, von welcher Art sie sein mögen, dem höchsten Wesen, welches weit über unsere Huldigungen erhaben ist, Ehre zu geben vermögen; soviel nur weiß und glaube ich, dass sie diesem Wesen Teilnahme für unsere Schwachheit einflößen können und dass es für uns ein Bedürfnis ist, uns auf die Säulen zu stützen, welche sich zwischen uns und dem Throne der Gottheit

---

[10] Anspielung auf Biron in Voltaires Henriade: Qui depuis ... mais alors il etait vertueux. *Übers.*

28

erheben und die Kluft zwischen unserer Ohnmacht und seiner Allmacht und Unermesslichkeit ausfüllen.

Mit ruhigem Herzen, körperlich gesund, sehr schüchtern und ein bisschen gelehrt, machte ich mich auf den Weg nach Versailles. Der Marquis de V..., mein Vetter, welcher seinen Sohn, ebenfalls Pagen bei der Königin, besuchte, nahm mich mit sich. Wir steigen in den Wagen und die Reise nach der Hauptstadt von Frankreich, in welcher späterhin die Weltschicksale abgewogen werden sollten, geht vor sich.

2. Kapitel

Loin de ces vains apprêts, de ces petits prodiges,
Venez, suivez mon vol au pays des prestiges,
A ce pompeux Versailles, à ce riant Marly,
Que Louis, la Nature et l'Art ont embelli.
C'est là que tout est grand, que l'art n'est point timide;
Là, tout est enchanté; c'est le palais d'Armide,
C'est le jardin d'Alcine, ou plutôt d'um Héros,
Noble dans sa retraite, et grand dans son repos,
Qui cherche encore à vaincre, à dompter des obstacles,
Et ne marche jamais qu'entouré de miracles.
(*Dellile*, les jardins.)

Versailles – Eindruck auf mich – Die Hofleute – Der König –Gerechtigkeit und Strenge, in einem Monarchen vereinigt, sind das Heil der Menschheit – Porträt der Königin – Wenig oder nichts Wahres und Befriedigendes ist über sie und ihre Umgebungen geschrieben worden – Ihre Herzensgüte – Pagenschule – Pagengouverneur – Meine Fortschritte im Lateinischen und in der französischen Verskunst – Ich werde in Paris verführt – Meine Strafe – Herr Du Chilleau, zugleich verführt – Teilt die Folgen – Wir werden entdeckt – Moralische Seite des Vorfalls – Die Königin wird gegen mich eingenommen – Was sich zu meiner Rechtfertigung sagen lässt – Ein Wort an die Erzieher der Jugend – Ich schreibe ein Drama – Es wird zur Aufführung angenommen – Der Prince d' Henin – Sein Porträt – Die Königin liest mein Stück – Herr Campan – Die Königin verzeiht mir – Sie will nicht, dass ich mein Stück aufführen lassen soll – Ihre Gründe – Ich schlage mich. – Die Königin gibt mir recht – Mein Geständnis bei diesem ersten Duell – Ein paar Worte über die Folgenden

Ein zweiter Telemach, geführt von einem zweiten Mentor, erreiche ich Versailles, ohne unterwegs auf eine zweite Eucharis zu treffen; die wahren Eucharisse sind in Paris. Ich hatte mir vorgestellt, in ein Feenland versetzt zu werden, und siehe da! Nichts von dem, was ich sah, erregte mein Staunen. So geht's mit allem, was man sich in der Ferne als bewundernswürdig ausmalt; die Wirklichkeit steht immer der Selbsttäuschung und den Bildern der Fantasie nach. Dadurch, dass man mir Versailles und dessen Herrlichkeiten, den mannigfaltigen und pittoresken Reichtum seiner Umgebungen, die unbeschreibliche Pracht des Schlosses, des Parks, der Gärten, der Statuen usw., den Glanz, der den Thron unserer Könige umstrahlte, als lauter Wunder beschrieben hatte, war mein Kopf dergestalt exaltiert, dass ich mir Unmöglichkeiten erträumte und Schöpfungen verwirklichte, die es dem menschlichen Auge weder zu schauen noch zu erreichen gegeben ist.

Was mich am meisten und gleich im ersten Augenblicke frappierte, war der unermessliche Abstand von Mensch zu Mensch und die Schmiegsamkeit, mit welcher die Insolenz sich in weniger als einer Minute in die kriechendste Unterwürfigkeit umwandelte. Ebenso auffallend war mir die geschäftige Beeiferung, die glatte Höflichkeit, die Beweglichkeit der Muskeln auf den Gesichtern, die Einförmigkeit in den angenommenen Stellungen und der Übergang einer affektierten Kälte zu einer ebenso gemachten und erkünstelten Wärme.

Das hatte ich nicht in Büchern gelernt; auch hatte es mir, dem vierzehnjährigen Knaben, niemand gesagt.

Die Person des *Königs* brachte mich nicht aus der Fassung. Gestalt und Haltung waren nicht, wie ich sie mir gedacht hatte. Er hatte etwas Einfaches und Gutes; ich hätte ihn charaktervoller und majestätischer gewünscht. Sein Blick war der Blick eines Vaters auf seine Kinder; aber man las in seinen Augen nicht *die* Worte: »Ich werde euch bestrafen, wenn ihr es wagen solltet, Rebellen zu sein.« Ach! Wir wissen es alle heutzutage: Strenge ist bei einem Könige eine Kardinaltugend; mit Gerechtigkeit verbunden ist sie der Schutz und Hort einer Gewalt, von welcher Monarchen als von einem anvertrauten Gute dem Himmel Rechenschaft abzulegen haben.[11] Strenge ist eine Tugend, deren vor allen anderen das Wohl der Menschen bedarf.

---

[11] Wenn ein Staat einmal wieder auf feste Grundlagen gestellt ist, muss jeder Versuch, die höchste Gewalt umzustoßen, als ein vollständiger Umsturz der gesellschaftlichen Ordnung angesehen werden, wäre auch die Absicht an sich die beste. Strafbare verderbliche Erfahrungen setzen dieses außer allen Zweifel. Die Häupter der Völker sind für die Macht Rechenschaft schuldig, die sie von der Vorsehung erhalten oder mit Hilfe derselben erobert (man vergesse nicht, dass dieses 1804 geschrieben ward. Übers.) haben. Nichts in der Welt geschieht ohne den übermächtigen Willen einer geheimen Kraft; in diesem Sinne sind die Monarchen Souveräne von Gottes Gnaden, der sie vor Fallstricken und Schlingen bewahrt, und der, sobald sie aufhören wollten, in die ein-

Es ist hier der Ort, von dem Äußeren der *Königin* zu sprechen, welche damals in ihrem höchsten Glanze strahlte. Es wird später von ihrem moralischen Charakter die Rede sein.

Überhaupt ist dieses Werk nicht für die Politik bestimmt. Ich werde zwar, wenn sich eine Gelegenheit dazu darbietet, politischen Fragen nicht aus dem Wege gehen, sie aber nicht vorzugsweise aufsuchen. Überdies will ich mir selbst und dem Gange der Zeit nicht vorgreifen. Folglich werde ich von dieser Fürstin nur dann reden, wenn mein persönliches Verhältnis zu ihr es erfordert; dann aber nicht von ihr sprechen, wie andere; sondern sagen, was ich mit eigenen Augen gesehen und von unverwerflichen Zeugen gehört habe.

Ich werde von ihr sagen, was man nicht in Büchern findet, deren Verfasser zu weit von dem Kreise abstanden, in welchem sie sich bewegte; oder in Schriften von Faktionsmännern, die sich dadurch zu erheben wähnten, dass sie andere in den Kot traten; oder in Tagblättern von Elenden, die ihre Nachrichten aus den Antichambern zusammenrafften, sie in den Provinzen von Frankreich und in dem Ausland verbreiteten, wo sie begierig aufgenommen wurden und leider nur zu oft für Wahrheit galten.[12] Ich werde von der Königin ein Gemälde entwerfen, welches – und ich stehe dafür – der erhabenen Unglücklichen gleichen soll, die sich durch ihr Unglück mit ihren Feinden ausgesöhnt und sich der Nachwelt auf eine Weise gezeigt hat, welche ihr das Mitleid der gefühllosesten Herzen gewinnen muss. Aber – ich wiederhole es – dieses Ge-

---

zelnen Teile seiner Absichten einzugreifen, sie unter den Streichen der niederträchtigsten oder der ungeschicktesten ihrer Feinde dahinsinken lassen würde. – Wenn den Beherrschern der Völker alles gelingt; wenn Taten, Talente und Glück sich dahin vereinen, mit jedem Tage ihre Macht zu konsolidieren; wenn alles ihrem Übergewicht weichen muss; wenn alles vor ihrem Stern erblasst: So ist dies ein Beweis, dass sie die Auserwählten des unerforschlichen Urhebers der Welt, der alles hienieden leitet, und die Werkzeuge seiner Wahl zur Regierung der Völker sind. *Verf.*

[12] Man hat nur zu lange, vermöge einer mit dem kritischen Geist der Nation unvereinbar scheinenden Leichtgläubigkeit, in Deutschland den schändlichen, über den Charakter der Königin verbreiteten Lügen sowie einer Menge die Revolution betreffender Märchen Glauben beigemessen, nachdem in Frankreich längst die Wahrheit am Tage lag. Die mit kritischem Scharfsinn geschriebene Geschichte der Französischen Revolution von Herrn Menzel (Geschichte unserer Zeit, seit dem Tode Friedrichs des Zweiten, von Carl Adolf Menzel. 2 Teile. Berlin, 1824 und 1825. Bei Duncker und Humblot) unterscheidet sich auch darin von den meisten Schriften über diese Zeit, dass sie den Charakter der Personen anders als nach den Verleumdungen der Revolutionsmänner aufzufassen gewusst hat. *S.*

mälde wird kein Standbild aus einem Gusse sein; der Leser wird die einzelnen Teile in diesen Memoiren aufsuchen und selbst die Mühe übernehmen müssen, ein Ganzes daraus zu bilden.

Marie Antoinette von Österreich, Königin von Frankreich, behandelte alle, welche um sie waren, mit außerordentlicher Güte; sie wurde von ihrer Dienstumgebung im Innern angebetet; zu dieser Klasse gehörten die Mächte, welche sie, mehr als man wohl glaubte, beherrschten. Für ihre Person war sie ohne Plan und tief überlegte Anschläge; hatte nur ein einziges Bestreben, die Sucht, sich von den Fesseln des Hofzwanges, von den Gewohnheiten und Vorschriften ihres Ranges zu befreien, dessen Würde, Majestät und Haltung sie jedoch zeigte, so oft sie es nur wollte; – nur wollte sie es nicht oft.

Ich habe die Schönheit der Königin vielfältig rühmen gehört, muss aber gestehen, dass ich nie ganz und ausschließlich dieser Meinung gewesen bin; dagegen besaß sie, was auf dem Throne mehr als die vollkommenste Schönheit gilt, sie besaß das Wesen und die Gestalt einer Königin von Frankreich, selbst in Augenblicken, wo sie am meisten darauf bedacht war, sich nur als schöne Frau zu zeigen. In ihren Augen, obgleich sie nicht schön waren, malte sich jeder Seelenzustand; ich habe nie Wohlwollen oder Widerwillen deutlicher in einem Blicke gelesen als in dem ihrigen. Ich möchte nicht behaupten, dass die Form ihrer Nase zum Gesichte gepasst habe. Ihr Mund war entschieden unangenehm gestaltet; die starke, vorliegende, bisweilen hängende Lippe hat oft dafür gelten sollen, als gäbe sie ihrer Physiognomie etwas Edles und Ausgezeichnetes; allein sie schien eher noch dazu gemacht, Zorn und Unwillen auszudrücken, zwei Züge, welche nicht geeignet sind, den gewöhnlichen Ausdruck der Schönheit zu bezeichnen. Haut und Teint von unvergleichlicher Weiße, Weiche und Feinheit, besonders Schultern und Hals; die Brust etwas zu voll; die Taille hätte eleganter sein können. Nie habe ich so schöne Arme und Hände wieder gesehen. Sie hatte einen doppelten Gang; der eine war fest auftretend, etwas pressiert, dabei immer edel; der andere weicher, schwebender, ich möchte fast sagen, dem Schmetterlinge gleich, der die Blumen küsst,[13] – doch immer dabei die ihr gebührende Ehrerbietung erheischend. Ich habe nie jemanden so anmutsvoll grüßen gesehen; mit einer einzigen Verneigung fertigte sie zehn Personen zugleich ab, die eine mit einem Kopfnicken, die andere

---

[13] Im Originale *démarche caressante. Übers.*

mit einem Blicke, die dritte mit einer Bewegung der Hand, mit einem Winke, einem Lächeln; »Jedem das Seine.« Mit *einem* Worte: Wenn sie auftrat, wäre man fast immer geneigt gewesen, wie einer anderen Frau einen Stuhl, so *ihr* einen Thronsessel zu bieten.

Was die Unterscheidungszüge ihres Charakters betrifft, den ich hier, wie gesagt, nicht erschöpfend entwerfe, so will ich deren nur zwei hervorheben, weil sie scharf gezeichnet sind, sich in allen Gewohnheiten ihres öffentlichen und Privatlebens wieder finden lassen, und man sie als die Quellen ihrer Irrtümer und ihres Unglücks ansehen muss, eines Unglücks, das in seiner Art und in seinem Umfange unter den Völkern beispiellos ist. Diese beiden Züge sind: *erstlich*, ihr Widerwille gegen die Formen, womit sich die Königswürde umgibt und in Frankreich mehr als in irgendeinem andern mir bekannten Reiche sich umgeben *muss*; und *zweitens*, ihr unheilvolles Vorurteil *für* oder *wider* diejenigen, die ihr von anderen, oder auch wohl von ihr selbst, ohne Überlegung als Gegenstände des Wohlwollens oder des Hasses bezeichnet worden waren; *ohne Überlegung*, sage ich, denn im ganzen genommen, war ihr Gemüt unentschlossen und schwankend.

Sie behandelte mich, sobald ich angekommen war, wie alle übrigen jungen Leute, die ihre Pagen waren und denen sie mit vorzüglichem Wohlwollen begegnete, bald mit fast mütterlicher Güte, bald mit einer zugleich würde- und zuneigungsvollen Freundlichkeit, welche, wo möglich, die ihr schuldige Ehrerbietung durch einen Zusatz von Liebe verstärkte.

»Haben Sie«, so wird mich der Leser fragen, »haben Sie alle diese Beobachtungen beim ersten Eintritte ins Pagenleben gemacht, in einem Alter, wo Sie selbst noch halb Kind waren?« – Ich antworte: Ja; denn in meinem fünfzehnten Jahre taugte ich mehr als jetzt. Mein damals noch unverdorbener Verstand war unendlich viel richtiger und schärfer; weiter will ich nichts von ihm sagen, da ich überhaupt nicht sonderlich viel, sowohl von dem meinigen als von dem der anderen halte, wenn das übrige fehlt.

Beiläufig überlasse ich es denen, die meine Memoiren lesen werden, zu beurteilen und zu entscheiden, ob die Natur mich mit dieser *Ware*[14] versehen hat, welche übrigens heutzutage ziemlich gemein und fast immer Unheil bringend ist. Sie mögen entscheiden, ob mir diese gütige

14   Im Original drogue.

Mutter einiges Talent geschenkt hat – welches von Verstand und Witz sehr zu unterscheiden ist – oder einige Geisteskraft und Geisteswärme, zwei von Verstand und Witz noch weit verschiedenere Attribute, weil sie wesentlich zum Gebiete der Seele gehören.

Das erste Jahr meines Pagendienstes verfloss ohne merkwürdige Begebenheit. Ich machte meine Beobachtungen. Ich suchte meine Bemerkungen unter ein Ganzes zu bringen, um sie zum Leitfaden für mein künftiges Leben zu machen. Aber was den Erfolgen, die ich mir von meinem theoretischen Systeme versprechen durfte, praktisch in den Weg trat, war – der grenzenlose Leichtsinn meines Charakters. Ich hatte Lehrer in allen Zweigen der Wissenschaften; dennoch waren meine Fortschritte nur mittelmäßig, weil ich keinen inneren Zug zu irgendeiner derselben fühlte. Man hatte meinen Charakter aus einem durchaus falschen Gesichtspunkte aufgefasst und übergab mich der kurzsichtigen Beschränktheit eines Pagen-Hofmeisters, welcher, Gott weiß wie, im zweiundzwanzigsten Jahre das Ludwigskreuz erhalten hatte. Er sprach von nichts als von diesem Kreuze, welches ihm wenig, und denen, die ihn damit dekoriert hatten, noch weniger Ehre machte. Auch die Art, wie man die Pagen im ersten, gleichsam Noviziatjahre behandelte, war meinen Begriffen von Gerechtigkeit schnurstracks zuwider und flößte mir Abscheu gegen eine Vorbereitungsschule ein, welche meiner Meinung nach mehr Nachteile als Vorteile darbot. Ich lernte, wie alle meine Kameraden, reiten, tanzen, fechten; brachte es aber nie weit in der Mathematik und im Zeichnen. Von meinem Lehrer in der deutschen Sprache habe ich weiter nichts gelernt und behalten als den Namen, und entsinne mich noch heute, dass er mir nach dreijährigem Unterricht diesen Namen vorbuchstabieren musste. Er hieß *Guérault de Palmfeld*[15] und ich nannte ihn fast immer Herr *Gérau*. – Dagegen übte ich mich selbst im Lateinischen und lernte diese Sprache sowohl als den Mechanismus des französischen Versbaues aus dem Grunde. Ich fühlte mich damals mächtig zur Poesie hingezogen. Späterhin habe ich, doch ohne diesen Anreiz, eine Menge Verse gedichtet; aber es ist so weit mit mir gekommen, dass es mir jetzt nur möglich ist, vorzüglich gute Gedichte zu lesen, und selbst von den besten nicht über hundert Verse hintereinander.

---

[15] Man hat von ihm eine französische Anleitung zur deutschen Sprache, in zwei Bänden mit Beispielen, wo das Deutsche in Zwischenzeilen über den französischen Text gesetzt ist. *Übers.*

Im zweiten Jahre erhielt ein Stabsoffizier, welchen ich nicht nennen werde, die Erlaubnis, mich auf acht Tage nach Paris mit sich zu nehmen. Er war ein Freund meines Vaters gewesen und hatte mich zufällig in Versailles bei Hofe gesehen. Man vertraute mich ihm an und tat nicht wohl daran. Er gab mir ein Zimmer in seinem Hotel und führte mich in gute Männergesellschaft ein, aber in desto schlechtere weibliche. Er unterhielt eine sehr hübsche Mätresse, der zuliebe er einen für sein Vermögen allzu großen Aufwand machte, die aber, wie sich's versteht, seiner von ganzem Herzen überdrüssig war. Ich warf ihr einige Liebesblicke zu, die sie mit Aufmunterungsblicken erwiderte. Sie behauptete, ich sähe einem hübschen Mädchen von ihrer Bekanntschaft ähnlich; ich behauptete, dass ich (wenigstens sagte man es damals von mir) eine hübsche, junge Mannsperson sei. Keine 24 Stunden waren vergangen, als mein Wirt – denn die Eifersucht hat Luchsaugen – erriet, was unter uns vorging. Er wollte sich mit mir schlagen; allein man machte ihn auf das Lächerliche dieses Entschlusses aufmerksam und die Fehde ward in Strömen von Champagner ersäuft, welche mich um meine schwache Vernunft brachten, die sich in die Arme einer gefälligen Nymphe rettete, bei der man Vergnügen und allzu späte Reue holen konnte. Einer meiner Mitpagen, der Graf *du Chilleau*, war zu seinem und meinem Unglücke denselben Tag nach Paris gekommen; ich führte ihn zu meiner Priesterin der gebrechlichen Tugend; er teilte ihre Geschenke mit mir.

Als wir nach Versailles zurückgekehrt waren, musste ich meine gewohnte Lebensart wieder aufnehmen. Sie fiel mir in dem Zustande schwer, in welchen mich der Gesang meiner Sirene versetzt hatte. Ich wendete mich an einen Winkel-Äskulap. Mein Freund gebrauchte denselben unwissenden Scharlatan; es erging ihm ärger als mir; seine Krankheit nahm einen so schlimmen Charakter an, dass er dem Tode nahe war. Was uns zu verbergen so sehr am Herzen lag, wurde entdeckt; man übergab uns der Pflege eines Arztes. Ich ward bald wieder gesund, aber mein Freund musste sich einer langen und schmerzhaften Kur unterwerfen.

Ich bitte meine Leser – und Leserinnen – um Verzeihung, einen Vorfall dieser Art so *umständlich* vorgetragen zu haben; er hat aber einen sehr direkten Einfluss auf meinen Pagenruf und vielleicht in gewisser Hinsicht auf mein ganzes Leben gehabt. Ich habe Bekenntnisse und die Wahrheit versprochen. Ich muss *alles* sagen, ohne mich entschuldigen zu wollen. Untersuchen wir folglich die Sache näher. Ein Mann von Ansehen verleitet einen fünfzehnjährigen Jüngling durch böses Beispiel, durch überraschende Verführung, zu Ausschweifungen, die ihre gerechte Strafe mit sich führen. Der Bestrafte macht einen ebenfalls jungen Freund mit dem Gegenstande seiner sinnlichen Neigung bekannt, weil er keine Gefahr weder für sich noch für ihn ahnt; beide berauschen sich aus dem Becher der Wollust und dieser Becher wird für beide zu Gift. Ihr Zustand erheischt Hilfe; sie wollen ihn vor den Vorgesetzten verbergen, suchen fremden Beistand, der das Übel ärger macht, und endlich wird das furchtbare Geheimnis offenbar[16].– Gehen wir nun zu den Folgen dieses Ereignisses über.

Man wird von der Sache sprechen, man wird sie der Königin selbst vortragen (denn alles lässt sich ja in Erzählungen verschleiern); man wird ihr sagen, dass ich unter einem falschen Vorwande in Paris gewesen bin, dass ich mich dort mit Ausgelassenheit einer Leidenschaft hingegeben, die nicht für mein Alter gemacht war; dass ich mich geschlagen; dass ich alle Schlupfwinkel des sittenlosen Babylons besucht; dass ich es, mit den Hefen der Sünde befleckt, verlassen; dass ich einen bis dahin tugendhaften Jüngling zu einer Buhlerin, der Schande ihres Geschlechts, wider seinen Willen geführt; dass ich der Urheber seines Unglücks, der Zerstörer seiner vielleicht auf immer verlorenen Gesundheit bin; dass ich sein Herz zur Unbußfertigkeit verhärtet habe, indem ich ihn *abgehalten*, seine Schuld und seinen Zustand zu entdecken, und ihn *bewogen*, sich heimlich den Händen eines schamlosen Quacksalbers anzuvertrauen; dass hier alles zusammenkommt: Liederlichkeit, Lug und Trug, Ränke, Immoralität aller Art; dass sich alle Zeichen von Verderbtheit vereinigen, alle Keime sichtbar sind, aus welchen einst ein vollständiger Taugenichts sich entwickeln wird. Man wird hinzusetzen, dass ich alle mir auferlegten Strafen mit Verstocktheit, mit gleichgültiger Verachtung erduldet habe; – aber man wird nicht sagen, dass ich aus Verachtung schwieg, weil man mich mit größtenteils unverdienten Vorwürfen überhäufte, weil ich statt derselben, in gewisser Hinsicht, auf Lob rechnen durfte, da ich edel genug gewesen war, weder den Stabsoffizier, der meine Aussage lächerlich gemacht haben würde, noch meinen jungen Freund zu verraten, der meine Schuld geteilt hatte, aber meine Strafe nicht teilen sollte. Ich war *nicht* der Verführer seiner Unschuld gewesen.

---

[16] Et le voilà connu, ce secret plein d'horreur. (*Corneille*)

Oh ihr, denen die Sorge obliegt, die Jugend zu erziehen, lernet das Gemüt eurer Zöglinge kennen; nehmt das Maß des Ehrgefühls, des Zartsinnes, das in ihnen ist; berechnet den Grad der Empfindlichkeit ihrer Seelen; bringt die noch nicht ausgewachsene Beschaffenheit ihrer physischen und moralischen Organisation in Anschlag; bedenket, dass eine erste Züchtigung, zumal eine öffentliche, mit Überlegung, mit Mäßigung erteilt werden muss; bedenket, dass es Gemüter gibt, die man nicht niederdrücken darf, und welche, unempfindlich gegen ungerechte Herabsetzung, das ihnen angetane Unrecht durch Gleichgültigkeit erwidern und, sich über unverdiente Schande erhebend, sie denen überlassen, von welchen sie falsch beurteilt worden sind!

Einige Monate verflossen in meiner Verdammungslage. Was mich am meisten schmerzte, war, dass ich in den Augen der Königin las, wenn die Dienstreihe an mich kam, wie sehr sie die Vorurteile der übrigen teilte. Endlich zeigte sich eine Gelegenheit, mir ihre gute Meinung zum Teil wiederzugewinnen, und ich ergriff sie.

Ich hatte, nach einer Erzählung von *Marmontel*, ein kleines Schauspiel in drei Akten gezimmert und es »Lauretteoder die von der Liebe gekrönte Tugend« betitelt. Ich war noch weiter gegangen und hatte, sitzend in einem Lehnstuhl, neben mir ein Glas mit Zuckerwasser, vor mir vier brennende Kerzen, mein Stück dem dramatischen Areopag von Versailles vorgelesen. Noch mehr: Das Stück war zur Aufführung angenommen und der Verfasser mit Lob überschüttet worden. »Ich würde« (so hieß es aus dem Munde der Herren und Damen dieses Vereins), »ich würde die komische Muse, die seit *Piron* und *Gresset* geschlafen hatte, wieder aufwecken und zu Kräften bringen.« Ein Mann, dessen Verstand nur von der einen Seite gelähmt, aber von der andern nicht abgestorben war, der *Prince d'Henin*[17], hatte der Vorlesung beigewohnt. Er versicherte, das Stück sei *entzückend*, die *Porträts vom besten Farbenton*, und erklärte, ich sei ein junger Mann, der zu den *höchsten Erwartungen* berechtigte. »Man ist«, setzte er hinzu, »von den ungereimten gotischen Vorurteilen gegen das Studium der schönen Wissenschaften zurückgekommen. Nur talentlose Dummköpfe verschreien es im Gefühl ihrer Ohnmacht und meinen, um recht hochadelig zu sein, müsse man sich durch grobe Unwissenheit und Geistesschwäche auszeichnen. Fahren Sie fort, mein

---

[17] Mademoiselle Arnould nannte ihn durch ein doppeltes Wortspiel: le prince des nains und le nain des princes. *Übers.*

Herr! Fahren Sie fort; treten Sie ohne alle Einschränkung in die Bahn, welche ein so sichtbarer Beruf Ihnen eröffnet. Franz I. machte Verse. Was mich betrifft, so würde ich morgenden Tages ein Lustspiel schreiben, wenn ich Talent dazu hätte; und wollte man mich durch Widerspruch aufbringen, so würde ich mein Stück gar *aufführen*.« Der gute Mann hatte zur Hälfte recht, konnte aber nicht, wie man sieht, zu rechter Zeit innehalten. Später ist er in einem großen Trauerspiele aufgetreten, dessen fünfter Akt immer mit dem Revolutionsbeile schloss, unter welchem auch sein Kopf gefallen ist, ohne dass es jemals klar geworden, zu welcher Partei er gehörte und zu welchen Meinungen er sich bekannte. Bisweilen fing er eine gewichtige Rede an, bald aber schlichen sich in dieselbe alle Irrtümer einer falschen Urteilskraft ein, angetan mit einer falschen Philosophie. Er war von hoher Geburt; sein Stolz gab derselben nichts nach, aber er hatte das Unglück, immer sich dem zu überlassen, was ihr entgegenstand. Er brüstete sich mit einer albernen allgemeinen Menschenliebe, welche ihn zum Allerweltsfreunde machte, gerade weil sein Herz kein Gefühl für Freundschaft hatte. Er hat Antworten gegeben[18] und Handlungen getan, von welchen man auf Kraft und Würde

---

[18] Zum Beweis führe ich hier einige seiner energischen Antworten an. Eines Tages behandelte ihn der Comte d'Artois, dessen Capitaine des gardes er war, mit etwas zu wenig Achtung. »Monseigneur!«, sagte er zu ihm, »geruhen Sie sich zu erinnern, dass, wenn ich die Ehre habe, in Ihrem Dienste zu sein, Sie die Ehre haben, von mir bedient zu werden.« Ein anderes Mal scherzte der Prinz etwas unsanft mit ihm und schob ihn beim Kopfe vor sich her. »Monseigneur!«, sagte er, »mein Kopf ist hier, um den Ihrigen zu schützen, nicht Ihnen zum Spielzeug zu dienen.« – Er hatte sich, im Gegensatz zur Königin; in Fontainebleau für ein Stück erklärt, dessen Name mir entfallen ist. Das Stück fiel durch. »Nun, Prinz, Ihr Stück – Ihr Schützling – ist gefallen!« – »Ja, Ihre Majestät, bei Hofe; deswegen wird es, ich stehe dafür, in Paris Beifall finden.« – Diese letzte Antwort habe ich mit eigenen Ohren gehört. Die beiden anderen sind mir von ihm wiederholt worden, und das niedrige Laster der Lüge war nicht in ihm. Um den Sinn der stolzen Antwort zu verstehen, welche der Prinz dem Comte d'Artois gab, muss man wissen, dass die Henin, deren eigentlicher Titel: Grafen von Elsass (comtes d'Alsace) ist, zu den erlauchtesten Familien von Europa gehören und sich den Bourbons gleich achten. Sie haben in der Tat einerlei Abstammung mit dem Erzhause Österreich und führen ihr Geschlecht bis zu Ethiko hinauf, der im achten Jahrhundert Herzog von Elsass war, und von welchem Gerhard abstammte, der im Jahre 1048 erster Herzog von Ober-Lothringen wurde. Sein ältester Enkel, Simon, setzte den Zweig der lothringischen Herzöge fort, der noch auf dem Kaiserthrone blüht; der zweite, Theoderich von Elsass, erbte von seiner Mutter die Grafschaften Flandern und Artois, welche nach dem Tode seines ältesten Sohnes, Philipp von Elsass, seine Tochter Margarethe durch Heirat in das Haus Hennegau und Namur brachte, aus welchem alle diese Länder nebst mehreren anderen Provinzen an das Haus Burgund und durch Marie von Bur-

hätte schließen sollen, und doch brachte er, obschon einer der ersten Diener des Reiches, sein Leben unter den schlechtesten Schauspielern, unter dem erbärmlichsten Schlage von Leuten, unter den verrufensten Buhlerinnen zu, deren Schutzherr und *guter Bruder* (wie sich die Könige untereinander nennen) er war. Das Lustigste dabei ist, dass es ihm sogar an physischer Entschuldigung für sein unmoralisches Leben fehlte; bei gänzlichem Mangel an Manneskraft, die ihm einigermaßen zur Rechtfertigung hätte dienen können, besaß er alle Schwächen, die das verdammende Urteil über ihn noch erschweren mussten.

Welche lange Dissertation über den Prince d'Henin, wird man sagen, und das bei Gelegenheit eines Drama! – Ich weiß selbst nicht, wie ich dazu gekommen bin, oder, besser gesagt, ich weiß es gar wohl; denn mir ist nie ein ähnlicher Charakter aufgestoßen, ein solches Gemisch von Vernunft und Torheit, von Würde und Versunkenheit, von gesundem Verstande und Ungereimtheit. In dieser Hinsicht war er in seiner Art *einzig.*

Die Königin hörte von meinem Schauspiele sprechen; sie bekam Lust, es zu lesen. Herr Campan, ihr Kabinettssekretär, der die ganze äußere Wichtigkeit eines verzogenen Unterbeamten besaß, dabei aber besser war als die Airs, die er sich gab, erhielt den Auftrag, mir das Stück abzufordern. Als die Königin es gelesen hatte, war er artig genug, mir einen Wink zu geben. Ich ging unter einem Vorwande auf das Schloss. Die Königin erzeigte mir die Ehre, mir zu sagen: »Herr von Tilly, hier sind Ihre Hefte zurück; ich wünsche aber – ich befehle sogar, wenn es ja eines Befehls bedarf –, dass Sie das Drama nicht aufführen lassen.« Während

---

gund an das Haus Habsburg kamen. Aber nach der eigentlichen Sukzessionsordnung hätte dem Philipp von Elsass nicht seine Schwester Margarethe, sondern sein jüngerer Bruder Simon nachfolgen sollen, welcher die Erbin der Grafschaft Henin-Liétard geheiratet hatte, und dessen Nachkommen den letzteren Namen führten, bis sie unter Ludwig XIV. ihren alten und glorreichen Namen wieder annahmen. Von dieser Zeit führte die ältere Linie des Hauses den Titel: Marquis d'Alsace, und Karl VI. erkannte in einem Diplom von 1740 ihre Abstammung von den alten Grafen von Elsass und folglich ihre Verwandtschaft mit den Häusern Österreich, Habsburg und Lothringen an. Eine zweite, im vierzehnten Jahrhundert gestiftete Linie erwarb im 17. Sek. durch Heirat das Fürstentum Chimay und dadurch die Reichsfürstenwürde. Der ältere und zweite Bruder des im Text Erwähnten waren die letzten Fürsten von Chimay; er selbst, als dritter Bruder, führte bloß den Titel: Prince d'Henin et du St. Empire. Mit ihm starb 1794 die jüngere Linie des Hauses Elsass aus; das Fürstentum Chimay aber ging durch seine Schwester auf die Familie Caraman über. Die ältere Linie oder die Marquis d'Alsace existieren wahrscheinlich noch. *S.*

ich eine Antwort suchte, fuhr sie fort: »Wie kann man mit so viel Geschmack für die Poesie und mit einer solchen Leichtigkeit, Gefühle der Tugend auszudrücken, einer so schlechten Aufführung beschuldigt werden?« –

Von Schmerz zerrissen, konnte ich lange nicht anders, als mit einem Strom von Tränen antworten. Als ich mich endlich erholt hatte, legte ich in allgemeinen und gemessenen Ausdrücken und in einer schnellen Schilderung der Königin das Unglück meiner Lage vor, die Verleumdungen, deren Gegenstand ich gewesen, die Unrichtigkeiten im Bericht meines Gouverneurs, dass der Schein zwar gegen mich sei, dass ihn aber seine Kurzsichtigkeit für Wahrheit gehalten habe. Ich wagte es nun, mit etwas festerer Stimme sie zu fragen, ob es in meinem Alter unverzeihliche Fehler, unerlässliche Sünden gebe, sobald sie nur nicht die *Ehre* verletzten? »Sie haben recht«, erwiderte die Königin, mich fixierend; »ich selbst halte Herrn von Pedreauville[19] für einen höchst mittelmäßigen Kopf. Vergessen wir, was geschehen ist; führen Sie sich gut auf und Sie werden mich Ihnen stets wohlgeneigt finden.« –

Sie entließ mich mit unaussprechlicher Grazie und mit der beigefügten Versicherung, dass sie mir ihre vorige Gnade wiederschenke. Ich bin auch fortdauernd im Besitze derselben geblieben, bis sich ein zweiter Vorfall[20] ereignete, der mir ihre Huld auf immer entzog, eine Ungnade, auf welche dieser frühere Umstand ohne Zweifel mit eingewirkt hat.

Der Grund, welcher meine ersten Schritte in der dramatischen Laufbahn hemmte, war von der Art, dass ich mich leicht darüber trösten konnte. Überdies gibt es in dem Alter, in welchem ich mich damals befand, keine dauerhaften Eindrücke. Gleichwohl nahm ich mir einige Zeit nachher die Freiheit, die Königin zu fragen, ob sie auf ihrem Verbote bestehe. – »Freilich«, gab sie zur Antwort; »und dies wundert Sie?« – »Ja, Ihre Majestät; liegt denn etwas Böses darin, ein Stück aufführen zu lassen?« – »Etwas Böses? Nein; aber es schickt sich nicht. Ein Mann von Stand, ein junger Mensch in Ihren Jahren muss sich nicht zur Schau stellen.« – »Sie wissen aber, Königin,[21] dass der Kardinal von *Bernis*, dass

---

[19] Den Pagen-Gouverneur. *Übers.*

[20] Der öffentliche Umgang des Verfassers mit der Schauspielerin Adeline. *Übers.*

[21] Eine französische Wendung für » Ihre Majestät wissen«. Im Originale: Mais la Reine sait, zur Abwechselung mit dem ewigen Votre Majesté sait usw. *Übers.*

Herr von *Boufflers*, dass Herr von *Guibert*[22] selbst, der doch auch ein Mann von Welt und Oberster ist – so gut wie andere, Schauspiele geschrieben, sie vorstellen und drucken ...« – »Es soll mir lieb sein«, unterbrach mich die Königin, »wenn Sie nicht weiter daran denken!« – ich *dachte* daran, aber ich *schwieg*.

Vier Jahre später ward mein Drama *Laurette* von meinem Kammerdiener durch Zufall beim Anzünden einer Wachskerze verbrannt. Ich habe die Asche gesehen, aber keine Träne darüber vergossen. Und so verflossen jene Tage, welche so tiefe Spuren zurücklassen und so schnell verfliegen und verschwinden!

Meine Jugend sollte auf eine neue Probe gestellt werden; hier aber siegten Vernunft und Ehrgefühl über den animalischen Instinkt.

Herr von N... war im Begriff, die Pagen zu verlassen, um in ein Kavallerieregiment zu treten. Er war älter und weit ausgebildeter als ich. Er behauptete einst, insofern mich mein Gedächtnis nicht trügt, Mademoiselle Allard[23] sei eine sehr imposante, tragische Künstlerin und Mademoiselle Arnould[24] eine durch Leichtigkeit und Gewandtheit ausgezeichnete Tänzerin. Die Verwechslung war zu auffallend, um einer ernsthaften Zurechtweisung zu bedürfen. Nichtsdestoweniger gerieten wir darüber aneinander, trieben es bis aufs Äußerste, und das Urteil fiel dahin aus, die Sache sei auf den Punkt gekommen, wo »die beleidigte Ehre Blut verlange«.[25]

Wir schlugen uns mit ziemlicher Erbitterung. Er versetzte mir einen Stoß oben in die Brust; ich musste zweimal zur Ader gelassen werden. Dagegen kam er leichteren Kaufs davon und erhielt nur eine Schramme am Hals. Die Königin erfuhr den Handel; sie erklärte sich bestimmt für mich, besonders da mein Gegner an Jahren und an Kräften mir so überlegen war. Vor dem eigentlichen Zweikampfe hatte ich einen früheren mit der Natur zu bestehen gehabt, die mich – ich will's nur bekennen – nicht hat *tapfer geboren werden* lassen; ich überwältigte sie aber und mich selbst; und seitdem habe ich ihre furchtbare Stimme nicht wieder vernommen.

---

[22] Dessen Connétable de Bourbon die Königin in Versailles und Fontainebleau aufführen ließ. *Übers.*

[23] Eine bekannte Operntänzerin. *Übers.*

[24] Eine ebenso bekannte Opernsängerin. *Übers.*

[25] Où l'honneur outragé devait verser du sang. (Voltaire).

Warum sollte ich über dieses Eingeständnis verlegen seinoder mich dessen schämen? Es hat im Gegenteil etwas Pikantes in dem Munde eines Mannes, der das Unglück gehabt, in der Folge mehr als ein ernsthaftes, blutiges Duell zu haben, aus dem er sich, wie er glaubt, mit Ehre und Mut gezogen. Heutzutage lege ich so wenig Wert auf das Leben, dass ich es für nichts Verdienstliches ansehen würde, es auf eine Degenspitze zu setzen.

3. Kapitel

Non ego te meis Chartas inornatam silebo
(Horat. Od. IV 9.)

Eine Frau von sechsunddreißig Jahren; ein Jüngling von sechzehn – Erster Funken dieser Flamme – Vorläufige Einleitung – Porträt der Dame – Antwort einer berühmten Frau – Fernere Entwicklung unserer Liebe – Demoiselle Lescaut, Schauspielerin in Versailles – Mein Glück bei ihr – Der Pagengouverneur übt Strenge – Mein Oheim setzt ihn in Furcht – Ich setze meine Besuche bei Frau von ... (der 36-jährigen Dame) fort – Halbe Liebeserklärung – Ungewissheit. – Der Ludwigsritter und seine Nichte – Porträt beider – La Bruyere angeführt – Literarischer Streit zwischen dem Offizier und mir – Geschichte des Offiziers – Die Nichte (Sophie) macht Eindruck auf mich – Verstellung – Mangel an Erfahrung – Billett der Frau von ... – Zweideutiger Inhalt – Mein Roman rückt nicht weiter – Ein paar Worte über die Romanschilderungen – Ich stelle mich krank – Unruhe der Frau von ... – Mein Sieg – Heimliche Zusammenkünfte

Wenn eine Frau von sechsunddreißig Jahren, von vielem Verstande und dabei noch schön, einem jungen, sechzehnjährigen Etourdi ihr Herz und ihre Liebe schenkt, so ist es nicht anders möglich, sie muss, von einem geheimen Zauber besiegt, zu ihm hingezogen worden sein. Nur durch den Verrat ihrer Sinne angezogen oder von einem inneren Instinkte überwältigt, kann sie das Glück ihres Lebens und den größten Schatz desselben, ihren bisherigen Ruf, in die Hände des Leichtsinnes dahingeben.

Die Verschiedenheit und Ungleichheit der Jahre, die Notwendigkeit, auf mehr als halbem Wege entgegenzukommen, alles sollte sie zurückhalten und abschrecken. Nur dadurch, dass sie ihrer Leidenschaft immer mehr Gewalt einräumt, bis sie ganz von ihr hingerissen wird, nur durch einen heimlichen, ihr selbst entgehenden Zug, der sich nicht messen und berechnen lässt, kann eine Frau von Ehre zu einem Falle dieser Art kommen, der aber alsdann auch desto tiefer und reißender ist, je höher sie stand.

Ein ganzes Jahr war vergangen und noch hatte ich einer Dame nicht aufgewartet, die, aus einer von Le Mans nur wenig entfernten Provinz gebürtig, mir kaum mehr als dem Namen nach bekannt war und jetzt ein Hofamt bekleidete; – als sie mir sagen ließ, sie komme von ihren Gütern und habe einer ihrer Bekannten, die sich für mich interessiere, versprochen, mich zu sehen. Auch diese Letztere will ich nicht nennen; ihr Name würde selbst jetzt noch gar zu deutlich dahin führen, diejenige kenntlich zu machen, von der dieses Kapitel handelt. Sie ist zwar *tot*, aber ihr Andenken lebt in meinem Herzen und ich muss es ehren.

Ich begab mich zu ihr. Sie setzte mich mit wenigen Worten in Kenntnis des Auftrages, den sie erhalten hatte; bezeigte mir, erst in allgemeinen Ausdrücken, eigenes Interesse für mich, tat dann verschiedene Fragen, welche diesen Anteil näher zu erkennen gaben, und als sie einige Blicke auffing, die ich auf ihre Reize warf (denn sie war wirklich schön und eben bei der Toilette), schien sie einen Augenblick verwirrt und teilte mir dadurch die ganze Aufregung mit, die ich in ihr erweckt hatte und sie nur mit Mühe verbergen konnte. Sie schalt ihre Frauen und entließ sie endlich nach einer für mich ewigen Toilette von – zwanzig Minuten.

Ich fühlte, als wir allein waren, dass ich errötete. Dieses Gefühl trieb noch mehr Blut in meine Wangen. Ich fand mich glücklich, da zu sein – und doch hätte ich mich gern weit weggewünscht. Es war eine tiefe Stille eingetreten, die ich mir nicht recht zu erklären wusste und die ich nicht unterbrochen hätte, hätte es mir auch das Leben gekostet. Endlich knüpfte sie den Faden der Unterredung wieder an; es waren aber nur abgebrochene Worte. Nach langer, sichtbarer Anstrengung sagte sie endlich mit Lebhaftigkeit: »Sie sind außerordentlich gewachsen, seit ich Sie gesehen habe; Sie haben ausnehmend gewonnen ... Sie werden ein schöner Mann werden ... Ihre Stimme hat einen überaus angenehmen Klang ... Man hat mir Ihren Verstand gelobt ... Ich bin überzeugt, Sie haben ein gutes Herz. Beherrschen Sie nur Ihre Leidenschaften. Mit dem Namen, den Sie führen, werden Sie zu allem gelangen und Ihr Haus auf die alte Höhe heben.«

Was sie mir damals sagte, wiederhole ich hier ohne Eitelkeit. Dreiundzwanzig Jahre, welche seitdem verflossen sind,[26] und *Jahrhunderte*, welche in diesen dreiundzwanzig Jahren über Frankreich dahingeflogen, machen diese Rückerinnerung für mich zu einem lieblichen Traume, der aber im Augenblicke des Erwachens kaum eine Spur zurücklässt.

Ich bemerke hier ein für alle Mal, dass ich eine *Geschichte* schreibe, deren einziger Schmuck die Wahrheit ist. Da nun die Wahrheit aus einzelnen Zügen besteht, die sich zu einem Ganzen bilden, so kann und darf ich diese nicht weglassen.[27] Ich erkläre ferner, dass ich mir und dem, was ich von mir zu sagen habe, so wenig Wichtigkeit beilege, dass die Eitelkeit hier nicht im geringsten im Spiel ist. Ich halte sie in diesem Augenblicke für die seichteste und nichtigste von allen Leidenschaften, für ein Gefühl, dem ich längst und für immer mein Herz verschlossen habe.

So viel ein für alle Mal und um mir jede Wiederholung zu ersparen.

Ich dankte der Dame, ohne mich schüchtern und linkisch dabei zu benehmen, aber doch mit einer Art von Verschämtheit, wodurch die Gefahr vermehrt wurde, die sie bei mir lief; – gerade als hätte ich es *gefühlt*, dass sie für mich etwas empfinde, da ich es doch nur undeutlich *ahnte*, weil es nicht zu dem Begriffe passte, den ich mir von ihrer Tugend gemacht hatte. Dieses *Halbgefühl* drückten ihr meine Augen aus; sie verstand die Sprache und ihre Verwirrung nahm zu. Ein Besuch, der eben eintrat, gab mir Gelegenheit, mich zu entfernen. Ich benutzte sie und atmete freier. Sie ebenfalls. Sie hat es mir nachher gestanden und mir – nichts Neues entdeckt.

Die Dame, von welcher die Rede ist, war in jeder Hinsicht eine Frau von vieler Bedeutung. Sie hatte einen Mann gehabt, der ihrer auf keine Weise wert war, der nichts für sich hatte als seinen Titel, einen ziemlich wurmstichigen Ruf und ein großes Vermögen, welches aber mehr Schulden als Eigentum zählte. Das ihrige musste ihm wieder aufhelfen; aber was noch schätzenswerter ist, sie deckte mit der Achtung, die man ihr zollte, die Fehler eines Mannes zu, den sie nicht liebte, und blieb ihm getreu, trotz des doppelten Grundes, der sie zum Gegenteil hätte verleiten können, nämlich der Nichtliebe für ihn und der Anbetung von so vielen. Er hinterließ sie bald als Witwe und nun widerstand sie allen

---

[26]   Dies ist 1804 geschrieben. *Übers.*

[27]   Dies diene auch dem Übersetzer zur Entschuldigung.

Liebhabern, allen Erklärungen, allen Bewerbern. Man kann nicht hinzusetzen: allen Bestürmungen; denn es hielt schwer, dergleichen bei ihr zu wagen. Niemand, selbst nicht der eingebildetste Geck, der unerschrockenste Eigendünkler, durfte diesen Weg einschlagen. Sie war auf einen Punkt gelangt, wo der Ruf einer Frau feststeht, wo sie die größten Gefahren bestanden und überstanden hat. Männer, die sich für Glücksritter in der Liebe[28] halten und ausgeben oder es wirklich sind, nehmen es selten mit einer geprüften, feuerfesten Tugend auf und fürchten sich, ihre Eitelkeit an einer Klippe zu versuchen, an welcher schon so mancher gescheitert ist. Für eine solche Frau gibt es weiter keine Gefahren zu besorgen als vonseiten der anziehenden, kunstlosen Unschuld oder des raschen Angriffs eines unwiderstehlichen Verführers.

Ich entsinne mich, einst eine durch ihre Reize berühmte Frau gefragt zu haben, wie es gekommen, dass sie sich einem Manne hingegeben, von dem ich wusste, sie liebe ihn nicht, und der auch wirklich ihrer Liebe unwürdig war. Nach langem *Leugnen* sagte sie mir endlich: »Ich lebte in einer Art von Abgeschiedenheit des Herzens: *Er war da, ich war da*; ich sah ihn täglich und sah fast niemanden sonst.« – Von allen Antworten, die mir Verachtung eingeflößt haben, ist diese eine der ersten. Ich würde es lieber gesehen haben, wenn sie mir geradezu gestanden hätte: »Ich hatte Sinne!« Aber jene Art von Selbstentsagung, von Verzicht auf Ehre (denn *hierin* besteht die *Ehre* der Frauen und es wird einmal wieder dahin kommen!), jene Gefühllosigkeit des Herzens, jene apathische Hingabe der köstlichsten aller Gunstbezeigungen, die Verschenkung seines Wesens an einen Mann, an dem man nicht einmal Gefallen findet; dieses – (und sollte man mich auch im Verdacht haben, dass ich aus dem Monde oder aus der Unterwelt komme; sollte mich auch alles auslachen, was in der Mode den Ton angibt!) – dieses erkläre ich für eine Monstrosität, die der äußersten Ahndung wert ist, für ein Verbrechen, welches die Person, die es begeht, auf die niedrigste Stufe der Niederträchtigkeit in der Schöpfung herabsetzt. Die Frau, welche sich im äußersten Elende *verkauft*, hat wenigstens eine Entschuldigung: Sie *bettelt* mit ihren Reizen um ein Almosen. Ich bedaure sie. Derjenigen, welche von ihrem *Temperamente* fortgerissen wird, schenke ich *meine ganze Nachsicht*; – in den argen Tagen meiner Jugend würde ich gesagt haben, *meine ganze Achtung*.

[28] Hommes à bonnes fortunes.

Einige Tage nach diesem Besuche begegnete mir jemand, dem Frau von ... genau bekannt war. Ich erkundigte mich näher nach ihr und suchte in meine Fragen so wenig Ungeschick als möglich zu legen, um mich nicht zu verraten. Vor allem brannte ich vor Begierde, zu erfahren, ob sie Liebhaber gehabt. Die Antwort war: »Nicht einmal in der Einbildung der Leute; sie ist über allen Verdacht erhaben; selbst Männer, welche sich die Verleumdung zum Berufe machen und niemanden verschonen – selbst Frauen, die, um sich in ein besseres Licht zu stellen, den guten Namen anderer anschwärzen –, haben es nie gewagt, den ihrigen anzutasten. Sie hat dabei mehr zu kämpfen gehabt als viele; denn sie ist mit einer tiefen Empfindlichkeit begabt; aber ihre Tugend, die sich anfangs auf Grundsätze stützte, ist ihr mit der Zeit zur Gewohnheit geworden.«

Wohl, sagte ich zu mir, als ich wieder allein war, du kannst frei atmen; eine törichte Eigenliebe hatte dich getäuscht; du hast nichts zu hoffen, nichts zu fürchten.

Ich ging wieder zu ihr, vollkommen belehrt, und legte in meine Haltung mehr Sicherheit und Ruhe.

Mit ihr war es anders; sie schien verloren zu haben, was ich gewonnen; sie verwirrte sich das zweite Mal wie das erste; war verlegen; kam mir blässer vor; ein Anstrich, ein Schatten von Trübsinn bedeckte ihr interessantes Gesicht; es schien, sie habe gelitten; ... sie sah unzufrieden mit sich aus; sie legte mehr Sanftheit in ihre Stimme.

Nach einer schläfrigen Unterhaltung über Versailles, über die Königin, über Madame Adélaïde, über meine Kunstübungen und Studien, über den heranrückenden Zeitpunkt meines Eintritts in die Welt, bat sie mich, sie zu verlassen; sie habe etwas Notwendiges zu schreiben, das sie morgen selbst in Bellevue[29] abgeben müsse.

Kaum war ich auf freier Straße, als ich mir das Wort gab, so bald nicht wieder ihr Haus zu betreten. »In welche Schlingen lässt uns die Eitelkeit fallen!«, rief ich mir zu.

Es befand sich damals beim Versailler Theater eine junge, liebenswürdige, einschmeichelnde Schauspielerin, Mlle. *Lescaut*; sie sang ziemlich gut nach der damaligen Manier; ihre Stimme war schön, ihr Gesicht reizend. Späterhin hat sie bei der Oper in Paris gestanden und ist in der

---

[29] Bellevue, zwischen Versailles und Paris, an der Seine, war der Sitz von Mesdames, Schwestern *Ludwigs* XV.

Blüte ihrer Jahre, aber zu rechter Zeit, gestorben, denn sie war ungeheuer stark geworden und zu einer Masse angewachsen, die sie verunstaltete. Als ich sie kennenlernte, besaß sie alles, was zur Liebe einladen kann.

Sie hatte eine stocktaube Mutter, die aber nichts weniger als blind war. Die Dame war schön gewesen, hatte alle Liebhaberkünste und Streiche aus dem Grunde gelernt und wusste an den Fingern herzuzählen, wie man Vormünder, Mütter und Aufseherinnen sowohl auf den Brettern als in dem wirklichen Leben hinters Licht führe. Ihr war der tollste Plan von der Welt durch den Kopf gefahren. Sie wollte ihre Tochter unter die Haube bringen oder wenigstens sie nur *dem* überlassen, der ihr einen soliden Glückstand für das ganze Leben versichern könnte. In beiden Beziehungen war ich nicht der Mann nach ihrem Herzen, wohl aber nach dem Herzen des Töchterleins; und mir fällt dabei die Antwort eines jungen Mädchens ein, die soeben das Kloster verlassen und einen Liebhaber gefunden hatte. Dieser fragte: »Wie haben wir es anzufangen, uns zu lieben? Die Mutter steht uns überall im Wege.« – Sie erwiderte: »*Ihre* Sache ist, mir zu gefallen; für das Übrige werde *ich* sorgen.«[30]

Ebenso ging es hier. Mademoiselle *Lescaut* fing an, mir Rendezvous am Fenster zu geben, welche für zufällig galten. Die Mutter war im Zimmer, nahm keinen Anteil an der Unterredung, schoss aber bald verdrießliche, bald grimmige Blicke auf die beiden Verliebten. Bald wurde ich (wohlverstanden, von der Tochter) ins Haus geladen. Ich fand die junge Person gewöhnlich am Klavier, sich mit ihrer wunderschönen Stimme begleitend, stellte mich dann hinter ihren Stuhl, zischelte ihr Liebeserklärungen zu, zuweilen untermischt von lautem Bravo, oder setzte mich neben sie und drückte ihr Knie, während ich mir das Ansehen gab, den Takt zu schlagen, richtig oder unrichtig, was schadet's?

Bis dahin war meine Weise klar, meine Mittel rein, meine Liebe der Vernunft untergeordnet; aber unser weiblicher Argus wollte unserer Tugend und Unschuld nicht recht trauen. Sie gab (so muss ich es glauben) dem furchtbaren Gouverneur einen Wink. Dieser Cerberus hatte längst einen Hass auf mich geworfen, ließ mich aber seit geraumer Zeit, höheren Winken zufolge, in Ruhe, und fand sich dazu auch bewogen durch die bestimmten Erklärungen eines meiner Oheime, welcher, wohl wissend, dass er mir aufsässig war, weil ich boshaft genug gewesen, mich über seinen Orden *vor* dem Verdienst lustig zu machen, ihm gera-

---

[30] Plaisez-moi assez, et ne vous inquiétez pas du reste.

dezu die Versicherung gegeben hatte, sie würden Händel miteinander bekommen.

Desto erwünschter kam ihm diese Veranlassung. Ich bekam schimpflichen Arrest, weil es hieß, ich brächte *meine ganze Zeit* bei Schauspielerinnen zu und suchte »diejenigen zu verführen, welche von der engen Bahn der Tugend nicht abweichen wollten.«

Nach Verlauf einiger Tage setzte man mich in Freiheit. Mit pochendem Herzen begab ich mich auf das Schloss, beruhigte mich aber, als ich die Königin bei meinem Anblick ein Lächeln unterdrücken sah.

Tags darauf erhielt ich von der Frau von ... eine Einladung auf sieben Uhr abends. Ich fand sie allein; sie empfing mich mit Kälte und dieses Mal ohne die geringste Verlegenheit. Sie erklärte mir beim Eingange, meine Aufführung sei nichts weniger als erbaulich; ich würde meine Familie dadurch kränken; Schauspielerinnen, selbst die vorzüglichsten, wären nie eine nur halbgute Gesellschaft; sie rate mir, wenn ich je das Bedürfnis einer Neigung oder die Notwendigkeit einer zärtlichen Verbindung in mir spürte, meinen Gegenstand besser zu wählen, mich an eine Frau von Ehre, Gefühl und Ansehen zu halten, deren Haus eine Schule von gutem Ton, von gutem Geschmack, von guter Sitte für mich sein würde. – Sie setzte nicht hinzu: »*Ich* will diese Frau sein«, aber der Ton ihrer bewegten Stimme gab es mir deutlich zu erkennen. Für mich war es, als *habe* sie die Worte gesprochen. Ich warf mich ihr zu Füßen. Meine Handlung überraschte sie; sie hieß mich aufstehen, beschwor mich ... Ich beteuerte ihr, sie habe ein ewiges Recht auf meine Erkenntlichkeit; ich wolle sie von nun an als die zärtlichste Schwester ansehen, als einen Schutzengel, als die Gottheit selbst, die mich besser und zartgesinnter ... die mich zu allem machen werde, was sie aus mir zu machen wünschen würde. Ich huldigte ihr mit einem Herzen, das nur für sie schlug. Meine Hände befanden sich, ich weiß nicht wie, in den ihrigen, die sie, ohne sie zurückzuziehen, mit meinen Küssen bedecken, mit meinen Tränen benetzen ließ. Sie war außer sich, zitterte wie ein Espenlaub, und es ist buchstäblich wahr, dass die Schminke sich von ihren Wangen löste.

Ich lag noch immer auf den Knien. Ganz außer sich flehte sie, ich möchte aufstehen. »Wenn jemand von meinen Leuten einträte«, rief sie aus; ... aber als fürchte sie, zu viel gesagt zu haben, setzte sie hinzu: »So unschuldig auch Ihre Absicht und Ihre Wünsche sind, darf ich mich der Gefahr der Verleumdung nicht aussetzen. Kommen Sie Montag etwas früher; wir wollen von Ihren Aussichten ... von Ihnen selbst ... miteinander sprechen, und ich werde glauben, mich mit *mir* zu beschäftigen.«

Es waren einige Personen zum Abendessen eingeladen; ich entfernte mich, als der Kreis um die Dame größer wurde.

Ich hatte eine höchst unruhige Nacht. Die Zeit bis zum Montag schien mir eine Ewigkeit. Endlich schlug die Stunde. Ich eilte zu ihr und sie empfing mich mit den Worten: »Speisen Sie mit mir zu Abend; ich werde nur zwei Gäste haben, welche spät kommen und früh gehen.« Man denke sich mein Entzücken; doch behielt sie mich nur unter der Bedingung, ins Pagenhaus zu schicken und die Erlaubnis für mich auszuwirken. Sie erhielt sie und ich blieb.

Frau von ..., ganz ihrer mächtig, sprach nun mit mir von der Notwendigkeit, meine Erziehung zu vollenden, von meiner Verpflichtung, an dieser Vollendung zu arbeiten, wenn ich meinen Dienst antreten würde. Sie legte mir einen Studienplan vor, den ich auch größtenteils in den drei bis vier Jahren befolgt habe, die ich zu meiner Geistesentwicklung brauchte; kurz, sie unterhielt sich die ganze Zeit mit mir, wie eine liebreiche, zärtliche, einsichtsvolle Mutter mit ihrem folgsamen Sohne.

Nach acht Uhr traten zwei Personen in das Zimmer. Sie gehörten einigermaßen zum Hause. Ich will sie schildern. Die eine war ein Kapitän, der das Ludwigskreuz trug und fünfzig Jahre alt sein mochte. Seine Gestalt war noch immer edel und schön, obschon sichtbarlich im Abnehmen. Ohne eben krank auszusehen, hatte er das Äußere eines Menschen, in dem keine Lebenskraft ist. Er schien es zu wissen und sich's wenig kümmern zu lassen. Das Feuer seiner Augen war erloschen, seine Stimme schwach und hohl; man sah es ihm an, dass nicht das Alter, sondern Mühseligkeiten, Beschwerden und Unglück ihn vor der Zeit gebeugt hatten. Ohne den besten Ton zu haben, hatte er keinen schlechten; was er sagte, war einfach und gedrängt, und seine Manieren, keineswegs kriechend, ließen den demütigen Mann erkennen, der in der großen Welt gelebt hatte, ohne zu derselben gehört zu haben. Nur bisweilen drückte er sich auf eine für die gute Gesellschaft zu bestimmte Art aus.

Die junge Person, die ihn begleitete, war seine Nichte, eine hübsche zwanzigjährige Blondine, von der Natur mit tausend Reizen begabt, die tieferen Eindruck machen als Schönheit. Ihr Gesicht war nicht regelmäßig[31], aber es herrschte, wenn ich so sagen darf, zwischen ihren blauen

---

[31] Korrekt.

Augen und ihren weißen Zähnen eine Verwandtschaft[32], welche, so oft sie lächelte, ihr alle Herzen gewann. Sie hatte eine Nymphengestalt, die Frische der Rosen, einen weichen, biegsamen Wuchs, eine Stimme, eindringend und verführerisch wie ihr Gang, und einen der größten Reize des schönen Geschlechts – unvergleichliche Arme und Hände. Bald hätte ich eine, wenigstens in meinen Augen, Haupteigenschaft vergessen, eine schmachtende Blässe. Ich will nicht behaupten, dass ein Maler sie für eine streng-vollkommene Schönheit gehalten haben würde; soviel aber ist außer Zweifel, kein gefühlvoller Mann von gesunden Augen und gesundem Verstande würde den Wunsch unterdrückt haben: »Wäre sie dein!«

Sie war schüchtern, aber nicht ohne Anstand, und begabt mit einer natürlichen Grazie, die keine Kunst lehrt.

Wie mich dünkt, ist es *La Bruyère,* welcher gesagt hat: »Personen, die sich *immer* einander ansehen, und Personen, die sich *nie* ansehen, stehen im nämlichen Verdacht, einander nicht gleichgültig zu sein.« Wir beide sahen uns anfangs mehrere Male an, dann aber hoben wir den ganzen übrigen Abend die Augen nicht mehr gegeneinander auf.

Ich werde es nie vergessen, dass der Oheim, ich weiß nicht mehr, durch welchen Übergang, das Gespräch auf *Zemire und Azor* brachte; er behauptete, dieses Stück sei sehr rührend. Ich wandte ein, *Zaïre* oder *Andromaque* wären es in einem weit höheren Grade; er aber, ohne sich überzeugen zu lassen, blieb dabei, es sei in der Welt nichts interessanter als die Hässlichkeit, wenn sie durch den Zauber der Sanftmut und Güte über den Abscheu siegt, den ihr Anblick erregt. Bei diesem Satz blieb er, doch ohne sich im geringsten zu ereifern. Dann schwieg er lange und erst bei Tisch sagte er: Der Herzog von *Vendôme* sei ein größerer Feldherr gewesen als der Marschall *Turenne.* Ich war in unserer Kriegsgeschichte bewandert genug, um diese Behauptung bestreiten zu können; er aber, ganz ruhig einen Hühnerflügel zerlegend, wiederholte seinen Satz und versicherte zugleich: Er habe nie etwas so Delikates gegessen. Beim Aufstehen sprach er davon, dass er sich entfernen würde, und erwiderte den Blick seiner Nichte, welcher deutlich zu fragen schien: »Schon?« mit den rauen Worten: »Ja, Fräulein!« Wie war ich ihm in diesem Augenblicke gram! Gleichwohl gönnte er uns, auf der Frau von ... Bitte, noch einige Minuten und benutzte sie zu der Behauptung: »Europa sei in der Auf-

---

[32] Alliance.

klärung weit hinter China zurück.« Jetzt hatte ich alle Mühe, mich zu halten; ich war im Begriff, ihn nach Peking zu schicken, aber ich dachte an die Nichte, die ihn dahin hätte begleiten müssen, und verschluckte meine Worte. Nur ein lautes Lachen konnte ich nicht unterdrücken. Er schien es nicht zu bemerken, grüßte mich mit einer tiefen Verbeugung, freute sich über die Ehre, meine Bekanntschaft gemacht zu haben, sprach diese paar Worte mit kalter Feierlichkeit aus und brach mit seiner Nichte lauf.

»Nun«, sagte Frau von ..., als wir allein waren, »was sagen Sie?« – mit aller Falschheit, deren ich fähig war, erwiderte ich: »Ich sage: Die junge Nichte ist soso, nicht wohl, nicht übel; aber dem Oheim oft zu begegnen, der mit Paradoxen um sich wirft, sie kalt wiederholt und dem Widerspruche Schweigen entgegensetzt, würde für mich unerträglich sein. – »Die junge Person ist also nicht wohl, nicht übel? Sie ist nur soso? Das tut mir leid. Ihr Urteil beweist mir, dass es Ihnen an Geschmack oder an Aufrichtigkeit fehlt ... Ein andermal werden Sie sie wohl genauer betrachten.« – ich nahm meine Zuflucht zu einer bekannten Schmeichelei, um meine Verlegenheit zu verbergen: Wer kann eine andere ansehen, wo Sie gegenwärtig sind? – »Wohl«, sagte sie »aber wie haben Sie sich mit dem Oheim benommen? Ich habe Sie reden lassen und geschwiegen; mit Ihren ersten beiden Antworten war ich so ziemlich zufrieden, aber die dritte war nichts weniger als schicklich. Laut auflachen, die Achseln zucken, ist nicht höflich und heißt nicht antworten.« – Aber Madame![33], sagte ich, etwas aus der Fassung gebracht, hat man je solche ungereimte Behauptungen gehört? – »Desto leichter war es, sie zu widerlegen. Lassen Sie es sich sagen! mein junger Freund! Dem Alter und Unglück Achtung bezeigen, ist besser, als recht haben wollen und heißt eigentlich recht haben. So wissen Sie denn, dass Herr *von Lorville* (so mag er künftig hier heißen) auf *meine* Bitte seine Paradoxen aufgestellt hat, um Ihre Kenntnisse, Ihren Verstand und Ihre Geduld zu prüfen. Er wird sich einen besseren Begriff von jenen gemacht haben als von dieser. Übrigens glauben Sie ja nicht, dass der Mann ohne alles Verdienst sei; er hat in Indien gedient, hat Europa durchreist, ist gebildet, wissenschaftlich gebildet. Er machte früher eine stattliche Person, hat seit zehn Jahren auf

---

[33] Man erlasse mir das »gnädige Frau, Ihr Gnaden« usw. Warum lässt man in Übersetzungen aus dem Englischen *Mylady* und *Miss* durchgehen und verwirft *Madame* und *Mademoiselle? Übers.*

den Gütern meiner Schwägerin gelebt und schickte sich an, wie er mir gesagt, nach Montpellier zu reisen, wohin ihn die Ärzte schicken, um eine nicht wieder herzustellende Gesundheit zu bessern und dort – zu sterben. Wie Sie wissen, ist meine Schwägerin kein Muster einer tadellosen und ganz achtungswerten Frau. Er bereut es, ihr die letzten Jahre seines Lebens geopfert zu haben, und weiß nicht, wo er eine Nichte zurücklassen soll, die er liebt und die kein Vermögen besitzt. Ich habe mich erboten sie zu mir zu nehmen und werde sie behalten, bis sich eine gute Partie für sie findet. Auf ihren Oheim, der nächstens abreist und den sie allem Anschein nach nie wiedersehen wird, darf sie nicht rechnen.«

Ich hörte diese Auseinandersetzung mit einer geheimen unsteten Unruhe an, die ich mir selbst nicht zu erklären wusste. So viel sah ich wohl ein, dass ich künftig oft Gelegenheit haben würde, die hübsche junge Person zu sehen und dass ich sie mit der Zeit auch lieben würde. Das machte mir Vergnügen. Zugleich aber fühlte ich, dass ich bereits angefangen hatte, eine andere zu lieben; dass ich folglich mein Herz nicht ganz zurücknehmen könne; das machte mir Kummer. Endlich dachte ich, ohne jedoch bei diesem Gedanken stehen zu bleiben und mich darin zu vertiefen: »Vielleicht kannst du sie beide zugleich lieben.« Das war für mich eine süße Qual, ein innerer Kampf, der mein Herz zerriss, als ich wieder allein und zu Hause war. Doch ich bin ja noch bei Frau von ... und lasse sie weiter reden.

»Wie kommt es«, fragte sie mich, »dass Sie in ein so plötzliches tiefes Hinbrüten verfallen sind?« – Ich dachte (erwiderte ich, mich sammelnd und zu einer Lüge meine Zuflucht nehmend), ich dachte daran, dass Sie mit mir von allem sprechen, außer von sich, und dass Sie mich von der Geschichte anderer unterhalten, anstatt mich mit Ihrer Güte zu beglücken. Jene sind mir ganz gleichgültig. – »Wohl; nichts weiter davon, es ist spät; einer meiner Leute wird Sie begleiten. Gute Nacht! Schlafen Sie wohl und ruhig ... Denken Sie ein wenig an mich – setzte sie errötend hinzu – das ist nicht mehr als billig, da ich oft, nur zu oft, an Sie denke.« Sie schellte, ein Kammerdiener trat ein und ich ging.

Es wird mehr als einen Leser geben, der über mein linkisches unbeholfenes Wesen ungeduldig geworden sein wird. Haben aber alle Anfänger, sie mögen debütieren, wo sie wollen, nicht ein Recht auf Schonung und Nachsicht?

Am folgenden Abend stellte mir, beim Eintreten in das Schauspielhaus, ein Mann von unscheinbarem Ansehen und Anzuge, ein Briefchen folgenden Inhalts zu und verschwand.

»Versailles, 5 Uhr morgens.«

»Gestern Abend bin ich mit Ihnen nicht zufrieden gewesen. Das sicherste Mittel, zu gefallen, ist die Natürlichkeit; bei jungen Männern ist sie die gefährlichste Verführungsweise. Das Gesuchte und Vorbereitete erreicht seinen Zweck nicht; was vollends in Falschheit[34] ausartet, entfremdet auf immer ein Herz. ... Vielleicht irre ich mich. Ist dieses der Fall, so sei mein Irrtum meine Strafe. ... Habe ich aber recht, so sind Sie es nicht wert, dass ich mich näher erkläre. ... Doch, was tue ich jetzt? ... Bin ich nicht eine Törin? Diese Zeilen? ... an Sie? ... Aber quälen Sie sich nicht damit, strengen Sie Ihren Kopf nicht an, in das Billett einen Sinn zu bringen oder ihn gar erraten zu wollen. Was ich hier schreibe, ist ein Rätsel, Sie können es nicht entziffern, so hoffe ich wenigstens, oder vielmehr so muss es sein. – *Bringen Sie mir dies Blatt zurück*, so unbedeutend es auch ist, so würde ich doch sehr unglücklich sein, wenn es einem anderen als Ihnen in die Hände fiele. Man würde vielleicht ein anderes Interesse argwöhnen als das ganz einfache, welches ich hineinlege. Ich will, mein junger Freund, dass Sie an meine vollkommene Freundschaft glauben, aber ich will nicht, dass Gleichgültige dieses Geständnis kommentieren oder Missbrauch damit treiben.«

»Nachschrift. Donnerstag gegen fünf Uhr abends, wenn das Wetter fortdauernd schön ist, gehe ich nach Trianon und werde durch den Park zurückkommen. Seien Sie dort und stellen mir dann dies Blatt wieder zu, das ich schwach genug bin, nicht zu zerreißen, obschon ich mir vorwerfe, dass ich es schrieb.« –

Dieses Blatt, welches Frau von ... für so dunkel und unverständlich hielt, gab mir volles Licht in der Sache. Ich ersah daraus, dass ich weit *natürlicher* gewesen war, als sie es dachte, weil ich den Eindruck, welchen *Sophie* auf mich gemacht, nicht hatte verbergen können, und weil sie darüber eifersüchtig geworden war. Ich überlegte lange mit mir, ob ich mich nicht stellen sollte, als hätte ich ihren Brief nicht verstanden; endlich entschloss ich mich aber zum Gegenteil, in der vollen Überzeugung, dass Unschuld und Geradheit bei einer Frau, die nicht zu denen von verdorbenem Charakter gehört, eine treffendere Waffe ist als Ver-

[34] Perfidie.

schlagenheit und Verstellung. Überdies war ich gewiss, mit Offenheit weniger strafbar in ihren Augen zu erscheinen.

Ich stellte mich pünktlich ein. Mit dem Anschein der Aufrichtigkeit schilderte ich ihr meine Überraschung beim Empfang ihres Briefes. Ich dankte ihr zärtlichst für den Inhalt und für ihre Güte. Zugleich bat ich um Aufklärung über einige mir unverständliche Stellen.

Ich fand Frau von ... abgespannt, ihr Gesicht war entstellt, ihr Gang schwankend, ihr Wesen bekümmert und melancholisch. »Mademoiselle *de Lorville*«, sagte sie, »ist abgereist, sie begleitet ihren Onkel bis Amiens, wo sie bei einer Verwandten bleibt. ... Sie erröten? ... Was würde vollends daraus werden, wenn Sie sie wiedersähen! Folgen Sie meinem Rate, treiben Sie eine Grille nicht weiter, die Sie doch aufgeben müssten. Die junge Person ist keine Partie für Sie, und zum Verführen ist sie ...« Mein Gott, Madame, rief ich, wohin schweift Ihre Einbildungskraft aus? Welche Pläne vermuten Sie bei mir! Was denken Sie von mir! Ich bin so wenig auf das vorbereitet, was Sie mir da sagen, dass ich kein Wort der Erwiderung finde – »Denken Sie darüber weiter nach«, sagte sie, »wir sind hier vor dem Hotel der Frau *von Tavannes*. Ich habe einen Besuch bei ihr abzustatten.« Hiermit nahm sie freundlich Abschied von mir und wir schieden voneinander.

»Was soll hieraus werden!«, dachte ich, als ich allein war. »Ich muss mich um jeden Preis aus dieser Lage befreien. Die Ungewissheit ist mein Tod. Frau von ... liebt mich ... ich habe Grund, es zu glauben ... ich bin davon überzeugt. Hängt mein Glück von dieser Liebe ab? Ich weiß es nicht, nur so viel weiß ich: dieser Liebe entsagen müssen, würde mich sehr unglücklich machen. Wie gelange ich zur Gewissheit?«

Unter tausend Mitteln, die Sache zur Entscheidung zu bringen, die sich mir darboten, wählte ich das abgegriffenste von allen. Ich beschloss, mich krank zu stellen, um ihre Teilnahme zu prüfen. Ich hätte nur unsere Romane aufschlagen dürfen, um einen feineren Kunstgriff, eine künstlichere Wendung zu finden. Sind diese Romane nicht von Männern geschrieben, welche die Liebe und ihre Stürme, die große Welt und ihre Intrigen, den Hof und seine Sitten von Grund aus kennen? Sind sie nicht von Männern geschrieben, die für die Maler der *guten Gesellschaft*[35] gel-

---

[35] Vielleicht haben sich seit dem Jahre 1804 (*im Original stand erst 1803, die 3 ist in eine 4 verwandelt, Übers*), wo ich dies schreibe, die Sitten in Frankreich etwas geändert. Vielleicht ist die Schule einer gewissen Klasse von Romanschreibern auf immer geschlossen. Vielleicht wird man von nun an in die Zeichnungen mehr Korrektheit, in die Ge-

ten, für die Erzieher der Jugend in Garnisonen und Provinzstädten? Von Männern, welche treue Schilderungen der *feinen Manieren* der Hauptstadt gegeben und die Verführungsmittel in ein Système du bon ton gebracht haben? Jene großen Meister würden mir ohne viele Mühe und Anstrengung eine glücklichere Erfindung an die Hand gegeben und mir den erbärmlichen Ausweg einer Unpässlichkeit erspart haben, welcher (ich muss es nur gestehen) von einem wenig fruchtbaren Geiste zeugte. Allein (ich muss es ebenfalls gestehen) mein Auskunftmittel gelang über alle Erwartung und so mag mich der glückliche Erfolg über die Erbärmlichkeit der Mittel und die Dürftigkeit meiner Einbildungskraft trösten.

Frau von ... schickte alle Tage zu mir, ließ sich angelegentlich nach meiner Gesundheit erkundigen, und sobald es mit mir zur Besserung ging, mich ersuchen, meinen ersten Ausgang zu ihr zu machen.

Es geschah. Unmöglich könnte ich die Aufregung schildern, worin ich sie fand und den Eindruck, den ich auf sie machte. Alle bisherigen Verhältnisse der Konvenienz wurden übersprungen, sie schloss mich in ihre Arme, drückte mich an ihr Herz, vergoss einen Strom von Tränen, gab mir alle Liebkosungen, die ich wagte, alle Entzückungen, denen ich mich überließ, mit Wucher zurück. Nach einer stummen Umarmung, nach einigen Minuten beredten Schweigens, wurde es mir klar, dass meinem Glücke nichts entgegenstehe. Es bedurfte nur einer Unze gemeinen Menschenverstandes dazu. Meinerseits erfolgte kein Sturm; ihrerseits kein Widerstand. Es war wie eine alte, wie eine heilige Schuld anzusehen, auf deren Zahlung ich drang und zu deren Abtragung sie sich für verpflichtet hielt.

Der glückliche Moment verschwand wie ein Blitz. Ihre Tränen hatten nicht aufgehört zu fließen; jetzt strömten sie häufiger. Ich beschwor sie, sich zu beruhigen. »Das Geheimnis dieser Stunde«, rief ich aus, »soll mir ewig unverletzlich bleiben!« – »Ach«, sagte sie mit einem Ausdruck, den ich nie vergessen werde, »ich weine nicht über meine Schwachheit, nicht aus Furcht, dass sie einst bekannt werde, dass meine Schande an den Tag komme, ich weine, weil ich Sie verführt, weil ich mich Ihnen ange-

mälde mehr Wahrheit bringen. Vielleicht werden unsere Schriftsteller, wenn von Gebräuchen die Rede ist, die den Stempel des ehemaligen bon ton tragen, so denken und fragen, wie der achtzigjährige Marschall *von Termes*, als in seiner Gegenwart von einer Wöchnerin gesprochen wurde: Est-ce qu'on fait encore l'amour? Werden noch Kinder geboren?

tragen, weil ich Ihrer Sinnlichkeit, vielleicht Ihrer Eitelkeit, einen leichten Sieg über mich verstattet habe, den Ihr Herz gewiss nicht teilt!«

Man kann sich meine Antwort, meine Beteuerungen, meine Schwüre denken. Wir kamen überein, nicht in ihrem Hotel, sondern in einem kleinen Hause in der Pariser Allee zusammenzutreffen. Hier sollte ich sie an bestimmten Tagen und Stunden finden und immer in einem Rocke von unscheinbarer Farbe zu ihr kommen, das sei (sagte sie) das Sinnbild einer Liebe, die sich in Geheimnis und Dunkel einhüllen müsse.

4. Kapitel

L'amour, qui vit dans les orages et croît souvent au sein des perfidies,
ne résiste pas toujours au calme de la fidélité.

Ruhe taugt nicht in der Liebe – Meine Verschwiegenheit – Frau von ... denkt
mehr als ich an meinen Eintritt in die Welt – Mein Geschmack an Gemälden –
Ein Maler in Versailles – Ich finde bei ihm Sophies Bildnis – Er verschafft mir
Gelegenheit, sie zu sehen – Liebeserklärung – Gegenerklärung – Mein Vater
kommt nach Versailles – Meine Stiefmutter – Ihr Porträt – Wir gehen ins
Schauspiel – Tancred – Abreise – Die Herzogin von Polignac– Der Herzog –
Schnelles Glück der Familie Polignac – Erstes Erscheinen der Gräfin Jules bei
Hofe – Zuneigung der Königin – Die Königin und die Prinzessin von Lamballe
– Der Graf Jules erhält die Anwartschaft auf die Stelle des Oberst-Stallmeisters
bei der Königin – Der Graf und die Gräfin von Tessé – Erster Eindruck der
Gräfin Jules auf mich – Meine Liebe zu Frauen der Vorzeit und der Einbildung
– Der Graf von Vaudreuil – Herr von Polastron– Seine Gemahlin – Die Köni-
gin behandelt die Prinzessin von Guémené zu streng – Tod der Herzogin von
Polignac in Wien – Die Herzogin von Guiche – Ihr Porträt – Ihr Tod – Ich
schreibe an Sophie – Ein paar Worte über die Sympathie – Schwere Aufgabe,
zwei Frauen zugleich zu lieben – Meine Zusammenkunft mit Sophie – Sie lässt
sich rühren – Rendezvous – Sie widersteht – Meine Verzweiflung – Sophie
schwankt – Ich verehre ihre Tugend – Versuchungen; menschliche Schwäche –
Ich schreibe an Sophie – Die Kirche soll unsern Bund besiegeln – Sie willigt ein

Unser Verhältnis hatte keine Abgründe auszufüllen, keine Felsen zu
erklimmen. Keine Eifersucht machte es pikanter. Der Argwohn träufelte
keinen Wermut in den Kelch der Liebe. Alles ging still und ruhig zu.
Frau von ... fand, wie ich glaube, in dieser Lage das Glück, *ich* den Genuss.

Der Augenblick rückte heran, wo ich in die große Welt eintreten sollte. Es waren nur noch sechs Monate bis dahin. Sie schwanden unter den
Flügeln einer zärtlichen Geliebten, einer liebevollen Mutter, einer sorgsamen Freundin. Die ganze Zeit über machte ich mich keiner Indiskre-

tion schuldig. Dies Betragen vermehrte ihre Liebe und gewann mir zugleich ihre Achtung. Meine Zukunft beschäftigte mich weniger als sie; ihr Auge, schärfer als meines, durchschaute, was ich nicht einmal mutmaßte; es entdeckte auf der Bahn meines Lebens Abgründe, wo der Jüngling nichts als Blumenpfade erblickte.

Von Zeit zu Zeit verfolgte mich jedoch *Sophies* Bild. Ich hatte keine Gelegenheit sie zu sehen. Ich musste sogar glauben, Frau von ... halte sie vor mir verborgen und habe ihretwegen einen zweiten Ort zu unsern Zusammenkünften gewählt. Ich durfte mir kaum erlauben, nach ihr zu fragen und ihren Namen zu nennen.

Endlich aber bediente mich der Zufall besser als die feinste Anlegung eines Planes, als das Resultat der tiefsten Kombinationsgabe.

Ich war ein leidenschaftlicher Zeichner geworden. Vom Zeichnen war der Übergang zum Malen schnell; ich wurde ein leidenschaftlicher Liebhaber der Malerei. Von diesem lebhaften Geschmack für die Kunst ist mir so viel geblieben, dass, ohne ein ausgezeichneter Kenner zu sein, ich noch immer imstande bin, den Gemälden ihren wahren Standpunkt anzuweisen, das Mittelmäßige vom Guten, das Schlechte vom Mittelmäßigen richtig zu unterscheiden.

Es lebte damals in Versailles ein Maler und Gemäldehändler von einigem Ruf oder vielmehr ein begeisterter Farbenquacksalber, auf welchen *Figaros* Devise in *Beaumarchais' Barbier von Sevilla*: Consilio manuque vollkommen passte. Er war eigentlich Porträtmaler und gab Unterricht darin. Dieser Universalkünstler besaß noch überdies eine Menge Talente – vor allem eine grenzenlose Menschenliebe. Der Mann war ein *gefälliger* Philanthrop, sein Herz fühlte das dringende Bedürfnis des Wohlwollens und der Dienstbeflissenheit – besonders wenn er seinen eigenen Vorteil dabei fand. Aus kosmopolitischem Patriotismus wurde er in der Folge ein feuriger Anbeter der Revolution, aber seine Geliebte lohnte ihn mit Undank. Sein Haupt fiel unter dem Beile, obschon er sich immer als einer der eifrigsten Verfechter der Maßregeln gezeigt hatte, die man damals mit dem prunkenden Namen der grandes mesures du salut public belegte. Doch das gehört nicht hierher. Ich eile schnell über diesen Umstand weg, der ihm den Kopf kostete. Damals, als ich seine

Bekanntschaft machte, trug er ihn noch, obgleich schief[36], auf den Schultern.

Ich besuchte ihn bisweilen. Eines Tages, als er mir mit Selbstgefälligkeit seine Porträts und übrigen Gemälde zeigte, erblickte ich ... man denke sich mein Erstaunen! ... man denke sich meine noch größere Freude! ... ich erblickte das Bild der jungen Person, mit welcher sich mein Herz so oft beschäftigte. Kaum durfte ich es wagen, mich zu täuschen und aus dem schönen Traume grausam geweckt zu werden. Endlich fragte ich doch Herrn *Morand* und er gab zur Antwort: »Es ist der Kopf einer meiner Schülerinnen. Ich kann sie so nennen, obwohl sie schon malte, als sie zu mir kam, denn *ich* bin der Erste, der sie in dem faire suave unterrichtete, von dem die Maler in den Provinzstädten nichts verstehen, es folglich auch nicht lehren können. Dieses Porträt ist das ihrige und von ihr selbst gemalt. Ich behalte es noch bei mir, um ein gewisses je ne sais quoi darüber zu verbreiten, was sie verfehlt oder eigentlich nicht erreicht hat, nicht hat erreichen können, weil es sozusagen der letzte Ausdruck der Seele ist und niemand in seine eigene Seele schauen kann. Sie lebt bei einer vornehmen Dame vom Hofe, die sich für sie interessiert. Diese Dame, noch schön genug, um nicht eifersüchtig sein zu dürfen, hält sie in einer Art von Abgeschiedenheit, die mir auffällt. Auch scheint die junge Person damit unzufrieden. Sie hat einen Anstrich von sanfter Schwermut, welche doppelt für sie einnimmt ...« – Sie sind Maler, lieber Herr *Morand* (unterbrach ich ihn hier), aber den Namen der jungen Dame! Ich bitte um den Namen. – »Der Name, mein Herr Graf, ist das Letzte, was hier in Betracht kommt, es ist ein unbekannter Name, eine unbekannte Familie aus der Provinz; ein gewisses Fräulein *von Lorville*, die Tochter eines Edelmannes à simple tonsure[37], eines Landjunkers, der nichts gelernt als jagen – und obendrein schlecht jagen, seinen Pfarrer quälen, seine Bauern schinden, ein Langes und Breites von Feldzügen erzählen, die er *nicht* mitgemacht, von Garnisonen, in welchen er gehockt und sein Pflanzenleben zugebracht hat, mit einem Worte, der in seiner Provinz stirbt, ohne Paris und den Hof gesehen zu haben.« – *Sie*, mein Herr *Morand*, Sie haben beide gesehen. –

---

[36] Und zwar so schief, dass er, wie ein zweiter *Argus*, sehen konnte, was hinter ihm vorging.

[37] Sprichwörtlich nennt man Docteur à simple tonsure einen, der nicht viel gelernt hat; folglich ist ein Gentilhomme à simple tonsure ein bloßer *Herr von*. *Übers.*

»Nicht allein *gesehen*, Herr Graf, nicht *gesehen* allein! Meine Kunst, meine Verhältnisse haben mich in die Höhe gebracht. Ich habe mit den Großen, den Vornehmen gelebt, mit dem höchsten Adel, mit den ersten Künstlern verkehrt.« – Ich zweifle nicht daran, Herr *Morand*, aber die junge Person ... – »Die junge Person, Herr Graf, kam sonst bisweilen her, aber ... « – Wie? *Sophie*? ... Fräulein *von Lorville* ist zu Ihnen ... hierher ... gekommen? – »Ha, Herr Graf, Sie kennen Sie also? Mit welchem Feuer, mit welchem Entzücken Sie ihren Namen aussprechen!« – Herr *Morand*, von Stund an setze ich Sie weit über alle *Michel-Angelos*, über alle *Raphaëls*, über alle *Corregios*, wenn Sie, das erste Mal, wenn *Sophie* zu Ihnen kommt, mir einen Wink geben wollen. Zählen Sie auf meine ganze Dankbarkeit, auf eine ewige Erkenntlichkeit, die sich nicht auf Worte beschränken soll. ... Ich scheide nächstens aus der Pagenschule. ... Ich bin in kurzem mein eigener Herr. ... Vielleicht kann ich Ihnen dann Beweise geben. ... Sie können sich für überzeugt halten. ... – »Wie, Monsieur le Comte, sehen Sie mich für einen an, der ... Können Sie glauben, dass ein niedriges Interesse mich bewegen könnte? Nichts in der Welt kann es als die Liebe zur Kunst, nichts als der edle Zweck, zwei Personen, welche wie ich die Kunst abgöttisch lieben, einander näher zu bringen, ihnen die Mittel zu verschaffen, zu erleichtern, sich mit den Hauptwerken der berühmtesten Meister, sozusagen unter den Augen und Flügeln des Genius derselben, bekannter und vertrauter zu machen! Genug, ich will sehen, was ich tun kann. ... Doch, es stellen sich mir Schwierigkeiten ... ja, Herr Graf, viele und große Schwierigkeiten ... Schwierigkeiten aller Art entgegen. Das Fräulein kam ehedem oft zu mir ... sie kam sogar allein ... Jetzt ist es anders, sie kommt seltener und immer unter Begleitung. Es ist mir aufgefallen. Die erste Kammerfrau der Frau von ... weicht nicht von ihrer Seite.« – Mademoiselle *Emery*? Nicht wahr? – »Richtig, Herr Graf. Das erste Mal, dass ich hingehe und der jungen Dame Unterricht gebe, will ich es unter einem schicklichen Vorwande so einleiten, dass sie mich besuche. Ich will ihr von neuen Gemälden erzählen, die ich erhalten, sie wird neugierig sein, sie zu sehen ...« – Herr *Morand*, liebster, allerliebster Herr *Morand*, Sie sind ein Gott in meinen Augen! – »Ja, so sind die jungen Herren alle! Wenn man gegen sie gefällig ist, ihnen dient, ihren Leidenschaften nachhilft, ist man ein Gott in ihren Augen, widerspricht man ihnen aber im Mindesten, so ist man – weniger als ein Mensch.« – Ei, Herr *Morand*, wie Sie da sprechen! Was soll diese

Apostrophe, diese philosophische Deklamation? Lassen Sie doch das leere Pathos weg! Wie ungerecht! Zumal unter uns beiden!

Dem guten Manne war, wie man sieht, schon ein Funke von Revolution durch den Kopf gefahren, hatte sich angesetzt, glimmte im Gehirn, schlug in der Folge Flammen und brach eines Tages, wie die bewaffnete Pallas, aus seinem Schädel hervor.

Ich schwebte zwischen Furcht und Hoffnung, ob er Wort halten würde. Hatte ich noch Zweifel über *Sophie*, so war mir in Hinsicht der Frau von ... alles klar geworden. Ihr Misstrauen, ihr Verdacht lag am Tage. Ich klagte sie einer Ungerechtigkeit gegen *Sophie* an, die ihr zwar nicht meine Ergebenheit, meine Dankbarkeit, wohl aber die Liebe entzog, die ich bisher für sie gefühlt hatte. Der Zwang, unter welchem *Sophie* lebte, ihre Traurigkeit, die ich mir vielleicht in der Einbildung vergrößerte, gewannen ihr *ganz* ein Herz, welches ich bis jetzt geteilt hatte.

Ich ließ Herrn *Morand* keinen Augenblick Ruhe, bis sein Versprechen erfüllt war. Es wurde ihm leichter, als ich es erwarten durfte, denn schon nach einigen Tagen ließ er mich wissen, er werde *Sophie* und ihre Begleiterin bei sich sehen. Ich eilte zu ihm. »Sie haben einen Garten (sagte ich). Führen Sie die Kammerfrau hin, zeigen Sie ihr alles, Ihre Blumen, Ihre Gewächse. Lassen Sie Ihre reizende Schülerin ein paar Minuten allein, weiter verlange ich nichts von Ihnen. Mich wird ein glücklicher Zufall bedienen. Sie verbergen mich in einem Nebenzimmer. Ich benutze Ihre Abwesenheit und die paar Minuten zu einer Unterredung mit *Sophie*.«

Alles ging nach Wunsch. Mir ward das unaussprechliche Glück, mit *Sophie* allein zu sein. Ich war im ersten Moment Zeuge ihrer Bestürzung, ihrer unwillkürlichen Bewegung. Sie hatte mich nicht vergessen. Sie wollte sich vergebens das Ansehen geben, als zweifle sie an dem Eindruck, den sie am ersten Abend ihrer Erscheinung bei Frau von ... auf mich gemacht hatte. Ich merkte deutlich, dass er ihr nicht entgangen war.

Die Augenblicke waren kostbar. Ich sprach mit Begeisterung von jener Erscheinung, von der schnellen und dauernden Wirkung, die sie in mir hervorgebracht, von dem künftigen Glück oder Unglück meines Lebens. – »Oh (versetzte sie), wenn alles *Schöne*, was Sie mir da sagen, auch *wahr* wäre, warum kämen Sie so selten zur Frau von ...? Ich bin eine Zeit lang abwesend gewesen. Nach meiner Rückkehr wagte ich es einmal zu fragen, warum man Sie nicht mehr sähe? Die Antwort war trocken und kurz. Es hieß, Sie müssten Ihre Zeit zwischen Ihren Pflichten und Ihren Vergnügungen teilen, jene hätten zugenommen, da Sie im Begriff ständen, zum Regiment abzugehen; was das Vergnügen beträfe, so würden Sie wahrscheinlich Ihre Zeit besser anzuwenden wissen als in ihrem einförmigen Umgange.« – »Oh, wie hat man Sie betrogen!«, rief ich aus. »Ich habe kaum so viel Zeit, Ihnen aufs Heiligste zu beteuern, dass Sie nie, nie auch nur einen Augenblick mir aus den Gedanken gekommen sind. Das Maß Ihrer Nachsicht und Güte wird das Maß meines Glücks sein. Beweisen Sie mir, dass ich Ihnen nicht verhasst bin, dadurch, dass Sie bisweilen hierher kommen. Herr Morand, welchen ich von der Aufrichtigkeit und Reinheit meiner Absichten überzeugt habe, verspricht meiner Liebe behilflich zu sein. Sollte ich Sie nicht so oft sehen können, als ich es wünsche, so lassen Sie es sich mindestens gefallen, die Briefe, welche Ihnen Morand zustellen wird, anzunehmen, und versagen Sie mir nicht die Hoffnung, dass es Ihnen nicht zu viel Selbstüberwindung kosten werde, sie zu beantworten.« –

Dies alles wurde so schnell und so leidenschaftlich ausgedrückt, dass sie, ohne Zeit zur Antwort zu gewinnen, mir nur durch Erröten und sichtbare Verwirrung den Zustand ihres Herzens zu erkennen geben konnte. Wir hörten Schritte. Ich eilte in mein Versteck zurück.

Als sie gegangen war, dankte ich meinem Vertrauten mit einer Herzensergießung, die nie wahrer und lauterer fließt, als wenn sie ihre Quelle in der Liebe hat. Damit ihm aber Zeit, Mühe und Eifer nicht unvergolten blieben, kaufte ich ihm ein mittelmäßiges Gemälde ab, dem er selbst aber großen Wert beilegte. Es war Achill, als Mädchen verkleidet, zu Deïdamias Füßen. Zugleich bemerkte ich, dass ich die Absicht hätte, einen schönen Rahmen für das Bild zu bestellen, und ersuchte ihn, es bis dahin bei sich zu behalten. Die Wahrheit zu gestehen, ein Page ist selten bei Geld, und ich hatte noch zwei Monate zu warten, bis ich über mich und einen vollen Beutel verfügen konnte.

Als ich wieder nach Hause kam, fand ich einen Bedienten meines Vaters, der mich von seiner soeben erfolgten Ankunft benachrichtigen ließ. Der Bediente sollte mich zu ihm ins Hotel de Modène bringen, wo er abgestiegen war. Der Herr Gouverneur machte keine Schwierigkeit und somit folgte ich meinem Führer, der mir unterwegs erzählte, die Frau Marquise sei ebenfalls angekommen und brenne vor Ungeduld, meine Bekanntschaft zu machen. Mein Vater hatte sich aus einer Grille, die ihm viel zu teuer zu stehen gekommen ist, als dass ich sie ihm noch hier zum Vorwurf machen sollte, zu einer zweiten Heirat entschlossen. Dies konnte mir im Grunde gleichgültig sein, da mein Vermögen von mütterlicher Seite kam und man ihm, als er anfing, etwas zu verschwenderisch damit umzugehen, die vormundschaftliche Verwaltung abgenommen und einem Familienrate übertragen hatte.

Mein Vater war noch in den besten Jahren und in seiner vollen Lebenskraft. Er hatte sich, wie man zu sagen pflegt, gut konserviert. Nichtsdestoweniger war dieser Heiratsfall eine komplette Torheit; denn seine junge Frau, aus einem guten, aber nicht reichen Hause, hätte seine Tochter sein können. Man denke sich eine äußerst pikante Brünette, mit einem üppigen, sinnlichen, Liebe heischenden Gesichtchen. Dieses Gesicht war nichts weniger als hübsch; man würde sogar geneigt gewesen sein, es hässlich zu nennen, wenn es nicht zu denen gehört hätte, welche auf den ersten Anblick eben den Eindruck eines hübschen machen. Sie hatte ein Etwas in den Augen, was ich nicht geradezu *Schielen* nennen möchte, was ihm aber so ziemlich gleichkam; bei näherer Untersuchung löste es sich in einen Blick auf, der zwischen der Begehrlichkeit der Sinne und der Schamhaftigkeit der Konvenienz mitten innelag und den inneren Kampf zwischen beiden ausdrückte. Dieser sichtbare Kampf gab ihren Augen jenen schiefen, unsteten Seitenblick. Die Nase war etwas dick; die Lippen rot, aber ungleich gestaltet. Der Mund zeigte zwei Reihen gesunder, reiner Zähne, doch ohne Emailleglanz. Dabei hatten ihre Gesichtszüge, wenn sie sprach, eine Beweglichkeit in den Muskeln, die dem, was sie sprach, so schnell und unzusammenhängend es war, immer vorauseilte. Sie war ziemlich groß, wohlgewachsen, mit einem Walde von Haaren und anderen etwas starken Reizen, deren Fülle es nicht an Schönheit gebrach. Ihr Organ war abwechselnd einschmeichelnd und abstoßend; ihr Verstand von keinem sonderlichen Umfange, aber, wie ich es nachher erfahren, schlau und wetterwendisch. Ihr Herz war vielleicht nicht schlecht, aber schwach genug, um allen Eindrücken offen zu stehen und sich allen nachteiligen Urteilen auszusetzen, die es nur zu leicht in die Klasse der entarteten versetzten.

Mein Vater stellte mich ihr vor und genoss dabei in seiner Meinung keinen geringen Triumph. Im Taumel seines Glücks, im Rausch seines Sieges, schlug seine Flamme bei der Voraussetzung hoch auf, dass ich seine Bewunderung teilen müsse. Sie, die junge Frau, schien ihrerseits mir durch einen heuchlerischen Blick zu verstehen geben zu wollen: Ich möchte es ihr verzeihen, dass sie meine Stiefmutter geworden.

Ich war nachdenklich, zerstreut, gegen beide eingenommen, verstimmt, kalt, aber ehrerbietig. Mein Vater teilte mir seinen Plan mit. Er wollte im Tale von Montmorency ein Haus kaufen und den Rest seiner Tage in der Nähe und Gesellschaft zweier Jugendfreunde, des Marquis von *Montmorency* und des Kommandeurs von *Champignolles*, zubringen. Ersterer war ein mittelmäßiger Kopf; sein Hauptverdienst bestand in einem großen Namen, der ihn zum Generalleutnant gemacht, ohne dass er selbst gewusst, wie? Und ihn in eine Karriere versetzte, die ihm das Missfallen seiner Familie zuzog, obschon alles, was Frankreich Ausgezeichnetes hat, von jeher und mit Recht, diese Laufbahn für die allerehrenvollste gehalten hat. Letzterer war ein guter, ehrlicher Mann, nicht gerade mit Verstand gesegnet, der sich seit langer Zeit von einer alten, an Geist und Leib schwerfälligen Flamländerin gängeln und beherrschen ließ. Er betrank sich regelmäßig Tag für Tag und konnte nicht begreifen, wie dies möglich sei, weil er immer die Vorsicht gebrauchte, in jedes Glas Champagner, die er zu Dutzenden hinunterschlürfte, ein paar Tropfen Wasser zu träufeln. Niemand teilte sein Befremden; niemand wollte seine Vorsicht loben.

Mein Vater versicherte mich mit vieler Zärtlichkeit: Seine Reise nach Versailles habe keinen andern Zweck, als mich zu sehen; er werde am nächsten Morgen wieder abreisen und könne schon aus dem Grunde nicht länger mit Anstand bleiben, weil seine Gemahlin noch nicht bei Hofe vorgestellt worden.

Abends gingen wir ins Schauspiel. Man gab *Voltaires Tancred*. Ich erinnere mich bei dieser Gelegenheit einer Bemerkung meines Vaters. »*Amenaïde*«, sagte er, »hätte sich mit einem Worte von dem Verdacht des Verrats reinigen können. Sie durfte nur dieses Wort sprechen.« Er wunderte sich, dass Monsieur de Voltaire[38] diesem Teile seines Trauerspiels so wenig Wahrscheinlichkeit gegeben. Dagegen behauptete meine Stiefmutter: Durch den ihrem Geschlechte angeborenen Stolz und durch den Stolz der Unschuld überhaupt lasse sich *Amenaïdens* Schweigen erklären und dem Vorwurfe begegnen. Sie setzte hinzu: Hätte *Amenaïde* sich gerechtfertigt, wie sie es konnte, so wäre das Stück mit dem ersten Akt zu Ende gewesen. Dieser letzte Grund gefiel mir besser als der erste.

---

[38] Der erst vor Kurzem (1778) gestorben war, folglich noch das *Monsieur* der lebenden Schriftsteller erhielt. *Übers.*

Nach Tisch nahm ich Abschied von Vater und Mutter. Sie reisten am folgenden Morgen nach Paris und von da auf ihr Landgut zurück.

Um diese Zeit, wie ich glaube (denn man verlange nicht von mir ein immer genau angegebenes Datum), sah ich zum ersten Male die Gräfin von *Polignac*, welche in der Folge durch die Gunst der Königin und späterhin durch den Hass der Nation so berühmt geworden und vom Schicksal bestimmt war, ein frühzeitiges, unglückliches Ende zu nehmen. Der Graf *Jules*, nachheriger Herzog von Polignac, ihr Gemahl, teilte das glänzende Glück seiner Gattin, ohne es geahnt, noch gesucht zu haben. Daraus darf man aber nicht folgern, dass er dieses Glückes unwert gewesen sei; dies würde heißen, meinen Worten einen falschen Sinn unterlegen. Er war ein rechtlicher, einfacher Ehrenmann, der durch Namen und Familienverhältnisse zu allem gelangen konnte, den aber persönliche Eigenschaften und Fähigkeiten – vielleicht auch Geschmack und Neigung – zu einem stillen, einförmigen Leben beriefen. Sein Vermögen war bescheiden, seine Aussichten beschränkt. Mehr Freund als Liebhaber seiner Gattin, begnügte er sich beständig mit diesem Titel und ertrug ohne Laune wie wohl kein anderer, dass er den zweiten nicht führte. Unter den Zügen und in der Gestalt des Fräuleins *Polastron*[39], seiner Gemahlin, machte ihn Fortuna zu ihrem Günstling; er hatte sich nicht zu dieser Göttin gedrängt, stieß sie aber, und mit Recht, nicht von sich und ließ sich von ihr mit allen ihren Gaben überschütten, ohne sie je, wie es wohl geheißen hat, für seine Person zu missbrauchen. Nur seine Schwester[40] und seine Umgebungen[41] waren schuld, dass sich über ihn und seine Gemahlin (welche jedoch nicht so genügsam war als er selbst), der Strom des Neides, des Unmuts, der Erbitterung ergoss, der schon vor der Revolution unwillig und dumpf hinter den bald nachher zu durchbrechenden Dämmen rauschte und beide als seine ersten Opfer mit sich fortzureißen drohte.

Herr und Frau von *Polignac* (denn ich beschränke mich auf sie allein) verdienten nicht eben den öffentlichen Hass, der sie verfolgte. Sie liehen zwar der Schmeichelei, der Zudringlichkeit ihrer Klienten, der Stimme verderblicher Ratgeber ihr Ohr, ließen sich vom falschen Glanze des Glückes blenden, fielen in Irrtümer, gerieten auf Abwege; dürfte es aber

---

[39] *Gabriele Yolande Martine*, geboren 1750, gestorben zu Wien 1793. *Übers.*

[40] Die Gräfin Diane von Polignac. *Übers.*

[41] Der Abbé de la Balivière usw. *Übers.*

wohl an irgendeinem Hofe, zu irgendeiner Zeit, viele Hofleute geben, welche, in eine ähnliche Lage versetzt, weniger Habgier weniger Stolz gezeigt, weniger Fehler begangen haben würden?

Es ist damit nicht gesagt, dass der, welcher den Richterstuhl einnimmt, den menschlichen Schwachheiten ihr Maß und Ziel setzte und alles, was darüber ist, verdamme; er muss noch überdies die Stellung, die Lage berechnen, in welcher sich der Angeklagte befand, er muss mit Uneigennützigkeit die Täuschungen abwägen, die dessen Fehler veranlassten, Breite und Tiefe des Stromes messen, der ihn fortriss.

Die der alten Regierung gemachten übertriebenen Vorwürfe und Anschuldigungen von Missbrauch der Macht, von Bedrückungen, von geheimen Verhaftbriefen, von gewaltsamen Handlungen des Despotismus, rührten gar oft von Leuten her, welche nie darunter gelitten hatten, oder, wenn sie damit bestraft worden, der Gerechtigkeit hätten Dank wissen sollen, die sich für sie in Gnade verwandelte. – Ungerechtigkeiten, wie sie das Ministerium des Herzogs de la Brilliere gebrandmarkt, und Männer und Frauen, die ihn beherrschten, mit Schande bedeckt haben – solche Ungerechtigkeiten verdienen den gerechten Hass und die schwersten Vorwürfe der Nation. Aber nichts von der Art, nichts, was ihnen nur am allerentferntesten gliche, kann der während beinahe fünfzehn Jahren allmächtigen Familie der Polignacs Schuld gegeben werden.

Worin bestehen ihre Verbrechen? Dienstleistungen für ihre Freunde; ein herzoglicher Titel und hohe Hofwürden für sich selbst (zuletzt wurde die Herzogin zur Gouvernante der königlichen Kinder erhoben); Gold – (Gold nehmen die Menschen immer, wo es zu finden ist; obschon es edler sein würde, es zu verschmähen); – die ihren Mitwerbern und Feinden entzogene Hofgunst: Hierin bestand, wenn das Schlimmste zum Schlimmen kommt, die Ausübung und der Missbrauch einer Gewalt, welche sie, in den Abzweigungen und Unterabteilungen derselben, so viele Jahre zu unumschränkten Herren der Monarchie machte.

Als die Gräfin Jules von Polignac zuerst vorgestellt wurde, zog sie aller Augen auf sich, nicht sowohl durch ihre Gestalt als durch eine Grazie, welche mehr anspricht als die regelmäßigste Schönheit, und durch einen verführerischen Reiz, der umso mehr bei ihr eine reine Naturgabe war, da auch nicht das Geringste von der Kunst erborgt zu sein schien.

Die zärtliche Freundschaft, welche die Königin bis dahin für die Prinzessin von Lamballe[42] gehegt und ihr auch in den letzten Zeiten und bis zum kläglichen Ende der Prinzessin wiedergeschenkt und erhalten, hatte damals angefangen, etwas von ihrer Wärme und Lebhaftigkeit zu verlieren. Die Erscheinung der Gräfin von Polignac konnte in keinen günstigeren Zeitpunkt fallen. Das Herz der Königin suchte, sozusagen, das Herz einer Freundin. So geschah es denn, dass sie im ersten Augenblick jene Sympathie für sie fühlte, welche in der Liebe wie in der Freundschaft der Vorbote der dauerndsten Zuneigung ist. Die Königin wünschte die Gräfin immer um sich zu haben und bot ihr deshalb erst die Stelle einer Palastdame, dann einer Dame d'atours an. Etwas Bequemlichkeit vonseiten der Gräfin, vielleicht auch der Rat ihrer Freunde, und ein wenig Politik, bestimmten sie, die Gnade abzulehnen. Von nun an konnte sie aber in keiner anderen Eigenschaft als in der einer Freundin, bei der Königin eintreten. Die Stelle war von neuer Art; eine Freundin, die in keiner Abhängigkeit von der Majestät lebt, eine Freundin, welche nichts von der Majestät verlangt, konnte darauf rechnen, es lange zu bleiben. Ihr Gemahl hingegen durfte, ohne Nachteil und Anstoß, mit einer Hofwürde auftreten und erhielt demzufolge die Anwartschaft auf des Grafen von Tesse Oberst-Stallmeisterstelle bei der Königin. Diese

[42] Die Prinzessin war außerordentlich hübsch; nur hatte ihre Taille keine Eleganz, und ihre Hände waren abscheulich dick, ohne alles Verhältnis mit der Zartheit ihres übrigen Körpers. Die Gesichtszüge, obschon nicht regelmäßig, waren einnehmend und lieblich; ihr Charakter sanft, gefällig, immer heiter und fröhlich. Es fehlte ihr aber durchaus an Verstand. Ihre gute Laune, ihr kindliches Wesen, ihre Lustigkeit verbargen jedoch zum Teil diesen Fehler und machten sie liebenswürdig. In Gesellschaften richtete sie sich nach der Person, die den größten Verstand hatte, gab acht auf das, was diese sprach, stellte sich dann, als habe sie nicht aufgemerkt und fing von neuem an von der Sache zu reden und das eben Gesagte für ihre Meinung auszugeben. Erinnerte man sie daran, so schützte sie eine Zerstreuung vor und versicherte, nichts gehört zu haben. Dabei hatte sie ein schwaches Nervensystem, oder vielmehr, sie affektierte es. Beim Geruch eines Veilchenstraußes, beim Anblick eines Krebses, selbst eines gemalten, fiel sie in Ohnmacht. Dies widerfuhr ihr unter anderem einmal in Amsterdam, als sie die Bildergalerie des Bankiers Hope besah und auf eine Fischhändlerin stieß, welche einen großen Hummer vor sich liegen hatte. Ein andermal erschrak sie über das laute Gähnen eines Bedienten in einem Nebenzimmer dergestalt, dass sie zwei Stunden lang die Besinnung verlor und nicht eher erwachte, bis (zum Schein) alle Anstalten getroffen waren, ihr eine Ader zu öffnen und die Lanzette angesetzt werden sollte. Zuletzt steigerten sich die Ohnmachten zur förmlichen Schlafsucht. – Die Königin entzog der Fürstin ihr Vertrauen, weil diese nicht imstande war, ihr einen guten Rat zu geben, ja nicht einmal ein ernsthaftes Gespräch durchzuführen. (Memoires de la C. de Genlis.)

Verfügung, von welcher dieser nicht einmal vorläufig unterrichtet wurde, war ein Dolchstich für ihn, obschon er keinen Sohn hatte, der einst sein Nachfolger hätte sein können. Die Wunde war umso empfindlicher, da alles darauf abgesehen war, seinem Stellvertreter Ehre zu erzeigen, ihn selbst aber Demütigungen und Herabsetzungen fühlen zu lassen. Man hoffte, ihn dadurch zu bewegen, seine Entlassung zu nehmen; er war aber stark oder schwach genug, allen Stürmen die Stirn zu bieten und im Dienste zu bleiben. Wahrlich ein bitterer Lohn für einen der rechtschaffensten Männer in Frankreich, für einen Granden von Spanien, einen Generalleutnant, einen Ritter der großen Orden, für den Enkel eines französischen Marschalls und für den letzten Spross einer Familie, in welcher diese Stelle von Vater auf Sohn bisher erblich gewesen war!

Aber junge Königinnen nehmen es mit alten Hofleuten nicht so genau.

Die Gräfin Tesse, eine Tochter des Marschalls von Noailles, konnte ihrerseits und durch den Einfluss ihrer Familie einen Schlag nicht abwenden, der sie umso tiefer kränken musste, da man ihr die Absicht zuschrieb, dem Vicomte de Noailles, ihrem Vetter, die Anwartschaft auf die Stelle zu verschaffen. Letzterer hat mir jedoch das Gegenteil feierlich versichert. Die Gräfin rächte sich wenigstens für den Vorfall dadurch, dass sie laut von der Sache sprach und ihre Meinung offen äußerte, dass sie selten an den Hof kam, und so oft sie erschien, sich mit einer Würde zeigte, welche einer edlen Rache nicht unähnlich sah. Dabei hätte sie es aber bewenden lassen, keinen Schritt weitergehen und, mit einem so vorzüglichen Verstande begabt, als der ihrige war, den Geist der bevorstehenden Revolution erraten sollen, welcher es sich zum Gesetz machte, diejenigen zu bestrafen, die sich ihrer bedienten, um Rache an ihren Feinden zu nehmen; sie hätte vor allen Dingen bedenken sollen, dass die höheren Klassen, wenn sie sich zu philanthropischer Sentimentalität herablassen, immer dafür gezüchtigt werden; sie hätte sich hüten sollen, dem Volksrepräsentanten *Barnave* den Spottnamen *Neronet* zu geben, weil dieser sich einmal einen Ausdruck[43] erlaubt hatte, der sein ganzes Andenken entehrt und den er sich selbst oft vorgeworfen hat.

Auf Veranlassung dieser Anwartschaft und der Ernennung des Herzogs von *Polignac* zum Oberst-Stallmeister mussten wir, sämtliche Pagen

---

[43] *Barnave* hatte nämlich bei Gelegenheit der Ermordung *Berthiers* und *Foulons* gefragt: Ce sang qui coule, est-il donc si pur?

der Königin, ihm und seiner Gemahlin unsere Aufwartung machen und unsern Glückwunsch abstatten. Beide befanden sich damals noch in ziemlich beschränkten Vermögensumständen und wohnten im Hôtel de Fortisson, rue des bons enfants, zu Versailles. Welch ein gewaltiger Abstand von dem Glanze, der ihrer wartete, als sie im *Schlosse* von Versailles wohnten und täglich die Ehre hatten, die Königin, den Grafen von *Artois* und selbst den König bei sich zu bewirten!

Ich würde es vergebens versuchen, den Eindruck zu schildern, welchen der erste Anblick der Gräfin *Jules* auf mich damaligen Jüngling machte; sie war eben aufgestanden, im weißen Morgenkleide, eine Rose in den Haaren[44], und stand vor einem Spiegel, der ihre Züge zurückgab und ihre Gestalt, sozusagen, verdoppelte. Ich erinnere mich noch jetzt deutlich, dass, was mich am meisten frappierte, die Idee war, ich sähe eine Prinzessin vor mir stehen, welche sich anschicke, auf einem Liebhabertheater die Rolle einer Schäferin zu spielen, und zwar sie in der höchsten Vollkommenheit zu spielen. Zugleich sagte ich zu mir selbst: »Hinkte sie nur ein wenig, so würde sie – obschon nicht so schmachtend und viel hübscher als die Herzogin de la Vallière[45] – viel Ähnlichkeit mit ihr haben.«

---

[44] Dans le simple appareil D'une beauté qu'on vient d'arracher au sommeil. (Britannicus.)

[45] Ich bin überzeugt, dass ich Mademoiselle *de la Vallière*, die ich, wie man weiß, im Leben nicht gesehen habe, Zug für Zug kenne. Es sind überhaupt zwei Frauen, in welche ich von früher Jugend an verliebt gewesen, deren Bildnisse ich in meinem Herzen und in meinem Taschenbuche mit mir getragen, und die ich unendlich besser als die meisten derer, mit welchen ich wirklich umgegangen bin, zu kennen glaubte. Die eine ist die Herzogin de la Vallière. Ich kenne sie sozusagen auswendig, so vollständig haben sie mir Petitot, Frau von Sévigné und die Memoiren ihrer Zeit geschildert; die andere ist Rousseaus Julie, die ich aber zu lieben aufgehört, als sie Frau von Volmar geworden war. Von der Letzteren, da sie nicht existiert hat, konnte ich mir noch leichter ein Fantasiebild entwerfen. Ich ließ sie, nach meiner Angabe, von Campana malen, und das Bild hatte die treffendste Ähnlichkeit mit meiner Idee. Ich behielt es lange und opferte es endlich den Launen einer zweiten (Madame De Merteuil aus den Liaisons dangereuses von C. de Laclos bekannt. Übers.) auf, welche mir gegenüber behauptete: »Ich sei zu vernünftig, umso närrisch lieben zu können; es habe nie eine Julie gegeben; mein Bild von ihr sei das Porträt einer wirklichen Person, die ich früher geliebt hätte; kurz, sie wolle und müsse es haben und vernichten.« Ich war so schwach, es ihr zu geben und habe es seitdem nicht wieder ersetzen können. Was Madame de Tourvel (ebenfalls eine weibliche Hauptperson in den Liaisons dangereuses, Übers.) anbelangt, so habe ich diese in der Wirklichkeit gekannt und werde mehr davon sagen, wenn ich in der Folge dieser Memoiren auf mein Zusammentreffen mit Herrn de La Clos komme.

71

Es ist sonderbar, dass der erste lebhafte Eindruck, welchen damals die Gräfin *von Polignac* auf mich machte, von keinem Bestand gewesen ist; ich habe sie in der Folge gesehen, ohne von ihrer Schönheit gerührt zu werden: Desto mehr wurde ich es aber von ihrer Haltung, ihrem Gange, von den zauberischen Stellungen und Wendungen ihrer Person, welche das Gepräge einer leichten Nachlässigkeit trugen, die von dem Treiben der Höfe, der Geschäftigkeit des Ehrgeizes, dem Rausche des Einflusses und der Macht so auffallend abstach. Auch ihrem Gemahl war ein äußerer Gleichmut, der in höheren Kreisen so selten und in allen Lagen so empfehlenswert ist, in hohem Grade zuteilgeworden. Beide besaßen die Eigenschaft der Gelassenheit. Ihre Feinde waren nicht so kaltblütig, nicht so ruhig. Selbst der Graf von Vaudreuil, der die Gräfin beherrschte, konnte sich nicht immer beherrschen. Er besaß viel Geist und Grazie, einen edlen Anstand; er war glücklich in seinen Ausdrücken und Wendungen; er hatte ganz das Wesen eines großen Herrn und etwas Anziehendes; nur ließ er sich in der Hitze zu weit gehen und gab dem Hange nach, dessen man ihn beschuldigte, zu oft und zu gern von sich zu sprechen. Diese Schwäche musste man ihm aber umso mehr zugutehalten, da es wenige Männer gab, die es mehr verdient hätten als er, der Gegenstand einer interessanten Unterhaltung zu sein. Nach dem, was ich von ihm weiß und von anderen erfahren habe, möchte ich mich ungern auf die Frage einlassen: Wiewveit sich sein Einfluss über die Herzogin erstreckt habe? Inwiefern er die Vorwürfe verdient, die ihm gemacht worden? Desto leichter und lieber ist es mir, von ihm zu sagen: dass es kaum in der Wirklichkeit einen ritterlicheren Charakter gegeben habe; dass wenige so viel Liberalität, so viel Unbefangenheit, so viel Eigenschaften, welche eine schöne Seele verraten, gezeigt haben als er, selbst wenn man auch zugeben muss, dass ihm die Mittel, diese Neigungen zu entwickeln, mehr zu Gebote standen als anderen. Man fand in ihm den aufgeklärten Freund und Gönner der Kunst und Literatur; immer gefällig gegen Gelehrte und Künstler, suchte er ihnen mit einer Grazie zu begegnen und mit einem zuvorkommenden Eifer zu dienen, welche zugleich den Wert des Dienstes, des Mäzenaten und des Klienten erhöhten. Mit so viel schönen Eigenschaften, denen freilich das Gegengewicht menschlicher Schwächen nicht fehlte, hat er es gleichwohl nie dahin bringen können, sich bei der Königin beliebt zu machen.

Was soll ich hier tun? Mich entsetzen oder lachen über Gerüchte, welche in den entferntesten Provinzen von Frankreich, und besonders im Auslande, eine Art von Glaubwürdigkeit erhalten haben? Soll ich hier wiederholen, dass es Leute gegeben, die sich die Überzeugung eines vertrauten Umgangs ... nicht haben ausreden lassen wollen? – Doch ich will dem Andenken einer durch Eigenschaften und Unfälle gleich erhabenen, erlauchten Person nicht die Schmach antun, sie gegen so niedrige Verleumdungen in Schutz zu nehmen. – Die Königin ließ Herrn von Vaudreuil nicht einmal Gerechtigkeit widerfahren; sie fühlte, wie ich es als gewiss behaupten darf, eine Art von *Entfremdung* (um mich des stärkeren Ausdrucks »Abneigung« nicht zu bedienen) gegen ihn; sie war nahe daran, mehr zu tun, als ihn – nicht zu lieben, und das gerade aus dem Grunde, weil sie ihm mit Recht eine große Gewalt über die Gräfin *von Polignac* zuschrieb und weil der Abbé *de Viermont*, der ihn aus allen Kräften hasste, ihr beständig in den Ohren lag, dass jener ihr das Herz der Gräfin entziehe. *Vermonts* Hass war begründet, denn in der Tat hatte Herr *von Vaudreuil* den Abbé auf eine Weise behandelt, woran *dieser* nicht gewöhnt war.

Die Favoritin hatte einen Bruder, welcher, wie der Frau von *Maintenon* Bruder, zu keinen großen Hoffnungen berechtigte. Er machte auch keine andere Karriere als die, für welche er zufällig bestimmt war; spielte die Violine und war ein wenig der untertänige Mann seiner Frau. Diese, eine geborene *D'Espagnac*, war keine vollkommene Schönheit, aber ganz dazu gemacht, zu gefallen und zu fesseln; sie hat es auch durch die vieljährige Leidenschaft bewiesen, die sie eingeflößt, und durch die Tränen, welche um sie vergossen worden sind. Sie hatte im eigentlichen Sinne, was man sonst im Figürlichen un air penché zu nennen pflegt; sie neigte den Kopf etwas nach der Schulter hin; – das war eine schmachtende, nachlässige Attitüde, wenn ich sie so nennen darf, die nicht ohne Grazie war.

Die Freundschaft der Königin[46] für die Herzogin erhielt sich zwar nicht immer auf derselben Höhe, glich aber einem schönen Tage, der,

---

[46] Die Fürstin, welche mehr als irgendeine ihrer Vorgängerinnen auf dem französischen Throne die Süßigkeiten der Freundschaft und die Reize des Privatlebens schmecken und genießen wollte (was – im Vorbeigehen gesagt – sich weder für Könige noch für Königinnen schickt), hat sich vielleicht in dieser Rücksicht nur einen einzigen Flecken vorzuwerfen gehabt: der ihrer schönen Seele nicht zur Ehre gereicht, nämlich: die grausame Kälte, mit welcher sie die Prinzessin *von Guémené*, Gouvernante der königlichen Kinder, nach dem unglücklichen Bankrott und Fall des Prinzen behandelt hat. Man kann es nicht leugnen: Der Prinz *von Guémené* hatte sich ein unverantwortliches Verhalten zuschulden kommen lassen; aber diese *Schuld* war nicht ohne alle *Entschul-*

obschon nicht ganz wolkenfrei und ohne Abwechslung, mit einem schönen Abend endigt.

Die Herzogin *von Fitz-Lames*, die Prinzessin *von Tarent* sind eine Zeit lang Favoritinnen der Königin gewesen; es hat sogar Zeiten gegeben, wo sie besser behandelt wurden als die Herzogin selbst; man hätte daraus schließen sollen, dass die Zuneigung der Königin für diese nicht mehr so feurig war; allein das Band war zu sehr zur Gewohnheit geworden, hatte beide Herzen zu eng und zu fest umschlungen, als dass es durch kleine Störungen hätte lockerer werden, oder gar nach längeren Unterbrechungen, den Feinden der *Polignacs* zum Triumph, hätte zerreißen können. Der König selbst, welcher so gern seine Neigungen mit denen der Königin teilte, hat sich beständig gegen die Favoritin mit sorgfältiger Beobachtung des äußeren Wohlwollens benommen; ja, was vonseiten eines Königs noch mehr ist, der den Namen eines honnête homme mit so vollem Rechte führte, *Ludwig XVI.* hat der Herzogin bei mehreren Gelegenheiten Zeichen seiner Achtung gegeben. Diese Beharrlichkeit gereicht beiden, der Königin sowohl als ihrer Freundin, zur Ehre.

Als der Name *Polignac* wie ein Todesurteil klang, verließ die Herzogin Frankreich und entging den Gefahren, die sie umgaben, doch nur, um der Vorsehung zu ihren geheimen Absichten eine neue Veranlassung zu geben. Es war nämlich beschlossen und im Buche des Schicksals niedergeschrieben, dass die Herzogin wegen der von ihr begangenen Fehler (wer begeht deren keine?) und selbst wegen der ihr zur Last gelegten, durch die lange Agonie der Gefangenschaft und den blutigen Tod ihrer Gebieterin, ihrer Freundin, bestraft werden sollte. Die Nachricht brach ihr das Herz; es verschloss sich dem Troste; der Kummer und dessen Begleiter, Körper- und Seelenleiden, nagten daran; sie fand das Ende ihres Elends im Grabe; dieses Grab ist in Wien, wo man sie bedau-

---

digung. Hatte die Königin selbst an der Zerrüttung dieses Hauses keinen Anteil gehabt? War sie ganz ohne Verantwortlichkeit? Hatte sie nicht durch ihre Gegenwart das unglückliche Paar zu den ungeheuren Verschwendungen verleitet, die es zugrunde richten mussten? Hatte sie nicht den Festen beigewohnt und dadurch immer neue Feste veranlasst? Vielleicht fürchtete sie sich, wenn sie den Gefallenen zu viel Güte und Teilnahme schenkte, es möchte die Stimme des öffentlichen Tadels die Stufen des Thrones hinanmurren, es möchte das Geschrei so vieler durch den schändlichsten Betrug zur Verzweiflung gebrachten Familien in den innersten Gemächern des Schlosses widerhallen: – doch selbst *dieses* konnte dem Mangel an Interesse nicht zur Rechtfertigung dienen, welches sie einer Person hätte zu erkennen geben sollen, die sie zwar nie sonderlich geliebt, aber doch so nahe in ihrer Umgebung gehabt hatte.

74

ert, sie beweint hat. ... Ihre Tochter, die unglückliche Herzogin von *Guiche*, folgte ihr nach. Sie war beinahe ebenso reizend wie ihre Mutter; viele fanden sie sogar schöner; mir ist sie nicht so vorgekommen; dabei war in ihr mehr Gesuchtes, weniger natürliche Grazie. Das Unglück hat diesen schönen Blumen Säfte und Farben geraubt; – des Todes Flügel die Blätter gestreift, den Stängel zerknickt – ein Grabstein ihre Wurzeln bedeckt!!

Ich hätte diesen Abschnitt noch verlängern und mit vielen Anekdoten würzen können; aber *alles* sagen, heißt mehr noch etwas Überflüssiges als etwas Langweiliges tun. Unser Lob erreicht den Staub im Grabe nicht; und doppelt nichtswürdig und gehässig ist es, Totenurnen zerschlagen und die leblose Asche, welche sie enthalten, unter die Füße treten. Schmeichelei und Erbitterung stehen weder meinem Herzen noch meiner Feder zu Gebot. Ich glaube genug gesagt zu haben, um eine Gunst, welche in übertriebenen oder ungetreuen Schilderungen so arg verleumdet worden, in ihr wahres Licht zu stellen, und einer Familie, welche von Menschen und Schicksalen so schonungslos verfolgt worden ist, zu ihrem Rechte zu verhelfen.[47]

Doch ich komme wieder auf Frau von ... und auf ihre Rivalin zurück, welche ihren Platz eingenommen und sie aus meinem Herzen verdrängt hatte.

Interessante *Sophie*! Ehe es mir gelang, einen Brief an dich zustande zu bringen, hatte ich fünf oder sechs zerrissen, weil sie mir alle so kalt, nüchtern und nichtssagend schienen. Meine brennende Liebe, von der sie nur ein matter Widerschein waren, verwarf sie. Endlich entschloss ich mich, den siebenten abgehen zu lassen. *Morand* besorgte ihn; er wur-

---

[47] Wir teilen hier aus den Memoiren der Gräfin *von Genlis* die Beschreibung mit, welche sie von der Herzogin *von Polignac* machte. »Ihre Taille, obschon gerade, war schlecht gebaut, klein, unzart, ohne Eleganz. Ihr Gesicht hatte nur einen Fehler: die große, eckig geformte und im Verhältnis zur Gesichtsfarbe zu braune Stirn. Der Fehler verschwand, als es Mode ward, die Haare fast bis über die Augenbrauen zu tragen; jetzt war ihr Kopf vollkommen schön. Aus ihren Zügen las man Offenheit und Feinheit; Blick und Lächeln waren himmlisch. Keines ihrer Gemälde ist ähnlich. Sie war sanft, wohlwollend, von einfachem Wesen, und um desto liebenswürdiger. Ihre Gunst bei der Königin hat ihr Äußeres unverändert gelassen. Man hat ihr einen gewissen Grad von Verstand absprechen wollen; für meinen Teil habe ich sie in Gesellschaften nicht beschränkt, ja nicht einmal uninteressant gefunden. – Das schönste Lob ist ihr von der Königin selbst erteilt worden: »Allein mit *ihr*, bis ich nicht mehr *Königin*, bin nur *ich*.« *Übers.*

de zwar angenommen, aber man machte viel Umstände und erklärte zuletzt bestimmt, dass keine Antwort erfolgen werde.

Dieser Entschluss brachte mich fast zum Wahnsinn. In meiner Verzweiflung und mit dem Vorsatz, alles zu wagen, allem zu trotzen, machte ich mich auf den Weg nach dem Hotel der Frau von ... Ich hatte eine Zeit gewählt, wo ich wusste, dass sie nicht zu Hause und bei Mesdames[48] war. Ich fand leicht Zutritt bei Fräulein *von Lorville*. Ich beschwor sie mit dem Ausdruck des lebhaftesten Schmerzes, die erste wahre Liebe, die ich empfunden, mit mir zu teilen; oder, wenn sie unerbittlich bliebe, mir ohne Umschweife ein Unglück zu verkünden, dessen Folgen ich nicht voraussehen könne, nicht berechnen dürfe.

Um mir jetzt, wo ich dieses schreibe, die Herrschaft erklären zu können, welche meine damalige Leidenschaft über mich ausübte, muss ich den Grund derselben in einer geheimen Sympathie aufsuchen, die beim ersten Anblick des geliebten Gegenstandes unser Herz, besonders wenn dieses Herz noch neu und erst in die Welt eingetreten ist, überwältigt. Alsdann sind unsere Eindrücke tief, unsre Bewegungen und Triebe rastlos; alsdann ist die Liebe ein hitziges Fieber; sie hat nichts als den Namen mit jenen überlegten Verbindungen gemein, deren Grund, Gang und Wirkungen man kalt und ruhig berechnet, wenn das verschrumpfte Herz verlernt hat, sich glücklichen Täuschungen und Träumen zu überlassen.

Ich hatte zwei Aufgaben zu lösen. Ich musste *Sophie* den ganzen Umfang meiner Leidenschaft zeigen, ich musste diese Leidenschaft vor allen Augen verbergen und vollends vor den Augen der Frau von ... Noch mehr: Ich musste *diese* bei der Überzeugung lassen, dass meine Liebe zu ihr – die bisherige, die gewesene – nicht abgenommen habe; ich musste ihr die Gewissheit geben – und das in einem Moment, wo mein ganzes Wesen einer andern gehörte –, dass ich noch immer der Ihrige sei; ich musste mich in einem Verhältnis, welches mir das schwerste Joch der Sklaverei auferlegte, glücklich und entzückt stellen, und Fesseln zu küssen scheinen, die ich abzustreifen, deren Spuren ich zu vertilgen strebte.

Von jeher – und selbst in späteren Jahren – ist es mir unmöglich gewesen, die Verstellung bis auf diesen Punkt zu treiben. Ich habe zwar mehr als einmal Zärtlichkeit gelogen, wo ich nur Sehnsucht und Begier-

---

[48] Des Königs Tanten. *Übers.*

den fühlte. Ich habe oft die Sprache[49] der Empfindung geführt, oft die Züge der Schwermut geborgt, wenn ich meine heimlichen Zwecke zu bemänteln und den Genüssen der Libertinage einen ehrbaren Anstrich zu geben suchte; – aber einer Frau, die man hoch schätzt, eine Liebe schwören, die man für eine andre im Herzen trägt, ein Entzücken, das man für eine andre fühlt, in ihre Arme übertragen, sich selbst zu einem moralischen und physischen Lügner stempeln: – das heißt der Person spotten, welche man zum Gegenstand seiner Scheinhuldigung, zum Opfer und Spielwerk des Betruges macht; zugleich heißt es aber auch, sich selbst die Qual bereiten, die ein Mezenz[50] für andere erfand.

> Selbst ja gestorbene Leiber mit lebenden fügt' er zusammen,
> Händ' auf Hände gelegt, und Antlitz auf Antlitz,
> (Ha, der Peiniger!) dass sie, in Jauch' und Verwesung zerfließend,
> Langsamen Tod hinstarben in jammervoller Umarmung.
>
> *J. H. Voß.*

Auf der ändern Seite ängstigte mich der Kummer, den ich der Frau von ... machen würde, wenn sie meine neue Liebe erführe. Sie hatte schon ein geheimes Vorgefühl davon; schon führte sie Klage über meine Gleichgültigkeit, über eine Veränderung in meinem Wesen: So wenig war ich Meister in der Verstellung. Ich versuchte zwar, sie zu beruhigen, doch es gelang mir nur zur Hälfte. Ich schob die Schuld auf meine Gesundheit. Sie tat, als glaube sie es. Aber es ist schwer, eine Liebende zu betrügen, die zwar leichtgläubig, aber auch zugleich hellsehend ist, die sich zwar gern von ihrem Geliebten täuschen ließe, sich selbst aber nicht zu täuschen vermag.

Sophie hatte mein rascher Überfall außer sich gebracht. Ich hatte ihr meine Gefühle mitgeteilt; meine Rührung hatte sie gerührt. Ich war von ihr mit der heiligen Versicherung entlassen worden: Sie wolle schreiben. Mit zitternder Stimme hatte sie hinzugesetzt: Sie wolle auch suchen, mich gelegentlich zu sprechen. Ich bat sie um eine Zusammenkunft bei Morand; sie dürfe nur ihre Leidenschaft für die Malerei vorschützen. Ich beschwor sie, mich nicht sterben zu lassen: Ohne ihre Liebe könne ich

---

[49] Le jargon.

[50] Mortua ... jungebat corpora vivis, Componens manibusque manus, atque oribus ora, (Tormenti genus) et sanie taboque fluentes Complexu «in misero longa sie morte necabat. Virgil. Aen. VIII. 485–8.

nicht leben (sie glaubte es, ich glaubte es ebenfalls; mein Tod war in unseren Augen so möglich, so wahrscheinlich, so unvermeidlich!). Kurz, ich verließ sie verliebter als je, weil ich selbst sie leidenschaftlicher als je verließ.

Von nun an war Morands Haus für mich ein Tempel, der alle meine Wünsche wie in einen Mittelpunkt in sich schloss. Sophie kam mehrere Male dahin. Mir war es genug, sie zu sehen, sie zu hören, von ihren Lippen die Bestätigung zu erhalten, sie teile meine Gefühle. Ich war glücklich. Noch hatte ich durch keine leise Äußerung den Anstand verletzt, von ihrer Zärtlichkeit das letzte Opfer nicht erfleht. Ich war glücklich. – Wo ist aber ein Glück, das nicht ermüdet, solange sich's nach einem höheren streben lässt! Ich ging weiter. Ich wagte es, in sie zu dringen; ich beschwor sie, mir ihre ganze Liebe auf Kosten ihrer ganzen Unschuld zu schenken. Sie widerstand der Heftigkeit meiner Bestürmung, den Gefahren meiner Künste, meinen zärtlichsten Bitten, meinen ungestümsten Verfolgungen. Zwei Schutzengel bewachten sie: ihre Tugend und noch mehr ein geheimer Instinkt von Scham und Furcht.

Sechs Wochen waren in diesem Kampfe verflossen. Schon fing mein Mut an zu sinken und meine Hoffnung zu schwinden. Kummer nagte an meinem Herzen. Mein Äußeres war bis zur Unkenntlichkeit verändert. Sophie kam ihr Sieg noch teurer zu stehen. Ihr niedliches Gesicht war noch eingefallener als meins, und das will bei der Frau mehr als bei dem Manne bedeuten.

Ich sollte in einigen Wochen die Pagenanstalt verlassen. Unsre Lage war dringend. Nachdem ich alle Vorstellungen, alle Überredungen erschöpft, schlug ich Sophie die Ehe vor, und setzte mit einer Schwärmerei, in der etwas Finsteres und Melancholisches lag, hinzu: »Wenn du diesen letzten Beweis meiner Anbetung und abgöttischen Liebe verwirfst, so schwindet alles aus meinem Leben, Ehre, Glück, Beförderung, kurz alles, was für mich Zweck des Lebens sein kann; so entsage ich von nun an jeder Hoffnung in einer Welt, die mich vor der Zeit auf das Bitterste betrogen hat.« – Mit einem feierlichen Tone, den ich nie vergessen werde, gab sie zur Antwort: »Ich bin bereit, mit meinem Glücke das Glück zu erkaufen und zu besiegeln, welches Sie in einer Welt erwartet, für die Sie gemacht sind, in welche Sie im Begriff sind einzutreten und in welche meine zärtlichsten Wünsche Sie noch dann begleiten werden, wenn Sie mich vielleicht längst vergessen haben. Keine Eidesschwüre! (setzte sie hinzu, als sie merkte, dass ich sie unterbrechen wollte). Wären

Sie in diesem Augenblick nicht aufrichtig, so würden Sie bald aufhören, gefährlich für mich zu sein. Die *Gegenwart* ist es nicht, vor der ich zittre! Auch nehme ich das Anerbieten Ihrer Hand nicht an: Unsre Ehe würde vor dem Richterstuhl der Vernunft, der Ehre und des Gesetzes ungültig sein. Fern sei es von mir, durch einen Schritt dieser Art Ihre Laufbahn in dem Moment, da sie sich vor Ihnen öffnet, auf immer zu schließen. Das Schicksal hat mir das Glück nicht zugedacht, Ihre Gattin zu werden; es hat mich auch nicht bestimmt; Ihre Mätresse zu sein; aber die Liebe veredelt alles, selbst ein erniedrigendes Verhältnis. Ja, das Andenken an diese Liebe wird mein Leben beseligen; wird in der Folge mein Trost werden, wenn Sie je so ungerecht sein könnten, mich zu vergessen, und ich so unglücklich, von Ihnen vergessen zu werden. Von nun an sollen Sie ebenso wenig *jetzt* einen Laut der Weigerung als *einst* der Reue hören.«

Oh Macht der Tugend, du bist kein Hirngespinst! – Sie schwieg und zugleich verstummten die empörten Triebe und Begierden meines Herzens, die noch vor wenig Minuten so heftig in mir getobt und mein Blut entzündet hatten. In meinem Busen ward alles still, wie auf den Schlag eines Zauberstabs, wie auf das Geheiß einer höheren Macht. In diesem Moment war Fräulein *von Lorville* für mich eine unverletzliche Gottheit, ein heiliger Gegenstand meiner Verehrung und Anbetung. Aus meinem Wesen war die Möglichkeit verschwunden, sie zu kränken; ich hatte nur ein Gefühl, die tiefste Ehrerbietung. Die Schwäche des Weibes siegte über die Stärke des Mannes.

Zu ihren Füßen liegend, überließ ich mich dem süßen Schmerz einer Wollust, die ihrer und meiner würdig war, und dem Stolze, mich beherrscht, sie nicht beleidigt zu haben. Wie beredt dankte mir ihr Schweigen! Wie sprechend und belohnend war ihr Blick! Wie viel zärtlicher liebte sie mich! Wie viel teurer wurde sie mir! Oh, welch himmlisches Gefühl wäre die Liebe, wenn sie sich auf diesen unaussprechlichen Rausch der Seele beschränkte! Wie veredelt durch den Wechseltausch, durch das Zusammenströmen der Herzen! Wie engelrein, wenn sie nicht zugäbe, die Unschuld zu morden, wenn sie auf der letzten Stufe des Glücks nicht einen Selbstmord *an sich* beginge! – Aber ein feindlicher Genius spottet unser, führt uns vom Pfade der edelsten Gefühle ab, stürzt unsre löblichsten Vorsätze um, stellt uns selbst feindlich uns gegenüber, bekriegt unser *Ich* durch unser *Ich*, teilt uns in zwei widerstrebende Hälften, schwächt und überwältigt uns endlich durch diese

Teilung. Ja, es scheint, als werde dem Menschen das Gute nur in der Absicht gezeigt, damit er von dem steilen Wege, der dahin führt, desto leichter herabgleite und auf dem Abhänge des Lasters und seiner schwächeren Natur dem Verderben entgegenrolle!

Nach diesem rührenden Auftritt empfand mein Herz das Bedürfnis, sich in seine Glückseligkeit zurückzuziehen, in einem Nachgeschmack derselben zu schwelgen, dann aber auch sich Luft zu machen, seine Gefühle mitzuteilen, sie, ohne sich zu verraten, in ein zweites Herz auszuschütten. Ich wählte *Sophie* und schrieb an sie einen Brief, den mein Gedächtnis aufbewahrt hat, den ich selbst in diesem Augenblick zwar etwas sehr romanhaft finde, der aber eben deswegen charakteristisch ist, weil er meine damalige Lage lebhaft schildert. Hier ist er.

»Trostbringender Engel! Du waltest hinfort über mein Leben; Du legst ihm einen bisher unbekannten Wert bei. Um Deiner würdig zu sein, müsste ich Dir entsagen – und sterben! Doch ein Entschluss wie dieser übersteigt meine Kräfte; ich vermag nur, das Geschenk Deiner Liebe anzunehmen und es durch meine unversiegbare Anbetung zu erwidern! Du hast Dich mir nicht wie eine andere gegeben; darum will ich Dich auch nicht wie eine andere besitzen. Ich will kein gewöhnlicher Liebhaber sein. Oh meine *Sophie*, meine ewig geliebte Freundin! *Montag* bin ich frei und mein eigener Herr. ... Von diesem Tage geht mir eine neue Sonne auf. Willst Du mir diesen Tag zur Morgenröte meines Glücks machen? Willst Du meine ganze Zukunft mit dem Vorgeschmack der höchsten Wonne beseligen? In den Zauberkreis Deiner Liebe gestellt, umgeben von dem magischen Gürtel derselben, trete ich dann ins Leben mit einem Vertrauen, welches mich über mich selbst erheben wird. Oh sprich es aus, das Wort, nach welchem mein Herz sich sehnt! Sprich, Du wolltest alles, was ich wünsche, Du wünschest alles, was ich wolle!! Ich führe Dich in ein *Gotteshaus*; dort, in Gegenwart dessen, der alles sieht, der das erlaubt, was er billigt – dort, am Fuße seines Altars, bedürfen wir nicht der Zwischenkunft seiner Diener, um ihn zum Zeugen unseres unverständlichen Willens anzurufen, unseres Willens und Entschlusses, zusammen und vereint auf einer Welt zu leben und zu wallen, wo er uns gewiss einige glückliche Momente nicht versagen wird. Du und das Glück seid ja eins! ... Teure, einzige *Sophie*; ich hoffe, Du wirst in diesen Zeilen nichts Überspanntes gefunden haben! ... Ich hoffe, die ganze Heftigkeit meiner Leidenschaft wird sich Deinem Herzen mitteilen, es entzünden. ... Du wirst fühlen und mit innigster Überzeugung Dir sagen: Es sei Torheit, uns nicht zu lieben, es sei Meineid und Verbrechen, einander zu entsagen!«

Ich erwarte mit brennender Ungeduld die Antwort. Sie erschien. Kaum atmend las ich sie; kaum atmend hatte *Sophie* sie geschrieben. Sie enthielt nur ein einziges Wort; und dieses Wort war: ja!

5. Kapitel

This devil, Beauty, is compounded strangely.
It is a subtil point, and hard to know,
Whether it has in it more active tempting
Or passive tempted ...
So soon it forces, and so soon it yields.

Unsere Zusammenkunft in der Ludwigskirche – Sophie wird mein – Ich gestehe der Frau von ... meine Liebe, ohne den Gegenstand zu nennen – Ihr Verdacht auf eine andere – Ihre Antwort – Meine Familie will mich auf Reisen schicken – Meine Abschiedsvorstellung bei der Königin – Ihre Worte – Ihr Rat – Ihr richtiger Verstand – Frau von ... ist nahe daran, mein Verhältnis mit Sophie zu entdecken – Geschenke einer Geliebten sollen nie einer ändern zum Opfer gebracht werden – Ein Armband zeugt gegen mich – Sophie leugnet – Sophie schwanger – Ich schreibe an Frau von ... – Meine Verstellung – Ihre Verstellung – Sie verlässt Versailles – Ich werde mit Dorat bekannt – Sein Talent – Sein Ruf – Dorat, als Schriftsteller und als Weltmann geschildert – Sein Hass gegen Laharpe – Herr von Pezay – Anekdote – Der Herzog von Manchester – Der Graf Maurepas – Versailles wird mir nach Sophies Abreise verhasst – Ich begebe mich auf Herrn Monvilles Landgut – Monvilles Porträt – Seine Beharrlichkeit für den Herzog von Orleans – Der Herzog hat nie nach der Krone gestrebt – Die Revolution ist das Grab ihrer Freunde wie ihrer Feinde – Sophie ruft mich zurück – Ich eile nach Paris – Mein Empfang bei Frau von ... – Sophies Verlegenheit – Ich verschaffe mir nächtliche Zusammenkünfte – Ich gewinne eine Kammerfrau – Weibliche List – Frau von ... entdeckt mich in Sophies Schlafzimmer – Ich bin meiner Doppelrolle überdrüssig – Meine Erklärung Sophies Lage – Ihr Auftritt mit Frau von ... – Meine Wut – Ich gehe zur Frau von ... – Ihr Benehmen – Ihre Nachsicht gegen uns – Sie ührt uns in die Oper – Vorgang daselbst – Frau von ... teilt uns ihren Plan mit – Sie schreibt an mich – Sophie schreibt an mich – Beide verlassen Paris – Innige Teilnahme des Marquis von Sennecterre – Er tröstet mich – Betrachtungen über die weibliche Eifersucht – Ich werde Sophie untreu – Nächtliches Abenteuer – Geschichte meiner Untreue – Ein Roman und doch kein Roman – Erröten ist nicht immer ein Geständnis – Schluss und Aufklärung des Abenteuers – Dreistigkeit und Verschlagenheit einer Frau – Schlechter Ton, der in den neueren Romanen herrscht – Crebillon der Jüngere hat ihn angegeben – Dorat, selbst Marmontel, seine Nachahmer – Das Heer ihrer Nachfolger – Der gute Stil geht verloren – Angeführte Stellen zum Beweis – Ich treffe lange nachher mit der Heldin des Abenteuers wieder zusammen – Ähnliche Geschichte in Wien – Verderbtheit der Frauen – Tugend der Frauen – Ich reise zum Regiment nach Falaise – Meine Beurlaubung bei der Königin – Ihre Gnade – Der Empfang der Pariser in der Oper tut ihr wehe – Meine Antwort – Meine Abreise – Ich verlasse Paris ungern

Unser Roman wurde Wirklichkeit. Frau von ... speiste nicht zu Hause. *Sophie* benutzte auf alle Gefahr diese Abwesenheit. Ich erwartete sie an der Türe. Wir begaben uns in finsterer Nacht in die Sankt-Ludwigs-Kirche. Dort schlossen wir den Bund der Ehe, feierlicher, als ihn in der Folge so viele schlossen, die weit weniger Gewicht und Ernst darauf gelegt haben als damals wir beide. Der Bund wurde im Hotel *von Noailles* besiegelt, wo ich einige Zimmer vom Herzoge zu meiner Verfügung hatte. Dort brachte ich *die* hin, die ich (zu meiner Rechtfertigung und zur Steuer der Wahrheit sei es gesagt!) für meine gesetzliche Gattin hielt.

Noch vor Mitternacht begleitete ich sie nach Hause und von nun an war sie unwiderruflich *mein*.

Ich hielt es für eine heroische Handlung, der Frau von ... zu bekennen, dass ich mein Herz einer andern gegeben, hütete mich aber, ihr diese andere zu nennen. Ich sagte ihr bloß, sie wisse so gut als ich, dass die Liebe ein gebietendes, blindes Gefühl sei; in mir sei, sehr wider meinen Willen, dieses Gefühl für eine andere entstanden; ich würde es als ein strafbares Verbrechen ansehen müssen, wenn ich beide betrügen wollte; was aber mein erstes Verhältnis betreffe, so würde alles, was von mir abhinge, Dankbarkeit, Freundschaft und eine grenzenlose Ergebenheit und Hingebung, an die Stelle von Gefühlen treten, deren wandelbare, gebrechliche Natur es nicht in meine Macht stelle, sie ewig im Herzen zu bewahren.

Obschon durch mein früheres Benehmen zum Teil auf das, was sie jetzt hörte, vorbereitet, verstummte sie bei dieser unerwarteten Eröffnung.

Sich mit solcher Hintenansetzung des Schicklichen einem unerfahrenen Jüngling hingegeben zu haben, sich von ihm mit einer so abstoßenden Freimütigkeit verlassen zu sehen, wäre selbst für eine an Liebeshändel gewöhnte Frau[51] ein empfindlicher Schlag gewesen, und Frau von ... war weit entfernt, eine solche zu sein. Meine Jugend hatte sie bei unserer ersten Bekanntschaft angezogen, hatte ihre Tugend verführt und diente ihr jetzt zur Strafe; mein Herz ohne Falsch hatte damals das ihrige gewonnen und jetzt war eben diese Offenheit ein Dolch, der ihre Brust durchbohrte. Zum Glück für mich und *Sophie* war sie auf einer falschen Fährte, und anstatt auf Fräulein *von Lorville* einen Verdacht zu werfen, dichtete sie mir Absichten und Aussichten ganz anderer Art an, denen der höchste Eigendünkel und die ausgemachteste Geckenhaftigkeit nicht zur Entschuldigung hätte dienen können, wenn ich sie wirklich gehabt hätte, und die ich um nichts in der Welt gehabt haben würde, auch dann nicht, wenn die zuvorkommendste Huld sie mir im Traumbilde vorgespiegelt hätte.

»Ich weiß Ihnen«, sagte sie mir, »für Ihre Aufrichtigkeit Dank. Ich lobe und schätze Sie um Ihrer Geradheit willen, selbst wenn Sie dieselbe auf meine Kosten zeigen. Leben Sie glücklich! Entehren Sie nie den Altar, auf welchem Ihre erste Flamme gebrannt hat. Dieses sage ich Ihnen weit mehr in Rücksicht auf Sie als auf mich. Vor allem nehmen Sie sich vor der Eitelkeit in acht, welche uns gefährliche Schlingen legt; vor dem Stolze, der uns den verderblichsten Blendwerken preisgibt. Es liegt ein nicht zu erklärender Zauber und etwas so Magisches in der Schönheit und in der Macht, dass man sich nicht selten über die Art von Eindruck und Interesse täuscht, die man in ihnen erweckt. Ich wiederhole es, die Gefahr, welche man dabei läuft, ist fürchterlich; das Ridiküle, welches man sich dabei gibt, ist vielleicht noch unabsehbarer ... Ich mag nicht mehr sagen ... Meine Worte sind die Worte der sterbenden Liebe; mögen sie Ihnen zum Leitfaden dienen und vor allen Dingen – Sie warnen und schrecken! ... Sprechen wir nicht mehr von dem, was vergangen ist; sehen Sie mein Haus wie das Ihrige an; seien Sie versichert, dass Sie meine ganze Freundschaft besitzen; erhalten Sie mir die Ihrige; nie werde ich es verdienen, dass Sie sie mir entziehen; und kann ich je in den Fall kommen, Ihnen nützlich zu sein, so verfügen Sie unbegrenzt über mich; die Augenblicke, wo ich Ihnen werde dienen können, sind gewiss die einzigen glücklichen, die ich mir noch in der Zukunft versprechen darf.« –

[51] Femme galante.

Hier wischte sie sich eine Träne vom Auge, verließ mich und begab sich in ihr Kabinett. Ich fand in mir weder die Kraft, sie zurückzuhalten, noch die, ihr zu folgen.

Wie viele Schwierigkeiten hatte ich zu bekämpfen und zu überwältigen, wollte ich mein Verhältnis mit *Sophie* fortsetzen, ohne es zu verraten! Schon gegen die bloße Fortsetzung erhoben sich tausend Hindernisse. Alles verschwor sich wider mich. Meine Familie verlangte, ich sollte vor meinem Eintritt in das Dragonerregiment von N ..., in welchem ich eine Leutnantsstelle erhalten hatte, eine Reise in das Innere von Frankreich machen und dann drei Monate in England zubringen. Außer dem Nutzen, welchen junge Leute überhaupt aus den Reisen ziehen, kam es mir vor, als sei noch ein zweiter Grund vorhanden, warum ich reisen sollte; man wollte mich vor den Klippen des Ozeans von Paris bewahren.

Am Tage, wo ich der Königin zum ersten Male als Offizier vorgestellt würde, *befahl* sie mir sozusagen in Versailles zu bleiben. Auf diesen Befehl bezog ich mich, um mich dem Reiseplane der Meinigen zu widersetzen. Ich erinnere mich noch der eigentlichen Worte der Königin. Sie hatte die Gnade, mir zu sagen: »Sie nehmen nicht Abschied, wir trennen uns nicht; Sie bleiben, wenigstens noch für einige Zeit in Versailles unter meinen Augen. Sie werden, wenn Sie mir folgen wollen, nur selten Abstecher nach Paris machen; es soll Ihnen hier nicht an aller der Unterhaltung fehlen, die Sie wünschen mögen. Betragen Sie sich, wie es sich für Sie schickt. Und Sie werden stets in Mir eine Stütze und das tätige Wohlwollen finden, dessen Sie sich würdig zu machen haben. Kleiden Sie sich einfacher. Seit wenigen Tagen sehe ich Sie schon in zwei gestickten Röcken erscheinen. Ihr Vermögen ist zwar bedeutend, aber nichts weniger als hinreichend für den ausschweifenden Modegeschmack; wozu dieses gekräuselte Haar? Diese Crochets? Wollen Sie Komödie spielen? Die Einfachheit in der Kleidung macht zwar nicht, dass wir hervorstechen, sie macht aber, dass man uns hochschätzt.«

Diese Worte der Königin haben sich nie aus meinem Gedächtnisse verloren; man wird mir's ohne Mühe glauben. Sie enthalten eine so mütterliche Güte vonseiten einer so großen Königin[52], eine so gesunde Vernunft vom edelsten Gepräge, dass es unmöglich wäre, sie zu vergessen. Und hätten sie auch zu ihrer Zeit einigen Enthusiasmus in mir rege ge-

---

[52] La plus grande reine du monde.

macht, hätte ich sie auch damals gegen einige wiederholt, sowohl der Königin als mir selbst zu Ehren, so würde ich gewiss nicht für so lächerlich haben gelten können als Frau *von Sévigne*, wenn sie zum Grafen *von Bussy* sagte: »Gestehen Sie, mon cousin, dass unser König der größte Monarch auf Erden ist« – weil *Ludwig* XIV. soeben ein Menuett mit ihr getanzt hatte.

Es kommt mir nicht zu, das Maß und den Umfang des Verstandes bestimmen zu wollen, den die Königin besaß, und wie sich dieser in ihren Handlungen äußerte. So viel aber darf ich behaupten: so oft ich die Ehre gehabt habe, ihr aufzuwarten und in ihrer Nähe zu sein, habe ich in jedem Worte, das sie sprach, eine Richtigkeit und Bestimmtheit, eine Sorgfalt in der Auswahl und Abwägung der Ausdrücke gefunden, die unseren besten Köpfen Ehre machen würde.

Seit dem Tage, wo ich mit Frau von ... die erwähnte Erklärung gehabt, hatte ich keine zweite Unterredung mit ihr; wohl aber (was mir nicht eben zum Lobe gereicht) ging all mein Bemühen dahin, eine ihrer Frauen zu bestechen, und es gelang mir. Auf diese Weise hatte ich häufige Gelegenheiten, *Sophie* zu sehen, und drei Monate verflossen, ohne dass ihre Wohltäterin den leisesten Verdacht gegen sie geschöpft hätte. Für mich war es nichts Leichtes, im Tête-à-tête mit beiden zu speisen, wie dies sehr oft der Fall war. Das Gespräch war dann gesucht und gezwungen und hörte nur auf, es zu sein, wenn es Gäste gab und die Unterhaltung allgemein wurde.

Ein Ereignis, das ich nicht vorausgesehen hatte, wäre bei einem Haare zum Verräter an uns geworden, hätte beinahe alles entdeckt, und war wenigstens die Veranlassung, dass Frau von ..., deren Dienstzeit in Versailles abgelaufen war, ihre Rückkehr nach Paris beschleunigte.

In den schönen Tagen unserer Liebe hatte sie mir ein Armband von ihren Haaren geschenkt. Ich trug es lange, bis ich auf *Sophies* sanftes Bitten ihr dieses Opfer brachte. Es war unrecht von mir, das Geschenkte wieder zu verschenken.

Bei dieser Gelegenheit gebe ich meinen jungen Freunden eine Lehre und einen Rat. Mögen sie beides benutzen. Man soll nie der gegenwärtigen Geliebten ein Andenken der Gunst einer früheren zum Opfer bringen, nie der Eitelkeit, dem Hasse, der Grille einer Schönen, welcher wir heute huldigen, die Briefe, die Haare, das Porträt derjenigen zum Opfer bringen, die wir gestern verehrten. Mein Rat mag kleinlich und unbedeutend klingen, er ist es aber nicht, er hängt genau mit der Ehre zusammen. Wer schlecht und niederträchtig genug ist, aus den Händen zu geben, was die Liebe ihm in dem Augenblicke der innigsten Vertraulichkeit geschenkt hat, wird schwerlich in der Freundschaft und in allen übrigen Umständen und Lagen des Lebens, wo es auf Ehre ankommt, zartsinniger und zuverlässiger sein. Und wie oft wird der Mann nicht auf eine solche Probe gestellt? Wie oft kommt er nicht in den Fall, diese Pflicht der Ehre zu erfüllen? Wie gewöhnlich ist die Schlinge nicht, worin sich so viele Frauen fangen lassen, Liebesandenken zu geben? Wie gewöhnlich *die*, worin ebenfalls Frauen ihre Liebhaber fangen, wenn sie ihnen dergleichen Andenken abfordern? Wie gemein und allgemein ist nicht die weibliche Grille, Opfer dieser Art zu verlangen, welche keinen anderen Wert für die zweite Geliebte haben können, als dass sie weiß, dass sie früher einen großen Wert in den Augen ihres Liebhabers hatten? Nur dass dieser Wert immer in dem Verhältnisse zunimmt, als sie ihre Rivalin hasst! Und man weiß, wie sehr die liebenden Frauen hassen können, wie sehr ihr Herz und ihr Kopf in beständiger Bewegung sein müssen; wie hoch sie sich einen solchen Sieg über eine Nebenbuhlerin anrechnen, wie unerbittlich ihr Herz, wie unstet ihr Kopf ist, wie viel Anziehendes ein so grausames Spiel für ihre Nerven hat, wie sehr jene gefährlichen und dabei so leicht zu führenden Waffen für sie gemacht und ihrer Natur angemessen sind. Mit zahlreichen Ausnahmen sind die Frauen inkonsequente, leichtsinnige, oft barbarische Wesen[53]. Wie aber die Männer? Sind sie viel besser? Ich zweifle sehr. Die ganze Menschheit taugt nichts!

Ich komme auf mein Armband zurück. Es war mit einer schönen Perle verziert. Auf dem Schilde standen zwei verschlungene Ziffern und die beiden englischen Worte: forever; »denn«, wie *Diderot* sagt, »die Leidenschaft sieht alles *ewig*, die menschliche Natur will, dass alles *ende*.« Das Brasselett war gar zu kenntlich. *Sophie* hatte es bisher in einem geheimen Fache ihres Sekretärs sorgfältig verborgen. Nur ein einziges Mal, als sie kramte, war sie so unglücklich gewesen, es in der Eile herauszunehmen und auf ihrer Toilette liegen zu lassen. Frau von ..., gewohnt, oft in das Zimmer zu kommen, musste gerade an diesem Tage etwas darin zu schaffen haben. Sie sieht das Armband, erkennt es, wird wie vom Donner gerührt. Ich hatte *Sophie* nie gesagt, aus wessen Haaren es gewebt war; mir war nie ein Wort über die Art und den Grad des Verhältnisses

---

[53] Des êtres barbares.

entfahren, worin ich mit ihrer Wohltäterin stand. Freilich würde ich es wider die Ehre und den Anstand gehalten haben, ihr diese Eröffnung zu machen; ich muss aber auch gestehen, dass dies nicht mein Hauptgrund war, sie ihr vorzuenthalten; ich musste befürchten, ein Geständnis dieser Art würde *Sophies* Widerstand verstärken und meinen Sieg verhindern. Nach meinem Triumph fuhr ich fort, ihr diesen Umstand zu verschweigen, um sie nicht zu betrüben und zu beunruhigen. Sie glaubte, das Geschenk sei von einer anderen. Glücklicherweise war sie nicht auf ihrem Zimmer, als Frau von ... hinkam und das Corpus Delicti fand.

Ich speiste gerade an demselben Tage bei der Gekränkten und Beleidigten. Sie wusste sich aber dergestalt zu fassen und zu beherrschen, dass sie kein Wort darüber fallen ließ. Allein am Abend, als wir beide allein waren, bat sie mich mit anscheinender Gleichgültigkeit, ihr alles zurückzugeben, was ich von ihr hätte und was für mich keinen weiteren Wert haben könne. Vor allen Dingen aber forderte sie mir das fatale Brasselett ab. Die Antwort fiel mir nicht schwer. Ich beteuerte, mich nie von dem trennen zu wollen, was mich an ein Glück erinnere, dessen Andenken eine der Freuden und Glückseligkeiten meines ganzen Lebens sein würde, und schloss mit der Versicherung, ich hätte es nicht verdient, diesem Geschenk zu entsagen. Ich hielt nämlich alles für eine vorübergehende Laune und glaubte, mich gut aus der Sache gezogen zu haben.

Am folgenden Morgen erhielt ich einen Brief von *Sophie*. Sie schrieb mir, sie sei verloren; sie könne nicht begreifen, woher Frau von ... unser Armband kenne, wie es ihr in die Hände gefallen, und vor allem, welche Wichtigkeit sie darauf lege; freilich sei sie selbst auf mancherlei Gedanken verfallen, der Buchstabe E habe ihr die Augen mehr als zur Hälfte geöffnet und ihr ein Licht gegeben, welches sie vergebens von sich abzuwenden suche; übrigens habe sie standhaft geleugnet, das Brasselett zu kennen, und da sie erfahren, dass es auf ihrer Toilette gefunden worden, habe sie behauptet, es müsse ohne ihr Vorwissen hingelegt worden sein; sie könne bei alledem nicht wissen, was diese schreckliche Geschichte für ein Ende nehmen würde; sie hüte das Bett und müsse in dem Zustande, worin sie sich noch obendrein zu befinden glaube, und da sie allem Anscheine nach das Pfand unsrer Liebe unterm Herzen trage, es als ein Glück ansehen, wenn sie nie wieder von ihrem Lager erstände.

Ihre und meine Lage war nichts weniger als erfreulich und himmelweit von den glücklichen Augenblicken verschieden, wo wir die Kirche verließen und den geschlossenen Bund mit den Beteuerungen einer ewigen Liebe besiegelten. Jetzt sahen wir mit anderen Augen; denn jenes Vergehen, jenes Verbrechen, welches in der Welt nur unter dem Namen einer liebenswürdigen Verirrung bekannt ist, lässt uns nicht immer sanft ruhen und führt seine Strafe mit sich. Ich wollte verzweifeln und doch sagte ich mir, es sei meine erste und heiligste Pflicht, Fräulein *von Lorville* zu retten. Dieser Gedanke rief meinen ganzen Mut zurück. Erst wollte ich alles bekennen; nur die Furcht, sie in der Gestalt einer vollendeten Lügnerin erscheinen zu lassen, hielt mich ab; denn, ich darf es nicht verhehlen, auf *mich selbst* hatte es einen tiefen, unangenehmen Eindruck gemacht, zu sehen, mit welcher Geistesgegenwart, oder besser zu sagen, mit welcher geübten, ausgelernten Falschheit, mit welcher Stirn sie eine so handgreifliche Wahrheit abgeleugnet und ein so laut sprechendes Zeugnis wider sie durch eine so grobe Lüge zum Schweigen gebracht hatte.

Doch Lügen sind ja das eigentümliche Departement des weiblichen Geschlechts. Die naivste, die unerfahrenste, die beste Frau, wenn es darauf ankommt, das einzige Geheimnis, welches sie bei sich behalten *kann*, zu bewahren, ist in dieser Kunst dem stirnlosesten Manne überlegen.

Mein Entschluss war gefasst. Ich ging nicht zu Frau von ..., sondern zum guten Herrn *Morand*, der, obschon ich lange meine Leser nicht von ihm unterhalten, noch immer für mich der Alte war.

Ich hatte vorher einige Zeilen an Frau von ... geschrieben, um ihr den Verlust des Armbandes zu melden, der mir doppelt empfindlich sei, weil er gerade in eine Zeit falle, wo sie dieses Unterpfand ihrer Gunst von mir zurückfordere. Ich trieb die Unverschämtheit so weit, sie zu fragen, ob *sie* vielleicht mir das Armband entwendet habe, um sich an meiner Angst zu weiden. »Ist es«, fuhr ich fort, »ein wirklicher Diebstahl oder ein bloßer Scherz? Wenigstens scheint mir das gleichzeitige Fehlen und Zurückfordern dieses Geschmeides kein Zusammentreffen zufälliger Umstände. Auf jeden Fall erfüllt mich dieser Verlust mit dem bittersten Schmerze und ich beschwöre Sie, frei meiner Ruhe und bei meiner Ehre, mich aus der äußersten Perplexität zu ziehen, worin ich mich befinde.«

Herr *Morand* wurde gleich, nachdem der Brief geschrieben und abgegeben war und er die gehörige Anweisung von mir erhalten, mit einem Billett an die Kammerfrau, die in meinem Interesse war, abgeschickt, und diese musste auf mein Geheiß ihrer Dame vorlügen, sie habe das Armband in einem Zimmer des Hauses gefunden, es zufällig auf die Toilette des Fräuleins *von Lorville* gelegt, es dort liegen gelassen und vergessen, weiter davon zu sprechen. Auf diese Weise wollte ich den Verdacht einigermaßen auf Frau von ... selbst zurückfallen lassen.

Das ganze Lügengewebe war ziemlich locker und ungeschickt, hatte jedoch den besten Erfolg. Frau von ... ließ sich wahrscheinlich nicht täuschen, stellte sich jedoch, als sei sie überzeugt. Alles trat in die gewöhnliche Ordnung zurück und hätte *Sophies* schönes Gesicht nicht die Spur nachdenkenden Ernstes, hätten ihre bezaubernden Züge nicht Überreste von Niedergeschlagenheit und Furcht getragen, so würde von diesem Ereignis auch nicht der schwächste Schatten zurückgeblieben sein und dasselbe nur dazu gedient haben, mich bis zur Abreise der Frau von ... nach Paris, welche einige Tage später erfolgte, behutsamer zu machen.

In diesen Zeitpunkt fällt meine Bekanntschaft mit einem Schriftsteller, der nicht wenig dazu beigetragen hat, mir den Geschmack an der schönen Literatur beizubringen, und der von seiner Zeit mit einer Strenge beurteilt worden ist, welche die spätere wahrscheinlich mildern und verurteilen wird. Dieser Mann ist *Dorat*, dem es nur an Zweierlei gefehlt hat, um unter den ausgezeichnetsten Literaten eine Stelle einzunehmen, nämlich an weniger Witz und an weniger Leichtigkeit im Schreiben. Er besaß einen unauslöschlichen Durst nach Ruhm; er fühlte ein immer wieder auflebendes Bedürfnis, das Publikum mit sich zu beschäftigen; da er aber den richtigen Weg zur Berühmtheit verfehlte, so hatte dieses zur Folge, dass er beständig dichtete und schrieb und nie an seinen Schriften besserte. Doch muss ich eines seiner Werke ausnehmen, das Gedicht auf die Deklamation, welches, nebst etwa zwanzig kleinen Aufsätzen und einigen Stellen seines Célibataire[54], ihm eine ehrenvolle Stelle anweist und verhindern wird, dass man ihn nach seinem Tode auf die tiefere Stufe setze, zu welcher ihn die finsteren Zoïlusse, die ihm während seines Lebens wehe getan, verdammen möchten.

---

[54] Ein Schauspiel, von welchem *La Harpe* sagt: Il y a quelques scènes assez bien versifiées; mais l'Auteur manque absolument son sujet. Il eut assez peu de bon sens pour donner le rôle du Célibataire à un jeune homme livré à ses plaisirs; cette combinaison vicieuse détruit tout le comique que pouvait avoir l'ouvrage. *Übers.*

Es ließe sich, was er geschrieben, in zwei bis drei Bänden zusammentragen;[55] sie würden, bei wenigen Flecken, verdienen, in eine klassische Sammlung aufgenommen zu werden. Die Hauptursache, die ihn irreführte, die ihn verhinderte, den Gipfel des literarischen Ruhmes zu erreichen, die sein Leben mit Verdruss, mit Unglück erfüllte, die ihn vor der Zeit mit Gram und Bitterkeit in das Grab steigen ließ, war der Umstand, dass er aus zwei Menschen und jeder von diesen zwei Menschen nur aus einer Hälfte bestand. Er war weder ganz Weltmann noch ganz Literat. Ein ziemlich schlechter Ton, den er in sehr untergeordneten Gesellschaften, die er für die vortrefflichsten hielt, gelernt hatte (obschon er von Zeit zu Zeit wirklich in guter Gesellschaft lebte); ein unausstehliches Schillern und Flitterspiel[56] in Stil und Manier, das sich zuletzt in seine meisten Gedichte eingeschlichen und sie infiziert hat; Grimassen, die er für Grazie gehalten; unwichtige Frauengut-Geschichtchen[57], die er in Verse gebracht; ein falsches Jargon und eine noch ungetreuere Schilderung einer Welt, die er nicht malen konnte, weil er sie nicht studiert hatte, der er aber, besonders in seinen Schriften, die Wut hatte, angehören zu wollen: Dieses alles machte aus ihm ein ziemlich seltsames Gemisch und seine Werke zu einem überaus gefährlichen Beispiel sowohl für die Jugend in der Provinz, die sich im Leben ihm nachzubilden strebte, als für die Jugend in der Hauptstadt, die, der Dichtkunst beflissen, sich in ihn verliebte.

Hatte man aber die ersten Vorurteile besiegt, hatte man sich an ihn gewöhnt, so fand man sich angezogen und gewonnen von seiner reellen Gutmütigkeit[58], welche unter jenem künstlichen Firnis noch immer hervorschien; von seinem abwechselnd soliden und anmutigen Geiste, welchen alles Flittergold seiner Außenseite nicht verbergen konnte; von seiner Wissenschaft, welche weit ausgebreiteter war, als man es gewöhnlich glaubte; von einer Menge vermischter Kenntnisse aller Gattung, welche ihn zu einem lebendigen, pikanten Anekdotenschatze machten; und vor allem, von der leichten Gefälligkeit und glücklichen Natur seines Charakters, dem nichts gleichkam als die gefällige Leichtigkeit seines Verstandes und Witzes. Mit einem Worte, in Rede und Schrift, in der

---

[55] Das ist geschehen. *Übers.*

[56] Papillotage.

[57] Bonnes fortunes.

[58] Bonhomie.

Gesellschaft und in seinen Gedichten, musste man ihn abwarten, ihn aufsuchen, und man war sicher, nicht leer auszugehen. Er hat in seinem ganzen Leben vielleicht nur gegen einen einzigen Mann Hass gefühlt, dessen Geistesgaben von besserer Art, obschon nicht so glänzend waren, der seinem Vaterlande ein literarisches Ehrendenkmal[59] errichtet hat, welches nur mit der französischen Sprache untergehen wird, der aber nichtsdestoweniger die hassenswerte Schuld auf sich geladen, gegen *Dorat* höchst ungerecht gewesen zu sein, ihn mit Erbitterung und Feindseligkeit verfolgt zu haben. Brauche ich diesen Mann zu nennen?[60]

Dorat hatte unter den Mousquetaires gedient. Er war von gutem Adel und mochte gern, dass es jedermann wisse. Er besaß Vermögen, als er in die Welt eintrat, und starb in bedrängten Umständen.

Ich habe mich etwas lange bei diesem Unglücklichen aufgehalten und nenne ihn ausdrücklich so, weil er es sehr im Leben gewesen und weil seinem Gedächtnisse die verdiente Ehre noch nicht widerfahren ist. Übrigens rede ich von ihm ohne alles Interesse, denn nachdem ich eine Zeit lang vielen Umgang mit ihm gehabt, sind wir in der Folge auseinandergekommen und ich habe nur selten etwas von ihm vernommen.

Ehe ich diesen langen Abschnitt schließe, muss ich noch eins sagen. *Dorat* war von einem andern verdorben worden, dessen Laufbahn, ob sie schon außerordentlicher und glänzender gewesen als die seinige, kein glücklicheres Ende genommen. Dieser Andere ist der bekannte *De Pezay*, Verfasser von »Zelis im Bade«, vom »Rosenmädchen von Salency«, ein Mann, der sich zum Marquis gestempelt, einen andern zum Minister gemacht, und, was noch mehr sagen will, nahe daran war, selbst Minister zu werden, und nach allen diesen Abenteuern und Schicksalen, noch jung, an der zurückgetretenen Ehrsucht, an der Gelbsucht des Hoflebens, an der Wassersucht der Hoffnung elendiglich gestorben ist. Seine Geschichte ist fast so bekannt wie seine Person; ich brauche sie nicht zu wiederholen. Nur einen Zug will ich anführen, der den verstorbenen Grafen *Maurepas*, der mit allem, mit seiner Stelle, mit sich selbst, seinen Spott trieb, nach dem Leben malt.

Der Herzog *von Manchester*, nachheriger Gesandter am Versailler Hofe, machte in seiner Jugend, was die Engländer die große Reise durch Europa und die Franzosen le grand tour nennen. Er kam nach Frank-

[59] Le Cours de Littérature.
[60] La Harpe.

92

reich und speiste in Paris bei dem Grafen *Maurepas*, dem er, als Ehrengast, zur Seite saß. Bei der Tafel fragte er den Minister: »Wer ist der Herr da, im apfelgrünen Rocke, mit der Rosaweste, mit Rosaaufschlägen und einer Silberstickerei, dort am andern Ende der Tafel?« – Mylord! Das ist der König. – »Wie?« – Der König, sage ich Ihnen, Mylord. – Mylord schwieg. Der Graf sprach nun mit seinem anderen Nachbar und der Herzog war zu sehr mit englischem Stolze behaftet, um sich zum dritten Male zu einer Frage herabzulassen, welche seiner Meinung nach zweimal so widersinnig beantwortet worden war.

Nach aufgehobener Tafel trat *Lord Manchester* zum Minister und fragte ihn, ob er den bitteren Spott[61] verdient habe, den ihm die Frage zugezogen: Wer der Gentleman sei, der unten an gesessen, der so von sich eingenommen, so wichtig, so nachdenkend ausgesehen, und dem jetzt von allen Seiten im Saale so viele Aufmerksamkeit und Achtung bezeigt und die Kur gemacht werde? – »Mylord!«, versetzte der Graf: »Ich persifliere nie. Der Herr da ist fürs Erste kein gentilhomme;[62] zweitens ist der Herr da – der König. Ich wiederhole es Ihnen zum letzten Male – der König; und da Sie es mir nicht auf das Wort glauben wollen, so hören Sie meine Beweise. Er schläft[63] bei meiner Cousine, der Frau von *Montbarey*. Diese Cousine beherrscht meine Gemahlin; meine Gemahlin macht aus mir, was ihr beliebt. Ich leite den König, wie ich will. Folglich habe ich ein Recht, Ihnen zum fünften Male zu sagen: Der Herr da ist der König.«

Dorat und *De Pezay* sind im Vorübergehen erwähnt worden, weil sie in *die* Epoche meines Lebens fallen, die ich hier abzuhandeln habe. Ich knüpfe den Faden meiner Geschichte wieder an.

Nach *Sophies* Abreise war mir Versailles verhasst geworden, und doch durfte ich mich nicht gleich in Paris zeigen, um mir nicht das Ansehen zu geben, ihr nachzureisen. Ich wählte einen Zwischenaufenthalt, *Le Désert*, den herrlichen Landsitz und das Eigentum eines Mannes, der mir bei meinem Eingange in die große Welt eine Freundschaft gezeigt, die sich nie verleugnet und mich nie undankbar gefunden hat.

---

[61] Persiflage.

[62] Er war bürgerlicher Abkunft.

[63] Im Originale: il couche. Hierzu macht der Verfasser die Bemerkung: »Ich muss um Verzeihung bitten, wenn ich die eigentlichen Worte des Premierministers wiederhole, um der Erzählung nichts von ihrer Energie, dem Texte nichts von seiner Derbheit zu rauben. Der Graf glaubte, bei einem Engländer dürfe er vom guten Tone abweichen. Ich habe übrigens die Anekdote vom General *Clairfayt*, welcher zugegen war.«

Herr *von Monville* hatte vom Finanzier bloß den Namen und den Reichtum; doch war sein immer noch beträchtliches Vermögen sehr zusammengeschmolzen. Er verband die höchste Eleganz der Sitten mit dem besten Lebenston. Sein Verstand, ohne von großem Umfange zu sein, war gebildet und richtig. Kurz, er war einer von den mittelmäßigen Köpfen, die alles Erforderliche besitzen, um mit den ausgezeichnetsten Männern ihrer Zeit umgehen, ihnen gefallen und auf diese Weise Geburt und Talent ersetzen zu können. Sein Charakter war edel und bieder. Er hatte sich von der Pracht, die ihn umgab, von den Großen, in deren Nähe er sich befand, nicht anstecken lassen. Nur einen Feind trug er im Busen, die Langeweile, die ihn mitten unter seinen befriedigten Wünschen und Begierden unaufhörlich verfolgte. Sein Wesen hatte etwas Einförmiges, weil er in allen Gegenständen des Lebens die leidige Einförmigkeit des abgestumpften Genusses antraf. Seine abgespannte Gleichgültigkeit fand Vergnügen an meiner lebenslustigen Etourderie; meinem launigen Leichtsinne war seine übergroße Gefälligkeit sehr willkommen. Bisweilen geriet er in Unmut und Laune; dann sang ich ihm, so gut es gehen wollte und immer herzlich schlecht, ein niedliches Liedchen vor, dessen Text und Musik er für ein Frauenzimmer gemacht hatte, die ihm in seiner Jugend unendlich teuer gewesen war. Es fing mit den Worten an:

Dans mon coeur agité Ramène l'espérance etc.

Ich weiß nicht, ob ich mich irre und ob der Zauber, den dieses Lied noch jetzt für mich hat, seinen Grund bloß in der Erinnerung an die glücklichen, schnell entflohenen Zeiten hat, wo diese Töne in den schönsten Tagen meines Lebens mein Ohr ergötzten und zu meinem Herzen sprachen. Ich will zugeben, dass Text und Musik nicht vorzüglich zu nennen sind; und doch liegt in ihnen ein unaussprechlicher Reiz, der nicht tiefer mich bewegen könnte, wären die Worte von *Racine* und die Töne von *Paësiello* Monville tat unrecht daran, der Freund des Herzogs *von Orléans* zu einer Zeit zu bleiben, als dessen Umgang für eine Schande galt; doch war er nicht in seine Geheimnisse eingeweiht; er machte einem Prinzen von Geblüt den Hof, dessen nähere Bekanntschaft seinem Stolze schmeichelte, dem es zwar an Genie fehlte, ein großer Bösewicht zu sein, aber nicht an dem Verstand oder besser an der Liebenswürdigkeit eines Privatmannes. Er fuhr fort ihm anzuhängen, aus Schwachheit, vielleicht auch aus Furcht, damit der Herzog ihn schütze; denn Kurzsichtige wie er, deren Blick nicht bis auf den Grund der Revolutionen und Volksbewegungen ging, konnten sich leicht einbilden: Ein Fürst, der nach der Krone strebe,[64] werde mächtig genug sein, nicht nur sein, sondern auch seiner Freunde Leben zu sichern. Wie hätten sie, die Blinden, die Richtung der Wellen dieses uferlosen Ozeans voraussehen können, welcher zugleich die Schlachtopfer und ihre Henker verschlungen hat![65]

Monville hat die Kunst und das Geheimnis besessen, sich unter allen Stürmen der Revolution aufrechtzuerhalten und in seinem Bette zu sterben. Er hat bei denen, vor welchen niemand Gnade fand, bei den französischen *Sullas* und *Marius* Gnade gefunden.[66]

---

[64] Ich spreche dieses der damaligen herrschenden *Volksmeinung* nach. Für meine Person bin ich fest überzeugt (und komme vielleicht wieder auf diesen Gegenstand zurück), dass der Herzog *von Orléans* nie mit voller Überlegung nach einer Krone gestrebt hat, die nicht für ihn gemacht war. Auch die Leiter der Revolution dachten nicht daran, sie ihm aufzusetzen; höchstens *Mirabeau* ein paar Wochen lang. Doch ließ er bald den Gedanken fahren; er hatte zu viel Takt, um nicht einzusehen: Mit einem Manne wie *Orléans* sei nichts anzufangen. *Verf.*

[65] Selbst nach *Robespierres* Tod war es unmöglich, diesen Feuerozean, dessen Quelle ein Vulkan und dessen Lava Blut waren, zu löschen. Es bedurfte dazu einer Vorsehung und der Sendung eines *Mannes*, der trotz aller Divergenz der Meinungen als der Wohltäter der Menschheit angesehen werden muss. Nach der Revolution des *achtzehnten Thermidor* ruhte das terroristische Beil nur; es war nicht zerbrochen. Ohne die Revolution von Saint Cloud wäre die Wut des Terrorismus nur vertagt worden; und – nach dem Ausdrucke eines unserer Schriftsteller – es würde das letzte französische Opfer unter den Händen des letzten französischen Henkers gefallen sein. Verf. (Diese Stelle ist offenbar vor dem Jahre 1803 und vor der blutigen Ermordung des Herzogs von Enghien geschrieben, die der Stirne Bonapartes das Brandmal der Verwerfung aufgedrückt hat. *Übers.*)

[66] Ich erzeige diesen Ungeheuern, *Robespierre* und seinen Helfershelfern, dieser Schande des französischen Namens und der Menschheit, zu viel Ehre, wenn ich sie mit *Marius* und *Sulla* vergleiche. Jene Römer hatten große Eigenschaften und große Talente; nur befleckten sie dieselben mit Mordlust und Blut. Deswegen und weil sie proskribierten, nenne ich sie hier; auch deswegen, weil die Blutmenschen in Frankreich sich auf sie, als auf Muster beriefen, denen sie nicht folgen, sondern voreilen müssten. Ein zweiter Augustus, *Bonaparte*, ist erstanden. Er hat den Abgrund zugeschüttet, der soviel unschuldige Opfer und Leichname verschlang. Ein zweiter Augustus ist erstanden, nicht aber – wie jener – seinen Ruhm durch Proskriptionen befleckend, sondern groß und siegreich im Felde, noch größer und siegreicher durch die Wiederherstellung der politischen Ordnung in Frankreich. Ein zweiter Augustus, hat er, in das Rad der Revolution eingreifend, der Anarchie ein Ende gemacht und die erschütterten Grundlagen des gesellschaftlichen Lebens von Neuem befestigt. (Wir verweisen auf die vorige Anmerkung. *Übers.*)

Es waren noch glückliche Tage, als er mich auf seinen von Natur und Kunst verschönerten Landsitz einlud, den er so uneigentlich mit dem Namen *Désert* belegt hatte. Überall herrschte Geschmack, Eleganz; überall atmete der Geist des Besitzers. Gleichwohl vermochten die Zerstreuungen des Orts, die nur seltenen Briefe des Fräuleins *von Lorville* und mein Umgang mit *Dorat* und den Musen nicht, mein verstimmtes Gemüt zu erheitern.

Drei Wochen waren für mich, fern von allem, was ich liebte, verflossen. Länger in dieser Verbannung zu leben, war mir unmöglich. Um jeden Preis musste ich mich in *Sophies* Nähe begeben. Der Inhalt ihrer Briefe war immer bedenklicher geworden; meine Besorgnisse nahmen von Tag zu Tag zu. Sie schrieb mir: Frau von ... sei zwar in ihrem Betragen gegen sie noch immer dieselbe; aber ihr Trübsinn und ihre Traurigkeit wachse mit jeder Stunde; sie verschließe sich auf ihr Zimmer und sehe kaum ihre vertrautesten Freunde. »Mich«, fuhr *Sophie* fort, »mich macht die Gegenwart unglücklich, die Zukunft noch unglücklicher. Ich darf weder an meine Lage noch an mein Schicksal denken; mein Zustand leidet keinen Zweifel; bald werde ich ihn nicht mehr verbergen können. Doch ich habe mich dir hingegeben; ich bin dein; du bist mir alles; mein Leben ist in dir; nur deinem Rate will ich folgen; die übrige Welt ist mir nichts, ihr Urteil mir gleichgültig. Auf Glück habe ich verzichtet; nur eine Freude kenne ich noch auf Erden, nur einen Kummer: Meine Freude, mein Kummer bist du!«

Ich eilte nach Paris.

Frau von ... empfing mich mit einer Güte, die mein Innerstes rührte. Ihr Ton war weniger zärtlich als herzlich; ihr Blick, der jetzt weniger liebkosend war, verriet noch die Sorglosigkeit einer Mutter. *Sophie* bemühte sich zu verbergen, was in ihrem Herzen vorging. Ihr Wesen war gezwungen, ihr Atem gepresst, ihre Stimme zitternd; ihre Züge verrieten (man erlaube mir den Ausdruck) eine ungeschickte Scham. Das Erröten war ihr zur Gewohnheit geworden; die Rosen hatten die Lilien ihres schönen Gesichts verdrängt.

Meine heimlichen Einverständnisse im Hause setzten mich bald in den Stand, Mittel und Wege zu verabreden, jede Nacht sie besuchen zu können. Unsere Zusammenkünfte waren noch leichter als in Versailles. Nur eine Schwierigkeit musste weggeräumt, nämlich der Schweizer gewonnen werden. Schon früher hatte ich, wie man weiß, eine der Frauen ins Vertrauen gezogen. Sie musste mir auch dieses Mal aushelfen. Da *strenge Sittlichkeit* nicht eben ihre Sache war, nahm sie es auf sich, für den Gegenstand meiner nächtlichen Besuche gehalten zu werden, und opferte mir großmütig – aber nicht uneigennützig – Namen und Ruf auf.

Jetzt sprossten neue Blumen auf meinem Pfade. Sorglos und leichtsinnig schwebte ich dahin, ohne einem Plan zu folgen, als ein großes Ereignis meiner Gedankenlosigkeit plötzlich ein Ende machte. Der Frau, selbst der besten ihres Geschlechts, fehlt es nie an Schlauheit. Frauen verstehen sich besser als die klügsten Männer darauf, ihre kleinen Ränke zu spinnen, ihre Minen zu rechter Zeit springen zu lassen. Ich weiß nicht, ob man und wer uns verraten hatte. Genug, eines Abends nach Tisch hatte ich mich nach meiner Gewohnheit in *Sophies* Gemach begeben, zu dessen Türe ich den Schlüssel hatte. Sie erwartend, rücke ich einen Armsessel an den Kamin und lese im *La Bruyère*. Die Stunde, in welcher sie zu kommen pflegte, war vorüber. Mit jedem Augenblicke wuchs meine Ungeduld. Jetzt wird leise geklopft; ich öffne: Man denke sich meine Bestürzung; – Frau von ... tritt ein.

Im Grunde machte mich ihr Erscheinen mehr übellaunig als verlegen. Schon längst war mir die Verstellung ihr gegenüber lästig geworden. Schon längst war es mir zuwider und peinlich, eine demütigende Rolle vor einer Frau zu spielen, welche die Mitschuldige meiner ersten Verirrungen gewesen war. Der Zeitpunkt schien mir gekommen, wo wir die Rollen wechseln und einer die Stellung des anderen einnehmen sollte. Sie nähert sich mit einem majestätischen Wesen. Sie will sprechen. Ich komme ihr zuvor. »Madame (rufe ich ihr im tragischen Tone zu), Sie sind wie *Athalie*: Sie haben *sehen* wollen und haben gesehen.[67] Erlauben Sie mir aber, Ihnen zu erklären, dass ich keine Vorwürfe *hören* will.« – »Sie sollen auch keine hören«, versetzte sie, »ich allein habe sie verdient.« Diese wenigen Worte gaben ihr das gewohnte Übergewicht wieder. – »Ich glaube aber (setzte sie gleich nachher hinzu), ich glaube einigermaßen zur Rettung des Fräuleins *von Lorville* berechtigt zu sein; ich glaube ferner ein Recht zu haben, *Sie* selbst vor der Schande zu bewahren, die von *ihr* auf Sie zurückfallen würde. Wissen Sie mir demnach Dank, dass ich Ihr Geheimnis entdeckte; ich habe es entdeckt, um es unverletzlich in meiner Brust zu bewahren. Vielleicht würden Sie in diesem Moment die Mittel nicht gutheißen, die ich angewandt, es mir zu verschaffen; es wird aber eine Zeit kommen, wo Sie es mir Dank wissen

---

[67]   J'ai voulu voir; j'ai vu. (Racine)

werden; dieses genügt mir zu meiner Rechtfertigung und zu meiner Ruhe.« – Ich wollte eine ihrer Hände ergreifen, sie zog sie schnell zurück und verließ mich ohne Rührung und Zorn.

Versteinert und einer Bildsäule gleich blieb ich auf der Stelle, wo sie von mir schied, wie angenagelt, bis *Sophie* eintrat. Ihr Zustand war nicht zu beschreiben. Der meinige ließ sich gar nicht damit vergleichen. Bleich, abgehärmt, um zehn Jahre gealtert, hatten ihre Augen keine Tränen. Sprachlos sahen wir einander an, bis erst nach geraumer Zeit *ich* fragen und sie antworten konnte. Jetzt aber folgten meine Fragen schnell und abgebrochen aufeinander, dass sie kaum ihre Antworten abwarteten.

Ich erfuhr von ihr, dass nach dem Abendessen Frau von ... sie in ihr Kabinett gerufen und rund und trocken heraus die wenigen Worte zu ihr gesprochen: »Der Graf Tilly ist in diesem Augenblicke auf Ihrem Zimmer; *er* ist Ihr Liebhaber; Sie sind von ihm schwanger!« *Sophie* sagte mir: Sie hätte versucht, einige Worte zu stammeln; es sei ihr aber unmöglich gewesen; sie sei ihrer Wohltäterin – in diesem Augenblicke ihrem strengen Richter – zu Füßen gefallen, habe ihre Knie umfassen wollen, sei zurückgestoßen worden und zu Boden gesunken. Doch wäre die erste Aufwallung der Frau von ... von kurzer Dauer gewesen und Herzlichkeit bald an die Stelle der Härte getreten. Sophies Fall hatte sie erschreckt; sie hatte sie aufgehoben, an ihre Brust gedrückt, die halb Tote ins Leben zurückgerufen, sie mit Liebkosungen überschüttet. »Nun von dieser Seite völlig beruhigt (fuhr *Sophie* fort), verließ sie mich.« – Von *Sophie* war sie hierauf zu mir gekommen, mich zu überführen und zu beschämen. Von mir war sie wieder zu *Sophie* zurückgekehrt, hatte sich mit der Zärtlichkeit einer Mutter nach ihrem Zustande erkundigt und sie ohne weitere Erklärung und bloß mit dem Rate entlassen, sich unverzüglich zur Ruhe zu begeben.

Sophies Bericht machte mich halb wahnsinnig. Ich brachte den übrigen Teil der Nacht auf ihrem Zimmer zu; Tränen der Wut wechselten mit rasenden Plänen ab. Dabei vergaß ich mich so rasch, dass ich ihr gestand, Frau von ... habe vor ihr mein Herz besessen, sei ihre Rivalin, sei meine erste Liebe gewesen. Diese unzeitige, unbesonnene Entdeckung vermehrte den Schmerz, die Verzweiflung der Armen; doch konnte ich meine Worte nicht zurücknehmen. Jetzt entschloss ich mich, an Frau von ... zu schreiben; ich schrieb und zerriss das Geschriebene wieder. Jede Zeile (mit Erröten und Scham erinnere ich mich ihres Inhalts) atmete Drohung und Rache. Endlich wurde ich ruhiger und beschloss, um eine Unterredung zu bitten; auf diese Weise hoffte ich zu erfahren, ob Frau von ... schon einen Entschluss gefasst und wie sie über unser Schicksal und unsere Liebe zu verfügen gedenke.

Mit Anbruch des Tages verließ ich das Hotel. Gegen elf Uhr ließ ich anfragen, ob und wann ich aufwarten dürfe. Man bestimmte die Stunde.

Ich kam, entschlossen (ich gestehe es), Frau von ... mit Vorwürfen zu überhäufen und unbarmherzig[68] die Rechte geltend zu machen, die sie mir über sich eingeräumt hatte. Doch (und ebenso sehr beeile ich mich, dieses zur Rettung meiner Ehre hinzuzusetzen) der unwürdige Plan blieb unausgeführt. Mein Vorsatz verschwand bei meinem ersten Eintreten. Ein Blick auf sie entwaffnete mich. Sie war zum Entsetzen blass und eingefallen. Ihre matten Augen fanden den Weg zu meinem Herzen; jede Träne, die ihnen entfiel, brannte sich in dasselbe ein.

Unter anderem erinnere ich mich, dass sie auf meine Frage, was sie zu tun gedenke, zur Antwort gab: »Alles, was ich werde *können*; alles was Sie werden *wollen*.« Sie versprach *zu viel* und hat nicht Wort gehalten. Es blieb für den Augenblick bei dieser Erklärung. Nach einigen gleichgültigeren Gesprächen trat *Sophie* ein. Ihr Gesicht war totenbleich. Frau von ... bemerkte es, legte ihr mit eigenen Händen Rot auf, bedeckte sie mit Küssen. Der Auftritt drang mir ins Herz: Ich fühlte in diesem Moment, dass mir beide fast gleich teuer waren. Frau von ... setzte bei Tisch die Unterhaltung mit einer Natürlichkeit und Sanftheit fort, die mich entzückte. Sie hatte für den Abend eine Loge in der Oper bestellt und bestand darauf, so sehr ich sie um das Gegenteil ersuchte, uns hinzuführen. Wir mussten nachgeben.

Man gab die Oper *Roland*[69]. Alles ging ziemlich gut. Als aber die Arie kam, worin die Gefühle der verschmähten Liebe so lebhaft geschildert werden, dass selbst ein freies, uneingenommenes Herz die Töne nicht ungerührt hören kann; als man die Worte sang:

> Tu sais ce que j'ai fait pour elle!
> Tu connais mon amour fidèle,
> Et tu vois quel en est le prix!

Da warf Frau von ... einen Blick auf uns, der das tiefste Seelenleiden aussprach; da entfuhr *Sophien* ein Schrei des Schmerzes, der die Auf-

---

[68] Inhumainement.
[69] Von Quinault; Musik von Piccini. *Übers.*

merksamkeit der Versammlung auf uns gezogen haben würde, hätte sie sich nicht in den Hintergrund zurückgezogen. Hier sagte sie halblaut: »Gott ist mein Zeuge, dass ich nicht gewusst habe.« ... – »Grausames Kind«, versetzte Frau von ... sie beruhigend: »Ich glaub' es, ich weiß es und klage nicht.« – »Sie sehen (nahm ich das Wort), dass ich Sie nicht betrogen habe.« – Es war für uns die höchste Zeit, die Loge zu verlassen. Wir entfernten uns schnell; ich riss beide mit mir fort.

Wir langten zu Hause an. Anfangs tiefes Schweigen. Endlich unterbrach es Frau von ... »Wir sind alle schuldig (sagte sie); ich aber bin die Schuldigste von allen. Lassen wir die Vorwürfe; vergessen wir die Vergangenheit; beschäftigen wir uns mit der Gegenwart. Erwarten Sie aber nicht, dass ich die Gefälligkeit zu weit und bis zu einer Herabwürdigung treiben, dass ich in meinem Hause die Fortsetzung eines Umgangs gestatten werde, der kein Geheimnis für mich ist und schon mehr als einen Vertrauten hat. Ich muss Fräulein *von Lorville* als einen mir übertragenen Schatz betrachten, den ich schlecht bewacht habe; folglich muss ich, soviel von mir abhängt, das Übel wieder gutzumachen, das gegebene Ärgernis wegzuräumen, die Folgen zu verbergen suchen. *Sophie* muss sich entfernen; und da auch *Sie* im Begriff sind, zum Regiment abzugehen, so erleichtert Ihnen dieser Umstand das Opfer der Trennung. Ich schicke *Sophie* auf meine Güter; eine von meinen Frauen, auf deren Treue und Verschwiegenheit ich mich verlassen kann, wird sie begleiten und so lange um sie bleiben, bis das unglückliche Wesen, welches sie unter dem Herzen trägt, auf die Welt gekommen und das unselige Geheimnis in die tiefste Nacht verhüllt sein wird. Übrigens sind meine Rechte auf *Sophie* nur beschränkt. Auf Sie beide kommt es an, Ihr künftiges Schicksal zu bestimmen. Überlegen Sie beiderseits, Sie, was Sie von *Sophie* verlangen wollen, und Sie, *Sophie*, was Sie ihm gewähren können.«

Ich hatte nicht den Mut, einem Ausspruche, der der Ehre und der Vernunft so angemessen war, auch nur ein Wort entgegenzusetzen. Was *Sophie* betraf, so blieb der Armen keine Wahl und kein Ausweg übrig.

Es schlug drei Uhr, als wir noch in dieser peinlichen Verhandlung begriffen waren. Ich verließ das Hotel mit einem brennenden Fieber und mit Verzweiflung im Herzen. Beim Erwachen erhielt ich ein Schreiben. Es diente nicht zu meiner Beruhigung. Ich las, was folgt.

»Sie hatten uns kaum verlassen, als wir in den Wagen stiegen. Ich begleitete das Fräulein *von Lorville* bis zwanzig Lieues von Paris und werde mich dann acht bis zehn Tage in D... bei meiner Freundin M... aufhalten.

Empfangen Sie hier die eidliche Versicherung, dass weder Laune noch Eifersucht auf mein Verfahren den geringsten Einfluss haben. Es kommt die Zeit, wo ich es Ihnen beweisen werde. Ihr und *Sophies* Glück sind mir so teuer als das meinige. Erlauben Sie mir, Ihnen einen Rat zu geben. Kehren Sie nach Versailles zurück, machen Sie der Königin Ihre Aufwartung vor Ihrer Abreise zum Regiment. Für die Zukunft habe ich Ihnen nichts zu raten. Vielleicht dürften Sie berechtigt sein, an meiner Erfahrung zu zweifeln, wenn es auf Pläne für Leben und Verhalten ankommt. Desto weniger aber dürfen Sie an meinen Wünschen für Ihr Glück zweifeln. Sie erstrecken sich gewiss auf alle Zeiten und auf alle Umstände Ihrer künftigen Laufbahn. Leben Sie wohl.«

»*Nachschrift.* Ich erfülle mein gegebenes Versprechen und lasse Ihnen beifolgendes Schreiben zukommen, dessen Inhalt mir völlig unbekannt ist.«

Der Einschluss war von *Sophie.* Er enthielt Tränen und Liebe; die Bitte, sie nicht zu vergessen und ihr Andenken im Herzen zu bewahren, wenn sie ihr Unglück und ihren Zustand nicht überleben sollte.

Mein erster Gedanke war, Postpferde zu bestellen und den Flüchtlingen nachzueilen. Im zweiten Augenblick verfiel ich in ein dumpfes Hinbrüten. Ich hätte unterliegen müssen, wäre mir die tröstende Freundschaft des Marquis *von Senecterre,* der sich hier als ein Bruder zeigte, nicht zu Hilfe gekommen. Er brachte mich wieder zu mir selbst. Aber man wird auch im Verfolg dieser Memoiren sehen, dass ich nicht undankbar gewesen und dass dieser Freund in der Not, wenn ich in Grenoble gewesen wäre, als er starb, vielleicht noch jetzt lebte.

Paris war mir widerwärtig und verhasst geworden. Ich ging nach Versailles. Man denke sich meinen verschlossenen Unmut! Die Wut, die in mir tobte! Das Zorngefühl gegen die Frau von ..., das in meinem Herzen kochte!

Als ich mich dem Schlosse von Versailles näherte, rief ich aus: »Wie viel Arbeit und Mühe, wie viel Gold, wie viel Schweiß hat es gekostet, dich zu erbauen! Wie schwer würde es halten, den Löwen zu zähmen, den ich in deiner Menagerie brüllen höre! Welche Aufgabe ist es jetzt, erster Minister eines Landes wie Frankreich zu sein! Wie groß sind die Pflichten, die ihm obliegen! Wie ausgebreitet müssen seine Kräfte, seine Fähigkeiten sein! Wie ungeheuer schwer ist dieses alles! – Und doch wie unendlich viel leichter, als sich von einer Frau zu trennen, die nicht von uns getrennt sein will, wie viel leichter, als Freundschaft an die Stelle der Liebe zu setzen und *jene* zu unterrichten, wie sie *diese* überleben könne!«

War ich damals gerecht oder ungerecht? Dies ist mir bis auf gegenwärtigen Augenblick nicht klar geworden. So viel nur weiß ich: Damals fühlte ich einen wahren Kummer, den *ersten* in meinem Leben. Die Welt schien mir eine weite Einöde, keine *Sophie* war da, sie für mich zu beleben[70]. Ich hätte ausrufen mögen, wie *Antiochus*[71]:

Dans l'Orient désert quel devint mon ennui!

Doch, was ist das menschliche Herz für ein närrisches Ding! Zehn Tage später ward ich *Sophie* untreu. Freilich war's nur eine Untreue der Sinne und wir Menschen sind längst übereingekommen, dergleichen für so viel als nichts zu achten. Gleichwohl verdient der Vorfall eine Stelle in diesen Memoiren und würde einen Roman – wohlverstanden einen von der freieren Klasse – nicht verunzieren. Was übrigens die von mir angeführten Umstände betrifft, so sind sie rein geschichtlich und durchaus wahr.

Ich hatte in der Restauration Au Juste mit Herrn *von Rabodances* etwas früher als gewöhnlich zu Abend gespeist, weil er am folgenden Morgen mit dem Frühsten nach Paris zurückreisen wollte. Nachdem wir uns getrennt, ging ich zu Fuß nach Hause. Kaum einige Schritte von der Restauration wurde ich von zwei Frauen angeredet. Die eine verließ uns, die andere blieb und lud mich, doch mit ungewisser, schüchterner Stimme ein, mit ihr zu gehen. Ich begegnete ihr nicht zum Besten, wurde aber durch ein geheimnisvolles Benehmen aufmerksam gemacht. Ich hörte sie sogar lachen. Sehen konnte ich ihr Gesicht nicht, es war in Kappe und Schleier gehüllt. Aber ich betrachtete Gestalt und Wuchs, Gang und Haltung. Alles verriet, dass sie nicht zu der gemeineren Klasse gehörte. Nun lenkte ich ein, knüpfte ein Gespräch an, zog ihr den Handschuh ab und fand – oh, wie machte sich meine Neugier bezahlt, ein weiches, zart geformtes, geschontes Händchen. Meine Entdeckungen gingen nicht weiter, nur bewies mir der Ton ihrer Stimme, dass sie nicht zu denen gehörte, die einzig und allein von ihrem Handwerk leben. – »Was soll daraus werden«, fragte ich sie, »was willst du von mir?« – »Ihnen folgen, Ihnen gefallen, wenn ich es vermag.« – »Es verlohnt sich nicht der Mühe, überdies gefällt mir keine mehr!« – »Ei! So jung und

---

[70]   la peupler.
[71]   In Racines Berenice, Akt 1, Szene 4.

schon blasiert?« – »Eben, weil ich es nicht bin, mag ich nicht mit dir gehen.« – »Die Wendung ist nicht übel, Sie verstehen sich aufs Ausweichen.« – »Wie? Welche Sprache führst du da?« – »Nun, ich spreche Französisch, sollt' ich meinen.« – »Jawohl, aber nicht die Sprache der Gassen.« – »Wer sagt Ihnen, dass ich eine *solche* bin, weil man mich auf der Gasse findet? Sind Sie darum ein Kotkäfer, weil Kot an Ihren Stiefeln klebt?« – »Auf Ehre, ich muss dir ins Gesicht sehen.« – »Auf Ehre, das sollen Sie nicht, ich habe keine Lust, es Ihnen zu zeigen.«

Ich machte einen Versuch und legte Hand an ihren Schleier, aber sie hielt mich mit den Worten ab: »Kränken Sie mich nicht, bestehen Sie nicht darauf, mich *hier* zu sehen.« – »Wo denn sonst?« – »Überall, nur nicht auf offener Gasse, weil Sie doch zu glauben scheinen, dass ich mich dort herumtreibe.« – »Willst du mit mir kommen?« – »Wo wohnen Sie?« – »Im Hotel *Noailles*.« – »Dahin möcht' ich nicht gern.« – »Warum nicht? Du triffst keine Seele außer dem Kastellan, einigen Hausleuten und mir, ich habe dort nur ein Absteigequartier.« – »Mag alles sein, wie Sie sagen, und doch wag' ich nicht ...« – »Ich hätte dich für dreister gehalten.« – »Ich bin's vielleicht auch, nur nicht dreist genug ...« – »Wohin willst du mich denn führen?« – »In die Orangeriestraße, wenn's Ihnen gefällig ist, mir zu folgen.« – »Folgen? Ich folgte dir in die Hölle.« – »Damit hat's noch Zeit, ich bin eben nicht pressiert, vielleicht treffen wir einst dort zusammen.«

Wir machten uns auf den Weg. Sie hing sich an meinen Arm. Die Vertraulichkeit missfiel mir. Ich dachte nach, fing an mich zu schämen, zog den Arm zurück. »Sie sind nicht galant«, sagte sie. »Sie könnten mir immer den Arm geben, ohne sich zu kompromittieren, wer sieht uns hier?« – »Auch ist es ... *das* nicht« stammelte ich »es kam mir nur vor, als sei es nicht nötig ... und da war's mir bequemer ...« – »Keine Ausflucht! Keine Entschuldigung! Setzen Sie sich meinethalben nicht in Kosten. Ich bin zu gering ... wenigstens in Ihren Augen ...« – »Hier ist mein Arm.« – »Danke, ich brauche ihn nicht.« – »Du würdest mir wehe tun, wenn du ihn nicht annähmest.« – Sie nahm ihn. »Bist du aus Versailles?«, fragte ich weiter. – »Ich bin erst seit Kurzem hier.« – »Kommst du von Paris?« – »Nein.« – »Woher denn?« – »Aus der Franche-Comté.« – »Hast du noch Eltern?« – »Eine Mutter und einen Mann.« – »Wo leben sie?« – »*Sie* in Paris, *er* weit von hier.« – »Treibst du sonst kein Gewerbe?« – »Seit einigen Monaten eines, das mir viel Langeweile macht.« – »Wie? Ein so lustiges Gewerbe?« – »Es war meiner Mutter ihres.« – »Wahrhaftig! Eine respektable Familie!« – »Ja, das behauptet jeder, der sie kennt.« – »Bringt das Geschäft dir viel ein?« – »Weniger Geld als Ehre.« – (Ich spöttisch) »Allerdings!« – »Gewiss und wahrhaftig.« – »Triffst du alle Abende junge Männer, die sich so leicht bereden lassen, dir ... den Arm zu geben wie ich?« – »Ich sollte meinen, ja; ich habe die Wahl ... Allein, war es *das*, was Sie im Sinne hatten, als Sie nach meinem Gewerbe fragten?« – »Was sonst?« – » *Das* also nannten Sie ein *Gewerbe*; nein, mein Herr, das ist nur ein *Zeitvertreib*.«

Ich wusste in diesem Augenblicke nicht, woran ich war und was ich von ihr denken sollte. Wir gingen weiter und gelangten endlich an die Tür des Hauses, wohin sie mich führte. Sie blieb auf der Schwelle stehen, nannte meinen Namen und sagte: »Ehe ich Sie einlasse, mein Herr, müssen Sie mir Ihr Ehrenwort, Ihr heiligstes Ehrenwort geben, von diesem Abenteuer nie eine Silbe über Ihre Lippen kommen zu lassen, wofern Ihnen meine Züge bekannt sein sollten.« – »Wie? Sie wissen meinen Namen?« – »Wie Sie sehen.« Ich verstummte. – »Nun, Ihr Ehrenwort« fuhr sie fort »geben Sie es?« – »Ja, *Engel* oder *Teufel*, ja, ich geb' es!«

Nun klopfte sie an; man öffnete; wir traten ein.

Das Zimmer, in welches man uns führte, war einfach, aber auf eine Art und mit einer Sorgfalt[72] möbliert, welche Geschmack, aber auch zugleich den Gebrauch andeutete, zu welchem es bestimmt zu sein schien. Als wir allein waren, ließ sich meine Begleiterin nicht länger bitten. Sie nahm Kappe und Schleier ab und zeigte mir ein Gesicht von unbeschreiblicher Anmut, aber ein Gesicht, das ich nie vorher gesehen hatte. Ich sagte es ihr, sie schien darüber erfreut. Übrigens konnte ich nicht begreifen, wie eine Frau mit so edlen und einnehmenden Zügen, mit einem Wesen voll Grazie und Zartheit so tief habe sinken können. Es war eine *Heloïsen*-Gestalt, von der man hätte glauben sollen, sie könne nur einen *Abeilard* lieben und ihm treu bleiben. Ich machte den *Abeilard*, ehe der grausame *Fulbert* Rache an ihm nahm. Ich machte ihn so gut, dass ich es mir vorwarf, als mich ein Gedanke an *Sophie* überraschte. Aber ein Blick auf den Ort, wo ich mich befand, sagte mir bald: »Du *darfst* hier nicht an *Sophie* denken!«, und es gelang mir, sie zu vergessen.

Es lässt sich unmöglich so viel Witz und Laune, ich möchte sagen, so viel Geschmack und Zauber in ein Rendezvous feinerer und wirklicher

---

72 Recherche.

Liebe legen, als diese – wie soll ich sie nennen? – diese Flugdirne, dieser Strichvogel, in ihren »Roman einer Stunde« zu legen verstand.

Ihr Benehmen und das ganze Abenteuer machten mich verwirrt. Noch zu jung und zu unerfahren, um es gehörig zu fassen und zu würdigen, schwebe ich in Ungewissheit und Zweifel. Ich fragte mich: »Spielt hier eine Dame die Rolle eines Freudenmädchens? Oder spielt ein Freudenmädchen die Rolle einer Dame? Steigt jene so tief herab, oder diese so hoch hinauf? Welche von beiden gibt sich hier ein fremdes Ansehen?« Endlich blieb ich bei dem Gedanken stehen, es sei eine gebildete Frau, welche das Elend in diesen Abgrund der Verworfenheit gestürzt. Aber, dachte ich zugleich:

Ainsi que la vertu, le crime a ses degrés.[73] Konnte sie nicht auf einer höheren Stufe stehen bleiben? Warum musste sie so tief fallen? Verzeihlich wäre es, ihre Reize – an *einen* – verkauft zu haben, aber sie *allen* auf offener Straße feilzubieten!! Dieser Umstand empörte mich, ich machte mir die bittersten Vorwürfe, ich hätte mich selbst hassen können, der einer solchen Versuchung unterlag!

Diese Betrachtungen, die mir schnell durch den Kopf fuhren, brachten mich ebenso schnell zum Entschluss, den Ort und die Person zu verlassen. Ich hielt ihr eine Handvoll Goldstücke hin, damit sie selbst den Preis ihrer Gunstbezeigungen bestimme. Aber alles sollte nun einmal bei diesem Abenteuer außerordentlich und seltsam sein. Sie schlug die Bezahlung aus. »Behalten Sie Ihr Geld«, sagte sie, »finden Sie sich mit der Hauswirtin ab. Mir bleibt nichts übrig, als Ihnen einen Rat zu geben, der mich vielleicht mit betrifft, der Ihnen aber zuverlässig für jeden Augenblick Ihres Lebens nützlich und heilbringend sein wird. Lernen Sie jede erste Bewegung beherrschen, sie mag eine Folge der Überraschung, der Freude oder der Scham sein. Wer nicht Herr über sein Äußeres und besonders über seine Gesichtszüge ist, verrät sich allemal in dem Moment, wo es am wichtigsten für ihn wäre, sich nicht zu entdecken. Sollten Sie diesen Abend weiter nichts gelernt haben als dies, so dürfen Sie ihn nicht für verloren halten.« – Diese Worte waren für mich ein Rätsel. Ich bat sie um den Schlüssel. – »Meine Worte«, sagte sie, »bedürfen keines Aufschlusses, sie enthalten keinen verborgenen Sinn, sie sind klar und deutlich.«

---

[73] Wie die Tugend, hat das Laster seine Grade. Racines Phädra. (Schiller.)

Ich sah ganz aus wie ein Schulknabe, der seinem Lehrer zuhört. Ja, ich möchte nicht in Abrede stellen, dass ich nicht so ziemlich wie ein Pinsel, wie ein Stock, vor ihr gestanden. Sie reichte mir die Hand zum Kuss mit dem vollen Anstand einer Königin, schellte hierauf und ließ mir durch dieselbe Frau hinausleuchten, die uns die Türe geöffnet hatte. Ich legte Geld auf den Leuchter und fand mich nun allein, in Nachsinnen verloren, zwischen Staunen und Reue geteilt, auf der Straße im Dunkeln.

Als ich am folgenden Morgen den Vorgang zwei oder drei erfahrenen[74] Freunden erzählte, wurde ich unbarmherzig von ihnen ausgelacht, sodass ich es für das Beste hielt, nicht weiter davon zu sprechen.

Noch mehr; ich tat mein Mögliches, die Erinnerung an eine Sache, die mich über mich selbst so ungehalten machte, zu verwischen, es lag aber (gesteh' ich es nur!) in jenem Abend ein geheimer dunkler Reiz, der mir das Bild des Geschehenen beständig ins Gedächtnis zurückrief. Vor allem waren mir die letzten Worte der Unbekannten gegenwärtig, obschon ich Sinn und Meinung nicht ergründen konnte. Der Rat, mein Äußeres in meine Gewalt zu bekommen – ein Rat, dessen Aufschluss man weiter unten finden wird – führte mich auf eine Betrachtung, die ich hier mitteilen muss. Wie ungerecht (sagte ich mir) sind Urteile, die sich auf den Anschein gründen? Wie großes Unrecht tut man fast allgemein, wenn man z. B. jemanden für schuldig hält, oder ihn einer Anklage, eines Verdachts schon deshalb für überwiesen glaubt, weil er errötet!

Es sei mir erlaubt, mich selbst hier als Beispiel aufzustellen. Obschon ich für nichts weniger als schüchtern und als leicht aus der Fassung zu bringen gelte, habe ich mich doch nie davon zurückhalten können, in gewissen vorkommenden Fällen nicht zu erröten, sei es, wenn man mir geradezu etwas zum Vorwurf machte, was ich geredet oder getan haben sollte, oder auch, wenn ich nur erfuhr, dass man mir etwas dergleichen – selbst das Allerungereimteste – *andichtete*. Ja, ich bin überzeugt, beschuldigte man mich, den König von Schweden auf dem Opernball in Stockholm ermordet zu haben, es würde mir unmöglich fallen, mich der jedesmaligen Verwirrung und des Errötens zu erwehren, so oft ich diese lächerliche Anklage wiederholen hörte.

Diese Stimmung hängt mit der Lebhaftigkeit und Hitze des Blutes zusammen und von dem zarten Bau und der leichten Erregbarkeit der Organe ab. Sie ist keineswegs die Folge unserer moralischen Gemütsbe-

---

[74] Uagés.

schaffenheit, sondern bloß der physischen Anlage, der mechanischen Zusammensetzung unseres Wesens. Zugleich aber ist sie ein großes Unglück für den, der damit behaftet ist. Denn wie oft tritt der Fall ein, dass man nach zweifelhaften Anzeichen dieser Art nicht nur beurteilt, sondern sogar *ver*urteilt wird! Ja, wie oft ist es mir selbst begegnet, mich auf ungünstigen, vorgefassten Meinungen zu ertappen, gegen welche, wenn ich nur meine Vernunft zurate gezogen, ich mehr als irgendjemand Ursache gehabt hätte, auf meiner Hut zu sein!

Der Zeitpunkt war gekommen, wo ich Versailles verlassen und mich in meine Garnison und zum Regiment begeben sollte. Der Graf von M... stellte mich dem damaligen Kriegsminister, Prinzen *von Montbarrey*, zur Beurlaubung vor. Der Prinz lud mich zur Tafel. Im Speisesaal fand ich beim Eintritt fünf Damen, von welchen ich aber nur drei kannte. Herr *von Moreton Chabrillant* übernahm es, mich den zwei andern vorzustellen. Jeder Versuch, den Zustand zu schildern, worin mich der Anblick einer derselben versetzte, wäre vergeblich. Ich fühlte mich in einen Zustand von Geisteszerrüttung versetzt, als meine Augen auf Gesichtszüge fielen, die mir so frisch im Andenken, so gegenwärtig waren. Und doch hätte ich mich selbst für einen Tollhäusler halten müssen, wenn ich auch nur einen Augenblick es gewagt hätte, mir einzubilden, dass *jene* und *diese* eine und dieselbe Person sei. Ich suchte meine Bestürzung so gut zu verbergen als möglich und auf diese Weise den ersten Schritt zur Befolgung des Rates zu tun, den ich vor so kurzer Zeit erhalten hatte. Gleichwohl konnte ich der Versuchung nicht widerstehen, ab und zu nach dem Gesicht, der Taille, den Armen und Händen zu schielen, welche jetzt mit Ringen und Geschmeide bedeckt waren, von denen früher nichts zu sehen gewesen war. Und nun vollends der Ton der Stimme! Kurz, ich war erschüttert – war, was eigentlich *ihr* hätte begegnen sollen, außer Fassung. *Sie* hingegen, ruhig wie der Priester am Altar, fand bald Gelegenheit, ihre Lebensgeschichte von ihrer Geburt an Leuten vorzuerzählen, die fast so gut davon unterrichtet waren als sie selbst – bloß und augenscheinlich, damit *ich* erführe, wer sie sei. Sie tat dies alles in wenigen Minuten, in wenigen Worten, unbefangen, mit unbemerkbarer Kunst und ohne allen Schein von Affektion.

Ich erfuhr auf diese Weise, dass sie in ihrem achtzehnten Jahre mit einem Manne vermählt worden, mit welchem sie wenig gelebt; dass sie, nach einem dreijährigen Aufenthalt in der Provinz, wieder nach Paris zu ihrer Mutter gekommen, welche im Palast Luxemburg wohne; dass die-

107

se Mutter eine Hofstelle bekleidet und vor Kurzem die Erlaubnis erhalten habe, sie ihrer Tochter zu überlassen, und dass diese sie seit einiger Zeit wirklich angetreten.

Ich hörte kaum, was sie sagte, und wäre, hätte man eine Frage an mich gerichtet, nicht imstande gewesen, sie zu beantworten, so groß war meine Verwirrung. Bei Tafel hatte die Gesellschaft die Güte, zu bemerken, dass ich ein artiger junger Mensch sei, bescheiden und von angenehmer Haltung. Man hätte ebenso gut hinzusetzen können: Der junge Herr sei überaus mäßig im Essen und Trinken, denn ich rührte keinen Bissen an.

Nach aufgehobener Tafel wagte ich es, die Dame anzureden. Sie antwortete mit einem zerstreuten, gleichgültigen Wesen: Na! Nein! und dergleichen einzelne Silben. Das verdross mich; ich fand es sogar unartig[75] und verfiel nun wieder auf die Vermutung, dass ich mich geirrt haben müsse. Als ich sie aber einen Augenblick nachher wieder ansah, machte sie eine Bewegung mit dem Kopfe, als winke sie mir Ja! zu. Doch war ich tausend Meilen davon entfernt, in diesem Wink eine Antwort auf eine Frage zu finden, die ich nur mit den Augen an sie gerichtet hatte. Sie war scharfsinniger als ich und hatte meinen Blick gemerkt und verstanden, denn während einige von der Gesellschaft eine schöne Wanduhr betrachteten, die der Minister eben gekauft hatte, und das Werk lobten, stand sie mit einer Bewegung auf, welche zugleich Unruhe und Ungeduld verriet, trat an die Uhr unter dem Vorwand, sie näher und genauer zu besehen, legte den Finger auf die Ziffer X und warf zugleich auf mich einen Blick, dessen Schnelligkeit ihn für jeden andern unmerklich und unverständlich machen musste. Einige Minuten später, im Gespräch mit der Gräfin *Blot* begriffen, erhob sie auf einmal die Stimme und sprach laut und deutlich die Worte: »Es war in der Orangeriestraße«, nahm dann wieder den gewöhnlichen Ton an, bis sie ganz zuletzt ihn wieder erhöhte, um das Wort *morgen* mit Nachdruck auszusprechen.

Wie hätte ich noch glauben können, mich geirrt und alles nur geträumt zu haben? Die Wirklichkeit war zu augenfällig.

Man wird mir's zutrauen, dass ich bei einem Rendezvous, das mir so deutlich, so fein gegeben worden, pünktlich war. Ich fand mich Schlag *zehn Uhr* in der *Orangeriestraße* ein und man ließ mich nicht warten. Mei-

---

[75] Impertinente.

ne erste Bewegung war, die Bestellerin an mein Herz zu drücken; der zweiten, sie von mir zu stoßen, musste ich mit Gewalt widerstehen. Sie hing sich an meinen Arm und zog mich schweigend mit sich fort. Ich wollte sprechen, ich wollte fragen ... Keine Antwort. So kamen wir endlich an das Haus, in das Zimmer. Hier stellte sie sich verwundert und fragte: »Durch welch Ungefähr finden wir uns wieder zusammen? Was für Reden haben Sie unterwegs geführt? Kein Wort habe ich verstanden.« – »Wie? Haben wir nicht gestern Mittag zusammen gespeist?« – »Sie mit mir?« – »Nun ja, beim Prinzen *Montbarrey*. Sie sind doch die Gräfin De...?« – »Was für ein Märchen der Tausendundeine Nacht wärmen Sie da auf! Ich glaube, Sie sind fieberkrank.« – »Nichts weniger! Treten Sie ein wenig näher ... Ja, Sie sind's ... Zweimal lasse ich mich nicht täuschen ... Aber, ist es möglich? ... Sie ... doch ja, ganz gewiss ... wahr, zu wahr! ... Sie sind's, Sie sind's.« – »Immer besser, immer besser! Wissen Sie was? Sie machen sich höchst lächerlich. Oder soll Sie vielleicht Ihre Einbildungskraft exaltieren? Ein gutes Mittel! Wohl bekomm's!« –»Wie meinen Sie das?« – »Gehen Sie, Sie sind nicht gescheit!«

Das Einzige, was in diesem Augenblick der Verwirrung klar vor mir stand, war – was ich zu tun hatte. Ich schritt zum Wesentlichen und bemerkte mit Vergnügen, dass die Dame nicht ohne Teilnahme blieb.

Ich muss den Leser um Verzeihung bitten, wenn ich hier in denselben Fehler verfallen bin, den ich an so vielen Schriftstellern tadle und verdamme, die seit einem halben Jahrhundert die Welt mit Romanen überschwemmt haben, worin zugleich Sittenlosigkeit und ein schlechter Ton herrschten. Diesen Ton hielten sie in ihrer Verblendung für den guten, führten ihn in die niederen Klassen ihrer Leser ein, verpflanzten ihn in die Provinzen und ins Ausland, wo er fast von allen angenommen worden ist, welche, durch Anlage und Erziehung für die sogenannte *gute Gesellschaft* bestimmt, infolge der Umstände nicht dazu gekommen sind, in dieselbe aufgenommen zu werden. – Was mich aber betrifft, so blieb mir hier keine Wahl. Ich schreibe die Wahrheit, und da ich sie nicht ganz verbergen darf, so hülle ich sie wenigstens in den dichtesten Schleier ein, den ich finden kann. Was überdies an jenen *Herren* den meisten Tadel verdient, ist nicht so sehr die Unanständigkeit der Schilderungen (ich rede nicht von den vorsätzlichen groben Wollustbildnern), als die Absicht oder vielmehr die Albernheit, vorspiegeln und überreden zu wollen, dass *geheime Laster* der großen Welt *öffentliche Sitten* der großen Welt sind; dass sittenlose Gespräche, im Innern der Boudoirs geführt, auch im

Gesellschaftszimmer gehalten werden; dass junge Herren und Damen von Welt Laffen[76] und Schnattergänse[77] sind, welche den bizarrsten und ungeziemendsten Jargon zu ihrer Umgangssprache machen, dass endlich die Schule der feinen Hofsitte in Frankreich zu einer Marktschreierbude ausgeartet ist, in welcher man mit süß kandierten Zoten, mit grobem Witz, mit elegantem Unsinn um sich wirft. Denn das sind ungefähr die Züge, welche vom Pinsel jener Herren entworfen werden, wenn sie die Sitten der großen Welt schildern wollen. Solche Gemälde, in welchen sich der ekelhafteste Ungeschmack zeigt, verdienen weit mehr Tadel als isolierte Skizzen einzelner geheimer Immoralitäten und einer Libertinage, die für kein Wunder, ja nicht einmal für etwas Seltenes und Neues in einem Jahrhundert gilt, das gewohnt ist, dergleichen ohne Scham und Erröten anzuhören und den Verfassern solcher Skizzen weder ein Verdienst noch einen Vorwurf daraus zu machen.

Doch, ehe ich mich wieder in das Zimmer einschließe, aus welchem ich jenen Abstecher gemacht, sei mir noch eine zweite Abschweifung vergönnt. Sie betrifft ein paar Schriftsteller meiner Zeit, die Herren *Dorat* und *Marmontel*. Ich habe beide, und besonders den ersten, sehr genau gekannt. Beide haben eine Galerie und eine Schule von Fantasiestücken angelegt und eine Menge von Zöglingen irregeführt und verdorben. Sie selbst hatten in *Crebillon dem Jüngern* – der weniger Talent besaß als sie beide und namentlich als *Marmontel* – ihr Vorbild, den Erfinder der Lügenromane, den Vater des erbärmlichen Jargons, welchen er sie sprechen lässt, gefunden. Und nun vollends das Heer ihrer Nachahmer und Nachtreter! Was lässt sich von diesen sagen? Heißt es nicht Europa[78] einen Dienst leisten, wenn man jenen beiden Schriftstellern einen Glanz abstreift, welchen sie so abgeschmackten Mitteln verdanken? Man kann der Lesewelt über dieses Scheinverdienst sonst so wertvoller Männer nicht schnell genug die Augen öffnen und somit dem Schaden entgegenarbeiten, den sie unter den jungen Leuten, die ihnen nachäffen, angerichtet haben.

Bei allen ihren Fehlern waren jene Männer gleichwohl ihrer Sprache mächtig und schrieben *Französisch*. Wenn der treffliche Literat *Marmontel* sich irgendwo verleiten lässt, einen seiner Helden *bei einer großen Abend-*

---

[76] Freluquets.

[77] Cailletes.

[78] Europa hat jetzt mehr zu tun. (Späterer Zusatz des *Verf.*)

tafel sagen zu lassen: »Il n'est bruit dans le monde, que de l'arrangement plein de raison que tu as fait avec ta femme: il passe pour constant qu'elle a repris le chevalier, et toi la petite marquise; on assure que vous êtes convenus de ne vous chicaner sur rien«, so können dergleichen Phrasen nur junge, unerfahrene Neulinge irreführen, welche, wenn sie einst die Ehre haben sollten, zu *großen Soupers* zugelassen zu werden, ihren Irrtum bald einsehen würden. Sagt der Verfasser weiter: »et qu'elle te passe la rhubarbe, pour que tu lui passes le sené«, so kann höchstens ein Apotheker aus der Provinz über den abgedroschenen Gemeinspruch lachen und sich wundern, wie seine Spezies in so gute Gesellschaft gelangen. Dennoch sind, wie ich schon gesagt, Redensarten wie diese und ein Stil wie dieser, bei aller Abgeschmacktheit und Lächerlichkeit, gutes reines Französisch, die Worte sind sprachgerecht und allgemein verständlich.

Was aber in aller Welt hat dir, mächtige Gottheit des französischen Parnasses, die schöne Sprache eines *Bossuet*, eines *Fénélon, Pascal, Montesquieu, Buffon, Voltaire, Corneille, Racine* usw. zuleide getan, um sie so schändlich verhunzen zu lassen?

Ich schlage die Schriften der neueren auf und lese: des yeux vaporeux et veloutés, des robes vaporeuses, des goûts vaporeux[79], des coeurs calcinés d'amour, des lèvres ambroisiées, des roses d'amour tamisées, des larmes délirantes. Ein anderer spricht von Fingern parfilés par l'amour, von perfidies délicieusement traitées, von einem crâne sentimental, von einem roué pâli sous les rideaux de nos élégantes, von dem privilége que *nous autres grands* avons d'être de charmans tapageurs, von der vibration des cordes retentissantes du coeur, von einer tendresse filtrée dans le sang.

Ein anderer lässt den Marquis an den Chevalier schreiben: tu es dans tes domaines où tu te rouilles; ta végétation, loin de nos brillantes coteries, est un attentat monstrueux et dérogatoire à nos lois etc. etc.

Die Feder versagt mir den Dienst zum Abschreiben solcher läppischen Ungereimtheiten in einer französisch-irokesischen Sprache. Dabei ist es in der Tat zu bedauern, dass neben dergleichen abgeschmacktem Zeug man aufseiten echten Witzes, ausgebildeten Verstandes stößt, und dass der, welcher sie schrieb, nicht immer so schreibt, wie er es könnte,

---

[79] Wer sollte denken, dass ein und dasselbe Beiwort so vielen unter sich fremdartigen Dingen angepasst werden könne? Welcher Missbrauch! Vielmehr, welche Tollheit! *Verf.*

wenn er nur immer von Dingen spräche, die er versteht und den guten Mustern, dem Anstande und den Grundsätzen der Sprache treu bliebe.

Ce *moderne naturel* dont on fait vanité,
Sort du bon *naturel* et de la vérité;
Des mots vides de sens, affectation pure,
Et ce n'est point ainsi que parle la nature[80]

Es ist ebenso offenkundig als unvermeidlich, dass unsere Sprache, nachdem sie den Wendepunkt der Vollkommenheit erreicht hat, ausarten, unverständlich werden und von der mit so vieler Mühe erreichten Höhe herabsinken muss, auf welche ihre Klarheit, ihre Eleganz und die Meisterwerke unserer Literatur sie in ganz Europa erhoben hatten. Ja, ich bin fest überzeugt: Käme der größte Redner unter den neueren, käme *Bossuet* wieder, träte er unter uns und ihm würde dafür, dass er den *großen Fénélon* verfolgt hat, die Buße auferlegt, einen der *modernen Herren Schriftsteller* zu lesen, er würde offenherzig bekennen, dass er ihn nicht immer und nicht ganz verstehe. Vielleicht kommt es noch mit der Zeit dahin, dass man Professoren und Ausleger bestellen wird, um die Sprache der neuen Schule zu erklären und zu erläutern.

Doch ich kehre ins Rendezvouszimmer zurück.

Alles in der Welt nimmt ein Ende. Ich musste mich von der Sirene trennen, die mich verführt hatte. Vor dem Abschiede sagte sie mir ohne Umschweif und Vorrede und mit zerstreutem, gleichgültigem Wesen: »Ich war mit Ihrer ersten Gemütsbewegung, als wir uns bei Herrn *von Montbarrey* trafen, nicht zufrieden. Nicht, dass ich Ihre Verlegenheit nicht entschuldigt hätte, wären Sie nur besonnen genug gewesen, sie schnell zu überwinden. So aber fehlte wenig daran, dass Ihre Verwirrung auch *mich* angesteckt und außer Fassung gebracht hätte. Mit einem Verstande, wie er Ihnen zuteilgeworden, kann man sich unmöglich linkischer benehmen, als Sie es getan.« – »So geben Madame doch endlich zu, dass Sie jene Person waren?« – »Wie Sie sehen.« – »Erlauben Sie mir eine Frage. Das erste Mal, als wir zusammentrafen, war es von ungefähr oder wussten Sie, wo ich anzutreffen sei ... und suchten Sie mich?« – »Ich

---

[80] Nachgeahmt vom Misanthrope de Molièrs.
Ce style figuré dont on fait vanité,
Sort du bon caractère et de la vérité;
Ce n'est que jeux de mots, qu'affectation pure,
Et ce n'est point ainsi que parle la nature. *Übers.*

suchte mein Vergnügen.«[81] – »Mit wem wollten Sie es teilen?« – »Mit dem ersten Besten, der mir aufstoßen und mir gefallen würde.«[82] – »Großer Gott!«, rief ich hier aus, denn ich konnte den Abscheu nicht unterdrücken, der sich meiner bemeisterte. Sie bemerkte es. »Wahrhaftig«, sagte sie mit ruhiger Unbefangenheit, »ist es nicht spaßhaft und lächerlich? Ihr Männer erlaubt euch alles, haltet euch alles für erlaubt, uns aber untersagt ihr alles und lasst uns kaum noch ein Mittel übrig, unsere verlorenen Rechte wiederzugewinnen, nämlich: dasjenige *heimlich* zu tun, was ihr so stolz seid, *öffentlich* tun zu dürfen.« – »Aber auf diesem Wege werden Sie ...« – »Untergehen, mich unglücklich machen? Nicht wahr? Nichts weniger als das. Halbe Fehltritte bringen uns um Ehre und Ruf. Extreme tun es äußerst selten. Und warum? Weil die Welt nicht an Extreme glaubt. Oder denken Sie etwa, dass ich bin wie Sie, und dass es mir ganz und gar an Gewandtheit fehle? Nun, junger Herr, munter! Sehen Sie nicht so albern, so zerknirscht aus! Stehen Sie nicht genau da, wie eine junge Klosterpensionärin? Wissen Sie wohl, dass, wenn Sie Ihre großmächtigen Grundsätze ablegen könnten, Sie ein sehr wünschenswerter Liebhaber sein würden? Jetzt aber, und von nun an, da Sie mich kennen, fühle ich mich Ihrer nicht mehr würdig! Begegnen wir uns wieder in Gesellschaften, so verspreche ich Ihnen, Sie für weiter nichts als ein hübsches, schüchternes Mädchen in Mannskleidern zu halten; Sie hingegen werden mir hoffentlich die Achtung bezeigen, die Sie einer Frau von festem Charakter, einer Frau schuldig sind, die zwar ein wenig in das andere Geschlecht eingreift, dabei aber nie *öffentlich* den Anstand aus den Augen setzen wird, der die Hauptzierde des ihrigen ist.« –

Ich stand da, stumm, versteinert, wie eine Bildsäule. Sie umarmte mich. Ihre Logik überzeugte mich nicht; aber ihre Liebkosungen überwältigten meine Sinne, trotz meiner Vernunft, durch einen Zauber, dem ich keinen Widerstand entgegenzusetzen vermochte.

»Ach!«, rief ich endlich mit einem Seufzer aus. »Wie strafbar bin ich! Ich liebe eine andere!« – »Oh, geschwind! Erzählen Sie! Sagen Sie mir,

---

[81] Über dieses Gespräch – die Folge eines Abenteuers, welches zu rechtfertigen ich keineswegs auf mich nehme – begnüge ich mich zu bemerken: Es ist wenigstens in reinem Französisch geschrieben und fand unter vier Augen statt. Aber ungereimt würde es sein, mit unseren neuen Romanschreibern behaupten zu wollen, dass Gespräche dieser Art je in Gesellschaftszimmern oder bei großen Soupers geführt worden sind. *(Verf.)*

[82] Lupa sum, et lupa permanere volo. *(Verf.)*

wen?« – »Wofür müssten Sie mich halten, wenn ich es täte? Hätten Sie nicht Grund, zu fürchten, dass ich einer Dritten ebenso wenig verschweigen würde, was hier vorgegangen ist?« – »Sie haben recht und unrecht zugleich. Der Fall ist nicht derselbe. Ihre Liebe hat einen achtungswerten Gegenstand, dem es zur Ehre gereichen würde, genannt zu werden. Mein Abenteuer mit Ihnen dagegen würde mir Schande bringen, wenn Sie es ausplauderten; es sinkt zu tief unter die Grenze des Schicklichen hinab.« – »Also haben Sie doch ein Gewissen und fühlen Reue?« – »Freilich. Deswegen suche ich mich zu *verbergen*, gerade wie ich mich nicht sehen lassen würde, wenn ich Lust hätte, mich auf meinem Zimmer in Champagner zu betrinken. Eines ist nicht ärger als das andere: nur der Skandal, das gegebene Ärgernis ist ein großes Übel. Lächerlichkeiten und Torheiten sind im Grunde längst an der permanenten Tagesordnung der Welt und man hat alles getan, wenn man nur auf den guten Schein ernstlich bedacht ist.« – »Hilf Himmel! Wo haben Sie das alles her? Aus welcher Quelle haben Sie diese Grundsätze geschöpft?« – »Aus den Quellen meines Nachdenkens und meines Herzens.« – »So kann ich Ihnen zu den Resultaten nicht Glück wünschen.« – »Adieu (indem sie mir mit der Hand über die Augen fuhr), vergessen Sie einen großen Teil des Geschehenen. Aber erinnern Sie sich auch ein wenig meiner.« – »Es steht nicht in meiner Macht, es nicht zu tun.« – »Soll ich Ihnen für diese Antwort danken?« – »Halten Sie es damit, wie Sie wollen.« – »Gute Nacht ... Nur noch eines: Ich muss Ihnen zu guter Letzt die Versicherung mit auf den Weg geben, dass ich, nach dem, was vorgefallen ist, etwas für Sie fühle, was wie ein Tropfen dem andern der Freundschaft gleicht.« – »Und ich ein Gefühl der Dankbarkeit, denn, alles genau betrachtet, Dank bin ich Ihnen schuldig. Adieu.« – »Adieu.«

Sollte die Anekdote wie eine Fabel oder die Schilderung übertrieben scheinen, so müsste ich mir den Vorwurf gefallen lassen und dürfte nicht darüber klagen. Nur würde ich dem Ungläubigen offenherzig gestehen, dass ich lange Zeit Anstand genommen, sie in meine Memoiren aufzunehmen, in welchen sich, wie ich solches auf meine Ehre versichere, keine Zeile, kein Wort finden soll, wodurch die Wahrheit verletzt wird, es müsste denn hie und da durch die unfreiwillige Schuld eines Gedächtnisfehlers geschehen. Ich würde ferner hinzusetzen, dass Frankreich nicht der einzige Schauplatz solcher ärgerlichen Auftritte ist und dass einem fremden General, mit welchem ich genau bekannt geworden und dessen Glaubwürdigkeit über jeden Zweifel erhaben ist, dasselbe

Abenteuer (nur mit einigen anderen Nebenumständen) mit einer der bedeutendsten Damen in einer der ersten Hauptstädte Europas begegnet ist. Was beweist dies aber? Dass es in allen Klassen sehr verderbte Frauen gibt, sowie es zu allen Zeiten und in allen Ländern sehr tugendhafte gegeben hat, dass aber auch überall diejenigen Frauen, welche zu den höheren Klassen der Gesellschaft gehören, wenigstens im Äußeren, sich mit aller Dezenz und Würde ihres Standes in Worten und Handlungen benehmen, dass sie, ihre Neigungen und Sitten mögen noch so entartet sein, vonseiten der Männer von Erziehung und Bildung ebenso viel *äußere* Zeichen der Achtung verdienen als die Tugendhaftesten ihres Geschlechts; dass sie, weil sie Tugenden *heucheln*, auf den *Schein* der Verehrung Anspruch machen können, und dass nur Männer und Frauen, die sich von den Formen, welche die Welt in öffentlichen Reden und Handlungen eingeführt hat, entfernen, von der Welt ein strenges Gericht zu erwarten haben.

Ich muss noch, um die Ehre der Dame einigermaßen wiederherzustellen, insofern dieses nach dem, was man von ihr gelesen, möglich ist, hinzusetzen, dass ich sie nach mehreren Jahren wiedersah. Sie hatte damals ein zärtliches Verhältnis mit einem Manne, der zwar sehr bekannt, aber nichts weniger als liebenswürdig war. Er zeigte für sie, die so wenig Geschmack in dieser Wahl und Liebschaft bewies, eine so grenzenlose Leidenschaft und sie eine so unverbrüchliche Treue gegen ihn, dass man hätte schwören sollen, er sei ihre *erste* Liebe gewesen. Wenigstens musste er der Erste gewesen sein, der den Weg zu ihrem Herzen gefunden. Ich erinnere mich, mit beiden zu Brüssel einen der langweiligsten Abende meines Lebens zugebracht zu haben, obschon *sie* eine Frau von vielem Verstande war und es ihr an keiner Gattung desselben fehlte. Aber ach! Das verliebte Taubenpaar girrte so zärtlich und führte ein so mattes Schäferstück vor mir auf, dass mir von den Süßigkeiten, die sie einander vorsagten, nur das Süßliche[83] zuteilward, und sie nicht zu bemerken schienen, dass ein Dritter als Zeuge zugegen war, Madame hatte Versailles und ihre Abendfahrt rein vergessen.

Das moralische System des Menschen ist wie dessen physische Organisation beschaffen. Beide sind Krankheiten unterworfen, von denen sich's genesen lässt.

---

[83] Fade.

Ich konnte Paris und Versailles mit einer so finsteren, unfreundlichen Garnison wie *Falaise* nicht vertauschen, ohne das Gefühl zahlreicher Rückerinnerungen an mein verflossenes Jugendleben mit dahin zu nehmen. Als ich mich bei der Königin beurlaubte, versicherte sie mich ihres Schutzes, den sie mir aber nicht immer gewährt hat, und ihres Wohlwollens, welches sie mir in der Folge entzog. Doch damals, wie sie mir beides zu versprechen geruhte, war sie zuverlässig gesonnen, mir beides zu erhalten. Sie hatte vor ein paar Tagen einen Auftritt gehabt, der sie noch in dieser Stunde tief bewegte und zugleich zum Beweise dienen kann, wie leicht es ihr bei ihrem guten Herzen geworden wäre, hätte sie nur bessere Ratgeber und bessere Umgebungen gehabt, sich die Liebe einer Nation zu erwerben, von welcher sie so sehr wünschte, geliebt zu werden. Diese Liebe wünschen, hieß ja schon sie verdienen. Sie fragte mich nämlich, ob ich das letzte Mal, als sie in Paris die Oper besuchte, auch da gewesen wäre? (Es war erst vor zwei bis drei Tagen geschehen.) – »Ja, Ihre Majestät.« – »Warum«, fuhr sie fort, »bin ich so kalt empfangen worden?« – »Kalt? Ich habe es nicht gemerkt.« – »Sagen Sie das nicht. Sie müssen es bemerkt haben; es war gar zu auffallend ... Übrigens, denke ich, desto schlimmer für die Pariser[84] ... meine Schuld ist es nicht.« – bei diesen Worten liefen ein paar Tränen die Wangen herab. – »Ihre Majestät legen zu viel Gewicht auf etwas, woran vielleicht der bloße Zufall schuld ist. Überdies, wenn die Königin mir erlaubt, es zu sagen, sollte sie auf dem erhabenen Standpunkt, wo sie steht, sich nur über das Gute betrüben, was nicht durch sie geschieht, und über das Böse, was sie nicht verhindern kann.« – »Worte, Worte[85], schöne Worte im Munde eines jungen Etourdi wie Sie; aber wenn man sich, wie ich, nichts vorzuwerfen hat, tut ein solches Verhalten wehe, sehr wehe!«

Wie weit war ich, als ich sie damals verließ, entfernt, mir einzubilden, dass jene schwachen Blitze Vorläufer des Wetterstrahls waren, der den Thron in den Staub schmettern sollte, dessen Besitz die Königin für die höchste Gunstbezeugung der Glücksgöttin gehalten hatte!

Am Morgen darauf reiste ich mit schwerem Herzen ab. Auch mir (wie tags vorher, der Königin) standen die Augen voller Tränen. Ich bemerkte hier im Vorbeigehen, dass ich fast nie Paris verlassen habe oder nach längerer Abwesenheit dahin zurückgekommen bin, ohne im

[84]   Le peuple de Paris.

[85]   Des phrases

ersten Fall einen lebhaften Schmerz, im zweiten eine heftige Bewegung, eine tiefe Rührung zu empfinden. Trug ich vielleicht schon, wie unbewusst, die traurige Ahnung in mir, dass ich es einst, gezwungen, in den schönsten Jahren meines Lebens würde verlassen und, sozusagen, aufhören müssen, Franzose zu sein, ohne es verdient zu haben, diesen schönen Namen zu verlieren? – Dass ich ihn verlieren würde, um Feinden zu entgehen, welche, aus dem Staube sich erhebend und mächtig geworden, unter der Larve des Patriotismus Rache an Höheren und Besseren zu nehmen entbrannten? Ahnte ich es vielleicht schon, dass ich in fremden Ländern umherirren, bald eine edle Gastfreundschaft finden[86], bald ein Opfer der Vorurteile werden, Kränkungen aller Art und eine Geringschätzung würde erdulden müssen,

> qu'à l'abri du danger,
> L'orgueilleux citoyen prodigue à l'etranger.

während die gütige Natur mein Los an ein so teures und so ausgezeichnetes Vaterland knüpfte, das ich nie aufgehört habe, im Herzen meines Herzens zu tragen?[87]

E instinto di natura l'amor del patrio nido.

---

[86] Vor allem in Preußen, wo, wie in Sachsen, die französischen Flüchtlinge den edelsten Schutz und eine ungestörte Ruhe genossen haben. *Verf.*

[87] Unter allen Übeln (sagt ein alter Schriftsteller) ist in meinen Augen das größte, wenn man nicht in sein Vaterland zurückkehren darf, und derjenige, welcher daraus verbannt, seines Vermögens und des Bodens beraubt ist, auf welchem er geboren ward, ein zweiter *Atlas*, den die Last des Himmels erdrückt. *Verf.*

6. Kapitel

Il n'y a pas tant de vanité à tirer de l'amour d'une maitresse. La nature a si bien établi le commerce de l'amour, qu'elle n'a pas laissé beaucoup de choses à faire au mérite.Il n'y a point de coeur à qui elle n'ait destiné quelque autre coeur; elle n'a pas pris soin d'assortir toujours ensemble toutes les personnes dignes d'estime. Cela est fort mêlé, et l'expérience ne fait que trop voir, que le choix d'une femme aimable ne prouve rien ou presque rien en faveur de celui sur qui il tombe. Il me semble que ces raisons-là devraient faire des amans modestes et discrets.

(*La Bruyère*)

Nichtigkeit und Eitelkeit der Liebe – Über die Verführungskunst – Wie man den Frauen gefällt – Über die Frauen, ihre Natur, ihre Neigungen, ihren Urcharakter, ihr Gemüt – Ehrenvolle Ausnahmen – Sie sind, bei allen ihren Fehlern, anbetungswürdig – Eine sich auf sie beziehende Stelle des Dichters La Motte – Garnisonleben – Die Landstädte, bis auf wenige, gleichen einander – In einigen herrscht Geschmack und der beste gesellschaftliche Ton – Meine Vorliebe für Paris – Ich verdanke der Hauptstadt meine Ausbildung – Ich besitze Leichtigkeit und Gedächtnis – Mein Streit mit Champcenetz – Mein Urteil über ihn – Anekdoten – Sein Duell mit dem Vicomte de Roncheroles, eines Chansons wegen – Der Chevalier de Boufflers – Champcenetz und Florian – Champcenetz besteigt das Blutgerüst. – Seine Bonmots kurz vor seinem Tode – Seine Unwissenheit – Unsere literarische Verbindung – Gespräch mit ihm, Rivarol und Chamfort – Definition des Gedächtnisses – Rivarol – Seine Gedächtnisgabe – Sein Tod in Berlin – Unsere Trennung – Seine Antworten – Seine Beredsamkeit, sein Widerwille gegen Arbeit – Gedanken über die Kürze des Lebens, die Macht der Gedanken, den Schwung der Fantasie im Menschen

In der Schrift ruft der betrogene Weise aus: »Ich sprach zum Lachen, du bist toll! Und zur Freude, was hast du aus mir gemacht?« Dasselbe können von der Liebe selbst diejenigen sagen, die von ihr am besten behandelt worden sind. Wie viel Falschheit in ihren Täuschungen! Wie viel Leere in dem, was sie verspricht! Wie viel Verrechnungen in dem, was

118

sie hält! Wie viel Nichtigkeit in dem, was man ihre größten Gunstbezeugungen nennt!

Ich entsinne mich noch eines Lebensalters, das allen Lügen und Blendwerken offensteht, und wo ich Kind genug war, zu glauben, man sei ein Mann von Verdienst, wenn man den Frauen gefalle, und es sei von dem, der sie verehre, vorauszusetzen, dass er eine schöne Gestalt, Grazie, Gewandtheit, Verstand und tausend andere herrliche Eigenschaften besitzen müsse; ferner, man sei vollkommen berechtigt, ein eingebildeter, unverschämter Geck[88] zu sein, wenn man ein langes Namenverzeichnis von Frauen vorzeigen könne, die man betrogen habe – und von denen man zehnfach betrogen worden.

Etwas weiter in Jahren fortgerückt, begnügte ich mich mit dem Gedanken, dass, wenn auch nicht die Gesamtheit dieser Eigenschaften, doch ein Teil derselben erforderlich sei, um Eroberungen zu machen. ...

Aber auch hier sah ich ein, dass ich mich getäuscht hatte, und erhielt nun bald den mathematischen Beweis, es könne dem in jeder Hinsicht unbedeutendsten Manne gelingen, der größten Verführerin den Kopf zu verdrehen.

Jetzt aber – und hier spreche ich eine große Lästerung aus!!! –, jetzt bin ich von der Meinung nicht sehr entfernt, dass für die Frauen die Mittelmäßigkeit der Männer überhaupt und in jeder Art ein Empfehlungsgrund ist!!! – Ich gebe es zu, diese Behauptung mag hart und anstößig erscheinen, gleichwohl würde es mir nicht schwerfallen, sie mit entscheidenden Gründen zu unterstützen. Doch die Verehrung, die ich gegen ein Geschlecht hege, dem wir das einzige Gut im Leben – den positiven Teil der Liebe – verdanken, legt mir Stillschweigen auf und untersagt mir eine so unzarte Erörterung. Und da überdies meine Memoiren zeigen werden, dass ich die bei Weitem größere Hälfte meines Lebens dem Dienste der Schönen gewidmet und dass dieser Teil meiner Laufbahn nicht ganz ohne Erfolg geblieben ist, so möchte sich leicht, ohne mein Vorwissen, etwas Egoismus und Eigenliebe hier einschleichen und mir den Rat zuflüstern, die Sache lieber in ihrem Halbdunkel und die Zweifel darüber ungelöst zu lassen.

Was die Frauen im Allgemeinen mehr als Verstand und Gestalt an die Männer fesselt, ist, was man bei *diesen* Eigenheit und Charakter nennt.

---

[88] Impertinent et fat.

Pour une qu'Amour prend par l'âme,
Il en prend mille par les yeux.

sagt ein Dichter. Ich möchte hinzusetzen: So wie es ein allgemein bekanntes Verfahren gibt, die Frauen zu erobern, so gibt es ebenfalls eine besondere Taktik des Charakters, sich in ihrer Gunst zu erhalten. Sie widerstehen oft der edelsten Behandlung und lassen sich fast immer (schrecklich zu sagen!) durch den Zauber der unwürdigsten Begegnungen überwältigen. Ihre Schönheit ist eine *kurze Tyrannei*, die sie auf die unbarmherzigste Weise nur gegen den ausüben, der sich von ihnen unterdrücken lässt. Sie suchen in der Regel diejenigen auf, die ihnen mit Geringschätzung begegnen, und unterwerfen sich meistenteils dem, der ihnen nicht schmeichelt.

Der Spruch einer Dame vom höchsten Range in Europa ist bekannt. Ihr Liebhaber hatte sich eines Abends so weit vergessen, sie – zu schlagen. Am folgenden Morgen war das Erste, was sie zu ihrer Vertrauten sprach: »Jetzt bin ich seiner Liebe gewiss.«

Überhaupt ist es Tatsache und ausgemachte Wahrheit, dass Männer, die am wenigsten taugen, die siegreichsten Verführer des schönen Geschlechts sind. Nichts beweist mehr, wie falsch die Beurteilungskraft der Frauen, wie reizbar ihre Fantasie, wie eitel ihr Herz und ihr Verstand ist, als die Beharrlichkeit, mit welcher sie die Gegenstände ihrer schlechtesten Wahlen ehren und hegen, und die Erfahrung, dass manche Frau darüber untröstlich geworden, weil sie ein Mann verließ, dem sie vielleicht in einem Anfall von Laune vierzehn Tage später den Abschied gegeben haben würde.

Man wende mir nicht ein, dass die gekränkte Eigenliebe der Frauen im Spiel ist. Freilich hat sie bei diesem erbärmlichen Kalkül eine der Hauptrollen – nur ist es nicht die einzige. Die weibliche Fantasie überschätzt den Wert ihres Verlustes; es geht ihr ungefähr wie den schwachen Köpfen, die ein Schwindel ergreift, wenn sie von einer Anhöhe auf das Tal hinabschauen.

Aber auf einer anderen Seite, welch' ein Triumph für die Frauen, wenn sie grausam genug sind, den Mann zu verlassen, der sich und alles ihnen aufgeopfert, der alle Hoffnungen seines Glücks auf sie gesetzt, und dem nichts übrig bleibt als die Verzweiflung einer getäuschten Leidenschaft! Mit welcher Wollust weiden und ergötzen sie sich an seinem Schmerz! Mit welcher Fühllosigkeit, ich möchte sagen, mit welchem kalten und schnöden Ennui sehen sie seine Tränen fließen und treten seine Schwäche unter die Füße!

Dieses Gemälde ist gleichwohl kein *Familiengemälde*, obschon mehr als einmal gesagt worden ist, dass das ganze weibliche Geschlecht zu einer Familie gehöre. Es gibt Ausnahmen. Ja, es gibt unter den Frauen Beispiele von großen Seelen, von feinen, köstlichen Gefühlen, Muster von Edelmut, von unerschöpflicher Sanftmut und Güte, von Mut, kurz von allen Tugenden. Ich habe deren zwei gekannt, zu gut für die Welt, die sie besaß, und ihrer nicht wert war, besonders die eine!! .. Ach, sie hat sich viel zu früh meiner Anbetung[89] entzogen! Ich ward durch die Beschlüsse der ewigen Schicksalsmächte verdammt, sie immer zu beweinen, sie nie zu ersetzen. Ach, ich war des reinen Glücks mit ihr unwert!

Oh du, die nur noch in meinem Herzen lebt! Du, wie ich hoffe, einst der letzte Gedanke dieses durch den Schmerz über dein jammervolles, tragisches Ende hingewelkten Herzens! Du, angebeteter Schatten! Wenn du meine Tränen noch siehst, wie du einst meine Verzweiflung sahst, oh, so wirst du in einer besseren Welt vielleicht den Mut bereuen, mit welchem du dich in den Tod stürztest, und meinem grenzenlosen Elend Seufzer des Mitleids schenken!![90]

So wäre ich denn nicht ohne Unterschied der Herabwürdiger und Verleumder von euch allen, reizende Geschöpfe, große und anbetungswürdige Kinder, von denen man sich aber nicht beherrschen lassen muss, solange noch ein Funken von Vernunft in unserm Herzen glimmt (wenn anders im ganzen Leben ein Schatten von Vernunft ist!). Ich behaupte nur, dass ihr die *unterste* Stelle in der Natur einnehmt, sobald ihr nicht die *Zierde der Schöpfung* seid, und dass diejenigen unter euch, denen es an *einer gewissen* Tugend fehlt, *gewöhnlich* keine andere besitzen.[91] Appelliert von diesem Spruche so viel es euch beliebt, bezichtigt mich einer groben Freimütigkeit, wenn das euren Nerven wohltut; nur habt einige Achtung vor meinen Erfahrungen, denn ich habe, wie mir viele weise Männer meiner Bekanntschaft versichert, meine Zeit sehr

---

89 Idolâtrie.

90 Eine Geliebte des Verfassers suchte und fand, wie es heißt, ihren Tod in den Wellen. *Übers.*

91 Gleichwohl kann, wie ein erfahrener Moralist behauptet, die strengste und kälteste Spröde nur höchst selten einen sehr schönen Mann ins Auge fassen, ohne an etwas zu denken, was man nicht sagen darf. *Verf.*

schlecht angewandt, mein Leben sehr nutzlos vergeudet ... ich habe es, wie ihr wohl wisst, größtenteils zu euren Füßen verlebt. Im Frühling meiner Jahre und noch weiter hinaus, als er bereits verflossen war, bin ich einer euren treusten, anhänglichsten Narren gewesen, mit einem leichten Wesen im Äußern habe ich in eurem Umgang einen Grundzug von innerer Melancholie angenommen, die das Erbteil zarter und zärtlicher Seelen ist.

Unglücksfälle aller Art haben mein Gemüt noch finsterer und schwärzer gemacht. Vor allem aber ist meine Schwermut aus der Unruhe über euren Besitz, aus den täuschenden Hoffnungen, die mir meine Verhältnisse mit euch vorgespiegelt, aus den Übertreibungen einer bezauberten und betrogenen Fantasie, aus den Hirngespinsten einer lügenhaften Liebe und aus den Kümmernissen und Qualen entstanden, die von der Lage eines Mannes unzertrennlich sind, der euch stets nachgestrebt und sich's zur besonderen Pflicht gemacht hat, im Schatten eurer Altäre zu leben.

Wie viel Zeit vergeht, ehe der Stümper, der schwache Zögling, der bei euch in die Schule geht, soviel von euch gelernt hat, als ihr selbst versteht! Und ist er endlich so weit gekommen, dass er euren Unterricht entbehren kann, o, dann sind die schönen Jahre verschwunden, wo er am würdigsten gewesen wäre, euch eure Lehren zurückzugeben! Und diejenigen, die euch am besten kennengelernt, die mit der feinsten Unterscheidungsgabe euch zergliedern und über eure Fehler absprechen[92], sehnen sich ebenso sehr nach euch als die unerfahrensten Neulinge, die unschuldigsten Novizen in der Liebe.

> Car Vénus vous donna sa divine ceinture,
> Ce chef-d'œuvre sorti des mains de la Nature,
> Ce tissu, le symbole et la cause à la fois
> Du pouvoir de l'amour, du charme de ses lois.
> Elle enflamme les yeux de cette ardeur qui touche,
> D'un souris enchanteur elle anime la bouche,
> Passionne la voix, en adoucit les sons;
> Prête des tons heureux, plus forts que les raisons;
> Inspire, pour toucher, ces tendres stratagèmes,
> Ces refus attirans, l'écueil des Sages mêmes;

---

[92] Médisent de vous.

Et la Nature enfin y voulut renfermer
Tout ce qui persuade et ce qui fait aimet.[93]

In einem Alter von etwas über siebzehn Jahren und auf der Reise zu meiner Garnison nach *Falaise*, stellte ich freilich dergleichen Betrachtungen noch nicht an. Ich war im Gegenteil nur mit *mir* beschäftigt, von *mir* eingenommen, vom Eigendünkel über *meine* bisherigen Abenteuer aufgebläht, mit *mir* überaus zufrieden und vollkommen überzeugt, *ich* würde es weit bringen, nichts stehe für *mich* zu hoch[94]. So langte ich in der Stadt an und es hätte wenig daran gefehlt, dass ich im Tore das *Sic itur ad astra!* mir zugerufen und auf mich angewendet hätte.

Das Leben, das ich in *Falaise* führte, war himmelweit von alledem verschieden, was ich bisher, und besonders in den neun Monaten, gesehen hatte, seitdem ich mein eigner Herr geworden. Da gab es anstatt der Freuden der Hauptstadt Dragoner, die von Zeit zu Zeit einexerziert, zugestutzt und bearbeitet werden mussten; Offiziere, die dem neu Angekommenen nicht alle mit Liebenswürdigkeit entgegenkamen; alte Degen[95], welche im Subalterndienst grau geworden, sich an ein Wort stießen und für welche ein etwas gesuchter Anzug ein Dorn im Auge war; einen Oberstleutnant[96], einen der besten Offiziere in der Armee, mit dem ich ein wenig befreundet und dem ich recht sehr empfohlen war; und vor allem die militärischen Details und einen ins Kleine und Kleinliche getriebenen Gamaschendienst, den ich lernen und dem ich mich unterwerfen musste. Überdies war *Falaise* eine ziemlich hässliche, kleine Stadt mit einigen hübschen Frauen, die aber ziemlich streng bewacht wurden, mit vielen anderen – die keines Wächters bedurften, mit Männern, welchen die Pariser sich ein Vergnügen machten, Formen, Gestalten aus jener Welt anzudichten, oder sie in ihnen aufzufinden. – Hier hat der Leser einen kurzen Abriss des Gemäldes von *Falaise*, das mich beim ersten Anblick zwar frappierte, aber nicht eben entzückte.

---

93 Wären alle Schönheiten Homers von dieser Art, dieser Kraft, diesem Geschmack, so würde er seinen ganzen klassischen Ruf mit allem Rechte verdienen; und hätte sein Übersetzer *Lamotte* immer Verse gemacht wie diese, so würde man ihm seine Stelle unter den vorzüglichsten französischen Dichtern anweisen müssen. *Verf.*

94 J'irais au grand.

95 Des légionnaires.

96 Dieser Stabsoffizier und Leutnant in der Garde-du-Corps bat sich in der Folge als einer der treuesten Diener *Ludwigs* XVI. erwiesen. Der unglückliche Monarch liebte und schätzte ihn nach Verdienst. *Verf.*

Auf diese Weise verflossen mir vier Monate als die erste Lehrzeit meines neuen Berufs. Was mir vom Dienste übrig blieb, verwandte ich auf das Lesen guter Bücher. Der gesellschaftliche Umgang hatte keinen Reiz für mich, bot mir keine Zerstreuung. Ich habe von jeher das Unglück gehabt, an der sogenannten Provinzialunterhaltung wenig Geschmack und Vergnügen zu finden, doch sie ist, seit der Revolution, der Pariser viel näher gerückt. Auch muss ich, schon früher, zwei Städte ausnehmen, in welchem ich mich zu verschiedenen Malen, und immer mit Vergnügen, aufgehalten habe, wie man im Laufe dieser Memoiren sehen wird. In beiden konnte man Personen von beiderlei Geschlecht antreffen, welche überall für die beste Gesellschaft hätten gelten können. Ich will dabei keineswegs in Abrede stellen, dass es von jeher in Frankreich unter den größeren Städten nicht mehrere gab, wo die Pariser vom feinsten Geschmack eine Gesellschaft finden konnten, welche, bis auf gewisse unerreichbare Nuancen eines Tons, den nur die Hauptstadt haben kann, ihren Erwartungen und Forderungen völlig entsprach.

Fern sei es von mir, der sinnlosen Eitelkeit von etwa hundert Personen im alten Frankreich das Wort reden zu wollen, die sich selbst la bonne compagnie par excellence betitelten, sich für geborene Spender des literarischen Rufs, für Schiedsrichter des Geschmacks, für Lenker und Leiter der öffentlichen Meinung ansahen, mit einem Worte sich einbildeten, dass alles, was sich nicht in dem von ihnen vorgezeichneten Kreise bewege, gemein[97] oder gar verwerflich sei, während man doch zu gleicher Zeit in hundert anderen Zirkeln dieselben Ansprüche auf die literarische Diktatur machte, sich das Oberentscheidungsrecht anmaßte und vor allem nur für sich und seine Freunde Nachsicht übte.

Wollte man aber der Sache ganz auf den Grund gehen[98], so würde man finden, dass damals ein *ungefähr* ebenso fühlbarer Abstand zwischen Ton und Sprache des Hofes und der Hauptstadt als zwischen der Hauptstadt und der Provinz herrschte und dass, da eine unsichtbare Kette das Ganze umfasste, obschon dieses Ganze nicht immer homogen war, aus dieser Zusammenkettung, als natürliche Folge der Nacheiferung, eine *allgemeine Höflichkeit* entstehen musste, welche ich nicht abgeneigt wäre, eine *Nationalerziehung* zu nennen. Es ist sehr zu wünschen, dass die letzten politischen Erschütterungen dieser Erziehung nicht

[97] Subalterne.
[98] En dernière analyse.

einen empfindlichen Stoß versetzt haben mögen oder dass wenigstens das Streben einer energischen Regierung, welche alles vermag, sie bald wieder herstelle und aufblühen machte.

Dem sei wie ihm wolle, so hat doch wenigstens der bis zur Übertreibung und fast bis zur Lächerlichkeit gesteigerte Vorzug, welchen Frankreich seiner Hauptstadt von jeher eingeräumt hat, dazu beigetragen, mir zu den wenigen Kenntnissen zu verhelfen, die ich etwa besitze. Denn die Zeitintervalle, die ich außerhalb Paris' zubrachte, habe ich vorzüglich auf meine Studien und zu Arbeiten verwendet, denen ich in den Zerstreuungen und Vergnügungen der Hauptstadt bei einem ziemlich guten Gedächtnis, bei etwas Leichtigkeit im Auffassen und vielleicht vor allem bei gewissen natürlichen Anlagen mich nicht, wie so viel andere, unterziehen zu müssen glaubte.

Die Fähigkeit des Geistes, gehabte Vorstellungen und Gedanken zu behalten und willkürlich wieder in sich zu erneuern, oder, mit anderen Worten, das *Gedächtnis*, ist einst für mich der Anlass gewesen, mich sehr lächerlich zu machen. Ich war unbesonnen genug, in vollem Ernst mich über einen Halbfreund zu ärgern, mich mit ihm zu überwerfen, weil er mir in Gegenwart zweier anderer, deren Urteil für mich wichtig war, den Vorwurf machte: »Ich hätte viel Gedächtnis.« Der eine dieser überlegenen Richter, *Rivarol*, zeichnete sich durch einen Verstand aus, den vielleicht kein Zweiter in gleichem Grade besaß; der andere, *Chamfort*, empfahl sich durch einen vortrefflichen Geschmack, welcher seine übrigen Talente weit überwog. Mein Ankläger war bei Weitem nicht so gewichtig. Es war der unglückliche Marquis *de Champcenetz*[99], dessen Haupt späterhin unter dem Revolutionsbeil gefallen ist. Kein Mensch auf Erden hat besser als er bewiesen, wie eitel und leer oft ein gewisser Ruf ist, wie sehr er von zufälligen Ursachen abhängt und wie leicht der eine zu dem Namen eines Mannes von Geist gelangt, während man diesen Titel oft anderen versagt, die alles besitzen, was zu dessen Beglaubigung erforderlich ist. Man sage mir nicht: *Champcenetz* habe nie für einen Mann von Geist gegolten. Haben mir nicht zehn Jahre lang und darüber alle Männer von Welt und vom Hofe das Epigramm, die Chansons, die Epistel, das Gedichtchen angepriesen, welches *Champcenetz* gemacht; die

---

[99] Der Marquis *Champcenetz de Riquebourg* war an dem Hofe der Königin durch seinen Witz, seine Laune, seine harmlose Satire und als einer der besten Chansonniers seiner Zeit beliebt. *Übers.*

allerliebsten bons-mots wiederholt, die er gesagt; die bitteren Stachel-
worte angeführt, die er gesprochen; die Späße aufgewärmt, die er sich
erlaubt usw. usw. usw.? – Habe ich aber nicht auch, während meines
intimen Umganges mit ihm, die volle Gewissheit erhalten, dass er äußerst wenig aus sich selbst schöpfte und dass dieses Wenige noch obendrein immer der Verbesserung bedurfte, und zwar aus dem Grunde,
weil er kein Wort Latein verstand, weil er seine Muttersprache nur mittelmäßig beherrschte und sie weder grammatisch noch orthografisch
richtig schrieb? – Trat man aus dem Zirkel der Hofleute in den Kreis der
Literaten, so hieß es wieder: »*Champcenetz* hat viel Verstand, viel Sar-
kasmus[100]; niemand schwätzt so angenehm wie er[101].« Man erzeigte ihm
die unverdiente Ehre, im für den Verfasser einer Menge bons-mots zu
halten, die ganz andere Väter hatten, bloß weil er sich auf die Kunst
verstand, sich wie die Dohle mit Pfauenfedern zu schmücken. Ich habe
nie eine frechere Stirn gesehen; alles fremde Gut eignete er sich an; er
ging unermüdlich mit den Geisteswaren anderer hausieren und begleitete seine Marktschreierei mit einem drolligen Stottern, das ihm treffliche
Dienste leistete.

Der Chevalier *de Boufflers* hat die Stichwunde auf seinem Gewissen,
welche *Champcenetz* vom Vicomte *de Roncheroles* erhielt, weil dieser ihm
die beißenden Chansons des jeunes gens zuschrieb, welche *Boufflers* zum
Verfasser hatte. Ich besuchte ihn bald darauf. Er hütete das Bett und
fand es sehr natürlich, für Verse, die *nicht sein* waren, im Zweikampf
eine Wunde erhalten zu haben, die allerdings *sein* war.

Dieselbe Bewandtnis hat es mit dem Chanson des dettes auf den
Marquis *de Louvois*. *Champcenetz* hatte weiter keinen Anteil an dem
Chanson, als dass er den Namen *Grammont* ausgestrichen und den Na-
men *Louvois* an die Stelle gesetzt hatte.

De??? Tabelle??? Grammont Louvois suivant les leçons,
Je fais des chansons et des dettes.

Ebenso ist es mit dem Epigramm auf Frau *von Saint-Armande*. – Es ist
von *Rivarol*, der es *Champcenetz* abgetreten, nachdem dieser es ihm gestohlen und mit so großer Zuversichtlichkeit für das seine ausgegeben
hatte, dass er es zuletzt selbst in allem Ernste für eigene Arbeit hielt.

---

[100] Trait.

[101] Il a une causerie fort remarquable.

Ebenso ist es mit dem Chanson: »Chloé, belle et poëte.« Der Verfasser ist bekannt und nur sein Name mir entfallen.

Ebenso mit »Si l'on achetait du courage« und mit zwanzig anderen.

Einst trieb er die Dreistigkeit so weit, gegenüber dem biederen, trefflichen *Florian* zu behaupten, er (*Champcenetz*) habe eine seiner (*Florians*) besten Romanzen gemacht. Es war ein schöner Herbstabend. Wir gingen zusammen im Palais-Royal spazieren. Aber der Verfasser der *Estelle* wollte durchaus nicht mit sich handeln lassen und verteidigte steif und fest sein Eigentum, sodass *Champcenetz* endlich nachgeben musste. Jetzt besann er sich kurz und sagte stammelnd: »Gut, gut! Reden wi ... wi ... wir nicht weiter davon: Wa ... wa ... warum soll ich die Romanze nicht so gut gemacht haben, wie ... wie ... wie ein anderer; es ist ja nu ... nu ... nur eine Romanze und sie ... sie ... sie ... *gefällt* mir sehr!«

So viel ist gewiss, er hatte Gesichtszüge, ein Organ und einen Körperbau, welche zur Rolle passten, die er angenommen; dabei witzige Einfälle und von Zeit zu Zeit auch glückliche. Er wagte alles, fing alles auf, behielt alles für sich, nahm und stahl alles, war mit einer unverwüstlichen guten Laune begabt – *begabt*, sage ich, obschon das Wort hier nicht an der rechten Stelle steht; ich gebrauche es aber mit Absicht, weil es meinen Gedanken vollkommen ausdrückt: Ich will nämlich sagen, dass sein ganzer Verstand in dieser guten Laune lag. Sie hat sich nicht einmal im entscheidendsten Augenblicke des Lebens, seinem Blutrichter *Fouquier-Tinville* gegenüber, verleugnet; denn als dieser ihm das Todesurteil sprach, fragte er ihn mit heiterer Miene: Ob es nicht der Fall sei, wie in der Nationalversammlung, einen suppléant zu stellen? – »Weswegen?«, fragte *Fouquier.* – »Weil ich *Sie* zu meinem Stellvertreter ernennen würde.« – Dieses echte Bonmot, dieses eigentliche Witzwort (mot d'esprit) bezeichnet den Mann von Mut, welchen nichts, nicht einmal der Tod, aus der Fassung bringen kann.

Seine Laune war unermüdlich in kleinen boshaften und mutwilligen Zügen: Sie richtete sich gegen alle und jeden, ging aber nie soweit, dass sie die Ehre verletzt hätte; denn er war ein Mann von strenger Ehre und jeder kaltblütigen, schwarzen oder tief überlegten Bosheit unfähig. Am allerlustigsten war es, wenn seine Satire über seine Familie oder auch über ihn selbst herfiel; denn, um ein Bonmot zu sagen, schonte er sich so wenig als andere und war froh, wenn er sich zur Zielscheibe des Spottes, der Lächerlichkeit machte. Was Wunder, dass er alle Tage seines Lebens seinen Freunden etwas zu lachen gab, er, der noch am letzten Tage des-

selben, wenige Augenblicke vor seinem Ende und als er schon den Karren bestiegen hatte, auf welchem *Robespierre* seine Schlachtopfer abfüh-
ren ließ, dem Henker zurief: »Fahre uns gut und du sollst auch ein gutes
Trinkgeld haben!« –

Übrigens besaß er wenig Fantasie, einen einseitigen, begrenzten Verstand, keine Bildung, seine Unwissenheit in der Geschichte und in den
klassischen Schriftstellern, selbst seines Vaterlandes, war unverzeihlich.
Er sprach über die schönen Künste mit der ruhigen, sicheren Überzeugung der Kennerschaft, mit dem Tone und der Dreistigkeit eines Profes-
sors auf dem Katheder, sodass er in den Augen derer, die noch unwis-
sender waren als er, für einen Kunstverständigen, für einen Vielwisser
galt.

Mein Unglück hat es gewollt, und ich klage mich selbst dessen an,
dass ich einige Wochen lang mit ihm an einem Blatte arbeiten musste,
welches jetzt ganz vergessen ist und dessen Titel nicht einmal neu war.
Es hieß die » *Chronique scandaleuse*«. Ich hatte den Prospektus dazu geschrieben. Sie machte beim Erscheinen einiges Aufsehen, wurde aber
bald durch Erscheinungen anderer Art verdrängt, durch das Angstge-
schrei der Schlachtopfer, durch das Gebrüll der Henker, durch das Ras-
seln und Klirren der Ketten in den Kerkern, die der mächtige Terrorismus öffnete und nur zehn Jahre später ein mächtiger Arm und ein noch
mächtigerer Genius wieder schloss.

Es war unmöglich, auch nur *einen* Aufsatz, der aus seiner Feder floss,
in die Druckerei zu schicken, ohne ihn vorher durchgesehen und verbes-
sert zu haben. Ich entsinne mich noch eines Tages, wo ich mir vergebliche Mühe gab, ihm begreiflich machen zu *wollen und* nicht zu *können*,
dass es nicht einerlei sei, zu schreiben quant à moi und quand à moi,
weil quando und quantum im Lateinischen von ganz verschiedener
Bedeutung sind.

Übrigens ist mir diese gemeinschaftliche Arbeit, welcher ich mich
wider Neigung und Grundsatz, aus Ursachen, deren Auseinandersetzung hier überflüssig sein würde, unterzogen hatte, teuer zu stehen gekommen. Sie ist einzig und allein schuld daran, dass ich Frankreich im
Jahre 1792 verlassen musste, um den Dolchen des *Fabre d'Eglantine* und

der Rachsucht *Condorcets* zu entgehen, welchen Letzteren ich ein paar Mal in jenem Journal an den Pranger gestellt habe.[102]

Mein Leser wird finden, dass ich oft abschweife; immerhin, wenn ich nur wieder einlenke und meinen Weg zurückfinde. Ich sagte also, dass ich eines Abends *Rivarol* besuchte: Es war, wenn ich mich recht erinnere, in der Mitte des Jahres 1792. *Rivarol* wohnte in der Rue des Victoires. Die Herren *von Champcenetz* und *Chamfort* waren eben bei ihm. Das Zimmer war spärlich beleuchtet, das Vorzimmer noch dunkler, sodass ich unbemerkt eintrat und neugierig stehen blieb. *Rivarol* sprach mit seiner gewohnten glücklichen Begeisterung, mit dem ihm eigenen Redefluss und Zauber. Die beiden anderen hörten ihm aufmerksam und bewundernd zu. Das Gespräch hatte gewiss, wie immer, mit einer politischen Erörterung über die Volkssouveränität begonnen – denn das war damals *Rivarols* Steckenpferd und der beständige Gegenstand seiner Gedanken und seiner Unterhaltung, so wie es in den letzten Lebensjahren Grammatik und Sprache wurden. Von da war er zu dem übergegangen, was die Neueren den Alten schuldig sind; denn ich entsinne mich, dass, als ich näher treten wollte, *Rivarol* seinen Vortrag mit folgenden Worten, welche ganz den Stempel des Redners trugen, schloss: »Die meisten heutigen Schriftsteller haben ein gutes *Gedächtnis*; dies ist zwar ein Glück für sie, aber ein Unglück für ihre Leser.« Das machte mich aufmerksam und stutzig.

Doch, ich tue besser, wenn ich das Gespräch der drei Herren, *ungefähr* wie es gehalten wurde, hersetze und soviel als möglich, Form und Ordnung beibehalte. Ich kann es umso mehr tun, da ich ein sehr treues Gedächtnis besitze, obschon, nahe den Vierzigern, ich es zum Teil, ja gro-

---

[102] Der Verfasser erwähnt hier eine frühere kleine Schrift, ein *Schreiben an Herrn von Condorcet* aus London vom 5. November 1792. Er ließ es in *Peltiers* Tableau de Paris, mit Noten begleitet, abdrucken. Von diesen Noten setzen wir folgende zur Erläuterung her: »Lui (Condorcet), le Sieur *Fabre d'Eglantine* et autres, qui sont maintenant *devant le diable*, essayèrent de me faire assassiner *le treize Août* 1792, pour terminer la petite guerre que ces Messieurs me faisoient depuis deux ans. Il falloit bien quitter un pays, où ces Messieurs étaient les maîtres. – Je pris congé d'eux avec la plus grande difficulté, caché le jour, et voyageant la nuit. Je mis près de trois semaines à gagner un port de mer; je léur laissai tous mes voeux, *et n'emportai* que le pressentiment, que leur fortune n'irait pas loin.« Diese Weissagung ist in Erfüllung gegangen. *Condorcet* vergiftete sich den 27. März 1794, weil er am 28. vor Gericht gestellt werden sollte. *Fabre d'Eglantine,* Schauspieler und Schauspieldichter, wurde am 5. April 1794 zum Tode verurteilt. *Übers.*

ßenteils, eingebüßt habe. Es ist mir aber in jüngeren Jahren von diesem Geistesvermögen gerade so viel zuteilgeworden und bis heute so viel geblieben, als jeder, der auf eigenen Verstand Anspruch macht, hat und haben muss. *Wie* ich dieses verstehe und *was* ich mir unter *Gedächtnis* denke, wird der Leser weiter unten entwickelt finden.

Also hier das Gespräch.

Champcenetz (lacht). Ha! Ha! Ha! Was wäre *La Harpe* ohne Belesenheit; was wäre der Vicomte *de Ségur* und der Abbé *Dille*, wären sie in keine andere Gesellschaft gekommen als in die ihrige!

Chamfort. Sie behandeln *La Harpe* zu streng.

Rivarol. ... Und die beiden anderen zu glimpflich.

Champcenetz. Wieso? Zu glimpflich?

Rivarol. Zuviel Ehre für sie, wenn man sie nur nennt!

Champcenetz. Aber da der *Tilly* mit seinem Gedächtniskasten![103] Man hat keinen Begriff von dem, was *der* alles behalten hat.

Chamfort. Tilly besitzt mehr als Gedächtnis. Er hat viel Verstand, viel Fantasie ..., Feuer und Kraft.

Champcenetz. Geben Sie acht: Das meiste, was er vorbringt, ist nicht sein; es sind Anführungen und, mit Ausnahme des Weiber-Jargons, abgerissene Stücke aus Dichtern, Fragmente aus Prosaikern. Und, um sich vollends das Ansehen eines Gelehrten in uns zu geben, führt er *Horaz, Virgil* und ganze Stellen aus dem *Tacitus* an. Unter anderen wies ihm *Martin* noch neulich in einem Zitat einen Fehler nach, an welchem der arme *Tacitus* gewiss unschuldig war.[104]

---

[103] Une *fière* memoire, c'est Tilly.

[104] *Martin,* ein Mann von Geist, ein origineller Kopf; dabei eine Art von Zyniker. Der hier angeführte Umstand verhält sich nicht so, wie ihn *Champcenetz* anführt; doch man darf es mit ihm nicht so genau nehmen. Das Wahre an der Sache ist, dass ich in *Martins* Gegenwart die Stelle vom Tode des *Germanicus* etwas emphatisch vortrug; *dass Champcenetz,* auf dessen Zimmer dies geschah, verdrießlich war, weil er kein Wort davon verstand, und dass Herr *Martin* mich beim Worte praebere (im *Original steht prebere!! Übers.)* unterbrach und – ich weiß selbst nicht warum, denn wir waren keine intimen Bekannten – erinnerte: es sei nicht nötig, auf dieses Wort einen besonderen Nachdruck zu legen, da es, wie ich wohl wisse, der gewöhnliche Ausdruck sei und soviel bedeute als dare, *geben.* Von diesem Zyniker *Martin* hat man mehrere Bonmots in *Diogenes'* Stil und Manier. Er kam oft in ein bekanntes Kaffeehaus, das Rendezvous der Belletristen. Die Wirtin, kokett, aber nicht schön, war immer sehr geputzt. Einst lässt sich *Martin* eine Tasse Schokolade geben, findet sie schlecht und sagt es. »Monsieur« versetzt die Dame »viele *Herren vom Hofe* finden meine Schokolade gut.« *Martin* zieht ein Stück Glas hervor, welches er seine Lorgnette nannte, beschaut damit die Wirtin und spricht:

Rivarol (fährt sich mit der Hand über das Gesicht). Ich sehe hier wenigstens keine Anstrengung des Gedächtnisses, wenigstens nicht des *Ihrigen*.

Champcenetz. Es wäre doch besser, *Tacitus* zu sein, als den *Tacitus* zu zitieren.

Chamfort. Der Graf Tilly würde auf keinen Fall so etwas gesagt haben.

Champcenetz (lachend). Oh, ich weiß, Sie protegieren ihn!

Chamfort. Das würde mir nicht ziemen; aber ich halte ihn für einen Mann von Geist. Wäre er von geringem Stande und Vermögen; hätte ihn dies gezwungen, von seinen Talenten zu leben; hätte er dem Studieren Geschmack abgewonnen und sich geduldig in eine sitzende Lebensart gefügt: So bin ich überzeugt, es würde aus ihm ein ausgezeichneter Schriftsteller, vielleicht ein klassischer, geworden sein, den man mit der Zeit zitiert haben würde, wie er selbst die Klassiker. Finden Sie etwa seine Unterhaltung gewöhnlich?

Champcenetz. Ich? Nichts weniger; ich finde sie äußerst *ungewöhnlich*.

Rivarol. Bravo. Appuyez, mon neveu; vous faites des merveilles![105]

Chamfort. Ich habe Sie für Tillys Freund gehalten.

Rivarol. Geben Sie acht; er wird fragen, was das heißt: Jemandes Freund sein?

Champcenetz. Nun ja doch, ich bin einigermaßen sein Freund. Kann man eines Menschen Freund nicht sein und doch finden, er habe mehr Gedächtnis als Geist? Damit will ich nicht gesagt haben, dass es ihm an Esprit fehle.

Chamfort. Streiten Sie sich ja nicht mit ihm; er dürfte Ihnen beides absprechen.

Champcenetz. Nehmen Sie sich nur selbst in acht; sonst gebe ich Ihnen im Petit Gautier[106] eines ab!

»Diese *Herren vom Hofe* haben Ihnen vielleicht auch gesagt, dass Sie hübsch sind.«Man führt noch eine andere witzige Antwort von ihm an. Mich dünkt aber, sie ist von Herrn *Favier*, der weit stärker in Bonmots war, den ich aber nur wenig gekannt habe. Er war in der Oper; ein Nachbar war so unbescheiden, ihn in einem Zwischenakt lange zu fixieren. »Habe ich die Ehre, von Ihnen gekannt zu sein«, fragte *Martin*, »oder haben Sie sonst einen Grund, mich anzusehen?« Jener erwiderte mit dem bekannten (französischen) Sprichwort: Ein Hund sieht ja wohl einen Bischof an. – Schnell fiel M. ein: »Wer hat Ihnen gesagt, dass ich ein *Bischof* bin?«

[105] *Destouches*, Le Philosophe Marié, Akt II Sz. 6. *Übers.*

[106] Ein damaliges Hofjournal. *Übers.*

Chamfort. Wie aber? Wenn ich den Artikel läse und nicht fände, dass Sie mir eines ausgewischt hätten?

Champcenetz. Wohl gesprochen, auf Ehre! Aber Sie, *Rivarol,* sind Sie stumm? Was zum Henker fehlt Ihnen? Sie verderben uns den Spaß. Ich habe ja nur den Ton angegeben. An Ihnen ist's, fortzufahren.

Rivarol. Männer, wenn sie Frauendiener sind, taugen zu nichts weiter. Das weibische Haremsleben der Zerstreuungen ist der Tod des kräftigsten, männlichen Talents. Tilly ist gewiss nicht ohne große Talente; er ist mit einer seltenen Leichtigkeit begabt; vor allem hat sein Geist viel Kraft. – Niemand fühlt dies mehr als Sie, *Champcenetz.* Wie oft lacht er über Sie, wenn Sie es nicht wollen; Ihnen gelingt das nie bei ihm. Überdies hat er so viel gelernt, dass Sie ihm gegenüber wie ein Ignorant aussehen. – Hören Sie doch einmal auf, nachteilig von ihm zu sprechen, damit mich der Geist des Widerspruches nicht verleite, Partei für ihn zu nehmen.

Chamfort (lacht).

Champcenetz. Oh weh! Da bin ich schön angelaufen! Das hat man davon, wenn man Sie um Ihre Meinung befragt!

Tilly (tritt plötzlich hervor). Es beliebte dir also zu sagen, ich hätte nichts als ein wenig Gedächtnis? Du, dessen ganzer Wert darin besteht, mit dem deinigen auf Raub auszuziehen. ...

Rivarol. Ei, guten Abend!

Tilly (fortfahrend). Was weißt du von meinem Gedächtnis? Weißt du, was Lesen, was Gedächtnis haben ist? Sprichst von Zitaten! Weißt du denn, was zitieren heißt?

Champcenetz (lachend). Nun, nun, nicht so böse! Du wirst doch Scherz verstehen?

Tilly. Ei was, Scherz! Dein Lachen ist plump[107], wie du, und dein Scherz platt[108], wie dein Witz. Übrigens muss ich dir sagen, dass ich von dieser Art von Witz wenig halte; dass ich ihn sogar verachte, seitdem man dich witzig finden will.

Rivarol. Meine Herren! Meine Herren!

Champcenetz. Lassen Sie ihn reden; er amüsiert mich.

Tilly. Das werde ich nie von dir sagen; ein Dummkopf ennuiert mich immer.

Champcenetz. Das war allerfeinster Ton.

---

[107] Épais.

[108] Mince.

Tilly. So muss er sein, um an die Adresse zu gelangen.

Champcenetz. Herr *von Tilly*, Sie sind mir Genugtuung schuldig.

Tilly. Herr *von Champcenetz*, Sie sollen sie erhalten und noch obendrein Gerechtigkeit.

Chamfort. Aber, meine Herren, das ist ja ein Auftritt. ...

Rivarol. Auf Ehre, der lächerlichste von der Welt. Wie könnt ihr euch über etwas entzweien, das auf nichts hinausläuft? Und überdies ... aber ich sehe, niemand will mir zuhören.

Tilly. Was kann man sonst tun, wo Sie sind, als zuhören? Sie usurpieren beständig das Wort; freilich auf eine Weise, die diese Usurpation in Legitimität verwandelt.

Rivarol. Wie doch das Lob die Pille verzuckert!

Champcenetz. Tilly hat recht; Sie sind in der Tat ein U... u... u... surpator.

Rivarol. Und Sie, in der Tat ein bé... bé... bégayeur, ein Stotterer. Doch lieber noch stottern, als schmollen und sich streiten!

Chamfort. Hier ist weder von Schmollen noch von Streiten die Rede.

Champcenetz. Wir spielten Sprichwörter.

Rivarol (zu mir). Nun, lachen Sie noch nicht?

Tilly. Über wen?

Rivarol. Über sich selbst und über Ihre unzeitige Empfindlichkeit.

Champcenetz. Lache auch über mich, wenn's dir Vergnügen macht.

Chamfort. Das heiße ich auf eine gute Art sich aus dem Handel ziehen.

Tilly. Oh, das ist seine gewöhnliche Taktik. Er gibt seine Person preis, um keinen anderen schonen zu dürfen.

Champcenetz. Ihr dürft mich ja nur beim Worte nehmen, wenn ich was gegen mich anführe.

Rivarol. Und alles Übrige für Dichtung halten.

Champcenetz. Aber hören Sie doch ... da draußen ... das ist keine Dichtung; das ist eine traurige Realität: Es regnet in Strömen.

Rivarol. Tilly hat sein Kabriolett; er wird Sie nach Hause fahren.

Tilly. Und Herrn *Chamfort* ebenfalls.

Rivarol. Das wäre sehr überflüssig; *der* kennt den Regen und der Regen kennt *ihn*.

Tilly. Ja, und dann dachte ich auch nicht daran, dass neben Herrn *von Champcenetz* kein zweiter Platz finden kann.

Champcenetz. Ein Epigramm! Ein Epigramm! ... ist nichts dran; und doch gefällt's mir.

Tilly (lachend). Heute fahr ich *Sie* nach Hause, Herr *von Champcenetz;* aber morgen erstech' ich *dich.*

Champcenetz. Erstich mich lieber heute und fahre mich morgen nach Hause.

Man musste lachen und sich umarmen.

So endigte dieser lächerliche Abend. Ich nenne ihn *lächerlich,* weil ich lächerlich genug war, in einem Anfall von Eitelkeit über etwas empfindlich zu werden[109], was mich hätte amüsieren und für mich die Folge haben sollen, entweder mein Gedächtnis besser auszubilden, wenn *Champcenetz* recht hatte, oder bei der nächsten Gelegenheit meinen Verstand zu zeigen, wenn er unrecht hatte.

Aber, sagt *Montaigne:* »La vanité a été donnée à l'homme en partage, et tout le trompe à la fin; il court, bruit, meust, fuit, chasse, il prend une ombre, il adore le vent, un festu est le gain de son jour; ce festu c'est la louange et la renommée.« –

Später habe ich Herrn *von Champcenetz* durch wirkliche Dienste bewiesen, dass ich wegen dieses Auftritts keinen Groll gegen ihn hegte. Ich bin in ihn gedrungen, dass er mir folgen und unseren Henkern entgehen möchte. Er war nicht zu bewegen. »Mein Schicksal schwebt mir vor Augen«, sagte er; »ich weiß, dass mich die Guillotine erwartet.« Gleichwohl versicherte er mir standhaft, er werde sich nie von seinen Büchern und seinen Kupferstichen trennen, um den *Ewigen Juden* in Europa zu spielen; er liebe das Leben, aber noch mehr die göttliche Faulheit. Ich weiß, dass er nach meiner Abreise, durch Vermittlung eines mir unbekannten Dritten, eine Zusammenkunft mit *Brissot* gehabt, der ihm unter der einzigen Bedingung: »Zu schweigen« das Leben verbürgte. Das hieß aber: Das Unmögliche von ihm verlangen. – Auch erinnere ich mich noch, dass er mit *Condorcet* zusammengetroffen und dass eine Art von Friedensbund unter beiden abgeschlossen worden ist. Er wird sich dabei wahrscheinlich auf Kosten meiner abwesenden Manen reingewaschen haben; ich verzeihe es den seinigen. Er ließ mir durch einen gemeinschaftlichen Freund sagen: Man lasse ihn ruhig; er hoffe *durchzukommen.* Unter *Robespierre* wurde er verhaftet. Von *Robespierre* hatte er kein Versprechen erhalten. *Robespierre* versprach und hielt nichts als – Tod. Er

[109] De me piquer.

ließ sein gewöhnliches Urteil auch über *ihn* ergehen, vermutlich eines Bonmots wegen über die Revolution, welches vielleicht nicht einmal von *Champcenetz* herrührte, und schickte ihn aufs Blutgerüst als einen Conspirateur-Calembouriste. Sein Tod ist mir nahegegangen; an ihm war nichts Arges als die Lippen.[110]

Dieses Urteil über ihn ist mir durch kein persönliches Motiv eingegeben worden. Unsere Wege trafen nie zusammen. *Sein* Glück bestand darin, Lachen zu erregen; *ich* hingegen würde um diesen Preis nicht für den geistreichsten Mann in Frankreich haben gelten wollen. Ich fühlte mich zu ihm hingezogen; diese Sympathie wäre vielleicht in Freundschaft übergegangen, wenn ich geglaubt hätte, in ihm einen *Freund* zu finden. Ich gäbe viel darum, er lebte noch und ich könnte mehr zu seinem Lob sagen; dem Toten bin ich Wahrheit schuldig.

Doch mich dünkt, ich habe mir und dem Leser eine Definition des Gedächtnisses versprochen. Das Gedächtnis ist die Fähigkeit, dasjenige zu behalten, was uns frappiert, was wir leicht auffassen, was uns gefällt, und vor allem was unseren Ideen und Begriffen analog ist. Das Gedächtnis ist eigentlich eine Superfötation von fremden Ideen, die wir auf die unsrigen impfen. Ein Dummkopf kann ebenso gut wie ein Mann von Geist sich entsinnen, dass er an dem und dem Tag, um die und die Stunde, jemanden vom Pferde hat fallen sehen usw. usw. Aber mir ist noch in meinem Leben, ich will nicht sagen, kein Dummkopf, sondern kein mittelmäßiger Kopf vorgekommen, der mit Nutzen gelesen, der richtige, fruchtbare, nützliche, wohlgeordnete Erinnerungen aus dem Gelesenen zurückbehalten hätte. Man hat schon Verstand, wenn man den *Verstand* anderer *versteht*; man hat einen sehr guten Verstand, wenn man dasjenige auffindet und *unterscheidet*, was vom Verstande anderer gesammelt und *beibehalten* zu werden verdient; man hat viel *Geschmack*, wenn dieses Unterscheidungsvermögen sich in uns entwickelt. Und *hierin* besteht das ganze Kunstgeheimnis des Gedächtnisses. Endlich aber hat und zeigt man noch einen durchdringenden, richtigen, geregelten[111] Verstand, wenn man das Talent besitzt, in einer abwechselnd heitern und soliden Unterhaltung anderen die Schätze mitzuteilen, die man

[110] Il n'avait de méchant que less lèvres.
[111] Msuré.

aufgefunden und sie mit Zusätzen aus eigenem Reichtum zu vermehren.[112]

Rivarol z. B. hatte ein ungeheures Gedächtnis. Seine schnellen, lebhaften Gefühle, seine leidenschaftliche Liebe für das Schöne hatten fast alles, was in den alten und neuen Klassikern behaltenswert ist, sich angeeignet und darin verankert. Gleichwohl wurde die Originalität seiner gesellschaftlichen Unterhaltung durch jene mächtigen Hilfsmittel des Gedächtnisses verstärkt, nie gestört und verdunkelt. Sein gediegen Gold erhielt dadurch neuen Zuwachs und Glanz. Sein Geist stand da, wie eine Statue, deren Reizen die schöne Draperie, die sie deckt, ohne sie zu verhüllen, zur neuen Zierde gereicht.

Meine Augen haben in Berlin diesen leuchtenden Stern erlöschen sehen. Er hatte zwar im Norden etwas von seinem Feuer verloren; indessen warfen seine oft ungleichen Strahlen noch einen großen Glanz. Ich habe in einer andern kleinen Schrift[113] angedeutet, wie man es angelegt und dahin gebracht, uns in den letzten Monaten seines Lebens zu trennen. Ich werde es in diesen Memoiren, zur gehörigen Zeit und am gehörigen Orte, weitläufiger auseinandersetzen; und gewiss soll jener unglückliche Umstand, der uns trennte, mich nicht ungerecht gegen eines der schönsten Genies machen, das die Natur gebildet.

Von jenen drei Männern blieb nicht einer übrig! Der Tod hat sie alle, vor der Zeit, gewaltsam hingerafft. Zwei darunter waren ausgezeichnete Naturen; einer von den beiden weit umfassender und außerordentlicher als der andere. Keiner von ihnen hat sich ein Denkmal errichtet, womit

---

[112] Ich will hier keineswegs jenen ewigen Zitatoren das Wort reden und sie vollends aufmuntern, ihre erborgte Wissenschaft wie ein auswendig gelerntes Pensum abzuleiern (débagouler). Est modus in rebus. Man könnte wie Lord *Chesterfield* zu ihnen sagen: »Wear your learning, like your watch, in a private pocket, and don't pull it out, to show that you have one; but if you are asked, what o'clock it is, tell it.« Kurz: Wem ein solches Gedächtnis und kein Papageigeschwätz zuteilgeworden, der hat von der Natur eines ihrer ersten und schönsten Geschenke erhalten: Ein Geschenk, welches sie nur ihren Günstlingen und denen zukommen lässt, die sie schon früher begabt und ausgestattet hat.

[113] Unter dem Titel: Mes relations avec Mr. *de Rivarol*. Es heißt darin von ihm nach großen und gerechten Lobsprüchen: »... Voilà comme je dépréciais l'homme avec lequel j'avais été lé pendant seize ans!!! qui avait pour moi une grande partie des sentimens que j'avais pour lui, avant que quelques personnes, qui l'admiraient sans avoir une balance pour le peser, et qui l'ont à peine connu, nous eussent brouillés les quatre derniers mois de sa vie. Ohinsanité des coteries! o pauvreté des salons! o médiocrité des jaloux sans droits!!!« Herr *von Rivarol* starb 1801 in Berlin. *Übers.*

er sich der Nachwelt hätte empfehlen und Jahrhunderte überleben können. *Chamfort* fehlte es vielleicht an Talent dazu; er war nur mit vielem Geiste und dem feinsten Geschmack begabt. *Rivarol* verband mit einer übermäßigen Indolenz den reizbarsten Autorenstolz; mit einer unheilbaren Faulheit die eitelste Eigenliebe. Aber seiner Eitelkeit fehlte es an Kraft, über seine Faulheit zu siegen; sie fand ihre Nahrung in dem kurzen Triumphe der Gegenwart, der ihm in der gesellschaftlichen Unterhaltung ward, worin er so hervorragend glänzte, und die er dem entfernten und immer ungewissen Ruhme der Schriftstellerei vorzog. Man erlaube mir über ihn den gewagten, ihn jedoch ganz definierenden Ausdruck: »Er *sprach* sein Genie und erschöpfte es im Sprechen.«[114]

Alles, was er sprach, war von der äußersten Feinheit. Man konnte ihm nicht böse werden, selbst wenn er einem wehtat, so sehr mischte sich in den boshaften Stich ein graziöses Halblachen, das er, wie Balsam, in die Wunde träufelte. Oft waren es zweideutige Reihen, einer gefälligen Auslegung fähig, wie z. B. sein Bonmot an *Florian*, als dieser seinen *Numa Pompilius* in die Druckerei tragen wollte und ihm auf der Straße begegnete. Das Manuskript ragte etwas aus der Tasche hervor. »Wenn man Sie nicht kennte, (rief ihm *Rivarol* warnend zu), wie würde man Sie bestehlen!« – Er war ein großer Liebhaber von Ringen, Kameen, geschnittenen Steinen, kurz von allem, was ihn an das Altertum erinnern konnte, dem er sich innig verwandt fühlte. Der Vicomte *de Ségur* hatte ihm einen antiken Ring geliehen, einen Julius-Cäsar-Kopf. Er zeigte ihn mir; ich lobte den Stein. »Ja«, sagte er, »der Ring ist schön; ich wollte, der Baron von *Bezenval* hätte den Einfall gehabt, ihn mir zu vermachen; doch gleichviel, ich habe und trage ihn und gebe ihn auf Ehre nicht wieder heraus. *Cäsar* hat sich nie ergeben.«[115]

Er ist tot, sage ich noch einmal, und von der schönen lebendigen Flamme, die in ihm loderte, ist nur die Asche zurückgeblieben. So verschwindet alles, was im schnellen Strom der Zeit über die dunkle Bühne des Lebens vorüberrauscht, auf welcher wir, wie Schattenbilder in zerbrechlichen Rahmen, sichtbar sind.

Welch unerforschliches Geheimnis! Wie? Der Mensch, in seinen Wünschen so grenzenlos; der Mensch, so mächtig durch sein Denken, so energisch durch seinen Willen; – der Mensch lebt so kurze Augenblicke,

---

[114] Il *parlait* son génie, et l'epuisait.

[115] Wortspiel zwischen *rendre*, zurückgeben, und *se rendre*, sich ergeben. *Übers.*

wird von der Kette so vieler vorübergehender, zufälliger Ereignisse umfasst, und seine Dauer selbst ist nur ein Augenblick!

Ludimus; interea celeri et nos ludimur hora!

Welch' Rätsel! Wer gibt die Auflösung!

7. Kapitel

Et in arcadia, ego.

Das Landleben – Die Hirtinnen – Ihre Tänze – Geräusch derStädte – Ruhe des Landes – Mein Aufenthalt auf dem Landsitze meines Oheims – Sein und seines Sohnes trauriges Ende – Ich werde meiner Tante durch meine Belesenheit in den Kirchenvätern gefährlich – Bibliothek des Schlosses – Einiges über Büffon – Bruchstück aus dem ersten Gedicht, welches von mir im Druck erschienen ist – Dampierre –Sein Charakter – Sein Tod – Ich bilde ein junges Landmädchen zur Operntänzerin – Ihre Erkenntlichkeit – Nachteile der großen Welt –Hirtenleben – Glück des Landlebens – Meine Moral – Kritik des Hoflebens – Ich werde niemanden bessern – Der Intendant vonAlençon und seine Gattin – Bemerkung des Herrn von Meilhan über die Intendanten – Dessen Eitelkeit – Geschichte eines Geräderten – Eines Diebes – Seltsamer Raub – In welcher Gefahr die Frauen schweben – Herr von D... eignet sich den Schmuck der Intendantin zu – Mein Abscheu vor Libellen

Auch ich war Hirt, auch ich habe ein Schäferleben geführt, habe den Frieden der Landluft eingeatmet, habe mit naiven Bäuerinnen beim Tone der ländlichen Schalmei neben dem Kirchhof getanzt, wo ihre Mütter ruhen, welche zu ihrer Zeit, auf derselben Stelle, Gras und Blumen im Takt einknickten. Ich habe jenem so leicht zu erringenden Glücke Lebewohl gesagt, an Höfen und in prunkhaften Städten meine Sitten zu verderben, in leichtsinnigen und strafbaren Verirrungen meinen Geist abzustumpfen, eine Welt zu langweilen, welche mich zehnmal mehr gelangweilt hat, in ihr den reichsten Schatz, das einzige wirkliche Erbteil der unglücklichen Erdbewohner, die Gesundheit, zu verlieren, zu vergeuden!!!

Nachdem ich ein Schreiben von meiner *Sophie* erhalten, verließ ich auf einige Zeit die Garnison, in welcher mich der Leser zurückgelassen, um mich auf den Landsitz eines nahen Verwandten, den ich in der Provinz Maine hatte, zu begeben. *Sophie* schrieb mir: Sie sei glücklicher gewesen, als sie es verdient, alles sei in ein undurchdringliches Geheimnis gehüllt, sie sei völlig hergestellt, sei im Begriff, zu Frau *von* ... auf ihr Landgut zu gehen und werde sie spätestens in vier Monaten nach Paris zurückbegleiten.

Diese Nachrichten bestimmten mich, meine Zeit so lange auf dem Lande zuzubringen, bis der günstige Augenblick erschiene, wo ich mich mit dem Gegenstande meiner Liebe wieder vereinigen könnte – einer Liebe, welche durch unsere Trennung neuen Zuwachs erhalten hatte.

Ich kam ganz unerwartet bei meinem très-galant-homme von Oheim an,[116] dem diese Erscheinung mehr überraschend als ungelegen war. Er versicherte mir, sein Haus stehe mir ganz zu Diensten; er sterbe nur vor Furcht, ein Merveilleux wie ich, möchte bei der Lebensweise auf dem Schlosse und bei der Einförmigkeit des Landlebens überhaupt, vor Langeweile *umkommen*; es lägen zwar in geringer Entfernung zwei Städte, B. und A.[117], mit ganz leidlichen Einwohnern. Die Frauen wären züchtig, die Männer langweilig und eifersüchtig. Übrigens sei man bei ihm gewohnt, sich früh schlafen zu legen, er bringe für seine Person den ganzen Tag mit der Landwirtschaft, mit dem Betrieb seiner Bauten, mit häuslichen Geschäften zu, sei des Abends ein schlechter Gesellschafter und falle noch vor zehn Uhr vor Müdigkeit um. Seine Frau Gemahlin sei fromm, lese nur Andachtsbücher und bringe einen großen Teil ihrer Zeit abgeschieden und in geistiger Sammlung zu. Übrigens (fuhr er fort) stehe mir sein mittelmäßiger Büchervorrat sowie sein ganzes Haus zu Gebot; man werde mir nichts vorenthalten und nicht ermangeln, jeden Morgen meine *Befehle* wegen des Küchenzettels einzuholen, damit, wenn ich vor Langeweile abmagern sollte, ich die Schuld nicht auf seinen Koch schieben könne; sein Gärtner werde alle Morgen in Bereitschaft sein, mich auf den Fischfang, und sein Jäger, mich auf die Jagd zu begleiten. Es wurde noch hinzugesetzt: Er pflege im Orte kleine ländliche Bälle zu geben, wo dann die hübschen Bauerndirnen hinkämen und unter den Augen der Mütter, Tanten und Liebhaber sich mit Tanz belustigten.

---

[116] Mein Oheim war ein rechtlicher Mann, von geradem, schlichtem Verstande, von trefflichem Herzen; nichts weniger als glänzend, aber besonnen und von gesunden Grundsätzen. Er besaß ein ziemliches Vermögen und fand seine Lust daran, es von Jahr zu Jahr zu vermehren. Dessen ungeachtet ist er in einem Armenhause gestorben. Man hatte ihn in der Schreckensperiode, aus besonderer Vergünstigung, aus dem Gefängnisse, wo er lange hatte schmachten müssen, dahin gebracht. Sein Sohn, ein vielversprechender junger Mann, wurde auf des Vaters Schloss – in den Tagen der Freiheit – von einem Gendarmen erschossen. *Verf.*

[117] Belesme und Alençon.

Hierauf erwiderte ich: Die soeben gehörte Schilderung sei in meinen Augen ein bezauberndes Landschaftsgemälde; ich sei gekommen, die Reize einer tugendhaften Gesellschaft und die reinen Vergnügungen der Natur zu genießen; und mein lieber Oheim möge mir aufs Wort glauben, wenn ich ihm hier die Versicherung gebe, solcher Genüsse nicht unwert zu sein.

Die Gattin eines Onkels ist nicht so sehr Tante, dass man es nicht wagen dürfte, ihr den Hof zu machen; aber meine geehrteste Frau Tante (die sich übrigens sehr gut *konserviert* hatte) war es so sehr, dass sie mir, beim ersten Worte von *Liebe*, das ich aussprach, mit ihrem Beichtvater drohte. Ich musste einlenken und vor einer so wohlverwahrten Tugend die Segel streichen. Ich beteuerte ihr demzufolge: was ich soeben gesagt, sei nur eine hergebrachte Sitte, ein bloßes Kompliment gewesen, eine Redensart der Artigkeit, des Anstandes (!); ich hätte nur meine Schuldigkeit tun und die äußere Form nicht unterlassen wollen, damit sie mich in ihrem Herzen nicht beschuldigen könne, ihren Wert übersehen zu haben, oder gleichgültig dagegen gewesen zu sein. Sie dankte mir mit einer besonderen Bescheidenheit. Wir verloren kein Wort weiter darüber und sprachen weitläufig vom heiligen *Augustin* und heiligen *Hieronymus*. Ich hatte absichtlich das Gespräch auf beide gelenkt, da bekanntlich jener in seiner Jugend viel Liebschaften gehabt und dieser sich fast ebenso sehr durch die Siege berühmt gemacht hat, welche er über sein brennendes Temperament und seine Feuerseele davongetragen als durch seine Schöngeistigkeit[118]. Sie konnte sich nicht satt an mir hören, sich nicht genug über meine Belesenheit wundern, und ich fing an, gefährlich für sie zu werden, sobald sie die Entdeckung gemacht, dass ich in den *Kirchenvätern* so gut bewandert sei. »Vetter«, rief sie aus, »was hätte aus Ihnen für ein frommer Mann werden können! Vetter, Vetter, es ist jammerschade um Sie!!«

Heilige Seele! Ich weiß, sie lebt noch,[119]
doch diese Memoiren sind zu weltlich ... sie wird sie nie lesen! ...

Also gibt es eine Verführung für jede Frau; also gibt es eine Schlinge, in welcher die strengste sich fangen lässt!

---

[118] Bel-esprit.

[119] Sie ist tot. Späterer Zusatz des *Verf.*

Ich fing nun an, die sogenannte Bibliothek durchzumustern. Sie verdiente den Namen, den mein Oheim ihr gegeben hatte. Was fand ich? Einige mystische Bücher, einige Romane des *Calprenede*[120], die Geschichte des *P. Daniel*, zwei bis drei unvollständige Teile von *Corneille*, den Parfait Maréchal, den Grand Jardinier, die Cuisinière Française: Das waren ungefähr die Hauptbücher. Zu meinem Glücke waren aber *Pascals* Lettres provinciales und eine unvollständige Ausgabe von *Büffons* Werken darunter. Ich machte mich mit Ernst und Eifer über *diesen* her, obschon seine Theorien und sein System mir nie ein volles Zutrauen haben abgewinnen wollen und es mir leichter scheint, seinen Stil zu *loben*, als ihn *tadelsfrei* zu finden. Ich habe von der Harmonie und Fülle des *Büffon*schen Stils viel Rühmens machen gehört. Er besaß die Kunst, sich selbst und anderen die gerundeten, volltönenden Perioden meisterhaft vorzulesen, die er so mühsam zusammengetragen hatte. Ich bin weit entfernt, seinen Schriften das Verdienst der Schreibart absprechen zu wollen; aber ich darf behaupten, dass er sein großes unsterbliches Werk nicht mit gleichförmiger Mühe und Anstrengung geschrieben; denn man stößt auf lange Stellen, welche, ich will nicht nur sagen, mit großer Nachlässigkeit geschrieben, sondern voller Fehler und Flecken sind, die man nicht ohne Befremden bemerkt, die ich aber nicht die Verwegenheit und Anmaßung habe, einzeln anzuführen.

Ich teilte meine Zeit ein und brachte sie mit Lesen, mit Jagen, mit Spazieren, mit meinem Oheim und meiner Tante zu, welche beide ich doch nur selten, außer bei Tische, sah. Des Abends, wenn die Natur ruhte, machte ich Verse. Ich entsinne mich, in diesem ländlichen Aufenthalt das erste kleine Gedicht zu Papier gebracht zu haben, das nachher unter meinem Namen erschienen ist, und aus welchem die Zeitschriften folgendes Fragment ausgehoben und mit Lob angeführt haben[121]:

Sous Darius, un Courtisan,
Poli, galant, homme à bonne fortune,
Autant que peut l'être un Persan,

---

[120] Verfasser der Sylvandre, der Cassandre und Cléopatre, des Pharamond usw. Man fand seine Verse *lose, schwach* (lâches) und sagte es ihm einmal. »Was!«, rief der Gascogner aus, »in der Familie *Calprenede* ist nichts lâche (feige)!« *Übers.*

[121] Wir geben es hier im Original, damit unsere Leser sich einen Begriff von der Poesie des Verfassers machen können, wovon er selbst an mehreren Stellen dieser Schrift viel zu halten scheint. *Übers.*

(Mais Chardin dit qu'il en trompa plus d'une)
Ce satrape, en un mot, avec beaucoup d'esprit,
Fut exilé, malgré tout son crédit,
Dans le fond de la Bactriane.
Le visir Artabane Lui porta les ordres du roi,
Fit semblant de pleurer, et dit:
Comptez sur moi;
Vous savez combien je vous aime!
Et quinze jours après fut renvoyé lui-même.
Le premier fut cacher dans un triste manoir
Sa douleur et son espérance:
Car en Perse c'est comme en France,
Un courtisan n'est jamais sans espoir.
Il s'ennuya beaucoup la première quinzaine,
Il envoya deux courriers à la cour,
Il errait tristement tant que durait le jour,
Et la nuit, le sommeil, pour adoucir sa peine,
Ne venait point fermer ses yeux.
Enfin se résignant, il reprit son courage,
De sa raison il essaya l'usage;
Espérant un peu moins, il dormit un peu mieux.
Il écrivit, il aima la lecture,
Il aima ses vassaux, les arts et la nature,
Il chassa loin de lui les regrets superflus,
Et dormit tout à-fait quand il n'espéra plus.
Il aima son exil, il eut une maîtresse;
Le mieux serait de s'en passer.
Le roi le rappela; mais il eut la sagesse
Et le bon sens de refuser.
Il mourut dans les bras d'une beauté fidèle
A qui dans ses malheurs il s'était engagé,
Et quelque temps après dans les plaines d'Arbelle
Par Alexandre il fut vengé.

Ich führe diese Verse an, weil sie, als erstes Erzeugnis meiner jugendlichen Muse, einen Begriff von dem geben können, was ich in der Dichtkunst hätte leisten können, wenn nicht Zerstreuungen aller Art mein Leben umlagert hätten. *Rivarol*, den ich umso lieber und umso öfter anführe, da man sich eingebildet hat, ich erwähnte und lobte ihn nicht oft und gern – *Rivarol* hat mir mehr als einmal bei Gelegenheit dieser Verse gesagt: »Sie sind ganz in *Dorats* Manier; *Dorat* hat vielleicht in seiner ganzen bänderreichen Sammlung keine besseren aufzuweisen.« Aber da er weder die Manier, noch die Person, noch das Talent *Dorats* liebte, so hütete ich mich wohl, sein Urteil als ein Lob für mich auszulegen, und begnügte mich, es für das gelten zu lassen, was es in seiner Meinung ausdrücken sollte.

Übrigens war die lange Epistel (denn was ich hier angeführt, ist nur ein kleines Bruchstück) an den braven *Dampierre* gerichtet. Er war damals Offizier in der Garde und ich hatte ihm, als ich Paris verließ, versprechen müssen, in Versen an ihn zu schreiben. Wir hatten einige Mal zusammen, in kleinem literarischem Komitee, bei einem Manne gefrühstückt, der sich später von einer sehr schlechten Seite gezeigt hat[122].Um mich nützlich zu beschäftigen, trug mir *Dampierre* bei meiner Abreise jene poetische Arbeit auf.

Damals wäre es überaus schwer gewesen, sowohl seine Lebensschicksale, als sein Ende vorauszusehen. Grundgut, einfach, rechtschaffen im Privatleben, in seinen öffentlichen Verhältnissen ein Mann von Ehre, von Zartgefühl, war er, ich weiß nicht wie, in nähere Verbindung mit dem Herzog von Orleans getreten, gehörte zu dessen engsten Vertrauten, stürzte sich in die Revolution und brav wie Cäsar – dessen Talente ihm jedoch abgingen – brachte er ihr sein Leben zum Opfer, an der Spitze einer der siegreichen Armeen,[123] welche dem schönen Frankreich seinen Boden und seinen Namen erhalten haben.[124]

Doch, um wieder auf mein Landleben und *auf meine Schafe*[125] zurückzukommen, so verwandelte ich mich, wie schon gesagt, alle Sonntage in

[122] Der Herzog von Orleans, *Philippe Egalité. Verf.*

[123] *August Heinrich Maria Picot de Dampierre*, geboren zu Paris den 17. August 1756, stand unter *Dumouriez*, wohnte der Schlacht von *Jemappes* bei, griff die Österreicher am 1. Mai bei *Quivrain* an, verteidigte am 8. das Lager von *Famars*, wo ihm eine Kanonenkugel die Hüfte zerschmetterte, und starb sechs Stunden darauf an der Wunde. *Übers.*

[124] Ein großer Teil der Franzosen war der Meinung, man wolle Frankreich zerstückeln und sich darin teilen. *Übers.*

[125] In dem Avocat-Patelin von *Brueys* verwechselt der Tuchhändler Maître Guillaume in seiner Anklage vor dem Dorfrichter *Bartholin* beständig son drap et ses moutons, und dieser ruft ihm alle Augenblicke zu: à vos moutons, woraus das bekannte Sprichwort: revenez à vos moutons, auf Deutsch: *zur Sache*, entstanden ist. *Kotzebue*, in seinen *Kleinstädtern*, hat Sache und Sprichwort zugleich aufgenommen und lässt den Bürgermeis-

einen Schäfer. Ich tanzte mit allen Dorfmädchen und fand bald eine kleine Blondine, an die ich meine Artigkeiten verschwendete, und welche gegen diese Hirtengalanterie nicht unempfindlich blieb. Sie ist seitdem Tänzerin bei einem der ersten Theater von Paris geworden und hat es mir Dank gewusst, dass ich sie aus dem Staube ihres Dorfes hervorgezogen. Hätte das Schicksal sie, wie *Alinen*, auf den Thron von Golconda erhoben, sie würde sich zuverlässig ebenso erkenntlich, wie jene, gegen mich bezeigt haben.

Die ländliche Existenz hat ihre Reize. Vier Monate verflossen mir mit der Schnelligkeit eines friedlichen Traumes. Jetzt, wo alle meine Leidenschaften beruhigt sind, frage ich mich oft: Wie kommt es, dass man die Städte nicht längst mit den Dörfern und das Stadt- mit dem Landleben vertauscht hat? Doch diese Frage habe ich erst spät an mich gerichtet; erst spät hat es mich Wunder genommen, wie man so blind sein könne, als man ist. Wie viel Jahre haben verstreichen müssen, ehe ich mich von Paris habe losreißen und die Möglichkeit begreifen können, anderswo zu leben als in Paris, oder allenfalls in den großen Hauptstädten von Europa.

Wollte man nur einen Augenblick über die Langeweile, den Überdruss, das Treiben, die Tratschereien, die Widersprüche nachdenken, die man sich ersparen würde, wenn man sein Leben nicht in der großen Welt aufzehrte und die Erfüllung seines Berufs und seine Hauptbeschäftigung nicht darin suchte, von einem Gesellschaftskreis in den andern zu gehen, um Nichtigkeiten[126] auszukramen und auf diesen Kampfplätzen der Anmaßung, der Herabsetzung anderer, der Ungerechtigkeit, der falschen Urteile und der Albernheiten und Ungereimtheiten aller Art sich herumzutummeln – wie leicht würde man zur Überzeugung gelangen, dass die Natur, dass der Genuss, den wir in uns selbst finden, im Schoße der Freiheit und der Unabhängigkeit uns ungemischte, zwanglose Vergnügungen darbieten! Wie schnell würde man so viel Lärmen um nichts, so viel eitles Treiben und Weben mit einem stillen Aufenthalt vertauschen, den Natur und Kunst um die Wette ausschmücken, den die Freundschaft belebt, den ein wenig Liebe vollends zum Eden macht!

---

ter *Staar* wiederholentlich sagen: »Um wieder auf besagten fetten Hammel zu kommen usw.« *Übers.*

126 Des riens.

Es gibt noch Völker, die wir mit dem Namen der Barbaren belegen und die den wahren Begriff vom Leben haben. Sie bringen es, ohne auf den Schaden ihrer Nebenmenschen zu sinnen, mit Musik, in ihren Gärten, beim Saft der Reben, an wohlbesetzten Tafeln, in den Armen ihrer Weiber zu, während wir uns über politische Entwürfe, über ehrgeizige Pläne den Kopf zerbrechen und unsern Geist anstrengen, Wissenschaften zu erlernen, die wir nie erschöpfen, Talente zu erlangen, die wir nie besitzen, oder die uns streitig gemacht werden und nie in den Augen anderer den Grad des Wertes erhalten, den wir ihnen beilegen. So viel ist ausgemacht und unwandelbar: Was wir sehen und empfinden, ist wirklich unser (wenn es überhaupt etwas Wirkliches gibt); aber der Glanz eines großen Namens, das Leere der Lobeserhebungen, die Eitelkeit des Beifalls, sind Dinge, die wir uns mit Mühe verschaffen, die wir mit mancher Demütigung erkaufen, die wir dem Widerstande abgewinnen müssen; und wenn uns ein Sieg zuteilwird, so ist dieser Sieg ein magerer Ersatz für den Verlust der Zeit und der Gesundheit, der uns das Leben verleidet, ohne uns von der Furcht vor dem Tode zu befreien.

Lässt sich das wahre Glück nicht auch in der großen Welt finden? Nein.

In der großen Welt wirst du von der Gattin verraten, die dir in der Einsamkeit treu geblieben wäre. Du hattest ihr Herz und ihre Sinne besiegt; du kannst sie aber nicht fesseln, die Eigenliebe entrückt sie dir. Ein anderer ist mehr nach der Mode als du; eine bekannte Kokette spannt ihn an ihren Wagen; deine Gattin will es ebenfalls, will ihn erobern, will sie demütigen, und du kannst von Glück sagen, wenn du in diesem Kampfe nicht ein Gegenstand des Hasses für sie wirst! Wenn die dir den Fehler, den sie gegen dich begeht, nicht ebenso wenig verzeiht, als den, welchen du gegen sie hättest begehen können!

In der Abgeschiedenheit eines einsamen Aufenthalts würde der Freund deiner Kindheit und Jugend fortdauernd dieselben Gesinnungen gehegt haben; ihr wäret einander Orest und Pylades geblieben: Aber im Geräusch und Gewühl der Welt wird er beim ersten Unfall, der dich trifft, beim ersten Zusammenstoß seines Stolzes mit dem deinigen, dich verlassen; er wird dir deine Geliebte und vielleicht das Leben rauben, um sich den Besitz der neuen Helena zu sichern.

Die schöne Literatur und die schönen Künste, welche dir in deiner Einsamkeit zum Troste gereicht haben würden, worin du es vielleicht zur Vollkommenheit der größten Meister gebracht hättest, werden dir in der großen Welt tausend Schwierigkeiten in den Weg legen, deinem Streben ihre Dornen entgegenstellen. Du hättest vielleicht reiche Früchte getragen; dein Geist, gereift durch Nachdenken und Forschung, hätte vielleicht Meisterwerke erzeugt; die Schönheiten der Natur – und der Kunst, die der Natur am nächsten kommt – würden dir geläufig und du vertraut mit ihnen geworden sein: So aber, mitten in einer Welt, welche am Krebsschaden der Lüge, der Entwürdigung und einer gezierten Künstlichkeit kränkelt und dahinschwindet, werden sich diese Schönheiten von dir nicht fassen und festhalten lassen.

Und ihr selbst, himmlische Wesen, herrliche Geschöpfe, Zierden der Welt, göttliche Frauen, wird nicht im Scheine von tausend Kerzen eure Schönheit verdunkelt? Wird in wenig Jahren die Blume eurer Reize nicht ihre frische Farbe verlieren? Werden die für euch so schädlichen Nachtwachen, die Sucht nach Intrigen, welche euch so schnell dahinwelken lässt, die verderblichen Spieltische, wobei euer Herz ebenso große Gefahr läuft als euer Gesicht und euer Vermögen – werden sie nicht die Frühlingsblüte vor der Zeit von euren Wangen abstreifen? Eure, schon an sich so schnell verwitternden Reize schwächt ihr noch vorsätzlich und lasst sie lange vor dem Ziel sich entblättern, das ihnen die Natur gesteckt hat! Hättet ihr, stattdessen, folgsam den Gesetzen der Natur, mehr in ihrer Nähe und im vollem Genuss ihrer Wohltaten gelebt, so würdet ihr in euch selbst und in der Seelenruhe ein unzerstörbares Glück gefunden haben. Oh, glaubt es einem Manne aufs Wort, der sich lange in den Taumel und in das Geräusch der Welt verliebt hat, der in beiden nicht einmal den Schatten des Glücks gefunden, dem es aber gelungen ist, es selbst zu erringen, seitdem er in stiller Einsamkeit lebt: Nur in ruhiger Abgeschiedenheit werdet ihr lernen, euch zu suchen, euch zu finden, euch zu kennen, euch und die kleine Anzahl der Teuren zu lieben, die euch umgeben. Ihr werdet – glaubt es mir aufs Wort – ihr werdet in jener stillen Sammlung und Absonderung, die zartesten Stimmungen, die entzückendsten Gefühle genießen, und nachdem ihr als Gegenstände der Achtung, der Verehrung, der allgemeinen Wertschätzung gelebt, werden Tränen über euren Tod und Klagen über euren Verlust euch jenseits des Grabes begleiten!

Doch, mein Sermon wird niemanden bessern ... War ich doch selbst lange Zeit unverbesserlich; war ich doch lange, sehr lange, ein Anbeter des Weltrausches, der sogenannten großen Gesellschaft! Solange es Menschen gibt, wird es auch Leidenschaften geben; und in der Gesellschaft, wie sie einmal eingerichtet ist, wird es nie an Kabalen fehlen, nie an Wermutskelchen, welche von Hand zu Hand gehen, nie an immer wieder aufkeimenden Plackereien, welche die große Welt hassenswert machen, ohne deshalb die Menge von dem Wunsche abhalten zu können, darin zu leben, und von der Begierde, sich in ihren Strudel zu stürzen.

Auf der Rückreise nach Paris hielt ich mich einige Zeit zu Alençon bei dem dortigen Intendanten auf. Der Mann war eine durchaus gute Haut; weniger gehasst als seine Kollegen, doch mehr als er es verdiente. Auch er hat auf dem Blutgerüste, ein sechzigjähriger Greis, seinen Tod gefunden und dem Beil der Guillotine viel zu schaffen gemacht, denn er war von ungeheurer Dickleibigkeit. Sein Geheimnis, sich zu mästen, bestand in Folgendem: Vierzig Jahre lang aß er nicht zu Mittag, ließ sich aber alle Abende eine halb gare Hammelkeule von zehn Pfund auftragen.[127] Er war ein vortrefflicher Geschäftsmann in seinem Fache, ein unermüdlicher Arbeiter; dabei im Grunde gefällig, obschon er sich, wie damals alle seinesgleichen, das Ansehen eines römischen Prokonsuls in einer eroberten Provinz gab und das Gute was er tat, ungern und notgedrungen[128] zu tun schien. Ein Tyrann mit der freundlichen Larve des Anstandes[129] würde sich mehr Gunst und Beifall zu verschaffen gewusst haben. Gestehen wir es: Dergleichen Stellen gehörten zu den Missbräuchen der alten Regierung; es wäre zu wünschen gewesen, dass man sie in der neuen Ordnung der Dinge nicht unter einer neuen Gestalt[130] wieder ins Leben gerufen hätte. Doch, welche menschliche Einrichtung ist von Unzuträglichkeiten und Widerwärtigkeiten frei? In welchem System, von Menschen erdacht, findet man nicht Nachteile[131], immer bereit und fertig, an die Stelle der abgeschafften zu treten?

Ich erinnere mich, dass Herrn *von Meilhan*, Exintendanten von Valenciennes, einst in Aachen ein Wort gegen mich entschlüpfte, das mich

---

[127] Im Original steht: un gigot tout entier et incuit. In Polen, wo viel Hammelfleisch gegessen wird, gilt bekanntlich ein Fettkern im dicken Fleische, innerhalb des Gelenkes, für den leckersten, nahrhaftesten Teil und für die größte Delikatesse. In großen Häusern schneiden die Köche aus soviel Keulen, als Gäste sind, dieses Stück aus und bereiten es auf besondere Weise zu. *Übers.*

[128] De mauvaise grâce.

[129] Dvec des formes.

[130] Der Präfekten. *Übers.*

[131] Des nuisances.

frappierte. »Wären die Provinz-Intendanten«, sagte er, »vornehme Herren gewesen, sie würden zu mächtig gewesen sein.« Er hatte recht. Das Gegengewicht ihres Ansehens lag in ihrer Herkunft und in der öffentlichen Meinung, welche sie immer auf diesen Punkt, auf ihren ersten Ursprung[132] und auf ihre Persönlichkeit zurückverwies.

Dieses Geständnis des Herrn *von Meilhan* war bescheiden genug vonseiten eines Mannes, der sich nicht eben zur Bescheidenheit bekannte, der, weil er einige oft unbedeutende und meistenteils mehr witzige als gehaltreiche Bogen geschrieben hatte, die Höhe der größten Schriftsteller erstiegen zu haben glaubte und überhaupt eine an Stupidität grenzende Eitelkeit verriet.[133] Er hielt sich für den ersten Geschäftsmann in Frankreich. Mit der ernsthaftesten Miene und mit vieler Gravität versicherte er mir einst: »Ehe der König Herrn *von Calonne* zum Generalkontrolleur der Finanzen ernannte, ließ mich Se. Majestät rufen. Der Monarch wollte mich sehen. In einer Unterhaltung von mehr als zwei Stunden entwickelte ich ihm die unfehlbaren Mittel, den Staat zu retten. Er schien von dem, was ich sagte, innig überzeugt. Ich darf behaupten, dass meine einleuchtenden Gründe den Weg zu seinem Verstand gefunden. Schon hielt ich mich für versichert, am folgenden Tage meine Ernennung zum Generalkontrolleur zu erhalten, und dann war Frankreich aus dem politischen Schiffbruch gerettet, der es zu verschlingen drohte!! Aber ein Höfling stach mich aus; ich verlor die Stelle, für die ich gemacht war, und der Mann von Witz trug den Sieg über den Mann von Genie davon!«

Ich kehre zu meinem Intendanten von Alençon zurück. Ich habe zwar schon ein Langes und Breites von ihm gesagt; aber seine Gattin bleibt mir doch zu beschreiben übrig. Man denke sich eine Frau, die beim Reversi fluchte, ein seltsames Gemisch von schneidendem und gemeinem Tone. Vor allem aber verzeichne ich hier eine Anekdote, die sie mir bei Tisch erzählte und die mir dergestalt auffiel, dass ich noch jetzt glaube, ihre Stimme zu vernehmen und zu hören, wie sie mir ins Ohr zischelte: »Sehen Sie die große Frau dort mit dem kupferigen Gesichte, die Frau, der Monsieur l'Intendant den Hof macht: Er *stellt* sich aber nur in sie verliebt, denn im Grunde *liebt* er nur sich ganz allein. Sehen Sie sie?« –

---

[132] Début.

[133] »Hören Sie«, sagte er mir einst, »meine Definition vom Luxus: sie steht hoch über alle bisherigen.« – Behalten Sie sie für sich, erwiderte ich; für mich ist sie *überflüssig. Verf.* (Ein unübersetzbares Wortspiel zwischen *le luxe* est du superflu, und *votre définition* est du superflu (est superflue). *Übers.*

»Ja, Madame.« – »Nun, Monsieur, sie ist die Tochter eines roué[134].« »Ei, das ist ja nichts Ungewöhnliches.« – »Nicht doch, die Tochter eines Gerädelten[135], eines Mannes, der gerädert worden, eines, dem des Henkers Rad die Knochen zerschlagen, sage ich Ihnen. Verstehen Sie mich jetzt?« – »Was? Abscheulich!« – »Ich will's Ihnen nach Tisch genauer erzählen, denn die Dame horcht, wie mich dünkt. Wir haben noch einige Touren zu spielen. Sein Sie hübsch artig, lassen Sie mich nicht so oft den Quinola verlieren, sonst erfahren Sie meine Geschichte nicht.« –

In der Tat, als wir aufgestanden und ich so ziemlich allein mit ihr war, erzählte sie mir, die Mutter dieser Dame sei für eine Landschönheit ziemlich hübsch und dabei von exemplarischer Tugend gewesen; sie habe einen Mann gehabt, der, ich weiß nicht welches Geschäft getrieben und oft abwesend habe sein müssen; während eines sehr heißen Sommers, den sie auf dem Lande zugebracht, sei sie gewohnt gewesen, im ersten Stock des Hauses, nach der Gartenseite zu, bei offenen Fenstern zu schlafen; an den Garten habe ein See gegrenzt, dessen jenseitiges Ufer an die Landstraße gestoßen; ein Dieb sei über den See geschwommen und durch den Garten bis zum Hause gelangt; er habe eine Strickleiter in eines der offenen Fenster geworfen, sei hinauf- und hineingestiegen, habe die Dame schlafend gefunden: Ihr Anzug sei so beschaffen gewesen, wie man sich nur einem Ehemanne, und zwar einem geliebten Ehemanne, zu zeigen pflege, dem man alles erlaube; der Dieb sei ein Dieb in der Regel gewesen; erst habe er ein Schränkchen oder eine Kommode, was weiß ich? ... leise mit einem Nachschlüssel geöffnet, habe alles, was ihm gepasst, herausgenommen, habe dann die Dame ermorden wollen, welche in der Zwischenzeit erwacht und schon mehr tot als lebendig gewesen; habe sie aber näher betrachtet, Mitleid und Liebe gefühlt; ... er habe sich nun ... der Hitze wegen ... entkleidet, die Nacht mit der Dame zugebracht, sei erst kurz vor Tagesanbruch durchs Fenster hinabgeschlichen, nachdem er ihr den ganzen Raub und obendrein ein hübsches kleines Mädchen zurückgelassen, welches aber erst neun Monate später sichtbar geworden und eben diese Dame sei, mit der ich gespeist hätte.

---

[134] Roué hat einen doppelten Sinn. Erst den allgemein bekannten: »ein Gerädelter«. Dann den unter der Regentschaft eingeführten unübersetzbaren Sinn, den wir nur sehr unvollkommen durch *Galgenvogel* ausdrücken: »ein Mensch ohne Sitten und Grundsätze, ein Rädernswürdiger«. *Übers.*

[135] D'un homme roué.

Die Frau Mama sagte ihrem Manne kein Wort von der Begebenheit, als er zurückkam, denn gewisse Geheimnisse, auch wenn sie unfreiwillig darin verwickelt ist, weiß jede wohlerzogene Frau zu verschweigen. Die kluge Gattin tat ihr mögliches, aus ihrem Gatten einen zärtlichen, galanten – Liebhaber zu machen. Umsonst. Er hatte sich diese Sitte längst abgewöhnt, ließ sein Weibchen in der Verlegenheit, und ihm fiel das Mittel nicht ein, sie durch Liebkosungen davon zu befreien. In dieser Not, und als sie vollends erfuhr, dass ihr nächtlicher Besucher nach allen Regeln in *Domfront* gerädert worden, blieb ihr nichts übrig, als sich in einem Kloster zu verbergen, um von der Diebestochter auf eine anständige Weise entbunden zu werden. Vorher hatte sie einen pathetischen, erbaulichen Brief an ihren Gatten geschrieben und nun wurde sie eine Braut der Kirche und suchte Schutz hinter den Riegeln und Gittern, welche nur von solchen Dieben gesprengt werden können, von denen man sich freiwillig bestehlen lassen will. Sie starb ungefähr fünfzehn Jahre später, und da sie Vermögen besaß und keine andere Erbin hatte als ihre Tochter, so fand sich ein gewisser Herr *von P...*, der eine Art von Hofamt hatte, bei dieser ein und heiratete sie. –

Das nenne ich einen furchtbaren Beweis zugunsten des Fatums, das alle Dinge auf Erden lenkt und regiert! Gibt es wohl für die Tugend eine schrecklichere Art, verloren zu gehen? Gibt es auf der ganzen Welt einen abscheulicheren, seltsameren Dieb? Und müssen alle Frauen und Mädchen, zu deren Kenntnis diese Geschichte gelangt, sich nicht auf Ähnliches gefasst machen? Haben sie nicht Ähnliches zu befürchten, wenn sie mitten in den Hundstagen bei offenem Fenster schlafen?

Diese und noch andere Betrachtungen stellte ich bei mir an, als ich über die Erzählung der Frau Intendantin nachdachte. Tags darauf begab ich mich wieder auf den Weg, ohne dem Herrn Intendanten oder seiner Frau Gemahlin die geringste Beleidigung zugefügt zu haben; gegen Madame wäre es vollends unmöglich gewesen, den gebührenden Respekt aus den Augen zu setzen. Sie schien sich übrigens ganz und gar nicht vor Dieben zu fürchten und stand in dem Rufe, dass ihr in der Tat mehr als einer begegnet sei, unter andern ein gewisser Herr *von D...*, welcher, wie jedermann weiß, eine Rolle beim französischen Hofe gespielt und hernach in einem andern Lande eine vorteilhafte Ehe geschlossen hat. Dieser Herr machte sich kein Gewissen daraus, der Frau Intendantin an einem schönen Morgen brillante Ohrringe und Armbänder unter dem

Vorwande wegzunehmen, dass, wer schön sei, den Schmuck der Edelsteine entbehren könne.

Doch ich will nicht, dass dieses Kapitel am Schlusse in ein Libell ausarte. Ich habe mir selbst versprochen und mir die Pflicht auferlegt, keine lebende Person zu kompromittieren. Aber Anfangsbuchstaben sind keine Namen. Diese Vorsicht genügt meinem Zartgefühl, und indem sie mich mit mir selbst aussöhnt, bin ich zugleich überzeugt, auf diese Art mich auch besser mit meinen Lesern abzufinden, in deren Moralität ich billigerweise keinen Zweifel setzen darf.

8. Kapitel

Il est plus aisé de mourir pour une femme
que d'en rencontre une qui le mérite.

Frankreich ist das Vaterland der Zweikämpfe; Duelle sind die Frucht seines Bodens. Ich habe den größten Teil von Europa bereist, bin bis nach Amerika gekommen, habe unter Hof- und Kriegsleuten gelebt, habe aber nirgends so sehr als in Frankreich jene unglückliche *Reizbarkeit* gefunden, jene traurige Neigung, sich für beleidigt zu halten und eine oft nur eingebildete Beleidigung zu erwidern. Ich weiß es, man schmückt diese Empfindlichkeit mit einem volltönenden Namen aus, man will daraus folgern, in Frankreich besitze man Zart- und Ehrgefühl in höherem Grade als in den übrigen Ländern, in Frankreich verstehe man sich besser auf die feineren Schattierungen der Lebenskunst; in

Frankreich lerne man besser die Achtung kennen, die man anderen und vor allem sich selbst schuldig sei. Aber ich weiß auch zugleich, dass dieses ehedem mit Grundsätzen zusammenhing, die ebenso strafbar in der Anwendung waren, als sie tadelnswert und verwerflich in ihrem Ursprunge sind.

Bevor ich hier meine Meinung näher auseinandersetze, muss ich daran erinnern, dass es Nationen gibt – ich nenne und bezeichne keine besonders – welche vielleicht in den entgegengesetzten Fehler verfallen, obschon sich daraus nichts gegen ihre persönliche Tapferkeit schließen lässt, die im Kriege, in Schlachten, sich in ihrem vollen Glanze zeigen würde. Es ist ferner unleugbar, dass es kein Land gibt, wo auf alles, was die Ehre billigerweise erheischen kann, so streng und mit solcher Beobachtung der Konvenienz gehalten wird als in Frankreich. Hier gab es zu meiner Zeit eine Ehre für alle Klassen;[136] es gab, wenn ich mich so ausdrücken darf, ein allgemeines Schamgefühl, das niemand ungestraft angreifen oder nur leise berühren und erröten machen durfte. Außerhalb Frankreich wird fast überall dieses geheime Gefühl für zu zart, zu kleinlich[137] gehalten; man ist daher übereingekommen, dass es in der Ausführung zu viel Unannehmlichkeiten, zu viel Kopfzerbrechens, zu viel Ungemach nach sich ziehen würde, sodass unser französisches Point d'Honneur, dieser mit einer Nadelspitze verletzbare Punkt der Ehre[138], im übrigen Europa unbekannt ist. Wie lässt sich's aber behaupten, dass Frankreich ein Recht hatte, dieses Punctilio, dieses zu weit getriebene

---

[136] Dem Übersetzer begegnete es einst, vor einem deutschen Edelmanne von hoher Geburt, dem Baron von K...th, bei welchem er tête-à-tête speiste, zu behaupten: Er würde schlechterdings von keiner Mannsperson auf Erden eine Ohrfeige hinnehmen, ohne sie zu erwidern. Der Edelmann lächelte. »Hier ist«, sagte er, »ein großer Unterschied und der Fall doppelter Art. Gäbe ich Ihnen z. B. eine Ohrfeige, und Sie gäben sie mir zurück, so müsste ich aufstehen, nach meinem Degen greifen und Ihnen denselben durch den Leib rennen. Ihnen hingegen stände es frei, nach erhaltener Ohrfeige mich zu verklagen; ich würde zur Geldstrafe verurteilt, und *Ihre* und *meine* Ehre blieben unverletzt.« Ich muss gestehen, es juckte mir bei diesen Worten und bei diesem *Ehrenunterschiede* in allen Fingern, und ich fühlte große Lust – mir den Degen durch den Leib jagen zu lassen. *Übers.*

[137] Mnutieux.

[138] Cette pointilleuse délicatesse.

quant-à-soi[139], sich anzueignen, wenn alle übrigen Nationen es entweder nicht gekannt oder es von sich gewiesen haben?

Ist es Moralität? Ist es Religion? Ist es Grundsatz der Menschlichkeit? Oder ist das alles zusammengenommen die Ursache, nicht bei jeder Gelegenheit Anstoß an Worten und Handlungen zu nehmen, welche als beleidigend ausgelegt werden könnten, und demnach die Zahl der Zweikämpfe zu vermindern?

Denn, im Grunde und im ersten Ursprunge hat die Natur einem Volke nicht mehr als dem andern die Neigung gegeben, das Blut eines Nebenmenschen zu vergießen, oder sein eigenes zu verspritzen, um wegen eines zweideutigen Worts, wegen einer vermuteten oder gar nur angeblichen Beleidigung Rechenschaft zu fordern und zu geben! Überall sind die Menschen mit demselben Instinkt, mit dem Trieb und der Liebe zum Leben begabt; und solange sie nicht in wilde Ungeheuer verwandelt sind, tragen sie ein Herz in sich, das über ein geraubtes Leben Reue und Qual empfindet. Auch ist zu vermuten, dass die Natur allen Völkern ursprünglich dasselbe Maß von Tapferkeit und Mut gegeben haben wird, da sie überall einförmig und ebenmäßig zu Werke geht.

Woher kommt es denn, dass dem Franzosen diese besondere Stimmung und Neigung zum Duell so eigentümlich geworden ist? Der Charakter der Nation ist zu edelmütig, als dass wir diesen Zug desselben der Rachsucht zuschreiben könnten. Gewöhnlich schlägt man sich aus unbedeutenden Gründen, aus lächerlichen Ursachen, aus Veranlassungen, die das Phlegma der übrigen Nationen nicht einmal aus dem Gleichgewicht bringen würden. Ich nehme die entarteten Völker aus – wenn es deren noch gibt –, bei welchen Stilett, Mord und Erdolchung fest eingeführt und einheimisch sind. Woher denn (so frage ich nochmals), woher diese außerordentliche Empfindlichkeit, aus welcher der Entschluss entspringt, die kleinste Beleidigung mit Blut zu sühnen, sogar solche, die es in keines andern Augen ist als dessen, dem sie sein überspanntes Ehrgefühl dazu macht? Hier kommt nicht Klima, nicht Temperament, nicht physische Nahrung in Betracht. Keines von den Dreien kann unserer Nation den Trieb einflößen, mit ihrem Mute Missbrauch zu treiben.

Was tut es denn?

Die Erziehung, einzig und allein die Erziehung!

---

[139] *Campe* verdeutscht diese Redensart nicht. Den Sinn gibt *Punctilio*, nur dass dieses Wort ebenfalls fremd ist. *Übers.*

Nirgends als in Frankreich hört man sagen: »Die Ehre ist alles; es gibt nichts auf der Welt als die Ehre. Das Leben ist nichts, sobald ein Mensch, der mit uns auf derselben Stufe der gesellschaftlichen Hierarchie steht, uns demütigt, uns stolz oder scheel ansieht. Das Leben ist nichts, sobald sich nach einer Schlacht der leiseste Verdacht über unsern Mut erhebt; scheint heute unser General im geringsten daran zu zweifeln, so müssen wir zwar nicht subordinationswidrig handeln, aber uns morgen totschießen lassen, um ihm seinen Zweifel zu benehmen.« –

Es hat sich zwischen deinem Freunde und dir ein Streit erhoben; du bist nicht über die Grenze einer erlaubten Hitze gegangen, auch er hat den feinen Anstand nicht aus den Augen gesetzt. Finden sich aber Frauen, welche behaupten wollen, dass euch in der Leidenschaft beleidigende Ausdrücke entfahren sind und dass du *entehrt* bist, wenn du deinen Freund nicht umbringst oder dich von ihm umbringen lässt, so musst du dich mit ihm schlagen, denn der Ruf steht höher als das Leben, und man muss lieber sterben, als lebend mit dem Verdachte der Feigheit von Frauen belegt werden, welche sich – wie jedermann weiß! – so gut darauf verstehen.

Du spielst, ein Stich ist zweifelhaft; es ist ein unglückliches Ungefähr und dabei klar wie die Sonne und ausgemacht, dass es weder deine noch des Mitspielers Absicht war, eine falsche Karte zu ziehen. Dessen ungeachtet darf nur Herr N. N. den Mund spöttisch verziehen, die Nase rümpfen, seiner Schwester ein paar Worte ins Ohr raunen, diese darf nur ihrer Cousine etwas zuzischeln – was bleibt dir übrig? Du musst dich schlagen, um nicht für einen Falschspieler gehalten zu werden, da bekanntlich nichts so sehr über eine Sache dieser Art Licht verbreitet als ein Pistolenschuss und ein Degenstich. Bilde dir auch ja nicht ein, dass die Sekundanten den Streit ausgleichen werden. Beileibe nicht, müssten sie nicht fürchten, selbst für schwach und feige zu gelten und dein Schicksal zu teilen? Wird sie das Vorurteil nicht bewegen, von sechs Malen, wo sich ein Ehrenstreit auf eine ehrenvolle Art beilegen ließe, ihn fünfmal der blutigen Entscheidung zu überlassen?

Dein Weib ist eine ausgemachte Kokette. Schlage dich mit ihrem Liebhaber, lass dich von ihm erstechen; auf diese Weise verhilfst du deinem Weibe wieder zur Ehre.

Jene Tänzerin, die dir bereits sechs schöne Wiesen, vier fette Hufen und einen ganzen Wald kostet, betrügt dich, gibt einem hübschen Jüngling, der ihr keinen Grashalm geschenkt, den Vorzug. Was ist zu tun?

Lass dich von dem vorgezogenen Rival totstechen; denn die Bravour macht alles Unrecht, alle Fehler und vor allem alle Lächerlichkeiten eben und gleich.

Du stehst bei einem Regiment, dein Oberst hat dir bei irgendeiner Gelegenheit auf der Parade, vom Feuer des militärischen Enthusiasmus hingerissen, ein paar hitzige Worte gesagt, schweig in der Garnison, suche ihn aber in Paris auf und fordre ihn. Kann sein, dass er, ein treuer Anhänger der Subordination, sich nicht schlagen will; kann sein, dass er dich angibt und dass du die Forderung mit zwanzig Jahr und einem Tag Gefängnisstrafe büßen musst – gleichviel, er wird dadurch entehrt und du wirst in deinem Turm, mit Ruhm gekrönt, dich ehrenvoll zu Tode langweilen.

Du hast die Frau eines rechtlichen Mannes verführt. Er hat es vielleicht im Verdruss über seine unangenehme Lage an feinem Benehmen gegen dich fehlen lassen, ist dir mit Bitterkeit begegnet; stoß ihn nieder, denn da du ihm Glück und Ruhe geraubt, ist es ja nur eine Kleinigkeit, ihm auch das Leben zu rauben; wer wollte da lange markten? Usw. usw.

Sind diese Gemälde mit zu grellen Farben aufgetragen? Ich sollte denken, nein, oder wenn sie es sind, so verstoßen sie mehr gegen die Wahrscheinlichkeit als gegen die Wahrheit. Und noch habe ich nicht einmal von einer gehässigen Klasse gesprochen, von den Schlägern von Metier, die man aber jetzt nicht mehr sieht, von den Klopffechtern, deren einziges Vergnügen darin bestand, Händel zu suchen und zu finden; von den Raufbolden, deren bloßer Blick, wenn sie einen von oben bis unten maßen, schon für eine entehrende Beleidigung galt, man mochte sie nun rächen oder nicht. Ich will damit nicht gesagt haben, dass diese Klasse, welche aus durchaus schlechten Leuten bestand, die man aber leicht im Zaum halten konnte, zahlreich war; allein sie war *da* und war ein Beweis mehr, dass in unsrer Nation die *Duellwut* obwaltete und dass sie dem Vorurteile huldigte, das sich stillschweigend ihrer bemächtigt hatte und den Grundsatz befolgte: Nichts sei so edel und groß als diese Gattung von Tapferkeit; mit ihrem Glanze überstrahlte sie alles, und ein Schurke[140], der sich gut schlage, höre fast auf, ein Schurke zu sein.

Haben die übrigen Nationen unrecht, diesen herrlichen Grundsatz zu verwerfen, oder sind sie strafbar, weil ihr Blut träger fließt? Nein, nur

---

[140] Un malhonnête homme.

muss man von dem einen Äußersten nicht in das andre fallen.[141] Man darf weder zu aufgeregt, noch zu schläfrig sein. In medio virtus.

Ich war, wie man im vorhergehenden Kapitel gelesen, auf dem Wege nach Paris. In Chartres, wo ich die Pferde wechselte und abgestiegen war, wurde ich von zwei Offizieren in königlichen Diensten angeredet, die ich nicht die Ehre hatte zu kennen, welche mir aber die Ehre erwiesen, mich zum Zeugen eines Handels zu wählen, den sie im Begriff standen, miteinander abzumachen. Ich trug Uniform und schreibe es diesem Umstande zu, dass sie sich an mich wandten, und mich höflich und angelegentlich ersuchten, sie unweit der Stadt an einen Ort zu begleiten, wo ihre Ehrensache mit dem Degen entschieden werden sollte. Die Zumutung schien mir unzeitig; ich nahm mir die Freiheit, ihnen vorzustellen, dass ich das Unglück hätte, beiden völlig unbekannt zu sein, dass der Dienst, welchen sie von mir verlangten, von der Art sei, wie ich ihn nur der vertrautesten Freundschaft leisten könnte, dass ich kein langweiligeres Geschäft kenne als das eines Sekundanten, es müsste denn vielleicht das Geschäft des Duellierens selbst sein, und dass ich in der Tat nicht wüsste, ob ich letzteres nicht vorziehen würde.

Sie bestanden auf ihrem Gesuch und meinten, dieses sei ein Dienst, den ein Militär dem andern nicht abschlagen dürfe. Sie setzten hinzu: Da sie die Ehre einer Frau nicht aufs Spiel setzen wollten, ob jene gleich dieser Schonung unwert sei, so hätten sie, anstatt einige der Notabeln der Stadt anzusprechen, sich lieber an einen ganz Fremden gewendet usw.

Es fiel mir schwer, bei dem theatralischen Ton, mit welchem sie das alles vorbrachten, mich des Lachens zu erwehren. Gleichwohl gab ich zuletzt nach, und da der eine von ihnen mit einem angenehmen Äußeren die edelsten Manieren verband, da überdies das Abenteuer mich

---

141 Ich kenne einen Mann, der an einem nordischen Hofe ein ausgezeichnetes Amt bekleidet, und von dem ich zur Steuer der Wahrheit und der Gerechtigkeit sagen muss, dass er blödsinnig geworden ist, seitdem er, fast ohne es zu wollen, seinen Gegner im Duell erstochen hatte. Er ist so zerstreut und von dem Augenblick an so unhöflich geworden, dass man sich des Gedankens nicht erwehren kann, er sei in eine fixe Idee versunken, die das bisschen Gehirn in seinem Kopfe in Unordnung gebracht hat. Der arme Teufel hört kaum, was man spricht; seit nahezu zwanzig Jahren weiß er weder, was er tut, noch was er sagt. Dies gereicht ihm aber zur Ehre. Dagegen gibt es mehr als einen Franzosen, der im Duell mehr als einen Gegner getötet hat und nichtsdestoweniger von vierundzwanzig Stunden die Hälfte ruhig durchschläft ... Beweist dies *für* oder *gegen* Frankreich? Ich antworte im ganzen Ernste: *gegen!!!* *Verf.*

vielleicht belustigen konnte, so entschloss ich mich, drei Stunden in der Stadt zuzubringen, doch unter der Bedingung, dass sie vorher mit mir eine Mahlzeit einnähmen, welche mein Kammerdiener[142] sogleich bestellen musste. Ich machte mich meinerseits verbindlich, ihre Geschichte anzuhören, um die Sühne zu versuchen, und gab ihnen mein Wort, wenn sich keine Annäherung vermitteln ließe, der Sekundant zu sein. Sie nahmen meine Einladung an, setzten aber hinzu, sie wären fest entschlossen, nach geendigtem Mahle sich in meiner Gegenwart die Hälse zu brechen; ihr Handel sei so klar wie die Sonne und ließe sich auf keine Weise in Güte ausgleichen.

Der Gastwirt, mit dem ich Gelegenheit fand, im Vorbeigehen ein paar Worte zu wechseln, sagte mir, die Herren seien zwei geachtete Edelleute der Stadt oder Umgegend und ein paar vertraute Freunde.

Eine seltsame Freundschaft, dachte ich bei mir selbst.

»Messieurs (so redete ich sie bei Tisch an), Messieurs, meine Meinung kann Ihnen kein großes Zutrauen einflößen, da ich nicht die Ehre habe, von Ihnen gekannt zu sein. Überdies zeugt mein Alter nicht von einem hohen Grade von Klugheit, aber ich bin älter als mein Taufschein und ich glaube die Frauen hinreichend zu kennen, um Ihnen mit gutem Rate beizustehen und vorläufig eine Betrachtung zum Nachdenken vorzulegen, die so einfach ist, dass ich mich wundern muss, dass sie sich nicht von selbst Ihnen dargeboten hat. Entweder ist die Person, um welche Sie sich die Hälse brechen wollen, unendlich achtungswert, oder sie verdient die tiefste Verachtung. Im ersten Fall wird sie trotz aller dabei gebrauchten Vorsicht durch den Auftritt[143], den Sie zu machen im Begriff sind, entehrt, im zweiten ist sie den Blutstropfen nicht wert, den Sie für sie vergießen würden.«

»Das heißt gründlich, das heißt vernünftig sprechen«, erwiderte der Ältere. (Er schien fünfundzwanzig und sein Gegner zwei bis drei Jahre jünger. Dabei war er groß, wohlgewachsen, hatte martialische Züge, stand aber seinem Rival, der, wie gesagt, das liebenswürdigste Gesicht hatte, in dieser Hinsicht weit nach). Er fuhr fort: »Nichts ist verständiger als die soeben von Ihnen aufgestellte Alternative; gleichwohl gibt es besondere Fälle, die von der gewöhnlichen Regel durchaus abweichen, Ausnahmen, die Männern von Ehre und Herz nach kluger und ruhiger

---

[142] Mon confident.
[143] L'esclandre.

Beratung keine Wahl, keine Entscheidung übrig lassen. ... Wollen *Sie* sprechen (setzte er hinzu, sich an den Jüngeren wendend), so trete ich Ihnen das Wort ab.« – »Nein«, versetzte dieser, »Sie haben es, und solange Sie sich, wie ich davon überzeugt bin, genau an die Tatsachen halten werden, soll es Ihnen unbenommen sein.« – »Wohlan denn, so will ich die Sache erklären, die uns entzweit, die uns, trotz einer Freundschaft, die so alt ist wie wir selbst, gegeneinander bewaffnet.« Jetzt wendete er sich zu mir, zeigte auf seinen Rival mit der Hand, und fuhr folgendermaßen fort: »Monsieur hatte ein intimes Verhältnis[144] mit der Tochter eines Edelmanns dieser Stadt, mit dem ich verwandt bin. Die Liaison dauerte eine geraume Zeit und, wie es in der Regel sein muss, niemand ahnte das Geringste davon, ich am allerwenigsten, weil ich ein ganzes Jahr von hier abwesend gewesen. Monsieur hatte meiner Anverwandten die Ehe versprochen, aber ein Familieninteresse, dessen ganze Wichtigkeit mir selbst einleuchtet, hielt ihn davon ab, sein Wort zu halten. Seine Schöne[145]. ...« Hier unterbrach ihn der andere: »Sagen Sie die Ihrige!« – »Wenn *Sie* reden wollen (versetzte jener), so verspreche ich, zuzuhören und zu schweigen; machen Sie es ebenso oder lassen Sie uns abbrechen. Wir werden bald Zeit die Fülle haben, uns um die *Sache* zu schlagen, warum wollen wir uns um *Worte* streiten? Und vollends sind wir dieses Zeichen der Achtung dem Herrn hier schuldig, der die Güte hat, uns anzuhören und den wir mit diesem Wortstreit zu ennuyieren nicht den Schatten der Berechtigung haben. ... Ich sagte also, dass seine *damalige* Geliebte (So ist's recht, schien hier der Jüngere mit einer Bewegung des Kopfes zu bejahen) klagte, jammerte und ihm mit Bitterkeit vorwarf, sie verführt zu haben und sein Wort zu brechen.

So stand die Sache, als ich zurückkam. Es entging mir nicht lange, dass mein Freund, denn damals war er's noch, einen geheimen Kummer im Herzen trug, den er mir beharrlich zu verbergen suchte. Sein Geheimnis tat mir wehe, doch ich achtete es und forschte nicht nach. Inzwischen entdeckte ich in mir, dass die Reize des Fräulein *von D...* – ich nenne sie hier *Julie* – einen tiefen Eindruck auf mich zu machen anfingen. Ihr Geist, ihr Gemüt vollendeten den Sieg, zumal da ich bedachte, dass ihr Vermögen mit dem Wenigen, was ich besitze, in eine Schale gelegt, mir sehr zustattenkommen würde. Der Dienst begann mich zu

---

[144] Était du dernier bien.«

[145] Maîtresse.

langweilen. Ich sagte mir: Wozu kann er mich führen als etwa zum Ludwigskreuz im Knopfloch, das *zu haben* und *nicht zu haben* gleich sehr zum Spott gereicht, wie jener Bonmottist sich geäußert hat. Besser, in das Joch der Ehe gehen, als das Joch der militärischen Disziplin tragen! Ich teilte Monsieur meinen Plan mit und Monsieur, weit entfernt, mir davon abzuraten, wie es die Pflicht eines treuen Freundes gewesen wäre, bestärkte mich in meiner Idee. Ich gebe zu, dass es bequem ist, einem Freunde unsere Schmach aufzubürden und ihn zum Verbesserer unserer Fehler zu bestellen, allein ich habe die Ehre, Sie zu fragen: Ist das ein anständiges Verfahren und hätte ich es von dem Manne erwarten sollen, der mein bester Freund auf Erden war?«

Hier unterbrach sich der Redner, seine Blicke fest auf mich heftend; ich antwortete weder mit den Augen noch mit dem Munde. Er fuhr fort: »Auf diese Weise ward ich *Juliens Anbeter*, fest entschlossen, ihr mit meinem Herzen auch meine Hand zu geben. Jetzt kehrt die Ruhe in ihr Gemüt zurück; auf dem Gesichte ihres Verführers findet sich die Heiterkeit wieder ein. Meine Liebe gegen den Treulosen nahm zu: Ich war einfältig genug, mir einzubilden, sein persönlicher Kummer sei der Freude über mein Glück gewichen.

Nun entstand aber ein neues Hindernis. Ein entfernter Anverwandter, von dem ich einst zu erben hatte, widersetzte sich meiner Verbindung, aus Gründen, die er mir mitzuteilen nicht für gut fand. Sein Schweigen befremdete mich nicht; er ist in der ganzen Provinz als ein Original bekannt, das den Mund selten oder nie öffnet. Gleichwohl hoffte ich, sein einsilbiges Nein durch Beharrlichkeit in Ja zu verwandeln, und *meine Schöne*, der es daran gelegen war, mich unwiderruflich in ihr Netz zu ziehen, sträubte sich gerade nur so viel, als dazugehörte, meine Wünsche durch ihren Widerstand noch mehr zu entflammen. Endlich gewährte sie mir Proben derselben Gunst, die sie dem Herrn da bewilligt hatte; aber, sei es, dass sie mich weniger liebte, wie das denn sehr natürlich scheint, oder sei es, dass sie durch Erfahrung klüger und verschlagener geworden, genug, sie zwang mir ein förmliches Eheversprechen ab, wodurch ich mich verpflichtete, ihr binnen Jahresfrist meine Hand zu geben. Der Termin ist vorgestern abgelaufen; ich würde mein gegebenes Wort pünktlich und gewissenhaft gehalten haben, wären mir nicht kurz vor der Zeit die Augen am Rande des Abgrundes geöffnet worden, in den ich mich sonst gestürzt haben würde. Ich werde die Ehre haben, Ihnen zu sagen, wie?

Die treulose *Julie* war mit einer Dame in dieser Stadt befreundet, die man im Verdacht hatte, die lesbische *Sappho*, aber nicht als Dichterin, zum Muster genommen zu haben; denn zur Schande der französischen Sitten sei es gesagt, diese Nachahmungssucht hat nicht nur in Paris, sondern selbst in den Provinzen weit um sich gegriffen. Man hatte viel *von, über* und *wider* die Verbindung beider Freundinnen gesprochen; man hatte aufgehört davon zu sprechen, es war mir zwar etwas davon zu Ohren gekommen, doch muss ich gestehen, dass ich mich schämte, auf ein Gerücht dieser Art einigen Wert zu legen ... dass ich es verachtete und sogar leichtsinnig genug war, darüber zu lachen.

Beide Damen waren vor einigen Tagen auf einem Ball. Aus einem bisher noch unbekannten Anlass entstand zwischen ihnen ein lebhafter Streit. Nur so viel weiß man, dass ein heftiger Wortwechsel vorfiel und sie sich gegenseitig bedrohten, sich *zugrunde zu richten*.

Am folgenden Morgen erhielt ich ein Billett von der neuen Feindin meiner *Zukünftigen*. Es enthielt die Bitte, zu ihr zu kommen. Ich hoffte, es würde von einer Aussöhnung die Rede sein, und eilte zur Dame. Sie werden aber sehen, dass sie mir ganz andere Sachen zu sagen hatte. Sie stellte mir ein Paket Briefe zu, sämtlich von Monsieurs Hand und an *Julien* gerichtet. *Julie* hatte sie ihrer damaligen Freundin aus Furcht anvertraut, dass sie bei ihr gefunden werden und sie kompromittieren könnten. Die Niederträchtigkeit, zu der die Rachsucht diese Frau verleitet hatte, empörte mich; gleichwohl benutzte ich den Vorfall und las die Briefe. Ich fand darin den bündigsten Beweis, dass die Freundschaften auf Erden nur Resultate der Konvenienz und dem, was zu unseren Neigungen und zu unserm Interesse stimmt, stets untergeordnet sind. Ich belehrte mich aus dieser Liebhaberkorrespondenz, dass Monsieur lange vor mir alles erhalten habe, was man mir nur aus gewissen Rücksichten und um mich zur Ehe zu bewegen, gewährt hatte. Ich muss aber dem Schreiber die Gerechtigkeit widerfahren lassen, dass in keinem seiner Briefe, so oft er meiner darin erwähnt, Ehre und Achtung im Mindesten verletzt sind, dass sie sogar inniges Interesse für mich verraten; nur, dass sie insgesamt damit schließen: Ich *müsse* die Cousine heiraten. Nachdem er in einem dieser Briefe mein Geschick einigermaßen, doch nur schwach bedauert hat, wird er leichtsinnig, spöttelt über die Sache selbst und führt zwei *Zeilen* an, von ich weiß nicht welchem *Schriftsteller*; denn ich muss Ihnen freimütig bekennen, dass ich in meinem Leben ganz andere Dinge zu tun gehabt habe, als Bücher zu lesen; aber die beiden

Zeilen haben sich mir eingeprägt und ich kann sie Ihnen wörtlich wiederholen:

> Quand on le sait, c'est peu de chose;
> Quand on l'ignore, ce n'est rien.«[146]

(Weiß man es, – was ist es? Wenig.
Weiß man's nicht, – was ist es? Nichts.)

Hier hielt der Redner inne, und da ich glaubte, dass er fertig sei, nahm ich das Wort und sagte: »Ihre beiden *Zeilen* eines *Schriftstellers* sind zwei bekannte Verse von *Lafontaine*. Sie enthalten die ganze Rechtfertigung Ihres Freundes, der nicht beschuldigt werden kann, dass er Sie zur Heirat verleitet, um sich selbst aus der Klemme zu ziehen, und dessen ganzes Unrecht darin besteht, Ihnen nicht davon abgeraten zu haben. Ich finde Sie sehr aufgeregt; ihn hingegen sehr ruhig; und das (erlauben Sie mir, es zu sagen) spricht schon für ihn. Erlauben Sie mir ferner, Sie zu fragen, was, so wie die Sachen jetzt stehen, der materielle Grund zu Ihrem Streite ist, denn bis jetzt sehe ich nicht ein, wer von beiden dem andern unrecht tut, wenn Sie beide das junge Mädchen nicht heiraten.«

»Ich werde die Ehre haben, es Ihnen zu sagen«, erwiderte er. »Mein Gegner behauptet, ich verdanke meine Entdeckung zum Teil seiner Unbesonnenheit, an *Julien* geschrieben zu haben, weit mehr aber dem Verrate der Frau, die *Julien* durch die Mitteilung dieser Briefe in ein Unglück gestürzt habe, für dessen Urheber er sich ansehen müsse. Er will mich nun zwingen, meine Verbindlichkeiten zu erfüllen, umso mehr, da er das zur Rettung der Konvenienz für durchaus notwendig hält usw. Er setzt hinzu: Ich *müsse* heiraten, widrigenfalls die Welt zu klein für uns sei und einer dem andern Platz machen müsse. Ich meinerseits bestehe nicht nur darauf, *nicht* zu heiraten (wovon wohl nicht einmal weiter im Ernst die Rede sein kann), sondern ich bestehe darauf, dass der Herr da heirate und auf diese Weise die Ehre meiner Cousine wiederherstelle, die nur er wiederherstellen kann; ich bestehe darauf, dass er das Übel wieder gutmache, das sein Werk ist, da er der Verführer ihrer Unschuld

---

[146] Herr *von Buffon* sagt: »Toutes ces conjectures d'être le premier sont si trompeuses, que les hommes devraient bien se tranquilliser sur tout cela, aulieu de se livrer, comme ils le font souvent, à des soupçons injustes, ou à de fausses joies, selon qu'ils s'imaginent avoir rencontré.«

gewesen. Ich bestehe umso mehr darauf, da dieses das einzige Mittel ist, mich auf eine schickliche Art aus dem Handel zu ziehen, damit das Publikum in der Zurücknahme meines gegebenen Worts nur ein Opfer sehe, welches ich der Freundschaft bringe. Würde ich sonst nicht, wenn ich, ohne diesen Grund anzugeben, zurückträte, für einen bösen Windbeutel gelten? Denn das wird doch niemand von mir verlangen, dass ich den wahren Grund angeben und die Schande meiner eigenen Cousine aufdecken soll.«

Hier war es mir nicht möglich, länger an mich zu halten. Ich brach in ein lautes, unwillkürliches Gelächter aus; der jüngere Offizier folgte meinem Beispiele, aber der ältere war im Begriff, es übel aufzunehmen, als ich ihm zuvorkam. »Haben Sie die Güte«, sprach ich zu ihm, »mir zu antworten. Verlangen Sie wirklich und im ganzen Ernst, dass Ihr Freund (denn Freunde müssen Sie bleiben) die Heirat eingehe?« – »Im vollen Ernst«, versetzte er.

»Wie?«, rief ich aus. »Was ist das für eine Wut, für eine Krankheit, für ein ... erlauben Sie mir, es zu sagen – für ein Wahnsinn! Sie müssen, ja, Sie müssen die reine Wahrheit von mir hören, Sie müssen suchen, wieder zu Sinnen zu kommen. Sie haben keinen andern Grund, Feinde zu sein, als weil Sie sich um Ihre beiderseitige Vernunft gebracht haben; denn das heißt den Verstand verlieren, wenn man sich, wie Sie, einander zu einer Heirat zwingen will, welche dem einen wie dem andern unter den obwaltenden Umständen und unter der Voraussetzung, dass Sie Männer von Gefühl und Bildung sind, gleich sehr unmöglich fallen muss. Das Einzige, was Sie zu tun haben, besteht darin: Suchen Sie einen Dritten, der in der Unwissenheit seines Herzens ein Bündnis schließe, das keiner von Ihnen mit Ehre schließen kann; und ist die Helena, die Sie entzweit, der Mühe wert, ist sie hübsch, so fahren Sie fein mit ihr auf dem bisherigen Fuße fort. Ich darf mir schmeicheln, auch *sie* würde mir für diesen Rat Dank wissen, wenn sie ihn erführe oder aus meinem Munde hörte. Glauben Sie mir, meine Herren, diese Dame, und alle Damen, die ihr gleichen, verdienen nicht, dass man mehr Umstände mit ihnen mache.«

Meine Meinung fand Eingang und bekehrte sie. Noch ehe wir zu Ende gespeist hatten, nahmen sie nicht nur den Vorschlag an, sondern dehnten ihn weiter aus und schwuren sich ewige Freundschaft. Ich ließ sie sich noch einmal umarmen, ehe ich in den Wagen stieg; sie begleiteten mich bis vor die Türe, überhäuften mich mit Dankergießungen, mit

Lobeserhebungen und versicherten: Salomo selbst würde nicht weiser geurteilt haben; kurz, ich sei die Weisheit selbst!

Ich hatte, außer dem oben angeführten, keinen Brief von Sophien erhalten. Man denke sich, sobald ich in Paris angekommen war, meine Sehnsucht, meine Ungeduld. Sie war umso größer, da Frau von ..., mit der ich ebenfalls keinen fleißigen Briefwechsel unterhielt, in ihren Briefen es auffallend vermied, ihre junge Freundin zu erwähnen, obschon ich keinen Grund hatte, daran zu zweifeln, dass jene noch immer bei ihr sei. Kaum war ich aus dem Wagen gestiegen, als ich die Kleider wechselte und in das glückliche Hotel eilte, wo ich diejenige zu finden hoffte, von der ich zuerst gelernt hatte, mein Herz zu fühlen und zu beleben. Ich wurde von Frau von ... mit aller Einfachheit und Unbefangenheit einer alten Freundin empfangen. Ich beeilte mich mit den nach langer Abwesenheit gewöhnlichen Fragen nach ihrem Wohlsein, um zu der allerwichtigsten zu gelangen, und erkundigte mich, bei dem ersten schicklichen Übergang, nach dem Fräulein von Lorville. »Sie ist vermählt«, gab sie mir mit eben der Kälte zur Antwort, als wenn ihr Mund gesagt hätte: »Sie wird gleich kommen.« – »Vermählt!!«, rief ich aus, auf dieses Wort einen furchtbaren Ton legend. – »Ja.« – »Ohne mich davon zu benachrichtigen?« – »Sie hatte es Ihnen gemeldet; allein ich habe es besser für uns gehalten, ihren Brief Ihnen nicht zukommen zu lassen.« – »Für uns? Für uns alle!? Wer hat Ihnen, gnädige Frau, den Rat und das Recht gegeben, sich in unsere Interessen, in unsere Leiden und Freuden einzumischen? Wer hat Sie berufen und berechtigt, über mich und mein Leben zu schalten? Etwa der Gedanke, dass Sie meine ersten Schritte vergiftet[147] haben? Gehen Sie! Ich verabscheue, ich verachte Sie; Sie sehen, Sie hören mich zum letzten Male; ich bin tot für Sie!« Sie wollte antworten; ich war schon aus dem Hause und auf der Straße.

Ach! Meine Augen haben sie nie wiedergesehen. Schon trug sie in sich den Keim der tödlichen Krankheit, deren Spuren sich auf ihrem erloschenen Gesicht zeigten. Sie starb bald nachher, noch ehe ich meine Reise in die Schweiz angetreten hatte.

Meine Leser werden an einem anderen Orte erfahren, wie sich das Ereignis, das meinem Herzen beinahe den Todesstoß versetzt hätte, an- und ausgesponnen hat; sie werden den Aufenthalt dieser Sophie erfahren, die ich nicht mehr lieben darf, die ich damals über alles liebte; sie

---

[147] Corrompu.

werden erfahren, wie und wo ich sie als das Muster der Gattinnen und Mütter wiedergefunden.

Wie war es ihr aber möglich geworden, in ein so trauriges Ehebündnis einzuwilligen? Wie war es ihr möglich geworden, so vieler Liebe, so vielen Eidesschwüren zu entsagen und mich zu verlassen? ... Möglich? Oh, die Antwort ist leicht! Es ist der Verführung Los, heftige Leidenschaften zu erregen; aber es ist auch der Verführung unausbleibliche Strafe, nur solche zu erregen, welche dem späteren Nachdenken und der Reue nicht widerstehen. Das Mädchen, das die Gesetze der Moral verletzt, das den bestehenden Vorurteilen Trotz bietet, das dem Gegenstande ihrer abgöttischen Liebe gegenüber die Welt in die Schranken fordert, wird bald enttäuscht[148]. In der Einsamkeit ihres Herzens und ihrer Gedanken, sich selbst überlassen, kommt die Verführte zu sich; sie sieht den Urheber ihrer Lage von anderen verachtet; sie fängt an, ihn mit den Augen der Welt zu betrachten; das allgemeine Urteil ergreift sie; die Liebe schwindet allmählich; die Bitterkeit der Vorwürfe löst sie vollends auf; die Unglückliche erblickt im Fallen einen Abgrund und in dem Urheber desselben den tödlichen Feind ihrer Ruhe und ihres Glücks. Bisweilen nimmt zwar die Leidenschaft eine günstigere Wendung und führt zu einem besseren Ausgange; dennoch beschwöre ich meine jungen Leser und Leserinnen, sich von mir warnen zu lassen und meiner Warnung zu trauen; seltene Ausnahmen stoßen die Regel nicht um und diese Regel lautet: »Wehe denen, welche sich durch Verführungskünste anziehen und fesseln lassen!«

War überdies Sophie, deren Sinnesänderung man vielleicht tadelt und Wankelmut zu nennen geneigt ist – war sie nicht von Ratschlägen erdrückt und von einem Ansehen unterjocht worden, dem sie nachzugeben gewohnt war? Es gibt, bei beiden Geschlechtern, nur wenige, die, in der Liebe wie in der Freundschaft, hinreichende Kraft und Energie besitzen, für sich selbst zu denken und den Eindrücken von außen zu widerstehen. Es ist, als bedürfe man der Meinung und des Einflusses anderer, um jemanden zu lieben. Feste Gemüter, welche sich gegen die Hindernisse anstemmen, den Einlispelungen widerstehen, selbstständige Richter ihrer Herzen, ihrer Neigungen und Triebe, sind selten. Besonders die Frauen, welche sich anfangs durch den unwiderstehlichen Hang der Liebe fortreißen ließen, opfern fast immer dem Rate einer

---

[148] Se désillusionne bientôt.

Freundin, den Vorstellungen einer bisweilen dabei interessierten, verschlagenen Rivalin ihre liebste Neigung auf. – In der Freundschaft ist es wie in der Liebe. Es gibt fast niemanden, der seinem Freunde treu bleibt, wenn dieser verleumdet worden und die öffentliche Meinung sich gegen ihn erklärt hat!! Um so mehr, da es viel Mühe kostet, dem Zeugnis, welches man einem verleumdeten Freunde zugunsten ablegt, das gehörige Gewicht zu geben; und dagegen oft nur eines Augenblicks, nur eines Worts bedarf, das Böse in Umlauf und Kredit zu bringen, welches man dem gefallenen Freunde nachsagt. – Was aber vom Freunde gilt, gilt es nicht auch vom Feinde? Wie oft nimmt uns jemand gegen eine Person ein, die wir nicht kennen, und verlangt von uns, wir sollen sie hassen, weil er sie hasst? Und während wir seinem Beispiele folgen zu müssen glauben, hat er sich heimlich mit dem Feinde ausgesöhnt, und wir werden das Opfer ihrer Aussöhnung.

Das erinnert mich an eine ziemlich pikante Anekdote, welche mir von einer geistreichen Dame erzählt worden ist, die ehedem zum Hofe einer großen Fürstin gehörte.

Einer ihrer Freunde hatte ihr zugemutet, einen Mann, den er ihr mit den abscheulichsten Farben geschildert hatte, mit ihrem Hasse zu belegen. Sie glaubt, seinem Verlangen Folge leisten zu müssen, und fängt wirklich an, einen Menschen zu verabscheuen, den sie nicht kennt, der sich nie gegen sie verging, ihr nie das Geringste zuleide tat. Sie spricht von ihm bei jeder Gelegenheit mit der äußersten Geringschätzung; sie geht noch weiter: Sie verleumdet ihn; schwärzt ihn an. Einige Monate nachher wird dieser Mann der Fürstin vorgestellt. Die Hofdame würdigt ihn kaum eines Blickes, kehrt ihm den Rücken zu, antwortet kalt auf seine Fragen, spricht und tut gerade nur das, war's ihres Amtes Ist, bemüht sich sogar, die Fürstin gegen ihn einzunehmen; – alles das auf das Wort und Zureden ihres Freundes, alles ihm zuliebe. Was geschieht? Der Freund tritt einen Augenblick nachher ein, zieht jenen mit sich in einen Fensterbogen, drückt ihm, den er noch vor Kurzem für seinen ärgsten Feind erklärt hatte, freundschaftlich die Hand, scheint alles Vorige rein vergessen zu haben und seine ganze Seele in das hingehaltene Ohr des anderen auszuschütten. Frau von B*** fällt aus den Wolken. Sie erspäht den Augenblick, wo beide sich trennen, tritt zum Chamäleon hin, kann sich nicht enthalten ihm zuzurufen: »Was soll ich von Ihnen denken? Sie sagen mir Gräuel von dem Manne; ich begegne ihm auf Ihr Anstiften mit der äußersten Verachtung; ich leiste ihm die schlechtesten Dienste, weil ich Sie mit ihm auf immer entzweit glaubte.« – Ganz richtig, wir waren es: Aber seit fünf Minuten ist er der rechtlichste Mann von der Welt und wir sind Freunde auf ewig.

Voilà de vos arrêts, Messieurs les gens du monde![149]

Ich komme auf meine Angelegenheit zurück.

Ich war ohne Geliebte und wollte verzweifeln.

Ich bitte um Vergünstigung, dass man das, was nun folgen wird, für wahr halte. Der Vorfall ist zwar nicht belustigend und kein reiches Feld für Schadenfreude und Bosheit; doch halte ich dafür, dass er mir zur Ehre gereicht.

Ein Mann, der noch lebt und die Revolution nicht anders behandelt hat als den Hof – das heißt, vor jener in allen ihren Perioden, wie vor diesem, in dem Staube gekrochen ist – erbot sich, um mich zu zerstreuen und den Kummer, der an mir nagte, zu lindern, mich in ein Haus einzuführen, in welches er selbst nicht eben auf die lauterste Weise sich Eingang verschafft hatte. Er hatte nämlich damit angefangen, ein junges Mädchen zu verführen, eine der ersten Partien der Hauptstadt. Sie hatte eine vielleicht noch liebenswürdigere Schwester, welcher sie einen Liebhaber verschaffen wollte, damit die Jüngere der Älteren nichts vorzuwerfen hätte. Die Wahl des Herrn*** fiel auf mich und es kam nun darauf an, mich bei der jungen Person in meiner neuen Eigenschaft zu beglaubigen. Er verlangte nichts weiter von mir als einen feierlichen Eid, dass ich mein Glück nicht offenbaren wolle; ich leistete ihn und nun führte er mich, in einer für die Liebe geschaffenen Nacht, zum Rendezvous, wo die beiden Schönen uns erwarteten. Die Ältere zählte noch keine siebzehn Jahre: Ich erstaunte, ich erschrak über ihre Jugend, über ihre Schönheit, über die getäuschten Hoffnungen einer ansehnlichen Familie, über die Schande, die dem Hause bevorstand, über die Abscheulichkeit einer solchen Verführung, über die Mittel, deren man sich bedient hatte, sie vorzubereiten. Als ich vollends mit dem zarten Opfer allein gelassen wurde; als ich ihre Verlegenheit, ihre Tränen, ihre Abneigung gegen das Beispiel und die Lehren ihrer Schwester sah; da beschloss ich fest bei mir, nicht allein sie wie ein Heiligtum zu verehren[150], sondern auch sie vor der Gefahr zu bewahren, die ihr drohte. Vielleicht war ich in diesem Augenblick einen Teil meiner Tugend der Stimmung

---

149 Parodie des Verses: Voilà de vos arrêts, Messieurs les gens d'esprit!

150 De la respecter.

meines Gemüts schuldig, aus dem die Spuren einer unglücklichen Liebe nicht verwischt waren und welches noch immer die Farbe der tiefsten Schwermut trug.

»Lassen Sie es«, sagte ich zu ihr, »zwischen Ihrer Schwester und sich zu keiner Erklärung kommen; sagen Sie ihr, wir gefielen einander, wir würden uns bald wiedersehen; ich würde mich nächstens wieder einstellen.« – Auf diese Weise verflossen zwei Stunden in der unschuldigsten Unterhaltung. Unser tête-à-tête war eben so anständig, als die Veranlassung dazu es nicht gewesen. Alles, was sie mir sagte, alles, was ich in ihrem Herzen las, machte mich zufriedener mit mir selbst und gab mir neuen Mut, bei meiner Handlungsweise zu beharren; – ein Verfahren, das ich großmütig und edel nennen darf, denn das junge Kind war ein Engel und besaß alles, was mich in meinem besten Vorsatz hätte wankend machen können. Ich darf es mir umso mehr als ein Verdienst anrechnen, nicht von der Bahn gewichen zu sein, da nach der ersten Stunde ihre Tränen versiegt waren, und es nur wenig Überredung gekostet haben würde, sie zu meiner Mitschuldigen zu machen.

Wenn sich im weiblichen Herzen ein Anfang von Neigung eingefunden hat, so gewinnt man die *reifen* Frauen durch Gleichgültigkeit; die *Unschuldigen* hingegen lassen sich durch Empfindsamkeit, besonders durch ein sanftes Wesen ohne auffallende Zudringlichkeit, erobern.

Mein Geleitsmann, der seine Zeit – wie man's nehmen will – besser oder schlechter als ich benutzt hatte, rühmte sich bei der Heimkehr, dass ich ihm »unendlichen Dank schuldig sei und dass er mit seinen besten Freunden sich überwerfen würde, wenn diese den Vorzug erfahren sollten, den er mir gegeben.«

Ich dankte ihm, wie er es wünschte, und wir trennten uns in der Straße du Clerche-midi, wo unsere Wagen auf uns warteten. Sollten ihm diese Blätter zu Augen kommen, so wird er finden, dass mir nicht der geringste Umstand entfallen ist; zugleich aber mag er auch Folgendes hier lesen, was ihm noch nicht bekannt ist.

Ich wohnte damals in der Vorstadt Saint Germain, mit dem Bischof von *Limoges*, bei einem Bader. Der Bischof war ein Biedermann von schlichtem, geradem Verstande; er kam selten nach Paris und lebte dann ziemlich zurückgezogen, weil er kein Freund von großen Gesellschaften war. Er hatte mir Geld geliehen und hatte sich's in den Kopf gesetzt, mich bekehren zu wollen. Ich weiß nicht, inwiefern ihm Letzteres gelungen ist; so viel aber weiß ich, was das Geld betrifft, dass ich ihm die zweihundert Louisdor, die er mir geliehen, nie zurückgegeben, auch nie gewusst, an wen ich sie zurückgeben sollte. Ich mache mir übrigens kein Gewissen daraus; ich sehe sie als Geld aus dem Kirchenschatz an und werde sie früher oder später den geistlichen Kindern Sr. Hochwürden, den Armen, wieder zustellen – wenn ich selbst reich sein werde. Genug, am Morgen nach unserm nächtlichen Abenteuer, fand ich den Bischof bei seiner Schokolade sitzen; er las im Brevier und murmelte halblaut etwas, wovon ich nichts verstand. Ich ließ ihn sein doppeltes Frühstück vollenden; und da er abwechselnd ernst und aufgeweckt, frei von Pedanterie und Weltlichkeit und ein guter Gesellschafter war, so erzählte ich ihm, mit gehöriger Vorsicht und mit Auslassung alles dessen, was den, der mir hatte gefällig sein wollen, hätte verraten und kenntlich machen können, die ganze Geschichte haarklein. Nie in meinem Leben habe ich einen Menschen so von Entsetzen und Abscheu ergriffen gesehen, wie ihn. Zum ersten Male verließen ihn Vernunft und Besinnung. Der gute Mann sprach von nichts Geringerem, als sich unverzüglich aufzumachen und zum Minister von Paris zu gehen. – »Aber, Herr Bischof«, rief ich ihm zu, »Sie verlieren ja den Kopf! Wollen Sie mich mit aller Gewalt kompromittieren, mich unglücklich machen? Ich erzähle Ihnen unschuldigerweise einen Vorfall und Sie wollen mein Vertrauen und meine Aufrichtigkeit, die Sie so oft gepriesen haben, so schlecht belohnen?« – »Nicht doch«, rief er; » Sie werden die größte Ehre dabei einlegen.« – »Und das Geheimnis eines Freundes, das ich verrate! Und die Familie, die Sie in die äußerste Betrübnis und in Verwicklungen stürzen, welche sich weder voraussehen noch berechnen lassen! Und mein gebrochener Eid! Und das Aufsehen, der schreckliche Lärm, den es erregen wird! Und die jungen Damen, auf immer unwiderruflich verloren! Denn so viel sehen Sie doch wohl ein, dass der Schleier der Verleumdung nicht immer zerrissen wird und dass die Bosheit nur allzu oft das Schlimmste für wahr hält ...« – Jetzt fing er an, sich zu besinnen, mich zu begreifen und sich etwas abzukühlen. Nach einigen Vorhaltungen von meiner Seite, nach einigen Einwendungen und Abänderungen von der seinigen, kam ein Vertrag zustande. Er bestand darin: Der Bischof sollte sich zum Vater der beiden jungen Damen begeben und ohne ins Einzelne mit ihm einzugehen, sich bloß seines Ansehens und des Einflusses bedienen, den ihm sein öffentlicher und persönlicher Charakter und sein ausgebreiteter Ruf der Frömmigkeit gaben, um, ohne weitere Erklärung, ihn zu vermögen, dass er mit seinen Töchtern von Paris abreise, in seinem Verfahren gegen sie keine Änderung treffe und unter irgendeinem scheinbaren Vorwande den gefährlichen Mann sobald als möglich entferne. Die eine Tochter ist tot, die andere hat sich vermählt und ist, nachdem sie in der großen Welt eine Rolle gespielt, vom Strome der Revolution fortgerissen worden. Sie lebt, wenn ich nicht irre, in einer der Provinzen Frankreichs und ist vergessen.

Ich musste bald nachher die Jeremiaden und Threnodien meines nächtlichen Partners anhören, welcher eines Morgens früh zu mir kam und mich mit der Nachricht aufweckte: Unsere beiden Geliebten wären plötzlich verschwunden. Ich stellte mich von dem Bericht erschüttert; er seinerseits fand, dass wir beide gleich sehr zu bedauern wären.

Er wird sich vielleicht erinnern, dass wir zusammen frühstückten und ziemlich aufgeräumt und lustig wurden.

Ich will hoffen, dass er über den Streich, den ich ihm gespielt habe, lachen wird, und wünsche ihm von Herzen eine moralische, gute Besserung, damit er mir für den Streich danken möge. Übrigens darf er mir nicht zürnen, denn ich erkläre ihm hiermit feierlich – sowie allen meinen Lesern – dass ich mich für bürgerlich tot ansehe, indem ich dieses Buch und die Wahrheit schreibe und mich folglich – des Geschriebenen wegen – keiner Verantwortlichkeit unterwerfe, mich keiner Herausforderung stellen werde.

Alles betrübte mich; alles ängstigte mein Herz; alles stellte mich den peinlichen Gedanken bloß, welche aus den Erinnerungen meines Lebens entstanden und sich mir wider Willen aufdrängten. Noch so jung und schon enttäuscht und entzaubert, entschloss ich mich nach der *Schweiz* zu reisen. Dort wollte ich die gesunde, von den Alpenwinden gereinigte Luft einatmen; dort sollte meine verwelkte, verschrumpfte Seele sich wieder frisch entfalten; dort wollte ich meinen Zoll auf den Altar der *Freiheit* legen, deren Name noch nicht, durch Frevel aller Art, in jenen glücklichen Republiken entehrt war, die sich mit Recht die Wiege der Freiheit nennen.

Man wird aus dem, was folgt, sehen, dass ich nicht ohne hinreichenden Grund den Reflexionen über die unselige Duellsucht, gleich im Eingange dieses Kapitels, einen Platz angewiesen habe.

Ich schickte mich an, Paris zu verlassen, als ein Freund, der mir sehr zugetan war, mir vorschlug, ich weiß nicht mehr welches Stück, auf dem Théâtre des Boulevards, zu sehen, nach welchem ganz Paris lief; er bot mir einen Platz in einer Loge an, die er für sich und für eine Dame bestellt hatte, in welche er sterblich verliebt war und deren Reize zu dieser Liebe berechtigten, obschon sie nicht von den Vorzügen des Verstandes und Herzens unterstützt wurden. Ich nehme das Anerbieten an und wir sitzen zusammen in der Loge, als bald nachher die Türe der anstoßenden geöffnet wird und zwei mir unbekannte Männer und ebenso viel Frauen eintreten. Einer von jenen bricht sogleich in ein unmäßiges Gelächter und dann mit lauter Stimme in sarkastische Bemerkungen über Frauen ohne Sitten und Grundsätze aus. Er nennt sie die Pest der Gesellschaft, die sie aus ihrem Schoß ausstoßen sollte, anstatt sie in den Klöstern von Paris eine Zuflucht finden zu lassen – und schließt mit den Worten: »Wie früher der Welt, so sind sie jetzt den Klöstern ein Schandfleck.« – Ich war von diesem Moralisten nur durch ein Brett getrennt und nahm mir die Freiheit, ihn zu ersuchen: Er möchte etwas leiser sprechen. Er tat's, und zwar, wie es mir schien, mit guter Art, sodass ich glaubte, die Sache würde dabei ihr Bewenden haben. Im Zwischenakte war ich hinausgegangen und wurde beim Wiedereintritt von meinem Freunde, dem Grafen *Du Touceville*, unangenehm überrascht. Er sagte mir nämlich: Er bedürfe meiner nach dem Schauspiel, da er die Impertinenz jenes Herrn, der ihn schwer beleidigt hätte, rügen müsse. Nach dieser kurzen Erklärung ging er einen Augenblick hinaus, um sich von seinem Jäger einen Degen holen zu lassen, empfahl in der Zwischenzeit die Dame meinem Schutz, kam dann zurück und nahm seinen Platz wieder ein.

Nach Beendigung des Stückes führten wir die Dame zu ihrem Wagen. Ich muss es ihr zur Ehre nachsagen, dass sie äußerst bestürzt war, die *Helena* dieses neuen Kampfes zu sein. Während wir beide allein in der Loge waren, hatte sie mir vertraut, dass jener *Hector* ein Landjunker[151] aus einer benachbarten Provinz sei, der ihr den Hof gemacht; sie setzte wohlbedächtig, und dem Gebrauche gemäß, die Worte hinzu: »In allen Ehren und Züchten.«

Ohne das genauer zu untersuchen, fahre ich in meiner Erzählung fort. Hinter einer Stelle des Boulevard du Temple zieht sich eine jähe, tiefe Kluft. Der Gegner meines Freundes schlug diese Stelle des Boulevard vor: »Hier könne man (dies war sein Ausdruck) recht *bequem vom Leder ziehen*[152]; er verlange nur zehn Minuten, um bei einem Freunde in der Nähe einzusprechen, der ihm einen Degen leihen solle.« – Herr *Du*

---

[151] Hobereau.

[152] En découdre là fort à son aise.

Touceville hielt ihn einen Augenblick zurück, um sich zu erkundigen, mit wem er die Ehre haben würde, sich zu schlagen? – »Mein Name«, erwiderte jener, »tut nichts zur Sache. Er kann Ihnen gleichgültig sein und ist hier wenig bekannt. Das Wahre und Wesentliche ist: Ich habe Sie beleidigt; anstatt es zu bereuen, würde ich es noch einmal tun. Ich bin zugrunde gerichtet, verraten; mir bleibt nichts übrig, als von Ihrer Hand zu fallen, oder Ihnen den Degen durch den Leib zu rennen.«

Ich hatte Mühe, bei diesen Worten meiner mächtig zu bleiben. Eine so abscheuliche Logik und dabei ein so unverschämtes Wesen, ein so beleidigender Ton oder vielmehr solcher Wahnsinn, solche Raserei!

Was Herrn *Du Touceville* betrifft, so war er ruhig wie die Unschuld selbst; in der Tat hatte er auch das Blut, welches soeben vergossen werden sollte, wenig oder gar nicht zu verantworten. Der andere hingegen, der an allem schuld war – ich meine den liebenswürdigen Kapitän Bramarbas – hatte mir auf meine Frage, ob er für keinen Sekundanten sorge, zur Antwort gegeben: Er schlage sich nie mit einem Zeugen; er habe zwanzig Ehrensachen abgetan, ohne das Leben eines Dritten in Gefahr zu setzen, und sei bereit, auch mir, wenn es mir anstände, zu zeigen, dass man sich ganz gemächlich, ohne Gehilfen, die Hälse brechen könne. Mit diesem Bescheid verließ er mich, um im vollen Laufe nach einem Degen zu suchen, und rief mir die Versicherung nach, er werde auf die Minute wieder da sein. Währenddessen sprach *Du Touceville* in einem mehr als feierlichen Tone und mit dramatischem Pathos zu mir: »Der Mann ist ein Kind des Todes, und hier sein Grab!« Mit diesen Worten zeigte er auf den achtzig bis hundert Fuß tiefen Grund, der einige Schritte von uns lag.

Der Matamore ließ nicht auf sich warten. Er trug unter dem Arm einen Degen von einer Länge, die gegen die Gesetze der Ehre und die Vorschriften des Zweikampfes verstieß. Ich würde es für meine Pflicht gehalten haben, daran zu erinnern; allein Herr *Du Touceville* ließ mir nicht Zeit, warf blitzschnell die Kleider von sich und zeigte seinem Gegner die offene Brust, was dieser ebenso schnell erwiderte. Es war noch ziemlich hell; gleichwohl, unter dem Vorwand *besser* zu sehen, zog ihn mein Freund dem Grunde, den ich früher beschrieben habe, näher und näher. Jetzt, fast am Rande desselben, begann der hitzigste, erbittertste, geschickteste Kampf, den man sich denken konnte, als plötzlich *Du Touceville* mit großer Behändigkeit eine Volte machte, die den Feind mit dem Rücken an den Rand drängte. Diesen Augenblick schien er nur abgewartet zu haben; denn jetzt stieß er ihm den Degen bis an den Griff in die Brust; packte ihn dann mit beiden Händen wie ein heißhungriger Löwe, hob ihn vom Boden und schleuderte ihn in die Tiefe. ... Ich gestehe, dass dieser Anblick mein Blut gerinnen machte und ich einen lauten Schrei ausstieß, als ich den Unglücklichen, mit dem Degen in der Brust, hinabrollen sah. »Entfernen wir uns«, sagte der Sieger, »er bedarf keiner menschlichen Hilfe mehr.« Mit diesen Worten hob er den Degen auf, der dem Unbekannten aus der sterbenden Hand entfallen war, und fuhr fort: »Das ist ein böser Abend und ein schlechter Ersatz für ihn: Gehen wir!«

Das war auch meine Meinung; aber um alles in der Welt hätte ich mich von dem Orte nicht entfernen können, ohne mich nach Hilfe umzusehen, so sehr ich auch versichert war, dass sie vergeblich sein würde.

Du Touceville ging schweigend, betäubt und im finsteren Hinbrüten neben mir. Auf die vorige Waffenwut war ein Zustand der Abspannung und eine Art von Reue gefolgt: Ich gab ihm den Arm; er hatte Mühe, den ersten Fiaker zu erreichen, den wir vorfanden. Kaum hatte ich ihn in den Wagen gehoben, als ich in die nächste Wache[153] lief und den Sergeanten besonders zu sprechen verlangte; ich drückte ihm ein Goldstück in die Hand und entdeckte ihm: Unten am Fuße des Boulevards (ihm den Ort näher bezeichnend) hätte ich Klagegeschrei und Winseln gehört. Darauf entfernte ich mich und habe seitdem erfahren, dass hingeschickt und nachgesehen worden; dass aber die Hilfe zu spät angelangt und der Unbekannte den verdienten – und vielleicht gesuchten Tod gefunden.

Da dieses Werk auch besonders zur Aufbewahrung meiner Erinnerungen bestimmt ist, so will ich hier eine historische Notiz des Helden dieses tragischen Abenteuers niederlegen und das Grab eines Mannes mit Blumen bestreuen, der von wenigen gekannt, von vielen verkannt oder ihnen doch nur von einer schlechten Seite bekannt geworden ist. Ich will seine Fehler nicht zu verschleiern, wohl aber sein Gedächtnis vor Verleumdung und falschen Beschuldigungen zu retten suchen. Ich will von ihm sagen, was ich zuverlässig von ihm weiß und verbürgen kann. Er war kein Mann von gewöhnlichem Schlage.

Was ich hier niederschreibe, kann nützlich und heilsam für junge Leute sein, die mit Vorzügen, mit denen sie Missbrauch treiben, oder mit Leidenschaften, denen sie nachgeben, ins große Leben eintreten.

---

[153] Corps-de-garde du guet.

Herr *Du Touceville* war aus einer sehr alten Familie in der Normandie entsprossen, welche, zwar selbst ohne Glanz, gleichwohl mit den besten Häusern der Provinz zusammenhing. Seine Voreltern, bis auf seinen Großvater ausschließlich, waren Protestanten gewesen; und man weiß, dass das eben kein Umstand war, um zu Hofgunst und Auszeichnungen zu gelangen. Sein Vater hatte in seiner Jugend eine Dragoner-Kompanie im Regiment von *Condé* erhalten, verließ aber den Dienst, wo er sein Vermögen zugesetzt hatte. Er beging nachher den Fehler, eine ziemlich untergeordnete Stelle im Magistrat einer Stadt in der Normandie anzunehmen, und den noch größeren, diese Stelle zu einer Art von *Geldgeschäft* für sich zu benutzen. Dabei benahm er sich so ungeschickt, dass er noch tief unter das schon so unscheinbare Amt herabsank, das in keiner Hinsicht für ihn passte. Zuletzt ergriffen ihn Verdruss und Ekel; er ging ab. Ich rede von dieser Stelle als von einer, die nur der *Vater* bekleidet hat; denn man hat sich Mühe gegeben, sie in der Folge auf die Rechnung des *Sohnes* zu schieben, als seine Feinde die Absicht hatten, ihm wehe zu tun und ihn unglücklich zu machen. Der Sohn hat sie nie bekleidet; er ist als Page des Prinzen *von Condé* erzogen worden und mochte es wohl leiden, dass man an ein näheres Verhältnis zwischen ihm und der Herzogin *von Bourbon* glaubte, an deren Hof er zuerst angestellt wurde. Da er sich aber nie über diesen Punkt deutlich gegen mich ausgesprochen, da ich sogar eine Menge Gründe habe, das Gegenteil vorauszusetzen, so bin ich umso mehr entfernt, dem Leben dieser Fürstin diesen Flecken anhängen zu wollen, da die Zeit der Widerwärtigkeit für sie ausgebrochen ist und da in meinen Augen das Unglück einen noch heiligeren, unverletzlicheren Kreis um die Großen bildet als die Konvenienz des Ranges, obschon diese für eben so heilig und eben so unverletzlich geachtet werden sollte.

Herr *Du Touceville* hatte eine einnehmende Gestalt und besonders etwas Edles und Großes in seinem Wesen.

Er ließ sich von zwei Anmaßungen fortreißen, die ihm beide verderblich geworden sind, weil sie zugleich einen gefährlichen, wilden und einen eitlen, kleinlichen Charakter andeuten. Im Grunde war der seinige keines von beiden.

Er galt nämlich für einen Mann, der sich durch Duelle und durch Glück beim schönen Geschlecht einen Ruf erworben hatte. Man kann nicht leugnen, dass er eine Menge Ehren- und Liebeshändel gehabt, deren einige großes Aufsehen gemacht haben. Zu den ersten zählt man vor allem die Ehrensache mit dem Grafen *Durfort,* der späterhin als Offizier in die Garde-du-Corps eintrat und noch später, gleich nach dem Beginne der Revolution, zu ihr überging. Der Streit war auf einem Ball bei Frau *von Espagnac* entstanden, zu dem halb Paris eingeladen worden war. Die Veranlassung war eine Tanzstelle, die man sich streitig machte. Die *Herren* hatten sich schon versöhnt; aber am folgenden Tage entschieden die *Damen*: Der Auftritt sei von der äußersten Umständlichkeit gewesen; es wären Worte gewechselt worden, wie man sie im Leben nicht gehört;[154] es sei *unerhört, unbegreiflich,* dass sie sich noch *nicht* geschlagen hätten; beide hätten *die Ehre* verwirkt; hinfort sei es eine Schande, *sie zu grüßen,* und unmöglich, ihren Gruß nur mit der *leichtesten Verneigung* zu erwidern. Gründen von solcher Stärke musste freilich nachgegeben werden. Die Damen erhielten volle Genugtuung. Die beiden Opfer ihres Getratsches kamen überein, sich zu schlagen, und fingen mit der Versicherung an, dass sie einander hochschätzten, dass keiner über den andern zu klagen Ursache habe, dass sie aber einer den andern umbringen würden, einem Geschlechte zuliebe, das in der Gesellschaft vorschreibt, was Recht oder Unrecht, was ein guter oder schlechter Name ist – so oft es sich nämlich die Mühe geben will, darüber zu entscheiden. Der Zweikampf fand unter der Leitung des Herrn *von Foufay* statt, der nachher eines so tragischen Todes gestorben ist. Sie verwundeten sich beide in demselben Augenblick, mussten mehrere Wochen das Bett hüten, schwebten neun Tage zwischen Leben und Tod, und der am leichtesten wegkam, war sieben- bis achtmal zur Ader gelassen worden.

Wenn es seine Richtigkeit hat, dass Herr *Du Touceville* sich oft geschlagen und sich viel damit wusste, so möchte ich doch nicht eben so zuversichtlich behaupten, dass es ebenso sich mit den bonnes-fortunes verhalten sei, deren er sich rühmte; wenigstens ist die Sache nicht ganz so klar, obgleich er alles tat, sich und andere von seinen Erfolgen beim schönen Geschlecht zu überzeugen. Er hatte Mätressen, das ist richtig; er wechselte sie oft; da es aber in diesem Punkt mehr auf die Auswahl als auf die Menge ankommt und seine Freundinnen überhaupt aus geschiedenen Frauen, aus prozesssüchtigen Pimbeschen[155] von der Provinz, aus Damen, welche im Précieux Sang, in der Conception[156] untergebracht

---

[154] Qu'ils s'étaient dit des choses de l'autre monde.

[155] Vgl. Les Plaideurs de Racine. *Übers.*

[156] Klöster in Paris, in welchen gewisse Geheimnisse in der Stille abgetan wurden.

waren, aus Tänzerinnen vom Corps de Ballet, aus Schauspielerinnen der dritten Klasse usw. bestanden, so habe ich oft daraus geschlossen und es ihm selbst ins Gesicht gesagt, dass seine bonnes-fortunes (mit Ausnahme einer einzigen) nicht viel auf sich hätten und ihm keine sonderliche Ehre machten. Es lag in ihm ein Gemisch von Romanton, von Theaterton, von Hofton (denn er kannte den Hof) und vom Tone der niedrigen Gesellschaften, die er durch eine Folge der Umstände geraten war; und dieses Gemisch machte ihn unfähig, bei Frauen von gereifter Erfahrung oder bei Frauen von gar keiner sein Glück zu machen. Er verstand sich schlecht auf die Taktik der einen wie der anderen, der Ausgelernten wie der Naiven, kurz, er benahm sich ganz wie einer aus der Provinz. Ebenso linkisch behandelte er die schönen Künste. Er liebte Dichtkunst und Musik, ohne gründliche Kenntnisse darin zu haben. Besonders habe ich an ihm bemerkt, dass er, dem es übrigens nicht an Sinn und Geschmack fehlte, nie einen so schlechten Ton hatte, als wenn er verliebt war.

Frau *von Vierville* vom Hofe *Orleans* war mit ihm verwandt. Es war ihr gelungen, ihm in die Gesellschaft des Herzogs *von Orleans* und der Frau *von Montesson* zu bringen. Bei letzterer spielte er Komödie; schlecht genug, aber in seinen Augen sehr gut, und das lief bei ihm auf eins hinaus, obschon nicht bei andern. Die Folge war, dass er eine Menge Verse auswendig wusste, die er bei jeder Gelegenheit in den Gesellschaften anbrachte, wobei er aber nicht verfehlte, wie so viele Schauspieler von Metier, [157]sie zu verzerren, bald durch Einschiebsel, bald durch Versetzungen, bald durch Verstümmelung, bald durch Verwechselung eines Wortes mit einem andern. Nie habe ich einen Menschen gekannt, der so wenig Takt und Gehör gehabt hätte wie er.

Seine zur Unzeit prahlende Geckenhaftigkeit; das Gerücht (wahr oder falsch), das sich durch seine Schuld verbreitet und durch ihn Gewicht erhalten hatte; ungereimte Anmaßungen und sogar Forderungen hatten ihm das Palais-Bourbon verschlossen. Ebenso verschloss sich eines Duells wegen für ihn das Palais-Royal. Er schob zwar die Schuld auf das Spiel; allein der Herzog *von Orleans* würde gewiss die Spielschuld übernommen haben, hätte sich *Du Touceville* bereitfinden lassen,

---

[157] Besonders der große Schauspieler, der mit so schönem Talent, mit so ausgezeichneten Kunstgaben so viele und große Fehler verband – *Molè*. Es war ihm nicht möglich, einen Vers herzusagen, ohne ihn durch den Zusatz eines si, eines mais, eines tenez zu *verhunzen*. Dazu kam noch sein beständiges Anstoßen und Stottern! *Verf.*

mit einem Obristenpatent in der Tasche nach Ostindien abzusegeln.[158] Er hatte (wenn ich nicht irre, in Rainsy) mit den Herren *De la Marck* und *de Gouvernet* gespielt und verloren. Er bezahlte nicht; es kam zu Worten, zu Anzüglichkeiten; man wurde empfindlich; ein Duell erfolgte, in welchem Herr *von Gouvernet* verwundet wurde. Der Herzog, der ihm persönlich zugetan war, nahm so viel Anteil an dem Handel, dass er sogar als Vermittler bei dieser kleinen Stänkerei[159] aufzutreten geruhte, Herrn *Du Touceville* zu sich in sein Kabinett berief und ihn, wie dieser selbst gegen mich verlauten ließ, mit den Worten eines Vaters zur Vernunft zu überreden suchte. Allein *Du Touceville* hatte einen so übermütigen und respektwidrigen Ton angenommen, dass er die Gunst des Fürsten verscherzte. Dazu kam noch die Wunde des Herrn *von Gouvernet*, die dem Herzog umso empfindlicher war, da er alles getan hatte, sie ihm zu ersparen. *Du Touceville* erhielt die höfliche Weisung, in Zukunft nicht mehr zu erscheinen. Das tat er denn auch, nachdem er vorher einen höchst unschicklichen Brief an den Herzog geschrieben hatte. Jetzt wendete er sich mit seinen Hoffnungen nach Versailles, wo er bereits vorgestellt worden war. Allein er konnte es nie dahin bringen, nur zur Cour aufgerufen zu werden,[160] weil man dem Könige ein ungünstiges Vorurteil gegen ihn beigebracht hatte. Man hat ihm sogar das Recht der königlichen Wagen streitig machen wollen;[161] worüber mir aber, der ich den Beglaubigungsschreiben des Herrn *Cherin* und einen Brief des Herzogs *von Coigny* in Händen gehabt, nicht der Schatten eines Zweifels bleibt. Überdies scheint mir jetzt das alles ziemlich gleichgültig, und wenn ich es erwähne, so geschieht es bloß historisch; ich rede davon, wie von den Ruinen von Palmyra, Athen und Rhodos.

Herr *Du Touceville* richtete, wie schon gesagt, seine Blicke auf Versailles, wo er einige Wochen lang bei der Königin in ziemlicher Gunst stand; allein Hass und Verfolgung bleiben nicht auf halbem Wege stehen; ihr Motto ist:

---

[158] Man bemerkt hier für einige auswärtige – und auch für einige andere – Leser, dass hier vom Herzoge *von Orleans*, dem Großvater des jetzt Lebenden, die Rede ist. Ein vortrefflicher Fürst, der es noch im Grabe, wie ich glaube, für ein Glück schätzt, gewisse Zeiten nicht erlebt zu haben. *Verf.*

[159] Tripotage.

[160] D'obtenir un ordre de début.

[161] Ses preuves pour les carosses.

Nil actum reputans, dum quid superesset agendum.

Ich kann aber auch nicht in Abrede stellten, dass er seinen Feinden viele Blößen gegeben. Man erinnerte an die Vergangenheit, man stellte ihm sein Horoskop für die Zukunft; man tat, was man konnte, ihn zugrunde zu richten; man ging so weit, dass man das Geschäft und die Handlungsweise seines Vaters aus dem Grabe hervorzog und den Sohn dafür verantwortlich machen wollte; man sprach von jenem niederen Amte, dessen ich erwähnt; man schloss damit, dass man ihm den Adel streitig machte.

Er war aber der Mann nicht, der eine Anschuldigung dieser Art ertragen konnte, so ungereimt sie auch immer sein mochte. Im Gegenteil, je mehr man seine Geburt anfeindete, desto mehr hielt er auf seinen Stammbaum, desto öfter führte er seine Abkunft, das Alter seiner Familie und die Verbindungen derselben mit den ersten Häusern der Monarchie an. Er trug fast immer heraldische Beweise, Scheine und Diplome bei sich, womit er sich brüstete und legitimierte. Der verstorbene Prinz *von Salm* und ich spotteten so lange darüber, bis er von der närrischen Gewohnheit abließ.

Das erinnert mich an eine lustige Anekdote. Er erfuhr einst, dass ich beim Prinzen *von Bauffremont*, der unendlich viel Güte für mich hatte, eingeladen war. Dieser Herr, einer der vortrefflichsten Männer von Frankreich, ist zwar nie zu den hohen Stellen des Hofes und des Reiches gelangt, hätte sie aber eben so sehr als andere durch seine Eigenschaften und mehr als viele andere durch seine Geburt verdient,[162] *Du Touceville* versicherte mir, er habe den Prinzen ehedem oft gesehen, und ersuchte mich, für ihn die Erlaubnis auszuwirken, ihm aufzuwarten. Ich tat es und der Prinz erteilte sie.

Einige Tage nachher führte ich ihn ein. Wir kommen an. *Du Touceville* erschöpft sich in Eingangskomplimenten. Dann aber, mit einem Mal, fängt er an: Prinz, die Ehre, die ich habe, mit Ihnen nahe verbunden zu

---

[162] Die strengen Moralisten warfen ihm vor, dass er sich noch als Greis eine Maitresse hielt und im späten Alter allen Schwachheiten der Jugend nachhing. Doch was will das sagen? Er war ein galant homme, von liebenswürdigem Verstande, von einem herrlichen Gedächtnis. Er war des Herzogs *von Choiseul* vertrautester Freund gewesen, der doch seine Freunde nicht gewöhnlich aus der Klasse der Dummköpfe und Langweiligen nahm. Der Hof tat nichts für ihn; Spanien schickte ihm das Goldne Vließ, als er schon in den Sechzigern war, weil es dem alten Schlendrian folgte (l'Espagne était routée.) und seit mehr als zweihundert Jahren gewohnt war, den *Bauffremonts*, von Vater auf Sohn, das Widderfell umzuhängen. *Verf.*

sein, macht mir das Glück doppelt unschätzbar, Sie *wiederzusehen*. Die vielen Eheverbindungen ...« – »Monsieur!«, sagte der Prinz mit einer verlegenen Verbeugung. – »Ja; Prinz, wir sind, Sie und ich, mit dem königlichen Hause, folglich miteinander verwandt: *Hyacinth Maximilian Du Touceville* und *Yolanthe von Burgund* ...« – »Monsieur!!« – »Ja, Prinz, *mein Haus* und das *Haus Bourbon* haben zu mehreren Malen ...« – »Monsieur!!!« –

Der Prinz *von Monaco*, ein intimer Freund des Prinzen *von Bauffremont*, war gegenwärtig. Er ließ, wie man weiß, keine Gelegenheit vorbei, sich über andere lustig zu machen und persiflierte seinen Bedienten, wenn ihm gerade sonst niemand in den Wurf kam. Er nahm das Wort, unterbrach den Genealogisten, und sagte: »Mein Herr, nehmen Sie sich in acht, Sie werden dem Prinzen *von Bauffremont* einen solchen Schrecken einjagen, dass er es nie wagen wird, sich zu Ihrer Familie zu bekennen!« – Man meldete jemanden, die Sache hatte dabei ihr Bewenden, und *Du Touceville* war der Einzige, der nicht merkte, dass er die Zielscheibe des Spottes gewesen.

Nach dem verunglückten Versuch, bei Hofe anzukommen, schlug er seine Garderobe los, die nichts weniger als unbedeutend war: Er scherzte selbst darüber und sagte: »Für Paris sei ein schwarzer Rock alles, was er brauche.« Als ich einst diese Saite berührte, nahm er einen tragischen Ton an und sprach: »Ich bin wie die Könige, welche, nachdem sie in der Weichlichkeit der Höfe den Luxus der Prachtkleider erschöpft haben, Helden und Eroberer werden und die einfache Kriegs- und Felduniform anlegen!« – Er hielt jedoch nicht Wort, denn in den letzten Jahren seines Lebens habe ich ihn bisweilen »mit Stickerei bedeckt« einhergehen gesehen, besonders wenn er verliebt war oder es ihm an Geld fehlte.

Man darf aber nicht glauben, dass er immer so sprach. Nein, er konnte bisweilen sehr liebenswürdig sein. Er hatte einen ausgebildeten Verstand, dem es aber meiner Meinung nach an einem gewissen *Ichweißnichtwas* fehlte, das sich besser fühlen als beschreiben und erklären lässt. Dabei hielt er sehr auf altes Rittertum, übertrieb aber die Sache und schien mehr daran zu hängen, als er im Grunde daran hing. Seine Huldigung und Ehrerbietung für die Damen ging über alles;[163] doch nur in

---

[163] Auf einem Spaziergange bei Vincennes sah er einst jemanden, der eine Frau, allem Anschein nach eine Geliebte, schlug. Er stürzte auf ihn ein, prügelte ihn halb tot und rief immer dabei: »Auf die Knie vor Madame! Auf die Knie!«

der Theorie, denn in der Anwendung war es anders; da wich er oft genug von seinen Grundsätzen ab, worin er überhaupt strenger für die anderen, als für sich selbst war. Er war ein großer Komplimentedrechsler, fiel aber oft in das entgegengesetzte Extrem und zeigte sich dann über alle Maßen kurz angebunden, rau und grob. Von der feinen Ironie hatte er keinen Begriff, obschon viel Anlage zum *Spott*; was er aber im höchsten Grade besaß und in ernsthaften, wichtigen Fällen geschickt anbrachte, war ein verschlossenes Wesen, eine stumme Miene, eine wichtige Attitüde. Er wusste sich ganz das Ansehen des Verschwiegenen zu geben.

Von Schicksalsschlägen getroffen und zu Boden geschmettert, aus den Reichen dieser Welt und von ihren Großen verstoßen und enterbt, zog er sich in die Provinz zurück, kam nach einigen unbedeutenden Liebesabenteuern und Siegen auf diesem Winkeltheater nach Paris zurück, mit sechzigtausend Franken, die ihm ein deutscher Fürst geliehen hatte, weil er ihn für einen zweiten *Vardes* hielt, den ein zweiter Ludwig XIV.[164] von seinem Hofe verbannt habe. Wer vierhundert Stunden von Versailles entfernt ist, kann so etwas leicht glauben. Er machte nun ein Haus und legte sich eine Dienerschaft und einen Hausstand zu, der ein Einkommen von hunderttausend Franken erfordert hätte. Auch wurde stark bei ihm gespielt. Gegen das Ende seines Lebens, das mit einem stürmischen Tage verglichen werden konnte, fielen einige Sonnenstrahlen auf seine Bahn. Auf einer Reise in die Bretagne vermählte er sich mit einem jungen Mädchen von guter Familie. Er behauptete sogar, sie stamme von einem Ritter ab, der bei der ersten Ordenspromotion *Heinrichs* III. zum Ritter geschlagen worden sei;[165] ein Punkt, der in meinen Augen so gleichgültig war, dass ich nie daran gedacht habe, ihn zu beleuchten. Seine Gemahlin brachte ihm einiges Vermögen zu. Kaum hatte er es aber in Händen, als er wieder nach Paris eilte, um es loszuwerden. Bei so vielen Schwankungen, bei so abwechselndem Steigen und Fallen auf der Glückswaage, musste er wohl vor der Zeit alt werden, und bald blieb ihm nichts übrig, als sich hinzulegen und zu sterben. Dazu entschloss er sich denn auch. Die Erde nahm ihn, nach einer langwierigen

---

[164] Soll heißen: ein *zweiter Heinrich* IV. Dessen Leibkoch war *Vardes* , der aber auch die Liebesbriefe der Schwester des Königs besorgte, sodass *Heinrich* von ihm zu sagen pflegte: Il gagne plus à porter les poulets de ma soeur, qu'á piquer les miens. – Wortspiel mit poulets, Liebesbriefe, und poulets, Hühner. *Übers.*

[165] *Heinrich* III. stiftete 1352 den Heiligen-Geist-Orden. *Übers.*

und schmerzhaften Brustkrankheit in ihren Schoß auf. Ihm blieb beim Eintritt derselben die Gefahr, worin er schwebte, nicht unbekannt; mit großer Seelenruhe und Standhaftigkeit sah er dem Tode entgegen und nur zwölf Stunden vor seinem Scheiden sagte er zu mir: »Ich mache es wie die großen Schauspieler, die von der Bühne abtreten, ehe sie aufgehört haben, dem Publikum zu gefallen. Wir leben in beklagenswerten Zeiten,[166] auf die noch schrecklichere folgen werden; ich erlebe sie nicht; ich habe von den Gebrechlichkeiten des Alters nichts zu fürchten; ich erlösche nicht im langsamen Todeskampfe meines verwitterten Wesens. Ich war kein Tugendheld, aber auch kein Bösewicht. Würdigt mich derjenige, der uns ins Leben ruft, eines Blickes, so wird er mir vergeben. Ich sterbe, wie der Rechtschaffene sterben soll, ohne Schwachheit und Kleinmut. Ich sterbe, wie man in Rom und Athen starb.«

Und in der Tat ist er zu sehr gelegener Zeit gestorben; selbst für seine Gläubiger, die sonst nichts von ihm zu erwarten hatten als die Aussicht, ihm neuen Kredit zu geben.

Er zählte, wenn mir recht ist, noch nicht siebenunddreißig Jahre, und hinterließ zwischen drei- und viermal hunderttausend Franken Schulden. Das heißt also, wie gesagt, zu sehr gelegener Zeit und nach allen Regeln sterben.

Ich kam von einer ziemlich langen Reise zurück, als ich ihn mit einem Fuße im Grabe fand. Meine Erscheinung war ihm angenehm; er unterhielt sich philosophisch mit mir über die kleine Anzahl derer, die ihn vermissen würden, über die große Zahl derer, die ihn verkannt hätten, und führte dabei *Delilles* Verse an: Quel homme vers la vie, au moment du départ, Ne se tourne, et ne jette un triste et long regard? A l'espoir d'un regret ne sent pas quelque charme. Et des yeux d'un ami n'attend pas une larme?

Ich versprach ihm, dieser *Freund* sein zu wollen, und habe Wort gehalten.

Die hier entworfene Schilderung ist zwar kein Panegyrikus und nichts weniger als geschmeichelt. Doch spricht sie ihm mehrere gute Eigenschaften nicht ab, die ihm Zuneigung und Teilnahme gewannen. Er war ein treuer Freund, sparte nichts, wenn es darauf ankam, denen zu dienen, die er wahrhaft liebte. Dabei ist noch zu bemerken, dass er, der sich selbst fast nie zu raten wusste, anderen fast immer guten Rat gab.

---

[166] Er sprach das im Jahre 1791.

Sein Herz war vortrefflich, und obschon seine Aufführung nicht tadelfrei gewesen, so habe ich doch nur wenige gekannt, die, wie er, sich durch das bloße Wort *Ehre* zu so großen Opfern verstanden und sich so vielen Gefahren ausgesetzt hätten. Es fehlte ihm in vielen Fällen an Takt; allein die Energie seines Charakters ersetzte fast immer diesen Mangel und glich die Nachteile wieder aus. In der Liebe war er von einer grenzenlosen Eifersucht; dennoch konnte er sie (wie ich es durch eigene Erfahrung weiß) der Freundschaft zum Opfer bringen. Seine Leidenschaften waren umso heftiger, da sie ihren Sitz mehr im Kopfe und in der Eitelkeit als in seinem von Natur wohlgeordneten Herzen und in seinem Verstande hatten, der ihm stets das Rechte und Richtige wies, wenn ihn gekränkte Reizbarkeit und beleidigter Stolz nicht irreführten. Um in dem alten monarchischen Frankreich zu Achtung und Glück zu gelangen, fehlte ihm – was man allerdings von einem jungen Manne, der ohne Leitung und Vorbereitung in die große Welt eintritt, schwerlich erwarten kann – so viel Charakter, als man nötig hat, um ihn bei vorkommenden Fällen zu verbergen; so viel Verstand, um nur das Erforderliche davon zu zeigen; so viel Geschmack, um einfach und nicht abstoßend zu sein; so viel Solidität, als dazugehört, den Schein zu vermeiden, als wolle man glänzen.

Ich habe ihn in seiner Glücksperiode gekannt, bin ihm in allen Glückswechseln treu geblieben und habe in einer zwölfjährigen engen Verbindung mit ihm wichtige Freundschaftsdienste, unzählige Beweise der Willfährigkeit und unzweideutige Proben einer gänzlichen Ergebenheit von ihm erhalten. Er hat mir stets Anlass zur Liebe, nie zur Klage gegeben. Es war nur Gerechtigkeit von meiner Seite, wenn ich ihm zugetan war, und sein heroisches Betragen bei seinem Ende, verbunden mit so mancher Erinnerung an unser Verhältnis, machen mir sein Andenken teuer. Ich muss noch hinzusetzen, um ihm volle Gerechtigkeit widerfahren zu lassen, dass er, in vieler Hinsicht, weit über einer Menge von Leuten stand, die, nachdem sie mit ihm verkehrt oder ihm wenigstens im Leben begegnet sind, sich in der Folge gestellt haben, als sei er ihnen unbekannt und sogar verächtlich gewesen (was überhaupt etwas Gewöhnliches und Bequemes ist).

Ich bin in dieser Schilderung weitläufig gewesen. Die Stimmung meines Gemüts brachte mich dazu. *Du Touceville* war einer von denjenigen, die in mir ein unauslöschliches Andenken zurückgelassen haben, ohne dass ich es mir recht erklären könnte, wie und warum ich mich so eng mit ihm verbunden. Man hat mir unser Verhältnis zum Vorwurf gemacht; mein Herz hat es beständig gerechtfertigt. Ein Mann von Ansehen warf es mir einst in England vor und gab mir sein Befremden über meine Parteinahme für einen solchen Freund zu erkennen. Ein anderer, der in jeder Hinsicht noch höher stand, fragte mich einst in Berlin: »Was wohl eine Verbindung dieser Art so Anziehendes für mich hätte haben können? Er habe *Du Touceville* in Paris gekannt, ohne je das Geheimnis seines Verdienstes auffinden zu können.« Diese Bemerkung hat mich nicht befremdet. *Du Touceville* konnte weder *mittelmäßig* gefallen noch missfallen. Aber Sie werden sich erinnern, teuerster Prinz, dass ich Ihnen damals zweierlei versprach; erstens, Ihnen den Beweis zu liefern, dass Sie ihn nie *gekannt* haben; zweitens, Ihnen ein treues Bild zu entwerfen, aus welchem Sie entnehmen möchten, dass Sie ihn bloß *gesehen* haben. Ich habe mein Versprechen erfüllt.

Wenn das, was man von *Du Touceville* hier liest, einigen lang und weitschweifig vorkommen sollte, so müssen diese es mir verzeihen, wenn ich sie für oberflächliche Leser erkläre, bei denen das Ansehen der Person gilt. Seine Name klingt vielleicht unangenehm in ihren Ohren; sein Andenken kann keinen Reiz in ihren Augen haben. Sollte denn aber gar nichts Merkwürdiges und die Aufmerksamkeit Fesselndes sein, ich will nicht sagen, in den Farben, deren ich mich bedient habe, sondern in dem Ensemble, in den Details des Bildes, von dem ich hier die Skizze entwarf? Sollte kein Vorteil aus dem Spiele zu ziehen sein, welches das Schicksal mit ihm getrieben? Keine Lehre daraus zu ziehen sein? Sollte nichts aus der Betrachtung der Widersprüche und Gegensätze, welche in ihm waren, aus den verschiedenen Aspekten und Erscheinungen zu lernen sein, welcher dieser zugleich so starke und so schwache Charakter entwickelt hat?

Habe ich unrecht, so habe ich mich gröblich getäuscht, so bedarf es für mich der ganzen Schonung und Nachsicht meiner Leser, und ich ersuche sie darum. Habe ich aber recht? Nun dann kommt's nicht auf die Person an, die meinem Pinsel gesessen hat, und ich bin absolviert.

Ich gehe noch weiter, lieber Leser, und wünsche dir in den schwierigen Lagen deines Lebens einen so ergebenen Freund, ein so zuverlässiges Herz, ein so zartes, feinfühlendes Gemüt, als ich in dem Grafen *Du Touceville* gefunden habe. Doch da sein Name in diesen Memoiren wieder vorkommen wird, so wirst du Gelegenheit finden, ihn nach seinen Handlungen besser, als nach meinen Worten zu beurteilen.

Ich möchte gern im Schreiben Ordnung und Zeitfolge beobachten; allein mich reißen die Ideen, die Rückerinnerungen meines Lebens, mit sich fort, und so geschieht es, dass ich oft lange Zeiträume durchlaufe, die ich hernach wieder zurückschreiten muss.

So hat mich z. B. die Episode dieses Todes zehn Jahre überspringen lassen. Ich eile zurück und komme wieder auf den Punkt, wo ich den natürlichen Gang meiner Geschichte unterbrochen hatte.

Man hat gesehen, wie ich Frau *von De****, das letzte Mal, als ich ihr in diesem Leben begegnet, verließ. Einige Tage nach unserer Trennung erhielt ich von ihr ein Billet, dessen Inhalt das kälteste Herz gerührt haben müsste. Sie warf sich den Kummer vor, den sie mir verursacht; sie suchte nicht einmal ihre Absicht zu verhehlen und gestand mir offenherzig, dass Eifersucht die Reinheit derselben vergiftet habe; sie gab dieser feindseligen Empfindung, die sich ihrer bemeistert hatte, alle Schuld; und, von Reue verzehrt, einer Krankheit unterliegend, die von den Ärzten für unheilbar erklärt worden war, wünschte sie nur noch einmal vor ihrem nahen Ende, mich zu sehen. Ich würde ein Barbar gewesen sein, wenn ich sie in diesem Zustande mit neuen Vorwürfen gekränkt hätte, auch tat ich es nicht; aber ich fand mich nicht edel und großmütig genug, sie zu trösten, weil ich mich selbst untröstlich fühlte.

Ich reiste noch an demselben Tage ab und beantwortete ihr Schreiben erst in Lyon, wenige Tage vor ihrem Abscheiden.

So schwinden Individuen und Menschenalter dahin, nach einigen Augenblicken eines peinlichen Ringens, eines ängstlichen Lebenstraumes, dessen kurze Dauer so qualvoll, dessen Ziel so beschränkt, dessen Wünsche und Aussichten so grenzenlos sind! So drängt und stürzt – wie die Naturkraft Wolken auf Wolken in ewiger Folge um die höchste Bergspitze sammelt und sie von ihr einsaugen lässt – ein eiserner Arm auf unsichtbare Weise die große und beweinenswürdige Familie der Menschheit in einen Abgrund, dessen Tiefe keine Hand gemessen, dessen Räume kein Fuß durchwandert hat, aus dem keine Rückkehr zu hoffen ist!

So wirst du denn, oh Mensch – vollkommenes Wesen, Beherrscher der Natur, Bändiger und Eroberer aller Elemente – der Erde, diesem Sitze der Zerstörung und Verwüstung, dessen Herr und Gebieter du dich dünkst, nur gezeigt, um einen Augenblick den Staub derselben zu betreten und schon im Folgenden den deinigen mit ihm zu vermischen!

Where is the dust, which has not been alive!

Oh Nichtigkeit aller unserer eitlen Bemühungen! Oh Leere aller unserer trügerischen Freuden! Wie? Der Mensch, ein so vollendetes, vollkommenes Wesen. ... Doch halt! Bleiben wir einen Augenblick hier stehen! Ist jene so gerühmte Vollkommenheit, ist jenes Gefühl einer in unseren Augen so allgemein anerkannten und bestehenden Überlegenheit nicht vielleicht das fantastische Werk unserer stolzen Vorurteile? Bestehen sie in der Wirklichkeit, wie wir es so keck bejahten? Können wir überhaupt wissen, ob etwas auf dieser Erdkugel existiere, die wir nicht kennen, die von Welten umgeben ist, welche wir ahnen und mutmaßen, von welchen wir aber nichts mathematisch beweisen können? Wer hat uns gesagt, ob es uns nicht an Sinnen fehle, deren Besitz und Gebrauch uns die Unvollständigkeit des uns zugeteilten Unterrichts und das Geheimnis unserer Organisation und unserer künftigen Schicksale enthüllen würde? Wer hat uns gesagt, ob der Elefant, der Biber nicht ebenso vollkommen, ob sie nicht in den Augen der Natur und ihres Erschaffers weit künstlicher zusammengesetzt und unbegreiflicher sind als wir?

Wer hat uns gesagt, ob sie sich nicht ihrer überwiegenden Intelligenz, ihrer Vorzüge über uns rühmen? Und überdies, selbst in der Voraussetzung, dass *wir* die vollkommensten tierischen Geschöpfe auf Erden sind, würde schon daraus folgen, dass wir überhaupt die herrlichsten, die vollendetsten Werke der Schöpfung wären? Würde daraus folgen, dass unsere Bestimmung die Unsterblichkeit sei? ... Doch ja, wir sind für die Unsterblichkeit geboren; wir sind ein ungeteilter Ausfluss der ewigen Substanz; wir sind die Sprösslinge des himmlischen Urhebers aller Dinge, der, wie ohne Anfang, so auch ohne Ende ist!! Wären wir bestimmt, mit unserer sterblichen Hülle vernichtet zu werden, wie müsste jenes Wesen in unseren Augen erscheinen? Würden wir nicht zugleich in ihm den Mächtigen sehen, der uns das Leben gab und erhält, und den Sinnlosen, den Schadenfrohen, der es uns zur Qual gemacht, der uns dazu verdammt hat? Würden wir nicht zugleich in ihm das freigebige und das barbarische Wesen erblicken, den Spender der Existenz und den Sender aller Plagen, die die Bedingung und die Geißeln derselben sind? Würde er uns nicht als derjenige erscheinen, der zugleich den unauslöschlichen Durst nach Glück und das Bedürfnis in uns legte, uns gegenseitig den Weg zum Glücke zu versperren? Der zugleich den Durst nach Vergnügen und Genuss in uns weckte und uns die Fähigkeit versagte, danach zu haschen oder wenigstens das Erhaschte festzuhalten? Der den Wer-

ken seiner Schöpfung das Siegel des Friedens und der Harmonie auf-
drückte und im Menschen den Keim legte zum ewigen Kriege mit dem
Menschen? – Würde dieses Wesen in unseren Augen nicht unbegreiflich,
nicht bizarr und im Widerspruch mit sich erscheinen, wenn es, ohne ein
genau berechnetes Ersatzsystem, ohne vergütenden Hinblick auf die
Zukunft zugäbe, dass ein *Lavoisier*, ein *Malesherbes*, ein Marschall *de
Mouchy* unter den Streichen eines *Robespierre* fielen?? Ohne allen Zweifel!!!

Oh du, das gerechteste, das bewundernswürdigste aller Wesen! Ich
irre nicht, wenn ich mit einem Blicke zu dir ausrufe: *Wir sind unsterblich!*
Der Übergang aus diesem Leben ist nur eine Stufe zum andern; diese
Welt nur ein Stand der Prüfung und Lehre! Nachdem wir daraus geschieden, werden wir erkennen, dass wir nur die notwendigen Teile
eines Ganzen waren, das von dir zu fein angelegt worden ist, als dass
wir dessen Zusammenhang erraten könnten; wir werden einsehen, dass
alles hienieden Verzweiflung und Lüge ist, nur die *Tugend* ausgenommen; und dass *diese*, die allein dazu beiträgt, uns minder unglücklich auf
Erden zu machen, uns in einer bessern Ordnung der Dinge wahrhaft
glücklich machen wird.

9. Kapitel

Delenda est Carthago!

Reisen, das beste Heilmittel – Es gibt Leiden, die den Menschen abstumpfen – Meine Reise in die Schweiz – Die Regierung beschließt eine Landung in England – Ich werde zum Regiment gerufen – Hass der Nationen gegen Frankreich – Entwicklung der Ursachen – Ich schmeichle keiner Nation und verachte keine – Diese Schrift wird immer interessanter und gehaltvoller werden – Ich ersuche den Leser um etwas Geduld – Ich schmeichle mir, nicht ganz Gewöhnliches zu schreiben – Aus welchem Gesichtspunkt man dieses Werk betrachten muss – Fernere Ursachen des Hasses von Europa gegen Frankreich – England steht an der Spitze unserer Feinde – Ein Advokat L... aus der Provinz sucht mich auf – Seine Rolle in der Revolution – Er ersucht mich um einen Dienst – Leistet mir selbst einen – Die Königin gestattet mir eine Audienz – Bitte um ein Empfehlungsschreiben – Herrn L...s Verwunderung über die Zugäng-lichkeit der Königin – Unrichtige Begriffe vom Hofe in den Provinzen – Herrn L...s Auftritt mit dem Grafen von Chabannes im Theater – Ich beruhige ihn – Einfache und neue Definition des Adels – Die Gräfin von Tavannes – Anekdote – Herrn L ...S Einführung bei dem Minister – Seine Verlegenheit – Ich komme ihm zu Hilfe – Er erhält die Stelle – Überall Schwierigkeiten und Missbräuche – Meine Ankunft in Bretagne bei der Armee – Vergebliche Landungsübungen – Armseliges Quartier im Dorfe Chateauneuf – Traurige Gegend – Ich leide am Fieber und an der Auszehrung – Ich verliere mein Geld an einen Unbekannten – Verdiente Strafe – Mein Streit mit Herrn de la Tour Maubourg – Der Vicomte von Noailles – Reise nach der Normandie – Ich verscherze durch Leichtsinn eine vorteilhafte Verbindung – Paris – Unser Zuvorkommen gegen Ausländer bleibt unerwidert – Unsere Anglomanie – Keine Gallomanie in England – Nachtrag. Der Vicomte von Noailles

Ich berufe mich auf alle, welche in ihrem Leben mit großen Leiden zu kämpfen gehabt haben. Sie werden mit mir übereinstimmen, dass Reisen den Schmerz lindern, wenn nicht gar ihn heilen. Das Unterwegssein neutralisiert den Kummer, indem es ihn von einer Stelle an die andere versetzt. Ein weiter Horizont erfrischt das Gemüt und gießt uns unbewusst den Tau des Trostes in die Seele. Die immerwährende Folge neuer Gegenstände und Bilder legt sich auf unsere Wunden, schließt sie halb, vernarbt sie wohl ganz. Im Frieden der Fluren schläft das Leiden ein. Der Unglückliche, der in den Ringmauern der Städte nicht weinen konnte, vergießt auf dem Lande süße Tränen, seine Brust wird entlastet, er findet sich mehr gesammelt, mehr allein in freier Luft, blickt er zum Himmel hinauf, der sich über ihn wölbt, so glaubt er dort eine Zuflucht gegen das Schicksal oder gegen die Menschen zu finden; er erhebt seine Gedanken zu dem, ohne dessen Zustimmung nichts geschieht und von dem er die innere Zusicherung erhalten, dass auf die unruhigen Träume seiner flüchtigen Lebenszeit ein stilles, heiteres Erwachen folgen wird. Er betrachtet die Stellen, die Bäume, die er einen nach dem andern hinter sich wie Schatten zurücklässt, vergleicht sie mit allem, was sich ohne Zusammenhang aneinanderreiht; und das Ziel seiner Reise ist für ihn ein Sinnbild des Zieles seiner Reise durch das Leben, nämlich eine ewige Glückseligkeit.

Es gibt aber Schmerzen – und wer weiß es besser als ich – welche aller Kunst der Trostgründe widerstehen, die man nicht anders beschwichtigen kann, als wenn man beständig daran denkt, und die sich nur durch Tränen erleichtern lassen. Schmerzen dieser Art nimmt man mit sich ins Grab. Man hat die Gewissheit, dass sich nichts gegen sie ausrichten lässt; sie sind unsre Hausfeinde, man *kann* ... man *will* sie vielleicht nicht entfernen, weil sie zu etwas gut sind; denn eben *sie* sind es, die unsre Empfindlichkeit über andre Gegenstände vermindern, die uns selbst gegen die Verleumdung gleichgültig machen, die uns gegen die Grausamkeiten der Zivilisation abstumpfen. Sie sind ein Gift, das zugleich als Gegengift wirkt. Aber ich weiß auch, dass Schmerzen und Leiden dieser Art das Los weniger Menschen sind, dass bei Weitem nicht allen von der Natur der Grad von Gefühl zuteilgeworden, der dazugehört, wenn sie die ganze Tiefe unseres Herzens erreichen sollen, dass diese Schmerzen das ganze Leben umfassen, das ganze Leben ausmachen, dass sie es verschlingen, dass sie uns nur mit dem letzten Atemzuge verlassen, uns überleben und uns dorthin folgen werden, wohin wir das Andenken an unser hiesiges Dasein mit uns nehmen.

Andere haben vor mir das glückliche Helvetien beschrieben, das vorübergehend in seinen Grundfesten erschüttert bald sein früheres Gleichgewicht wieder erhalten hat. Selbst wenn ich es besser kennengelernt hätte, würde ich es nicht schildern, weil dies schon mehr als zu oft geschehen ist; ich habe es aber zu oberflächlich und zu schnell durchreist, um mit gehöriger Sachkenntnis darüber sprechen zu können. Denn kaum hatte ich wenige Wochen in *Lausanne* zugebracht, als ich schon Befehl erhielt, mich zum Regiment zu verfügen, das damals in der Bretagne stand, und wie es hieß, bestimmt war, sich an das Armeekorps anzuschließen, das England mit einer Landung bedrohen sollte.

Landungsversuche in England sind von jeher Lieblingsprojekte unserer Regierung gewesen, Projekte, die man oft entworfen, oft liegen gelassen, oft wieder vorgenommen hat, Projekte, die ich keineswegs für unausführbar, für Hirngespinste halte, und die nur dann unmöglich sind, wenn eine Regierung schwach und unbeholfen ist, wenn Minister durch ihre Unfähigkeit und Nichtigkeit es – wie bei uns *sechzig* Jahre lang – dahin gebracht haben, dass Frankreich seine Vorteile, seine Übermacht, seine Überlegenheit zur See verlieren musste.[167]

Wollte Frankreich darauf bedacht sein, empfangene Beleidigungen zu vergelten und Rache zu üben wegen des Hasses, den man gegen das Land und seine Einwohner hegt, so würde es sehr viel zu tun bekommen! Es würde einen allgemeinen ewigen Krieg mit ganz Europa führen müssen. Europa schließt keine einzige Nation innerhalb seiner Grenzen ein, die nicht die Rivalin Frankreichs – selbst ohne hinreichenden Grund – und eine Feindin des französischen Namens wäre. Und doch sind unsre Künste, unsre Literatur, unsre Höflichkeit, unser Hof, unser Luxus und Modegeschmack, der militärische Geist unsrer Nation, unser Theater, unsre Sprache, selbst unsre Laster, kurz alles, von dem übrigen Europa in Kontribution gesetzt und der allgemeinen Nationalerziehung zum Grund gelegt worden, sodass man glauben sollte, alle Völker müssten sich für verpflichtet halten, Frankreichs Schuldforderung an sie zu entrichten. Allein, wie haben sie sie entrichtet? Mit Hass und Neid!

Im Verlaufe dieses Werkes werde ich Gelegenheit finden, diese Idee, den Grund und die Folgerungen daraus zu entwickeln. Ich werde es dann als freier Mann tun, als Philosoph, der weder ein Schmeichler noch ein Verächter der Mächte ist; ich werde es als Weltbürger tun – aber noch bin ich mit meiner Geschichte nicht so weit vorgerückt.

Dieser *erste* Teil derselben ist vielleicht für viele nicht *gehaltvoll* genug; er wird vielleicht einigen meiner Leser sogar *leer* und unbedeutend

---

[167] Geschrieben, als *Bonaparte* seinen Landungsversuch vorbereitete.

erscheinen; aber ich werde meinen Gang fortgehen, ich werde in meiner Lebensbahn auf reichhaltigere Zeiten, auf solidere Gegenstände stoßen. Es wird mir vielleicht an Talent fehlen, sie zu erzählen, doch hoffe ich, dass Wille und Energie diesen Mangel ersetzen sollen.

Ich bitte alle ernsten und denkenden Köpfe, die an den Verirrungen, an den Duellen, an den nächtlichen Abenteuern und Liebeshändeln in diesem ersten Teil Anstoß nehmen möchten – ich bitte ferner die lebhafte, neugierige Jugend um ein wenig Geduld und verspreche, dass meine Memoiren einen gesetzteren, einen gewichtigeren, und ich darf auch sagen, einen lehrreicheren Charakter annehmen werden.

Ein stürmisches Leben, der eigene Anblick eines großen Teils von Europa und Amerika, Begebenheiten, die von den gewöhnlichen durchaus abweichen, große Unglücksfälle, bisweilen Glück und Lebensglanz, die erlangte, durch Erfahrung geläuterte Kenntnis aller Gesellschaften und aller Stände, mehr als zwölfjährige Reisen – würden vielleicht dazu hinreichen, einen Alltagsmenschen aus seiner Sphäre in eine höhere zu erheben und ihm das Recht geben, eine Meinung aufzustellen und zu derselben diejenigen zu bekehren, für die er sich die Mühe gab, die Welt zu bereisen, die Elemente und das Glück zu bekämpfen, überall selbst zu sehen, zu beobachten, zu denken.

Aber ich habe nicht die eitle Anmaßung, mir einzubilden, dass ich in einem Jahrhundert, wo jedermann Bildung und Verstand genug zu haben glaubt, um diese Eigenschaften bei anderen zu verachten und zu verleumden – auch nur einen finden werde, den ich belehren und aufklären könnte. Ich schreibe für *mich* und für die kleine Zahl derjenigen, die der Meinung sind, dass sich aus einem mittelmäßigen Buche etwas lernen und manches darin finden lasse, woraus man etwas Gutes machen könne. Ich schreibe, um eingewurzelte Irrtümer zu berichtigen, um verleumdete Namen zu Ehren zu bringen, um verunstaltete Tatsachen zu korrigieren und solche vorzubringen, von denen ich mit Gewissheit behaupten kann: *Ich wisse sie*, und von denen Männer gesprochen haben, die nichts davon wussten. Ich schreibe endlich für diejenigen, für welche das Schauspiel der Leidenschaften und die Entwicklung des menschlichen Herzens Lehren voll des höchsten Interesses enthält.

Doch ich komme wieder auf das oben Gesagte zurück.

Ich sagte nämlich, dass trotz der Verbindlichkeiten, welche Europa während dreier Jahrhunderte Frankreich schuldig ist, wir den Hass Europas auf uns geladen haben; ich fügte hinzu: Der Augenblick, diese

Frage sowohl als viele andere, die mit derselben in Verbindung stehen, zu erörtern, sei für mich noch nicht gekommen; ich wollte nur mit wenigen Worten nicht sowohl den Ursprung jenes Neides auseinandersetzen, da dieser in die Augen fällt, als die Quelle jenes Hasses angeben, da diese weniger bekannt ist.

Ich könnte mich vielleicht darauf beschränken, zu zeigen, dass, wenn wir als die Lehrmeister Europas angesehen werden können, wir ebenso oft als die Zuchtmeister, Zuchtruten und Ruhestörer Europas anzusehen sind. Dieser Grund dürfte zum Hasse hinreichend scheinen; ich finde aber deren noch mehrere. Wir haben nie unsere Vorzüge mit Mäßigung benutzt; wir sind fast immer verleitet worden, Eitelkeit und Geräusch an die Stelle des einfachen Sinnes, der ruhigen Bescheidenheit zu setzen. Unser lebhafter Charakter, unser Eigendünkel hat uns vorzüglich im Norden verhasst gemacht, wo die Natur den Menschen mehr mit dem Verstande der Vernunft als mit dem Verstande des Geistes begabt hat, wo der Mensch mehr Ordnung in den Ideen als Reichtum an Ideen besitzt, wo er mehr Kraft als Grazie, mehr Überlegung als Einfälle und Witz, mehr Mut als Ausbrüche der Leidenschaft, mehr Sinn und Mutterwitz als Fantasie, mehr Ernst als Liebenswürdigkeit, mehr Phlegma als Munterkeit und leichte Laune zeigt.

Es gibt aber eine Nation, die uns mehr als alle ändern und ganz vorzüglich verabscheut, deren Hass kein bloßer Hofhass, kein Hass der gesellschaftlichen Kreise, kein Hass auf der großen Heerstraße ist; – es gibt eine Nation, die sich nicht mit einer trockenen, unfruchtbaren, unwirksamen Antipathie, mit einem Widerwillen begnügt, der sich in Worten, in Umgangsdeklamationen, Sticheleien und Intrigen auslässt – es gibt eine Nation, die gegen alles Französische überhaupt einen Widerwillen hat, den sie mit der Muttermilch eingesogen, die uns instinktmäßig und dabei zugleich mit abgewogener, tief berechneter Absicht,[168] mit Überlegung, aus Überzeugung, ja selbst aus *Air* verabscheut, die es für guten Ton und Nationalgeist hält, diesen Hass wo möglich noch zu steigern, die uns alles Verdienst abspricht, selbst in Dingen, wo sie uns nichts entgegenstellen kann, die keinen feurigeren Wunsch hat, als uns von der Erde vertilgt zu sehen, die, wider Willen und im Herzen unsere Überlegenheit in unendlich vielen Stücken und unsere Gleichheit in allen übrigen anerkennend, sich aus diesem Grunde den Schein gibt,

---

[168] Par calcul.

andere Nationen zu achten und zu preisen, welche keineswegs mit ihr in die Schranken treten können – es gibt endlich eine Nation, die beständig darauf sinnt, ihren Hass gegen Frankreich der übrigen Welt mitzuteilen, und die zwar manchen großen Mann hervorbrachte, der in Reden und Schriften Frankreich *bewundert*, aber keinen einzigen, der Frankreich *geliebt* hat.

Das ist die Nation, die uns vernichten will, oder von uns vertilgt werden muss.[169] Bedarf es noch unter diesem Gemälde des Namens: *England*??

Freund Leser! Halte mir meine Abschweifungen zugute; ich würde lieber dem Schreiben entsagen als ihnen.

Ich verließ Lausanne mit der doppelten Aussicht, entweder im Meere mein Grab zu finden oder den Boden der drei Reiche zu betreten (was mir bei Weitem angenehmer gewesen wäre). Ich eilte in dieser Alternative nach der Bretagne; keines von beiden wurde mir zuteil, wohl aber – und ich bitte den Leser um Verzeihung, wenn ich dessen Zartsinn physisch verletzte – Fieber und *Krätze*. Doch ich will mir und der Geschichte nicht vorgreifen.

In Zeit von zwei Jahren hatte ich ungefähr vierzigtausend Franken Schulden gemacht und war überdies im Augenblicke, wo die See-Expedition vor sich gehen sollte, von Geld entblößt. In dieser Verlegenheit kam ich nach Paris und klopfte an einige Türen christlicher Wucherer, die in der Gewissheit, dass bei mir nichts zu verlieren sei, mir mit froher Bereitwilligkeit zu hundert Prozent Geld anboten.

Es war keine Zeit zu verlieren. Am dritten Tage nach meiner Ankunft saß ich auf meinem Zimmer und erwartete einen dieser ehrlichen Männer, als man mir Herrn L..., einen Advokaten aus der Provinz, anmeldete. Er war mir nicht persönlich bekannt; seinen Vater hatte ich bei einem meiner Anverwandten gesehen, dessen Geschäfte er besorgte.

Herr L..., der später einen sehr tätigen Anteil an der Revolution genommen, und wenn er zur Zeit seiner Macht bei mir vorgesprochen hätte, nach dem, was die Journale von ihm berichtet, mir keinen geringen Schrecken eingejagt haben würde, war ein junger Mann von konzentriertem Ungestüm, dem Ansehen nach schüchtern, von interessantem Äußeren, von anscheinend sanftem Gemüt, solange es nicht aufgeregt und gereizt wurde, von einfacher Höflichkeit und gebildetem Geiste. So

---

169 Geschrieben im Jahre 1804. *Übers.*

kam er mir wenigstens an jenem Tage vor, als er zu mir ins Zimmer trat, mich zu besuchen.

Hat er den Keim zum Hasse gegen den Hof erst bei dieser Gelegenheit in sich aufgenommen, wo ich ihn, wie ich gleich weitläufiger erzählen werde, nach Versailles zu kommen veranlasste – so bin ich fast gezwungen, ihm diesen Hass zu verzeihen. Er kam, wie gesagt, zu mir, erinnerte mich an die Ansprüche, wie gering sie auch seien, die er auf meine Gefälligkeit habe, welche er *Protektion* zu nennen beliebte, und sagte: Da er wisse, wie viel ich bei Hofe gelte, so ersuche er mich, sein Glück zu machen, da dies nur von mir und meinem Kredit abhinge. Ich sah noch nicht ein, was er in Versailles zu suchen hatte, was ich dazu tun und helfen könnte, und ließ ihn daher weiterreden.

Die Stelle eines Direktors des Buchhandels (so wenigstens nannte er, wie mich dünkt, den Posten) in der Stadt Alençon war erledigt. Sie brachte zweitausend Taler jährlich ein und gab Gelegenheit, ab und zu einige Leute zu verpflichten und anderen wehe zu tun. So etwas kommt schon in der Provinz in Betracht, und ich kenne viele, die auch in der Hauptstadt keinen geringen Wert darauf legen würden. Er hatte (wie er mir sagte) gleich nach dem Abgang des vorigen Direktors Postpferde genommen und war vor allen seinen Mitbewerbern eingetroffen; ich sei die erste Person, zu der er geeilt, weil ich ihm durch meine Verbindungen in Versailles die Stelle verschaffen könne. Das war lustig genug; noch lustiger war es, dass ich ihm wirklich dazu verhalf. Doch ich erzähle der Reihenfolge nach.

Nachdem er mir dies alles auseinandergesetzt, hielt er inne und sah nun aus wie ein Mensch, der sich in Verlegenheit befindet ... dem noch etwas auf dem Herzen liegt, das nicht heraus will, weil es gerade das Schwerste ist. Zwei- bis dreimal setzte er an und ab, stockte, schwieg. Endlich presste er die Worte einzeln heraus: »Wollten der Herr Graf mir erlauben ... zu bemerken ... dass ich mit Vergnügen ... drei ... dreihundert Lou ... Louis ... für die allerdings unvermeidlichen ... Kosten ... und Schritte ... *deponieren* würde?«

Ich beeilte mich, um mir die Mühe, mich zu ärgern, zu ersparen, ihm, ohne es mir anmerken zu lassen, dass ich ihn verstanden, zu antworten: Die Kosten, von denen er spräche, und denen er sich unterziehen wolle, wären unnötig; der einzige Weg, den ich einschlagen könne, ihm zu dienen, sei von der Art, dass keine Maßregel dieser Art nötig sei, ihn zu ebnen; dass ich mich aber zufällig in dem Fall befände, Paris in wenig

Tagen verlassen zu müssen, dass ich Geld brauche, noch nicht volljährig sei, den Wucherern in die Klauen fallen würde und daher, wenn ich das Geschäft übernähme und sein Ansuchen gelingen sollte, auf sein Anerbieten einginge, doch unter der alleinigen Bedingung, ihm eine gerichtliche Obligation auszustellen, die ihm die Rückzahlung des Kapitals nach achtzehn Monaten nebst den Interessen zusichere. Er verbeugte sich tief und lieh mir die Summe, die ihm noch vor Ablauf eines Jahres durch meinen damaligen Geschäftsmann, Herrn *Bérus*, wieder zugestellt wurde, weil ich ein Landgut einem Oheim überließ, der es um der Lage und Wohlfeilheit willen noch während meiner Minderjährigkeit kaufte.

Diese Details gehen ins Kleinliche ... Sie sind eine der unangenehmen und unausbleiblichen Folgen der Gattung von Schriften, die unter dem Namen der Memoiren bekannt sind.[170]

Herr L... schied überaus zufrieden von mir, nachdem ich ihn zum folgenden Tage Schlag zwölf Uhr in die *Galerie von Versailles* bestellt hatte, wo ich die Nacht zubrachte.[171]

Am folgenden Morgen fand ich ihn daselbst und ließ ihn dort warten. Er klagte sehr über Langeweile, fand alles, was er sah, neu und außerordentlich und wünschte nur zweierlei: die Stelle zu erhalten und sogleich wieder abreisen zu können. Ich versprach ihm das Letztere, für die Stelle könne ich ihm nicht stehen. Und in der Tat, ich zweifelte sehr, dass er sie bekommen würde.

Ich nahm für meine Person in der Galerie den der Türe, welche zu den Zimmern der Königin führte, zunächst liegenden Platz ein, um den Augenblick nicht zu verfehlen, wo sich Ihre Majestät in die Messe begeben würde. Sie bemerkte mich, erzeigte mir die Ehre, mich zu grüßen, mich, während sie vorüberging, anzureden, was für mich eine Aufmunterung war, ihr folgen zu dürfen. Nach verschiedenen Fragen und nachdem sie unter andern den Herrn *von Poix* erwähnt hatte, der zum Regiment abgegangen war, folgte eine kleine Pause. Ich benutzte sie und nahm mir die Freiheit, der Königin zu sagen, wie sehr ich wünschte, mich ihr zu Füßen zu legen und Ihre Majestät um eine Minute Audienz zu ersuchen. »Finden Sie sich vor fünf Uhr bei mir ein« war die Antwort.

---

[170] Einen neuen Beweis dieser Wahrheit liefern die bändereichen Memoiren der *Madame la Comtesse de Genlis*. *Übers.*

[171] Wo? Es wird Leser geben, die dieses *Wo* und diesen Satz überhaupt nicht recht deutlich konstruiert finden werden. Sie werden fragen, ob ich in *Versailles* oder in der *Galerie* geschlafen? Ich halte es nicht der Mühe wert, ihnen zu antworten. *Verf.*

Jetzt konnte ich Herrn L... von seinem Posten ablösen. Ich *beschied*[172] ihn um halb fünf Uhr in den Gardesaal der Königin. Er ging und trieb sich bis dahin herum, wo und wie er Lust hatte; ich tat dasselbe.

Er fand sich pünktlich ein und erwartete mich auf seinem Posten, müde, mit bestaubten Füßen. Er hatte alle Boskets der Gärten durchkrochen, bei einem Schweizer schlecht zu Mittag gespeist, und bemühte sich vergebens, mir die böse Laune zu verbergen, die sich seiner in nicht geringem Grade bemächtigt hatte. Ich ermahnte ihn zur Geduld: »Er möchte nur noch ein klein wenig warten!« Mit diesen Worten verließ ich ihn und trat ins Speisezimmer. Ein Kammerhuissier sagte mir, die Königin sei noch nicht zurück, sie würde aber jeden Augenblick erwartet; und in der Tat waren keine fünf Minuten verflossen, als sie eintrat.

»Bonjour«, redete sie mich an, »wo haben Sie gespeist?« – »Ihre Majestät, bei Frau *von Beauvilliers.*« – »Bei der meinigen?« – »Nein, Ihre Majestät, bei *der*[173] *Madame Adelaïde.*« – »Hält sie Tafel?« – »Ja, Ihre Majestät; wenigstens hat sie mich empfangen, da sie mich von Kindheit an kennt und sich mit mir nicht zu genieren braucht.« – »Wäre Herr *von Champcenetz* in Versailles gewesen, so hätten Sie gewiss bei ihm gespeist. ... Das nenne ich einen guten Gesellschafter!« – »Es fehlt ihm nicht an Witz und besonders nicht an Munterkeit und Laune.« – »Oh gewiss. Mit diesen Eigenschaften wird er es noch weit bringen![174] Nun, Graf, was führt Sie zu mir? Treten Sie ein.« – »Ich ersuche Ihre Majestät, mir Geduld und Nachsicht zu schenken, weil ich vielleicht etwas länger sein werde, als ich sollte.« – »Nun ja, ich werde Sie ruhig anhören.« – »Königin, es ist hier jemand angekommen, eine Art von Magistratsperson, dem meine Familie wohlwill und ich ebenfalls; er wünschte sehr eine Stelle in Alençon zu erhalten, eine erledigte Stelle ... ich habe sie aufgeschrieben ... (hier reichte ich ihr ein Blatt Papier hin) ... sie hängt vom Herrn *von Miromesnil*[175] ab; mein Klient ist ein sehr zu empfehlender Mann; es würde mich unendlich glücklich machen, wenn er die Stelle erhielte: *Ein* Wort

---

172 Der Verfasser sagt appointer; es schien ihm spaßhaft, einen Advokaten zu *bescheiden*, zu *appointieren*. *Übers.*

173 Einige Spaßmacher der schlechten Sorte nannten diese Herzogin die *weiße Stute.*

174 Unglückliche! Du hast dasselbe Ziel erreicht wie er! *Verf.*

175 *Hue de Miromesnil,* erster Präsident des Parlaments von Rouen, erhielt kurz nach *Ludwigs XVI.* Thronbesteigung die Siegel aus den Händen des Königs, verlor sie 1788 und hatte Herrn *von Lamoignon* zum Nachfolger. *Übers.*

der Königin an den Herrn Großsiegelbewahrer würde hinreichen ... es ist sonnenklar ...« – »Nun, sonnenklar? Was ist sonnenklar? ...« – »Dass der Siegelbewahrer Ihrer Majestät es nicht verweigern würde ...« – »Ist das alles?« – »Ja, Königin.« – »Ich will schreiben. Geben Sie mir das Papier.« – »Majestät, es ist ganz zerknittert.« – »Geben Sie mir das Papier; kommen Sie morgen um halb vier Uhr wieder, Sie sollen den Brief fertig finden. Adieu.« – »Ich weiß nicht, wie ich Ihre Majestät meine ganze Erkenntlichkeit ausdrücken soll.« – »Durch Ihre gute Aufführung.«

Als ich wieder zu meinem Schützling kam, sagte ich ihm: »Man darf hier in der Hofluft nur dann auf etwas rechnen, wenn es geschehen ist; allein Ihre Sache nimmt eine gute Wendung. Sie haben sich von meinem Kredit mehr versprochen als ich selbst, und es sollte mir leidtun, wenn Sie sich geirrt hätten.« – »Wie, Herr Graf, Sie haben die ganze Zeit über mit der Königin gesprochen?« – »Ja, mein Herr.« – »Und in der Provinz hat man uns versichert, der König und die Königin sprächen so wenig, dass es fast ebenso wäre, als wenn sie gar nicht sprächen.« – »Hat man Ihnen nicht auch weisgemacht, dass sie stumm sind?« – »Das eben nicht, aber es heißt allgemein, dass sich bei Hofe beinahe niemand finde, mit dem sie sprächen; die *Etikette* verlange, dass sie bei jeder Audienz von ihrem ganzen Hofstaat umgeben seien.« – »Auch bei einer geheimen Audienz? Nicht wahr, Herr L...? Oh, man wird Ihnen wohl noch ganz andere Dinge von ihnen gesagt haben und ebenso wahre als diese!« – »Herr Graf, ich habe gelesen ...« – »Ja doch, gedruckt gelesen, ich zweifle nicht; Tatsachen von einer Gründlichkeit, von einer Wahrheit... Herr L ... , zur Vergeltung für den geringen Dienst, den ich Ihnen leiste, verlange ich weiter nichts, als dass Sie den Ungereimtheiten, die Sie über diesen Hof[176] hören oder lesen werden, nicht blindlings Glauben beimessen. Diejenigen, welche mit voller Sachkenntnis darüber schreiben könnten, schreiben nicht. Diejenigen aber, welche über diesen Gegenstand ganze Ries Papier verschmieren, sind Schlucker, die von ihrer Dachkammer herab die öffentliche Meinung irreführen; Nichtswürdige, die keinen Begriff, keine Ansicht von Menschen und Dingen haben, Elende, die mit schneidendem, dogmatischem Ton über alles absprechen und weitläufig über Sachen räsonieren, von denen sie nicht die entfernteste Kenntnis haben. Ihre grobe Unwissenheit, ihre ungeregelte Einbildungskraft möchte gern die Schwachen überreden, dass ihnen Türen und Tore

---

[176] Ce pays-ci.

der Paläste und Kabinette und alle Zugänge zu Königen und Fürsten offen sind; sie unterstehen sich, eine Welt zu zeichnen, die sie nicht gesehen haben und die sich nicht von ihnen erraten lässt, und, was das schlimmste ist, sie finden Leute, welche ebenso wie sie mit der Zeit und der Bildung im *Rückstand* sind und immer bereit sind, sie anzuhören und ihnen aufs Wort zu glauben. Unter diesen Leuten, die sich die gröbsten Unwahrheiten aufbürden lassen, befinden sich, leider, nicht wenige Männer von Verstand, die aber, dem allgemeinen Strome nachgebend, dem natürlichen Hang zum Erdichteten und Lügenhaften folgen,[177] und besonders der verführerischen Neigung Gehör geben, alles, was hochsteht, herabzusetzen und zu entwürdigen. Auf diese Weise finden jene Libellisten leichtgläubige Seelen, welche der Lüge und Verleumdung Gewicht geben, weil sie von ihrem Standpunkt aus das Lächerliche vom Reellen, das Falsche vom Wahren nicht unterscheiden können. Ich verlasse Sie jetzt, Herr L..., und rate Ihnen, sich diesen Abend im Stadttheater zu zerstreuen. Morgen treffen wir um drei Uhr hier wieder zusammen. Wollen Sie mich noch in den Morgenstunden sprechen, so finden Sie mich im Gasthof *Le Juste*; ich gehe nicht vor halb zwölf Uhr aus. Guten Tag!«

Am folgenden Morgen kam er zu mir; er war wütend. Er war meinem Rat gefolgt und hatte das Schauspiel besucht. Aber in welchem Anzuge? Mit langen, fliegenden Haaren, in schwarzem Rock, schwarzem Mantel. Zwei junge Etourdis hatten sich über ihn lustig gemacht. Beim Herausgehen wurde er von einem dritten gestoßen, der einer sehr hübschen Dame den Arm gab. Er beschwerte sich ziemlich laut. Jener fragte ihn, was er wolle und wer er sei. Er war so einfältig, seine sämtlichen Titel und Qualitäten anzugeben. »Sie tun sehr wohl daran, das alles zu sein«, erwiderte hierauf die Person, die ihn gestoßen hatte, »ich bin der Graf *Chabannes* und habe viel Eile«, lachte ihm hierauf ins Gesicht und stieg in den Wagen.

»Das ist also«, sagte mir Herr L..., »der schändliche Unterschied, den Hoffart und abgeschmacktes Vorurteil zwischen Mensch und Mensch macht! Mich zu stoßen, mich zu *verhören*, mich auszulachen! – Und ich darf nicht Rache nehmen!!« – »Wer wehrte es Ihnen, Herr L..., ihn wieder

---

[177] Wir haben in dieser Gattung ein dickes Buch, das einen gewissen Herrn oder Abbé *Soulavie* zum Verfasser hat. Es ist umso widerlicher, da es einige scheinbar verbürgte Stellen enthält und sich bisweilen das Ansehen der Wahrheit gibt. *Verf.*

zu stoßen? Wer hieß Sie, seine Fragen beantworten? Wer hinderte Sie, ihm wieder ins Gesicht zu lachen? Wer steht Ihnen dafür, dass er das versagen würde, was Sie unter *Rache nehmen* verstehen?« – »Ich zweifle sehr, Herr Graf, ob der Graf *von Chabanon* ...« – »Es gibt keinen *Grafen* von Chabanon; ich kenne nur einen homme de lettre dieses Namens, einen geistvollen, liebenswürdigen Mann, der wie ein Engel die Violine spielt, der nächstens eine Stelle in der Akademie erhalten wird, der aber niemanden stößt, weil er nie Eile hat. Mit diesem haben Sie es nicht zu tun gehabt, sondern mit Herrn *Chabannes*. Er hat Sie, wie ich fest überzeugt bin, unwillkürlich angestoßen, ist ein angenehmer junger Mann, von ausgezeichneter Geburt, stammt von Ahnen ab, die sich dem Vaterlande durch die wichtigsten Dienste empfohlen haben. Finden Sie es nicht natürlich, sogar billig und gerecht, dass ein Teil ihres Glanzes auf ihn übergehe? – ein Glanz, der ihm wie eine Fackel voranleuchtet und dazu dienen wird, die Flecken in seinem Leben, wenn es deren gibt, sichtbarer zu machen.« – »Aber er soll mich nicht umrennen!« – »Nein, gewiss, *das* soll er nicht!«

Das war der Anfang – sozusagen der erste Stoß – der Herrn L... in die Revolution drängte. Am folgenden Tage vollendete Herr *von Miromesnil* das Werk.

Ich begab mich zur vorgeschriebenen Stunde zur Königin und fand den Befehl vor, mich bei der Palastdame, Gräfin *von Tavannes*, einzufinden. Es ist dieselbe, von der sich ihr Gemahl, Ehrenkavalier der Königin und nachheriger Herzog, mit den paar Worten getrennt hat: »Sie hätten wenigstens die Tür abschließen sollen, Madame!« Er hatte sie nämlich mit dem Herrn *von Montmorency*, man weiß nicht womit, beschäftigt gefunden. Das nenne ich ruhige Kälte! Das nenne ich Lebensart! Der Herzog war ein kleiner Mann mit schneeweißem Haar, ziemlich lebhaft, der aber äußerst wenig sprach. Damals galt die Bartholomäusnacht für das höchste Verbrechen, für den größten Schandfleck unserer Geschichte; ich konnte nicht ohne Abscheu an sie zurückdenken, daher sah ich den Herzog von *Tavannes* nie, ohne zugleich an einen der wütendsten Teilnehmer der Bluthandlung, den damaligen Marschall *von Tavannes*, zu denken. Er war Page beim Könige *Karl* IX. gewesen, wurde später sein Günstling, und wer kann es vergessen, dass er durch die Straßen von Paris rannte, und aus vollem Halse rief: »Lasst zur Ader! Lasst zur Ader! Im August ist ebenso gut Aderlassen wie im Mai!«

Doch muss man bemerken, dass Männer wie er wenigstens nicht aus Spekulationsgeist mordeten, dass sie kein persönliches Interesse hatten, ihre Schlachtopfer zu würgen. Ihr Eifer war ein Höllenfeuereifer, ein Kannnibalenfanatismus; die meisten unter ihnen bildeten sich ein, die göttliche Religion, das Christentum könne Gräueltaten befehlen und heiligen!!

Haben aber Ehrgeiz, Hoffart, Eitelkeit, Rache, persönliches Interesse, Streben nach Höhe nicht ebenfalls ihren Fanatismus? Oh beweinenswerte Menschheit!

Frau *von Tavannes* hatte noch Spuren von Schönheit, viel Embonpoint und eine frische Farbe. Sie stellte mir ein Schreiben der Königin für den Groß-Siegelbewahrer zu. Nach den gewöhnlichen Gemeinplätzen fragte sie mich, ob sie den Inhalt des Briefes wohl erfahren könne? – »Madame«, gab ich zur Antwort, »ich zweifle nicht, dass die Königin Sie damit bekannt machen werde; Sie besitzen das ganze Zutrauen Ihrer Majestät; die hohe Gunst, in welcher Sie bei ihr stehen, beweist es.« – Die Königin liebte sie nicht sonderlich; das wusste ich sehr wohl, sodass ihr meine Antwort für ein beißendes Epigramm gelten konnte. Natürlich wurde die Unterhaltung von nun an schleppend; ich machte ihr ein Ende und empfahl mich.

Von ihr ging ich zu Herrn L... »Kommen Sie«, sagte ich, »zum Groß-Siegelbewahrer. Ich habe Ihre Stelle in der Tasche.« – Wir gehen zusammen, wir werden gemeldet, vorgelassen und finden das Haupt der Justiz, von einer Wolke von Zivilbeamten aus allen Klassen und Provinzen umgeben und eine Tasse Kaffee schlürfend.

Des Herrn *von Miromesnil* großes Talent, die Valets de comédie zu spielen, erinnerte mich in diesem Augenblicke an einen Molièreschen Bedienten, der, als Richter oder Polizeikommissar verkleidet, im Begriff steht, einen Vormund oder seinen Herrn zu prellen.

Wie dem auch sei, Herr *von Miromesnil*, den ich oft Gelegenheit gehabt hatte, beim Herzog *d' Havré* zu sehen, und der übrigens nichts weniger als auf den Kopf gefallen war, empfing mich mit außerordentlicher Artigkeit, benahm sich auch höflich gegen Herrn L..., als ich diesen vorstellte. Kaum aber hatte ich die Absicht erwähnt, die ihn nach Versailles führte, als sich alle Züge des Ministers und seine ganze Haltung veränderten. »Tudieu«, rief er aus, indem er sich plötzlich zu ihm wandte, »junger Tollkopf, rappelt's bei Ihnen? Was! Sie melden sich zu einer Stelle, die nur die Belohnung langer und wichtigster Dienste sein soll; zu

200

einer Stelle, die einen Grad von Geschicklichkeit erfordert, von der Sie noch keinen Beweis abgelegt haben? Sie haben die Gutmütigkeit des Herrn Grafen *von Tilly* überrascht (hier wendete er sich zu mir mit einem hämischen Blick und bitterem Lächeln); Sie haben seinen guten Glauben missbraucht, indem Sie ihn zu diesem *unschicklichen* Schritt verleitet haben ...« – »Gnädigster Herr ...«, stammelte der arme L... – »Still, Herr!« – Und, als wollte er den Teil des Ausfalls wieder gutmachen, den er sich gegen mich erlaubt hatte, redete er mich mit den Worten an: »Kann ich Ihnen eine Tasse Kaffee anbieten?« – »Ich danke, Monsieur«, erwiderte ich; »hier ist aber ein Schreiben der Königin, welches ich Ihnen überreichen soll.« – »Der Königin?« – »Ja, der Königin.«

Sein Gesicht wurde strahlend; er eilte, das Siegel zu erbrechen Aber während er las, wie verfinsterten sich seine Züge! »Herr Graf«, sagte er endlich »ich bin überzeugt, dass Ihre Majestät nicht gewusst hat, wie schwierig ... wie, ich möchte fast sagen, wie unmöglich es ist ... aber doch ... ich sehe mein ganzes Glück darin, den Befehlen der Königin zu gehorchen ... nur muss ich dabei gestehen ... es ist hart, grausam, eingegangene Verbindlichkeiten nicht zu erfüllen ... und ... vor allem wünschte ich zu wissen, welchen so lebhaften Anteil *Sie* an dem jungen Mann nehmen ... *Sie,* junger Mann, sollen die Stelle erhalten; allein ich will schon dafür sorgen, dass es kein leerer Titel, keine Sinekur für Sie sein soll, und dass man Sie zur Arbeit anhalten wird.« – »Gnädigster Herr, ich besitze zu viel Ehrgefühl, um meine Schuldigkeit nur halb zu tun.« – »Parbleu, das versteht sich; wir wollen sehen! Wir wollen sehen!«

»Ich habe die Ehre (nahm ich jetzt das Wort), dem Herrn Groß-Siegelbewahrer meinen ehrfurchtsvollen Dank auszudrücken, und ersuche ihn, sich von der Größe meiner Erkenntlichkeit zu überzeugen, die die huldreiche Art, mit welcher er sich mir gefällig gezeigt, mit unauslöschlichen Zügen in mein Herz graben wird.« – Er wollte den Persifleur begleiten; der Persifleur war schon zur Türe hinaus.

»Ach, Herr Graf, wie sehr habe ich an mich halten müssen! Wie nahe war ich dabei, mich unglücklich zu machen!« (So sprach mit einem Seufzer, womit er sich Luft machte, mein Advokat aus der Provinz.) »Wie regte sich in mir die Lust, dem alten Affen zu antworten! Verzeihung! Ich weiß, dass ich von einem Mitgliede der höchsten Behörde nicht so sprechen sollte; ist es aber nicht entsetzlich für einen, der *auf* dem Boden liegt, *in* den Boden getreten zu werden, ohne sich aufrichten zu dürfen?« – »Seien Sie ruhig, mein lieber Herr L...; fassen Sie sich; es war ein Sturm, auf welchen ein schöner heiterer Tag folgt. Sie haben ihre Anstellung; war es nicht *das*, was Sie wünschten?« –

Er erhielt sie wirklich einige Tage darauf, sagte mir aber, es habe ihn noch fünfundzwanzig Louis gekostet, die er einem expedierenden Sekretär habe geben müssen, um die Angelegenheit zu beschleunigen. Ich wünschte ihm Glück, so wohlfeilen Kaufs mit den Herren Subalternen[178] abgekommen zu sein. Er verließ bald darauf Paris und ist, wie ich glaube, nicht eher wieder dahin gekommen, als um denen, die ihm wehe getan, doppelt wehe zu tun!!

In welcher Ordnung der Dinge, in welchem Werke menschlicher Hände und menschlichen Verstandes gibt es nicht Missbräuche, Anstöße, Verdruss und Missvergnügen? In welchem Lande, unter welcher Regierungsform, macht Größe und Macht nicht schwindelig? Wo fühlt man nicht die Härte bei der Zurückweisung, die Gleichgültigkeit und Kälte bei der Gewährung? In welchem System sind die Oberen stets darauf bedacht, die Formen ihres Ansehens den Untergebenen angenehmer, die Hand leichter zu machen, welche die Zügel der Gewalt lenkt und nach Gefallen Strenge ausübt oder Wohltaten spendet? Die beste Staatsverwaltung – zur Unvollkommenheit sind wir einmal verdammt – ist *diejenige*, auf welcher die wenigsten Fehler haften; die väterliche Regierung ist *diejenige*, welche sich bemüht, alles so nahe als möglich zu betrachten und zu untersuchen, obschon es unmöglich ist, alle Gegenstände zugleich zu umfassen; welche sich bestrebt, das Böse am tätigsten zu hintertreiben und das Gute auf die beste Weise zu befördern; welche sonst keine Ungerechtigkeiten begeht als solche, deren sie sich nicht bewusst ist, oder solche, die eine unvermeidliche Folge einer zu ausgedehnten und zu verwickelten Organisation sind, folglich nicht in allen ihren Zweigen übersehen werden können. Die beste Staatsverwaltung ist diejenige, die alles Böse verhindert, was sich durch ihren festen Gang abwenden lässt; die alles Gute tut, was in ihren Gedanken und in ihren Kräften steht, und die mit Beständigkeit einem großen Ziele entgegenstrebt, nur dass sie es nie ganz erreichen kann, weil sie die Un-

---

[178] Es würde höchst ungerecht sein, den Chef der Behörden, die nicht alles mit eigenen Augen übersehen können, die Nachlässigkeit zuzuschreiben, mit welcher ihre Befehle vollzogen werden. Ich habe irgendwo gelesen – und halte es für Wahrheit – dass einst der Kardinal *Richelieu*, als er sich über die Rhone setzen ließ, seinen Leuten befahl, dem Schiffsvolk fünfzig Louis zu geben. – »Fünfundzwanzig, Monseigneur« rief einer von ihnen »geruhen aber Ew. Eminenz, sie uns selbst zu geben!« – Wie fein!! *Verf.*

ermesslichkeit der Gottheit nicht besitzt, welche allein alle Teile ihrer unzähligen Werke umfasst.

Nachdem ich noch einmal der Königin meine Ehrerbietung darge-bracht, eilte ich nach der Bretagne, zum Heere, welches unter den Befeh-len der Herren *De Vaux* und *Langeron* stand. Die Stadt Saint-Malo hatte das Ansehen eines Feldlagers; die Einwohner waren stolz über das krie-gerische Geräusch; Offiziere aller Gattungen galoppierten in den Stra-ßen, uneingedenk der Gefahr, Frauen und Kinder umzureiten; auch sah man eine Anzahl feiler Dirnen von Paris, aus den unteren Klassen, die sich aber das Ansehen gaben, wie vornehme Damen spazieren zu fah-ren. Die Herzoge *von Lauzun* und *de la Feuillade* und der Fürst *von Nassau* hatten sie hinbestellt und ihnen Hoffnung zu einer reichen Ernte ge-macht, die aber ausblieb. Sie hatten Mühe, Paris wieder zu erreichen und die Postpferde zu bezahlen.

Was mich betrifft, so hatte ich das Vergnügen, mehr als einmal bei den Landungsversuchen, worin wir uns üben mussten, mir aus der See nasse Füße zu holen. Die Truppen und ich fanden kein sonderliches Behagen an diesen Fußbädern. Mein Quartier war ein Dorf; es hieß, wenn ich nicht irre, *Châteauneuf,* und ein Herr *de la Vieuville*, ehemaliger Garde-Kapitän, hatte ein Landgut in der Nähe. Meine einzige Zerstreu-ung bestand darin, kleine Abstecher nach *St. Malo* zu machen und mein Geld im Spiele zu verlieren, wie ich es gleich zu Nutz und Frommen der jungen Leute erzählen werde, die sich leichtsinnigerweise mit dem ers-ten, dem besten unbekannten Spieler einlassen. Des Morgens reiten, nachmittags fechten: Das war mein einziger Zeitvertreib in einem Dorf, wo das schöne Geschlecht nicht schön, die Landschaft weder reizend noch malerisch war. *Demoustier* würde hier gewiss nicht die Begeiste-rung gefunden haben, welche ihm die allerliebsten und rührenden Verse auf den Tod eines jungen Landmädchens eingab:

> Grâce, fraîcheur, fleur printanière,
> La mort devrait vous respecter.
> Ah, pourquoi cesser d'exister,
> Quand on n'a pas cessé de plaire?

> Après avoir dit quelque temps:
> »Elle était jeune, elle était belle«
> On l'oubliera; l'herbe nouvelle
> Couvrira sa tombe au printemps.

Là, fixant sa course légère,
Le jeune chasseur, vers le soir,
Qu'il foule aux pieds une bergère.

In *Châteauneuf* gab es einen Kirchhof wie in der Provinz *Maine*; es gab alte Bäuerinnen, vielleicht auch junge Landmädchen; aber ich sah mich vergebens nach *Schäferinnen* um. Dagegen holte ich mir aus diesem Orte das hässliche Übel, das ich schon früher erwähnt habe;[179] es kam ganz von selbst, ich weiß nicht wie? In der Bretagne ist es etwas Gewöhnliches, worauf man fast gar nicht achtet; mehrere Offiziere unseres Regiments teilten die Bescherung mit mir, die ich von ganzem Herzen zum T…l wünschte. Glücklicherweise wurde ich sie nach acht bis zehn Tagen los.

In den acht Wochen, die ich hier in der Hoffnung zubrachte, einst Marschall von Frankreich zu werden und der Erste zu sein, der den Fuß auf englischen Boden setzen würde, hätte ich volle Muße, mich zu überzeugen, dass die ganze Expedition nur ein Theaterfeldzug, eine Expedition ad honores, eine große Parade sei, und dass wir ebenso zurückkommen würden, wie wir hingegangen waren. Was meinem Glücke vollends die Krone aufsetzte, war ein schleichendes Fieber, ein, wie ich erfuhr, endemischer Zoll, den jeder Ankömmling der Gegend zu entrichten hat. Ich wurde quittengelb, mager, glich mehr einem Gespenst als einem Lebenden. Dabei zehrte eine unüberwindliche Traurigkeit an meinem Herzen. Gott weiß es, ich fürchtete mich nicht vor den Engländern, aber eine unerklärliche Ahnung regte sich in mir; meine Einbildungskraft zeigte mir mein Grab in dieser abgelegenen Einöde. Mein Übel bot allen Ärzten, allem Chinapulver Trotz. Von Tag zu Tag erlosch mein Geist in Trübsinn und mein Körper schwand vor der Zeit in Abgelebtheit und Altersschwäche hin.

Eines Tages ging ich nach *Saint-Malo*, um mir die finsteren Gedanken einigermaßen zu vertreiben. Ich meldete mich zu Mittag bei Herrn *von Rulecourt*, der die …sche Legion als Oberst kommandierte und späterhin, als Abenteurer, aber auch bald als Held, in den Straßen von Jersey, wo er mit einer Handvoll Leute eine Landung versucht hatte, unter Haufen aufgetürmter Leichen seinen Tod fand. Man sagte mir beim Eintreten, er sei nach *Saint-Servan* geritten. Schwerlich konnte ich nun in *Saint-Malo*

---

[179] Die Krätze.

mit ihm speisen. Ich war schon im Begriff, umzukehren, als ein Herr, der sich mir als Baron ... vorstellte, mich aufhielt. Er versicherte mir, Herr *von Rulecourt* werde zur Essenszeit zurück sein; und da es mir vorkam, als ob die Dienerschaft ihm wie einer Person begegnete, die nicht ohne Einfluss im Hause sei, so gab ich nach, umso mehr, da es ganz das Ansehen hatte, als mache er den Wirt und die Honneurs. Wir traten in den Saal; er sprach ein Weilchen von Krieg und Politik; dann ging er auf einen anderen Gegenstand über – auf das *Spiel*; bot mir eine Partie an, mir die Zeit zu vertreiben; wartete kaum meine Antwort ab, ließ Karten bringen, und in weniger als einer Stunde hatte er mir im Trente und Quarante einhundertundfünfzig Louis abgenommen. Mein guter Geist nahm sich in diesem unangenehmen Augenblick meiner an und flüsterte mir zu: Dass man *mit einem Fremden* nur so viel *verspielen* müsse, als man *bar bezahlen* könne. Ich legte die Karten nieder und ließ mich nicht von den schönen Worten des Herrn Barons, von seinen glatten Beteuerungen, von seinem Leidwesen über meinen Verlust, am wenigsten von seinem Wunsche, mir Revanche zu geben, betören und überreden. Er gebrauchte die äußerst kluge Vorsicht, sich von mir einen Schein über die *Kleinigkeit*, die ich verloren, ausstellen zu lassen. Ich löste das Papier am folgenden Tage ein, um das Recht zu erlangen, in Zukunft ihn weder zu grüßen noch ein Wort mit ihm zu sprechen.

Dieses kleine Erlebnis, das in der Gemütslage, in der ich mich befand, nicht eben geeignet war, mich aufzuheitern, gab dem Widerwillen, den ich gegen mein Vegetieren, gegen mein abgestumpftes Nichtsein empfand, den letzten Stoß. Ich sah das elende Dorf nur mit Ekel an. Das Fieber verzehrte mich und nahm von Tag zu Tag einen bedenklicheren Charakter an. Reiten und Fechten waren meine einzige Erholung, mein höchstes Vergnügen. Das Fechten wäre mir aber fast verbittert worden. Um ein Haar hätte ein ernsthafter Kampf daraus entstehen können, ein Kampf mit dem Marquis *de La Tour Maubourg*, der sich durch sein entschiedenes Eintreten für die Revolution und durch große Unglücksfälle berühmt gemacht hat.

Damals war er nur durch einen ausgezeichneten Namen bekannt, durch ein großes Vermögen, durch die Gunst der Königin, die ihm vor der Zeit zu einer Oberstleutnantsstelle verhalf, durch einen hohen Grad von Edelmut, von Großmut, von Tapferkeit, von Rechtlichkeit, Ehre und Geradheit – Eigenschaften, welche ihn zum Schiedsrichter in unserem Regiment machten. Nie gab es einen Mann, der so allgemein geliebt worden wäre und es in einem solchen Grade verdient hätte, wie er; nie gab es so viel Gefälligkeit und Einfachheit in Dienstleistungen gegen seine Waffenbrüder; nie so wenig Ansprüche und Anmaßungen, selbst gegen den letzten seiner Untergebenen, höchstens etwas Tadelsucht über die Höheren und einen Hang, sich zum Anwalt des Unrechts aufzuwerfen; dabei ein prächtiges, imposantes Äußeres und die anmutigsten Formen. Er war zugleich mit dem Vicomte *de Noailles* und Herrn *de La Fayette* in die militärische Laufbahn eingetreten; die Partei, welche *sie* ergriffen hatten, ergriff auch *er*; die Gefangenschaft des Letzteren (welche wahrscheinlich auf die Wahl Einfluss hatte, die ihn traf, den König auf seiner Heimkehr von *Varennes* zu begleiten) ist ebenfalls später sein Los gewesen. Wenn die Seelenwanderung keine leere Hypothese wäre, wenn ich, unter einer anderen Gestalt, diesen Erdball ein zweites Mal besuchen sollte – so würde ich (Maubourg, ich sage es Ihnen!) über niemanden ein Urteil fällen, bevor nicht eine ganze Revolution vor meinen Augen vorübergezogen wäre und meine Meinung geklärt und gereift hätte.

Eines Abends übten wir uns miteinander im Fechten. Er erhitzte sich, weil er meinte, ich hätte einen Stoß empfangen, den ich ableugnen wolle. Ich beteuerte, nicht berührt worden zu sein, und mag vielleicht, da ich meiner Sache gewiss war, in meine Worte zu wenig Schonung gelegt haben. Wir fochten weiter. Nach einigen Gängen stieß er mir das Rapier mit solcher Kraft auf die Brust, dass es sich bog, und setzte hinzu: »Es bedürfe allem Anschein nach nicht weniger als eines solchen Stoßes, mich zu überführen ...« Kaum hatte er ausgesprochen, als ich das Rapier mit dem Ausruf von mir schleudere: »Wir wollen sehen, ob Sie mit dem Degen ebenso glücklich sein werden!« Er lässt sich's nicht zweimal sagen. Mit einem Satz springt er auf seine Kleider zu; in einem Nu ist er hineingefahren. Er ergreift meine Hand mit krampfhaftem Druck und ruft: »Fort, fort! Die Säbel geholt! Du sollst sehen!« ... – »Nein, du sollst sehen«, erwiderte ich; aber ich bin kein Tor, mich mit jemandem zu *hauen*, der viel größer und stärker ist als ich; überdies verstehe ich mich nicht auf den Säbelhieb; schlagen wir uns auf den Degen!« – »Ich bin's zufrieden.« – Wir machen uns auf den Weg. Wir erreichen die Stelle. Wir ziehen. Zwei Offiziere, von denen, die man damals Officiers de fortune zu nennen pflegte, weil sie nicht von Adel waren – holen uns ein, fordern uns in des Königs Namen auf, die Degen einzustecken, tun ihr mögliches, die Sache beizulegen. *Maubourg* erbot sich mit vielem Anstand zur Aussöhnung; es kam mir nicht zu, Schwierigkeiten zu machen, da jener älter an Jahren, länger im Dienste war und von der Ehre und ihren Gesetzen die vollkommenste Kenntnis besaß. Er drückte mich an seine Brust, vergoss dabei einige Tränen, die ich gerührt erwiderte; wir wurden wieder die besten Freunde und ich musste bei ihm zu Abend speisen.

Das war für mich die letzte Waffentat dieses Feldzuges; denn ich erhielt gleich nachher von einem Anverwandten ein Schreiben, der mir eine vornehme und vorteilhafte Heirat vorschlug und mich zugleich einlud, vor meiner Reise nach Paris ihn auf seinem Landgut zu besuchen. Die vorgeschlagene Partie war so annehmbar, dass nur ein Tor, wie ich damals war, sie ausschlagen konnte. Wäre ich dem Rate meines Blutsfreundes gefolgt, oh, wie vielem Kummer und Unglück würde ich aus dem Wege gegangen sein! Wie viel trübe Tage würde ich mir erspart haben! Wer kann aber seinem Schicksal entgehen? Die Dame, die er mir antrug und die ich unfehlbar bekommen haben würde, hat sich später mit Herrn *de M....* Mestre de Camp im Kavallerie-Regiment von L... vermählt und ihm sechzigtausend Franken jährlicher Renten zugebracht. Dieser Umstand, und mehr noch meine zerrüttete Gesundheit, bewogen mich, bei dem Prinzen *von Poix* um die Erlaubnis einzukommen, mich von den Fahnen entfernen zu dürfen. Zugleich machte ich mich auf meine Ehre anheischig, mich wieder einzufinden, sobald man unsere Banner auf englischem Grund und Boden aufpflanzen würde. Doch das hielt niemand für möglich. Ich reiste ab, kam in Paris an, schickte zu meinem Arzt, der mich in kurzer Zeit wieder herstellte und mir die Kraft eines neuen Lebens gab.

Die See-Expedition war verfehlt, alle Landungsentwürfe waren aufgegeben; alles trat den Rückmarsch nach Hause an. Wären mir die, Gründe bekannt geworden, die bald nachher den Frieden[180] herbeiführten, und die Bedingungen, die ihn befestigten, so würde ich sie hier mitteilen. Aber ich muss gestehen, dass ich nicht die geringsten Aufschlüsse über diese Operation der Regierung besitze, und dass in der Entfernung, in der ich mich gegenwärtig befinde, in dem Zeitpunkt und an dem Ort[181], wo ich dieses schreibe, ich es bei der Unmöglichkeit, allen diesen Mängeln abzuhelfen, und die Lücken auszufüllen, für kürzer und be-

---

[180] 1783.

[181] Berlin.

quemer halte, ganz darüber zu schweigen. Nur so viel weiß ich: Kurz darauf wurde Paris von Engländern überschwemmt, die nach gewöhnlicher Sitte, bei Hofe und in der Stadt, mit Auszeichnungen, Artigkeiten und Gefälligkeiten aller Art überhäuft wurden; denn von jeher haben wir für eine großmütige, aber charakterlose Nation gegolten; von jeher sind wir mit der Fremdensucht behaftet gewesen, sind den Fremden zuvorkommend begegnet, die, weit entfernt, unsere törichte Vorliebe zu erwidern, es sich zum Gesetz gemacht haben, in Frankreich alles zu suchen, was nicht in Frankreich ist, alles hoch zu preisen, was uns fehlt und – um den Gegensatz zwischen uns und anderen Nationen vollständig zu machen – alles zu verachten, was wir besitzen.

Die neue Ordnung der Dinge hat einen kräftigeren Nationalcharakter zur Folge gehabt, hat einen grandiosen Stolz an die Stelle einer kleinlichen Eitelkeit gesetzt. Wird nur der heutige Charakter der Franzosen in verständigen Schranken gehalten, so wird unstreitig der französische Ruhm alles dabei gewinnen, was er in anderen Beziehungen verlieren würde, wenn dieses stolze Gefühl seines Wertes schrankenlos bliebe. Lassen wir anderen Nationen Gerechtigkeit widerfahren; seien wir gerecht gegen uns selbst, und vor allem (ich wende mich hier an alle Stände, an alle Klassen der Gesellschaft, an alle Erinnerungen der Vergangenheit, an alle Vorurteile) lassen wir ab von der *Anglomanie*; denn noch nie ist mir ein englischer *Gallomane* aufgestoßen, nicht einmal einer aus dieser Nation, der, nachdem er auf dem Festlande mit einem Franzosen intim verkehrt, ihn in London gut empfangen und gern gesehen hätte.

Nachtrag zum 9. Kapitel

Da ich am Schlusse dieses Kapitels des Herrn *de la Tour Maubourg* und meiner Beziehungen zu ihm so weitläufig erwähnt und dabei auch seiner Verbindung mit dem Vicomte *de Noailles* und Herrn *de la Fayette* gedacht, so erlaube ich mir, über den Ersteren, den ich genau gekannt und geliebt habe, etwas Näheres nachzutragen.

Der Vicomte *de Noailles* ist, was seine Gaben und Fähigkeiten betrifft, unterschätzt worden. Ich behaupte, dass er kein Mann von gemeinem Charakter war, kein Mann, wie man sie so oft im gewöhnlichen Leben antrifft. Er hat Ruhe, Ehre, Leben, kurz alles dem unauslöschlichen Durst geopfert, von sich in der Welt reden zu machen und seinen Schwager (Lafayette) zu verdunkeln, für dessen Rivale er sich zu eigenem Verderben frühzeitig erklärt hatte. Dieser Schwager besaß mehr Klugheit, vielleicht auch mehr Moralität als er, aber bei Weitem keinen so stark organisierten Kopf und keine so kräftige Energie. Der Vicomte *de Noailles* hat in der Revolution eine unscheinbare Rolle[182] gespielt, weil alle Parteien derselben kein rechtes Zutrauen zu ihm hatten (wie er es mir selbst gestanden hat), weil ihm nie große Aufträge und wichtige Interessen übertragen wurden und weil er die Gabe der Beredsamkeit in öffentlichen Versammlungen nicht besaß, obschon er in Privatzirkeln gut und leicht sprach.

Überdies waren seine politischen Meinungen nur geborgt und von Umständen abhängig;[183] sie standen im Gegensatz zu seiner Erziehung und dem Rate seiner ehrwürdigen Anverwandten, die der Denkungsart des vorigen Jahrhunderts noch immer anhingen; sie stimmten nicht einmal zu den Neigungen seines Herzens, zu den Vorschriften seiner Vernunft, zu den Eingebungen seines Gemüts. Ich weiß das alles genau aus meinen vielen Unterhaltungen mit ihm. Wie oft habe ich ihn sagen hören, und das zu einer Zeit, wo er keinen Vorteil dabei fand, wo kein Interesse ihm zur Verstellung bewegen konnte, wo ihn nichts hinderte, ein freies, aufrichtiges Bekenntnis abzulegen: »Ich sah die Revolution als unvermeidlich an. Ich war aber auch der Ansicht, dass wir sie würden *leiten* können; später weiter fortgerissen, als ich es vorausgesehen, habe ich es vorgezogen, dem Strome zu folgen, als mich von ihm gegen die Klippen schleudern zu lassen.« Im Grunde war ihm aber nur daran gelegen, viel Aufsehen zu machen; und das beste Mittel in seinen Augen, Staunen zu erregen, wo noch etwas diese Wirkung hervorbringen konnte, war, sich *demokratisch zu gebärden*[184], er, der dazu geboren und berufen war, eine der Grundsäulen des Thrones zu sein.

Eben diese falsche Stellung, die er einnahm, ist schuld, dass er kein ehrenvolles Andenken, keinen ausgezeichneten Ruf in unseren bürgerlichen Fehden erwarb. Er fühlte das so tief, dass er die Armee, bei welcher er angestellt war, nur deswegen verließ und sich nach den Vereinigten Staaten von Amerika begab, weil diese Armee, in ihrer ersten Zusammensetzung aus ungleichen disharmonischen Elementen bestand, ohne Disziplin und Gewandtheit war und es ihm unmöglich machte, seinen

---

[182] Un rôle pâle.

[183] Et de commande.

[184] Faire de la démocratie.

Tod auf eine ruhmvolle Weise zu finden; denn damals war *ein ruhmvoller Tod* sein einziger Wunsch. Hätte er sich nur geduldet; die Gelegenheiten, seine Talente zu zeigen, würden nicht lange ausgeblieben sein; und ich zweifle keineswegs daran, dass er als würdiger Rivale in die Fußstapfen der großen Generale getreten wäre, welche die Armee aufs Neue bildeten und den Sieg unter Frankreichs Fahnen zurückriefen, als sie den französischen Grund und Boden verteidigten.

Seit der Revolution reiste er nie aus Frankreich oder einem anderen Lande ab, ohne Tag und Stunde seiner Abreise in die öffentlichen Blätter einrücken zu lassen: Das nannte er: »Seine Rechnungen in jeder Hinsicht abschließen.«

Mir sind wenige Männer bekannt, die in höherem Grad als er die Gabe besessen hätten, kräftige Ideen aufzufassen, sie festzuhalten und sie mit mehr Wahrheit, Nachdruck und Geist zu verfolgen und in die Wirklichkeit überzuführen; wenige Männer, deren Freundschaft mehr Hilfsquellen angeboten, mehr Zutrauen eingeflößt hätte, und deren Festigkeit im entgegengesetzten Fall mehr zu fürchten gewesen wäre. Ich rede hier von seinem *Privatleben*.

Übrigens ist er gestorben, wie es ihm vom Schicksal angewiesen war, mit den Waffen in der Hand. Das war seine Bestimmung, sein Beruf, sein Stern. Schon einmal hatte sich der Fall ereignet, wo das Leben keinen Wert für ihn hatte; er gewann es später wieder lieb. Zum zweiten Male aber nahm ihn der Tod beim Worte, als er sich von Neuem für lebenssatt erklärte. Er war ein Mann von ausgezeichnetem Mute (ich sage es noch einmal) und von einem Charakter, der auch in Frankreich selten aufzufinden ist.

Ich erinnere mich eines Zuges, der schon aus *dem* Grunde der Aufbewahrung wert ist, weil er dazu beiträgt, einen Begriff von dem Aufschwung seiner Seele und von der großen Liberalität seiner Gesinnungen zu geben. Während des amerikanischen Krieges war er Oberstleutnant des Regiments *Soissonois* gewesen. In diesem Kriege traf einen Kapitän des Regiments eine Kugel, die einen Grenadier, der vor ihm stand, getötet hatte, in die Brust. Die Wunde war von der Art, dass der Kapitän nie völlig genesen konnte. Er kam lange Zeit darauf nach Paris und meldete sich zum Ludwigskreuze. Der Mann war mit Wunden bedeckt und von edlem Ansehen. Schon hatte er sich einige Monate in den Bureaus umhergetrieben, ohne sonst etwas als leere Versprechungen zu erhalten. Eines Tages bemerkte ihn der Vicomte *de Noailles* im Vauxhall, als er eben im Gespräch mit mir begriffen war. Er verlässt mich, eilt auf ihn zu, umarmt seinen alten Waffenbruder (damals kommandierte er schon das Regiment des Königs), drückt ihn an sein Herz und fragt ihn, was ihn nach Paris bringe? – »Ich habe«, versetzt jener, »die Ehre gehabt, Herr Vicomte, mich mehrere Mal in Ihrem Hotel einzufinden, um Ihnen meine Aufwartung zu machen, bin aber bis jetzt nicht so glücklich gewesen, Sie zu treffen. Ich leide sehr an meinen Wunden, besonders an der Brust, und halte um das *Kreuz* an.« – »Mein Herr«, erwiderte der Vicomte *de Noailles*, »ich bin untröstlich, Sie nicht eher gesehen zu haben; ich komme selten nach Versailles, wenig zu den Ministern; jedoch hoffe ich noch Einfluss genug zu haben, um Ihnen Gerechtigkeit verschaffen zu können. Ich lasse sie mir selbst widerfahren (mit diesen Worten zog er das Ludwigsband aus dem Knopfloch und steckte es in die Tasche), ich lasse Recht über mich ergehen und will dieses Kreuz nicht eher wieder anstecken, bis auch *Sie* es erhalten haben werden.« – Es wurde ihm wenige Tage nachher zugeschickt.

Ich füge am Schluss noch eine Anekdote hinzu, weil sie mir pikant scheint und zum Beweise dienen kann, wie sehr er für alles war, was ihn als Sonderling charakterisieren konnte. Er wusste, wie sehr ich mich über die Marschälle *von Ségur* und *von Stainville* in einer Sache zu beschweren hatte, die vor das Marschallsgericht gehörte, und verlangte daher in den ersten Zeiten der konstituierenden Versammlung von mir, ich sollte eine Schrift gegen die Gerichtsbarkeit dieses Tribunals, das er geradezu eine Inquisition nannte, aufsetzen und einreichen. Ich schlug alte Scharteken nach, schrieb einige Bogen über die Eingriffe und Gewaltmissbräuche dieser militärischen Kronbeamten zusammen, und übergab sie ihm. Damals hatte jeder seine Revolutionsgrillen im Kopfe; das war die meinige. Ist es aber nicht einzig in seiner Art, dass der Sohn, Enkel und Urneffe von *vier* französischen Marschällen gegen diesen Stand eingenommen war und mich, zu einer *solchen* Zeit und vor dem ersten Prinzen des Geblüts, zu einem *solchen* Schritt aufforderte!

Ich habe, wie man finden wird, unparteiisch über ihn geschrieben. Ebenso urteile ich noch in diesem Augenblick über ihn. Er hat bei mir ein wohlwollendes und liebevolles Andenken hinterlassen, obschon spätere Unfälle, die mich betroffen haben, aber jetzt aus meinem Gemüt verwischt sind, mich wohl berechtigen könnten, ihn als den Urheber derselben anzuklagen, obschon mir über die Freundschaft, die er mir geschworen, die er aber verraten hat, die Augen geöffnet worden sind.

10. Kapitel

Le plus exercé ne trouve pas facilement un fil pour sortir du labyrinthe
de quelques perfides enchanteresses. L'adresse, la fourberie, les faux
sermens, la feinte, le désespoir simulé, la fausse assurance d'une tendresse éternelle, sont des détours dans lesquels on ne saurait se retrouver.

*Einfaches Ereignis, woraus ein sehr außerordentliches entsteht –Neue Bekannt-
schaft – Seltsame Personen – Die Schauspiele – Vorzug der Französischen –
Lächerlicher Tadel der Ausländer – Was darauf geantwortet werden kann – Die
Marquisin von C.... – Der Prinz von Broglie – Vorfall des Herrn von Serne mit
seinem Obersten – Herr von Serne erschießt sich – Über die militärische Subordination – In welchen Fällen man sie übertreten darf – Der Prinz von B... und
Herr von Bos... – Anekdote, den Vicomte de Noailles betreffend – Meine Grundsätze weichen von denen des Prinzen von Broglie ab – Danton – Mein Zusammentreffen mit ihm – Meine Liebschaft mit Cäcilien – Sie nimmt ein tragisches
Ende – Ich schlage mich in ihrem Zimmer mit Herrn de la T... – Er wird gefährlich verwundet; ich gleichfall – Cäcilie will uns trennen, erhält eine Wunde; sie
verlässt Paris – Ich gehe nach Brüssel – Das österreichische Militär – Btrach-
tungen über das französische Militär – Schöne Landhäuser – Der Prinz von
Ligne – Ich begebe mich im Mietswagen zum Regiment in Metz – Der Mar-
schall von Broglie schickt mich in Arrest – Der Graf von Caraman – Dessen
Familie – Madame de Pons, Intendantin von Metz – Der Graf von Damas –
Der Vicomte de Ségur – Dessen Werke; dessen Person – Der Prinz von Hessen-
Rothenburg – Fénélon – Tragisches Ereignis in der Familie eines meiner Freun-
de – Die Liaisons dangereuses; kurze Zergliederung des Buches – Herr de Laclos
– Ich mache seine Bekanntschaft bei dem Herzog von Orleans – Der Prinz von
Wales – De Laclos entdeckt mir das Geheimnis seines Buches – Meine Meinung
darüber – Ich veräußere einen Teil meines Eigentums – Unzufriedenheit meiner
Familie – Beschwerden meines Vaters – Er liegt dem Prinzen von Poix an, mich
zum Regiment zurückzurufen – Torheit meines Vaters, sich die Stelle eines
Grand Bailly d'Epée vom Prinzen von Guémené zu kaufen – Bonmot der Gräfin
von Tessé – Ich werde ein Spieler – Der Graf von Genlis – Sein Haus – Seine
Beredsamkeit – Der Präsident von Champ... – Der Marquis von Genlis, Bruder
des Grafen – Tod des Grafen (nachherigen Marquis de Sillery) – Ich verliere*

mein Geld im Spiel Herr von Poinçot gewinnt es für mich wieder – Herr Necker
– Herr Taboureau – Die Nation wird unruhig – Herrn Neckers Einrichtungen,
Pläne, Neuerungen; sein System, sein Stolz, sein Tod; seine Tochter; sein
Grabmahl – Der Prinz von Poix und ich auf dem Opernball – Der wachhabende
Offizier Mazoyer – Folgen meines Streites mit dem Prinzen – Lord Mountnor-
ris in Paris – Sein Selbstmord – Seine Rede im Parlament von Irland – Er führt
mich in eine Restauration – Ich stoße auf ein Ungeheuer – Folgen der Eifersucht
– Betrachtungen darüber – Ich reise nach England (1783)

Meine Gesundheit war wieder hergestellt. Ich fühlte mich zu allem hingezogen, wozu das Jünglingsalter verleitet, dieses Alter der Kraft, wo
das Leben, sozusagen, ein Übermaß von Leben und Kraft ist. Ich jagte
dem Vergnügen nach, ich suchte mein Herz anzubringen. Glück und
Zufall bedienten mich besser, als es Gewandtheit und ein angelegter
Plan getan haben würden.

Ich kam von Passy, saß im Kabriolett, fuhr mit der Raschheit, welche
Ludwig den Fünfzehnten einst bewog, *unköniglich* zu sagen: »Wäre ich der
Lieutenant de police, wäre ich Herr von *Sartines*, ich würde das Schnell-
fahren der Kabrioletts und die Kabrioletts selbst verbieten.« Unweit der
großen Allee begegne ich einem Wagen. Er bricht, wie durch plötzlichen
Zauber, in meier Nähe. Drinnen saß eine Dame, die einen lauten Angst-
schrei ausstieß. Ihre Leute waren um sie beschäftigt, halfen ihr aussteigen; sie kam mit dem Schreck davon. Ich habe nie etwas Schöneres, etwas so vollkommen Schönes gesehen; ich war ihr zu Hilfe geeilt, bot ihr
den Arm an; noch wusste sie nicht, so schwer kam sie zu sich, ob sie
nicht beide gebrochen hätte, und hatte schon alle meine Fragen beantwortet, ehe sie mich gefragt, wer *ich* sei.

Sollte sie dieses Kapitel lesen, sollte dieser Eingang sie erschrecken,
so mag sie sich schnell beruhigen; ich setze nicht einmal den Anfangsbuchstaben ihres Namens her. Was ich von ihr zu sagen habe, passt auf
tausend andere; ... z. B. dass sie seitdem die Gattin eines Mannes von
Weltkenntnis und Erfahrung geworden ist, der der festen Überzeugung
ist, dass es noch keiner Frau gelungen ist, in Liebeshändeln ihn hinters
Licht zu führen. Diesem feinen Fuchs hat sie, um das Gleichgewicht
wieder herzustellen (denn das Gleichgewicht regiert die Welt), alles, was
er anderen geliehen, mit Wucher zurückgezahlt; ... von *ihr* sind *ihm* alle
Streiche gespielt worden, worin er es zu einer Doktor- und Professor-
vollkommenheit gebracht zu haben geglaubt hatte. – Ebenso wenig soll

man den Namen der Stadt von mir erfahren, wo diese Dame sich aufgehalten, ehe sie nach Paris gekommen; ebenso wenig den höchst traurigen
Umstand, der sie zwang, ihren Aufenthalt in der Provinz zu verlassen,
und die Art, wie sie ihren Gatten verlor, bevor sie noch Zeit gewonnen
hatte, ihn zu hassen. Ebenso wenig ... doch ich halte ein! Beruhigt euch
alle, ihr schönen, aber etwas weltlichen Damen! Ich schreibe kein Libell;
und sollte ich auch hie und da eine von euch so deutlich bezeichnen,
dass man sie vielleicht wiedererkennen möchte, so soll es immer geschehen, ohne die Ehre zu verletzen.

Du aber, schöne Unbekannte, weder dein Name noch was dich sonst
kenntlich machen könnte, soll über meine Lippen kommen, soll meiner
Feder entschlüpfen. Die Natur hat alle Menschengesichter nach einem
Modell gebildet; und doch unterscheidet sich jedes derselben durch
einen einzelnen und einzigen charakteristischen Zug von allen andern:
Den unterscheidenen Zug, der *dich* verraten würde, will ich nicht bezeichnen. In dieser Schrift soll niemand gebrandmarkt werden, als wer
es schon im Voraus, entweder von den Zeitgenossen oder der Nachwelt,
ward. Ich nenne dich *Cäcilie* (ein schöner Name! Du magst ihn immer für
den deinigen gelten lassen) und fahre in meiner Erzählung fort.

Cäcilie war in der Straße *Saint-Dominique* zu einem Besuche gewesen.
Sie fuhr nach Passy zurück, wo sie ein kleines Haus hatte. Das erzählte
sie mir mit noch bewegter Stimme. Ich wusste das Übrige. Bescheiden,
sehr bescheiden buchstabierte ich ihr meinen Namen. Ebenso gut hätte
ich mich *Pompejus* oder *Cäsar* nennen können: Ich war ihr völlig unbekannt. Lernet es von mir, ihr, die ihr mit euren Namen prunkt und mit
ihm Eroberungen zu machen gedenkt; lernt es von mir: Es ist oft ein
großes Glück, wenig gekannt zu sein ... besonders von Frauen, deren
Fantasie gern in unentdeckten Räumen umherzuschweifen und mit
Chimären Umgang zu haben liebt.

»Sie sehen das Kabriolett da, Madame; wollen Sie sich mir anvertrau-
en? Ich verstehe mich so ziemlich aufs *Fahren*. Ich werde die Ehre haben,
Sie in Ihrer Wohnung abzusetzen, und anstatt mir einen Lohn zu verdienen, mir einen Kummer bereiten – den Schmerz, Sie so bald wieder
verlassen zu müssen.« Die Dame stammelte einige wohlgesetzte Worte,
die mir entfallen sind. ... Mit einem Sprung war sie im Wagen und ich
mit einem zweiten ihr zur Seite. – »Mein Herr, wenn ich bitten darf, etwas weniger schnell.« – »Schritt vor Schritt, Madame, wenn Sie es befehlen; mein Glück wird desto länger dauern.« – »Meine Leute sind unaus-

stehlich; sie sehen nach nichts; ich habe große Lust, den Kutscher wegzujagen; er allein ist schuld. ....« – »Madame, so nehm' ich ihn in meine Dienste.« – »Warum das, mein Herr?« – »Weil ich ihm mein Glück schuldig bin.« – »Welch Glück?« – »Das Glück, diese Frage aus Ihrem Munde zu hören.« – »Wollten Sie die Güte haben, Ihr Pferd in Trab zu setzen?« – »Nicht doch, Madame!« – »Warum nicht?« – »Ich würde mich einer zu großen Verantwortlichkeit aussetzen. Haben *Sie* aber die Güte, die Zügel zu führen (ich bot sie ihr an); es würde ein Glück für mich sein, mich von Ihnen leiten zu lassen; ich überlasse mich Ihnen ganz und gar.« – »Ich habe schon bisweilen gefahren; aber geputzt, wie ich bin, würde man mich für eine Närrin halten ... und dann in Gesellschaft eines Mannes, den zu kennen ich nicht die Ehre habe; ... gleichwohl, geben Sie her. ...« Sie ergreift die Zügel, biegt sich vornüber, senkt den Kopf, fährt im stärksten Trab, lenkt in einen Hof ein, hält vor einer Freitreppe, alles mit einer unnachahmlichen Grazie, mit einer allerliebst ernsthaften Miene. Zwei Herren, die auf der Terrasse spazieren, tun zu gleicher Zeit einen Schrei der Verwunderung. Sie springt aus dem Kabriolett. »Mein Herr, wollen Sie mir die Ehre erzeigen, mit uns zu speisen ?« – »Muss ich, Madame?« – »Sie müssen nicht, mein Herr, aber es würde mir sehr lieb sein.« – »Und mir ebenfalls, Madame.« Ich bot ihr die Hand; sie erzählt den Herren auf der Terrasse im Gehen ihre Geschichte, und wir gelangen in den Salon. Einer der Gäste, *Monsieur l'Abbé*, ist entzückt, mich zu sehen; der andere, ein dicker Herr im grünen Rock, war nahe daran, mich zu umarmen, wenn ich es hätte geschehen lassen wollen. ... Ich würde gern sein Porträt zeichnen, aber ich tue mir Gewalt an und widerstehe einer Versuchung, die mir Gefahr bringen könnte.

Man setzte sich zu Tisch; man sprach wenig; der dicke Herr am wenigsten; er aß nicht, er verschlang. Der Abbé übernahm die Rolle des Spaßmachers, aß aber dabei ebenfalls für viere. »Kennen Sie«, fragte mich die Dame, »den Oberst *de la Tour-du-Pin*?« – »Ja, Madame.« – »Kennen Sie auch seine Gemahlin?« – »Nicht genau; ich habe sie in Gesellschaften angetroffen; weiß auch, wer sie ist.« – »Nicht wahr? Eine Tochter des verstorbenen K...gs.« – »Hat Herr *De la Tour* die Ehre, von Ihnen gekannt zu sein, Madame?« – Hier nahm der Abbé das Wort. »Ehedem sahen wir uns alle Tage.« – »Wie?«, sagte hier der andere, »Sie erinnern sich seiner noch und dass Sie sich mit ihm schlagen wollten? Das wäre lustig gewesen; ein Abbé, der sich mit einem Obersten schlägt!« – »Weniger lustig als lächerlich«, sagte *Cäcilie*, »und toller als

215

der Oberst im *Cercle*.[185] Der Abbé schnitt ein Gesicht, beugte sich über seinen Teller, sprach kein Wort. Der dicke Herr würde gelacht haben, wenn das Hauptgeschäft seines Mundes es ihm erlaubt hätte.

Was mich betraf, so merkte ich wohl, dass hier ein Geheimnis obwaltete, wozu ich den Schlüssel nicht hatte; allein, die Natur hat mich mit einer großen Gleichgültigkeit gegen Heimlichkeiten begabt, die man mir nicht anvertraut, und ich konnte nicht voraussehen, dass in diesem Auftritte eine Hauptrolle meiner wartete. – Doch ich erzähle weiter.

Als es den beiden Herren endlich gelungen war, ihren Magen, diesen unersättlichen Tyrannen, der ihnen so viel zu schaffen machte, durch reichliche Spenden zu befriedigen, kam das Gespräch auf die Vortrefflichkeit unserer Schauspiele und auf die anerkannten Vorzüge unseres Theaters. Ich hatte zwar die erforderlichen Kenntnisse über diesen Gegenstand, um eine Meinung äußern und behaupten zu können; allein, da ich noch wenig in die Tiefen der Kunst eingedrungen, auch wenig gereist war, und da ich nur das zu vergleichen und vorzuziehen oder herabzusetzen liebe, was ich gründlich gelernt habe und worüber ich aus Erfahrung sprechen kann, so nahm ich an der Erörterung keinen so eifrigen Anteil, als ich jetzt wohl tun würde.

Jetzt würde ich, als mir selbst und allen erwiesen, behaupten, dass die Alten keinen *Molière* gehabt, dass unsere großen Tragiker die Alten übertroffen und dass sie das von *Sophokles* und *Euripides* Entlehnte vervollkommnet haben.

Was das Theater der übrigen Nationen betrifft ... Doch warum sollte ich eine Frage beleuchten wollen, welche der Eigenliebe, der Nationalliebe aller Völker so nahe liegt und sie so empfindlich berührt? Warum sollte ich für nichts und wieder nichts ihre Empfindlichkeit reizen und mir von allen Seiten Feindschaft und Erbitterung zuziehen? Warum sollte ich die undankbare Mühe übernehmen, ihnen zu beweisen, dass sie unrecht haben, auf ihre Weise Vergnügen zu empfinden, bewegt und gerührt zu werden, zu lachen oder zu weinen? Wer kann sich über Gefühle oder Anschauungen ganzer Nationen in Hinsicht auf das, was sie

---

[185] Im *Cercle*, einem kleinen Lustspiel *Poinsinets*, kommt ein junger Marquis und Oberst vor, der in einer Gesellschaft, wo gespielt, gesprochen, gesungen und vorgelesen wird, einen kleinen Arbeitsbeutel hervorzieht und Blumen ausnäht. Der Verfasser dieser dramatischen Satire wollte die Unterhaltung in gewissen Salons lächerlich machen. Man hat von ihm und seinem Stücke gesagt: Il a écouté aux portes (er hat an der Tür gehorcht) *Übers.*

für schicklich oder unschicklich halten, zum Richter aufwerfen? Wer darf, im Übermaß eines vermessenen Stolzes, sagen: »Alles, was ihr billigt, ist mittelmäßig; ich tadle und verwerfe es; nur bei *uns* sind die Muster und Vorbilder des Schönen, des Großen, des Patheischen, des Natürlichen zu finden! Eure Tragödien sind schwülstige Ungeheuerlichkeiten; eure Pläne sind ohne Kunst, ohne Wahrscheinlichkeit angelegt, ohne Methode und Regel ausgeführt; eure Komödien sind unbedeutend, farblos, mit schwacher oder fehlerhafter Intrige!« – Würden sie mir nicht zur Antwort geben: Die Sprache, die du führst, ist beleidigend, deine Eitelkeit empörend, selbst wenn du das Recht hättest; das Absprechen ist fast immer eine Folge der Unwissenheit und ein Beweis der Vorurteile. Wie kommst du zu einer solchen Anmaßung, zu einem solchen Tone? Wer bist du, um aufzutreten und uns belehren zu wollen, wie wir uns zu ergötzen und zu betrüben haben? Bist du etwa der Mann, der unser Wesen, unsere Empfindungen leiten und lenken soll? Hast du einen so richtigen vollständigen Begriff von unseren Sitten, unserm Verstand, unseren Gebräuchen, unserm Geschmack, dass du imstande wärest, mit Unfehlbarkeit zu wissen und zu entscheiden, was unter dem Himmelstrich, den wir bewohnen, sich für uns schickt und nicht schickt? Sind deine Urteile über uns nach den Grundsätzen unserer Erziehung geformt und modifiziert oder auf despotische Vorurteile gegründet? Bist du der Urheber der Dinge und Menschen? Lebst du in und mit unserm physischen Wesen? Denkst du in und mit unserm moralischen Wesen? Besitzest du das Geheimnis unserer Gewohnheiten, unserer vorausgesetzten Begriffe, unserer feststehenden Ideen, unserer Organisation?

»Aber, die Natur ist doch überall dieselbe. ...«

So denkst du, wir aber glauben es nicht. Behalte deine Natur; genieße die Vergnügungen, die sie dir anbietet; allein, lass uns die unsrige oder das, was wir dafürhalten; lass uns die Genüsse, die sie uns gewährt.

»Aber alle unsere Schauspiele, selbst die schlechtesten, sind übersetzt und werden überall auf euren Bühnen dargestellt.«

Das beweist, dass wir keinen so ausschließlichen Geschmack, keine so verächtliche Absicht haben als ihr; es beweist, dass ein Geschmack neben dem andern bestehen kann und dass wir dahin streben, den Kreis unserer Genüsse zu erweitern, während ihr ihn gern einengen möchtet; es beweist endlich, dass wir auch einige Gerechtigkeit widerfahren lassen, die ihr uns versagt.

»Aber unsere Überlegenheit ist doch unbestreitbar.«

Denkt es, sagt es uns aber nicht; – dächten wir dasselbe von euch, wir würden es euch nicht sagen.

»Aber die meisten guten Schriftsteller des Auslandes haben es anerkannt. Einer der besten Geister Englands, Lord *Chesterfield*, sagt: *There is not, nor ever was, any theatre comparable to the french theatre.*«

Lord *Chesterfield* mag recht oder unrecht haben, so ist es doch immer etwas anderes, wenn man in der Ruhe des Studierzimmers und am Schreibtische einen allgemeinen Satz aufstellt oder ihn gesprächsweise im gesellschaftlichen Kreise der Menge aufdringen will. Die Behauptung ist von der Art, dass sie kritisch beleuchtet werden muss, mancher Erläuterung bedarf, manchen Einwürfen, Einschränkungen, Gegengründen unterworfen ist. Und selbst, zugegeben, es gehe aus den geschlossenen Akten der Untersuchung hervor, dass das französische Theater den bestrittenen Vorzug im Allgemeien hat – haben wir nicht auch *unsere* dramatischen Vorzüge? Unsere Sagen und Volksmärchen? Unsere Fantasien und Dichtungen? Unsere Sitten und Gewohnheiten? Unsere Begriffe von Schönheit und Poesie? Mit einem Worte, unsere Anklänge und Berührungspunkte, die uns mehr zusagen, tiefer bewegen, besser gefallen und worüber wir allein kompetente Richter sind und euch nicht als Richter anerkennen. Behaltet eure Regeln, euren Dichterstolz, eure Vergleichungen, euren Geschmack und Missgeschmack, eure Eleganz, euer übertriebenes Zartgefühl und alle eure Vorurteile für euch! Behaltet selbst recht, wenn ihr wollt, und habt den Anspruch der Vernunft auf eurer Seite! Lasst uns aber dagegen, wie billig, unsere Art und Weise zu sehen und zu fühlen; lasst uns das, was uns am innigsten rührt, am stärksten bewegt und erschüttert; lasst uns mit einem Worte das dramatische System, das uns am besten anspricht, das uns eigen und eigentümlich ist!

Das und noch mehr hätte ich vorbringen können, als bei *Cäcilie* über diesen Gegenstand gesprochen wurde. Ich würde die Herren zum Schweigen gebracht haben. ... Aber ich war gescheiter und fuhr nach der Oper, weil es gerade Zeit war. Ich bat die schöne Dame beim Abschiednehmen nicht um die Erlaubnis, sie wieder besuchen zu dürfen. Sie hatte mich zuerst eingeladen und eine solche Einladung gilt für einen Befehl, den Besuch zu wiederholen. Ich fand mich nach einigen Tagen ein; und, um hier in keinen Idyllenton zu fallen und um die Leser mit dem Detail von Schäferszenen zu verschonen, setze ich bloß hinzu, dass ich nach geraumer Zeit der vertraute Freund des Hauses ward. Die Gesellschaft bestand größtenteils aus Provinialen. Ich erwähne nur zwei andere.

Die eine war eine Marquise von C..., eine geistreiche Frau, früher mehr als galant, über alle Maßen unmoralisch; und doch war *sie* es, die, als die berüchtigten »*Liaisons dangereuses*« erschienen, dem Verfasser, Herrn *De Laclos*, ihre Tür verschloss. Sie hatte ihn vorher oft und gern gesehen, ließ aber bei dieser Gelegenheit ihren Schweizer rufen und sagte ihm: »Du kennst doch den großen, schmächtigen, gelbfarbigen Herrn im schwarzen Rock, der so oft herkommt: Ich bin künftig nicht zu Hause für ihn; verstehst du mich? Keinen Augenblick könnte ich ohne Furcht allein mit ihm bleiben!« – Sie mochte glauben, *De Laclos* habe seine *Frau von Merteuil* nach ihr gestaltet und mag sich nicht ganz geirrt haben; sie war wenig besser und ist in späteren Jahren ebenso hässlich geworden wie jene.

Man hat von ihr ein *Bonmot*, das einer andern, der Herzogin *von Créqui*, ohne Grund zugeschrieben worden ist: Hier ist es. »Der Baron ist ein Sot, aber wahrhaftig keine Bête.«[186]

Von ihr pflegte die *Maréchale de Luxembourg* zu sagen: »Sie macht die Augen beständig, wie wir sie zu gewissen Zeiten – so gern machen.«

Der andere war der *Prinz von Broglie*, der kälteste, unbedeutendste *Fat* von allen, die damals berufen waren, zu den ersten Staatsämtern zu gelangen. Er war Sohn, Enkel und Urenkel von Männern, welche tief aus Piemont nach Frankreich gekommen waren, um ihr Glück zu suchen, und es weit über alle Erwartung fanden. Er war der Neffe eines Mannes, der zu früh gestorben und vielleicht der Einzige von der Familie gewesen ist, der sich durch wirkliche Verdienste emporschwang. Wer hätte nicht gedacht, der Prinz *von Broglie* würde eine der letzten Stützen der Monarchie sein, die so viel für seine Vorfahren getan hatte, soviel für ihn getan haben würde. Wer hätte es nicht gedacht, wenn man ihn persönlich gekannt hat und nur etwas intim mit ihm verkehrt hat? Bei seinem Stolze, seinem Eigendünkel, seiner individuellen Nichtigkeit, bedurfte kein Mensch in so hohem Grade als er eines Kreditbriefes auf den Ruhm, den seine Vorfahren auf ihn übertragen hatten.

Wie ganz anders hat es sich gefügt! Der Sohn eines *Maréchal de France*, eines erblichen Herzogs, im Besitz eines Reichsfürsten-Diploms,[187] viel-

---

[186] Der Unterschied lässt sich deutsch nicht wiedergeben.

[187] Das für den Prinzen von *Broglie* ausgestellte kaiserliche Diplom ist sehr ehrenvoll und die Belohnung für einen erfochtenen Sieg. Der *Deutsche* Kaiser hielt sich zur Dankbarkeit verpflichtet und drückte sie so aus.

leicht des *einzigen*, das in Frankreich den Glanz dieses Titels erhöhen konnte – ein eitler Narr[188] findet eine Revolution vor, stürzt sich hinein, wie ein *Philosoph*, wie ein *Glücksritter*, und bringt sich aufs Schafott, weil er dumm genug ist, nicht zu wissen, dass er ein mittelmäßiger Kopf ist; blind genug, sich einzubilden, dass er inneren Wert hat; lächerlich genug, sich zu überreden, man werde ihn noch für *jemanden* halten, für *etwas* ansehen, wenn er aufgehört hat, ein *Bruchstück* der königlichen Macht zu sein.

Ich erinnere mich, dass ich einst mit ihm bei *Cäcilie* einen sehr lebhaften Streit über die Missbräuche der Gewalt führte. Er nannte diese Missbräuche »die Weisheit der Regierungen«. Damals war er der Ritter des Despotismus und ich ein Freund der Freiheit.

Übrigens bin ich das beständig gewesen: Nur muss man über den Sinn beider Wörter einig sein. *Er* ist von seinem politischen Glauben gewaltig abgewichen; *ich* bin dem meinigen und meinen Bekenntnissen unverändert und standhaft treu geblieben. Ich hatte feste, uneigennützige Grundsätze; die seinigen richteten sich nach Zeit und Umständen und nach seinem Egoismus. Ich bin stets der Meinung gewesen, dass es für ein ganzes Volk das größte Unglück sei, wenn es gewaltsamerweise die Macht umstürzt, von der es beherrscht wurde. Ich bin von jeher überzeugt gewesen, dass eine bestehende Regierung, mit allen ihren Mängeln, besser ist, als alle Abstraktionen einer vollkommenen Regierung, die erst durch Anarchie und durch alle Übel, die sie erzeugt, erkauft werden muss. Zugleich aber ist mir immer die Tyrannei der Willkür ein Gräuel, die Macht der Unterdrückung ein Abscheu gewesen. Ich habe stets die Gleichheit der Gesetze der Ungleichheit der Privilegien vorgezogen und, obwohl ein Anhänger der bürgerlichen Hierarchie, die Missbräuche verdammt, die aus der Verschiedenheit der Stände entstehen, sobald sie die von der Vernunft und der ewigen Gerechtigkeit aufgestellten Schranken überschreiten.

Ich komme auf meinen Streit mit dem Prinzen von *Broglie* zurück. Die Veranlassung dazu war folgende: Ein Herr *de la Serne*, Kapitän in einem Infanterie-Regiment, glaubte von einem Stabsoffizier tödlich beleidigt zu sein, dessen Kredit bei Hofe und Ansehen beim Publikum eben nicht hervorragend war. Herr *von Serne* griff ihn eines Abends auf

---

[188] *Narr* und *Dummkopf* drückt es hier nur halb aus, zumal da *Sot* noch eine Nebenbedeutung hat. *Übers.*

der Straße mit dem Degen an und forderte ihn zum Zweikampfe heraus. Er, der beleidigte, an seiner Ehre gekränkte Herausforderer hatte sich zu diesem gewaltsamen Verfahren und zur Überschreitung aller Regeln berechtigt geglaubt. Jener, obschon bewaffnet, weigert sich zu ziehen, weil Ordnung und Subordination in seinen Augen zugleich übertreten sind, und hält es für seine Pflicht, den Vorfall anzuzeigen. Der Kapitän wurde eingezogen, nach der Abtei Saint-Germain gebracht und jagte sich eine Kugel durch den Kopf.

Die Sache hat zwei Seiten; es ist kein Wunder, wenn die Meinungen geteilt waren.

Ich will versuchen, das *Für* und *Wider* auseinanderzusetzen.

Früher wagte es nur selten ein Offizier, wenn er weiter nichts war, als Offizier, von seinen Vorgesetzten Genugtuung zu fordern, weil diese ihn um seine Stelle und bisweilen um die Freiheit bringen konnten, die ihm noch teurer war als das Leben. Es gab nur eine Ausnahme: wenn man nämlich auf eine Weise beleidigt worden war, die der Ehre einen unauslöschlichen Flecken anhing. Hatte sich der Chef so weit vergangen, dass die Verzweiflung des Beleidigten, dem nur dies eine Mittel übrig blieb, gerechtfertigt war, so traten das Publikum und die Armee als Richter auf und übten Strafgericht gegen den Feigen, der eine Genugtuung versagt hatte, die er schon im Voraus entschlossen war, nicht zu leisten.

In diesem sehr seltenen Falle und nach einer *sehr schweren* Beleidigung nahm der Offizier seinen Abschied, trat wieder in den Zivilstand, in eine Privatstellung, forderte seine Ehre von *dem* zurück, der sie verletzt hatte, und schlug sich mit ihm. So war es bei dem großen *Condé* der Fall. Er hatte einen Grand-Mousquetaire in der Schlacht von *Steinkerke* beschimpft und erbot sich großmütig zur Genugtuung. Beide trafen zusammen, beide zogen den Degen, aber der Offizier legte den seinigen dem Prinzen zu Füßen.[189]

---

[189] Der Prinz von B..., Oberst eines Dragonerregiments, das seinen Namen führte, hatte einst seinem Offizierkorps vorgeschrieben, ein besonderes Abzeichen zu tragen. Es war kein schriftlicher Befehl ergangen; die Offiziere gehorchten nicht. Einige Tage nachher kommt der Prinz auf die Parade, ereifert sich und erklärt endlich sehr bestimmt, es solle ihm leidtun, wenn er in der Hitze eines Manövers sich *versähe* und aus Mangel am Abzeichen einen Offizier für einen Gemeinen hielte und den Säbel an ihn legte. Tags darauf erscheint Herr von B..., einer der ersten Offiziere des Regiments, vor der Front und hat die Pistolen auffallend hoch aus den Halftern vorstehen. Den Prinzen von B... befremdet das; er fragt, was dies zu bedeuten habe. »Mein Prinz«, gibt B...

In diesen äußerst seltenen Fällen wurde der Oberst oder Stabsoffizier, der sich an die höchste Behörde wendete, um sein Opfer zweimal zu treffen, vor das furchtbarste Strafgericht – vor den Richterstuhl der öffentlichen Meinung – gezogen und verdammt.

Was würde aber auf einer andern Seite, besonders in Frankreich, die Folge sein? Welche Quelle von Missbräuchen, welcher Umsturz aller Grundsätze und Regeln der militärischen Hierarchie und des passiven Gehorsams, der das Wesen und die Kraft eines Kriegsheeres ausmacht, würde daraus entstehen, wenn der erste beste junge Schwindel- und Brausekopf, den Eingebungen seines kranken Gehirns, seiner überspannten Fantasie Gehör gebend, ein Recht hätte, die Stellvertreter der Gewalt, seine gesetzmäßigen Vorgesetzten, denen er, Kraft der Heiligkeit seines Eides, in allem, was den Dienst betrifft – wie dem Könige selbst – Gehorsam und Ehrfurcht schuldig ist, unbestraft vor die Klinge zu fordern![190]

---

zur Antwort, »Ihre gestrige Warnung hat einen tiefen Eindruck auf mich gemacht. Sollten *Sie* sich versehen, so schwöre ich Ihnen, *ich* würde es nicht.«

[190] Aus diesem Gesichtspunkt erlaube ich mir, den überspannten Rittersinn des Vicomte *de Noailles* zu tadeln. Er kommandierte das Dragonerregiment des Königs. Einst, an öffentlicher Tafel, im Beisein der Offiziere des Regiments, sagte er, er würde einen Obersten verachten, der sich weigerte, einem Offizier, den er beleidigt hätte, Genugtuung zu geben. Er bediente sich hier eines Ausdrucks, dem es an Bestimmtheit fehlte: Er hätte sich nicht des Ausdrucks beleidigt (offensé), sondern beschimpft (insulté) bedienen und lieber überhaupt nicht so sprechen sollen. – Dann setzte er aber hinzu: »Ich würde ohne Nachsicht den Offizier unglücklich machen, der mich im Regiment selbst und in der Garnison forderte; in Paris hingegen, im grauen Überrock, stehe ich jedem, der Lust hätte, einen Gang im Boulogner Wäldchen mit mir zu machen.« (Diese an sich liberale Rede war im Munde eines Regimentschefs sehr unpassend.) Ein Kapitän, Herr von Bray, hatte kein Wort davon verloren. Er findet sich einige Zeit darauf beleidigt (offensé), fordert Genugtuung, erhält sie und verwundet seinen Chef. Dieser übt die edle Rache, ihn, als er selbst bald nachher das Garde-Chasseurregiment erhielt, zur Majorstelle vorzuschlagen. Der Kriegsminister, Herr von Brienne, macht Einwendungen, aber der Vicomte besteht darauf. Herr von Bray, einer der besten Offiziere seines vorigen Regiments, sei ihm unentbehrlich, und nur unter dieser Bedingung könne er das Kommando der Chasseurs übernehmen. Nur wenige sind einer solchen Rache fähig!

Der Entschluss, seinen Vorgesetzten zu fordern, darf nur höchst selten gefasst werden; ja, es wäre zu wünschen, dass er in der französischen Armee beispiellos bliebe. Auf alle Fälle muss er der allgemeinen Vernunft, die in letzter Instanz entscheidet, dem Gewissen, das nie trügt, der öffentlichen Meinung, die sich verirren kann, aber früh oder spät die wahre Richtung nimmt, der absoluten Notwendigkeit, die *wahrhaft* verletzte Ehre wiederzugewinnen, untergeordnet werden. Daher bezog sich denn auch mein Streit

Der Prinz ist später von der Höhe seiner Grundsätze bedeutend herabgestiegen; denn, nicht zufrieden damit, in den Reihen der Freiheit zu fechten, wo er mich zum Nebenmann gehabt haben würde, ist er zu den Fahnen der Rebellion übergegangen und hat sich selbst als Rebell proklamiert. – [191]

Drei Monate verflossen mir in Cäcilies Umgang, im Schoße einer Ruhe, eines Glückes, dessen Ende ich nicht voraussah, nicht einmal ahnte. Ihr liebenswürdiges Gesicht drückte zwar bisweilen eine Unruhe aus, die ich mir nicht erklären konnte; ihr Herz schien mir von einer Last gepresst, die ich nicht zu erleichtern vermochte. Hätte ich ihr Geheimnis auch teilen wollen, so konnte ich es nicht, denn sie hatte mir erklärt, sie habe keines. Es war ihr sogar gelungen, meine Besorgnisse zu stillen, so viel Güte und Kunst wusste sie in ihre Versicherungen zu legen. Zweimal hatte ich zwar ihre Türe verschlossen gefunden: Aber noch tobte die Tyrannei der Liebe nicht in meinem Herzen, noch kannte ich die Raserei, die Eifersucht des Liebhabers nicht, die späterhin – ich gestehe es zu meiner Beschämung – vielleicht kein Mensch auf Erden so weit getrie-

mit dem Prinzen *von Broglie* nicht sowohl auf die einzelne Ehrensache des Herrn von *Serne*, von der ich nie ganz genau unterrichtet worden, als auf einen allgemeinen Satz des militärischen Despotismus, dem er huldigte, und den ich verwarf.

[191] Das erste Mal, als er, zur Zeit des Terrorismus, verhaftet wurde, begab sich eine Frau zu *Danton* und erbat sich den Prinzen von Broglie von ihm zurück. »Sie sollen ihn haben«, erwiderte dieser Athlet der Demagogie, »aber unter der Bedingung, Madame, dass Sie ihm mit dürren Worten sagen, er solle sich schlafen legen; er solle machen, dass man ihn vergesse; er solle *uns* die schwere Arbeit der Demagogie und das schmutzige Machwerk des Sansculottismus überlassen.« Das nenne ich deutlich sprechen und klaren Wein einschenken; das nenne ich Loyalität und Energie; das nenne ich der *Kraftmann* sein, der seinen Platz einnehmen und behaupten will und den schwachen *Gliedermann* mit Verachtung belegt, der den seinen verlassen möchte. Aber ich habe sie auch beide gekannt, *Danton* und den Prinzen von *Broglie*. Welche ungeheure Kluft hatte die Natur zwischen dem energischen und großen Empörer und dem farblosen Undankbaren gelegt! Jener ist einer der Ersten gewesen, welche die Revolution begründet haben, und von derselben ausgebildet worden; *dieser* einer der größten Schwächlinge, die der Hof emporgehoben hat und die den Hof zugrunde gerichtet haben. Ich habe Danton zwölf Stunden vor meiner Abreise von Paris gesprochen; meine Hand hat in seiner blutigen gelegen, ohne dass ich zurückgeschaudert wäre. Ich habe, im Beisein des Abbé d'Espagnac, seine furchtbare Stimme gehört; diese Stimme hatte etwas Dumpfes, aber auch etwas Menschliches; der Ton, mit welchem er mir seinen Schutz versprach, war nicht abschreckend. Danton hatte viel Böses wieder gutzumachen; er wollte es auch. Der Prinz von Broglie hatte nur wenig Böses tun können; aber selbst seine Reue darüber war nichtig!!!

ben hat als ich. Dieses Bekenntnis macht mich, indem ich es niederschreibe, erröten, obschon die Zeit vorüber ist, wo ich wieder in diesen
Fall des Errötens kommen könnte. Sie hatte mir mehr als einmal versichert, dass bloße Familienverhältnisse die Veranlassung dessen wäre,
was meine Besorgnisse erweckte; sie sei glücklich; sie sei mir ihr ganzes
Glück schuldig. ... Es ward ihr so leicht, es mich glauben zu machen! Die
Eigenliebe ist ein Mitschuldiger, den man so gern schont und begünstigt ... und um mich hier des Ausdrucks eines unserer beliebtesten und
liebenswürdigsten Dichter zu bedienen:
»Je croyais surtout aux caresses!«
Es war mir nicht entgangen, dass eine ihrer Frauen, und zwar diejenige, die vor allen anderen ihr Vertrauen besaß, sich weder durch glatte
Worte noch durch Geschenke von mir gewinnen lassen wollte. Warum?
Das wusste ich nicht und erfuhr es nur, als es zu spät war. Sie hasste
mich, weil sie schon einen andern begünstigte, von dem sie viel erhalten
und noch mehr zu erwarten hatte.
So befand ich mich, ohne es zu ahnen, schon im letzten Akt dieses
Schäferstücks, dem, wie man sehen wird, ein tragisches Ende bevorstand. Ich werde mich, um dieses Tableau auszumalen, derselben Farben
bedienen, von denen ich schon in einem andern Werke Gebrauch gemacht (als von diesen Memoiren noch kein Gedanke in mir war). In jenes habe ich Wahrheit und Dichtung gebracht, Beschreibungen und
Ereignisse aus verschiedenen Zeiten zusammengetragen und Abenteuer
verzeichnet, die mich und einen mir ewig teuren Freund bestrafen.[192]
Es war Nacht. Nach dem ersten Rausche beglückender Liebe überließ
ich mich, in das Andenken der zu schnell verschwundenen, seligen Augenblicke versunken, der Ruhe, als ich plötzlich mit starkem Geräusch
den Vorhang wegschieben höre, der eine Tapetentüre bedeckt. L. T... tritt
ein. »Du wirst«, sagte er, »allem Anschein nach deinen Triumph nicht
lange überleben. Steh auf! Wehre dich! Ich weiß, du hast deinen Degen
bei dir!«
Ich sprang auf. Zugleich stürzte *Cäcilie* vom Lager herab auf ihn zu.
Er stieß sie mit Entrüstung und gewaltsam von sich. Das verdoppelt
meine Wut. Ich ergreife mein Schwert und wie zwei losgelassene Tiger
fallen wir uns wütend an. Ich brauche nicht zu betonen, wie ungleich

---

[192] Den Marquis von *Sennecterre*.

das Gefecht zwischen uns war. Ich befand mich in einem Aufzuge, den ein keuscher Pinsel keuschen Augen nicht beschreiben dürfte.

Auch wurde ich verwundet, noch ehe ich Zeit gehabt, zu mir selbst zu kommen. *Cäcilie*, zur Besinnung gelangt, erfüllte das Zimmer mit ihrem Geschrei, warf sich zwischen uns, wollte uns trennen, als ich, der indessen kälteres Blut gewonnen, weniger blind vor Wut als mein Gegner und meinen Stoß sicherer auf ihn führend, ihn mitten in die Brust treffe ... Er wankt, fällt und vergießt einen Strom von Blut.

Wie ward mir aber, als ich *Cäcilien*, den Gegenstand meiner Liebe und unseres Kampfes, zu meinen Füßen liegend, verwundet, in ihrem Blute schwimmend, erblickte! Welche Hand hatte es vergossen? ... Noch immer weiß ich es nicht. ...

Beim ersten Schrei, den sie ausstieß, war diejenige von ihren Frauen, welche, von Herrn de L. T ... verführt, ihm das Geheimnis ihrer Gebieterin verraten und mich mit meinem längst nicht mehr begünstigten Rivale zusammengebracht hatte, verschwunden. Sie war zu einer anderen Kammerfrau geeilt, um Hilfe zu holen. Man denke sich, wo möglich, meine Lage! Die teure Geliebte meines Herzens überströmte mit ihrem Blute das Liebeslager. Auf dem Boden ausgestreckt lag der halbtote Leichnam eines Mannes, den ich genau kannte, den ich von jeher geschätzt hatte; sein Blut strömte über das Getäfel hin; meines floss; unsere blutigen Schwerter lagen auf der Erde; Stühle, Leuchter waren umgestürzt. ... Es sind jetzt seit diesem Auftritt zwanzig Jahre vor mir vorübergegangen und immer noch ist er meinen Sinnen und meinem Gedächtnis gegenwärtig; noch immer schwebt mir jene Blutnacht vor Augen; noch immer ergreift mich ein kalter Schauder! – Bald sah ich nichts mehr; ich verfiel in fürchterliche Krämpfe und gleich hernach in eine leblose Abspannung. Dieser todesähnliche Zustand dauerte zwölf Stunden. Als ich wieder zu mir kam, befand ich mich auf meinem Zimmer, von Arzt und Wundarzt umgeben, die Kunst und Kräfte erschöpften, mich in mein Leben zurückzurufen, das mir verabscheuungswürdig schien. Der Wundarzt berichtete, als ich meiner Sinne mächtiger geworden: Mitten in der Nacht sei er von einem Menschen geweckt und zu einem Wagen geführt worden, worin ich gelegen hätte. Er habe meine Wunde auf der Stelle untersuchen wollen, der fremde Mann habe ihm aber nicht Zeit gelassen, sei mit ihm und mir in meine Wohnung geeilt, habe mit meinem Kammerdiener nur ein paar Worte gesprochen und sei mit dem Versprechen verschwunden, am Abend wiederzukommen.

Er kam auch wirklich. Es war einer von *Cäcilies* Leuten. Er brachte mir gute Nachrichten von ihr, sie war außer Gefahr; aber, setzte er hinzu, der Urheber des Unglücks werde allem Anschein nach seine Schuld mit dem Leben büßen; er liege noch immer schwer verwundet in *Cäcilies* Hause; man wolle versuchen, ihn diese Nacht fortzubringen.

Herr de L. T ... ist einige Jahre nachher, ich weiß nicht woran? weit von Paris entfernt gestorben. Er hätte es verdient, als Opfer dieses Duells, oder vielmehr dieses nächtlichen Überfalls zu fallen; er allein war schuld an den Folgen; alles Unrecht war auf seiner Seite, denn ich kann mir nichts Unedleres und Ungereimteres denken, als wenn man eine Frau zwingen will, eine Kette zu *schleppen*, die sie nicht mehr *tragen* mag, und wenn man alle Gunstbezeugungen für ein Recht hält, sich neue zu *erstehlen*.

Cäcilie verlangte mich nach unserer Genesung wiederzusehen. Sie weinte viel; beteuerte mir, dass sie mich anbete (das heißt bei den Frauen *lieben*); gab mir so ungenügende Aufschlüsse über alles, was vorgegangen, dass ich nicht klug daraus werden konnte, und bestimmte mir ein Rendezvous für den folgenden Abend, zu dem sie sich aber nicht einstellte, denn als ich ankam, war sie abgereist. Wir haben uns später oft wiedergesehen; es schien ein geheimer, stummer Vertrag zwischen uns obzuwalten; nie haben wir versucht, die Asche einer Liebe wieder anzufachen, die ein so trauriges Ende genommen hatte, und von der ich, was mich betraf, völlig geheilt und entnarrt[193] war.

Damals tat mir eine Zerstreuung not. Ich hatte, wie ich glaubte, mit einem Engländer, der gegenwärtig Parlamentsmitglied ist, eine enge Freundschaft geschlossen. Er reiste nach Brüssel. Ich begleitete ihn. Wir durchzogen diese schönen, vom Himmel und mit Priestern gesegneten Fluren, welche zur Hauptstadt führen, und untersuchten (Ich weiß selbst nicht, warum?) das Innere des österreichischen Flandern und Brabant mit einer Sorgfalt und einem Fleiße, als wäre es der klassische Boden Italiens gewesen. Über meinen Aufenthalt in Brüssel habe ich wenig zu sagen; zu dieser Zeit (1784) wurden die schönen Künste ziemlich vernachlässigt, der gesellschaftliche Ton war noch zurück; in der Liebe ging alles schlecht und recht zu; die Frauen zeigten sich nicht hinterlistig, die Männer nicht prahlerisch.

---

[193] Désinfatué.

Ich sah viele Offiziere und schöne Truppen. Sie galten für besser und unterrichteter als die unsrigen. Unser Militär, so hieß es, sei nicht mehr das alte unter *Condé, Turenne, Luxembourg, Villars* und den übrigen Helden, welche die lange Regierung *Ludwigs* XIV. hervorgebracht hatte; unser Militär, hieß es weiter, habe viel von seinem Glanz und seinem Wert verloren, was mir jedoch aus zweierlei Gründen nicht recht einleuchten will. Denn *erstens* finde ich, dass wir unter *Ludwig* XV. Schlachten gewonnen haben, und lasse mich von dem ewigen Zuruf: »*Roßbach! Roßbach!! Roßbach!!!*« nicht irremachen, wohl wissend, dass bei Roßbach ein persönlich tapferer, aber am Geiste mittelmäßiger General, von *Friedrich dem Großen*, der *allein* mehr galt als ein ganzes Heer, erdrückt[194], zermalmt worden ist; – *zweitens* weiß ich ebenso gewiss, dass sich in einem Heere wie dem französischen, alle Elemente zu hohen Kriegstaten finden müssen; in einem Heere, von dessen Wesen die Bravour unzertrennlich ist; in einem Heere, das mit dem Mute die Intelligenz und den National-Ungestüm verbindet; in einem Heere, worin zwei Waffenarten sich von jeher so ausgezeichnet, so vollkommen erwiesen haben – die *Artillerie* und das *Geniewesen*.

Mögen übrigens die französischen Heere die für verloren gegebene Kriegskunst und Taktik *verloren haben*, sie haben sie wiedergefunden; ... oder ist es, eine *neue*, nun so steht sie der *alten* wahrlich nicht nach.

Ich besuchte die Gärten und Umgebungen von Brüssel, die benachbarten Lustschlösser und Landsitze, unter anderem *Laeken* und *Beloeil*; Laeken, berühmt durch die Schönheit und den Reiz seiner Gärten; Beloeil, noch berühmter durch seinen Eigentümer, durch einen Mann, der sich in jeder Gattung von Verdiensten hervorgetan, dessen Liebenswürdigkeit den Neid über seine Vorzüge und hervorragenden Eigenschaften verstummen macht – mit einem Worte, durch den Fürsten *von Ligne*.

Ich verließ den angenehmen Aufenthalt in den Niederlanden, kehrte nach Paris zurück, brachte einen ganzen Monat in der Hauptstadt zu und begab mich so spät als möglich und auf eine Weise zum Regiment in *Metz*, auf die vielleicht vor mir kein Kavallerieoffizier verfallen ist, nämlich im Mietswagen.

Diese Art des Transports kann als ein Gegenstück des Mittels angesehen werden, dessen sich der Prinz von Nassau bediente, als er die Postpferde auf jeder Station mit Wechseln bezahlte.

---

[194] Assommé.

Nicht ganz so lustig war das Los, das in der Garnison auf mich wartete; denn so, wie ich ankam, musste ich, auf des Marschalls *Broglie* Befehl, auf zehn Tage in Arrest wandern; gerade soviel, als ich mich in Paris über meinen abgelaufenen Urlaub hinaus aufgehalten hatte. Ich verdiente die Strafe durch meinen Leichtsinn, der diese Verzögerung veranlasst hatte. Ich war nämlich über die Zeit geblieben, um die Debüts einer jungen Schauspielerin abzuwarten, welche Anlage und Talent versprach, aber nicht Wort gehalten hat. Ich mag sie hier nicht nennen, um ihre Eigenliebe nicht zu verletzen, zumal da es ihr doch zu nichts helfen würde, denn sie hält sich für vortrefflich und würde besser sein, als sie ist, wenn ihre Mittel mit ihrem Fleiße Schritt hielten.

Wir alle kennen den Marschall Broglie, die Schlacht von Bergen, seinen Eigensinn, seine Frömmelei.

Der Kommandierende in den *drei Bistümern* war der Generalleutnant, Graf von *Caraman*. Es eröffneten sich ihm die schönsten Aussichten in der militärischen Laufbahn. Mehr als einmal hieß es, er würde Kriegsminister werden. Diese höchste Stufe in seinem Departement schien ihm gewiss. Ohne Gelegenheit gehabt zu haben, sich glänzend auszuzeichnen und die seltenen Talente und Kenntnisse zu entwickeln, die er in einem langen, tiefen und durchdachten Studium seines Faches gesammelt hatte, waren ihm gleichwohl alle Stimmen und die allgemeine Meinung des Volkes und der Armee günstig. Er gehört zu den Männern, welche, von der Revolution in ihrem Laufe plötzlich gehemmt, das Ziel in dem Augenblicke verfehlt haben, wo sie schon die Hand nach der Palme ausstreckten. Er hatte bei Hofe, mehr als andere, mit Hindernissen zu kämpfen; die Königin war ihm nicht gewogen; dazu kam noch, dass Neid und Missgunst über sein Glück und sein Vermögen, ihm das Einzige zum Vorwurf machte, was nicht von ihm abhing, seine Geburt, denn er stammte nicht aus einem *alten Hause* ab. Er war ein Mann von den strengsten Grundsätzen, von den reinsten Sitten, und hatte eine der achtungswürdigsten Frauen zur Gemahlin, der man die vornehme Abkunft gewiss nicht absprechen konnte, denn sie war eine geborene *Chimay*, eine Schwester des Fürsten dieses Namens und des *Prince d'Hénin*. Sie bildete mit ihren liebenswürdigen Töchtern eine Familie von Engeln. Der Graf von *Caraman* machte damals in Metz ein großes Haus, was ihm bei seinem bedeutenden Vermögen leichter wurde als vielen anderen. Er machte sein Haus zum Sammelplatz für alle, die für den Wert dieser Wohltat und den Reiz einer auserlesenen Gesellschaft Gefühl hatten.

Der Ordensritter, Graf *von Damas,* war ebenfalls in dieser Provinz angestellt; ein ausgezeichneter Stabsoffizier; ein Mann von Ehre, von Rechtlichkeit, von einem musterhaften Benehmen gegen die ihm Untergebenen. Ich bin später in trüben Zeiten in Berlin mit ihm zusammengetroffen. Er blieb einfach, fest und edel im Unglück, und bewies, dass er der Glücksgöttin und ihrer Gunst entbehren konnte.

Die liebenswürdigste aller Intendantinnen, der auch nicht die geringste kleine Lächerlichkeit, die man den Damen, die diesen Titel führen, zuzuschreiben gewohnt ist, anklebte, Frau *von Pons,* machte ebenfalls ein Haus, dessen höchste Zierde sie selbst war. Zu Paris lebte sie in den allerersten Kreisen, deren Ton und Anstand auf sie übergegangen war. Ohne zu den vollkommenen Schönheiten zu gehören, besaß sie eine Menge Reize und einnehmende Eigenschaften, welche einen Mann (den Grafen *de Grand*) sehr lange fesselten, der jetzt für Frankreich verloren ist, der mit Kenntnissen und Unterricht leichte Grazie, mit liebenswürdigen Talenten die heiterste Laune und ein offenes, gefälliges Benehmen verbindet. Ich wünsche und hoffe, dass in Madrid oder in Valencia oder in Granada, wo er sich jetzt aufhalten mag, seine Kollegen, die Granden von Spanien, ihn ebenso sehr lieben und schätzen und würdigen werden, als wäre er in ihrer Mitte geboren. Sollten diese Zeilen ihm vor Augen kommen, so finde er hier den Ausdruck meiner Freundschaft für ihn; er finde hier ein schwaches Denkmal der Gesinnungen und Gefühle, die er in mir erregt hat und die ich ihm bis an meines Lebens Ende erhalten werde.

In diesem Bildersaal von Erinnerungen darf ich einen Mann nicht vergessen, mit dem ich sehr wenig Beziehungen hatte, den ich nicht liebte, gegen den ich aber, eben deswegen, gerechter sein werde. – Dieser Mann ist der Vicomte *de Ségur* . ... Sein Vater, der Kriegsminister, hatte sich bei der Armee nicht beliebt gemacht, weil er sich in seinem Departement nicht so zu benehmen wusste, wie im Felde, wo ihn ein glänzender Mut auszeichnete. Der Sohn stand beim Regiment *Noailles* als Oberstleutnant, besaß ebenfalls nicht die Liebe des Korps, weiß es aber ebenso gut als ich, dass sich daraus nichts gegen ihn schließen und beweisen lässt. Er dichtete allerliebste Chansons, mitunter auch wohl manche mittelmäßige, sang sie nicht so gut, als er sich's einbildete, hatte einen unvergleichlichen Gesellschaftston, wenn er nicht spöttelte, und unendliche Grazie, wenn er nicht in den Fehler verfiel, den ich bei einem anderen – Geckenhaftigkeit nennen würde.

Im Ganzen war er ein überaus angenehmer Mann, was ihm umso mehr zum Lobe gereicht, da man ihn in seiner Jugend über alle Maßen verzogen hatte. Wir haben von ihm eine unzählige Menge Schriften, worin mehr Eleganz als Kunst, mehr Leichtigkeit als Talent herrscht, die ihm aber unter denen, die zugleich als Weltmänner und Schriftsteller aufgetreten sind, eine ehrenvolle Stelle einräumen. Seit meinem Aufenthalt im Norden ist mir ein Band Gedichte, die er in Paris herausgab, in die Hände gefallen. Sie enthalten manches Vortreffliche aus der guten Zeit und vom besten Geschmack. Ich habe ebenfalls sein Werk: » *Sur les femmes*« gelesen; niemand war wohl mehr geeignet als er, über diesen Gegenstand zu schreiben, da niemand von den Frauen mehr begünstigt worden ist. Es war billig, dass eben derjenige, der über so viele von ihnen gesiegt hatte, es übernahm, sie zu preisen und ihnen Anbeter zu verschaffen. Sein Werk muss als ein Denkmal der Erkenntlichkeit angesehen werden. Er war es dem schönen Geschlecht schuldig; er arbeitete in seinem Beruf; nur hat ihn das Talent nicht immer unterstützt. ... Ich sehe sein Werk als ein solches an, das – noch zu machen wäre.

Wenige Tage vor meiner Abreise – vor meinem Abschiede von Frankreich! – las er mir auf seinem Zimmer Fragmente aus einer Oper vor, die mir überaus gefielen. Ich hoffe, er wird dem Publikum ein angenehmes Geschenk mit dieser Dichtung gemacht haben.

Ich entsinne mich noch einer Unterhaltung mit ihm in den Tuilerien beim Könige. Er trug gesunde, loyale Meinungen vor, erklärte sich aber bestimmt und freimütig gegen den Grundsatz der Emigration. Möge hier das Zeugnis meiner Erfahrung sein Urteil bestätigen! Ich versichere ihm auf meine Ehre, dass ich geradeso denke wie er. Noch mehr: Ich beteuere, wenn es ihm lieb sein kann, ohne meinem Gewissen und der Achtung zu nahe zu treten, die ich seinem Geist und seinen Schriften schuldig bin, dass dieser Ausspruch über die Auswanderung in meinen Augen seinem Verstande weit mehr zur Ehre gereicht als sein ganzer literarischer Ruf.

Ich mag hier einem Manne keine Stelle einräumen, den ich genau gekannt habe und der damals ein fremdes Regiment in Metz kommandierte. Ich habe nie viel von ihm gehalten, obgleich es ihm keineswegs an Anlagen und Mitteln fehlte; aber ich war weit davon entfernt, ihn der Scheußlichkeit für fähig zu halten, womit er in allen Szenen der Französischen Revolution sein Leben befleckt und seinen Namen geschändet hat. Dieser Mann ist noch mehr das Brandmal seiner Partei, als der Abscheu der entgegengesetzten gewesen. Das Haus, aus welchem er abstammt, das einer großen Nation einen König gegeben und mit fast allen Thronen Europas verwandt und verschwägert ist, hat ihn aus seiner Mitte verstoßen und macht es mir zur Pflicht, das Andenken an ihn und an die Schmach, womit er sich bedeckt hat und worüber selbst seine Mitschuldigen erröten, zu unterdrücken.[195]

Ich näherte mich dem Augenblicke, wo ich Paris wiedersehen sollte, und sehnte mich danach wie ein Liebhaber, der nach einer langen Abwesenheit in die Arme seiner Geliebten fliegt. Der Neffe des *Schwanes von Cambray*, der junge *Fénelon*, nicht ganz so engelrein, so tugendhaft wie sein Oheim, bot mir einen Platz in seinem Wagen an, und wir gelangten zusammen in die Hauptstadt.

Meine Freude war von kurzer Dauer. Mit Bestürzung und Schmerz erfuhr ich bei meiner Ankunft ein trauriges Ereignis, das sich soeben begeben hatte und glücklicherweise, anstatt großes Aufsehen zu machen, nie ins Publikum gekommen ist. Einer meiner Jugendfreunde hatte eine Schwester. Sie war um einige Jahre älter als wir beide; ich hatte sie oft gesehen, sie hätte auf eine der größten Verbindungen Anspruch machen können. Schön, geistreich, talentvoll, wurde sie in einem Kloster zu Arras, in der Nähe ihrer Tante, erzogen, die auf ihren Gütern lebte und ihr ganzes sehr ansehnliches Vermögen der Nichte zudachte. Ein junger Edelmann aus Artois, von einnehmendem Äußeren, dem später seine Wohlgestalt zu einem großen Glücksstande an einem nordischen Hofe verhelfen hat, war so glücklich oder unglücklich[196], die Mauern des heiligen Asyls zu ersteigen oder vielmehr sich ohne viele Umstände in den Schafstall des Herrn durch die offene Tür Eingang zu verschaffen. Sei's auf diese oder jene Weise, genug, das Resultat seiner Besuche war, dass zwei Fräulein aus vornehmen Häusern, und vielleicht auch ein Paar Nönnchen, die es nicht werden verlautbaren lassen, mit Pfändern seiner Liebe und Kühnheit beschenkt wurden.

Die junge Person, von welcher hier die Rede ist, schrieb an ihre Tante: Der schlechte Zustand ihrer Gesundheit mache ihr den Genuss der Landluft notwendig. Die Tante nahm sie aus dem Kloster. Kaum im Schlosse angelangt, verschluckte sie ein überaus subtiles Gift, das sie

---

[195] Es war Prinz *Karl von Hessen-Rheinfeld-Rothenburg,* der spätere »citoyen Hesse« der Revolution.

[196] Eut triste bonheur.

sich, man weiß nicht wie, zu verschaffen gewusst hatte, und wurde am Fuße eines Baumes im Park auf sehr romantische Weise tot aufgefunden. Ihr Bruder wütete, wollte verzweifeln, lechzte nach Rache; aber die Verwandten zwangen ihn aus Grundsätzen der Ehre und des Zartgefühls, von seinem blutigen Vorhaben abzustehen, ihrem Beispiele zu folgen und zu schweigen. »Man müsse«, hieß es, »über diese Familienschmach einen dichten Schleier ziehen.«

Des Bruders Freundschaft für mich lüftete diesen Schleier. Er entdeckte mir alles. Mit Recht für ihn besorgt und seinem stummen Schmerze misstrauend, ließ ich ihn sechs Wochen lang nicht aus den Augen, wachte über ihn, wie über ein Kind in Lebensgefahr. Mir ist kein so tiefes Leiden, wie das seinige vorgekommen. Er war höchst unglücklich: Ich kenne nur einen auf Erden, der es noch mehr werden sollte als er!

Ungefähr um diese Zeit erschien ein Buch, das ein ungeheures Aufsehen im Publikum machte und in den Köpfen mehr Unheil anrichtete als die schlüpfrigsten Gemälde und die unzüchtigsten Geisteserzeugnisse; ein Buch, das seinen Verfasser zwischen Tadel und Lob, zwischen Verachtung und Achtung stellte, ihm zwischen den ausgezeichnetsten Schriftstellern und denen, die einen verderblichen Gebrauch von ihren Talenten machen, zwischen den großen Malern einiger auffallenden Laster und den Verderbern und Vergiftern aller Tugend einen Platz anwies; – ein Buch, dem der Verfasser sich erfrechte, einen moralischen Zweck unterzulegen, während es eine offenbare Beleidigung aller Nationalmoralität war; – ein Buch endlich, wovon alle Frauen bekennen und *beichten*, es gelesen zu haben, das alle Männer hätten streben sollen zu vertilgen, und das verdiente, von Henkershand öffentlich verbrannt zu werden, obschon es in seiner Gattung wert ist, in den ausgesuchtesten Sammlungen einen klassischen Platz einzunehmen. Ich glaube, die *Liaisons dangereuses* nicht erst *nennen* zu brauchen.

Ich rede heute von diesem Werke anders, als ich bei dem ersten Erscheinen darüber dachte; denn ich gestehe und werfe es mir vor, zu dessen leidenschaftlichsten Bewunderern gehört zu haben. Noch mehr; ich habe es damals, als es neu war, zwei oder drei Frauen geliehen, die es insgeheim verschlangen und sich sorgfältiger beim Lesen versteckten, als sie es später bei der praktischen Befolgung seines Inhalts getan haben.

Mir war außerordentlich viel daran gelegen, die Bekanntschaft des Herrn *de Laclos* zu machen; aber dieser Wunsch schwand bald, wie alle Wünsche, die auf keiner festen Grundlage beruhen. Ich fand viele Jahre später Gelegenheit, ihn zu sehen, und wieder eine geraume Zeit nachher die Veranlassung, mich mit ihm über seinen berüchtigten Roman zu unterhalten, der aber eigentlich kein Roman ist, da ich aus seinem eigenen Munde erfahren habe, was in diesem zugleich so eleganten und so zynischen Werke *Dichtung* und *Wahrheit* ist.

Und da ich einmal hier von den *Liaisons* zu reden angefangen habe, so will ich mich nur gleich in den Zeitraum versetzen, wo meine Unterredung mit Herrn *de Laclos* stattfand und die chronologische Ordnung (wie schon oft), auch dieses Mal hintenansetzen.

Im Jahre 1789 gab mir der Herzog *von Orleans* (welchen ich um einen Dienst ersucht hatte, der ihn nur ein paar Briefzeilen kostete), in seinen kleinen Zimmern des Palais-Royal ein frühes Morgen-Rendezvous. Ich stellte mich zwischen neun und zehn Uhr ein und traf schon die Herren *Heymann*, *de Travanet* und einen dritten an, den ich nicht kannte. *Travanet* nannte ihn mir; es war Herr *de Laclos*.

Welche sonderbare Vereinigung (dachte ich) von Männern, die so wenig im Charakter und infolge ihrer ursprünglichen Stellung zueinander und noch weniger zum Umgang mit dem ersten Prinzen vom Geblüt passen! Gleichwohl versäumte ich die Gelegenheit nicht, mich Herrn *de Laclos* zu nähern, dessen *Liaisons dangereuses* ich über meine eigenen beinahe ganz vergessen hatte. Kaum gewann ich Zeit, ein paar Höflichkeiten mit ihm zu wechseln, als unser kurzes Gespräch schon ein Ende nahm, weil man mich ins Kabinett des Herzogs rief. Hier blieb ich einige Minuten, begleitete alsdann den Herzog in das erste Zimmer, wo sich unterdessen mehrere Personen eingefunden hatten. Ein neues Werk des Herrn *von Calonne* bildete den Gegenstand der Unterhaltung; die Meinungen waren, wie immer, geteilt. Ich dachte nicht weiter an Herrn *de Laclos* und traf ihn erst zwei Jahre später in England wieder, wohin er den Herzog *von Orleans* begleitet hatte, als dieser, aus dem Salon der Herzogin von *Coigny*, von Herrn *de la Fayette*, in außerordentlicher Sendung nach London geschickt wurde, um dorthin die Nachricht zu bringen »dass man ihn nicht länger in Paris haben wolle«.

Es ist hier nicht der Ort, auf die einzelnen revolutionären Maßregeln und Schritte einzugehen, womit sich Herr *de Laclos* befasst hat, und sich mit der Gewalt zu beschäftigen, die er über einen Prinzen geübt, den seine Freunde und seine Feinde auf einem und demselben Wege dem Blutgerüste zugeführt haben, nämlich durch die Vorspiegelung eines Thrones, den er nur mit Schauder – und noch mehr mit Befremden – bestiegen haben würde. Ich habe es hier nur mit dem Verfasser der *Liaisons dangereuses* zu tun. Ich versuchte es ein- oder zweimal in London, von ihm selbst das ganze Geheimnis seines Buches herauszubringen, indem ich überzeugt war, dass ein Werk wie dieses, ohne wirklich bestehende Originalcharaktere, die der Verfasser benutzen und zugrunde legen konnte, niemandem in den Sinn gekommen sein würde. Er entzog sich, obwohl mit vieler Artigkeit, meinen Fragen und gab mir keine befriedigenden Antworten.

Endlich aber lieferte ihn die Langeweile in meine Hände und bediente mich besser als meine Neugierde und seine Eigenliebe es getan hatten.

Wir waren beide einmal beim Lever des Prinzen von *Wales*, der aus zwei Ursachen erstaunlich lange auf sich warten ließ; einmal, weil es Fürstensitte ist; zweitens, weil die Toilette eines der schönsten Männer von Europa viel Zeit erforderte. Herr *de Laclos*, weniger aus Mangel an Kenntnis der Hoftaktik als infolge der finsteren Ungeduld eines Philosophen oder eines Staatenumwälzers, anstatt seine Laune hinter einem angenommenen Phlegma zu verbergen, anstatt nach der Uhr zu sehen oder auf und ab zu gehen, suchte sich die Zeit durch Plaudern zu vertreiben. Er unterhielt sich mit mir und sprach ungefähr wie folgt:

»Ich stand in Garnison auf der Insel Ré und langweilte mich wie in diesem Saale. Ich hatte zum Zeitvertreib ein paar Elegien auf Tote verfertigt, die nichts davon erfahren werden; ich hatte einige Episteln gedichtet, welche zu meinem und der Leser Glück, ungedruckt geblieben sind; kurz, ich hatte ein Geschäft betrieben, von dem ich mir wenig Beförderung und wenig Achtung versprechen konnte, sodass ich mich entschloss, an einem Werke zu arbeiten, das sich von der gewöhnlichen Bahn entfernen, Aufsehen machen und mir noch lange nachhallen sollte, wenn ich schon tief im Grabe liegen und schweigen würde.[197] Ich hatte einen literarischen Freund, der sich in den Wissenschaften einen großen Namen gemacht und in seinem Leben eine Menge Abenteuer bestanden hatte, denen es nicht an Glanz und *Eklat*, nur an einem Rahmen und

---

[197] Das waren seine eigenen, etwas rhetorischen Ausdrücke, deren ich mich noch, wie von gestern her, erinnere. Sie frappierten mich umso mehr, da sie von dem Ton und der Farbe seiner gewöhnlichen kalten und methodischen Unterhaltungssprache so sonderbar abstachen.

einem Schauplatz fehlte. Dieser Mann war im eigentlichsten Sinne für die Frauen geboren und in alle Falschheiten und Treulosigkeiten, worin es das weibliche Geschlecht soweit gebracht hat, eingeweiht. Mit einem Worte: Wäre er ein *Hofmann* gewesen, er würde den Ruf eines *Lovelace* erreicht und denselben im guten Gesellschaftstone noch übertroffen haben. Er hatte mich zu seinem Vertrauten gewählt; ich lachte über seine Streiche[198], half ihm aber bisweilen mit meinem Rate. So kannte ich z. B. eine seiner Mätressen, die der *Frau von Merteuil* so ziemlich nahe kam; aber erst in Grenoble fand ich das eigentliche Original, welches zu meiner Schilderung gesessen und von welcher meine *Frau von Merteuil* nur eine schwache Nachbildung ist; es war eine gewisse Marquise *de L.T.D.P.M.*, von der die ganze Stadt Züge wusste und erzählte, die in der Geschichte der berüchtigsten Kaiserinnen des alten Rom eine Hauptstelle eingenommen haben würde. Ich zeichnete mir das Merkwürdigste auf und nahm mir vor, zu seiner Zeit Gebrauch davon zu machen. *Prévans* Geschichte war lange Zeit vorher einem Stabsoffizier bei den Mousquetaires, Herrn *von Rochechouart*, begegnet. Der Vorfall brachte ihn um Ruf und Ehre. Heute würde man darüber lachen. Ich hatte einen Vorrat pikanter Abenteuer und Geschichtchen aus meinen Jugendjahren. Ich verschmolz alles, machte aus den heterogenen Teilen ein Ganzes, erdichtete das Fehlende und schuf insbesondere den Charakter der *Frau von Tourvel*, auf den ich viel halte und der mir nicht zu den gewöhnlichen zu gehören scheint. Ich verwandte großen Fleiß auf den Stil, und nachdem ich an meinem Werke ein paar Monate gefeilt hatte, schickte ich es ins Publikum. Seitdem habe ich es fast aus den Augen verloren und weiß nicht, hat es Glück gemacht oder nicht; nur so viel hat man mir gesagt, dass es noch *am Leben* sei.«

Ich habe meine Antwort vergessen. So viel aber ist gewiss, seine Rede steht hier Wort für Wort.

Und da ich einmal diesen Exkurs gemacht habe, so will ich auch, ehe ich acht bis neun Jahre zurückgehe, in wenigen Worten meine Meinung über das Werk selbst sagen, das ich hier (wohlverstanden!) nur nach seinem literarischen Werte untersuche und in Hinsicht auf die Art und die Gefahr der darin enthaltenen Gemälde beurteile.

---

[198] Espiégleries.

Was hier folgt, ist ganz *meine* Ansicht. Ich habe mich nie darüber mit anderen auf Erörterungen eingelassen, die meine Ansicht bestimmt haben könnten.

Fürs Erste hat der Verfasser auf seine *Frau von Merteuil* viel Kunst verwendet; er hat sie absichtlich verderbt geschildert, damit sie desto mehr mit der engelhaften Reinheit der *Frau von Tourvel* kontrastiere und selbst gegen *Valmont* absteche, der bei Weitem nicht so arg ist wie sie. Der Verfasser zeigt sich als Menschenkenner und befolgt die Regel. In der Regel nämlich sind die Frauen besser und mehr wert als wir; weichen sie aber einmal von dem Pfade der Tugend und Weiblichkeit ab, so geht's mit ihnen desto rascher und desto weiter auf der Bahn des Lasters und der Sittenlosigkeit fort. Dagegen ist es ein großer Fehler, dass er jeder Person ihren besonderen Stil im Sprechen und Schreiben beilegt. Er hätte sich damit begnügen sollen, ihnen eine unterscheidende *Physiognomie* zu geben. Durch diese Verschiedenheit ist der Übelstand veranlasst worden, dass neben vortrefflich geschriebenen Stellen man auf andere stößt, die durch übel angebrachte Naivitäten oder nicht zu entschuldigende Nachlässigkeiten auffallen und nicht als Kontraste, sondern als wahre Flecken anzusehen sind. Die Schilderung der Frau *von Tourvel* ist das Schönste, was man lesen kann, und hat der Jugend von beiden Geschlechtern Ströme von Tränen gekostet. Welches junge Mädchen würde nicht lieber sterben wie sie, als leben wie ihre verabscheuungswerte Rivalin! Welches junge Mädchen würde der Tugend nicht diesen Zoll bringen! Welcher Jüngling hat sich nicht eine Geliebte geträumt wie sie, hat nicht das Knie vor ihrem Bilde gebeugt und ihrem Schatten die Huldigung seines Herzens dargebracht! Das ist der Zoll, welcher der wahren Liebe gebührt! Aber hiermit ist es auch abgetan; weiter nehme die Jugend an diesem Buche keinen Anteil. Das Übrige ist ein strafwürdiges Erzeugnis; es sind Gemälde, tadelnswerter als Aretins Bilder; aber die meisten sind elegant, einige wahr, mehrere übertrieben und mit stark aufgelegten Farben ausgemalt. Für diejenigen, welche die große Welt nur vom Hörensagen kannten, hat dieses Werk für eine glänzende Schilderung der allgemeinen Sitten einer gewissen hohen Klasse gegolten und ist in dieser Hinsicht eine der tausend Wogen im revolutionären Ozean geworden, die den Hof verschlungen haben, einer der tausend Blitze im Ungewitter, das den Thron zerschmettert hat. – Das ist meine feste Überzeugung. Man wende mir nicht ein, dass niemand vor mir auf diesen Gedanken verfallen, man finde meine Behaup-

236

tung nicht übertrieben, nicht lächerlich, man frage mich nicht: »Haben Sie es von dem Verfasser?« – Nein, er hat es mir nicht *gesagt*, aber er, der Mitarbeiter an einem so tief angelegten Verschwörungsplan, sollte es nicht *gewusst* haben? – An einem so weit ausgedehnten Plan, wo jedem im Voraus, am Hofe, in der Hauptstadt, in den Provinzen, in der Armee seine Rolle vorgeschrieben war? Selbst *Valmonts* Tod ist kein Schluss, keine Ehrenrettung für die Moral, weil er, streng genommen, zu verdammen ist: die Dazwischenkunft des Pater *Anselm* ist eine Verspottung seines heiligen Amtes. Selbst für die unteren Klassen sind die Liaisons ein Unterricht in der Schamlosigkeit, eine Aufmunterung zur Sittenverderbnis. Was soll ich endlich von der Rolle der jungen *Unschuldigen*[199] sagen, die alles tat, was die erfahrensten Buhlerinnen tun können, die ihre Mutter lächerlich macht, den jungen Mädchen das schlimmste Beispiel gibt, kurz, die der letzte Pinselstrich dieses mit einer dreifach strafbaren Kunst ausgemalten Tableaus ist?

Der Stil ist natürlich, bisweilen zu natürlich, daher schwach, doch fast immer elegant, graziös und gedrängt. Alle Teile der Intrige gehen mit einer Leichtigkeit ineinander über, hinter der Arbeit und Mühe sich künstlich verbergen. Was bei der Reflexion zum scheußlichsten Laster wird, erscheint beim Lesen ganz einfach. Der Verfasser reißt die Leser mit sich fort, man trennt sich nur dann von ihm, man macht sich vom Interesse, das er einflößt, von dem Einverständnis mit ihm nur dann los, wenn man die ganze Bahn durchlaufen hat und am Ziele steht. Mit einem Worte, sein Werk ist das Werk eines Kopfes ersten Ranges, eines in Fäulnis übergegangenen Herzens und – des Genius des Bösen.

Unter dem neuen Gesellschaftszustande hat das Buch an Interesse verloren; gleichwohl wird es so lange bestehen als die Sprache, in der es geschrieben ist.

Sollte sich jemand über diese lange Diatribe wundern und nicht begreifen, warum ich ein altes Werk neu untersuche und zergliedere, so fühlt er nicht wie ich, so hat das Werk nicht auf ihn eingewirkt wie auf mich, so hat er die Folgen, die es hervorgebracht, nicht gesehen wie ich; – so geschieht's, entweder weil er zu unempfindlich ist oder ich zu eindrucksfähig;[200] – so geschieht's, weil er die *Liaisons dangereuses* als einen Roman ansieht, den man in der Jugend von sich legt, wenn man ihn

---

[199] Innocente.

[200] Impressionable; ein neu geprägtes Wort.

gelesen hat, und *ich* sie als eines von den verderblichen Meteoren, als eines von den Unheil verkündenden Zeichen der Zeit betrachte, welche gegen das Ende des achtzehnten Jahrhunderts an dem in Flammen stehenden Himmel erschienen sind.

Ich führe meinen Leser mit mir nach Paris zurück; – nach Paris, wo ich einen unglücklichen Freund wieder aufsuche – nach Paris, das ich mit diesem Freunde verlasse, um ihm ein paar Wochen auf seinem Landgute Gesellschaft zu leisten. Dort überlasse ich den Halbgeheilten der Zeit ... denn was vermag nicht die Zeit, die heilsamste Trösterin im Unglück? Von da gehe ich nach der Provinz Maine, auf eine Besitzung, die ich, noch immer minderjährig, nicht veräußern darf, wo ich aber einem lachenden Käufer einen bedeutenden Holzschlag für ein Spottgeld verkaufe. Mit dem Kaufpreis in dem Portefeuille geht's wieder nach Paris. In diesem bodenlosen Abgrund, in dieser Hauptstadt, die alles verschlingt, werde ich bald mein Geld verschwendet haben, habe ich doch mit noch größerem Leichtsinn meine Jugend dort vergeudet ... meine Jugend, deren schöne Tage wie ein Traum verschwanden!

Jener Holzverkauf missfiel meiner Familie. Mein Vater, dem seine eigenen Angelegenheiten genug zu schaffen machten, hielt es für gut, sich bei diesem Anlass in die meinigen zu mischen. Doch das konnte mir sehr gleichgültig sein, weil ich über den Ertrag meines Vermögens bis zur Volljährigkeit verfügen konnte. Er schrieb sogar an den Prinzen *von Poix* und bediente sich seines väterlichen Ansehens, um ihn zu ersuchen, mir einen Verweis zu geben und mich zum Regiment zu berufen. Sein Brief blieb ohne Folgen. Um sich zu trösten, kaufte mein Vater vom Prinzen *von Guémenée* die Hofstelle eines Grand-Bailli d'épée in der Apanage *Monsieurs*, Bruders des Königs, mit der Anwartschaft für mich. Er tat diesen Schritt, ohne mich zu befragen, denn er mochte wohl wissen, wenn ich mein Gutachten zu geben gehabt hätte, wie es ausgefallen wäre, und dass ich die Familie vermocht haben würde, ihm diese Ungereimtheit hart vorzurücken.[201] Der Handel hat ihn viel Geld gekostet und ihm von der Gräfin *von Tessé* das Kompliment zugezogen, sie könne ihm zu seiner neuen Würde nicht Glück wünschen, weil es nur noch im *Molière* Seneschälle gäbe.[202] Nichtsdestoweniger veranstaltete mein Vater bei

---

[201] Le faire gronder de cette absurdité.

[202] Groß-Seneschall und Grand-Bailli dapée sind zwei gleichnamige Titel. Die Sache ist veraltet; die Rechte waren ehedem bedeutend. In schwierigen Fällen besorgte der Seneschall das Kriegsaufgebot des Adels; in ruhigen Zeiten hatte er nichts weiter zu tun,

dieser Gelegenheit in seiner Provinz große Festlichkeiten, welche ihn viel Geld kosteten. Ebenso teuer kam ihm die Taufe eines Söhnleins aus der zweiten Ehe zu stehen, wobei *Monsieur* und *Madame Elisabeth* Patenstelle vertraten. Das brachte die schon zerrütteten Finanzen meines Vaters vollends in solche Unordnung, dass an keine Hilfe und Rettung zu denken war.

Der Herzensangelegenheiten und großen Leidenschaften müde, suchte ich leichtere Zerstreuungen und vor allem den Umgang der Musen. Ich machte eine Menge Verse und brachte meine neugeborenen Kinder in einigen Tagesblättern zu Grabe. Um aber in nichts zurückzubleiben, ward ich ein Spieler, ohne je das Spiel geliebt zu haben. Der Graf *von Genlis* erhielt mein Handgeld. Er wohnte damals auf der *Place Vendome*. Bei ihm fanden sich Spieler aus der guten Gesellschaft ein – aber auch aus solcher, die diesen Namen nicht verdiente. Dame Fortuna, welche den Anfängern immer eine Zeitlang zuzulächeln pflegt, so wie Dame Venus gern mit jungen Liebhabern kokettiert, legte mir ihren gewöhnlichen Fallstrick und ließ mich gewinnen; aber früh genug musste ich ihre vorübergehende Gunst teuer bezahlen. Ich bin dem Grafen *Genlis* die Gerechtigkeit schuldig, dass ihm meine Jugend und Unerfahrenheit Sorge machten, dass er mich warnte, dass er mir über das Spiel und die verderblichen Streitigkeiten, deren Tummelplatz sein Haus war, heilsame Lehren gab, dass er mich sogar bat, mich bei ihm zu amüsieren, mit ihm zu speisen, aber mein Geld zu behalten. Leider aber war die Gelegenheit da und die Verführung stärker als seine Beredsamkeit, obschon sie damals kräftiger und eindringender war als jene, die er auf der Rednerbühne vortrug, vielleicht auch aufrichtiger und gutgemeinter.

Meine Besuche bei ihm und beim Präsidenten *von Champ*... (der ungefähr dieselbe Gesellschaft und außerdem eine Menge Frauen aus allen Ständen, Farben und Jahren sah) wurden von Personen von Rang und Achtung, die mir wohlwollten und zum Teil zu meiner Familie gehörten, übel ausgelegt. Ich hörte nicht auf sie, ließ mich bei ihnen nicht se-

---

als, so oft es ihm gefiel, unter einem reich mit Fransen und Federn geschmückten Thronhimmel in dem Hauptorte seinen Umzug zu halten, begleitet von einer zahlreichen Dienerschaft in Staatslivree, mitunter auch von einem Teil des Magistrats usw. Es hatte freilich so ziemlich das Ansehen einer Mummerei, wobei der Seneschall die Hauptrolle spielte mit seinem Federhut, seiner goldenen Kette, seinem langen Degen, seinem kurzen Mantel usw. usw. Ich würde um nichts diese Hauptrolle gespielt haben. *Verf.*

hen, und sie erlaubten sich nun die Freiheit, mich ein mauvais sujet zu nennen, eine Benennung, mit welcher man ratsamer zu Werke gehen sollte als gewöhnlich geschieht, besonders wenn man sie jungen Leuten erteilt, denn diese werden anfangs zu stark dadurch gereizt, woraus folgt, dass sie sich darüber hinwegsetzen und durch ihre Gleichgültigkeit den Beinamen verdienen.

Wie mancher macht sich dadurch, dass er im Anfang des Lebens die öffentliche Meinung verachtete, der Verachtung wert! Erst späterhin ist es dem Menschen erlaubt, sich über die Meinung zu erheben, sie für das zu halten, was sie ist, und über Richter zu lächeln, die oft weniger gelten als die Opfer, denen sie das Brandmal aufdrücken.

Während ich mich so in diesen beiden Häusern umhertrieb, dabei kleine Liebschaften im Dunkeln anknüpfte, sie bald wieder auflöste, mich von Zeit zu Zeit wider Willen in guten Gesellschaften sehen ließ, wo man keinen Gefallen an mir fand und wo ich durch unanständiges Gähnen zu erkennen gab, dass sie mir nicht gefielen – verging der Winter.

Der Graf *von Genlis* und nachherige Marquis *von Sillery*[203] war eben kein liebenswürdiger Mann. Er galt in der Hofwelt für unterrichtet, so wie er nachher in der Revolution für einen Staatsmann gegolten hat. In beiden Urteilen hat man sich, wie das so oft der Fall ist, geirrt. Ebenso ungereimt war aber auch die Behauptung, dass es ihm an Mut fehle. Seine Wunden haben das Gegenteil bewiesen; er hat in Ostindien glänzende Beweise der Tapferkeit abgelegt und sich in Ouessant sehr zu seinem Vorteil gezeigt, so sehr man sich auch bemüht hat, bei Gelegenheit dieser Seeschlacht ihm sowohl als dem Herzoge *von Orleans*, dessen Gardekapitän er war, Feigheit anzudichten.

Sein Bruder, der Marquis *von Genlis*, war in meinen Augen nicht nur weit liebenswürdiger, sondern auch weit unterrichteter. Seine Liebenswürdigkeit ist wohl von niemandem in Zweifel gezogen worden. Was seine geistige Bildung betrifft, so besaß er allerdings die erste aller Wissenschaften, die nützlichste und anwendbarste von allen: das große und seltene Geheimnis, zu gefallen. Ein zweites Kunst- und Meisterstück, welches man an ihm bewundern musste, bestand darin, dass er mitten in der Revolution den gebildetsten Ton beibehalten hat, einen Ton, der des allerfeinsten Hofes würdig war; dass er, mitten unter gemeinen Weibern

---

[203] Gatte der Gräfin *von Genlis*.

lebend, die Sprache der ausgezeichnetsten Frauen nicht verlernt hat, dass er, mitten unter den gröbsten Unordnungen, beständig ein Muster des feinen und guten Geschmacks geblieben und zu einer Zeit nicht *rostig* geworden ist, wo jeder andere, der es in der einschmeichelnden Urbanität, in der attischen Grazie, in der natürlichen Eleganz des Umgangs nicht so weit gebracht hatte, unfehlbar Schiffbruch gelitten haben würde. Er sprach ohne alle Anmaßung, es war aber immer ein glückliches Ereignis, wenn man ihn reden hörte; bisweilen zeigte er aber auch eine Unwissenheit, worüber er selbst gelacht haben würde, wenn man sie ihm bemerkbar gemacht hätte. Ich kann den Eindruck, den er auf mich gemacht und in mir hinterlassen hat, nicht besser beschreiben, als wenn ich von ihm sage: Er glich jemandem, der viel weiß, dem man es aber ansieht und anhört, dass er nichts gelernt hat.

Die beiden Brüder achteten einander sehr, wurden aber von wenigen geachtet. Dagegen gab es wohl keinen, der sich dem verführerischen Wesen des Marquis hätte entziehen können, der ihn nicht hätte lieben müssen, so unwiderstehlich war er. Auf der Rednerbühne des Lasters würde er dem größten Kanzelredner die Spitze geboten, das Laster liebenswürdig, die Tugend hassenswert gemacht haben. Man hat von ihm eine Menge *Bonmots*, die ich zum Teil anführen könnte, zum Teil aber auch nicht, obschon sie in gewissem Sinne und für gewisse Ohren der Anführung vollkommen wert wären. Seine Philosophie war die der Alltäglichkeit, des Augenblicks. Sie hat ihm in der Revolution gute Dienste geleistet; er hat noch im fünfzigsten Jahre die Schönen nichts weniger als grausam gefunden, hat es aber auch nie übel genommen, wenn seine Gattin nicht die Grausame spielte.

Seit dem Kanzler *von Sillery*, der zu seiner Zeit sicher kein Dummkopf war, hat diese Familie stets Männer von Geist hervorgebracht.

Aber auch eine Frau hat derselben in dieser Hinsicht keinen geringen Glanz gegeben. Frau *von Genlis*, so berühmt durch ihre Erziehungsgaben, durch ihre Schriften, durch ihre Liebhaber (wohlverstanden, durch die Liebhaber eines Teils dieser Schriften) hat gleichwohl weniger Erzeugnisse ihrer Feder aufzuweisen, als ihr Gatte *(Genlis-Sillery)* in den ersten Jahren der Revolution zutage gefördert. Ich speiste oft bei ihm, als die konstituierende Nationalversammlung ihren Sitz noch in Versailles hatte. Er ermahnte mich immer, alles ziehen zu lassen und zu bleiben,[204]

---

[204] De survivre à tout le monde.

er las mir Aufsätze vor (denn er besaß die traurige Leichtigkeit, über alles Aufsätze zu machen). Ich weiß kein Wort von ihrem Inhalt; so viel weiß ich nur, sie wiegten mich in einen sanften Schlummer und ich muss ihm noch in diesem Augenblick für die Höflichkeit danken ... artiger konnte sich in der Tat kein Wirt gegen seinen Gast benehmen. Es würde ihm vielleicht diese Liebe durch eine ähnliche erwidert werden, wenn er meine Memoiren lesen könnte; aber er schläft einen festen, *eisernen*[205] Schlaf, aus welchem ihn alle Albernheiten und Torheiten der Welt nicht wecken könnten.

Er war einer von den Ratgebern des unglücklichen Fürsten, der in meinen Augen mehr den Namen eines verworfenen Menschen als eines abscheulichen Ungeheuers verdient, obschon man es der Nachwelt nicht ganz wird verdenken können, wenn sie an ihm irrewerden sollte; er selbst hat sie dazu berechtigt. Übrigens hat der Marquis *von Sillery* seinem Gönner wenig geschadet. Sein Gönner schenkte ihm von Anfang an wenig Vertrauen und bediente sich seiner gegen das Ende als eines alten, schlechten Instruments, auf welchem man nur noch aus Gewohnheit fortklimpert. Herr *von Sillery* starb auf dem Blutgerüste, nachdem er sich tief gegen das Pariser Volk verneigt hatte (was ich bei einem Hofmanne sehr natürlich finde) und seinem Beichtvater die Hand gereicht (was mir von einem Freigeiste nicht so gut gefallen will).

Ich sagte weiter oben, dass ich in des Grafen *von Genlis* Hause mein Geld verlor; ich hatte es so ganz verloren, dass mir gegen das Ende des Winters nichts übrig blieb und ich an meinem Spieltisch ebenso schlechte Geschäfte machte als Herr *Necker*, welcher eben seine Stelle als General-Kontrolleur der Finanzen angetreten hatte, der Monarchie vorbereitete.

Eines Abends hatte ich mich selbst, meine Zeitleere und dreißig Louis zum Präsidenten *von Champ...* gebracht, dessen Haus ich früher erwähnt habe. Es blieben mir nur noch fünf, als die Marquise *de Soudeille*, Nichte des Präsidenten, mir zur Tafel die Hand bot. Ich führte sie mit dem edlen Gleichmut des Spielers, den die Gegenwart zu Boden drückt, der aber aus Gewohnheit gegen eine Schöne aus der vergangenen Zeit artig ist; denn sie schien mir in der Tat schon zur Vergangenheit zu gehören und mit ihren Jugendreizen etwas sehr geeilt zu haben. Einem gewissen Herrn *von Poinçot*, der sich in Versailles beim Spieltisch der Königin als

---

[205] Er ist 1793 guillotiniert worden. *Übers.*

242

Croupier eingeschoben hatte,[206] war meine bedrängte Lage nicht entgangen; meine Jugend und das Unglück im Spiel, das mich verfolgte, hatten seine Teilnahme erregt. »Gehen Sie zur Tafel«, sagte er, »geben Sie mir Ihre fünf Louis.« – Ich besann mich keinen Augenblick; ja, ich wusste nicht einmal recht – so sehr war ich gewohnt, zu verlieren – ob ich sie nicht schon verloren hätte und sie ihm noch *geben könnte*. Er nahm sie. Ich setzte mich zur Tafel, er an den Spieltisch. Nach einer Stunde kam ich wieder, sah ihn und vor ihm einen großen Haufen Goldes, worauf ich nicht den geringsten Anspruch machen zu können glaubte. Ich dachte so: »Er hat deine armseligen Louis bald zum Opfer gebracht und dann das Spiel auf eigene Kosten fortgesetzt und das viele Geld gewonnen.« Er indessen spielte immerfort, pointierte mit unglaublicher Kaltblütigkeit, ohne mir ein Wort zu sagen, ohne mich anzusehen. Erst nach einiger Zeit kehrte er sich zu mir und fragte: »Sind Sie nicht der Meinung, dass es töricht *von Ihnen* gehandelt sein würde, die in den letzten Zügen liegende Bank vollends *sprengen* zu wollen? Ich gebe Ihnen den Rat, *sich zurückzuziehen*.« – »Mein Herr?« – »Sie gewinnen viel.« – »Ist denn das Geld ...« – »Es ist Ihr Geld; ich habe den ganzen Abend nicht für meine Rechnung gespielt.« – »Sie scherzen!« – »Nun, so wäre es wenigstens kein Scherz, den Sie übel deuten könnten. ... Seien Sie aber ganz ruhig; ich gebe Ihnen mein Ehrenwort, das Geld hier gehört *Ihnen*.«

Ich schüttete es in meinen Hut; es waren über zwölfhundert Louis. War das nicht ein edler Zug eines edlen Mannes? War es nicht eine allerliebste Art, aus wenigem viel zu machen?

Der Name des Herrn *Necker* und dessen Eintritt ins Ministerium ist mir in die Feder gekommen; ich setze sie also wieder an, um weitläufiger über ihn zu schreiben.

Herr *Necker* hatte klein angefangen. Er war erst Buchhalter, dann Handelsgenosse des Herrn *Taboureau*, welchem er bald das Geschäft verleidete und Lust machte, es zu verlassen. Ehrgeizige wissen nicht allein, wie man zu Stellen gelangt, sie verstehen sich auch darauf, wie man andere daraus vertreibt. Alle Welt kennt sein Debüt, das Glück, das er gemacht und den Weg, den er uns hat machen lassen. Es ist aber wohl nicht zur Unzeit, wenn hier bemerkt wird, dass es vielleicht der erste Fall in seiner Art ist, wo ein großes Schriftstellertalent, verbunden mit einem großen Rechnertalent, einen Mann zu den höchsten Ehren und ins

---

[206] Fourré.

Ministerium gebracht hat. *Necker* vereinigte das Talent eines scheinbar vollkommenen Finanziers und eines beredten und ernsten Schriftstellers. Seine Feder schien ganz der Tugend gewidmet; er schien die Farben, mit welchen sein Pinsel sie schilderte, aus dem Herzen zu nehmen, und seine Gemälde würden noch glänzender ausgefallen sein, hätte ein gewisser Stolz, der fast immer durchscheint, ihnen nicht einen Teil ihrer Frische benommen.

Schon fing die Nation an, in Bewegung zu kommen, als er alle Keime von Uneinigkeit, alle Urstoffe des Faktionsgeistes, allen Sauerteig des Zwiespaltes in den Ministerrat brachte – lauter Bestandteile, die unter seinen Händen zur Gärung kommen sollten, lauter Erzeugnisse seiner Rechtlichkeit und seiner Ansprüche, seiner Verwaltungstalente und Verwaltungsfehler, der geraden Absichten seines Herzens und der Pläne seiner Eitelkeit!

Frankreich war seines Glücks müde, weil es ein langweiliges, ruhiges Glück war, ohne Glanz, folglich auch keinen Wert in den Augen der Franzosen hatte. Alle Köpfe waren mit der Gegenwart unzufrieden, stürmten auf die Zukunft ein und nahmen die Ruhe für Sklaverei. Die Gemüter, denen es zu sehr an Beschäftigung fehlte, brachten ihre Muße mit Untersuchungen, mit Erörterungen zu; man sprach über alles, entschied über alles. Wir waren nicht unglücklich; aber wir fühlten, dass wir nicht mehr glänzten, und die Nation wollte ihre alte Stelle wieder einnehmen. – Unglaublich und doch wahr! Unter einer Regierung der Sanftmut und des Friedens gebärdete sich alles und nahm eine feindliche Stellung an, als sei schon zwischen Knechtschaft und Tyrannei die offene Fehde ausgebrochen.

Die Hand, die man gewählt hatte, einen der Staatszügel zu halten, war nicht imstande, den Lauf des bergab rollenden Wagens zu hemmen. Es war nicht schwer, vorauszusehen, dass ein Mann, gewöhnt an die kleinlichen Forschungen einer enggeistigen Philosophie, ein Mann, der durch die niederen Gassen der Subalternstände gewandert war, ein Rechenkopf, ein schöner Geist, nicht viel Gutes oder Böses und allenfalls nur das letztere stiften würde. Es war klar, dass ein Republikaner kein warmer und gewandter Freund der Monarchie sein konnte, dass ein Protestant wenig Eifer für ein katholisches Land, ein Bürger von Genf keine blinde Vorliebe für den Adel zeigen, dass, mit einem Worte, ein Mann wie *Necker*, welcher der Königin und dem Hofe (mit Ausnahme seiner Partei) verhasst war, suchen würde, sich zu einer Art von König zu machen, und wenn man ihn vom *Konseil* ausschlösse, für sich allein ein *Konseil* bilden würde.

Uns allen sind die letzten Blätter seiner Geschichte bekannt, wir alle haben gesehen, wie das Reich unter seinen Versuchen zugrunde gegangen, wie der Staat unter seinen Neuerungen und Heilmitteln Todes verblichen ist.

Das ist das Tagewerk, das er vollendet, die Aufgabe, die er gelöst, das Schicksal, das er gehabt, kurz alles, was er gemacht hat. – Doch nein, noch etwas: Die Frau *von Staël* ist sein Werk.

Ich weiß, dass er sich das Unglück, woran er schuld war, zu Herzen genommen; ich weiß aber auch, dass seine Reue nicht schuld an seinem Tode gewesen ist und diesen nicht schneller herbeigeführt hat. Er hat das Geschehene tief und aufrichtig bereut und die selbst gemachten Vorwürfe haben ihn in das Grabmal begleitet, das er für sich und für die Gefährtin seines unbezwinglichen Stolzes errichtet hat. Ein Beweis, dass, wenn es ihm gelingen sollte, in jener Welt Minister zu werden, er sich weiser benehmen und vor allen Dingen unverheiratet bleiben würde, nur würde er dadurch nicht wieder gut machen, was er in *dieser* verbrochen hat.

Dieses Jahr zeichnete sich für mich durch ein seltsames Abenteuer aus, das ich mit meinem damaligen Obersten, dem Prinzen *von Poix*, hatte. Meine Beziehungen zu ihm waren ganz besonderer Art. Er schwankte beständig zwischen Zuneigung und Kälte; dem Meere gleich, hatte seine Freundschaft Ebbe und Flut; doch ist mir bei allem Wechsel zwischen uns das süße Gefühl, der Beweis und die Gewissheit verblieben, dass in der letzten Zeit die Freundschaft das Ufer behauptet hat.

Aber dieser Freund ist lange für mich das gewesen, was sich nur von einem gefährlichen Feinde erwarten lässt, sodass, wenn es im Evangelium heißt: »Vergib deinen Schuldnern, liebe deine Feinde!«, ich umso mehr die Verbindlichkeit fühle, *dem* zu verzeihen, der sich durch Leichtsinn und Lebhaftigkeit des Kopfes Fehler hat zuschulden kommen lassen, die nicht aus seinem vortrefflichen Herzen flossen, sodass ich einer mehr als zwanzigjährigen zärtlichen und engen Verbindung mit Freuden das Andenken an einige unbedachtsame Handlungen zum Opfer bringe, selbst wenn sie auch manche für mich unangenehme Folgen gehabt haben. Er hat sich entschuldigt, er hat sie bereut; heißt das nicht, sie tilgen?

Nach dieser kurzen Einleitung knüpfe ich den Faden meiner Erzählung wieder an.

Ich war auf dem Opernball; ich gab einer *hübschen Maske*, mit der ich zu Abend gespeist hatte, den Arm ... Ich sollte sie erst spät, nach dem Balle, verlassen: so war die Abrede, so lautete das Versprechen. Aber das Versprechen blieb unerfüllt, denn nichts verscheucht Amor und die Grazien so sehr als der zürnende Mars. Der Prinz *von Poix* bemerkt mich, kommt auf mich zu, redet mich mit dem lärmenden Ausdruck übler Laune an, wirft mir mit lauter, gellender Stimme vor, dass ich nicht beim Regiment bin, dass ich Schulden gemacht habe (was die Königin durchaus nicht dulden wolle), ruft aus: Es schicke sich besser für mich, Remontepferde zum Regiment zu bringen, als in gesticktem Kleide auf dem Opernball zu erscheinen usw. usw. Das alles war das Werk von einigen Minuten, aber mir war nicht anders zumute, als sollte das Haus über mir einstürzen. Der geneigte Leser, ja selbst der allergeduldigste und nachgiebigste, wird zugeben, dass ich einen Ausfall dieser Art zum Mindesten für sehr unschicklich halten musste, was die Zeit und den Ort betrifft. Auch erwiderte ich ihn mit aller Unlenksamkeit[207] eines Marschalls von Frankreich, der mehr als einen Sieg davontrug. Der Prinz *von Poix*, vor dem sich damals viele Knie beugten, die ihm in der Folge Widerstand geleistet, geriet in den heftigsten Zorn, rief den diensttuenden Sergeanten der *Gardes françaises Mazoger* herbei, einen alten Ludwigsritter und grundehrlichen Mann, den wir alle liebten und schätzten. »Sie kennen mich«, spricht er, »ich bin der Prinz *von Poix*, Gouverneur von Versailles und Kapitän der Garden. Hier steht der Graf von *Tilly*, Offizier in meinem Regiment, von dem ich zu verlangen berechtigt bin, dass er zur Garnison abgehe und von dem seine Verwandten dasselbe verlangen; bringen Sie ihn auf der Stelle in Arrest!« – Ich war außer mir. Jeden Schritt, den dieser Befehl zur Folge gehabt hätte, würde ich auf eine Art erwidert haben, welche ... doch mir wurde meine Widersetzlichkeit glücklicherweise erspart. »*Monseigneur*«, versetzte Herr *Mazoger*, »ich habe vollkommen die Ehre, Sie zu kennen, aber ich werde mir erlauben, bei dieser Gelegenheit Ihrem Befehle nicht nachzukommen. Bei allem Respekt, den ich Ihnen schuldig bin, vergönnen Sie mir, zu erinnern, dass ich *hier* von niemandem als von meinem unmittelbaren Vor-

---

[207] Indoclité.

gesetzten[208], dem Herrn Marschall *von Biron*, Befehle anzunehmen habe.« – Ich wartete das Ende der Unterhaltung nicht ab, lachte ins Fäustchen, stahl mich durch die Menge, um den Streit nicht zu verlängern, und suchte meine hübsche Begleiterin wieder auf, konnte sie aber nicht finden; das Geschrei des Stoßvogels hatte das zarte Täubchen so sehr verschüchtert, dass es mir unmöglich ward, sie wieder an meine Leimstangen zu locken.

Dies machte mich vollends rasend. Ich bat *Monville*[209] um Erlaubnis, die Nacht bei ihm zuzubringen. Er selbst traf ein paar Stunden später ein und suchte mich zu besänftigen, doch vergebens. Gegen fünf Uhr ließ ich einen Wagen kommen und eilte nach der Straße von Varennes zu einem Freunde, der mich ins Hotel von *Noailles* begleiten sollte; aber seine Gattin lag in Kindesnöten, sodass er mir den Dienst versagen musste; er schlug mir einen andern Offizier des Korps vor, der sich ebenfalls in Paris befand, einen gewissen Baron *von Froman*, einen guten Spieler und schlechten Bonmotisten, der sich auch sogleich bereitfinden ließ, mit mir zu gehen. Ich habe seitdem erfahren, dass die Herzogin von *Duras* von dem Lärme erwachte, den wir machten, als wir zu einer so sehr ungehörigen Stunde vorfuhren und mit aller Gewalt an das Haupttor klopften, dass sie aufstand, sich ans Fenster stellte und es sie nicht wenig wundernahm, zwei Männer in der Frühe über den Hof gehen zu sehen, dass ihr besonders der eine auffiel, der in vollem Staat,[210] mit dem Federhut auf dem Kopfe, mit dem Degen unter dem Arm lebhaft vorschritt, und dass sie nicht anders glaubte, als wir seien ein paar Paladine, welche eine Schöne zurückholten, die ihr Bruder entführt habe.

Als wir endlich zum Prinzen von *Poix* gelangten, der sich soeben zu Bett gelegt hatte, fanden wir vonseiten seiner Leute den größten Widerstand. Niemand wollte es auf sich nehmen, ihn, den der Ball ermüdet haben musste, zu wecken. Wir gaben ihnen aber zu bedenken, er könne noch nicht eingeschlafen sein, und sie wagten es endlich, uns in sein Schlafzimmer einzuführen.

---

[208] Chef naturel.

[209] Dieser *Monville*, der schon bereits erwähnt wurde, war einer der ersten Liebhaber der Frau *von Genlis*, wie wir in ihren Memoiren lesen. *Übers.*

[210] En habit habillé.

Ich fing damit an, ihm meine Demission einzureichen, und fuhr dann ohne Umschweife fort, ihm zu erklären: dass ich auf die Genugtuung dränge, die ich von ihm zu erwarten berechtigt sei.

Der Mut des Prinzen *von Poix* ist nie und von niemandem in Zweifel gezogen worden. Während der Sitzungen der konstituierenden Versammlung hat er es bewiesen,[211] dass es ihm so wenig als seinem Vater und seinem Bruder daran fehle, und dass er beiden, welche so glänzende Proben von Bravour abgelegt, nicht nachstehe. Hier aber kam es nicht so sehr darauf an, sich tapfer und unerschrocken zu zeigen, als ein junges Gehirn zurechtzusetzen und das Aufbrausen eines *Etourdi* zu dämpfen. Er hörte mich an, lachte, nötigte mich mit zuvorkommender Güte, mich zu setzen, gab Herrn *Froman* ziemlich lebhaft sein Missfallen zu erkennen und verlangte von ihm, uns sogleich zu verlassen. Als wir allein waren, sprach er wie ein Vater mit mir, gab seine Gründe an, brachte mich halb aus Höflichkeit zum Geständnis, dass er nicht unrecht gehabt, er sprach von dem Anteil, den er an mir nehme, umarmte, entließ und bat mich, ihn ruhig ausschlafen zu lassen. Ich schied von ihm, fest versichert, dass er recht gehabt; aber Freunde, Frauen und eigenes späteres Nachdenken stießen meine Überzeugung über den Haufen,[212] und brachten mich zu dem Entschluss, nicht wieder zum Regiment zu gehen. Ich teilte ihm als Chef den Vorsatz mit, ging einige Tage darauf nach Versailles, hatte die Ehre, der Königin meine Aufwartung zu machen, und nahm mir die Freiheit, sie inständigst zu ersuchen, mir ein Patent eines agreierten Kapitäns bei den Garde-Dragonern ausfertigen zu lassen. Ich war schon im Begriff, mich auf eine kurze Auseinandersetzung meiner Klagen über den Prinzen *von Poix* einzulassen, als mich die Königin unterbrach. Sie sei zwar, sagte sie, noch dieses Mal geneigt, meine Bitte zu bewilligen, sei aber weit besser von der Affäre unterrichtet, als ich es mir einbilde; meine Aufführung sei schlecht, der Prinz *von Poix* habe sehr nachteilig von mir gesprochen; sie rate mir, einen besseren Weg einzuschlagen, wenn ich nicht tief in ihrer Meinung sinken wolle. – Gleichwohl hatte sie die Gnade, als sie bemerkte, dass ich etwas zu meiner Verteidigung vorbringen wollte, es mir zu erlauben, und schien, als sie mich entließ, mit meiner Rechtfertigung ziemlich zufrieden zu sein. Der Prinz von Poix hat später gefühlt, dass er sich vergessen, dass er zu

---

[211] In einem Duell mit dem Grafen von *Lambertye*, der eine schwere Wunde davontrug.

[212] Me dépersuadèrent; ein neugeprägtes Wort.

weit gegangen, dass er *ungerecht* gegen mich gewesen ist. Mehr als einmal hat er es mir gestanden und es bereut. Und jetzt, da jene Verhältnisse und Interessen verschwunden sind; jetzt, da ein Wetterstrahl den Palast zerschmettert und der Sturm die Macht umgestürzt hat; jetzt, da ich diese Geschichte niederschreibe, als wenn diese Tatsachen zehn Jahrhunderte alt wären; – jetzt erwähne ich dieses Unrecht, diese *Ungerechtigkeit*, um sie zu vergessen; ich erwähne die Freundschaft des Prinzen, um ihm dafür zu danken, und sein Reuegefühl zu seiner und meiner Ehre.

Ich schließe dieses Kapitel mit einer abscheulichen Tat, die mir zwar persönlich fremd ist, gleichwohl in die Zeit fällt, von der ich rede, und der Geschichte aller Menschen, aller Länder und Zeiten angehört; – einer Tat, die zur Schande der Menschheit aufbewahrt werden muss, und zum Beweise dient, welch eine entsetzliche Herrschaft die Leidenschaften ausüben können; – einer Tat, gegen welche unsere kleinen Tugenden so viel als nichts sind; – einer Tat, welche uns gegen die Laster, die Verbrechen, die Neigungen unserer Natur mit Abscheu erfüllt, weil diese Natur oft verworfener und barbarischer ist als der blinde Instinkt der Tiger und Löwen in der Wüste.

Es hielt sich damals in Paris ein irländischer Pair auf, ein wütender Bewunderer *Shakespeares*, Lord *Mountnorris*. Er hat sich späterhin dramatisch und bühnenmäßig erschossen, weil ihn eine englische Zeitung einen Fortunehunter[213] genannt hatte. Das hieß, sich auf die Lieblingsweise seines Lieblingsdichters aus der Welt schaffen, wohlfeilen Kaufs zur Ehre gelangen, ein guter Tragikomiker sein, seinen fünften Lebensakt mit einem Knalleffekt beschließen und, eines Spottnamens wegen, sich auf eine zugleich schauderhafte und lächerliche Weise in die Ewigkeit befördern. Es war übrigens sehr natürlich, da er selbst nicht reich war, dass er, mithilfe seines Pairstitels, womit er sich brüstete, weil ihm anderes Verdienst abging, nach einer reichen Erbin seine Angel ausgeworfen hatte. Er hielt sich übrigens für einen großen Redner und ermüdete in dieser eingebildeten Eigenschaft die Geduld des Parlaments von Irland, das anfangs bei seinen Vorträgen laut gähnte und zuletzt gar nicht zuhörte, wenn er sprach.

---

[213] Glücksjäger, Eheschleicher, Freier nach Reichtum usw.; bei den Engländern etwas sehr Gewöhnliches. *Übers.*

Einst geschah es, als er einen langen *Speech* über die innere Lage des Reiches hielt, die seinen hochgeehrten Herren Kollegen ebenso bekannt und wohl noch bekannter war als ihm, dass ein Mitglied nach dem andern das Haus verließ. Er hatte die Gewohnheit,[214] mit geschlossenen Augen zu reden. Seine in Fluss geratene Beredsamkeit riss ihn fort; er vergaß sich selbst und bemerkte nichts von dem, was um ihn vorging. Er sprach also, sprach, sprach ohne Unterbrechung und mit selbstgefälliger Behaglichkeit. Zwei Stunden waren verflossen, als er am Schluss, seine Gründe summarisch wiederholend, dem Hause für die schmeichelhafte Aufmerksamkeit dankte, mit welcher es seinen Vortrag angehört habe; – »eine Aufmerksamkeit«, setzte er hinzu, »deren er sich nicht jederzeit zu erfreuen gehabt habe und deren er oft, zum größten Nachteil des Staates, habe entbehren müssen, wenn er in den Debatten über Gegenstände von höchstem Interesse seinem patriotischen Eifer für das Wohl des Vaterlandes freien Lauf gelassen hätte. ...«

Mit diesen Worten beendigt er seine Rede, schließt den Mund, öffnet die Augen, setzt sich nieder, schaut um sich, und statt aller Zuhörer sieht er nur den Parlamentsdiener, der den Saal ausfegt.

Er war dabei ein breiter, langweiliger Erzähler; doch obige Geschichte hat er nie erzählt. – Ich will's nicht machen wie er und eile zu der meinigen zurück, von welcher mich diese Episode und Lord *Mountnorris* abgeführt haben.

Ich schickte mich zu meiner ersten Reise nach England an. Ich sah vorher noch so viele Engländer als möglich. Damals lebte ich in dem Wahne, dass sie uns die Zeit über lieb hätten, wo sie sich nicht mit uns schlügen. Ich wollte meinen Eltern und Lehrern übel, weil sie mir den Rat gegeben hatten, sie zu hassen. Meiner Verblendung zufolge suchte ich auch bei Lord *Mountnorris* mir Eingang zu verschaffen. Der wohlberedte irländische Pair empfing mich mit Höflichkeit; aber kaum hatte ich einen Fuß über die Schwelle gesetzt, als er schon mit seinem *Shakespeare* mir entgegenkam, eine lange Vergleichung zwischen ihm und *Corneille* anstellte und sich in einen ungeheuren dramatischen Streit mit mir einließ, der dem armen *Corneille* kein Blatt von seinem Lorbeerkranze ließ. Nach diesem Siege musste ich in einer vornehmen Restauration, die neuerdings in der Straße *du Mail* eröffnet war, sein Gast sein. Hier ver-

---

[214] Wie Lord *North* und vielleicht aus Nachahmungssucht. *Übers.*

sammelten sich gewöhnlich die Ausländer und vor allem die Insulaner der drei Reiche.

Ich nehme die Einladung an. Wir machen uns auf den Weg. Kaum sind wir eingetreten, als sich ein allgemeiner Lärm gegen einen gewissen Herrn *von C...* erhebt, der als Stabsoffizier bei der irländischen Legion stand, weil er einen Gast mitgebracht hatte, der allen, die ihn kannten, ein Abscheu war, und auf mich, der ihn nicht kannte, als ich seine Geschichte erfuhr, einen so widerwärtigen Eindruck machte, dass ich einen unwillkürlichen Aufschrei nicht unterdrücken konnte, der die allgemeine Aufmerksamkeit der Gesellschaft auf sich zog.

Dieser Gast, dieses Ungeheuer in Menschen- und zwar in sehr schöner Menschengestalt, hatte sich im vierzigsten Jahre mit einer jungen achtzehnjährigen liebenswürdigen Person vermählt. Er hatte, aus erster Ehe, einen Sohn, welcher zu den schönsten Hoffnungen berechtigte, der aber, zu seinem Unglück, für seine Stiefmutter in einer Leidenschaft entbrannte, welche nicht unerwidert blieb. Es ist nicht das erste Mal, dass ein Sohn auf diese Weise seinem Vater von einem Geschlechte vorgezogen worden ist, in dessen Augen Jugend für die erste und reizendste der Grazien gilt, obschon einige sentimentale Frauen es nicht zugeben wollen, ohne allerdings Glauben zu finden. Freilich ginge alles besser, wenn man ihnen Gehör geben und nur dasjenige lieben wollte, was man lieben soll. Aber wer von uns lebt ganz seiner Pflicht? Für wen hat sie größeren Reiz als das, was ihr entgegensteht, als das, was uns verboten ist?

... pauci quos aequus amavit Jupiter.[215]

Doch lassen wir die Moral hier beiseite und fahren in unserer Erzählung fort. Der junge Mann und seine junge Stiefmutter gaben sich alle erdenkliche Mühe, das gefährliche Gefühl, das sich ihrer bemeistert hatte, zu unterdrücken; der Sohn ging so weit, dass er bei seinem Vater um Erlaubnis anhielt, auf Reisen zu gehen; sie ward ihm verweigert. Was nun geschehen musste, geschah. Beide Liebende unterlagen, wurden glücklich und strafbar. Dem Vater entging der verbotene Umgang nicht, denn was entgeht der Eifersucht, sie, die das sieht, was nicht ist? – Er verbarg Wut und Rache bis zum günstigen Augenblicke des Ausbruchs. Der junge Mann, der eine Ahnung des ihm bevorstehenden Schicksals hatte, war nach einer benachbarten Stadt gereist. Aber er schrieb von da

---

[215] Virgil. Aeneid. VI. 129.

aus an seine Mutter. Der beleidigte Vater fing einen Brief auf, der die Untreue seiner Gattin an den Tag legte, und bestimmte, unter dem Schein einer edlen Verzeihung, den Sohn zur Rückkehr zu bewegen. Er selbst schützte eine Abwesenheit vor, nahm Abschied, blieb aber verborgen. Der junge Liebhaber ging in die Falle, die sein Herz seiner Vernunft gestellt hatte. Er eilte auf den Flügeln der Liebe herbei und dem Tode entgegen. Denn plötzlich dringt der barbarische Urheber seines Lebens in das Zimmer, das die Entzückungen der Liebenden verbergen sollte, wirft ihnen ihr Verbrechen, ihren Treubruch vor, und jagt vor den Augen des ihm zu Füßen gestürzten, flehenden Weibes seinem Sohne eine Kugel durch den Kopf, ergreift dann seine schwangere Gattin bei den Haaren, schleift sie auf dem Boden hin und her, tritt sie mit Füßen und lässt nicht eher ab, bis er seine Kannibalenwut an ihr und an der zweimonatlichen Leibesfrucht glaubt befriedigt zu haben. Drei Leben konnten sie kaum sättigen. Das Ungeheuer entsprang, drei Leichen hinter sich zurücklassend, floh von einem Ende Europas zum andern, der gerechten Strafe, den Landesgesetzen und den tief verletzten Gesetzen der Menschheit zu entgehen, floh, konnte aber seinem Gewissen nicht entfliehen ... fand sich überall wieder. Seine totenbleiche Stirn trug das Brandmal der Verworfenheit, das Gott dem Erstgeborenen des Menschengeschlechts, dem ersten Brudermörder, eingebrannt hatte, damit sich seine Augen fernerhin nicht erfrechen dürften, gen Himmel zu schauen. In seinem Herzen tobten die Qualen, die Beängstigungen des Fluches, welchen *Kain* den ganz Verstoßenen unter seinen enterbten Nachkommen hinterlassen hat.

Mir fehlen die Worte, die Schriftzüge, die Pinsel, den Abscheu zu schildern, den dieser Tiger, der sich menschlich trug, kleidete, nährte, in mir hervorbrachte.

Oh, was für eine ungerechte Leidenschaft ist die Liebe! Einen Augenblick erweicht sie das Herz und versteinert es oft für das ganze Leben. Sie beschränkt die Seele auf einen Gegenstand und sondert sie von allen übrigen ab. Oh, was für eine abgeschmackte Leidenschaft ist die Liebe! Sie tötet alle anderen Zuneigungen, und wenn sie den höchsten Punkt erreicht hat, reißt sie sich von allen anderen Herzensgefühlen los. Sie erzeugt eine Tochter, noch zügelloser als sie, die Eifersucht!! Die Eifersucht, diese Furie, lüstern, ihren eigenen Busen zu zerreißen, ungeduldig und unfähig des Glücks und der Ruhe, Vorwände und Scheinbilder zu eigenen Qualen aufsuchend, von Verdacht und Argwohn lebend, von

Besorgnissen sich nährend, sich in Nachforschungen verzehrend, um zu erfahren, was sie vor Verlangen brennt, nicht zu wissen und zu wissen verlangend, was ihr größtes Interesse wäre, nicht zu ergründen. Teuflische Furie! Erstgeborene Tochter der Hölle! Du erzeugst im Herzen eines Mannes den abscheulichen Mut, ein Opfer zu schlachten, dessen Blut den Durst deiner Grausamkeit stillen, dessen Leichnam den rasenden Hunger deines Egoismus sättigen soll, und – seinen Sohn zu diesem Opfer zu machen! Wem hast du nicht Willen und Kraft mitgeteilt, das Wesen, das er früher liebte und anbetete, zu betrüben, tödlich zu verletzen?

Meine Augen haben den niederträchtigen Mörder nicht wieder erblickt; aber er hat mir lange vor Augen geschwebt. ... Ich sehe ihn noch! ... Er steht immer vor mir!!

Einige Tage darauf reiste ich nach England, mit meinen neunzehn Jahren und mit fünfhundert Louis in der Tasche.

11. Kapitel

Tros, Tyriusve, mihi nullo discrimine agetur.
(Virgil)

Aufenthalt in Calais – Grille einer schönen Frau – Überfahrt – Dover – Schöne Frauen in der Grafschaft Kent – Vorurteile der Engländer – Gemälde von England – Meine Unparteilichkeit (?) – Bequemes Reisen – Schöne Heerstraßen – London – Gesellschaftliches Leben daselbst – Vergleichungen mit Paris – Der Graf von Adhémar, französischer Botschafter in London – Seine Geschichte – Urteile über ihn – Aufnahme der Franzosen an fremden Höfen vor der Revolution– seit der Revolution – Emigrierte – Abenteurer; wie sie sich geltend gemacht haben; sind das beißendste Epigramm auf die frühere Regierung – Der Chevalier de Durfort – Herr von Bouillé – Der englische Hof – Der König – Die königlichen Schlösser – Smollett – Englischer Eigendünkel in allen Klassen – Sadlers Wells – Quiberon – Freundschaft der Engländer – Ihre Feindschaft – Die Herzogin von Devonshire – Schönheit des Landes – Gegensätze zwischen England und Frankreich – Parallele beider Länder – Englands Seetyrannei – Englands Sitten, Politik, Eifersucht – Hass und Feindschaft gegen alle Völker, eine Folge der Selbstliebe und des Egoismus – Strenge und Mängel der Justiz in England – Ein Beispiel davon auf meine Kosten – Benehmen des Herzogs von Orléans und des Grafen von Adhémar dabei – Mein Arrest – Nähere Umstände – Englische Kaltblütigkeit in Ehrensachen – Der Herzog von Lauzun – Ein interessantes Abenteuer beschleunigt meine Abreise aus London – Parallele zwischen den Engländerinnen und Französinnen – Diatribe gegen die Lebemänner ohne Grundsätze

Ich kam in Calais an, stolz auf die Schnelligkeit meiner Reise, denn ich hatte die Postillione angetrieben wie ein Diplomat, wie ein mit dem wichtigsten Auftrag reisender Ministre Plénipotentiaire, für welchen jede verlorene Minute ein unersetzlicher Zeitverlust wäre.

Ich stieg bei Herrn *Dessain* ab, dessen Hotel mit den größten und schönsten in Europa wetteifert. Ich verlangte eines der besten Zimmer. Er gab mir zur Antwort: Er habe kein mittelmäßiges. Ich fuhr fort: »Ein *gutes* Abendessen, Herr *Dessain*!« – Er: »Bei mir hat noch niemand *schlecht* gegessen.« Mit erhöhter Stimme gab ich ihm deutlich zu verstehen: Das Geld sei in meinen Augen nichts. Er, stillschweigend meiner Meinung, gab mir einige Tage nachher durch seine Rechnung deutlich zu verstehen, dass er anders denke. Ich blieb eine ganze Woche bei ihm, betrug mich wie ein verschwenderischer Narr, wie einer, unter dessen Fenstern ein Arm des Paktolus flösse; und Herr *Dessain* zeigte sich mir wie ein Mann, der es gewohnt ist, mit *Etourdis* umzugehen und aus ihren *Etourderien* Vorteil zu ziehen.

Damals befand sich in demselben Hotel eine Engländerin, die sich später in Paris einen Ruf durch ihre Schönheit erworben hat. Ich ermangelte nicht, ihr meine Aufwartung und sogar den Hof zu machen. Ich kann nicht sagen, dass sie meine Artigkeiten nicht erwidert hätte; allein sie hatte, wie alle ihre Landsmänninnen, ihre Launen: Sie verlangte – im buchstäblichen Sinne des Wortes – ich sollte auf einer Leiter in ihr Zimmer steigen. Das missfiel mir, zumal da wir kaum hundert Schritte voneinander waren, und ich nicht Lust hatte, mir den Hals zu brechen, um mich einer englischen Grille zu fügen. Sie gab vor, sich vor einer Art von Kammerfrau zu fürchten, deren forschendem Auge ich mich entziehen sollte.

Späterhin machte sie weniger Umstände und in Paris konnten die jungen Herren ganz bequem zu ihr die *Treppe* hinaufsteigen.

Ich hatte die Überfahrt mit einem überaus geistreichen gebildeten Manne gemacht, dessen Umgang ich nicht näher suchte, der mir aber unvergesslich ist mit einer hübschen, jungen, seekranken Frau, die ich kaum ansah, weil ich noch kränker war als sie; – und mit einem unleidlichen Original, einem zweiten Herrn *des Mazures*[216], der mir ärger zusetzte als das Seeübel.

Dover ist eine Stadt, deren Hässlichkeit mir beim ersten Anblick auffiel. Was mich aber bald tröstete, war die Schönheit der Frauen vom gemeinen Stande und (fast schäme ich mich, es zu sagen) von der dienenden Klasse. Sie machen in der ganzen Grafschaft *Kent* einen besonderen Stamm aus, der umso weniger unbeachtet bleiben darf, als aus ihm die Pflanzschulen der Venus in London mit jungem Baumschlag ver-

---

[216] Eine lächerliche Person in *Destouches* Lustspiel: La fausse Agnès. Angelika nennt ihn: un provincial, un campagnard, et, qui pis est, un campagnard bel-esprit. – Il est de ces gens, sagt ein anderer, dont on cherche ce qu'ils on dit, après qu'ils ont parlé. *Übers.*

sehen werden, und da es nichts Ungewöhnliches ist, diese Pflänzchen von der Provinz aus den Boudoirs der Londoner Liebesgöttin in den Tempel der britischen Glücksgöttin[217] eintreten zu sehen; denn bekanntlich machen sich die Engländer, unter allen Nationen von Europa, am allerwenigsten eine Schande und ein Gewissen daraus, ihre Buhldirnen zu verehelichen, und bekümmern sich wenig um ihre frühere Lebensart – und nicht viel mehr um ihre gegenwärtige. Ihr philosophischer Geist erhebt sich über jedes irdische Vorurteil.

Die edle Kochkunst steht in England in hohen Ehren; es wird viel davon gesprochen, aber wenig dafür getan. Die Worte sind gut, die Gerichte schlecht; doch da die Speisen einfach und gesund sind, so gewöhnt man sich bald daran und befindet sich wohl dabei. Die Engländer sind der festen Überzeugung, dass sie, und nur *sie*, wissen, was eine servierte Tafel sei; sie bilden sich ein, größere Feinschmecker zu sein als irgendein Volk in Europa; und doch kenne ich keines, dessen Gaumen so leicht befriedigt wird und dessen Kost so schlecht ist als die ihrige. Es herrscht bei den Engländern (mit wenig Ausnahmen von Reisenden und Gereisten) der Glaube, dass es in *Frankreich* nur Sudelköche gibt, dass man in Frankreich schlecht und spärlich isst. In Frankreich, wie *Yorick* sagt, »verstehen sie das Ding besser« und kehren den Vorwurf um.

Es gibt überhaupt, bei vielen großen und schätzbaren Eigenschaften, keine Nation, die so abergläubisch fest auf ihre Sitten und Gebräuche hält als die englische; keine Nation, in der Vorurteile aller Art so tief haften und ihr, die ihre ganze Kraft aus ihrem Nationalgeist zieht, so wesentlich notwendig sind, obschon sie größtenteils an das Lächerliche grenzen. Sie gleichen dem Stalle des *Augias*; wer hat den herkulischen Mut, ihn zu reinigen? Und doch sollte man ihn haben, um sie abzustreifen, anstatt sie beizubehalten und zu verewigen.

Ich will ebenso wenig ein Libell auf die Engländer schreiben, als eine geschmeichelte Schilderung von ihnen entwerfen. Ich will schreiben, was mich ein Aufenthalt von mehr als fünf Jahren, zu verschiedenen Zeiten, in der Jugend, im reiferen Alter, gelehrt hat. Kann sein, dass ich in den Augen einiger nicht streng genug urteile, in der Meinung anderer zu wenig schmeichle. Allein, ich habe mich in diesen Memoiren verbindlich gemacht, wahr zu sein, nichts als wahr. Ich habe niemandem ver-

---

[217] Königliche und andere Herzoge, Lords und Nabobs haben ihre Mätressen und zum Teil ihre Gemahlinnen aus öffentlichen Häusern und von der Bühne geholt. *Übers.*

sprochen, seinen Vorurteilen, seinen Launen, seiner Parteilichkeit, seinem Hasse zu schmeicheln.

Ich kam in London an, ohne unterwegs Langeweile gehabt zu haben. Nirgends reist man besser als in England. Man braucht nicht zu warten; man darf nicht auf die Postillione schimpfen. Die Gegenden sind so schön; sie gewähren ein herrliches Schauspiel von Ruhe, Behaglichkeit und Reichtum; sie stellen ein so lebendiges Bild der Natur dar, dass man glauben sollte, der Weg führe durch einen großen Garten. Das englische Wiesengrün verdiente wohl einen eigentümlichen Farbennamen, so sehr wird es von der mit Meeresdünsten geschwängerten Luft erfrischt und befeuchtet, nur dass auf diesem schönen Gemälde die Sonne neun Monate durch vermisst wird.

London ist eine der schönsten Städte Europas, wenn man nämlich die Länge der Straßen, die Größe der Plätze und den unermesslichen Umfang dieser kleinen Welt in Betracht zieht. Die Trottoirs längs den Häusern sind für den Menschenfreund und Denker eine tröstliche Erscheinung und ein Beweis, dass man sich in London mit dem Volke beschäftigt und dass der Mensch dort etwas gilt. Aber für *den*, welcher Paläste, Gebäude und Monumente für den Maßstab der Hauptstadt eines stolzen und reichen Volkes hält, ist London nur eine Stadt zweiter Ordnung. Meine Nachbarn, die Herren Engländer, werden es mir verzeihen, wenn ich behaupte, dass London, dieser ungeheure, unnatürliche Auswuchs, dieser an einem Ende ihres Landes aufgetürmte Steinklumpen weit entfernt ist, eine angenehme Hauptstadt zu sein, worin man die Kunst zu leben versteht (ich will nicht sagen »wie in Paris«, denn mit Paris lässt sich in dieser Hinsicht kein zweiter Ort vergleichen), sondern nur wie in anderen großen Städten Europas.

Ich wiederhole es: In London muss man nicht leben. Nicht, dass die Engländer eine so ungesellige Nation wären, wie es ihnen von so vielen, die ihr Land besuchen, vorgeworfen wird. Im Gegenteil findet man hier Gelegenheit zu leben, wenn man nur selbst ein guter Gesellschafter ist. Wenn man auch einigen Engländern mit Recht nachsagen kann, dass sie auf dem festen Lande zuvorkommend und zu Hause abstoßend und geringschätzig sind, so ist ihnen dieser Fehler mit anderen Nationen gemein, denn überall findet man Leute, welche außerhalb ebenso freundlich und bescheiden als bei sich stolz und wegwerfend sind. Im Allgemeinen lässt es sich in England, wie überall in der großen Welt, leben. Nur der engere Verkehr ist seltener und schwieriger, weil die

Engländer eine kalte, bedächtige Nation sind, weil in England ein kaltes, ruhiges Gemüt zum Nationalcharakter geworden ist, weil der Engländer, selbst seinen Landsmann in einiger Entfernung zu halten gewohnt, nicht in den ersten Tagen mit einem Fremden vertraut wird.

In Paris hielt es noch schwerer als in London, in das Innere der großen Häuser zu dringen. Doch muss man die Hotels der Prinzen ausnehmen, worin so ziemlich der Fremde mit bedeutendem Namen Eingang und Gelegenheit fand, die übrigen Gäste und Hausgenossen zu langweilen. Ferner standen die Hotels der Herzogin *de la Vallière*, des Marschalls *von Biron*, des Prinzen von *Soubise* den Reisenden offen, die trotz ihrer Familiennamen in Paris oft nicht wussten, wo sie hin sollten.

Der Botschafter, welchen Frankreich damals in London hatte, verdankte sein glänzendes Glück dem Ungefähr und seinen Posten der Intrige. Es war der Graf *von Adhémar*, dessen Geschichte kurz folgende ist: Als Herr *von Montfalcon* diente er, ward verwundet, wurde in eine Provinzialstadt versetzt und schien bestimmt, daselbst als halber Invalide zu leben und zu sterben. Mit einem Mal wird der dreißigjährige Kapitän zum Seigneur, zum großen Herrn, ohne sich durch Rang oder Hoffnungen zu dieser plötzlichen Glücksstaffel vorbereitet zu haben. An einem Badeorte macht er die Bekanntschaft einer vornehmen Dame vom Hofe, die ihm vorschlägt, sie nach Paris zu begleiten, dort ihren zärtlichen Umgang fortzusetzen und zugleich den Kriegsminister mit der Himmel weiß welchem System einer neuen militärischen Taktik, über den sogenannten Ordre profond und das französische Militär zu behelligen. Dabei hatte er eine angenehme Stimme, sang die kleinen Lieder von *Collé* und anderer Mode-Chansonniers und mitunter auch einige Couplets eigenen Machwerks. In der Liebe fehlte es ihm an physischer Kraft, in Geschäften an geistiger; bei den Frauen ersetzte er den Mangel größerer Verführungsmittel durch feines, süßes, einschmeichelndes Geschwätz. Sein Militärglück machte er dadurch, dass ihm der Herzog von *Orléans*, welchem er von seiner Gönnerin empfohlen war, das Infanterieregiment *Chartres* anvertraute, um bei demselben die äußerst vernachlässigte Manneszucht wieder herzustellen. Wir sind es der Wahrheit schuldig, zu gestehen, dass er dieses Militär von Grund aus umschuf. Beim ganzen Regiment war er übrigens verhasst, weil er es mit dem dreifachen Despotismus des Neulings, des Eitlen und des Querkopfs quälte. Zu eben der Zeit trat er als ein Abkömmling des Hauses *Grignan* auf, und da es niemandem einfiel, ihm einen für erloschen gehaltenen

Titel streitig zu machen, so nannte er sich von nun an *Graf Adhémar* und hielt sich nun zu allem berechtigt, sogar zu einer Verbindung mit der Frau von *Valbelle*. Sie, die Witwe eines Mannes, dem der Ruf eines angenehmen Weltmannes zuteilgeworden war, war Palastdame und bereute es später, ihren Namen mit dem seinigen vertauscht zu haben. Übrigens will ich es keineswegs bestreiten oder nur in Zweifel ziehen, dass Herr *von Adhémar* nicht wirklich der Mann gewesen sei, für welchen er sich ausgab. Der Graf *von Vaudreuil* – der Erste, der ihm zu seinem Stammbaum verhalf, und der Letzte, der dieses auf Kosten der Wahrheit getan haben würde – hat mir aufs Bestimmteste versichert, dass die öffentliche Meinung ihm mit Unrecht seine Geburt habe streitig machen wollen und dass seine Abstammung besser sei als er selbst. Auch der Genealogist *Chérin* hat sie nie bezweifelt.

Dem sei wie ihm wolle, mit dem Familiennamen erhielt er auf einmal alle möglichen Talente. Sie erhoben ihn zum Maréchal de Camp. Vom Maréchal de Camp sah er sich in die diplomatische Laufbahn geschleudert und wurde zum Gesandten in *Brüssel* ernannt. Bald nachher richtet die unglückliche Schwester Ludwigs XVI., *Madame Elisabeth*, ihr Haus ein und Herr *von Adhémar* erhält eines der Hauptämter. Endlich (risum teneatis!) ernennt ihn der König zu seinem Botschafter in London. Er würde die Stelle nicht angenommen haben, wenn er sie hätte ausschlagen dürfen, und das schon aus dem einzigen Grunde, weil er über die See musste. Das Klima, der Kohlendampf untergruben seine ohnehin schwächliche Gesundheit, und der Verdruss, später als er es erwartet hatte, mit dem großen Ordensbande bekleidet zu werden, machte ihn nachher zu einer Art von Revolutionsmann. Er starb einige Lieues von Paris, als Nationalgardist in seinem kleinen Landhause, unzufrieden mit einem Hofe, der Grund hatte, noch unzufriedener mit sich zu sein, weil er einem *Adhémar* so viel Auszeichnungen gespendet hatte.

Das war der Mann, der den tugendhaften *Ludwig XVI.* in London repräsentierte, als ich dort ankam. Er machte ein gutes Haus; doch war es mehr das eines reichen Privatmannes als eines Diplomaten, der an die Stelle so großer und glänzender Vorgänger trat. Die Engländer spotteten über ihn, und die Franzosen, von lange her an den Prunk, den Glanz und den Aufwand der Botschafter ihrer Nation an fremden Höfen gewöhnt, wunderten sich über den Abstand. Was in ihren Augen dem Diplomaten, dem Repräsentanten ihrer Könige, fehlte, wurde auf keine Weise durch die Eigenschaften des Privatmannes ersetzt, und sie hatten

Mühe, in die Sarkasmen und den Spott der Engländer über ihn nicht einzustimmen.

Damals konnte man sich im Auslande ebenso sehr Glück wünschen, ein Franzose zu sein, als es später in Verlegenheit setzte, wenn man keinen andern Empfehlungsbrief bei sich führte als diesen, und vollends wenn man des Verbrechens schuldig war, in seinem Vaterlande eine ausgezeichnete Rolle gespielt und der alten Ordnung der Dinge angehört zu haben.

Damals aber lief man auch in fremden Ländern nicht Gefahr, sich in der Person zu irren und von Abenteurern betrogen zu werden. Nur derjenige, welcher von seinem Gesandten vorgestellt war, fand Eingang bei Hofe und in die großen Häuser. Später ist das Ausland mit Franzosen überschwemmt worden, und zwar von einer Klasse, welche das Unglück ihres Vaterlandes benutzte, um außerhalb Lügen und Verleumdungen zu verbreiten; mit Menschen, welche um ihres eigenen Vorteils willen sich für Opfer einer Revolution ausgaben, die sie nicht erreichen konnte, weil sie nichts zu verlieren hatten; mit Menschen, welche beständig von Dingen sprachen, die sie nie gesehen, von Ehrenstellen und Würden, die sie nie bekleidet hatten, die sie nur vom Hörensagen kannten und die oft nicht einmal existierten; mit Menschen, die sich die Häupter einer Nation nannten, deren anderes Extrem sie gewesen waren, und den leichtgläubigen Nachbarn die Lüge aufbanden, man habe sie ihres großen Vermögens wegen vertrieben; mit Menschen, welche dem Interesse des Hauses *Bourbon* den letzten Stoß dadurch versetzten, dass sie mit unverschämter Stirn behaupteten, die Kreaturen und Günstlinge dieses Hauses gewesen zu sein.

Ich könnte hier eine Menge Beispiele anführen und die Personen mit Namen nennen, wenn ich ihrer nicht aus Mitleid schonen wollte. Ich begnüge mich mit einigen allgemeinen Andeutungen. So habe ich z. B. in fremden Landen einen Oberst des Regiments der *Berry-Dragoner* (nie gab es ein solches), eine Surintendante des Hauses von *Madame Elisabeth* (nie gab es eine dergleichen) angetroffen. Sie ließen sich ohne Scheu Monsieur le Colonel, Madame la Surintendante nennen. Ein Emigrant, der sich herabließ, mich mit Schuhen zu versorgen, die mich drückten, gab mir sein Ehrenwort: »Dieses sei unmöglich, denn er sei *Maréchalde Camp* gewesen« (er zählte keine dreißig Jahre). Ich habe eine Frau gekannt, die vorgab, Gesellschaftsdame bei der Gräfin von *Artois* gewesen zu sein. Was war sie gewesen? Ihr Leben lang eine Modehändlerin in einer flandrischen Stadt. Eine große deutsche Fürstin hat anderthalb Jahre einen sich ehemaligen Colonel de la Gendarmerie Nennenden an ihre Tafel gezogen!!

Der Graf *de la For* ... erkannte in Deutschland seinen ehemaligen Kammerdiener, der den vornehmen Herrn spielte. Er wollte ihm vernünftig zureden und ihn in aller Stille abziehen lassen, ohne ihn zu verraten. Was geschah? Der Kammerdiener hatte an dem kleinen Hofe eine Art von Wichtigkeit erlangt; er leugnete seinem Herrn die Kammerdienerschaft ab, drohte, vermittelst seines Kredits, ihn zu entfernen, und war nahe daran, die Drohung durchzusetzen. Ein anderer rühmte sich, Menin bei Ludwig XVI. gewesen zu sein, er war sein Porte-Coton gewesen. Mir ist im Norden fast kein Jugendlehrer, kein Dorfvikar oder sonst ein Pädagoge und Geistlicher vorgekommen, der nicht nahe daran gewesen wäre, Bischof zu werden, der nicht einen Bischof zum Oheim gehabt, der nicht zu einer vornehmen Familie gehört hätte; ich habe keine Gouvernante oder Erzieherin gesprochen, die nicht ein Fräulein aus den besten Häusern gewesen wäre.

Die Ausländer freuten sich meistenteils, mit solchen Herren und Damen in Verbindung zu treten, sie ins Haus, an den Tisch aufzunehmen, ihnen ihre jungen Herrlein und Fräulein anzuvertrauen. Sie waren entzückt über ihre Manieren, ihre Reden, ihren Ton; es schmeichelte ihnen, den französischen Adel in ihren Vorzimmern, in ihren Küchen zu haben, sich von ihnen Sand in die Augen streuen zu lassen; denn jene Bourgeois Gentilhommes ermangelten nie, den Mund recht voll zu nehmen und die wirklichen Emigranten zu überschreien. Ein *Montmorency* mit schwachen Lungenflügeln würde neben ihnen eine erbärmliche Figur gemacht haben.

Das nenne ich eine Koalition des Auslandes mit dem Innern des revolutionären Frankreich. Das hieß die ehemalige Regierung mit Strömen von Schmach überschütten, das hieß, die Herabwürdigung der unglücklichen Emigranten durch die günstige Aufnahme von Gaunern und Betrügern vollenden, das hieß, den Adel, der in den Stürmen der Revolution abgeschafft worden war, völlig in den Grund treten, das hieß, zwanzig Revolutionen, statt einer, das Wort sprechen, das hieß, dem Unglück seine Rechte zugleich mit seinen Rechtstiteln rauben.

Doch, um wieder auf den Grafen *von Adhémar* zu kommen, so fand ich in seinem Hotel die einzigen Franzosen von Namen und Ruf, welche damals in London waren: den Ritter und den Grafen *Alfonse de Durfort,* den alten Baron *von Wurmser* und Herrn *von Bouillé*, den ich vorher noch nie gesehen hatte. Der Gesandte stellte uns bei Hofe vor und der König empfing uns alle mit der ihm eigenen edlen Einfachheit und freundlichen Güte. Nur konnte es uns nicht entgehen, dass er Herrn *von Bouillé* besonders auszeichnete, und zwar aus dem Grunde, weil er im letzten Kriege gegen England mit seltenem Mute gefochten und ein großes Talent entwickelt hatte. So wahr ist es, dass überwiegende Verdienste selbst dem Feinde, der sie am wenigsten anerkennen möchte, Lob und Bewunderung abringen. Ich muss hier noch hinzusetzen, dass Herr *von Bouillé* in allen englischen Häusern, die sich um seine Bekanntschaft stritten, mit einem Enthusiasmus und einer Hochachtung aufgenommen wurde, die umso schmeichelhafter für ihn sein mussten, je unwillkürlicher sie waren.

Und in der Tat hatte er sich in *Dominique, St. Eustache, St. Christophe* (Kitts) und überhaupt in allen Westindischen Inseln, wohin ihn der Krieg führte, in seinem militärischen Beruf ebenso untadelhaft als ehrenvoll betragen und seinen Siegen den Stempel eines Edelmuts aufgedrückt, wovon es nur wenig Beispiele und seltene Nachfolger gibt. Er hätte sich bereichern können, suchte aber nur Ruhm und fand ihn. Die Stadt *London* gab ihm zu Ehren ein Fest und überreichte ihm einen goldenen Degen; ein größeres Geschenk als die von ihm verschmähten Schätze. Er war bisher in allen seinen Unternehmungen glücklich gewesen; nur zuletzt erblasste sein Stern bei einer Gelegenheit, wo Frankreichs Verhängnis das seinige überwiegen sollte!!²¹⁸

In England ist der Hof einfach und edel, zahlreicher als in *Versailles*, weil die Aufnahme leichter ist. Der König und die Königin zeichneten sich durch eine zuvorkommende Güte und Höflichkeit aus. Die Frauen sind im Allgemeinen ziemlich schön, dagegen aber auch einige hässlicher, als ich sie sonst irgendwo angetroffen habe. Man muss zweierlei zugeben. Erstlich: dass es in England vielleicht mehr schöne Frauen gibt als irgendwo, denn die Natur hat hier viel für das schöne Geschlecht getan, obschon sie mit der Grazie kargt, welche nur unvollkommen durch eine angenommene Natürlichkeit²¹⁹ ersetzt wird; zweitens: dass, wenn eine Engländerin anfängt, hässlich zu sein, diese Hässlichkeit alle Grenzen und Begriffe übersteigt und ein wahrer Triumph für die übri-

---

²¹⁸ Der Verfasser meint hier die Flucht Ludwigs XVI. nach Varennes.

²¹⁹ Ingénuité.

gen ist. Die Engländer bei Hofe kleiden sich meistenteils reich, obschon sie in ihren Stickereien und mit ihrem Galanteriedegen mehr steif und geniert als geputzt erscheinen. Sie sind nur für den Morgenanzug gemacht. Hier bewegen sie sich in ihrem Element, hier muss Europa in ihnen die Gesetzgeber der Mode suchen.

Der Palast von *St. James* ist die erbärmlichste Steinmasse, welche man je einem großen Könige zur Wohnung bestimmt hat, und man muss gestehen, dass die innere Einrichtung der Zimmer der Disharmonie des Äußern nicht nachsteht. Ich würde von *Windsor* nicht vorteilhafter sprechen können, wenn die malerische Lage, der Wald und die großen Erinnerungen, die das Schloss hat, nicht wären. – Was sollen wir aber von dem Tollhäusler *Smollett* sagen, der auf seiner Reise durch Frankreich so viel Paläste, königliche Schlösser und Gärten sah, ohne von dem Glanz, der Pracht, der Größe derselben frappiert zu werden, und nach seiner Rückkehr in London drucken ließ: »Die Schlösser der Könige von Frankreich, *Versailles* an der Spitze, seien nur Taubenschläge (pigeon-houses) in Vergleichung mit den Palästen der Könige von Großbritannien.« Freilich fand der arme Hypochonder auch in *Rom* nichts, was er für würdig erachtet hätte, seine milz- und gelbsüchtigen Augen auf sich zu ziehen, da selbst die Königin aller christlichen Tempel, die St. Peters-Kirche, nicht Gnade vor seinen Augen fand und er sich in der Überzeugung nach England einschiffte, *Michel Angelo* stehe dem Ritter *Wren* unendlich nach.

Es gibt noch heutzutage manchen Pair in England, der steif und fest behauptet, man lebe in Frankreich von – *Fröschen*. Wie oft hört man auf den Straßen, beim Anblick eines Fremden den Pöbel rufen: »Franzosenhund, türkischer Frankenhund!« (french dog, turkish french dog!). Nachgerade sollten die Engländer einsehen, dass es Zeit sei, Vorurteile abzulegen, welche Folgen der größten Unwissenheit sind und die Nation um Jahrhunderte zurücksetzen. Allein (wird man sagen) diese Nationalvorurteile, dieser Hass, diese bittere Animosität, sind jenem Inselvolke notwendiger als dem Kontinent. Das heißt gerade soviel, als wollte man sagen: »Man müsse sich ins Feuer werfen, um sich zu wärmen.« Nichts beweist in meinen Augen die unbezweifelte Überlegenheit der französischen Nation so mathematisch als eben diese auffallende Ungerechtigkeit unserer Nachbarn, an die wir in unserm edlen, unpolitischen Stolze bei jeder Gelegenheit jede Art von Lobpreisung selbst über Gegenstände verschwenden, wo sie am wenigsten verdienen, gelobt zu werden. Unsre Schriften bezeugen die Gerechtigkeit, die wir ihnen widerfahren lassen; sie sind ein schlagender Beweis, dass wir in unsern Urteilen mehr als billig, dass wir schonend und nachsichtsvoll sind. Unsre Theater ertönen oft vom Lobe Englands, wir haben nichts verabsäumt, die englische Geschichte und Literatur, die Fortschritte dieser Nation in Wissenschaften und Künsten zu verbreiten; man sollte glauben, wir hätten die Verpflichtung übernommen, ihren Ruhm in ganz Europa zu verbreiten. Und was hat England für uns getan? Es hat gesucht, uns zu verkleinern, zu verschlechtern, eines unsrer Verdienste nach dem andern anzufechten; es hat uns mit der größten Unwürdigkeit abgestritten, was sich nicht streitig machen ließ; es hat nie einen französischen Charakter auf seine Bühne gebracht als in der Absicht, ihn herabzuwürdigen, ihn verächtlich, ihn lächerlich zu machen, ihn dem Spott und dem Hohne des groben, unwissenden Pöbels preiszugeben.

So oft es eine Gelegenheit gab, der Bravour (ich kann nicht sagen, der Taktik) der englischen Truppen Gerechtigkeit zu verschaffen, haben wir es mit einer Aufrichtigkeit getan, die in dem edlen und biederen Freimut ihren Grund hat, womit die französische Nation, welche niemandem etwas beneidet, zu Werke geht. Sie, die Engländer, beneiden allen alles, bestreiten alles, leugnen alles ab. Ich habe die ganze Zeit, die ich mit Engländern zugebracht, von ihnen hören müssen, wie sie die Siege der französischen Armeen im Revolutionskriege abstritten. Ihr ewiges Lied war: the French conquer by numbers (die Franzosen siegen durch Überzahl).[220] Ich habe nie eine höchst erbärmliche Winkelposse in *Sadlers Wells* vergessen können, wo ein Engländer ein ganzes Dutzend Franzosen vor sich auf die Knie fallen lässt, wo sechs Engländer ganze französische Kolonnen durchbrechen und gefangen nehmen. Jene waren die Riesen, diese die Pygmäen. Meine Nachbarn, wohl wissend, dass ich zu den – Pygmäen gehörte, lachten, wieherten vor Freude und Hohn. Ich meinerseits begnügte mich mit aller Kaltblütigkeit ihnen zu sagen: Yes, Gentlemen, and such has been the case in Flanders. (Ja, meine Herren, das war unter andern der Fall in Flandern.)[221]

---

[220] Wellington ließ in Spanien seine und der Feinde Truppen zählen; wenn er 300 Mann weniger hatte als sie, zog er sich zurück. *Übers.*

[221] Wo die Engländer von den Franzosen geschlagen wurden. *Übers.*

Ich bin gewiss, dass in dem Augenblicke, wo ich dieses Kapitel schreibe,[222] der Mann, den der Sieg auf den Kaiserthron erhoben, der Mann, der sich anschickt, an Frankreichs *unversöhnlichstem Feinde* Rache zu nehmen, der Mann, dessen Blitz die Schlachtopfer von *Quiberon* und unsere im Hafen von *Toulon* in Brand gesteckte Flotten rächen wird (denn so behandelt England seine Schützlinge, so achtet es seine Bundesgenossen!), der Mann, der sich vornimmt, Europa von einer tyrannischen und kaufmännischen Nation zu befreien, welche sich längs der Seeküsten bis zum Gipfel einer Gewalt hingeschlichen hat, die ihr nicht bestimmt war – ich bin (sage ich nochmals) gewiss, dass *Bonaparte* die Engländer zittern macht, ohne ihnen nur einen Gedanken, einen Laut des Beifalls zu entreißen. Ihr Hass lässt sich von ihrer Furcht nichts abdingen und die Besorgnis einer Landung, so groß sie auch sein mag, ist immer mit einer Art von Verachtung begleitet und vermindert ihren Spott nicht um ein Hundertstel. Selbst die Eroberung von England würde die Engländer nicht bekehren.

Ich darf aber hier eine Engländerin nicht unerwähnt lassen, eine so ausgezeichnete Frau, dass sie dazumal sozusagen die Königin von London war. Schönheit, Reichtum, Geburt, vornehme Stellung und persönliche Achtung, eine seltene Geistes- und Charakterbildung, Haltung und Ton, alles vereinigte sich in ihr und sicherte ihr in der Gesellschaft eine Überlegenheit, welche ihr niemand streitig machte. Es war die Herzogin *von Devonshire*. Ich war erst zwei Tage in London, als ich mit ihr beim Grafen *von Adhémar* speiste, und muss gestehen, dass mich nie etwas so sehr frappiert hat wie ihr ganzes Wesen[223], die Würde in ihrer Haltung, welche keineswegs die Grazie ausschloss, ihr Eintreten in das Zimmer und die überragende Schönheit, die sie zu umwallen schien. Sie ließ bis gegen sieben Uhr auf sich warten. Auch früher gekommen, würde sie immer Aufsehen genug gemacht haben, aber mir ist dieser kleine weibliche Kunstgriff bekannt. Ich verzieh ihr denselben, sobald ich sie sah, und mein Herz, das in der ersten Minute ihr Fürsprecher ward, brachte meinen murrenden Magen zum Schweigen.

Ich habe oben gesagt: In London müsse man nicht leben. Ich habe gesagt: In London finde man wenig schöne Denkmäler, wenig schöne Gebäude. Dagegen ist nichts so schön wie das Land, wie das Landleben der

---

[222] Im Jahre 1805.
[223] Attitüde.

vornehmen Engländer, wie ihr gastfreier Luxus. Der Reisende wird es nicht müde, einen schönen Landsitz nach dem andern zu besuchen und zu bewundern. Vor allem sind die Parke, die Gärten einzig in ihrer Art und reizende Vorbilder, welche man im ganzen übrigen Europa entweder gar nicht kennt oder nur höchst unvollkommen nachzuahmen sich bestrebt hat.

Frankreich und England lassen sich nicht durch Berührungspunkte, sondern nur durch Gegensätze vergleichen. Beide Länder sind ein ewiger Gegensatz von Anfang bis zu Ende, von den rein menschlichen Sitten an bis zu den auffallendsten Formen, von den Ideen bis zu den Worten. Ich will es versuchen, dieses Antithesenbild zu entwerfen.

In Frankreich gab es vor der Revolution prachtvollere Wohnungen, mehr Schmuck im Innern, mehr von dem, was man unter »Luxus der Großen« versteht, bequemere Einrichtungen für das Gesellschaftsleben, mehr müßiges Bedientenvolk in den Vorzimmern, mehr Spiegel, Bronze, Gerät und Vergoldung in den Salons. In England herrscht dagegen eine wohlhabende Einfachheit; die ländlichen Wohnungen bleiben der Natur getreuer, mehr Zimmer im Erdgeschoss zum Empfang eingerichtet, oben unvollständig und karg möblierte Schlafzimmer, die man nicht sehen lassen dürfte (obwohl schon die Engländer immer das Wort comfortable, bequem, behaglich, im Munde führen und alles bei ihnen comfortable sein soll); mehr Stallbediente, heiteres, nicht überladenes und zum Teil seltenes und ausgesuchtes Hausgerät, hier und da viel Gemälde.

In englischen Landsitzen wurde getrunken, geritten, gejagt, kurz, auf dem Lande gelebt, um die Stadt zu vergessen. In anderen wurde vorzüglich gut gegessen. Man machte Musik, man spazierte, man isolierte sich, man las, man führte kleine Gesellschaftsstücke auf, man hielt Proben, man unterhielt sich beim Tee, man lieh der Zeit Flügel, man hatte mitunter, wenn sich's fügte, eine Liebschaft, kurz, man lebte wie in Paris.

Die englischen Formen waren in einigen Häusern einfach, natürlich, bisweilen ein wenig unzart; in anderen artiger, gesuchter, eleganter; dabei hatten sie aber auch oft etwas Gezwungenes und Affektiertes.

Die Sitten waren so ziemlich die gleichen.

Die Engländer *essen* wie Leute, für welche das Essen ein Geschäft ist; sie essen so lange, dass man glauben sollte, sie hätten kein anderes. Ihr einfacher, substanzieller Tisch belebt sich nicht eher, als bis diejenigen, die dessen größte Zierde sind, sich wegbegeben haben; alsdann, nachdem man mehr als unbescheiden auf ihre Gesundheit getrunken, bringt der Wein jene rauschenden und lärmenden Ausbrüche hervor, die man für die Ergänzung des Freimuts, für die schönste Seite des Nationalcharakters hält.

Für die Franzosen war die Speisestunde eine notwendige Erholung, wobei aber jederzeit die Sittsamkeit, die Eleganz und eine anständige, abwechselnd ernsthafte und heitere Unterhaltung ihren Platz bei der Tafel einnehmen mussten. Wir lebten wie solche, in deren Augen die *Trunkenheit*, anstatt für etwas Achtbares und Ehrwürdiges[224] zu gelten, ein unverzeihlicher Schandfleck war, wie solche, denen die Frauen alle Augenblicke des Lebens verschönern, wie solche, für die das hässliche Wort »essen« (obwohl wir uns besser darauf verstehen als andere) nur so viel bedeutete, als dem Bedürfnisse des Hungers abhelfen. Bis zum fünfzigsten Jahre soll die Tafel weiter nichts sein als ein angenehmer Ruhepunkt, von welchem wir zu angenehmeren und wichtigeren Geschäften übergehen.

In England wird den Frauen der Hof nachlässig gemacht; sie müssen abwarten, bis die Männer Zeit dazu finden. In Frankreich hatten sie kein anderes Geschäft, als Huldigungen zurückzuweisen oder unter mehreren die beste zu wählen. Die Engländerinnen geben der Stimme der Natur nach, die Französinnen ließen sich in einen Kampf ein, und stellten sich, als würden sie durch Kunst besiegt. Die Liebschaften in England sind entweder von sehr langer Dauer oder sehr schnell vorübergehend, weil sich ihnen große Hindernisse entgegenstellen und nur wenige günstige Gelegenheiten sich darbieten. In Frankreich ergaben sich die Frauen nur nach langem Widerstande, um nicht in den Fall zu kommen, zu früh verlassen zu werden. Die Koketterie selbst gebrauchte Vorsicht und übereilte sich nie. Aber der Geist der Galanterie und die gewöhnliche Lebensweise vervielfältigten die Gelegenheiten so sehr, dass man selten den Entschluss fasste, eine Liebschaft auf ewig fortzusetzen.

Die einen lieben, um einen Zeitvertreib zu haben, die andern, um dem Leben einen Zweck zu geben. In England sind die Ideen richtig, von geringem Umfang und enthalten immer ein Stück von trockener Geometrie. Die Sprache ist kurz, ohne Schmuck, ohne Reichtum, ohne etwas von dem *Überflusse* zu haben, der in der Unterhaltung das *Not-*

[224] Respectable.

267

wendige ist.[225] Die Vernunft stößt selten auf Klippen und gestattet wenig Widerspruch.

In Frankreich zeigt man, wenn man mit Überlegung spricht, einen ebenso gesunden Verstand, spricht man aber leicht und obenhin, so weiß man sich mit Witz zu helfen, man bringt mehr Reichtum und Redefluss in das Gespräch hinein, breitet mehr Schmuck und Gefälligkeit über den Gegenstand aus. Die Sprache selbst, die sich durch den Luxus verschönert, fordert dazu auf. An Geist und Grazie gewöhnt, Witzfunken hervorlockend und liebend, verwirft die Gesellschaft alles, was dieses Gepräge nicht trägt; in dem schnellen und weit schweifenden Fluge des Verstandes verirrt sich bisweilen die Urteilskraft und wird zu spät auf den rechten Weg zurückgeführt. Die englischen Kanzelredner legen Gott die einfache Menschensprache in den Mund, die französischen suchen in der ihrigen das Erhabene der Gottheit zu erreichen.

Unsere Theater sind für Europa und für uns selbst eine Schule der Höflichkeit, der Schicklichkeit, der Vernunft, eine Ausstellung natürlicher Ereignisse heitern und rührenden Inhalts, die mithilfe eines reinen, gediegenen Vortrags unmittelbar auf das Herz und den Verstand aller Völker einwirken können und sollen. Die Theater unsrer englischen Nachbarn finden nur vor ihren eigenen Augen Gnade, sind nur Lokalgemälde für sie selbst und machen nur Eindruck auf ihre Nationalorgane.

Die Beredsamkeit ihrer Redner ist rein logisch und eine Kopfphilosophie; sich auf die Vernunft beschränkend, hat sie es nur mit der Vernunft zu schaffen, die ihr Gehör gibt. Sie verschmäht die Rednerkünste oder kennt sie nicht, sie weiß nichts von den leidenschaftlichen Ergüssen großer Gemütsbewegungen, welche das Herz ebenso sehr als den Verstand ansprechen. Ja, was auf den Gedanken bringen sollte, dass der Gang ihrer Beredsamkeit mehr der Dürftigkeit als dem Willen und der Absicht zugeschrieben werden muss, ist, dass Herr *Burke,* dessen Eloquenz ganz französisch war, es ihr zu verdanken hat, zu den größten Rednern seines Landes gezählt zu werden, obschon man ihm etwas zu viel Deklamation vorgeworfen hat.[226]

---

[225] Le superflu, chose très-nécessaire (Voltaire).

[226] Einer der ersten Staatsmänner von England sagte mir: Burke's oratory is rather turgid. (Burkes Beredsamkeit ist etwas schwülstig.)

Die Beredsamkeit unsrer Redner erhält ihren Glanz von dem großen Charakter, in dem sie auftritt, von der Wahl der Worte und Wendungen, von der Kenntnis des menschlichen Herzens, das sie zu führen hat, von Abschweifungen, die bisweilen der Hauptsache fremd sind, aber immer auf dieselbe zurückzuführen und oft den Ausschlag geben, mit einem Worte, von einer enthusiastischen Wärme, von einer Erhabenheit der Gedanken, eingehüllt in den Redeschmuck, der lange nachwirkt und in dem einzelne Stellen vorkommen, welche die Überzeugung erzwingen, und einzelne Gedanken, die sich zu allgemeinen Apophthegmen erheben.

Die Tapferkeit der Engländer ist ebenso fest und echt als die unsrige, nur die unsrige glänzender als ihre. Sie verstehen sich besser auf den Handel als auf die Künste, sie sind ein in einen Winkel von Europa hingeschobenes Volk, wir liegen im Mittelpunkt; folglich ist auch ihr Einfluss ein seitwärts laufender, der unsrige ein geradeaus gellender. Unsre Städte sind wohlhabender, ihre Gefilde reicher.

Die englische Literatur, in so vieler Hinsicht durch die großen und wichtigen Resultate der Ausdauer und in der Philosophie achtungswert, ist gleichwohl im Allgemeinen trocken, dürr und vor allem ohne Abwechslung. Das »toto divisos orbe Britannos« klebt ihnen noch immer an. Das Jagen und Haschen ihrer Schriftsteller nach Originalität hat sie oft zur Sonderbarkeit verleitet. Das Bestreben, tief zu sein, macht, dass sie eine Idee nach allen Seiten hin drehen und dergestalt ausspinnen, bis ihr letztes Ergebnis in Dunkelheit, in Sophismen und Paradoxe ausläuft. Immer nach dem Erhabenen strebend, verfallen sie nicht selten ins Riesenhafte, ins Kolossale, und ihre Kunst ist in den meisten Fällen im Gegensatz mit der Natur, deren Nachahmung sie doch zum Hauptteil ihrer Geisteswerke zu machen bemüht sind.

Da die Geschichte etwas Positives ist, so konnte sich ihre Vernunft und ihre Urteilskraft mit besserem Erfolg damit beschäftigen. Dieses Feld ist bei ihnen vorzüglich gut ausgebaut, insofern das Unkraut und die Giftpflanzen der Nationalvorurteile und des Parteigeistes den guten Samen nicht ersticken. Ihre Romane, von denen man so viel Redens und Rühmens gemacht hat, sind wenig mehr als Schilderungen ihres Landes und ihrer Sitten. Die darin geschilderten Leidenschaften gehören der Welt an, Farben und Charaktere sind englisch.

Die epische Poesie ist für den Dichter geschaffen, der alles wagt, dem es gleich gilt, sich bis zum Himmel zu erheben und in die Hölle hinabzusteigen. So war es denn natürlich, dass England einen solchen finden musste. *Milton* ist (wie ich in einer andern Schrift bemerkt habe), wenn er sich im günstigen Augenblicke seiner poetischen Ader befindet und ihn sein Gegenstand emporhebt, der erhabenste von allen bekannten Dichtern, ohne selbst *Homer* und *Tasso* ausnehmen zu wollen, obschon ich als Leser dem Letzteren den Vorzug gebe. Das *Verlorene Paradies* enthält Stellen, welche den höchstmöglichen Begriff vom Genius seines Verfassers geben, und stellt alles dar, was der menschliche Geist Hohes und Erhabenes erzeugen kann; gleichwohl fehlt es ihm auch nicht an Längen, an ziel- und farblosen Stellen, in welchen weder Kraft noch Eleganz anzutreffen ist. Hätte *Milton* später und unsrer Zeit näher gelebt, wäre er nicht in der unglücklichen Periode, in die sein Leben fiel, vom Parteigeist hingerissen und niedergedrückt worden, hätte ihm die Glücksgöttin jene Heiterkeit und Unabhängigkeit zugelächelt, deren er bedurfte, um seinem Gedichte mehr Glätte zu geben, hätte er nicht bisweilen seine Begeisterung überboten und seiner Muse Gewalt angetan, so würde er die letztmögliche Stufe der Vollkommenheit erreicht und die Siegespalme des Epos davongetragen haben. Er starb ohne Ruf! Aber die Engländer ließen ihn nicht lange ohne Nachruhm. Sie sind die Leute nicht, die einen einzigen Zweig am Baume der Nationaleitelkeit verdorren lassen!! Mit *Milton* glückte es ihnen besser als mit *Shakespeare*, denn in der Tat ist der *britische Homer* beinahe das, wozu sie ihn gemacht haben.

Doch wie groß ist der Abstand von einigen guten Werken, die England aufzuweisen hat, von den literarischen Schätzen in allen Gattungen, die Frankreich besitzt! Eben diese Schätze sind es, welche Frankreich zur Sprach- und Lehrmeisterin von Europa gemacht haben. Würde die französische Sprache Europas Sprache geworden sein, wenn unsre Dichter, unsre Philosophen, unsre Moralisten, unsre Redner, unsre Schriftsteller, selbst die von der leichtesten Gattung[227], nicht wären? Und wenn ich im Auslande sagen höre, dass die schönen Tage der französischen Literatur vorüber sind, so gebe ich es insofern zu, als wir die heutige mit der früheren vergleichen, muss es aber leugnen, wenn ich zwischen der unsrigen und der fremden eine Vergleichung anstelle. *Voltaire* und *Buffon* lebten noch gestern.[228] Noch ist die Asche von *Saint Lambert*, von *Thomas*,

---

[227] Les plus profanes.

[228] Vivaient hier.

d'Alembert, Diderot, Marmontel warm, noch schreiben *Colin d'Harleville, Picard* und andere Lustspiele, wie man sie sonst nirgendwo schreibt, und werden überall übersetzt, ohne eine Schar junger, angehender Schriftsteller zu rechnen, deren Talent, von dem kaum beruhigten politischen Faktionsgeist noch unterdrückt, bald in einem Glanze erstrahlen wird, der dem unsrer größten Meister gleichkommen dürfte.[229] Wer sagt uns, wenn ein halbes Jahrhundert über die Schriften *la Harpes* und *Delilles* dahingerollt sein wird, ob auch *sie* nicht in die Galerie der Klassiker aufgenommen werden, auf die mein Vaterland stolz ist? Überdies ist ja die Menschheit in Masse wie der einzelne Mensch zu betrachten, der besonders nach den Stürmen der Ruhe bedarf. – Ja, ich begreife kaum, *wie und wann* es den Franzosen möglich wäre, in ihrer Literatur, welche den höchsten Gipfel erreicht hat, noch weitere Fortschritte zu machen. Können unsre großen und einzigen Muster wohl je übertreffen werden? Heißt von der Bahn abweichen, die sie uns vorgezeichnet haben, nicht, sich vorsätzlich und vermessen verirren wollen? Sollen wir uns nicht mit dem schönen Erbteil begnügen, sie nachzuahmen? – Aber es gibt noch freie Künste, in welchen der Ruhm, zur Vollkommenheit zu gelangen, uns noch erwartet. Diese *Ernte* aller Lorbeeren wird bei dem allgemeinen Enthusiasmus, der die höher gestiegene Nation ergriffen hat, und bei dem Aufsammeln der unermesslichen Kunstschätze, die wir nationalisiert haben, uns nicht entgehen.

Die Begriffe der Franzosen und Engländer über den Ehrenpunkt sind ebenfalls eine der charakteristischen Verschiedenheiten beider Völker. In Frankreich waren, wie ich schon bemerkt habe, die Zweikämpfe eine zur Gewohnheit gewordene Manie, in England sind sie eine nur selten vorkommende Notwendigkeit. Die Engländer sind tapfer, aber es liegt in ihnen eine sentimentale Moralität, die sie vom Blutvergießen zurückhält, und mancher, der kein Bedenken tragen würde, sein Lebensziel abzukürzen und sein eigener Mörder zu werden, wird Anstand nehmen, sich bei jeder leichten Veranlassung der Gefahr auszusetzen, von der Hand seines Widersachers zu fallen. Die Vorurteile der Erziehung sprechen ebenfalls zugunsten dieses heilsamen Widerwillens und die Sitte des Boxens unter dem Volke, eine Sitte, die auch höheren Ständen nicht

---

[229] *Spätere Anmerk.* Jetzt, da ein Held Frankreich wieder neu geboren hat, jetzt, da Frankreich die Wohltat einer festen und starken Regierung genießt, jetzt *wird* die Literatur auch gewiss ihren alten Ruhm behaupten. (*Verf.*)

fremd ist, kommt dem moralischen Gefühle zu Hilfe, verstärkt es, löscht aber zugleich das glänzende Feuer des enthusiastischen Ehrenpunktes aus, das bei uns in so verzehrende Flammen ausbricht. Ich sah während meines Aufenthaltes in England im Foyer des Theaters von Covent Garden, populi stante corona,[230] einen Pair sich mit einem Bäcker *boxen*, der ihm nichts schuldig blieb.

Dergleichen Fälle sind selten, aber sie ereignen sich. Dazu kommt ein neuer Beweggrund, sich gegen den Zweikampf zu verwahren, und ein neues Mittel, sich ihm zu entziehen. Man weiß, dass die Engländer dem Genuss, ich möchte sagen, dem Übergenuss des Weins ergeben sind. So kommt es denn oft, dass die Lage, worin sie sich des Abends versetzen, sie zu Händeln verleitet, die am folgenden Morgen mit dem einzigen Worte abgetan werden: I was in liquor. Ich war betrunken.[231] Dieses Geständnis wirft kein ungünstiges Vorurteil auf den Charakter dessen, der es macht, und gleicht alles wieder aus. In Frankreich würde es dazu dienen, den Trunkenen von gestern und den Bekenner von heute zwiefach zu brandmarken, und eine Entschuldigung dieser Art würde man entweder der Feigherzigkeit oder einem sehr beschränkten Verstande zuschreiben.

In Frankreich machte jeder Versuch, einen Ehrenhandel beizulegen, die Sache schlimmer; man war sicher, sich dadurch ohne Erfolg um seinen Ruf zu bringen. In England ist der Hauptpunkt: 1. unnötigerweise kein Blut zu vergießen, 2. gegen andere und gegen sich selbst nicht im Unrecht zu sein. Ein Engländer, der sich dem Tode aussetzt, will wissen, warum er es tut. Ein Franzose in Todesgefahr tröstet sich im Voraus damit, dass ihn seine Freunde bedauern, seine Geliebte ihn beweinen wird. Die englischen Duellgesetze sind außerordentlich strenge. Auch die unsrigen waren es. Aber nur jene werden befolgt; und daher kommt es, dass die Zweikämpfe in England selten, aber auch desto ernster sind. Bei uns ging man oft abends in die Oper, wenn man am Morgen im Gehölz von Boulogne seinen Mann erschossen oder erstochen hatte. In England ist man gezwungen, wenn man nicht in drei Instanzen sein Recht dargetan hat, das Land zu verlassen, um der Strafe des vorsätzli-

---

[230] Vor einem zahlreichen Kreise von Zuschauern.

[231] Der englische Ausdruck ist gemäßigter und schonender; der Franzose sagt: j'étais entre deux vins. Unter Lichtenbergs Formeln der Trunkenheit kommt folgende am nächsten: Ich hatte ein Glas zu viel getrunken.

chen Mordes zu entgehen. Diese auffallenden Verschiedenheiten sind notwendige Folgen des Unterschiedes im natürlichen Charakter beider Völker und beweisen, dass die Behandlungsweise in der Regierung und in den polizeilichen Einrichtungen, die für die eine Nation passen, auf die andere nicht übertragen werden kann, ohne dass man sich eines schülerhaften Fehlers in der Legislatur schuldig macht. Deswegen ist auch unter allen Übeln, welche die Engländer uns angetan haben und deren sie sich frohlockend rühmen, in meinen Augen das Erste und vornehmste, die lächerliche Anglomanie und Affensucht, die sie uns eingeimpft haben, sie, welche ehedem die sklavischen Nachahmer unsrer Moden waren und, wie *Burke* in seinem bildlichen Stil mit Recht sagt, sich vor nicht langer Zeit mit den Lumpen unsrer Trödelbuden behingen.

Daher ist unter unsern jungen Leuten, und unmerklich in der ganzen Nation, die Gewohnheit entstanden, unsre alten, eingeführten, anständigen Gebräuche und Formen zu belachen und zu verachten, daher die Vermischung der Stände und Rangordnungen, deren Folge die völlige Umwälzung gewesen ist, daher die Abschaffung der äußeren Scheidewände und Abstufungen, welche allein vermochten, eine bewegliche Fantasie im Zaume zu halten und an deren Stelle man neue Sitten, neue Gebräuche und Kostüme gesetzt hat, wodurch alles einander näher gerückt, alles geebnet, nivelliert werden und die Subordination aufhören sollte, die nichts anderes ist als der dem Alten herkömmlich gebrachte Zoll der Ehrerbietung.

Um das Verzeichnis der Gegensätze zwischen England und Frankreich zu vervollständigen, ist es nicht unangebracht, den Kontrast der Erziehungsarten in beiden Ländern vorzuführen. Man müsste den steifen, linkischen Stolz der jungen Engländer, die weder sprechen noch grüßen können, und ihre nichtssagende, rein passive Stellung mit der bisweilen zu lärmenden und um sich greifenden französischen Lebhaftigkeit vergleichen, die zwar im Schattenhain der Grazien aufgewachsen ist, der es aber oft an Reife der Weisheit fehlt.

Man müsste die abstoßende Steifheit der Engländer, ihre kalte Zurückhaltung, ihr Ungeschick, elegante Formen anzunehmen, ihren fast allgemeinen und beständigen Mangel an Unterhaltungsgeist und Unterhaltungston und das ihnen von Natur anklebende schroffe Wesen zu erklären suchen; man müsste zeigen, wie diese Eigenschaften mit ihrem Himmelsstrich, ihrer Lebensweise, ihrer Kost, ihrer Sprache, ihrer Regierungsform und vor allem mit ihrer geografischen Lage zusammenhängen. Man würde handgreiflich beweisen, dass trotz der blinden Vorliebe[232], welche man, ohne zu wissen, warum, seit langer Zeit für diese Nation hat, sie eine von denen ist, die von der Vorsehung in vieler Hinsicht am wenigsten begünstigt worden; es würde in die Augen fallen, dass in ihr alles später sich entwickelt und früher aufhört als sonst irgendwo, sodass die Elite der Nation – die wenigen, welchen der Beruf geworden ist, für die übrigen zu *denken* – erst mir den *dreißig* Jahren anfangen, *denkend* und nützlich zu werden, nachdem sie bis dahin mit ihren Altersgenossen ihre Zeit zwischen der Jagd, die sie ermüdet, dem Zeitungslesen, das sie zerstreut, und dem Wein, der sie einschläfert und vor der Zeit geistig und körperlich abnutzt, zugebracht haben. Man würde endlich aus diesem allen den Schluss ziehen, dass die Engländer ein *mathematisches Volk* sind, für welche das Leben ein kaltes Räsonnement ist.

Die Natur schenkt nicht alles; das Gold ihrer Gunstgaben führt immer einen fremdartigen Zusatz mit sich. Warum wird der französische Geist, der gewöhnlich in den schönen Tagen der Jugend mit so großem Ungestüm sich über das Strombett ergießt, nicht immer von der Klugheit gezügelt und in den Grenzen zurückgehalten, welche Vernunft und Nachdenken ihm setzen?

Wäre aber hier alles, wie es sein sollte, so würde es den übrigen Nationen an dem tröstlichen Verwände fehlen, die Gesetztheit, die Gründlichkeit denen zu versagen, die dem Glanze und der Lebhaftigkeit zu sehr nachjagen, und unsern jungen Landsleuten, welche dem leichten, liebenswürdigen Wesen zu viele Opfer bringen, vor dem Mannesalter die korrekte Urteilskraft absprechen möchten. Daraus folgt mit wenigen Ausnahmen, dass ein Engländer in seiner Jugend langweilend und gelangweilt ist und oft zu leben aufhört, ehe er an diesen beiden Klippen vorbeigeschifft ist; dass hingegen ein Franzose in seiner Jugend sehr oft unausstehlich ist, gewöhnlich aber am Schlusse seines Lebenssommers ein ausgezeichneter, wesentlich nützlicher Mensch wird. Jener besitzt bisweilen ein Verdienst, das aber nur selten mit Liebenswürdigkeit verbunden ist; dieser muss das Feuer der Jugend auslodern lassen, um zur Vernunft zu gelangen, zur wohltuenden Vernunft, die bei dem Englän-

---

[232] Engouement.

der die Folge seines phlegmatischen Temperaments, bei dem Franzosen ein Sieg über seine Naturanlagen ist.

Der höchste Ruhm der Engländer, derjenige, welcher oft bei ihnen, sowohl im Vaterlande als auf Reisen, alle übrigen Gattungen von Ruhm ersetzt, sind ihr Nationalgeist und jene patriotische männliche Geisteskraft, welche dieses Volk als Ganzes zu einem großen Volke macht. In Masse geben sie sich eine nachdrückliche, gebieterische Stellung, die mit dem natürlichen Bollwerk des sie umströmenden Ozeans verbunden, ihnen das Ansehen der Kraft, der Stärke und einer schroffen, rohen Natur mitteilt, die man – man wolle oder wolle nicht – achten muss. Jeder Einzelne bekommt sein Scherflein von dieser unwillkürlichen Hochachtung, die man für ihr System hegt. Ist man doch überdies immer geneigt, denen das meiste zu gewähren, welche entweder das wenigste verlangen oder anderen das wenigste zukommen lassen.

Die Franzosen haben einen Gemeingeist[233], der keinem andern Nationalgeiste nachsteht; da aber Frankreich als Macht bekannt genug ist, so sprechen sie nicht viel von ihrem Vaterlande. Dagegen fühlt der Franzose seinen Wert und in diesem Bewusstsein spricht er gern von sich; das missfällt. Die Engländer geben sich das Ansehen, sich selbst zu vergessen, um desto mehr ihr Vaterland zu rühmen; sie gehören samt und sonders zu der großen Nationalverschwörung, welche nur *einen* Zweck hat, nämlich, ihre Niederlagen und ihre schwachen Seiten zu verbergen, ihre Siege und ihre Macht zu übertreiben, mit einem Worte, ihr Vaterland zu preisen, wie ein Liebhaber seine Geliebte: das langweilt, missfällt aber nicht so sehr.

Wollte ich die *Anglomanie* erklären, die die Reise um Europa gemacht hat, aber gegenwärtig im Abnehmen ist, so würde ich ihren Grund in dem stillen und ruhigen Stolze finden, womit die Engländer die Welt zum Kampfe heraus gefordert haben und womit sie besonders als die Rivalen Frankreichs aufgetreten sind. Sollte man nicht glauben, wenn man sie reden hört, ihre Ansprüche wären Rechte, ihr Eigendünkel Gründe, ihre Behauptungen entscheidende Beweise und ihr Stolz eine Tugend, der alles huldigen soll!

Aber der Hauptzug im Charakter der Engländer ist und bleibt ihr eingewurzelter Franzosenhass, ihre Verachtung aller Nationen, ihr kalter Egoismus, der das ganze menschliche Geschlecht auf dem Altar des

---

[233] Esprit public, public spirit.

Vaterlandes schlachten würde, um seinen unersättlichen Ehrgeiz zu befriedigen, um seinen Herrscherdurst zu stillen und um sich auf der von ihm usurpierten Höhe zu erhalten.

Die englischen Schiffe sind auf allen Meeren Vulkane, welche in ihren Feuerschlünden das Verderben aller Nationen mit sich bringen, reißende Geier, welche auf den Klippen, die ihre Inseln umgürten, auf Raub, Beute und Opfer lauern. Als Kosmopolit, als Freund der Menschheit behaupte ich: Wenn die Engländer sich nicht in die Grenzen einschließen wollen, welche ihnen Natur, Billigkeit und eine gesunde Politik angewiesen haben, so muss das Axiom des Cato, delenda est Carthago, dieses Axiom der allgemeinen Wohlfahrt, auf sie angewendet werden.

Will sich England begnügen, der Welt das Bild einer großen Nation zu geben, einer durch den Handel blühenden und mit Recht für kunstfleißig und kunstgeübt geltenden Nation, lässt es sich daran genügen, durch seine Verfassung und durch sein Gewicht in der politischen Weltwaage eine schöne Stelle unter den Regierungen einzunehmen, scheint ihm die Ehre hinreichend, großen Männern, Philosophen und einer Zierde der Welt, seinem *Newton*, das Dasein gegeben zu haben, will Großbritannien, zufrieden mit der alten Achtung, die es einflößt, und mit seinen Aussichten auf Wohlstand, sich darauf beschränken, seinen schwankenden Kredit aufrecht zu halten, seine von innen bedrohte Existenz zu verjüngen und das ihm entzogene Zutrauen wiederzugewinnen, kann es sich endlich entschließen, die Wege der Gerechtigkeit, der guten Treue, der Mäßigung zu betreten – nun, so mag es leben und bestehen! So mag es fortfahren, uns eine im Abnehmen begriffene Nation von Sonderlingen und Kraftmenschen darzustellen, der nur noch eine kurze Frist übrig bleibt, ihr Schicksal zu verbessern, sich mit den Grundsätzen aller Völker auszusöhnen und die erschütterten Grundfesten eines Gebäudes zu stützen, das mehr Schein als Festigkeit hat und bald einstürzen muss, wenn Weisheit und eine liberale Vernunft sich nicht beeilen, den Geist des Schwindels, des Machiavellismus und der Usurpation zu verbannen und deren Stelle einzunehmen.

Beim Entwurf dieser Skizze haben Hass und Erbitterung die Feder nicht geführt. Ich bin mehr auf Wahrheit bedacht gewesen, obschon ein Franzose es nie vergessen wird, dass die englische Politik die Französische Revolution erzeugt hat, um die beiden letzten Franzosen einander gegenüberzustellen und sie beide in demselben Augenblick einen von der Hand des andern fallen zu lassen. Ich habe Englands Städte und

Landschaften besucht, ich habe die Obrigkeiten, das Militär, das Volk kennengelernt. Abwechselnd bin ich zu den höchsten und niedrigsten Ständen hinauf und hinabgestiegen, ich habe die Projekte ihres Ehrgeizes, die falsche Treulosigkeit ihrer Schmeicheleien und Liebkosungen, die Fallstricke ihrer Hilfsleistungen und die *Naivität* ihres Hasses durchschaut. Ich bin Zeuge gewesen, wie sie das Elend mit Geld unterstützt haben, um es zu verraten, wie sie das Unglück in Schutz genommen haben, um den Unglücklichen den Dolch ins Herz zu stoßen. Ich habe die Engländer gesehen, wie sie die Werkzeuge, deren sie sich bedient haben, zerschlagen und Feindschaften angefacht haben, in der ergötzlichen Absicht, die Opfer aller Parteien ihrer Rache aufzuopfern. Ich habe mich *überzeugt*, dass es kein Ausrottungs- und Vertilgungsmittel geben könne, das, gegen uns gekehrt, in ihren Augen nicht erlaubt, rechtmäßig und geheiligt sei. Ihr Wahlspruch ist: dolus an virtus, quis in hoste requirat?[234] Es ist mir bis zur Evidenz klar und bewiesen, dass alles, was zur Herrschaft führt, ihnen genehm ist und von ihnen benutzt wird, dass für die Engländer ihre Insel die Welt ist und die übrigen Teile der Erde nicht zum Departement der Freiheit und Menschheit gehören.[235]

Ich will hier auf meine Kosten ein Beispiel der Strenge zeigen, womit die englische Rechtspflege verfährt, und der Unannehmlichkeiten, welchen man durch dieselbe ausgesetzt ist. Die Engländer selbst geben diese Unannehmlichkeiten zu, sind aber der Meinung, in einem Handelsstaate, wie der Ihrige, könne es nicht anders zugehen, und der Nachteil werde durch überwiegende Vorteile hinlänglich ausgeglichen.

In meinem neunzehnten Jahre waren meine Finanzen schon so zerrüttet, als sie es mein Leben lang infolge meines leichten und sorglosen Charakters gewesen sind, den ich gern edel und groß nennen würde, wenn mit dem Hange, schlechte Geschäfte zu machen, die uns zum Verlust der Ruhe und der Unabhängigkeit führen, sich Edelmut und Seelengröße vereinigen ließen. Ich hatte einem gewissen *Smith*, Kastellan des Schlosses zu *Mouceaux* (und also in Diensten des Herzogs von *Orleans*), einen Schein über zweitausend kleine Taler ausgestellt, wofür er mir einen Phaeton und zwei Pferde verkauft hatte. Mein Schein, auf acht

---

[234] Virgil. Aen. II. 390.

[235] Dieses mit einer in Galle getauchten Feder entworfene Bild Englands, das dem Verfasser beliebt, eine *Parallele* zu nennen, geben wir in der Übersetzung, ohne einen Zug zu verwischen. Es ist ein Beitrag zur Charakteristik der Meinungen in *der* Zeit, da der Verfasser schrieb. *Übers.*

Monate lautend, war ungefähr zwei Monate vor meiner Abreise aus Paris unterzeichnet worden.

Einige Zeit nachher kam der Herzog von *Orleans*, mit dem damaligen Prinz von *Wales* eng befreundet, nach London. Eines Tages, als ich ihm meine Aufwartung machen will, finde ich im Vorzimmer Herrn *Smith*, der mir die herrlichsten Dinge von der Welt sagt und entzückt ist, mich zu sehen. Ich erwähne meinen Schein mit keinem Worte, weil es nach einem allgemeinen Axiome heißt: qui a terme, ne doit rien.[236] Bald darauf speise ich mit dem Herzog von *Orleans* bei dem Grafen *von Adhémar*. Man spricht von einem nahen Wettrennen. Ich jammere, dass es mir an Pferden fehlt, dem Feste beizuwohnen. Der Herzog gibt mir den Rat, mich an meinen allezeit dienstfertigen *Smith* zu wenden.[237] Ich danke Sr. Hoheit für den Rat. Am folgenden Morgen stellt *Smith* sich bei mir ein und nach Verlauf von kaum zwei Stunden bin ich zu Pferde und mein Jockey reitet hinter mir. Um vier Uhr nachmittags komme ich nach Hause, mich umzukleiden. Kaum bin ich aus den Bügeln, als ein mir unbekannter Herr mich begrüßt. In seinem Gefolge sind zwei *Jemande*[238] von widrigem Aussehen. Er raunt mir ins Ohr: Ich sei sein Gefangener und müsse ihm folgen. Ein kalter Schweiß überlief mich; ich hatte Mühe, zu mir zu kommen; kaum erholt, frage ich ihn, was er von mir wolle, und falle aus den Wolken, als ich erfahre, dass ich auf Antrag eines Herrn *Smith* sein Arrestant bin und augenblicklich mit ihm müsse. Ich hatte nicht übel Lust, Widerstand zu leisten, aber mein Wirt warnte mich vor Gefahr. Ich stieg also mit dem dicken Herrn in den Wagen. Unterwegs erzeigte er mir die Ehre, sich zu freuen, dass ich so ruhig geworden; und weil er sehe, wie gut ich mich benähme, sei er ebenfalls entschlossen, mir aufs Artigste und höflichste zu begegnen. Er fing damit an, dass er seine beiden Begleiter entließ. Zugleich geruhte er, mich zu benachrichtigen: Was mir begegne, sei ein gewöhnliches Ereignis, geschehe alle Tage in London und gelte für etwas Einfaches, Natürliches. Er zählte mir ein langes Verzeichnis von ausgezeichneten Namen her, Engländern und Ausländern, welchen Ähnliches widerfahren sei, und schloss mit der Bemerkung, die Hauptsache bestehe darin, von beiden Seiten den Anstand nicht zu verletzen. Ich unterbrach ihn mit der Frage, wohin er

---

[236] Wem ein Zahlungstermin gesetzt worden, ist bis dahin nichts schuldig.

[237] à Smith, qui est tant mon serviteur.

[238] Deux quidams.

mich führe? – »In eine sehr anständige Wohnung«, erwiderte er gravitätisch, »in ein *Sponging-House*.[239] – »Hier«, fuhr er fort, »bleibt man einige Tage, bis man ins eigentliche Gefängnis abgeführt wird. Da Sie aber nichts schuldig sind und erklärt haben, nichts bezahlen zu wollen, so gebe ich Ihnen den Rat, zu einem ehrlichen Anwalt meiner Bekanntschaft zu schicken, der Sie in weniger als zwei Stunden befreien wird.« – »Aber bedenken Sie nur, mein Herr, das fürchterliche Aufsehen, das diese Geschichte machen muss.« – »Keineswegs; niemand wird ein Wort davon erfahren, und sollte es auch ruchbar werden, so kümmert sich niemand darum.« – »Ich bin aber zu einem großen Diner eingeladen.« – »Sie werden hier recht gut zu Mittag und zu Abend speisen.« – »Womit werde ich mich aber bei dem Herrn entschuldigen, der mich erwartet?« – »Damit, dass Sie die Einladung vergessen haben.« – »Das wäre höflich!« – »Oder Sie haben sich plötzlich übel befunden.« – »Aber die Schande!...« – »Oh, mein Herr, es ist gar nicht angenehm, sich mit Ihnen zu unterhalten; Sie wiederholen beständig das nämliche; ich habe Ihnen ja gesagt, dass dergleichen alle Tage den vornehmsten Leuten begegnet. I'll tell you what. (Ich will Ihnen nur einen Fall anführen.) Lord *** wollte mit der Frau des Sir W*** zu Bette gehen. Sir W*** ist ein lächerlicher, eifersüchtiger Hüter seines Weibes, der sie mit keinem Auge verlässt. Lord ***, entschlossen, eine ruhige, ungestörte Nacht zu haben, lässt den Baronett, der ihm nichts schuldig ist, unter dem Vorwand einer bedeutenden Forderung festsetzen. Ihm war bewusst, dass jener would bring an action against him, ihn gerichtlich belangen, und er zu den damages, zu den Kosten und zu einer ansehnlichen Entschädigung verurteilt werden würde; das war denn auch der Fall.« (Hier konnte ich mich des Lachens nicht erwehren.) – »Sie sehen wohl«, fuhr mein Begleiter fort, »wie es geht und wie Sie sich zu benehmen haben. Mich freut's; Sie sind schon ein ganz anderer Mann; You behave like a man; ich kenne Sie kaum wieder.« – Unterdessen waren wir angekommen. Wir steigen vor einem hässlichen Hause, in einer hässlichen Straße (Wild-Street) aus. Man öff-

---

[239] Sponging house oder Spunging house ist ein Haus, in das Schuldner gebracht werden, ehe sie ins Gefängnis kommen, und wo die Bailiffs, welche sie festgenommen haben, mit ihnen auf ihre Kosten leben. Die Benennung ist charakteristisch, denn in solchen Vorhöfen der Gefängnisse wird der Geldbeutel wie ein *Schwamm* (spunge) geleert und ausgepresst, und man bringt nur solche dahin, von denen man vermutet, dass sie etwas draufgehen lassen können und sich bald loskaufen oder loskautionieren werden. *Übers.*

net die Tür, schließt dreimal hinter uns ab. Kaum bin ich oben, als ich gefragt werde, was ich zu Mittag verlange? Was für Wein? Und ob ich lieber Small beer oder *Porter* trinke? – »Nichts von dem allen; einen Anwalt will ich und Herrn *Reed*. Feder und Papier will ich, das gleich. Ich gebe fünf Guineen, wenn ich nicht in diesem Hause schlafen darf.« In weniger als einer Stunde hatte ich beide Herren bei mir. Der Anwalt war der Meinung, ich sei gegen Fug und Recht verhaftet, allein ich müsse zunächst das Geld bezahlen oder einen Bürgen stellen. Der gute Herr *Reed* erbot sich dazu und ward angenommen. Nach vielen Schreibereien und anderen Förmlichkeiten zahlte ich zehn bis elf Pfund Kosten und erhielt meine Freiheit. Gegen elf Uhr abends kam ich nach Hause, krank vor Wut.

Gleich am folgenden Morgen eile ich zum Herrn *von Adhémar*, erzähle ihm den Vorfall, frage ihn um Rat. – »Der Herzog von *Orleans*«, gibt er mir zur Antwort, »ist heute früh aufs Land gefahren und wird Donnerstag bei mir speisen. Kommen Sie dann zu mir; ich werde ihn vorbereiten und will, dass Ihnen recht geschehe. Es ist ganz abscheulich! Erzählen Sie ihm, wie sich alles zugetragen hat; aber Mäßigung, Herr Graf, Mäßigung! Bestehen Sie ehrerbietig darauf, dass *Smith* entfernt werde. Ich will hoffen, Sie werden keine Fehlbitte tun und mit dem Herzog zufrieden sein. Er ist zu sehr *Edelmann*, als dass er Ihnen diese Genugtuung versagen sollte.«

Es wird Donnerstag. Ich finde mich ein, trete zum Herzog von *Orleans* und erbitte mir die Erlaubnis, ein paar Worte mit ihm zu sprechen. »Ich weiß, was Sie wollen, Herr von *Tilly*«, sagte er zu mir, »Graf *von Adhémar* ist Ihnen zuvorgekommen ... auch *Smith* hat mir heute gesagt ... « – »Wie, gnädigster Herr, ist *Smith* noch bei Ihnen?« – »Ja, freilich.« – »So hat er Ihnen nicht die Wahrheit gesagt und ich muss glauben, dass Ew. Hoheit in der Sache nicht recht berichtet sind ...« – »Herr von *Tilly*, wenn man Geld schuldig ist, hat man unrecht, selbst gegen einen Menschen wie *Smith*.« – »Ich bin ihm nichts schuldig.« – »Mit Erlaubnis, ja. Sie haben Paris verlassen, waren ihm schuldig und haben ihm kein Wort gesagt; ich habe Ihren Schein gesehen, er ist in zwei Monaten fällig; man hat *Smith* hinterbracht, dass Sie eine Reise nach Italien vorhätten. ... Überdies ist Paris eben nicht der Ort, wo ein Mann wie *Smith* einen Grafen von *Tilly* belangen kann ... In England lässt sich eher so etwas tun ... Ich missbillige den Schritt, aber er hat sich Zeit und Ort zunutze gemacht.« – »Gnädigster Herr, was ist das für eine Logik? ...

280

War's nicht um der unumschränkten Ehrerbietung willen, die ich Ihnen schuldig bin, ich würde kein Wort mehr anhören ... Erlauben mir Ew. Hoheit die Frage: Ist dieses Räsonnement von *Smith*?« – »Es ist von *mir* und von *ihm*.« – »So muss ich mich enthalten, ihm den rechten Namen zu geben.« – »Mein Herr!« – »Gnädigster Herr, ich will die Frage ganz einfach stellen. Wollen Ew. Hoheit den *Smith* fortschicken, einen Elenden, der mir den empfindlichsten Schimpf angetan, der mich hat festnehmen lassen, ohne mir vorher ein Wort zu sagen, ohne meinen Schein gerichtlich vorzuzeigen, weil er wohl wusste, dass er nicht abgelaufen war – einen Elenden, der auf die bloße Angabe, dass ich ihm Geld schuldig sei, einen französischen Edelmann festnehmen lässt, der die Ehre hat, Ew. Hoheit seine Aufwartung zu machen – einen Elenden, der gerade diese Ehre benutzt und missbraucht!« – »Ich kann ihn nicht von mir lassen. Was Ihnen widerfahren ist, schändet in England nicht; *Smith* ist mit meinen Angelegenheiten in seinem Fache vertraut; er kennt sie besser als ich selbst, er ist mir unentbehrlich ... und in der Tat ... ich sehe nicht ein, wodurch er sich gegen Sie vergangen hat.« – »Gnädigster Herr, ich habe eine meiner Pflichten erfüllt. Sollte ich jetzt das Unglück haben, etwas zu tun, das Ihnen missfiele, sollte die Ehre, in Ihren Diensten zu sein, ich nicht schützen können, so ersuche ich Ew. Hoheit, sich erinnern zu wollen, dass ich meine Schuldigkeit beobachtet habe.« – Mit diesen Worten, und ohne eine Antwort abzuwarten, machte ich dem Herzog eine tiefe Verbeugung und ließ ihn im Fensterbogen stehen. Er blieb ein paar Minuten unbeweglich, sich den Schein gebend, als sehe er zum Fenster hinaus auf die Straße.

Herr *von Adhémar* verließ einige Personen, mit welchen er im Gespräch begriffen war, und führte mich in ein anstoßendes Zimmer, wo das von Madame *Lebrun* gemalte Porträt der Herzogin von *Polignac* hing. Kaum waren wir allein, als er anfing: »Nun?« – Ich erzählte ihm Wort für Wort, was man soeben gelesen hat, und muss ihm die Gerechtigkeit widerfahren lassen, dass es ihn empörte. Mit Unwillen rief er: »Ich muss noch einmal mit dem Herzoge sprechen!« – »Tun es Ew. Exzellenz nicht. Empfangen Sie den Ausdruck meiner innigsten Erkenntlichkeit, aber auch zugleich die Versicherung, dass, ehe vierundzwanzig Stunden vorüber sind, ich auf meine Gefahr den Herrn *Smith*, sollte er auch im Vorzimmer des Herzogs sein, halbtot prügele. Ich werde Postpferde in Bereitschaft haben und gebe Ihnen mein heiligstes Ehrenwort, dass ich mir Recht verschaffe.« – »So sind Sie!«, erwiderte der Gesandte. »Sie würden da ein schön Stück Arbeit verrichten, wider allen gesunden Menschenverstand handeln und in diesem Lande das Unmögliche möglich machen wollen. Seien Sie vernünftig, wenn Sie wünschen, dass ich mich in Ihre Angelegenheiten mischen soll ... Seien Sie ruhig und warten Sie noch einen Versuch ab.« – Nach aufgehobener Tafel hatte Herr *von Adhémar* eine lange Unterredung mit dem Herzoge. Der Chevalier *de Durfort*, der mir nicht eben wohl wollte, mischte sich in den Handel, nahm sich jedoch meiner an. Genug, einige Augenblicke nachher kam der Prinz auf mich zu und erzeigte mir die Ehre, mir zu sagen: »Herr *von Tilly*, ich werde *Smith* fortschicken.« – Ich verneigte mich, und als der Herzog gleich nachher fortging und in den Wagen stieg, folgte ich ihm und sagte: »Ich ersuche Ew. Hoheit, den Ausdruck meiner ehrerbietigen Dankbarkeit anzunehmen. Ich habe volle Genugtuung. Geruhen Ew. Hoheit einen Mann, der das Glück hat, Ihnen gefällig zu sein, in Ihren Diensten zu behalten.« – »Sie wollen es, mein Herr?« – »Monseigneur, ich bitte untertänigst.« – »Nun wohl, er bleibe und verdanke es Ihnen.«

Am folgenden Morgen meldet man mir Herrn *Smith*. Ich ließ ihn nicht vor. Bis zur Abreise des Herzogs war nicht mehr die Rede von ihm. Der Herzog, den ich täglich zu sehen Gelegenheit hatte, ließ kein Wort fallen, war kalt, aber höflich. Erst lange Zeit nachher erwähnte er in Gegenwart des unglücklichen, bedauernswerten *Lauzun* den Vorfall und sagte mir lachend: »Lassen Sie es sich ins Ohr sagen, dass Sie unrecht hatten.« Ich wollte es nicht zugeben und erzählte nochmals den Vorfall; er bestand auf seiner Meinung; der Herzog *von Lauzun* widersprach und meinte: Es sei *unmöglich*, eine so einfache Sache aus einem *falschen* Gesichtspunkte zu betrachten. Aber es gelang uns beiden nicht, den Herzog zu bekehren; er sah weiter nichts in der Sache als eine *Geldschuld*; die Ehre galt ihm dabei für nichts; und eben dieser Liebe zum Gelde, diesem Durst nach Gold und nach Schätzen, die er später mit einer so sündlichen und für seine Familie so verderblichen Verschwendung versplittert hat, ist es zuzuschreiben, dass sein von Natur gerades und gesundes Urteil so schändlich verdorben wurde.

Ein Aufenthalt in London von beinahe fünf Monaten schien mir ein langes Exil. Wie würde ich ihn aber genannt haben, wäre schon damals das Buch des Schicksals vor mir aufgerollt worden, hätte ich darin gelesen: »Die zwölf besten Jahre sollen aus deinem Leben gelöscht werden, du sollst sie in der Verbannung und im Elend zubringen, fern von Paris, wohin deine unruhigen Wünsche sich sehnen!«

Als ich mich anschickte, die Hauptstadt von England zu verlassen, beschleunigte ein Liebeshandel (denn was konnte ich damals für ein anderes Geschäft haben?) meine Abreise. Ich hatte einen Tag auf einem Landhause, einige Meilen von London, zugebracht und sollte am Abend dahin zurückkehren. Bei Tisch war mein Platz neben einer Dame, die eine große Rolle spielte. Sie hatte einen Anbeter, mit dem ich ziemlich bekannt war; er war auf einer Reise nach Frankreich begriffen. Diesen Umstand wollte ich mir zunutze machen und bewog den Freund, mit dem ich angekommen war, vor der Zeit und allein wieder nach der Stadt zu fahren. Ich beobachtete den Augenblick, wo die Dame die Gesellschaft verließ, traf wie von ungefähr auf der großen Stiege mit ihr zusammen, spielte sehr natürlich den Verlegenen, der nicht wisse, wie er nach London kommen sollte, und was ich vorausgesehen hatte, geschah. Sie bot mir nach einigem Zögern einen Platz im Wagen an, den ich sogleich mit vieler Erkenntlichkeit annahm. Der Weg war ziemlich lang, aber auf den schönen, festen, ebenen Heerstraßen von England bringen sechs rasche Pferde bald zum Ziel. Es war keine Zeit zu verlieren. Ich musste eilen, das Gespräch auf den Punkt zu bringen, den ich im Auge hatte, und der Dame zu erklären, sie sehe in mir einen Unverschämten oder einen Gimpel.[240] Da ich aber auf dem gewöhnlichen Wege nicht weiter kam und sie meinen Wendungen mit vieler Klugheit auswich, so wagte ich einen Angriff anderer Art, den sie ebenfalls kräftig zurückschlug, bis ich endlich die schwache Seite der Festung auffand und nicht eher vom Sturme abließ, bis mir nur noch ein zweiter Sieg übrig blieb. Die erste Eroberung war mit so ungünstigen Umständen verknüpft gewesen, dass der Wunsch nach einem bequemeren Besitze sehr natürlich war. Allein man sagte mir ins Angesicht, ich sei ein Ungeheuer, ein Räuber (glückliche Zeiten!), man werde mir nichts gewähren; ich hätte einen Triumph davongetragen, der mir nichts einbringen werde als bittere Erinnerungen, Vorwürfe und Reue. Kurz, man kramte alle Gemeinplätze aus, die man bei ähnlichen Gelegenheiten vorbringt und die man füglich mit dem Theramenesschuh vergleicht, der zu allen Füßen passt.[241] Inzwischen musste ich vor meiner Wohnung absteigen, denn mir gelang es nicht, die schöne Beleidigte in ihr Hotel zu begleiten. Sie bediente sich

[240] Un impertinent ou un sot.

[241] Mir ist wohl der Récit de Théramène, aber nicht der Soulier de Théramène bekannt. *Übers.*

des sehr scheinbaren Grundes, es schicke sich nicht, eine Mannsperson um drei Uhr morgens bei sich aufzunehmen.

Tags darauf wollte ich meine Aufwartung machen; man sagte mir, die Dame sei ausgegangen. Zwei Tage später hieß es, sie sei auf dem Lande. Ich schrieb, keine Antwort. Meine Einbildung erhitzte sich, entflammte sich durch den Widerstand: Sie wiederzusehen wurde bei mir zum Bedürfnis, fast hätte ich gesagt, zu einem unentbehrlichen Glück. Ich suchte alle Gelegenheiten auf, endlich fand ich eine. Es war auf einem Ball bei der Herzogin *von Ancaster*. Wir hatten die Rollen gewechselt. Ich war schüchtern, sie unbefangen. Ich versuchte, sie anzureden, ihr Vorwürfe zu machen, sie schwieg und ihr Schweigen war ein noch härterer Vorwurf. Ich wünschte, sie zu einer Erklärung zu bringen, sie vermied sie sorgfältig; ich spielte die Empfindsamkeit, die Leidenschaft, noch mehr: Ein wirkliches Gefühl bemächtigte sich meiner, meine Verwirrung wurde sichtbar; sie schien von der Furcht ergriffen, dass dieser Umstand und diese Lage sie vor so vielen Zeugen bloßstellen könne, und, um es zu vermeiden, brach sie endlich das Schweigen und sagte: »Wenn ich nicht eine zu tiefe Neigung im Herzen trüge, wenn ich nicht glauben müsste, dass diese Verbindung zu bekannt sei, so würde ich Sie anhören und es würde mir gleichgültig sein, ob man uns bemerke oder nicht; aber ich gehöre mir selbst nicht an und beschwöre Sie, meiner zu schonen und sich zu achten.« Ich fuhr leise fort, wollte meine Rechte in Erinnerung bringen; sie aber unterbrach mich: »Sie haben keine«, sagte sie, »ich hingegen bin berechtigt, mich über Sie zu beschweren; doch hier ist es weder die Zeit noch der Ort, Ihnen Vorwürfe zu machen; ich verspreche Ihnen, Sie übermorgen bei mir zu sehen, wenn Sie vor zwei Uhr kommen wollen ... « Zugleich entfernte sie sich, trat zu einigen Frauen, mischte sich in ihren Kreis und ließ mich halb bestürzt, halb über das ihr abgedrungene Rendezvous erfreut stehen.

Die Nacht schien mir endlos, der folgende Tag ein Jahr. Ich war ein Raub widersprechender Gedanken. Bald siegte das Vergnügen, sie wiederzusehen, bald riet mir die verletzte Eitelkeit, die dargebotene Gelegenheit zu verwerfen. Endlich gewann die Sehnsucht die Oberhand ... ich gehe hin, lasse mich melden, werde angenommen; sie ist allein. »Es steht bei Ihnen«, sagte sie, »meine Lage zu missbrauchen und mich der Notwendigkeit zu unterwerfen, Sie zu meiden oder meiner zu schonen und sich ein ewiges Recht auf meine Dankbarkeit, auf meine Freundschaft und vor allem auf meine Achtung zu erwerben.« – »Ein Recht ... es steht bei mir? ... (rief ich). Wenn Sie *mir* die Wahl lassen, so habe ich keine Wahl, so *kann* ich unmöglich großmütig sein.« – »Wie kann Ihnen die Wahl schwerfallen (erwiderte sie), wenn von der einen Seite meine ganze Achtung, von der andern ...« – »Meine ganze Liebe (fiel ich ein) geboten wird.« – Zugleich mit diesen Worten flog ich, hingerissen von einer gebieterischen Kraft, von einem unbezwinglichen Instinkt, in ihre Arme. – Sie *liebte* mich in diesem Augenblicke; wenigstens durfte ich es glauben, wenigstens mir einbilden, sie habe in der Zwischenzeit aufgehört, einen andern zu lieben. – »Sie haben es gewollt ... Sie sind schlecht genug gewesen, es zu verlangen«, stammelte sie leise und langsam, die Augen mit beiden Händen verbergend. »Sie haben gemacht, dass ich mir selbst feind bin, dass ich mich verachten muss, auf Lebenslang mich verachten. ... Mein Unglück will's, dass ich mich den Verführungen des ersten Augenblicks hingebe; meine Schuld und mein Unglück; der Moment siegt über meine Entschlüsse. Seien Sie aber versichert, Ihr Sieg soll Ihnen keine Früchte bringen; Sie sollen mich ohne Vorteil erniedrigt haben; Sie sehen mich nie ... niemals ... wieder; wir sind getrennt, als wenn sich der Tod zwischen uns stellte.«

Ich versuchte alles Mögliche, ihren Entschluss zu bekämpfen; ich war im Begriff, mich zu ihren Füßen zu werfen, als sie selbst vor mir auf die Knie fiel und mit einem Ton, mit einer Bewegung, die sich nicht schildern lässt, mich beschwor, sie zu vergessen, sie zu fliehen ... ihr durch die heiligsten Eidesschwüre die Versicherung zu geben, nie wieder ihre Ruhe stören, ihre Schwäche benutzen zu wollen. »Es sei barbarisch«, rief sie aus, »von einem gebrechlichen Weibe Vorteil zu ziehen und ein Herz zu betrüben, welches das Eigentum eines andern sei; da es der Frauen so viele gäbe, welche mir, dem Stürmenden, dem Verwegenen, ein freies und ganzes Herz nicht versagen würden.«

Der Ton ihrer Stimme, der Ausdruck ihrer Züge, ihre Stellung, die Tränen, die sie vergoss, alles erzwang diesen Eid; ich schwor ihn und habe ihn nicht gebrochen. Als einzige Bedingung erbat ich mir eine Haarlocke. Sie wollte nicht ... sie rief mich zurück, um sie mir zu geben; auf ihre Bitte musste ich sie ihr wieder zustellen, allein von selbst schickte sie sie mir, als sie erfuhr, dass ich abreisen würde – mit der beigefügten Bitte, sie als ein Andenken von ihr[242] zu behalten. – Ich bewahre sie noch immer, diese Locke, und als ich im Jahre 1792, von den Mördern

---

[242] Pour l'amour d'elle.

verfolgt, die Frankreich in ein Blutbad tauchten, das sie das Bad der Wiedergeburt nannten, mich ihrer Wut entziehen wollte und nach einer dreitägigen Entfernung unter tausend Gefahren meine Wohnung wieder betrat, um einige Briefe, Porträts, Haare und andere Andenken meiner Jugend und meiner Liebschaften zu retten – war die Erinnerung an *sie* einer der Hauptgründe für mich, dem Tode zu trotzen.

Später habe ich Gelegenheit gehabt, mit einem ihrer Verwandten zusammen zu kommen und ihm nützlich zu sein. Diese Dienstleistungen haben mich glücklich gemacht.

Dieses Abenteuer (so will ich es nennen), über das ich oft nachgedacht habe, ist eines von denen, welche die tiefsten Spuren in mir zurückgelassen haben, umso mehr, da es sich von unseren Sitten so sehr entfernte. Selten wird eine französische Frau sich selbst für so unwichtig halten, dass sie sich so bald und so schnell hingeben sollte. Selten wird sie einer Überraschung der Sinne ohne Kampf und Widerstand unterliegen. Noch seltener wird die, welche leichten Kaufs ihre Gunst gewährt, Tugend genug besitzen, es schnell zu bereuen. Wen in Frankreich wird es nicht befremden, wenn eine Frau, die einem ersten Liebhaber untreu geworden, aus Treue gegen ihn den zweiten entlässt? Diese Rückkehr zur Beständigkeit ist in meinen Augen ein der Tugend dargebrachter Zoll, dessen sich die Sittenverderbtheit und die Libertinage bei uns nicht rühmen kann. Ich erinnere mich bei dieser Gelegenheit, was mir der Graf *von Genlis* einst sagte: »Ich habe Frau *von* ... nur zweimal gehabt, das erste Mal für mich, das zweite für sie, dann bin ich nicht wieder zu ihr gekommen, weil keinem von beiden ein Gefallen damit geschah.«

In Frankreich war viel Beflissenheit, viel Gewandtheit, viel scheinbare Aufrichtigkeit, viel Spiel[243] und viel Kunst nötig, um über eine Frau zu siegen, welche des Sieges verlohnte; es waren Förmlichkeiten zu beobachten, die eine immer notwendiger als die andere, die letzte ebenso unerlässlich als die erste. Dagegen aber konnte man sich auch gewöhnlich des Sieges erfreuen, wenn nur der angreifende Teil kein Gimpel oder der angegriffene kein Tugenddrache war. Es gab in Frankreich dergleichen weibliche Drachen, nur hütete sich ein geübter Eroberer wohl, seine Ehre gegen einen solchen Fels von Grundsätzen zu verspielen, er wurde bald gewahr, was er vernünftigerweise zu hoffen hatte oder nicht, und zog sich zurück, ehe das Publikum seine Niederlage

[243] Manége.

ahnen konnte. Nur Neulinge wagten sich an solche und opferten ihren Weihrauch vor der unerbittlichen Gottheit.

In anderen Ländern setzen die Frauen einem regelmäßigen Angriffsplan, einem wohlberechneten Verführungssystem den stärksten Widerstand entgegen, unterliegen aber oft einer einzelnen Gelegenheit, der zufälligen Frucht des Ungefährs. Andere besitzen eine überlegte Tugend, die aber einem gelehrten Widersacher nicht Stich hält, noch andere vereiteln oft eine heftige Leidenschaft oder einen tief angelegten Angriff mithilfe einiger moralischer und religiöser Vorurteile, entgehen aber der unvermuteten Niederlage eines gefährlichen Augenblickes nicht.

Ich habe bemerkt, dass man eine französische Frau mit den Worten: »Ich liebe Sie« dahin bringt, uns zu lieben, dass man hingegen einer Ausländerin mit diesen Worten fast immer zu verstehen gibt: »Seien Sie auf Ihrer Hut, lieben Sie mich nicht wieder.« Nur ein plötzlicher Überfall kann über ihre Schwäche den Sieg davontragen.

Ich wiederhole es, das hier Gesagte lässt sich nur auf die bessere Klasse von Frauen anwenden. Unter allen Völkern gibt es eine Hefe ihres Geschlechts, wie des unsrigen, der Zergliederung unwürdig, die unterste Stufe der Nation, keiner Prüfung wert, nur der Verachtung preiszugeben. In allen Ländern ohne Unterschied, in England und Deutschland, wie in Frankreich, habe ich achtungswerte Frauen ausgezeichnet und verehrt, ich habe sie vollkommener gefunden als die besten aus meinem Geschlechte, ich habe ihnen als der Zierde des ihrigen mit innigstem Gefühl gehuldigt und sie als Muster und Mittel erkannt, wodurch die Ungläubigkeit des Lasters sich von der Wirklichkeit der Tugend überzeugen kann.

Übrigens mögen diejenigen, welche mich lesen – wenn sie so glücklich sind, es nicht aus eigener Erfahrung erkundet zu haben – von mir lernen, dass die leichten ... oder schweren Verführungen des schwächeren Geschlechts weder zum Glück noch zum Ruhme führen. Sie mögen ein für alle Mal lernen, dass jene das Herz unbefriedigt lassen, diese das Gewissen foltern, dass jene Widerwillen und Ekel, diese Vorwurf und Reue erzeugen; dass beide Verleumdung, Gefahren und unabsehbares Elend zur Folge – und zur verdienten Strafe haben, dass sie oft den Verlust des Lebens und der Ehre nach sich ziehen; dass das Aufsehen und das Vergnügen, die wir in strafbaren Verbindungen finden, einen falschen, lügenhaften Glanz über sie verbreiten, dass Schande und Qualen die unvermeidliche Bedingung derselben sind und dass ein anstößiger

Umgang, den die Welt nicht mit gehöriger Strenge richtet, über den die Welt leichtsinnig weglacht, nicht nur die gröblichste Beleidigung der Moralität, sondern auch eine Quelle von Kummer und Plagen ist und eine *ganz besondere Gattung von Widerwärtigkeiten* erzeugt, die kein anderes Laster, kein anderes Verbrechen über uns zu bringen vermag.

Kein Bösewicht, wenn er in den Jahren vorrückt, wird so furchtbar enttäuscht[244], wie der Verführer der Unschuld, kein Herz in der ganzen Schöpfung ist so welk, so vertrocknet, wird so vom Gewissen gefoltert, so von Geiern aller Art zernagt, als das Herz desjenigen, den man so uneigentlich einen Homme à bonnes fortunes nennt. Nicht erst im Alter, und wenn er die letzten Stufen zum Grabe hinabsteigt, schon früher und sobald ihn die erste Jugend verlassen hat, ist er unter den Unglücklichen der Unglücklichste.[245] Kein Wandel auf Erden bringt in so kurzer Zeit eine solche *Nichtachtung*[246] mit sich. Ich bediene mich dieses Wortes statt des eigentlichen, aber härteren – *Verachtung*.

---

[244] Désillusionné.
[245] Le roi des Infortunés.
[246] Déconsidération. Der Verfasser setzt im Original hinzu: Si ce mot n'est pas français, je veux m'en servir, parce que le mot *mépris*, qui ne serait que juste, est dur.

12. Kapitel

Chiama gli abitator dell'ombre eterne I
l rauco suon della tartarea tromba;
Treman le spaziose atre caverne,
E l'aer cieco a quel romor rimbomba.
(Tasso Cant. IV. St. 3)[247]

Das Grab, Ziel der Nichtigkeit des Lebens – Bonmot der Königin – Ich bezahle meine Schulden; – verkaufe ein Landgut – Mein lächerlicher Streit mit meinem Mutterbruder – Tragisches Ereignis in der Stadt Mans – Der Chevalier Dolomieu – Die Marquisin von Br... – Wohin führt die Liebe? – nicht zum Glück – Mein Beispiel – Herr von Ma... ein junger Offizier – Abscheulicher Auftritt – Meine Meinung darüber – Gründe für und wider – Ich reise nach Italien – Chambéry – Turin – Die Lombardei – Mailand – Erinnerungen aus dem Mailändischen – Tod meiner Großmutter – Meine Liebschaft mit der Marquisin von Br... – Erfolg – Ihr Gatte entdeckt unser Verhältnis – Sonderbarer Zufall – Er reist nach Paris – Seine Gattin stirbt – Umstände ihrer Krankheit, ihres Todes – Meine Verzweiflung – Ihre letzten Worte – Frau von Fondville – Herr von Savonnières – Beider zärtliche Freundschaft für mich – Mein Andenken – Sein Tod – Gleichgültigkeit des Marquis von Br... – Die Einsamkeit des Weisen – Kein Trost für mich – Tod der Frau von Fondville – Ihre Schilderung – Ihr und der Marquisin Grab – Mein Gebet an ihren Gräbern – Ein kleines Gedicht auf beide.

Unaufhörlich erschallt die Posaune des Tartarus und ruft die Schatten zusammen, die wir das Menschengeschlecht nennen. Ihren Grabestönen gehorchend, drängen sich die Kinder der Menschen herbei, das *neue Reich* zu betreten. Hier zerstieben die Träume des Glücks, die Verfol-

---

[247] Es ruft dem grausen Volk urnächt'ger Klüfte
Der höllischen Posaune heis'rer Ton.
Ihr zittern rings die weiten schwarzen Grüfte;
Des Orkus Nacht rückhallt ihr raues Droh'n.
(Übers. *v. Gries*.)

gungen und Tücke des widrigen Schicksals, die Luftblasen des Ruhmes, der getäuschten oder befriedigten Ehrsucht, und alle Hirngespinste, aller Lügentand, der uns von der Wiege zum Grabe, zwischen Thron und Strohhütte in beständigem Lebensschlummer erhielt.

Das also sind die Bedingungen des Daseins, das ist das Ende so vieler Bestrebungen und Gedanken, so vieler Entwürfe, die sich untereinander kreuzten, wie die Wogen des Ozeans! Das also ist der Grenzstein, gegen den der Stolz unserer gebrechlichen Größe anprallt und woran die letzten Triebräder unserer Fähigkeiten sich zerschellen, welche jenes mächtige Ganze – die *Seele* – bilden! Die *Seele*, die das Vergangene, das Gegenwärtige, das Zukünftige – der Erinnerung, dem Genusse, den Forschungen des Menschen unterwirft! – Die *Seele*, dieses zugleich bewundernswerte und beschränkte Wesen, dieses unbegreifliche Uhrwerk, das sich selbst nicht kennt und versteht und die Stunde schlägt und andeutet, ohne sich's erklären zu können!! War es wohl der Mühe wert, dem langen Zuge von Menschen – von Luftbildern – sich anzuschließen!?!

In Paris wieder angelangt, war der Entschluss, meine Schulden zu bezahlen, mein Erstes, und der Vorsatz, keine neuen zu machen, mein Zweites. Die Königin, der ich nach meiner Rückkehr aus England die Ehre hatte aufzuwarten und die noch einige Gewogenheit[248] für mich hegte, sprach mit mir über den Zustand meiner Finanzen und setzte scherzend hinzu: »Diese Reise fehlte Ihnen noch. Herr *von Lauraguais* ging nach England, um, wie er sagte, zu denken (penser). Sie können von sich sagen: Ich bin nach England gereist, um zu verschenken (dépenser).«[249] – Man muss gestehen, dass eine Schuld von mehr als sechzigtausend Franken nicht eben für meine Lebensklugheit und meine Wirtschaftlichkeit sprach. Ich nahm mich zusammen und beschäftigte mich ernstlich mit einer großen Maßregel, welche ich mir längst vorge-

---

[248] Un reste de bonté.

[249] Wir haben das Wortspiel, so gut es sich tun ließ, wiederzugeben versucht. Übrigens wird *Ludwig XVI.* ein besseres in den Mund gelegt. Der Herzog von *Orléans* (derselbe, von dem oben die Rede war) machte ihm nach seiner Rückkehr aus London die Aufwartung. Der König fragt: »Weswegen sind Sie nach England gegangen?« – »Sire«, versetzt der Herzog,, »um denken zu lernen (pour apprendre à penser).« Der König stellt sich, als verstehe er panser, und setzt hinzu: »Les cheveaux?« (Panser un cheval heißt ein Pferd warten.) Der Vorwurf war umso treffender, da der Herzog bloß der Pferde und der Wettrennen wegen nach England gereist war. Übers.

nommen hatte, reiste nach Maine, besprach mich mit einem meiner Verwandten und schlug ihm vor, eines meiner Güter an sich zu nehmen, dessen Ankauf ihm ebenso gelegen, als es mir war, einen Käufer zu finden. Er wandte ein: ich sei noch nicht volljährig; ich brachte ihm Opfer, die seinem Vorteil schmeichelten; endlich bequemte er sich dazu. Auf diese Weise ward ich meine Schulden los und behielt noch einen Notpfennig übrig, den meine Vernunft mich als einen Schatz ansehen ließ, an dem ich mich nicht vergreifen dürfe.

In jeder Hinsicht war dieses Geldgeschäft für mich ein sehr schlechtes, denn außer dem Verlust, den ich erlitt, führte es einen Umstand herbei und verleitete mich zu einem Schritte, wo das Unrecht ganz auf meiner Seite war und wo die Strafe dem Unrecht auf dem Fuße nachfolgte. Um als Minderjähriger den Kaufkontrakt meines Landguts abschließen zu können, bedurfte ich der Einwilligung meines Oheims mütterlicherseits. Ich hatte sie anfangs nachgesucht, man machte Schwierigkeiten, endlich, der Volljährigkeit nahe und der Zögerungen des Herrn *von Chassille* müde, suche ich ihn einst auf der Parade auf und frage ihn nach derselben in Gegenwart mehrerer Offiziere, in einem gebietenden Tone, zum dritten und letzten Male: ob er einwilligen wolle oder nicht. Ich legte in diese Frage einen Nachdruck, ein Ungestüm, der für Ungezogenheit gelten konnte, sodass ich mir von Herrn *von Chassille* die Antwort zuzog: »Nein, mein Herr, nein, zum dritten und letzten Male nein; aber ich ersuche Sie, sich zu mäßigen und nicht zu vergessen, wer und was ich Ihnen bin.« – Er sprach diese Worte mit funkelnden Augen, hatte die Hand an den Griff seines Degens gelegt und rüttelte nachdrücklich daran. – »Und *Sie*«, versetzte ich, »vergessen Sie nicht, wer *ich* bin und dass mein Vater Ihrer Schwester die Ehre angetan, ihr seine Hand zu geben.« – Bei diesen Worten drang er auf mich ein, um mich zu züchtigen. Im Begriff zu ziehen, brachte man uns auseinander. Meine unsinnige Rodomontade, die ich noch jetzt der Vernunft und dem gesunden Menschenverstande abbitte, hat mich um hunderttausend Taler gebracht, und das mit Recht!! Mein Oheim vermählte sich vier Wochen darauf, für mich eine wohlverdiente Strafe!

Ich hielt mich noch eine lange Zeit in *Mans* auf. Damals ward diese Stadt der Schauplatz eines tragischen Ereignisses, das sich umso tiefer meinem Gedächtnisse eingeprägt hat, als ich in der Folge die unglückliche Heldin des Trauerspiels mit abgöttischer Liebe verehrt habe. Der Vorfall gehört zu denen, welche je mehr und mehr abmahnen, den Geschichtsschreibern Glauben zu schenken, da selbst Tatsachen, die sich vor unseren Augen zugetragen haben, sich in Dunkel hüllen und der Forschung entgehen. Ferner ist diese Begebenheit geeignet, uns in der Meinung zu bestärken, dass man auf nichts, nicht einmal auf die innigste Herzensneigung und Treue, einen Wert legen darf. Es gibt Umstände, welche über die Wirklichkeit der zärtlichsten Gefühle, über den Wert derselben, über die Verbindlichkeit der Gegenliebe Zweifel in der Seele zurücklassen.

Ein Mann von vielem Verstande und der für ein Original galt, ein Mann, dessen oberflächliche Kenntnisse ihm den Ruf eines wissenschaft- lich Unterrichteten zugezogen hatten, ein Mann, der über alles sprechen konnte, über alles sprach und anders sprach als andere; – dieser Mann hatte mit einem nicht einnehmenden Gesicht und seinen sechsunddrei- ßig Jahren das Herz einer reizenden Frau von zwanzig erobert, deren Jugend das kleinste ihrer Verdienste war. Es war der Chevalier *von Do- lomieu*, ein jüngerer Bruder des berühmten Geologen und Mineralogen. Er war auf einige Monate nach dem Dauphin gereist und hatte sich wi- der Willen vom Gegenstande seiner Liebe entfernt, einer Liebe, deren Geheimnis er mir, weniger im Übermaß der Eitelkeit, als im Erguss der Freundschaft[250] vertraut hatte, denn das sind die beiden gewöhnlichen Quellen, welche dergleichen Geheimnisse verraten. Herr *von Dolomieu* stand bei einem Dragonerregiment in Mans. Ein Offizier des Regiments, ein bildschöner Mann, ein Mann ohne Grundsätze und Pflichtgefühl gegen sein Geschlecht, keck und zuversichtlich bei den Schönen, fand die Gelegenheit erwünscht und hielt sich für berechtigt, eine unbesetzte Stelle einzunehmen. Er hatte gerade den Ton, dem es gelingt, zu gefal- len, sobald er nicht empört, und besaß alle Mittel, die für die Sinnlichkeit anlockend und für die Tugend gefährlich sind. Unterlag die Marquise von Br... oder zog sie sich triumphierend aus dem Kampfe? Nie hat man es erfahren, ein ganzes Jahr des vertrautesten Umgangs hat es mir nicht entdeckt, so sehr ich auch, angespornt von Eifersucht und Neugier, alles aufbot, in ein Geheimnis einzudringen, das der gemeinen Klasse der Liebhaber ziemlich gleichgültig ist. Ich meinesteils bin jederzeit der Meinung gewesen, es sei wichtig, überaus wichtig, seine Geliebte ken- nen und würdigen zu lernen, den Wert ihres Herzens aus ihren früheren Neigungen abzumessen, in diesem Herzen den Grad der Liebe und vor

---

[250] (moins) Par un excès de vanité Que par un excès de tendresse.

allem der Achtung zu lesen, die man ihr schuldig ist, in ihren älteren Verbindungen den Grund des Vertrauens zu finden, das ihre gegenwärtige Empfindung verdient, und durch Vergleichungen mit den früheren Verhältnissen auf die Natur des gegenwärtigen zu schließen.

Sollte diese Bemerkung *Männern* auffallen und ihnen für gezierten Unsinn[251] gelten, so würde ich dazu lächeln. Sollten *Frauen* so urteilen, so würde es mir leid um sie tun. Ich weiß es nur zu gut: Die Liebe ist für wenige eine *wichtige* Angelegenheit, nur wenige machen so viel Umstände damit. Die meisten fühlen sich glücklich, wenn sie einem leichten Vergnügen nachjagen, wenn sie Rosen ohne Dornen brechen, sie wollen das *Leben* genießen, nicht es zergliedern: Sie wollen die *Liebe* kosten, ohne sie im Brennkolben der Nachforschungen verdunsten und ihre Blumen im Hohlspiegel der Reflexion verdorren zu lassen.

Mir ist dieses Glück nicht geworden. Ich habe mich und mein Leben dem schönen Geschlechte gewidmet. Zwar suchte ich in dieser Laufbahn nicht diejenige *Achtung*, die man selten erhält und über deren Mangel man sich trösten kann, wenn man sich nur nicht selbst verachtet; ich suchte das *Glück*, oder, da es nicht auf Erden zu finden ist, den Schatten des Glücks, aber auch *diesen* habe ich nicht gefunden. Meine schönsten Jahre habe ich verloren; die Qualen einer zu reizbaren, zu zart organisierten Fantasie, haben die Blüten meiner Jugend abgestreift. ... Mit einem Worte, ich habe zuviel verlangt.[252] Ich verzehre mich in meinen Wünschen, meinen Anforderungen, in dem ewigen Misstrauen, das mein Herz in das Herz anderer setzte, in den ewigen Stürmen einer unruhigen, nie befriedigten Empfindung, die ein Nichts aufregen und vieles nicht beschwichtigen kann; ich klagte beständig über die Liebe und doch war Liebe fast meine einzige Beschäftigung; ich fand nie, dass sie hielt, was ich mir von ihr versprochen hatte; ich zitterte immer, sie möchte mir wieder entreißen, was sie mir gewährt hatte. In meinen liebsten Herzensangelegenheiten bin ich nie zur Ruhe gelangt, habe ich immer wider Willen mich selbst, immer wider Willen den Gegenstand meiner Liebe gequält. Seltsamer Kontrast! Und doch hat er seinen Reiz! Eben weil man weniger Liebe verdient, erhält man mehr, eben weil man mehr Tränen vergossen hat als andere, ist man, in gewissem Sinne, glücklicher gewesen als sie.

---

251 Un galimatias précieux.
252 Je fus trop difficile.

Liebe! – ernste Schellenklapper der großen Kinder!
Gleichgültigkeit! – eiserner Schlaf der Herzlosen!
Das längste Leben! – ein kurzer Lügentraum!

Jener junge Offizier, von dem ich abgekommen bin, weil es mir unmöglich ist, zu schreiben, ohne mit und aus meinem Herzen zu schwatzen – hieß Herr *von Ma...* Er war in seiner Provinz zu einer Art von Berühmtheit gelangt, die er sieh durch eine reizbare Bravour, durch glückliche Liebesabenteuer, wie man sie in den Garnisonen zu haben pflegt und durch einen starken und kernhaften Körperbau erworben hatte, der sie ihn überall würde haben finden lassen, wenn seine Erziehung vollendet und sein Geist ganz ausgebildet gewesen wäre.

Eines Abends, als er mit seinen Chefs und den Vornehmen des Ortes bei der Marquise *von Br...* gespeist hatte, verbarg er sich, als die Gesellschaft aufbrach, hinter einem Schirm im Hausflur. Als er glaubte, dass alles zur Ruhe sei, die Dame und ihre Leute, schlich er sich an das Schlafgemach der ersteren und versuchte die Tür zu öffnen, zu der er einen Schlüssel hatte. Allein er fand sie von innen verriegelt. Nun flehte er um Einlass und beschwor die Dame, im Namen ihrer Liebe, aufzumachen. Mit Unwillen und Verachtung abgewiesen, änderte er seinen Ton, berief sich auf Versprechungen, auf heilige Rechte, die er habe, und schloss mit unwürdigen Beleidigungen und Vorwürfen. Zugleich behauptete er, sie sei mit einem begünstigten Rivale eingeschlossen, und vermaß sich, er werde an beiden, an ihr und ihm, auf eine Weise Rache nehmen, die für Meineidige und Eindringlinge eine furchtbare Lehre sein sollte. – Wütend riss Frau *von Br...* das Fenster auf und rief ihre Leute herbei. Verwirrung und Skandal stiegen aufs Höchste. Der Haushofmeister und der Kutscher versuchten, sich der Person des Herrn *von Ma...* zu bemächtigen. Allein er zog den Degen und wehrte sich wie ein Rasender. Es kam noch mehr Gesinde dazu, er ward überwältigt, sein Degen zerbrochen, er selbst misshandelt, obschon die Beleidigte rief: Man solle ihn schonen. In diesem Zustande wurde er um zwei Uhr in der Nacht auf die Straße gestoßen. Hier sammelte sich, durch den Lärm, das Geschrei, die Flüche herbeigezogen, Gesindel aller Art und eine Menge Nachtschwärmer aus den niederen Klassen. Vor ihnen stieß der Offizier die ungeheuersten Abscheulichkeiten aus und warf zuletzt noch einen Schlüssel durch das Gittertor, mit dem Beifügen: Es sei der Schlüssel zur Schlafkammer der Dame; sie habe ihm denselben selbst zu einer glücklicheren Zeit und in der Abwesenheit seines Rivalen (des Ritters von *Dolomieu*), gegeben, der erst vor zwei Tagen zurückgekommen war.

Außer sich vor Verzweiflung, kleidet sich die Marquise an, wirft sich in den Wagen und eilt zum Regimentschef, der zwar mit dergleichen Händeln vertraut und seinem Dünkel nach ein Held darin, Spott damit zu treiben und sie als Kleinigkeiten anzusehen pflegte – dieses Mal aber, als Verwandter der Dame, die Sache ernsthaft nahm, ihrer Klage aufmerksam zuhörte, von ihren Tränen gerührt wurde und ihr einen schnellen und der Verwegenheit und Größe der Beleidigung auf alle Fälle angemessenen Rechtsspruch verhieß. Augenblicklich schickte er einen Unteroffizier und einige Gemeine ab, die sich des jungen Wüterichs bemächtigen sollten, der mit Gewalt das Schlafzimmer von Frauen stürme, die nie *sein* waren oder es nicht länger sein wollen, denn beides ist für einen Galanthomme ein und dasselbe. Er ließ ihn in das Verließ eines Klosters bringen, bis er dem Minister Bericht abgestattet und dieser über sein Schicksal verfügt haben könne. Aber der unsinnige Kraftmann, der wohl voraussah, dass ihm als geringste Strafe die Kassation bevorstand, ließ halb aus Verzweiflung, halb aus Leidenschaft, zwei seiner Kameraden rufen, beteuerte auf Ehre, dass er berechtigt gewesen sei, den Liebesverrat zu rächen, und jagte sich zwei Kugeln durchs Herz. Er lebte noch sechs Stunden unter unsäglichen Schmerzen und flehte seine Freunde vergebens um Abkürzung derselben an.

Frau *von Br...* hatte inzwischen an ihren damals abwesenden Gatten einen Kurier abgefertigt. Sobald dieser die Nachricht des Vorganges erhalten hatte, machte er sich auf den Weg und eilte, die Wut im Herzen, um die Ehre seiner Gattin (ob mit Recht oder Unrecht?) zu rächen.

Weniger war er seiner eigenen nicht schuldig. Aber er machte sich vergebliche Kosten, denn als er aus dem Wagen stieg, lag derjenige, dem er das Leben hätte rauben oder das seinige preisgeben müssen, auf der Bahre. – Dieser Ausgang mochte dem Gatten wohl eben nicht ganz unangenehm sein, wenigstens nicht unangenehmer als der andere.

Der Chevalier *von Dolomieu*, still und verschlossen, ruhig und unbefangen, ließ sich von allen Umständen einer Affäre unterrichten, deren Hauptgegenstand und Hauptzeuge er selbst gewesen sein sollte, und schien nichts davon verstehen zu wollen. Der Marquis *von Br...* ergriff die Partei seiner Gemahlin mit der unerschrockenen Festigkeit und Beharrlichkeit eines Mannes, der dem Publikum die Stirn bietet und an die Tugend glaubt; er vertrat die Ehre seiner Gattin gegen die Meinung der wider sie aufgebrachten Provinz, die, sich nicht mit einer Leiche begnügend, noch zwei andere Opfer verlangte. Er trocknete ihre Tränen und gab ihr den Mut, ihre Unschuld an den Tag zu legen, oder den noch größeren, die Unschuldige zu spielen.

War sie es? War sie es nicht?

Verdiente sie, auch unter der schlimmsten Voraussetzung, den unaufhaltsamen Strom der Verleumdung, den ich gegen sie losbrechen sah, als ich, noch jung aber mutvoll, es unternahm, meine Stimme für sie zu erheben; als ich es wagte, auf ihre Seite zu treten und mir ein Recht auf ihre Dankbarkeit erwarb, die sich später in Liebe verwandelte?

Verdiente Herr *von Ma...*, selbst in dem günstigsten Fall, das allgemeine Mitleiden, das er in der ganzen Provinz und bei den vielen Personen von Rang, Reichtum und Ansehen fand, welche sie zählte?

Es scheint mir nicht wahrscheinlich, dass eine Frau, welche ihren Liebhaber in seiner Abwesenheit verraten hat – schon *das* ist ein großer Fehler, sich von dem Gegenstand seiner Liebe zu entfernen[253] –, um die Zeit, wo sie ihn zurückerwartet, nicht alles anwenden sollte, sich von dem Stellvertreter, den sie ihm gegeben, loszumachen und diesem einen anvertrauten Schlüssel wieder abzufordern. Es ist unwahrscheinlich, dass sie einen solchen Anstoß geben, einen ärgerlichen Auftritt veranlassen, ihre Leute zum Schutz ihrer Ehre zusammenrufen und nicht lieber versuchen werde, den Edelmut zweier Männer anzurufen und (wenn sie nicht beide betrügen kann) sich und ihre Ehre nicht lieber beiden preiszugeben als ihren eigenen Leuten und einer ganzen Stadt? Es scheint mir nicht wahrscheinlich, dass eine junge Frau, die noch keinen Beweis von Sittenlosigkeit gegeben, mit solcher Kraftäußerung zu Werke gehen, einen Unverschämten aus dem Hause werfen lassen, eine öffentliche Klage gegen ihn erheben werde, wo ihr Ruf, ihre Unschuld und die gute Meinung des Publikums hinreichend waren, sie über jeden Verdacht hinauszusetzen.

Es scheint mir nicht wahrscheinlich, dass sie, über den Verlust ihres guten Mannes untröstlich, sich nur gleichgültig bei dem Tod desjenigen gezeigt haben sollte, von dem sie behauptete »er habe sich selbst bestraft«; – dass sie sich nicht verraten haben sollte, wenn er je ihrem Herzen teuer war; – dass ihr nie ein Wort, ein Blick, eine Bewegung entfahren sein sollte; – dass *ich*, über ein Jahr im Besitz ihrer Zärtlichkeit, von

[253] S. Voltaires Pucelle. Ch. IV. im Eingang.

ihr nie etwas anderes hätte erhalten sollen als das beharrlichste Ableugnen dieser doppelten Verbindung.

Ist es wohl wahrscheinlich, dass, wenn ein vertrauter Umgang mit Herrn *von Ma...* stattgefunden und sogar einige Monate gedauert hätte, keine Spur von Verdacht im Hause, in der Stadt, auf einem so beschränkten Schauplatz, wo aller Augen auf eine Frau von ihrem Stande gerichtet sein mussten, entstanden wäre, zumal bei der bekannten Lebhaftigkeit Und Petulanz des jungen Mannes, bei dem Rufe, worin er stand, kein Geheimnis bewahren zu können? Wie wäre es möglich gewesen, sei's von seinen Freunden, sei's von ihren Frauen und übrigem Gesinde, bei allen von anderen (und besonders von mir) angestellten Nachforschungen kein Anzeichen, keine Entdeckung, keinen Beweis auftreiben zu können?

Ist es wahrscheinlich, dass bei ihrem Tode, dessen Zeuge, dessen unwillkürliches Werkzeug ich gewesen bin, eine so sanfte, so bängliche Frau sich dem Schlummer der Unschuld hingegeben und kein Wort gesprochen haben sollte, welches ein so drückendes Geheimnis von ihrem Herzen lösen oder einigermaßen zur Entsündigung ihrer letzten Augenblicke hätte dienen können?

Ich muss jeden aufrichtig bedauern, dem dieser letzte Beweis unvollständig oder gar lächerlich scheinen sollte.

Das ist die *eine* Seite der Frage.

Ich lasse die *andere* folgen.

Ist es wahrscheinlich, dass sich ein Mann in einen Abgrund von unglücklichen, unabsehbaren und doch vorauszusehenden Folgen gestürzt haben würde, wenn er nicht ein Recht zu haben geglaubt, ihnen zu trotzen, wenn er nicht frühere Begünstigungen zum Vorwande und darauf sich gründende Wünsche und Begierden zur Entschuldigung gehabt hätte? Ist es wahrscheinlich, dass er, in so viele andere Liebesabenteuer verwickelt, sich an eine Frau gewendet haben würde, der es, in ihrer Lage, in ihren Umständen und Verhältnissen, so leicht war, ihn von Grund aus zu verderben, und von der er am meisten befürchten musste, ihr Widerstand werde durch das daraus entstehende Aufsehen seiner Eitelkeit den Todesstreich versetzen? Ist es wahrscheinlich, dass er darauf bestanden haben würde, in ein Schlafzimmer einzudringen, dessen Tür ihm keine Rechte aufschlössen; dass er hinter den Riegeln einen Rivale sich gedacht und ohne allen Grund sich einem Manne gegenübergestellt haben würde, mit dem er nichts auszumachen gehabt hätte?

Ist es wahrscheinlich, dass ihn ein eingebildetes Unrecht, dass ihn vermeintliche Beleidigungen in eine so plötzliche, so blinde Wut versetzt haben sollten, ihn dergestalt aller Besinnung, aller Beobachtung der Schicklichkeit beraubt – ihn vermocht haben sollten, der Dienerschaft eines ganzen Hauses einen löwenartigen Widerstand entgegenzusetzen, der, wenn er nicht überwältigt worden wäre, ihm nicht sowohl zum Siege, als zur Schande anzurechnen war? Ist es wahrscheinlich, dass er sich in den Ausfällen einer grundlosen Wut so weit vergessen haben sollte, eine Frau, von deren Unschuld und Tugend er die Überzeugung gehabt hätte, öffentlich zu beschimpfen und zu entehren, dass er ihr einen heimlich entwendeten Schlüssel auf eine schändende Weise[254] zurückgeworfen hätte, wenn er es nicht aus Wut, ihn nicht gebrauchen zu können, getan hätte? Ist es wahrscheinlich, dass er beim Fortgehen die, die ihm nichts schuldig war, und den, der ihn nicht beleidigt hatte, mit dem Übermaß seiner Rache bedroht haben würde?

Ist es endlich wohl wahrscheinlich, wenn er zwei Freunde kommen lässt, wenn er die Rechtmäßigkeit seiner Raserei mit blutigen Tränen beteuert; wenn er Briefe verbrennt, von denen er schwört, sie seien von seiner Ungetreuen; wenn er sich zwei Kugeln durch das Herz jagt und bis zum letzten Atemzug bei der Wahrheit seiner Aussagen beharrt – ist es dann wohl wahrscheinlich, dass alles Wut, Wahn und Lüge sei?

Hier hat man die *andere* Seite.

Über *beiden* schwebt ein undurchdringliches Dunkel.

Verdiente aber die Marquise *von Br...*, wenn sie nur *einen* Anbeter gehabt, wenn sie ihm *treu* geblieben, die Verachtung, womit man sie belegt hat? Ich will noch mehr sagen: ... verdient sie, auch in dem Fall, wo sie, der Schuld einer *doppelten* Schwäche sich bewusst, den zweiten Liebhaber nicht ferner sehen will und zur ersten Wahl zurückkehrt, den allgemeinen Hass ohne alle Einschränkung?

Verdiente der Mann so überschwängliches Bedauern, der unter der ersten Voraussetzung ein Ungeheuer, unter der zweiten ein Wüterich ist? Doch die Welt nimmt es nicht so genau, sie spricht die Toten frei, um die Lebenden desto strenger zu verdammen. Sie lobt mit aller Langsamkeit der Reflexion, sie *billigt* nur mit Parenthesen und Einschränkungen; tadelt aber ohne Schonung und verdammt mit der Blitzesschnelle des Instinkts.

---

[254] Avec infamie.

Die Marquise *von Br...* erhob sich wieder, sie und ihre Familie boten dem Ungewitter die Stirn, sie hielt ein gutes Haus, man knüpfte die Beziehungen wieder an, wäre sie von geringem Stande und ohne Vermögen gewesen, so würde man sie ein für alle Mal verstoßen haben. Ich riet ihr, nach Paris zu reisen. In diesem Abgrund (sagte ich ihr), wo die Geschichten, welche in der Provinz zu Klatschereien Anlass geben, augenblicklich verschwinden, werde sich auch die ihrige verlieren.

Sie folgte meinem Rat.

Schon damals hatte sie mir eine lebhafte Leidenschaft eingeflößt, die ich ihr aber in ihrer Lage zu entdecken Bedenken trug. Sie wusste es mir Dank. Später wurde mein bescheidenes Schweigen belohnt.

Italien zu bereisen, war seit meiner ersten Jugend einer meiner Lieblingswünsche gewesen. Ich gab ihm Gehör und ohne außerordentliche Ereignisse kam ich am ersten Februar 17.. in *Lyon* an und befand mich, ich weiß selbst nicht wie, in dieser volkreichen, blühenden Handelsstadt, die späterhin, nachdem die Revolution sie in Trümmer gestürzt, durch die Wohltaten der neuen Regierung wieder aufgerichtet worden ist.

Ich sah nichts Merkwürdiges in dem kleinen *Chambéry*. Es zählt höchstens zehntausend Seelen. Das einzige Bemerkenswerte ist, dass der König *Victor Amadeus* II. nach seiner Abdankung und Vermählung mit Frau *von Saint-Sébastian* im Jahre 1730 seinen Aufenthalt daselbst genommen und dann noch bis 1732 daselbst gelebt hat. Auf dem Wege nach *Turin* ist der Anblick der vielen Kröpfe widerlich, die in Savoyen einheimisch zu sein scheinen. Desto freudiger ruht das Auge auf *Turin*, desto lieblicher ist der Anblick dieser prächtigen, regelmäßigen Stadt mit ihren im rechten Winkel durchschnittenen Straßen am Po. Die schönste dieser Straßen – eine der schönsten in Europa – führt den Namen des Flusses. Die Geißel Gottes, der wilde *Attila*, zerstörte *Taurinum* von Grund aus im Jahre 405. Die Stadt zählt heute 80.000 Einwohner. Sie gehört dem Hause Savoyen seit 1278, ist dreimal von den Franzosen erobert worden, das erste Mal vom ritterlichen König *Franz I.*, das zweite im Jahre 1640, das dritte und letzte Mal im Revolutionskriege, der sie auf ewige Zeiten und unwiderruflich(!) dem französischen Reiche einverleibt hat.

Obschon der königliche Palast einer der schönsten in Italien ist und sich ebenso sehr durch Geschmack als durch Pracht auszeichnet, so enthält er doch wenig Sehenswertes. Das Schauspielhaus ist als eines der größten und schönsten berühmt und die Zitadelle ein Meisterstück und Wunder der Kunst.

Mein kurzer Aufenthalt in *Turin* setzte mich nicht in den Stand, über die gesellschaftlichen Gebräuche ein festes Urteil zu sprechen; soviel ich gesehen und bemerkt habe, herrschte in den höheren Ständen ein edler und anständiger Ton. Der Hof ging mit dem besten Beispiel voran und teilte seine Sitten einem aufgeklärten, aufgeweckten Volke mit, das sich zu dem vom Souverän aufgestellten Muster von Würde, Ernst und Größe hingezogen fühlte.

Das schöne Geschlecht ist hier im Allgemeinen von der Natur sehr begünstigt und scheint es zu wissen.

Der Weg von *Turin* nach *Mailand* führt durch die schönsten Gegenden und ist mit einer unzähligen Menge heiterer Landhäuser besetzt. Die unvergleichliche Ebene der Lombardei bietet ein einziges Schauspiel dar. Eine freundliche Stadt folgt auf die andere, schließt sich der andern an, nur könnten die Wirtshäuser einladender sein. *Mailand*, Italiens dritte Stadt an Rang und Größe, zählt über 150.000 Einwohner. Ihre Schicksale sind bekannt. Die Annalen der Geschichte der Reiche und Städte sind, wie die Geschichte des Menschengeschlechts überhaupt, eine lange Folge von Unglücksfällen, von Torheiten, von Grausamkeiten aller Art. So wurde auch *Mailand* um die Mitte des zwölften Jahrhunderts von Grund aus zerstört. Der Pflug zog über den Boden hin, auf dem es gestanden hatte, man bestreute ihn mit unfruchtbarem Salz. Wie können Sieger mit solcher Barbarei verfahren! Wie schnell können aber auch Besiegte sich erholen und durch Kunstfleiß die Spuren der Verheerung tilgen! Wie weit hat es der Mensch auf beiden Seiten gebracht, alles vernichtend und alles – außer sich selbst – wieder herstellend!

Da liegt es vor meinen Augen, das schöne Mailand, die kurze Eroberung *Franz' I.*, die ewige Wunde in Frankreichs Geschichte seit der Schlacht von *Pavia*, wo die Blüte des französischen Adels fiel, wo der gefangene König nur dadurch wieder zur Freiheit gelangte, dass er einen Eid brach, dessen Inhalt ihn beinahe vom Meineid losspricht. Unglückselige Schlacht, die dem Hause Österreich ein Land erwarb, dessen Lorbeeren wir mit unserm Blute bespritzt hatten!

Mailand hat eine Menge Denkmäler, der Ansicht und Aufmerksamkeit der Reisenden würdig. Der Kanal, der die Stadt mit der Adda verbindet, ist die Hauptquelle der Fruchtbarkeit ihres Bodens. Die öffentlichen und Privatsammlungen von Kunstwerken zeichnen sich besonders durch schöne Originalgemälde aus. Der Adel, dem eine angeborene Höflichkeit eigen ist, zeigt sich glänzend und prächtig in der Gastfreiheit. Die Frauen (denn von *diesen* muss immer und überall die Rede sein) sind reich an Reizen und Bildung.

Wem fällt unter dem Himmel von *Mailand* nicht *Gaston von Foix*, der glänzende Held, Neffe Ludwigs XII., Gouverneur des Herzogtums, ein? Wer bedauert nicht seinen frühzeitigen Tod, im 24. Jahre des Lebens, in den Armen des Sieges und sein Grab, in das er einen Ruhm mit sich hinab nahm, der gewöhnlich nur den Krieger belohnt, dessen Haar eine lange Reihe von Feldzügen gebleicht hat.

In *Mailand* erhielt ich ein Schreiben, das mich mit einem Male in dem Laufe meiner vorgehabten klassischen Reise aufhielt und mich nötigte, ebenso schnell nach Frankreich zurückzukehren, als ich es verlassen hatte. Der Umstand, der mich rief, war der Tod meiner Großmutter mütterlicher Seite. Ihr Verlust schmerzte mich, obschon er mir ein ziemliches Erbe einbrachte. Ich eilte nach *Maine*, brachte meine Angelegenheiten in Ordnung und wäre reich genug gewesen, wäre ich nur weise genug gewesen, meinen Reichtum zu benutzen. In *Mans* traf ich die Marquise *von Br...* wieder an, deren Reize und deren Unglück einen so tiefen Eindruck auf mich gemacht hatten; ich fand sie noch traurig, aber trostesfähig. Noch mehr, ich fand sie frisch wie die Gartenblumen und in ihren Zügen einen Ausdruck von Tiefgefühl und Melancholie – zwei Reize, denen ich nie habe widerstehen können. Sie wusste, wie lebhaft ich mich ihrer angenommen hatte; ich liebte sie zu sehr, um daran zu denken, sie liebte mich genug, sich dessen zu erinnern.

Aus dieser Sympathie entstand, was daraus entstehen musste. Ehezwiste nahmen die Stelle der früheren Einigkeit ein, das Publikum erlaubte sich schmähende Äußerungen und Reden, wir gewöhnten uns daran, verachteten sie, und da wir dagegen gleichgültig blieben, fielen die Gerüchte in ihr Nichts zurück. Eine übergroße Empfindlichkeit gibt der Verleumdung den ersten Zunder, die erste Nahrung, und den Lästerzungen Gewicht und Nachdruck.

Es verging einige Zeit, ehe der Marquis, um dessen Freundschaft ich mich bemüht hatte, hinreichende Beweise sammeln konnte, loszubrechen und einen Skandal zu erregen, der zu nichts hilft, wenn er zu spät kommt. Er war ein Mann von Ehre, der mit dem Hofe zerfallen war, weil er Ursache zu haben glaubte, sich über ihn zu beschweren. Der einzige Grund seiner Klage bestand darin, dass der Hof für seinen Oheim *zuviel*, folglich für den Neffen zu *wenig* getan habe. Unter allen Sonderbarkeiten des alten französischen Adels war diese eine der auffallendsten und bizarrsten, dass er die Hofgunst für ein Familieneigentum hielt. Der Marquis, von dem hier die Rede ist, war solch ein Sonderling und Trotzer im Kleinen[255], er hatte einige Ansprüche auf Beförderung, die er aber außerordentlich übertrieb und auf die man nicht Rücksicht genommen hatte, weil er nichts Glänzendes an sich hatte und in der Intrige nicht bewandert war. Später tröstete er sich damit, dass er schnell zur Revolution überging, das heißt »um den Schmerz zu vertreiben, sich mit Ruten streichen«.[256] Er hatte seine Gattin grenzenlos geliebt; ihm war diese Liebe mit Freundschaft und Achtung erwidert worden. Die Herzensbande ließen seinerseits nach, die Gewissheit, dass ich vorgezogen wurde, zerrissen sie vollends. Die Art, wie er den Beweis einer Sache erhielt, die er lieber nicht hätte erfahren sollen, ist zu sonderbar, um sie nicht ausführlich zu erzählen.

Im Schauspielhause zu *Mans* war, was man in der Provinz eine *Redoute* nennt, veranstaltet worden – ein Maskenball, wenn man will, ein Opernball. Ich speiste zu Abend beim Marquis. Die Gesellschaft beschloss, bis auf wenige Ausnahmen, auf den Ball zu gehen. Hr. *von Br...* entschuldigte sich: Er fühle sich ermüdet, wolle sich schlafen legen und wünsche uns viel Vergnügen. Aber anstatt Wort zu halten, warf er einen Domino um, nahm eine Maske vor, ging auf den Ball und erkannte uns, seine Gemahlin und mich, mit leichter Mühe. Wir waren erst eine Zeit lang im Saal umhergeschlendert, hatten uns dann auf eine Bank gesetzt und waren in einer lebhaften Unterredung begriffen, welcher die Liebe das Hauptthema lieferte. Eine Maske folgte uns, etwas sehr Gewöhnliches! Sie setzt sich neben uns, gleichfalls sehr gewöhnlich! Sie sitzt aber bewegungslos da. Ist sie tot? Nein, sie schläft und hat ohne Umstände den Kopf auf meine Schulter gelehnt. Der Spaß fing an, mir lästig zu werden. Nach einigen Minuten stoße ich den Schläfer sanft an und ersuche ihn, mich nicht länger für sein Kopfkissen zu halten. Er stammelt mit angenommener weiblicher Stimme einige Entschuldigungen, fällt aber gleich wieder in den alten Fehler und in die vorige Stellung zurück. Wir setzen, Frau *von Br...* und ich, unser Gespräch fort. Es betraf eine Aussöhnung – den Himmel der Liebe. Ich glaubte mich über Kälte und über

---

[255] En miniature.

[256] Vouloir se distraire avec des verges.

den einem andern gegebenen Vorzug beschweren zu können; ich tat es zwar mit leiser Stimme, aber mit dem vollen Ausdruck der Leidenschaft, mit der lebhaften Pantomime meines Alters und meiner feurigen Liebe. Die lästige Maske lag immer unbeweglich auf mir, drückte mich mit dem ganzen Gewicht ihres Körpers, stieß einzelne Seufzer aus der bedrängten Brust. Verdrießlich stoße ich endlich den Schläfer von mir, in der Hitze unsers Gesprächs nicht ahnend, dass er aufmerksam zuhöre. Bei der Bewegung, die der Unbekannte macht, fasst ihn Frau *von Br...* ins Auge, betrachtet ihn näher und flüstert mir ganz leise die Worte zu: »Himmel! Mein Mann! Ich bin verloren!« – »Nicht möglich!« – »Kein anderer!« – »Kommen Sie!«

Wir stehen auf. Die Maske folgt; will sich an meinen Arm hängen. Ich reiße mich gewaltsam los. Wir verlieren uns in der Menge ... Man denke sich aber die Verzweiflung der Marquise und meine Verwirrung! Unser Gespräch war so deutlich gewesen als möglich, selbst für einen gleichgültigen Dritten.

Nach gepflogenem Rate trug sie Bedenken, nach Hause zu gehen. Sie wollte sich zu ihrer Mutter oder nach Paris zu ihrer Schwester begeben und auf eine Trennung in der Güte dringen. Ich widerriet es ihr und war der Meinung, sie solle sich benehmen, als sei nichts vorgefallen, eine ruhige und feste Haltung annehmen, ihres Mannes Erklärung abwarten und dann alles leugnen. Sie hatte es nicht nötig. Am folgenden Morgen nahm er Postpferde und ging unter dem Vorwande eines Prozesses nach Paris. Auf halbem Wege schrieb er an seine Gemahlin in kaltem und edlem Tone. Er meldete ihr, seine Abwesenheit werde von langer Dauer sein; er wünsche von ihr zu erfahren, wann es ihr gelegen sein würde, ihn aus Paris abzuholen, damit er mit ihr nach *Mans* zurückkehren, die Angelegenheiten seines Hauses wieder übernehmen und seine Geschäfte betreiben könne. Es war einleuchtend, dass er kein Aufsehen machen, die Mutter seines Sohnes nicht beschimpfen wollte, aber zugleich auch entschlossen war, nicht länger mit ihr zu leben, wenigstens nicht so lange, als ihm ein Liebhaber im Wege stehen würde.

Die Liebe, die die Stelle alles Übrigen einnimmt und alles ersetzt, tröstete sie in dieser Lage. Ich ward ihr alles und wurde umso mehr an sie gefesselt, weil sie sich um meinetwillen über alles hinweggesetzt hatte. Ein zweites Schreiben ihres Gatten meldete, dass seine Gesundheit gelitten habe, dass seine Kräfte schwänden und er befürchten müsse, nicht lange zu leben. Ihre Verwandten bestätigten diese Nachricht; sie hatte zu viel Seele und zu viel Gemüt, um sich darüber freuen zu können, konnte sich jedoch nicht enthalten, an die Möglichkeit einer Zukunft zu denken, die wir uns früher nicht hatten versprechen dürfen. Wir träumten beide, ohne es uns zu gestehen und zu vertrauen, den schönen Traum, einst mit unauflöslichen Banden vereinigt zu sein.

Doch derjenige, der mit unseren Plänen sein Spiel treibt und unsre Hoffnungen zuschanden macht, hatte es anders beschlossen. Die Fackel, die uns Hymen vortragen sollte, war bestimmt, einer Leiche zu leuchten. Ein Grab sollte sich für die öffnen, welche vor dem Altar zu treten sich anschickte; ihr Brautbett sollte ein Rasenhügel decken. Auf dem eisernen Bette des Todes sollte sie die Ruhe finden, die den Mann, den sie zu ihrem Lebensgefährten ausersehen hatte, noch immer flieht!

Traurige Rückerinnerung! Jammervolles Gemälde, dessen Farben nach zwanzig Jahren noch so lebhaft sind! Schwere, aber sehr angemessene Strafe für die vielen Fehler, die ich begangen, wodurch ich mein Leben mit Bitterkeit erfüllt, mir Trübsale und Feinde in Menge zugezogen und über meine Bahn ein totenfarbenes Dunkel verbreitet habe!!

Sie war krank, schien es aber nicht gefährlich zu sein. Ich hatte, mich zu zerstreuen, eine Einladung angenommen. Bei der Tafel erhalte ich ein mit zitternder handgeschriebenes Billett: »Komm', eile, du hast keinen Augenblick zu verlieren ...« Ich tue einen Schrei, springe auf, verlasse das Haus ohne Abschied und fliege zu ihr hin.

Ach, der Tod, der blasse Tod lag auf ihrer Stirn. Ihre sanften, zärtlichen Augen waren starr und erloschen. Ihr anbetungswürdiges Gesicht trug die Farbe und den Ausdruck des Todes. Umgeben von Ärzten, auf einem Bette mitten im Zimmer, fand ich sie sterbend und alles um sie in Verwirrung und Aufruhr. Eine zehnmal wiederholte Ohnmacht nahm sie uns, gab sie uns wieder. *Savonnières* (der an den Folgen des *fünften Oktober* einen edelmütigen und treuen Tod starb) versuchte es, mich, der das Zimmer mit Klagegeschrei erfüllte, zu entfernen. Dasselbe tat eine Verwandte, Frau *von Fondville*, deren Schönheit sowohl in Paris als in der Provinz so viel Herzen entflammt hat, die, eine zweite *Ninon*, bis zu ihrem Ende ihren Siegeswagen von Anbetern umgeben sah – sie bediente sich ihrer ganzen Gewalt und machte mir's zur Pflicht, entweder mich wegzubegeben oder meinen Schmerz zu mäßigen. Umsonst. Zu den Füßen der Sterbenden kniend, ihre kalte Hand in meinen brennenden Händen haltend, war ich nicht von der Stelle zu bringen, bis die Nacht einbrach, wo ich des Anstandes wegen mich überreden ließ, das Zimmer zu räumen. Es war mir aber unmöglich, nach Hause zu gehen; ich blieb mit der Sterbenden unter einem Dache, holte alle Augenblicke Nachricht über ihren Zustand ein, der trotz aller angewandten Mittel derselbe blieb. Gegen Morgen sammelte sie ihre letzten Kräfte und ließ mich rufen. Ich wurde mit ihr allein gelassen. Langsam und leise, mit abgebrochenen Worten, mein in Tränen schwimmendes Haupt an ihr Herz drückend, sagte sie mir: »Vergib mir meinen Tod, liebster Freund, vergib mir den verbrecherischen Schritt, dessen ich mich schuldig gemacht habe. Ich war schwach genug, mich vor der Welt zu fürchten, jetzt straft mich der Himmel. Es zu vermeiden, dass ein noch unentwickeltes Wesen einst ins Leben trete, habe ich vor drei Wochen einen Trank genommen, den mir ein Wundarzt mit der Versicherung gegeben, dass er unschädlich und gefahrlos sei. Ich bin jetzt überzeugt, dieser Trank ist mein Tod. Ich will durchaus nicht, dass man Nachforschungen anstelle, die diesem Menschen und meiner Kammerfrau Unruhe und Nachteil bringen könnten. Versprich mir ein ewiges Geheimnis.« – Sie beteuerte mir zuletzt noch, mich einzig und mit unverbrüchlicher Treue geliebt und sich vor *dieser* Liebe nur einer ähnlichen Schwachheit schuldig gemacht zu haben, welcher aber nicht tief in ihr Herz eingegriffen hätte. Jetzt überließ sie sich dem Gedanken an den Schmerz, den mir diese Trennung verursachen würde, bat mich gerührt und mit Tränen um Verzeihung, ließ mich meine Briefe aus einem Fache ihres Schreibpultes zurücknehmen und beschwor mich, wo möglich, sie mit meinem Bilde, das sie im Medaillon auf dem Herzen trug ... und zu mehreren Malen küsste, sterben und begraben zu lassen. – Sie schloss mit der Bitte, ihres Gatten, ihrer Ehre, ihres Nachrufs zu schonen, wie jede Gelegenheit zu Streitigkeiten zu vermeiden, die einen Flecken auf ihr Leben und auf ihr Andenken bringen könnten.

Wie leicht ist es, den Tod zu finden, wenn man ihn nicht sucht? Wie schwer ist es, wenn man sterben sollte und sterben will! Leblos brachte man mich aus dem Hause ... Eine Stunde später war sie in eine bessere Welt gegangen. Ich blieb in dieser zurück, ohne den Mut, sie zu verlassen, ohne den Trieb, darin zu verweilen, ihren Tod und mein Leben gleich sehr verabscheuend.

Sobald sie in den Armen der Frau *von Fondville* und des Herrn *von Savonnières* verschieden war, beschäftigten sich beide ausdrücklich mit mir und gaben mich dem Gefühl, dem Lichte, dem Leben zurück – dem Lichte, dem meine Augen mit Entsetzen sich öffneten. Meine vortreffliche Freundin nahm mich zu sich, behielt mich bei sich, mischte ihren Schmerz in meine Verzweiflung, versuchte nicht, meinen Gram zu schwächen, zerteilte ihn, indem sie ihn teilte. Zwei Tage später meldete ein vorauseilender Kurier die nahe Ankunft des Marquis. Frau *von Fondville* wollte mich überreden, auf einige Zeit die Stadt zu verlassen; ich blieb unbeweglich.

Herr *von Savonnières* vereinigte seine Bitten mit den ihrigen, ich blieb standhaft. Endlich fragte er mich: »Wissen Sie auch bestimmt, ob bei der Marquise nichts gefunden werden kann, was ihrem Andenken Nachteil bringen könne? Haben Sie alles in Händen, was in den Augen ihres Gemahls gegen sie zeugen, alles, was ohne Not das Herz des Gatten, des Vaters brechen würde?« – »Alles, mit Ausnahme meines Bildnisses, das sie gewünscht hat, nach dem Tode in ihre letzte Ruhestätte mit sich zu nehmen.« – Hier erschraken beide; er sprang auf, eilte in das Trauerhaus, trat an das Bett, wo die Abgeschiedene unter ihren wachenden Frauen schlief, und unter dem Vorwand, nachzusehen, ob alles in Ordnung sei, beugte er sich über die Leiche, nahm ihr das Medaillon ab und brachte es mir. Beim Empfang fühlte ich einen neuen Dolchstich im Herzen; es war mir, als würde ich ein zweites Mal von der Geliebten getrennt.

Aus einem falschen Ehrgefühl blieb ich noch einige Zeit in der Stadt und nahm dann Abschied von einem Orte, der für mich so schmerzhaft geworden war und wo Herr *von Br...* eine Gleichgültigkeit zur Schau trug, welche aller Herzen der Unglücklichen zuwandte, die dieser Genugtuung nicht mehr bedurfte. Ich sagte dem Boden Lebewohl, der die Gebeine einer Frau in sich schloss, die ich so herzlich geliebt hatte, und von der ich, als der Tod sie mir raubt, glaubte, ich würde ewig nur sie anbeten können. Ich begab mich aufs Land, begrub mich in die stille Wohnung eines Freundes, eines Weisen, barg mich in die freundliche Einsamkeit, worin er des Jahrhunderts und der Lebensträume vergaß. Er versuchte, mich mit dem Verstande und dem Herzen zu beruhigen; es gelang ihm aber nicht, die Wohltat seiner Erfahrungen und die Ruhe seines Alters auf mich zu übertragen. Dann erbot sich der vortreffliche Greis, mir nach *Paris* zu folgen. Sollte ich ihn aber dem Frieden seiner Fluren, der Kühle und dem Schatten seiner Wälder, dem Genusse des Landlebens entziehen? Sollte ich schuld sein, dass er sie gegen das Getümmel der Hauptstadt, gegen das Geräusch und Treiben der ville de boue, gegen alle Unruhen des Lebens, denen er so glücklich entgangen war, vertauschte? Nein, das würde ein schlechter Dank für seine Teilnahme und für alle Gefälligkeit gewesen sein, die er für mich hatte; es wäre in meinen Augen die allergrausamste, die ausgesuchteste Undankbarkeit gewesen. Ich reiste allein ab.

Nur mein Schmerz erhielt mich am Leben, erinnerte mich an mein Dasein; in ihm fand ich einen Reiz, der sich nicht beschreiben lässt, eine Art von Glück in dem Gefühl, dass ich alles Glücks beraubt sei, und Ruhe in meiner Trostlosigkeit; ich würde mich selbst verachtet haben, wäre ich des Trostes fähig und dafür empfänglich gewesen.

Das Bild der Geliebten, die ich beweinte, war mein Schutz, bewahrte, rettete mich lange vor einer zweiten Liebe. Über sechs Monate waren verflossen, als ich an einem schönen Abende im Palais Royal die Stimme ihrer Schwester hörte, die mit einem Bekannten lachte. Noch jetzt fühle ich (mag's auch übertrieben scheinen), wie ihr Ton mir das Herz durchschnitt. Ich war außer mir, war wütend, hielt ihre Fröhlichkeit für beleidigend gegen mich, gegen den Schatten ihrer Schwester; in dieser Familie sollte nicht mehr *gelacht* werden. In einem Zustande, der sich nicht beschreiben lässt, kam ich nach Hause, physisch und moralisch angegriffen, erschüttert; man musste mir eine Ader öffnen. Ich kann mir selbst nicht erklären, wie eine so unbedeutende Kleinigkeit, ein bloßes Auflachen, meine Herzenswunde so schmerzhaft aufreißen konnte. Der Vorfall brachte mich an die Pforten des Todes.

Später traf ich bei dem Prinzen von *Condé* mit dem Marquis *von Br...* zusammen. Er sah mich kaum an, ich konnte kein Auge von ihm wenden; verstohlen ruhte mein Blick auf seinen Zügen; er erinnerte mich so lebhaft an *sie*, dass ich ihn hätte *lieben* können. Sein Betragen war gleichgültig, anständig. Ich fand aber, dass er sich's bei Tafel zu gut schmecken ließ. Ich selbst konnte keinen Bissen anrühren. Wie gern hätte ich meinem Herzen, meiner Rührung, meinen Schmerz freien Lauf gelassen, wie gern hätte ich in diesem Augenblick mich allen mitgeteilt, die *sie* kannten, denen sie angehört hatte, denen sie teuer, denen sie nur etwas gewesen war!! ... Selten lassen die Toten ein so langes Andenken zurück, höchstens benetzen bald versiegende Tränen den Marmorstein ihres Grabmals!

Um diese Zeit starb Frau *von Fondville*, an welche so manches Band mich fesselte. Sie starb an einer langwierigen, schmerzhaften Krankheit. Ich war ihrer Freundschaft eine Erwiderung für die Dienste schuldig, die sie meiner sterbenden Freundin und mir geleistet hatte; ich wollte die Schuld abtragen, kam aber nur an, um Zeuge ihrer letzten Stunde zu sein. Vor meinen Augen starb diese durch einen ausgezeichneten Geist und eine noch ausgezeichnetere Gestalt berühmt gewordene Frau, deren Leben bis ins sechzigste Jahr ein beständig heiterer Frühling gewesen war und keinen Winter gekannt hat.

Sie würde selbst noch kurz vor ihrem Tode jedem Jünglinge die heftigste Leidenschaft eingeflößt haben und wäre imstande gewesen, ihm die beste Erziehung und Ausbildung zu geben. Mit dem feinsten Geschmack begabt, wusste sie jeden Ton anzunehmen und hatte von der Natur den besten erhalten. Ihr halbes Leben hatte sie in der Provinz zugebracht; und doch, wenn man sie in Paris sah, hätte man glauben sollen, sie habe die Hauptstadt nie verlassen. Zu ihren Freunden gehörten die vorzüglichsten Männer bei Hofe, der Marschall *von Duras*, die Herren *von Thiars* und *von Voyer*, Leute, von denen man nicht sagen konnte, sie hätten sich nicht auf Schönheit verstanden und bei den Schönen den Mangel an Verstand übersehen oder begünstigt.

Nach ihrem Tode wurde mir die Stadt *Mans* so zuwider, dass, obschon ich in der Gegend noch Güter besaß, welche einen längeren Aufenthalt erfordert hätten, ich sie mit dem Entschluss verließ, nie wieder hinzukommen. Ich habe Wort gehalten.

Frau *von Fondville* wurde unweit der Gruft begraben, in welcher Frau *von Br...* ruhte. Beider Staub wird sich im Laufe der Zeit vermischen. Ich machte es mir zur schmerzlichen Pflicht und tat mir fast Gewalt an, beide Grabmäler zu besuchen, welche Liebe und Freundschaft mir zu Heiligtümern machten, und vor ihnen meine Andacht zu verrichten. – Es schlug zwölf, der Himmel war finster und schwarz, wie meine Seele. Als ich den Kirchhof betrat, wo diese Frauen, welche mir beide – und besonders die eine – so teuer gewesen waren, den langen Schlaf der Ewigkeit schliefen, sträubte sich mein Haar. In demselben Augenblick brach die wohltätige Fackel der Nacht durch die Wolken und beleuchtete die Gräber. Ich fiel auf die Knie, dankte dem Höchsten, der meine Schritte geleitet hatte, und wagte es, für *sie* und für *mich* zu beten. Ist meine durch Seufzer und Tränen erstickte Stimme bis zu seinem Thron hinauf, bis in die Grabestiefe hinabgedrungen? Ich weiß es nicht; so viel aber weiß ich, dass innerer Friede und Andacht mein Herz erfüllen und in dasselbe den Trost der Religion und die sanften Rührungen gegossen hat, die den Menschen beglücken und adeln. Ich erhob mich wieder, mit weniger strafbaren Neigungen und mehr Liebe zur Tugend.

Hatte ich unrecht, diesem Kapitel die Zeilen aus *Tassos* Beschreibung des Tartarus voranzustellen? Von allen, deren Namen hier verzeichnet stehen, bin ich allein noch unter den Lebenden. Alle, deren Gemälde ich hier entworfen, deckt der Trauerflor, deckt der Todesschleier, den selbst der Arm der Zeit nicht zu lüften vermag! Du vor allen teuerste *Emilie*! Du, mein teurer *Dolomieu*! Ihr beide ward die teuren Gegenstände der Neigung meiner schönsten, längst verschwundenen Jugendjahre. Um Blumen in die Zypressen zu flechten, die eure Gräber beschatten, hätte es einer bessern Hand als der meinigen bedurft; sie würde eurem Andenken mehr Glanz verliehen haben, ohne die Bitterkeit meines Schmerzes weder zu vermehren noch zu vermindern. Mein Huldigungszoll an eure Manen sei der Gedanke: »Ich verlor sie erst *gestern* und werde mich *nie* über ihren Verlust trösten.«

> Car si facilement les morts sont oubliés,
> Si promptement les larmes sont séchées,
> Avec tant de dédain l'homme foule à ses pieds
> De ses amis les cendres dispersées,
> Qu'on a tort de croire aux regrets
> Lorsqu'on sera parmi les ombres éternelles!
> Qu'il est peu d'amitiés fidèles,
> Et que peu de tombeaux sont ornés de cyprès!
> Moi, je veux élever un monument durable
> Aux Souvenirs de mon printemps;
> L'Amour et l'Amitié donneront à mes chants
> Un intérêt ineffaçable.
> Je saurai défier le temps
> D'anéantir l'histoire mémorable
> De ces penchans si doux de mes premiers beaux ans,
> Et d'une larme intarissable
> J'écrirai ma douleur stir les marbres parlans
> De ce sépulcre impénétrable,
> Où mes amis dorment avant le temps.

13. Kapitel

On se désintéresse à la fin de soi-même;
On cesse de s'aimer si quelqu'un ne nous aime,
Et d'insipides jours, l'un sur l'autre entassés,
S'écoulent lentement, et sont vite effacés.[257]

Wie schwer es hält, nach einem großen Unglücksfall wieder zur Ruhe zu gelangen – Eine Freundin von mir will mich verheiraten – Ich will und kann mich nicht dazu entschließen – Aufenthalt bei meinem Vater – Meine Stiefmutter – Ich verlasse beide – Mich wandelt der Gedanke an, Trappist zu werden – Aufenthalt im Kloster de la Trappe – Geschichte eines Trappisten – Aufenthalt in der Normandie; ich führe ein Jägerleben – Herr von Nocé – Er ahnt die Revolution – Seine und meine Ansichten darüber – Des Kaisers Joseph II. Aufenthalt in Frankreich – Seine Schilderung – Urteile über ihn – Die Königin – Ihre Verbindung mit ihrem Bruder – Prüfung der Nachrichten und Verleumdungen über ihr öffentliches und geheimes Leben – Rechtfertigung – Aufschlüsse – Wahrheit – Ihr Verhältnis zum König; zum Herzog von Coigny; zum Grafen von Fersen – Ich schreibe ein Lustspiel – Es wird angenommen – Frau von Angevillers – Ihr Gatte liebt die vornehmen Schriftsteller nicht – Die Literatur kurz vor der Revolution – Ihr Verfall – Marmontels Urteil darüber –Vorschlag zu einer literarischen Polizei – Vorfall auf dem Opernballe – Folgen – Mein Zusammentreffen mit dem Liebhaber meiner Schönen – Mein Versprechen, sein Glück nicht zu stören – Weibliche Rache – Ich will in die diplomatische Laufbahn eintreten – Ich werde ihrer bald überdrüssig – Was wäre in derselben aus mir geworden? – Betrachtungen über den Ehrgeiz und das Glück – Nachteile des Verstandes – Nachteile einer gefälligen Gestalt

Wie schwer ist es, ans Leben und die Täuschungen, die es liebenswert machen, wieder anzuknüpfen, wenn uns trübselige Begebnisse davon losgerissen haben, deren Erinnerung uns bei jedem Schritte verfolgt!

---

[257] Diese vier Verse sind, wie ich glaube, von der *Frau von Stael* und würden hinreichen, ihr einen Ruf zu machen, wenn sie auch weiter nichts geschrieben hätte. Sie drücken den Augenblick lebendig aus, wo ein Liebhaber sie verlassen hat. *Verf.*

Was sind die Freuden, die es uns bietet? Lockungen, denen wir misstrauen. Das Glück scheint nur Schlingen legen zu können; unsere Hoffnungen, unsere Gedanken selbst haben ihre Flügel verloren, wir bleiben auf der Stelle stehen, wo das Unglück uns erreicht hat. Dem verwundeten Vogel gleich, der aufzufliegen versucht, aber bald ohnmächtig und blutend auf den Boden zurücksinkt, strebt unsre Fantasie, sich zu neuen Luftbildern emporzuschwingen, fällt aber sogleich wieder mutlos zurück, weil das Gefühl der Freude ihr fremd geworden ist und Schwermut jeden Nerv lähmt. Die einzige Hand, welche Leiden zu lindern vermag, *die Zeit*, träufelt allmählich den Balsam des Trostes in das wunde Herz – für gewisse Gemüter ein Heilmittel, für andere ein Palliativ. Mir hat sie die *Geduld* zugeteilt, das zu ertragen, was sie nicht zu heilen vermag.

Eine Frau, die mir nie mehr war als eine Verwandte, eine Frau, die in mein Herz blickte, sich über meine Traurigkeit betrübte und mich zerstreuen wollte, gab sich Mühe, mich zu verheiraten. Sie fand zwei Partien für mich, beide tadellos. Meine Wahl mochte ausfallen, wie sie wollte, so konnte ich dabei nicht verlieren; in beiden Fällen zog ich ein gutes Los. Ich entschied mich für das junge Mädchen, das mir die angenehmste Unterhaltung und das reinste Glück zu versprechen schien. Ich warb ohne Zudringlichkeit, meine Bewerbung schien angenehm, alles glaubte, ich sei meiner Sache gewiss – aber als nur noch das Jawort zu erhalten und der Lohn meiner Beharrlichkeit einzuernten war, entsagte ihm – ich weiß selbst nicht, welches von beiden – mein *Kopf* oder mein *Herz*.

Um diese Zeit hatte mein Vater ein hübsches Landgut im Tale von *Montmorency* gekauft und sich in der Nähe seines Freundes, des Comthur *von Champignolles*, niedergelassen. Ich nahm meine Wohnung bei ihm; er empfing mich mit väterlicher Zärtlichkeit und hatte Mitleid mit meinem Schmerz, dessen Größe und Dauer ihm aber nicht einleuchteten. Seine gütige Behandlung ist mir noch jetzt gegenwärtig und macht mir sein Andenken teuer. Was aber die sogenannten Täuschungen und die Stimme des Bluts betrifft, so muss ich gestehen, dass ich jene nie gefühlt, diese nie vernommen habe. In meinen Augen ist der Umstand, dass mir jemand das Leben gab, nur ein schwacher Grund, eine schwache Verpflichtung, ihn zu lieben, wenn er keine andern Ansprüche auf dieses Gefühl hat, als das bloße Ungefähr, wenn seine Rechte sich nicht auf Handlungen gründen, die sein Wille bestimmt.

Meine Stiefmutter, hierin den meisten Frauen gleich, nahm an meiner Schwermut, weil sie ihren Grund in der Liebe hatte, innigen Anteil. Eine solche Stimmung ist für das schöne Geschlecht gefährlich und führt es schnell dahin, *den* zu lieben, den es anfangs nur bedauerte. Ich selbst war gegen die Teilnahme, die sie mir bewies, nicht unempfindlich; doch beim ersten lebhaften Gefühl, das ich in mir gewahrte, beschloss ich, mich zu entfernen. Ich tat es, ohne Aufsehen zu machen, und nach einem Aufenthalt von einigen Monaten vertauschte ich ihn mit der Normandie und mit der Jagd, die mich ermüden, zerstreuen und meiner vergessen machen sollte. Auf der Reise dahin ergriff mich eine plötzliche Eingebung. Ich wollte Trappist werden und mich in dieser Menschenwüste lebendig begraben. Ich lenkte vom Wege ab. So wie ich dem Kloster nahte, malte sich meine Fantasie eine Wildnis, eine Todesstille und das finstere Gefolge der Melancholie; ich fand aber in der Wirklichkeit weder jene friedliche Abgeschiedenheit noch jene raue und öde Gegend, die ich in Büchern erträumt hatte. Ich fühlte meinen Eifer erkalten. In den Gärten, wo ich die unglücklichen Brüder unter dem Joche schwerer Arbeit sich krümmen sah, konnte ich mich nicht enthalten, den Stifter des Ordens anzureden. »Unglücklicher Schatten«, sprach ich, »abwechselnd Sünder und Heiliger, abwechselnd fühlend und Barbar, *Rancé*, dein Orden hat nichts von jenem feierlichen überirdischen Reize, den meine Jugend ihm lieh!! Auf den nichtssagenden bleichen Stirnen deiner Jünger lese ich nichts, in ihren Augen finde ich nicht die Funken der Liebe, des büßenden Ehrgeizes; auf ihren Wangen nicht die Verheerungen der brennenden Leidenschaften der Welt. Überall um mich ist das Schweigen des Lebens, aber nicht die Ruhe des Todes. – Auch du, auch du hast mich betrogen!« –

Man erwies sich im Kloster gegen die Fremden sehr gefällig. Für mich bestimmte man das Zimmer, welches der Herzog von *Penthièvre* bewohnt hatte. Die Erinnerung an seine Tugenden söhnte mich nicht mit der magern Kost aus, die ihm gereicht worden war und die auch ich erhielt. Ich hätte mich an Brot und Wasser gewöhnen können, aber nicht an die nicht essbare Speise, die man mir vorsetzte. Dabei war die geistige Kost nicht schmackhafter. Ich fand eine zahlreiche, aber schlecht gewählte Büchersammlung. So schwand schon am dritten Tage meiner Probezeit meine Neigung dahin; mich interessierte schon nichts mehr als die Erzählung eines Mönches, des Einzigen, der, wenn ich es sagen darf, romantische Züge im Gesicht trug und eine Stirn, auf der die tiefen Leiden eingegraben waren, aus welchen Liebe zur Einsamkeit und zum abgestorbenen Leben, Hass und Abscheu gegen die Welt entspringen. Er war mir zur Dienstleistung beigegeben worden und ich musste wiederholentlich in ihn dringen, ehe es mir gelang, meine Neugier befriedigt zu sehen.

Er selbst mag reden.

»Mein Name ist *Barbazan*, mein Geburtsort *Toulouse*. Ich wäre der Gegenstand eines berühmten Rechtshandels geworden, wenn ich mich ihm nicht entzogen und die Anzahl der Unglücklichen vermehrt hätte, welche hier büßen. Ich habe gedient. Mein Vater zeichnete sich als Advokat durch einen rechtlichen, aber harten Charakter aus. Seine unbeugsame Strenge als Richter war in sein häusliches Leben übergegangen und erregte meinen Widerwillen gegen den Stand, für den er mich bestimmt hatte. Durch den Einfluss eines Verwandten erhielt ich eine Leutnantsstelle und verließ meine Vaterstadt. Nach einigen Jahren kehrte ich zurück. Nun fesselten mich die Reize der Tochter eines Parlamentsrates, eines Freundes unserer Familie, aber in ungleich besseren Vermögensverhältnissen. Mein Vater war der Erste, der mir zu verstehen gab und sogar deutlich erklärte, er werde meine Bewerbung höchst ungern sehen. Er setzte hinzu: Je mehr die Tochter seines Freundes zu den ersten Partien der Stadt gehöre, desto weniger müsse man sich einer abschlägigen Antwort und dem Verdacht eigennütziger Liebe aussetzen. Die junge Person erhielt von ihren Eltern ähnliche Vorschriften und zuletzt wurde uns förmlich verboten, uns zu sehen. Um dieser Maßregel gehörigen Nachdruck zu geben, brachen auch die Väter verabredetermaßen ihren Umgang ab. Doch die Liebe saugt aus Hindernissen Leben und Nahrung, sie spottet der Schranken, sie machte uns erfinderisch. Wir kamen nachts zusammen. Der Himmel schien unser Vertrauter und Begünstigter zu sein; er deckte seinen Schleier über unsere Liebe, über ihre Folgen. Aber ach! Endlich entzog er uns seinen Schutz.

Das Verbrechen, das er mich, obschon nicht vorsätzlich, begehen ließ, macht mich zum Ungeheuer in meinen Augen. Ich habe meinen Vater umgebracht. In einer stockfinsteren Nacht komme ich nach Hause, steige eine Geheimtreppe hinauf, fühle mich von einer kräftigen Hand ergriffen. ... Der Zuruf: »Bube!« hätte mich an die Stimme erinnern sollen, die ihn ausstieß. Ich verkenne sie. Ich war bewaffnet; ein Pistolenschuss streckt den Verwegenen zu meinen Füßen, der es wagt, mich anzufallen und mich die Treppe herabstürzen will. Der Verwegene war – ich hab' es schon gesagt – war mein Vater. Der Knall weckt das Haus, man eilt mit Licht herbei, ich sehe den Schein von Weitem, ergreife die Flucht, werfe mich auf ein Pferd, eile aus Frankreich. Mein unglücklicher Vater hatte alles erfahren und sich ohne Vorwissen seines Freundes in den Stand gesetzt, mich zu überführen, mich zu bestrafen. Seine strenge Rechtlichkeit erlaubte ihm nicht, meiner Leidenschaft nachzusehen und meinen Betrug zu verzeihen. Er hatte schon einen Verhaftungsbefehl ausgewirkt und würde mir nur zwischen Westindien und einem finsteren Kerker die Wahl gelassen haben. Seine wohlüberlegte Absicht ging offenbar dahin aus, mir Glück und Freiheit zu rauben, als ich, unwissend und schuldlos, sein Mörder ward. Die näheren Umstände habe ich erst später erfahren.

Ich irrte einige Jahre in Spanien umher und vernahm, dass die von mir Verführte Leben und Reue in einem Kloster vergraben hatte. Ich hielt es für Pflicht und mich für stark genug, ihrem Beispiele zu folgen und fand es edler, in meinem Vaterlande die Kutte und das härene Hemd zu tragen, als im Auslande ehrlos mein Brot vor den Türen zu betteln. Seit mehr als zwanzig Jahren suche ich mich mit mir auszusöhnen, ohne mich über mein Verbrechen zu trösten, ohne mich an mein Grab gewöhnen zu können. Der Pfad, der hier aus dem Leben führt, ist mit Dornen bedeckt; man büßt zu schwer für die Schuld, geboren zu sein. Anstatt unmerklich in das Grab zu sinken, muss man es sozusagen *erklimmen*; und jeden Schritt, der zur schroffen Felsenspitze führt, von der man endlich herabgestürzt wird, mit Schmerzen erkaufen.«

Seine Erzählung, mit dem Akzent des südlichen Frankreichs vorgetragen, der Aufmerksamkeit gebietet, war einfach und kurz. ... Nachdem er sie beendet, legte er sich, mit sichtbarer Freude, das Joch des Schweigens wieder auf. Hätten seine Augen Tränen gehabt, sie würden geflossen sein; ich vergoss sie statt seiner, und noch am selben Abend verließ ich diesen Ort, eine finstere Zuflucht der Verzweiflung, aber nicht das stille Asyl für weichgeschaffene Seelen, die sich der sanften Schwermut hingeben und der Gottheit sich nähern wollen.

Ein Edelmann in der Nähe hatte ein schönes vollständiges Jagdzeug. Seine Nachbarn teilten mit ihm Kosten und Vergnügen. Man empfing mich, als hätte ich von jeher zu ihnen gehört und behandelte mich wie einen, den man lieb hat. Ich blieb den größten Teil der Jagdzeit da. Am Tage ging's im Galopp durch die Wälder, abends wurde gezecht – was weder von gutem Tone noch ehrbar und erbaulich ist. Wir gingen trunken zu Bett und fanden den tiefen eisernen Schlaf, dessen wir benötigt waren. In diesem Aufenthalt, bei dieser Lebensart fing ich an, die Vergangenheit zu vergessen und mich wieder gesund zu fühlen, denn die Gesundheit findet man nur in Wäldern, in kräftigen Zerstreuungen, fern vom Sybaritenleben der großen Städte, fern von den Blendwerken und Träumen, die den Menschen verweichlichen.

Welch trauriges Geschenk ist das Leben, wenn unser größtes Glück darin besteht, unsere Gedanken vom Leben abzuziehen!

Unter jenen Söhnen einer wilden, lärmenden und tobenden Freude lernte ich einen Greis kennen und unterscheiden, der die ganze Kraft des jüngeren Alters, über das er weit hinaus war, beibehalten hatte und sich den Vergnügungen und Leibesübungen der Jugend ungestraft hingeben konnte. Zu jenen rechne ich auch die Liebe, denn diese, oder was ihre Stelle vertritt und an sie erinnern soll, gehörte mit in den Kreis dieser lustigen Brüder. Der Greis war ein gewisser Herr *von Nocé*, Großneffe des bekannten Lieblings des Herzogs-Regenten. Vor fünfzig Jahren war er bei den Mousquetaires eingetreten, hatte mit Leuten einer höheren Klasse[258] Bekanntschaft gemacht und einen Ton beibehalten, den man nicht in Wäldern, mitten unter Hirschen und wilden Schweinen, findet. Ich habe es nicht vergessen, dass dieser Mann die Revolution voraussah und vorher verkündigte. »Herr Graf«, sprach er, »schlagen Sie die Annalen unserer Geschichte auf und Sie werden finden, dass wir ein Tragödienvolk sind, eine Nation, die sie nicht bloß auf den Brettern, sondern auf eignem Grund und Boden spielt. Vor langer Zeit waren wir Zuschauer. Diese Zeit ist vorüber. Die Tragödien der Fronde, der Religionskriege, selbst der Pariser Bluthochzeit bleichen und schwinden gegen das, was *Sie* erwartet und *ich*, Gottlob, nicht erleben werde. Jenseits des Grabes, wenn man sich dort wiederfindet, werden Sie mir davon erzählen. Die Königin wird verabscheut, der König ist schwach, die Minister sind unfähig, bestochen; die Finanzen, dieser ewige Vorwand zu allen Revolutionen, sind erschöpft; das Heer hat zwar den alten ererbten Ruhm, aber die großen Generale sind tot und haben keine Zöglinge gebildet und zurückgelassen. Was hat Frankreich noch für Vorzüge? Etwa, dass unsere Theater die Ersten in Europa sind? Oder unsere kleinen Dichter? Oder unsere leichtfüßigen Tänzerinnen? Unsere – Mädchen würden die gefährlichsten Sirenen von der Welt sein, wenn sie von

---

[258] D'un certain monde.

unseren Frauen, von denen sie so manches lernen können, nicht übertroffen würden. Unsere Haarkräusler, unsere Köche, unsere ... sind aus der Art geschlagene Kinder ihrer Väter vom Jahrhundert Ludwigs des Vierzehnten. Mit dergleichen Elementen lässt sich einem Staate, wie Frankreich, keine lange Lebensdauer versprechen. Frankreich geht unter, Herr Graf, ... *und zwar noch zu Ihrer Zeit*. Frankreich ist ein altes Schwert, das man wieder im Feuer glühen, im Blute härten muss, damit es eine neue Schneide erhalte.« – »Ich glaub' Ihnen«, erwiderte ich, »aber ich werd' es nicht erleben; dieses traurige Vermächtnis ist für Ihre und meine Nachkommen bestimmt.«

Ich war im Irrtum, er im Rechte. Ich war der Tor, er der Weise.

Ich hätte die Reise *Josephs II.* und seinen Besuch an unserm Hofe (1777) früher erwähnen sollen. Wenn ich es bis jetzt aufgespart habe, so ist es deshalb geschehen, weil zur Zeit meiner Rückkehr nach Paris (1784) dieses Ereignis aufs Neue in Erinnerung gebracht, anfing tiefen Eindruck zu machen und tiefere revolutionäre Wurzeln zu schlagen. Es hieß allgemein, der Kaiser habe mithilfe seiner Schwester ungeheure Summen aus Frankreich gezogen. Dieses absichtlich verbreitete Gerücht diente dazu, die Königin bei den Parisern und bei der Nation verhasst zu machen. Ich werde hier behandeln, was in diesen Gegenstand einschlägt. Wenn ich aber der chronologischen Genauigkeit nicht treu bleibe, so geschieht es, weil ich sie nicht im Kopfe habe. Es würde mir ein Leichtes sein, nachzuschlagen und zu ordnen; aber ich gestehe, dass solcherlei Arbeit für mich etwas Widriges und Abstoßendes hat und dass, wenn ich die Tatsachen treu wiedergebe, ich hoffen darf, man werde mir die Anführung der Jahre, Tage und Stunden erlassen.

Über Joseph II.

In diesem Jahre (1777) sah Frankreich den Kaiser *Joseph* II. unter dem Namen eines Grafen *von Falkenstein*. Er kam nach Frankreich, entzückt, eine geliebte Schwester zu besuchen; er verließ es unzufrieden, weil er diese Schwester weniger liebte, seitdem er sie als Königin gesehen. Er schien zweierlei vergessen zu haben; erstlich, dass sie Königin geworden, zweitens, dass sie Königin von Frankreich war. Er hatte keinen Begriff von diesem Hofe; mit seinem königlichen Schwager war er unzufrieden.

Was ihm aber auf dieser Reise zur Ehre angerechnet werden muss, ist, dass er, mit dem Scharfsinn der Eifersucht auf den ersten Blick übersah, was Frankreich sei und was es leisten könne. Die Mittel und Hilfsquellen des Staates, die blühende Lage der Provinzen, die Anzahl der Städte, der Festungen, der Arsenale, der Schiffswerften, der Häfen usw. setzten ihn in Erstaunen und der Glanz der Hauptstadt blendete seine Augen und Sinne.

In Paris machte er es wie in Wien. Er buhlte um den Beifall des Volkes; die Gelehrten staunten über seine Kenntnisse; den Philosophen missfiel er, weil er ihnen zeigte, dass es nicht schwer sei, ein Philosoph zu sein; den Parisern gab er ein großes Beispiel von Einfachheit, um ihnen zu zeigen, er bedürfe nicht des Glanzes, um sich gegen ihren Leichtsinn und ihren Wankelmut zu verwahren.

In Luciennes besuchte er die Gräfin *Du Barry*, Ludwigs XV. Favoritin, die einzige Frau in Frankreich, die das Blutgerüst mit Furcht bestieg, als in der Revolution Blut, Mord und Guillotine an der Tagesordnung waren. Sie hatte früher die Frechheit gehabt, sich öffentlich für die Feindin der *Dauphine* zu erklären, ja, selbst als *Königin* sie zu beleidigen. *Joseph* gab sich das Ansehen, es vergessen zu haben, *Marie Antoinette* wusste es ihm keinen Dank. Er ging noch weiter und machte der abgelebten Schönen bei diesem Besuche ein fades Kompliment, denn als – absichtlich oder nicht – ihr ein Strumpfband entfiel, hob er es auf, und als sie sich in Entschuldigungen erschöpfte, sagte er: »Es sei nicht unter der Würde eines Kaisers, Grazien zu bedienen.« Als *Karl V.* den Pinsel *Titians* von der Erde aufhob, geschah es aus Liebe zur Kunst. Als *Eduard* von England das Strumpfband der Gräfin *von Salisbury* mit den Worten aufhob: Honny soit qui mal y pense und den Orden stiftete, geschah es aus leidenschaftlicher Liebe. *Joseph* hingegen ergriff die erste beste Gelegenheit, eine – Plattheit zu sagen, denn eine unzeitige Süßigkeit ist nichts mehr und nichts weniger als das, was wir in Frankreich eine *Sottise* nennen.

In Lyon zeigte sich der Kaiser nicht so galant und ließ sich von übler Laune dergestalt hinreißen, dass er zu einer Gruppe vornehmer Damen, die sich auf seinen Weg gestellt hatten, um ihn zu sehen, sagte: »Hier bin ich, Mesdames; betrachten Sie mich; so viel aber muss ich Ihnen sagen: Ich bin kein *Adonis* und kein *Herkules!*«[259] Wären diese Worte aus einem anderen Munde als dem eines Kaisers, gekommen, so würde man sie wohl geradezu brutal nennen.

---

[259] Wie fein und zart ist dagegen, was einst *Ninon Lenclos* zum Prinzen von *Condé* sagte: »Monseigneur, wenn das bekannte Sprichwort (homo pilosus usw.) nicht lügt, so müssen Sie ein *Herkules* sein.« *Übers.*

Joseph benahm sich bei einer andern Gelegenheit besser. Ein Mann, der sich ein Ansehen geben wollte, ging vor ihm her, um Platz zu machen: »Habe ich Sie, mein Herr, zu meinem Zeremonienmeister gemacht?«

Überhaupt hat er in *Lyon* kein Glück gemacht; es war auch nicht anders möglich; denn da von allem was er sah, ihm *nichts* gefiel, da er über alles lachte oder sich ärgerte, machte er sich durch beides bei den Einwohnern lächerlich.

Er merkte es und sein Erstes war, abzureisen, um zu zeigen, wie sehr er es bereue, gekommen zu sein.

Vor dem Könige befliss er sich der demütigsten Hofmannsstellung, bei den Hofleuten eines höflichen Umgangs, wie mit seinesgleichen.

Im Herzen brachte er Neid, Hass und den bestimmtesten Vorsatz nach Wien zurück, uns so viel zu schaden, als ihm möglich sein würde. Er besaß Charakter genug, Wort zu halten; nur fehlte es ihm an Genie dazu.

Hätte er noch beim Ausbruch der Revolution gelebt, so würde sie anfangs in ihm einen Anhänger gefunden haben. So sehr ihn die Richtung seines Ehrgeizes und das Interesse seiner Politik aufgefordert hätten, sich ihr zu widersetzen, so würde das wahrscheinlich nur geschehen sein, als es zu spät war. Wenigstens hätte der Tod der Königin, seiner Schwester, unserer Geschichte kein neues Brandmal aufgedrückt; *Joseph* würde *infolge seiner philosophischen Verbindungen* Einfluss genug gehabt und Mittel genug gefunden haben, dieses erhabene Schlachtopfer dem Mordstahl zu entreißen. Wäre ihm aber wider Vermuten der Versuch misslungen, sie zu retten, hätte man ihm die Auslieferung ihrer geheiligten Person verweigert, wäre sie dem grässlichen Los, das ihr die Kannibalen bereiteten, nicht entgangen; – so bin ich überzeugt, *Joseph* würde den letzten Mann seines Heeres, ja vielleicht aus Stolz sein eigenes Leben als Monarch geopfert haben, um seine Rache als Bruder zu sättigen.

Alles musste in den Schicksalen dieses Kaisers außergewöhnlich und bizarr sein. Mit Ausnahme des Feldmarschalls *von Lascy* hatte er keinen Freund, so sehr ihm daran gelegen war, das Äußere seiner Würde abzulegen und mehr Mensch als Kaiser zu sein. Er war der Gemahlin seines Neffen aufs Zärtlichste zugetan gewesen und als Hauptstifter einer Ehe anzusehen, die wider den Wunsch seines Bruders, des nachherigen Kaisers *Leopold*, geschlossen ward, der mit seinem Sohne andere Absichten, wenigstens nicht diese, hatte. Allein einem Bruder, welcher Throne hinterließ und sich selbst vermählen konnte, musste Genüge geleistet werden. Die liebenswürdige Fürstin[260] fand einen frühzeitigen Tod im Schoße eines unerwarteten Glücks. Das glänzende Kinderspiel zerbrach in ihrer Hand. Sie starb allgemein bedauert.

Um seinen Gefühlen für sie die Krone aufzusetzen – vielleicht auch, um nichts zu tun wie ein anderer – starb *Joseph* zwei Tage nach ihr und hinterließ seinen Nachfolgern ein glänzendes aber verwickeltes Erbe. Sie haben es mit nicht gewöhnlicher Kunst wiederhergestellt und – durch Niederlagen befestigt, Niederlagen sind dem Hause Österreich ersprießlicher gewesen als Siege, die den Neid erregt und bewaffnet haben würden; durch sie hat (unglaublich und doch wahr!) der Ruhm der tapferen österreichischen Truppen, die sich in den letzten Zeiten der Anführung eines Helden[261] erfreuten, nichts verloren.

So endigte *Joseph* II., der zu viel oder zu wenig gelebt hat. Er hat Zeit genug, Pläne zu entwerfen, aber nicht Zeit genug, sie auszuführen; vielleicht würden sich, wenn er länger gelebt hätte, einige schwache Teile derselben durch ihre Anreihung an andere, durch ihre Verbindung unter sich verstärkt und zu einem kräftigen Ganzen gestaltet haben.

Joseph II. wird die Geschichte in Verlegenheit setzen. Ich habe Männer von Geist gekannt, die zu seiner näheren Umgebung gehörten. Bei all ihren Scharfsinn, bei aller ihrer Unparteilichkeit würden sie Mühe haben, zu bestimmen, ob sich mehr *für* oder *gegen* ihn sagen lasse.

Von allem Gesagten ist das Resultat: *Joseph* erregte mehr Verwunderung als Bewunderung; er war mehr Sonderling als Phänomen, mehr anziehend als auf die Dauer liebenswürdig, mehr glänzend als tief, mehr außerordentlich als groß. Als Genie war er mehr unternehmend als weit umfassend, mehr schnell umfassend als richtig auffassend, und um mit wenigen Worten viel zu sagen: Er besaß tausend Eigenschaften, deren die Monarchen nicht bedürfen und die bei ihnen als Überfluss, als Luxusartikel anzusehen sind; es mangelte ihm aber fast an allen, die für den Fürsten zum absolut Notwendigen, zum Wesen des Herrschers gehören.

Er glich den Kometen, welche den fernen Himmel erleuchten, aber der Erde zu nahe kommend sie in Brand setzen.

---

[260] *Elisabeth*, Prinzessin von Württemberg, Schwester der Kaiserin Mutter (Maria) von Russland. *Übers.*

[261] Des Erzherzogs *Carl*

Ich komme auf *Josephs* II. Schwester, auf die Königin, zurück. Was ihre Verhältnisse mit ihrem Bruder betrifft, so muss ich zwar die Volksgerüchte und Verleumdungen verwerfen, welche über diesen Punkt verbreitet worden sind; gleichwohl zwingt mich die historische Unparteilichkeit, zu erklären, dass ich Grund habe, überzeugt zu sein, dass diese Fürstin, sei's als Geschenk oder als Darlehn, an den Kaiser Geldsummen hat gelangen lassen, welche anzunehmen weit tadelhafter war, als sie anzubieten.[262] Diese Summen waren aber bei Weitem nicht so hoch, als die Bosheit und Parteigeist angegeben hat. Wie kann man von der Lügenstimme, die den Ruf öffentlicher und Privatmänner brandmarkt, von dem Schlangenstachel, der sich in Galle und Herzblut taucht, billige und gemäßigte Aussprüche erwarten, wenn von den Herrschern der Völker die Rede ist?

Ich verweile noch bei der Königin, weil ich hier die beste Gelegenheit finde – und sie benutzen will – die mannigfachen unsinnigen Verleumdungen, die man von allen Seiten auf ihr teures Haupt gehäuft hat, mit einem Male zu widerlegen. Es würde ihrem Andenken und der Wahrheit schlecht damit gedient sein, wenn man *alles* durchweg leugnen wollte. Ich werde ihren Schwächen eine Stelle einräumen; aber, nachdem die Lüge von der Wirklichkeit geschieden worden, wird sich's zeigen, dass sie nur *gebrechlich* gewesen, wie das Weib und der Mensch überhaupt[263], dass sie es nur in einem Grade gewesen, welchen das unempfindlichste Herz bemitleiden muss, und dass sie weit unglücklicher gewesen ist als alle weiblichen Gebilde der ausgelassensten Romanfantasie. Es ist zweckmäßig und gut, ihre Fehler, ihre Verirrungen aufzudecken, um sie zugleich gegen die ungeheuren Anschuldigungen in Schutz zu nehmen, mit denen man ihr Leben angeschwärzt hat, und um ihr Andenken bei der Nachwelt von dem Schmutz[264] zu reinigen, womit sie in Vorzimmertratschereien, in Schmähschriften und Libellen beschmutzt worden ist.

---

[262] Wenn ich die Gründe meiner Überzeugung nicht angebe und auseinandersetze, so geschieht es, weil ich den Namen einer erhabenen Person hier nicht kompromittieren darf. *Verf.* (Die Beschuldigung, dass die Königin ihrem Bruder große Summen übermacht habe, ist durchaus widerlegt, seitdem man weiß, welche Beweggründe sie dazu bewogen haben, und dass die Geldsendungen auf Befehl des Königs geschehen, um geheime Verbindlichkeiten zwischen ihm und dem Kaiser zu erfüllen. S.).

[263] Frailty thy name is woman! (Gebrechlichkeit, dein Name ist Weib!) *Hamlet.*

[264] Fange.

Aus Achtung und Ehrerbietung für ihr Geschlecht, für ihre Drangsale, für ihren Ruf, für ihren Nachruhm und – noch einmal sei es gesagt! – für den Triumph der Wahrheit lasse ich mich ohne Bedenken und Anstand in die Beleuchtung desjenigen Teils ihrer Lebensgeschichte ein, der die zarteste Behandlung des Biografen erfordert, in die Untersuchung der Liebschaften, die ihr zugeschrieben werden, der vielfältigen, immer durch neue ersetzten Liebschaften, die man mit dem Namen und Charakter der *Libertinage* belegt und ihr angedichtet hat, in die Aufzählung und in die Schilderung der Begünstigten, welchen ihre zuvorkommende Hand, ohne zu ermüden, das Tuch zugeworfen haben soll, wenn man den Elenden und Niederträchtigen Glauben beimessen will, die in ihren Dachstuben Nachrichten gesammelt und in Schriften, die ihnen der Hunger abpresste, sich zum Widerhall der Lüge, zu Söldnern der Rachsucht haben gebrauchen lassen.

Es ist so schwer, selbst im genauen und vertrauten gesellschaftlichen Umgang, mit Sicherheit zu entscheiden, ob eine Frau den Liebhaber, den man ihr im Publikum gibt, begünstigt hat oder nicht. Ist *sie* fein, ist *er* weder ein Holzkopf noch ein Ausplauderer, haben sie vollends ein *gleiches* Interesse sich zu verbergen, so ist es, selbst für das geübte Auge des Beobachters, nur zu leicht, fehlzutreffen.

Der Mann – auch wenn es ihm ganz an Grundsätzen fehlt – lässt es sich selten zuschulden kommen, Geheimnisse zärtlichster Art zuerst auszuplaudern, fast immer sind die Frauen, die von ihm Verschwiegenheit verlangen, die ersten, die das Geheimnis einer guten Freundin mitteilen, die es umso weniger verschweigt, da sie zu schweigen versprochen hat. Nur, weil der Mann weiß, dass es auf diese Weise an den Tag kommt, bedient er sich bisweilen dieses Vorwandes als Grund, sich seines Glückes zu rühmen und deckt, bald aus Eigenliebe und Eitelkeit, selten aus überfließendem Gefühl, den Schleier einer zärtlichen Verbindung auf, womit die Bosheit oft noch dann ihr Spiel treibt, wenn die beteiligten Hauptpersonen sich schon längst getrennt haben. Bei dem allen habe ich in der Welt tausend Beispiele von Irrtümern, Missgriffen und falschen Urteilen in den Berichten über Liebesabenteuer erlebt. Ich habe gesehen, wie man dem einen eine Geliebte gegeben, die er nie gehabt, wie man einem andern eine Geliebte streitig gemacht, die er – bis zur Sättigung – besessen. Ich habe mehr als eine Frau gekannt, die einen oder gar zwei Liebhaber dem Publikum verheimlicht hat[265], sodass dieses erst nach sechs Monaten hinter die Geschichte gekommen und mit doppelter Strenge darüber hergefallen ist. Ja, ich habe oft, sehr oft, zwei Personen gesehen, welche, von gleichem Interesse getrieben, die Sache geheim zu halten, das Vergnügen der Liebe durch das Vergnügen der Verschwiegenheit verdoppelten. Es gibt für diese Art von Verbindungen Schleier, wie es deren fast für alles auf Erden gibt. Fast niemand wird zu Grabe getragen, der nicht die Kenntnis irgendeiner Handlung mit sich nimmt, die nie ans Licht kommen wird. Ich weiß sehr wohl, dass man gerade das Gegenteil als Grundsatz aufzustellen pflegt, aber ich bin ebenso sehr überzeugt, dass mein hier zugrunde gelegter Satz neben jenem bestehen kann und dass der große Haufe gewöhnlicher Liebenden eine Menge Mittel und Auswege hat, der forschenden und auflauernden Neugierde zu entgehen.

Und wie ist es vollends, wenn man Liebschaften beleuchten will, die fern von uns liegen und in einen Zeitraum gehören, in den das geübteste Auge Mühe hat, einzudringen? Wie ist es, wenn man eine Meinung feststellen will, die sich nur mithilfe Ungewisser, schwacher, entfernter Lichtstrahlen bestimmen lässt? Eine Meinung, wobei man so manche Gefahr läuft, sich zu irren? Wie ist es vollends, wenn die Liebschaft *in den höchsten Rang* hinüberspielt? Wenn der *Mann* Ehre, Leib und Leben aufs Spiel setzt? Wird er nicht alles tun, um sich sicherzustellen? Sich vor Entdeckung zu schützen? Wird *sie, Frau,* welche ihren Liebeshandel – und ihren Geliebten – an den Rand des Abgrundes führt, nicht mit der möglichsten Behutsamkeit zu Werke gehen? Werden sich *beide* nicht vor Unbedachtsamkeit hüten? Werden sie eine einzige Vorsicht unangewendet lassen? Sich durch das kleinste Eingeständnis bloßstellen? – Und wenn sie auch eines oder einer Vertrauten bedürfen, wer von *diesen* wird als Verräter auftreten und sagen: »Ich habe sie überrascht!« Wo ist der Zeuge, der sie sah und gegen sie aussagt? Ist jemand als Helfer in das gefährliche Vertrauen gezogen worden, so sind tausend gegen eins zu wetten, dass er schweigen wird, um der schweren Last der Verantwortung nicht zu unterliegen. *Argus* selbst mit seinen hundert Augen würde Mühe haben, auf frischer Tat die *Frau* zu überraschen, die, gegen den einzigen Liebhaber dreist, vor der ganzen übrigen Welt auf ihrer Hut ist, die nur in der weiblichen Klugheit, in der ängstlichsten Wachsamkeit, in

[265] Volé.

der Scheu, die sie in ihre geheime Vergnügungen legt, Beruhigung und Sicherheit findet. *Argus* selbst würde seine hundert Augen vergebens anstrengen, wenn er den Liebhaber in ihren Armen entdecken wollte, der im Schoße des *für die* zittert, die er liebt, auch wenn er Kraft und Mut genug besäße, mitten in der bedenklichsten Lage nicht *für sich selbst* zu zittern.

Wo sind sie, die Halbbeweise voreiliger Anschuldigungen, anmaßender Strafurteile? Wo sind sie, die Gründe zu schmähenden Voraussetzungen? Wo sind sie, die Fäden des verworrenen Labyrinths? Welche Hand hat sie angefasst, hat sie entwirrt? Diejenigen, welche zunächst Erklärungen hätten geben können, fesselte die ehrerbietige Gewohnheit des Schweigens, sie folgten hier zugleich der Pflicht und ihrer Neigung. Zurückhaltend und stumm, schon über das, was ihnen etwa materiell bekannt war, hüteten sie sich vollends, sich in bloßen Vermutungen zu ergehen. Wer also hat zuerst den Ton der Lästerungen und Verleumdungen angegeben? Wer hat darin eingestimmt? Wer? – Untergeordnete Angestellte bei Hofe, Intriganten, elende Papiersudler, weibliche Klatschmäuler, Kammerfrauen von Kammerfrauen, Caféhausredner, welche besser wussten, was in *Peking* als was in *Versailles* und *Trianon* vorging. Und auf diesem Grund, auf das Wort und Gewicht so erbärmlicher Aussagen hin hat man der ersten Frau in Europa eine Schandsäule errichtet und sie zur Rivalin der ausschweifendsten Kaiserinnen im alten Rom gemacht?

Unglückliche Monarchin, du bist ungerecht gegen mich gewesen – gegen mich, der sich darüber nicht wundern sollte, weil er es selbst bisweilen gegen andere gewesen – ungerecht gegen mich, der in deinem glänzenden Kreis nur ein kleiner unbedeutender Punkt war. Zu seiner Zeit werde ich zeigen, wie und warum du gegen mich ungerecht gewesen. Jetzt aber soll meine Empfindlichkeit der Gerechtigkeitsliebe nicht in den Weg treten, mein Urteil soll nicht die Farbe des Vorurteils und der Empfindlichkeit annehmen; ich will deinen Schatten mit den Waffen der Wahrheit retten und rächen, die Wahrheit soll hier das Wort führen, denn ich bin mir *der ganzen Wahrheit* bewusst. Sollte es aber Leute geben, welche sich stellen, als glaubten sie, diese Wahrheit klinge wie Anklage, so wird das enttäuschte Europa finden, dass eben *sie* es ist, welche dich freispricht. [266]

Als die junge Königin (damals Dauphine) in Frankreich und Versailles ankam, sah sie sich einem Hofzwange unterworfen, auf den sie keineswegs vorbereitet war. Zu ihrer Rechten stand das Wort Représentation, zu ihrer Linken das Wort Etiquette. Nirgends in ganz Europa, nicht einmal an dem förmlich-ernsten Hofe ihrer erhabenen Mutter, der Kaiserin *Maria Theresia*, gab es eine so große Lebensleere, eine so schwere Bürde des höchsten Ranges, so viel Einförmigkeit in der Repräsentation, so viel Zwangssitte vonseiten der Höflinge, als in Versailles. Ich bemerke hier im Vorbeigehen, und es mag wohl eine der Ursachen der Revolution gewesen sein – welche aber sicherlich von der Revolution nicht wird beseitigt werden –, dass in keinem Lande und an keinem Hofe zwischen Mensch und Mensch ein so großer Abstand war und dass an keinem Hofe die höchste Würde von einem so erhabenen Standpunkt herabschaute wie in Frankreich.

Schönheit und Grazie haben kein Interesse, sich hinter Stolz zu verbergen; freundlicher Umgang hat seinen Wert. Es hielt schwer, einer jungen, liebenswürdigen Fürstin die Überzeugung zu geben, dass es besser sei, gehuldigt als geliebt zu werden, und dass es angenehmer sei, sich zu langweilen als zu gefallen. Sie, der Abgott einer großen Nation, sobald sie in ihrer Mitte erschien, wie konnte sie es ahnen, dass so viel Liebe sich in so viel Hass umwandeln würde und dass es eine unerlässliche Sünde sei, auf einem Throne zu lachen und sich mit der Freundschaft, mit den Vergnügungen und der Vertraulichkeit des Privatlebens zu umgeben? Hierin lag ihr erster Fehler, das war der erste Federstrich zu ihrem langen, blutigen Prozess, der erste Laut ihrer Anklageakte. Ihr Erscheinen auf der *Terrasse von Versailles*, wo die schönen Abende und die schöne Musik sie in die Gruppen der Lustwandler lockte – gab einen neuen Vorwand zur Verleumdung und Bosheit. Es ist wahr, sie zeigte sich ohne das Gefolge, das sich jedem Schritte einer Königin von Frankreich anschließen soll, aber nie war sie ganz ohne Begleitung, nie ohne solche Zeugen, die für den Anstand hinreichten und deren Gesellschaft man ihr nicht zum Vorwurf machen konnte, wollte man nicht für lächer-

---

[266] Mit den abgeschmackten Märchen, die man mir hat aufbinden wollen, die man mir von diesem unglücklichen Schlachtopfer der Menschen und des Verhängnisses erzählt hat, könnte ich ein ganzes Kapitel anfüllen. Und wer hat sie mir erzählt? Die vornehmsten Personen in den Ländern, durch die ich gekommen bin. *Verf.*

lich gelten. In diesen nächtlichen Lustwandlungen suchte und fand man die Waffen, womit man sie tödlich verwundete. Die Maskenbälle in der Oper, im Schauspielhause, die Vertraulichkeit zwischen ihr und der Prinzessin von *Lamballe*, ihre lange freundschaftliche Verbindung mit der Herzogin von *Polignac* öffneten der anklagenden und strafenden Meinung ein neues, unermessliches Feld. Ihr Widerwille gegen Hofzwang und gegen die genaue Befolgung der ihrem Range auferlegten strengen Etikette galten für Vernachlässigung, für Nichtachtung, für Verachtung der königlichen Pflichten. Es hat sich wohl niemand besser darauf verstanden als sie, die Person einer Königin mit Würde und Anstand durchzuführen, sobald sie es wollte; und doch sah man in der ungezwungenen Freiheit ihres Benehmens – Sittenlosigkeit, in ihrer Abneigung gegen gewisse Personen – Leidenschaftlichkeit und eine Folge verlorener Gunst, in ihrer Güte und Herablassung – Leidenschaft und weibliche Schwächen.

Mit tausend achtenswerten Eigenschaften verband der *König* wenige von denen, die Liebe erwecken, und noch weniger solche, die mit dem Geschmack, dem Geiste und Wesen des schönen Geschlechts im Einklange stehen. Die Königin war ihm wirklich[267] aufrichtig zugetan (sie hat es im Unglück bewiesen), allein sie erfüllte ihre Pflichten mehr aus Pflicht als aus Gefühl. Letzteres entwickelte sich erst in den Tagen der Widerwärtigkeit, wurde aber auch desto lebhafter und zärtlicher, gedieh zu einer Huldigung, die sie der Tugend brachte und ihr nicht gebracht haben würde, wäre ihr eigenes Herz der Tugend bar gewesen.

Was umlagert nicht alles die Schönheit auf dem Throne, umspinnt sie, bemeistert sich ihrer, ohne dass sie es gewahr wird! Die Langeweile, die so viel über gewisse Gemüter vermag – der Jugendlenz, der so vielen Stürmen und Kämpfen mit Sinnen und Leidenschaften ausgesetzt ist – die Geschäftsleere der Großen, die, von der *Repräsentation* ermüdet, das Bedürfnis fühlen, eine einfachere Empfindung als Ruhepunkt aufzusuchen – die Rauchwolke von Anbetung, von der eine Frau umgeben ist, die sich doppelt Königin fühlt, einmal durch ihren Rang und zweitens durch ihre Reize – der Schwarm von Hofleuten aus allen Altern, die unter der Maske der Ehrerbietung Wallungen zarterer Art verbergen – lauter heimliche Feinde der Schönheit auf dem Throne!

---

[267] Essentiellement.

Die Frauen sind die besten Beurteiler der Wirkung, die ihre Reize hervorbringen. So wusste es die Königin – besonders *zweimal* ganz bestimmt – dass sie eine Leidenschaft erregt hatte, deren Ausdruck von den beiden, die sie im Herzen trugen, nur durch die ganze Kraft ihrer Vernunft, nur durch die Betrachtung der Verhältnisse, nur durch das Gefühl der Gefahr unterdrückt wurde. Wie manche andere würde die geheimen Anbeter, die sich von der Macht ihrer Reize hatten hinreißen und überwältigen lassen, besser behandelt haben! Was tat sie? Sie schien die Leidenschaft zu übersehen, sie spottete nicht eines Gefühls, das für Königinnen wie für Hirtinnen eine Huldigung ist; aber bei Hofe, wo beide[268] viel bedeutend waren, hielt sie es für Pflicht, sie nur eine kalte Teilnahme merken zu lassen. Hätte sie einen ausgesprochenen Hang zur Galanterie in sich gefühlt, so würde sie an einem Hofe, der an ausgezeichneten jungen Männern so reich war, um die Wahl nicht verlegen gewesen sein. Aber ihre Abneigung, ihre Kälte gegen die *jungen* Leute war ein Hauptunterscheidungszug in ihrem Charakter. Der Mann, von dem es unmöglich ist, sich's verbergen zu wollen, dass sie ihn auszeichnete, zählte mindestens fünfundvierzig Jahre, als sie die Augen auf ihn warf. Es war eben kein schöner Mann, kein Mann von großem Verstande. Er besaß aber mehr als das: einen vortrefflichen Anstand, einen feinen, ausgesuchten Ton, eine unvergleichliche *Tournüre*, einen einfachen, richtigen Sinn, viel Gelassenheit, viel Sitte, ein gerades Herz; er war von der großen Welt unangesteckt, von der Gunst unverdorben. Von allen geliebt, hasste der Herzog *von Coigny* niemanden.

Dieses Verhältnis war von langer Dauer; es hatte das Verdienst der Treue, ohne den Charakter einer großen Leidenschaft zu haben. Die Königin musste das Herz des Herzogs einer Dame streitig machen, die später seine Gemahlin ward, aber sie benahm sich mit Sanftmut und Mäßigung, und die Gattin hat sich nie über die Fürstin zu beschweren gehabt. Nie mischten sich Missgunst und Bosheit in dieses Verhältnis. Die Königin betrug sich mit vieler Behutsamkeit, der Herzog mit Anstand und einfach. Nie hat er die Vorliebe seiner hohen Gönnerin missbraucht, nie damit geprahlt, nie Vorteil daraus gezogen. Mit Ausnahme der Pairswürde, die er erhielt, als schon die Verbindung aufgehört hatte, verbesserte sich die Lage des Günstlings auf keine merkliche Weise. Er sagte sich zuerst von einem Verhältnisse los, das ihn zittern machte, dem

---

268 Der Vicomte *von Noailles* und der Herzog von *Lauzun*.

aber tausend andre mit Vergnügen ihr Leben zum Opfer gebracht haben würden. Der Königin war die Trennung schmerzlich, aber sie gewann es über sich, edelmütig zu verzeihen, und beehrte mit fortdauernder Freundschaft den Mann, der, meiner Meinung nach, das unschätzbare Glück, das ihm in seinem Lebensherbst zuteilwurde, nicht genug zu würdigen verstand. Er musste besorgen, die Gerüchte und Mutmaßungen des Hofes würden früher oder später zu den Ohren desjenigen gelangen, vor dem es so überaus wichtig war, das Geheimnis zu verbergen. Einmal besonders hielt er sich für verloren ... Was tat er, um dem Verdachte zu entgehen? Er stellte sich in eine junge Tänzerin verliebt. Die List gelang. Der König, der wie von ungefähr von der Sache reden hörte, glaubte an die vermeintliche Liebschaft, spottete vor dem Hofe und dem Herzoge selbst darüber, und nun hatte dieser fürs Erste allem Verdachte vorgebeugt. Allein Verbrannte scheuen das Feuer. Es ward ihm von diesem Augenblick an unmöglich, unbefangen und liebenswürdig zu sein, der Abgrund gähnte zu seinen Füßen; er zog sich zurück und freute sich, so wohlfeilen Kaufs davongekommen zu sein. Die Königin warf ihm Kleinmut vor, rügte die unnütze Vorsicht mit Strenge, schalt ihn feige, schmollte, doch, wie gesagt, das zärtliche Verhältnis zwischen beiden schloss mit unwandelbarer wechselseitiger Freundschaft.

Indessen war ihre Eigenliebe gereizt. Statt aber daran zu denken, dem Herzoge einen Nachfolger zu geben, suchte sie ihr Glück in den Mutterfreuden und fand es.

Man verlange nicht von mir, dass ich das ungereimte Namensverzeichnis der Günstlinge der Königin anführe. Man mute mir nicht zu, dass ich Anbeter nenne, die ihr so fern geblieben sind wie der Großmogul. Man bürde mir vor allem die Pflicht nicht auf, die abscheulichste Verleumdung zu widerlegen, welche der Königin eine Verbindung mit ... angedichtet hat. Ebenso grundlos und aberwitzig sind die Gerüchte, welche von einem vertrauten Umgange mit dem Herzog *von Dorset* sprechen, den die Königin ein gutes, altes Weib zu nennen pflegte; mit *Eduard Dillon*[269], den sie nur einen Augenblick auszuzeichnen

---

[269] Man erzählt: Die Königin habe auf einem Ball, nachdem sie viel getanzt, zu ihm gesagt: »Fühlen Sie, Herr *von Dillon*, wie mir das Herz schlägt;« und setzt hinzu: Der König, der es gehört, habe das Wort genommen: »Nicht doch, Madame, er wird es Ihnen schon aufs Wort glauben.« Hat die Sache ihre Richtigkeit, so läuft sie auf eine Naivität

schien, dessen Geckenhaftigkeit sie aber schon im zweiten anekelte – mit dem Herzoge von *Liancourt*, der eine Art von Günstling ohne Bedeutung und Wichtigkeit war – mit dem Prinzen *Georg von Hessen-Darmstadt*, gegen den die Königin seiner Schwester wegen und weil er ein Deutscher war, sich artig bewies – mit *du Roure*, dessen Tod ihr naheging – mit dem Garde-du-Corps-Offizier *Lambertye*, der auf sehr kurze Zeit bei ihr in Gnaden stand (als sei es einer Königin nicht ebenso erlaubt wie jeder andern Frau, jemanden auszuzeichnen und mit Wohlwollen zu beehren, ohne gleich die giftigen Zungen der Verleumdung in Bewegung zu setzen!) – mit Herrn von *Saint-Paër*, den sie achtete, weil er einer Frau, die der Königin angenehm war, den Hof machte – mit einem Grafen *Romanzow*, mit einem Engländer aus der Familie *Conway*, nachmaligem Lord *Hugues Seymour* – mit dem Herzog *von Guines* – und um der Lächerlichkeit dieser Nomenklatur die Krone aufzusetzen, mit dem Grafen *von Vaudreuil* und dem Herzoge *von Polignac*, an welche sie nie gedacht hat, nie hat denken wollen und können. Ich könnte die Liste noch verlängern und eine Menge schimärischer Liebhaber anführen, die man ihr – angedichtet; denn der Hof war viel zu klein für die Bosheit, die ihren Ruf beflecken wollte, und für den Unverstand, der alles aufgriff und verbreitete, was ihr nachteilig war. Doch ich habe schon zu viel Namen vor mir vorübergehen lassen; es würde mir unerträglich sein, mich länger mit Luftbildern herumzuschlagen.[270] Es würde ebenso armselig wie lächerlich sein, sich einzubilden, dass eine Königin von Frankreich, auch wenn sie eine *Messaline*, eine *Brunhild* gewesen wäre, sich ihrem Hange zur Ausschweifung an einem Hofe hätte überlassen können, wo ihr Rang und ihre Stellung sie den hundertäugigen Aufsehern, Spähern, Späherinnen, den unwillkürlichen Blicken ihrer näheren und nächsten Umgebungen aussetzte. Selbst eine *Ninon*, auf den Thron erhoben, würde ihrer Buhlkunst entsagt, ihr System verändert, ein neues Wesen angenommen haben.

Die nur einmal durch den Herzog von *Coigny* eingenommene Stelle eines Günstlings – dem die Verleumdung so viele Stellvertreter untergeschoben hat – war offen geblieben, als derjenige, der das ganze Vertrau-

der Königin ab. Übrigens habe ich die Worte nicht gehört und zweifle an der Anekdote.

[270] Madame *Campan* führt obige Namen großenteils an, setzt noch andere hinzu, z. B. Herrn *von Besenval*, und spricht, wie der Graf *von Tilly*, die Königin von aller Schuld und allem Argwohn frei. Übers.

en der Königin besitzen, der am tiefsten in ihr Herz eindringen sollte – als der Graf *von Fersen* erschien.

Sein Vater, der in Schweden zur sogenannten französischen Partei gehörte, war nach Frankreich gekommen und hatte daselbst ein Regiment und den General-Leutnants-Rang erhalten. Der Sohn hatte in einer guten Schule den Geschäftsgang gelernt. Er war dem Baron *von Breteuil* als Gesandtschaftssekretär nach Neapel beigegeben und dessen besonderer Leitung anvertraut worden. Weiterhin verschaffte ihm die Königin das Regiment Royal-Suédois nebst einem ansehnlichen Gehalt. Der Graf *von Fersen* war einer der schönsten Männer, die ich gesehen; sein Äußeres war kalt, aber von der Art von Kälte, die den Frauen nicht zuwider ist, wenn sie sich Hoffnung machen können, sie zu erwärmen. Ich will nicht behaupten, dass er einen ausgezeichneten Verstand gehabt habe, er diente ihm aber dazu, sich in seiner schwierigen Lage mit Fassung, Bedacht und Überlegung zu benehmen. Er liebte Musik, die schönen Künste und das Stillleben, fern von Intrige, von der Sucht zu glänzen. Das Einzige, was vielleicht zu dem Verdacht führen konnte, dass sein Verhältnis zur Königin ein zärtliches sei, war die Zurückhaltung und Ehrerbietung, die er nie aus den Augen ließ und die die Absicht zu verraten schienen, als wolle er die Augen des Hofes täuschen.

Aber bei ihm *schien* nichts, bei ihm war alles kunstlos und einfach. Die Königin schenkte ihm eine unwandelbare Neigung und diese lange und zärtliche Beständigkeit ist die beste Widerlegung der Schändlichkeiten, die man ihr schuld gegeben hat. Herr von *Fersen* besaß auch das Zutrauen des Königs, er ward in das Geheimnis der Reise nach *Montmedy* eingeweiht, und als der unglückliche Plan gescheitert war, entging er nur mit Not der Strafe des Verbrechens gegen die Volksmajestät, zog sich in sein Vaterland zurück, wo er zu wichtigen und vertrauten Angelegenheiten gebraucht wurde. Die Königin hat in der Wahl dieses Günstlings bei einiger Schwäche einen hohen Grad von Klugheit gezeigt; sie konnte nicht besser wählen, nie ist sie durch diese Neigung kompromittiert, nie dadurch auch nur ein Funken des Hasses angefacht worden, der den Ruf und das Leben dieser unglücklichen Fürstin verzehrt hat.

Somit sei es denn genug, *zwei* Schwächen aufgedeckt zu haben, ohne in den schmutzigen Blättern herumzuwühlen, worin die Verleumdung ihre Bosheit niedergelegt hat. Genug sei es, diese beiden Verirrungen berührt zu haben ... Sie sind wahrscheinlich ... ich halte sie dafür ... beinahe hätte ich gesagt, sie gelten mir für gewiss, aber zugleich erbiete ich mich, auf die Verantwortlichkeit meines Lebens zu behaupten, dass es die einzigen Schwachheiten sind, von denen die Königin sich vor dem obersten Richterstuhl zu reinigen haben wird, wenn auf Gebrechlichkeiten dieser Art Strenge und Strafe erfolgen und wenn die letzten Jahre und der Tod des erhabenen Opfers nicht hinreichen, sie vor ihrem Gotte wie vor der Nachwelt Gnade finden zu lassen.

Es ist mir mühsam und peinlich gewesen, diese Anklageakte aufzusetzen; sie ist vielleicht ein Flecken im Leben der Königin, doch ist sie noch mehr ein Vorwurf für die, welche sich nicht geschämt haben, ihr Andenken zu schmähen, für die, welche mich gezwungen haben, die Wahrheit aus dem Grabe hervorzurufen, um die Verleumdung zu beleuchten und die Lüge aufzudecken.

Aber selbst die Gerechtigkeit, die ich den beleidigten Manen der Königin widerfahren lasse, tut meinen Grundsätzen und meinem Herzen wehe. Warum musste ich durch diese Apologie dazu beitragen, die erhabene Angeklagte zu verletzen? Warum musste ich diejenige verwunden, die ich retten wollte? Ich habe es getan, weil es nicht zu vermeiden war. Eine schwer lastende Pflicht hat es mir zum Gesetz gemacht. Ich habe ein verdienstliches Werk zu tun geglaubt, indem ich aus der leblosen Asche der Königin das *Blatt* hervorgezogen, das sie *zweimal* anschuldigt, aber zugleich *tausendmal* freispricht.

Ich höre Stimmen (denn an solchen fehlt es nie!), welche mich fragen: »Was geht es dich an? Wo ist dein Beruf, dein Auftrag?« Ich hörte sie und verschmähe, ihnen zu antworten, denn sie haben mich und meine Absicht nicht verstanden und würden meinen Gründen ebenso wenig Gehör geben.

Jemand[271], dessen Freundschaft mich beehrt und dem ich keinen Leichtsinn und keine üble Laune zumuten kann, wenn es darauf ankommt, den guten Ruf meines Herzens und meines Verstandes zu gefährden, hat die Bemerkung gemacht: »Wer einer Frau auf dem Throne *zwei* Günstlinge einräume, sei nicht weit von denen, die ihr *zwölf* geben.« – Diese Schlussfolgerung ist mehr scheinbar als gründlich. Da sie sich nicht auf die *Frauen* überhaupt anwenden lässt, warum auf die *Königinnen* insbesondere? Warum hier mehr Strenge als dort? Die Wahrheit hat nicht doppelt Maß und Gewicht. Ich bin dieser *mathematisch* gewiss, deshalb habe ich sie ohne Scheu der Lüge entgegengestellt. Sollten einige

[271] Der Herzog von *Fleury*. *Verf.*

mir den Grad des Zutrauens nicht schenken wollen, den ich zu verdienen glaube, sollten andre die Reinheit meiner Absichten in Zweifel ziehen oder gar anschwärzen, so appelliere ich an den Richter, der mich über alles tröstet, wo er mich über nichts anklagt – an mein Gewissen. Ich bin gerecht gewesen, weil ich gerecht sein *musste*, und kümmre mich nicht darum, ob man aus Absicht oder Missgunst verweigern sollte, es gegen mich zu sein.

Doch ist es Zeit, auf dasjenige zurückzukommen, was mich persönlich betrifft.

Ich gab mir Mühe, die Seelenruhe wieder zu erlangen, deren Mängel das höchste Unglück ist. Ich versuchte es mit den Musen und mit Geisteszerstreuungen. Ich schrieb ein Lustspiel in fünf Akten und in Versen, war streng und gerecht genug, es nachher in einen Akt umzuschmelzen, übergab es dem Verein der Comédie française, der die Artigkeit hatte, es anzunehmen, wahrscheinlich deshalb, weil Mademoiselle *Raucourt* es vorlas. Ich war nicht mehr in Paris, um der Sache nachhelfen zu können, und weiß bis auf den heutigen Tag nicht, was daraus geworden ist; ich habe seitdem an wichtigere Dinge zu denken gehabt. Als ich daran arbeitete, führte mich, wenn ich nicht irre, der Marquis *de Bièvre* zur Frau *von d'Angevilliers*, mit der ich wegen ihres Rufs Bekanntschaft zu machen gewünscht hatte. Ich fand ihren Geist noch über ihren Ruf erhaben, und nicht allein ihren Geist, sondern tausend andre liebenswürdige Eigenschaften, die ich ihm vorziehe. Sie sah eine Gesellschaft bei sich, die umso interessanter war, als sie aus verschiedenartigen Teilen bestand; man fand bei ihr eine treffliche Auswahl vom Hofe und von der Stadt, nebst den vorzüglichsten schönen Geistern. Ich las mein Lustspiel vor, es schien zu gefallen; der Beifall war ermunternd, ich verdanke ihm meine entschiedene Neigung für die Literatur, er befestigte meinen schwankenden Beruf und stählte meinen Mut gegen die Widerwärtigkeiten, die sich dieser Bahn entgegenstellen, und gegen so manche Betrachtung, welche damals den Weltmann von derselben abhalten konnten. Herr *von d'Angevilliers* zum Beispiel, ein sehr achtungswerter Mann, ein großer Freund und Anhänger der Konvenienz, gehörte zu denen, die in diesem Punkte nicht nachsichtig dachten, ihm wollten die Männer von Geburt und Welt nicht sonderlich behagen, welche dem Rufe nachstrebten, der ihnen in der schönen Literatur zuteilwerden konnte. Alles auf der Welt lässt sich zwiefältig betrachten und hat zwei Seiten; man kann alles tadeln und alles verteidigen. So viel ist gewiss, unsre Literatur ist tief gesunken, teils durch die Schuld derer, die sich mit ihr beschäftigt, teils derer, die zu ihrer Herabsetzung beigetragen haben. Seit dreißig Jahren hat man in Europa so viel und so schlecht geschrieben, dass ein gesunder Verstand bald nichts mehr lesen wird, als was mit den Wissenschaften in Verbindung steht oder sich mit nützlichen Entdeckungen beschäftigt. Auch die Geschichte und was in das Feld derselben einschlägt, wird immer neue Belehrung und neues Interesse darbieten, denn der Horizont der Natur ist unbegrenzt und die Leidenschaften sind eine unerschöpfliche Quelle für den Beobachter.

Welch einen brennenden Durst, Aufsehen zu machen, muss der Schriftsteller nicht haben, der sich vor den Richterstuhl des Publikums hinstellt, des aus so verschiedenartigen Köpfen und Teilen bestehenden Publikums und sich dessen Aussprüchen unterwirft? Er denke nur ein wenig nach, was er beginnt. Er schreibt für einige Hundert Leser, die er als einzig befugte Richter seines Talents anzusehen hat – wenn er wirklich Talent hat – und muss tausend Leuten das Recht einräumen, über ihn abzusprechen, weil sie die Befugnis zugleich mit dem Buche erkauft und bezahlt zu haben glauben. Und freilich könnte man ihnen im Grunde dieses Recht nicht absprechen, wenn sie es nur nicht selbst durch den schändlichen Missbrauch verlören, den sie damit treiben! Wie ist es aber möglich, einer übelwollenden Masse zu gefallen, die sich noch *vor* dem Lesen vorgenommen hat, ein Werk zu verdammen? Kann man schon Richtern nicht gefallen, die sich darauf verstehen, aber ihre Ursachen haben, das Lobenswerte zu tadeln, wie ist es vollends möglich, Leuten zu gefallen, welche sich *nicht* darauf verstehen und nur durch mächtige Hebel in Bewegung gesetzt werden wollen, ohne vom Feinen, vom Zarten, von Schattierungen, von Farbenübergängen irgendeinen Begriff zu haben? – Das seltenste Verdienst des Schriftstellers, »Ausdruck und Stil«, entgeht fast allen, die nicht selbst schreiben, oder wenigstens nicht mit Feingefühl, mit geübten Geistesorganen, mit der Empfänglichkeit für diese herrliche Gabe ausgestattet sind? Erscheint heutzutage eine Schrift, wen kümmert es, ob sie von gutem oder schlechtem Geschmack zeugt? Wer merkt es nur? Wer *schmeckt* es? Solch' eine Bahn ist in der Tat nicht einladend, und diejenigen, denen ihre Meinungen und ihre Ruhe etwas wert sind, diejenigen, die ihre Eigenliebe nicht gern aufs Spiel setzen, tun klüger daran, sich der Albernheit der einen und der Missgunst der andern nicht preiszugeben und von einem Wettlauf abzustehen, an dessen Ziel sich für den Sieger höchstens eine halb verwelkte Palme erringen lässt.

Ungefähr ebenso drückte sich *Marmontel* aus, als ich die Bekanntschaft des vortrefflichen Mannes machte. »Wäre ich«, so sagte er, »in Ihrem Stande geboren oder hätten mich die Umstände, mein Instinkt und die Notwendigkeit nicht zum Schriftsteller berufen und allmählich auf die Bahn geführt, in welcher ich mein Brot und mein Glück gefunden – nie würde ich den literarischen Pfad betreten haben, auf welchem die Mitbewerber und Feinde *Feuer* – Leser und Publikum *Eis* sind.«

Diese erste Betrachtung führt mich zu einer zweiten.

Es sollte ein Obergericht eingesetzt werden, das die Pflicht hätte, alle unnützen Bücher zum Scheiterhaufen zu verdammen. Es müsste diejenigen verwerfen, woraus sich nichts lernen ließe und die den Stempel einer großen, allgemeinen Bedeutung oder des Genius nicht an der Stirn trügen. Wäre der europäische Büchersaal in so enge Grenzen zusammengepresst, befände man sich in der glücklichen Unmöglichkeit, sie ohne triftige Gründe zu überschreiten, würde unter andern auch *diese* Schrift unter meiner Feder mit dem Bannspruch belegt und den Flammen zugeteilt – so besitze ich Philanthropie und Liberalität genug, mich über den herrlichen Gewinn zu freuen, welcher der Menschheit daraus erwüchse, ja, ich würde mit Freuden und Frohlocken mit zusehen, wenn ein neuer Omar aufträte und alles, was von Büchern Überflüssiges oder Verderbliches wäre und was der Versittlichung Europas auf die Dauer mehr Schaden bringen wird als eine neue Überschwemmung von Barbaren – mit Feuer und Flammen vertilgte.

Doch ich halte ein, will mir selbst nicht schaden und den größten Teil meiner Leser nicht durch solcherlei Wahrheiten und Betrachtungen abspenstig machen. »Es ist nicht immer gut, die Wahrheit zu sagen« ist ein bekanntes Sprichwort oder es müssen wenigstens kleine, lustige Wahrheiten sein. Eine solche will ich also hier zum Besten geben und eine wirkliche Anekdote erzählen, doch so, dass sie, mit der gehörigen Behutsamkeit vorgetragen und gehörig verschleiert, niemandem zu nahe treten soll.

Ich war auf den Opernball gegangen. Hier wurde ich von einer weiblichen Maske geneckt und verfolgt, die mit einem leichten Geschwätz[272] so schöne Umrisse und einen so edlen Wuchs verband, dass man auf ihr

[272] Beaucoup de jargon.

Gesicht und ihre Reize einen vorteilhaften Schluss ziehen konnte. Da überdies ihre Unterhaltung anziehend und ihr Ton der beste war, so trug ich kein Bedenken, mit ihr die Verabredung zu treffen, dass ich sie beim nächsten Ball auf der Treppe zum Amphitheater erwarten wolle. Sie versprach, sich einzufinden, durch ein verabredetes Zeichen sich mir kennbar zu machen, und bestimmte die Stunde: »Ein Uhr nach Mitternacht.« Sie hielt Wort. Somit schlenderten wir im Saal umher, überboten uns in Witz und Zärtlichkeit. Mit jeder Minute stieg meine Neugierde höher, mit jeder Minute ward ich mehr von ihr eingenommen. Ich hatte das erste Mal den Ball besucht, um mich von einer unglücklichen Liebe zu zerstreuen, das zweite Mal tat ich es, mich zu heilen. Die trübsinnigsten Stimmungen der Seele weichen gewissen Verführungen und die wirksamste Arznei gegen eine hoffnungslose Leidenschaft – hat man nur die Kraft, den Becher an den Mund zu setzen – ist eine *neue Liebe*. Ich glaubte zu bemerken, dass ich meiner Unbekannten nicht gleichgültig sei, dass ich Fortschritte machte, sodass ich anfing, an dem Abenteuer Vergnügen zu finden, besonders als die Schöne das Geständnis hören ließ: Ich hätte den Weg zu ihrem Herzen gefunden, zu einem Herzen, das bis dahin Bedenken getragen hätte, zu wählen und sich zu verschenken. ... Wie rührend! Wie zärtlich! Wie herzbrechend! Dabei wurde hinzugesetzt: Man müsse äußerst behutsam zu Werke gehen, man habe gewisse Rücksichten zu beobachten, man befinde sich in überaus zarten Verhältnissen, man werde von allen Seiten beobachtet, ein einziger Fehltritt sei hinreichend, Ruf und guten Namen, Glück, Ruhe und alles[273] zu kosten.

Das mochte einigermaßen wahr sein, mir aber genügte es nicht, mir machte es Langeweile. Der dritte Ball und die dritte Zusammenkunft erfolgten und man fuhr fort, alle Vorkehrungen zu treffen, um nicht erkannt zu werden und meiner Flamme neue Hindernisse in den Weg zu legen. Endlich siegte ich. Die Fastnacht sollte meine Beharrlichkeit krönen. Sie kam, diese beglückende Nacht. Wir verlassen den Ball, steigen in einen Mietswagen und gelangen nach vielen Umwegen an die kleine Tür eines unscheinbaren Hauses. Man öffnet, wir treten in ein Zimmer, wo eine einzige Nachtlampe brennt. ... Hier hing es nun von mir ab, so glücklich zu sein, als ich es wünschte, und ich würde gegen

[273] Son existence.

das schöne Geschlecht eben nicht galant sein, wollte ich dies Glück heute für keins ausgeben.

Am Tage, der auf diese – Glückseligkeit folgte, trat jemand zu mir ein, den ich nur obenhin kannte. Nach den ersten Begrüßungen eröffnete er mir: Er sei von einem Manne abgeschickt, dem nur wenige in Frankreich die größte Ehrerbietung verweigerten und der mich einlade, mich morgen Abend neun Uhr im Eingangshofe des *Palais Luxembourg* einzufinden. Ich nahm keinen Anstand, zuzusagen, stellte mich ein und zweifelte nicht länger an der Bestellung, als ich einen Mann auf mich zukommen sah, dessen Züge und Stimme nicht zu verkennen waren.

»Herr Graf (redete er mich an), mein Zutrauen in Ihre Rechtlichkeit und in Ihre Verschwiegenheit hat mir zu diesem Schritt geraten und mich bewogen, Sie um eine Zusammenkunft zu ersuchen. Es kann Ihnen nicht unbekannt sein, in welcher Verbindung ich mit Frau von *Bal..* stehe; ich bin von allem unterrichtet, was vorgefallen ist, ich weiß auch, dass Sie keine Liebe für die Dame empfinden, ich will sogar glauben, dass, wenn Sie auf dem Maskenball gewusst hätten, wer *die* war, der Sie, oder vielmehr die Ihnen nachgegangen, Sie aller Wahrscheinlichkeit nach den Verkehr mit ihr nicht angeknüpft haben würden. Bringen Sie mir – ich bitte Sie inständig darum – bringen Sie mir dieses Opfer; es kann von keinem großen Gewicht in Ihren Augen sein, und rechnen Sie auf meine ganze Erkenntlichkeit. Wollen Sie Ihrer Gefälligkeit die Krone aufsetzen, so bleibt diese Unterhaltung ein Geheimnis zwischen uns beiden.«

Nachdem ich die Anschuldigung gehörig abgeleugnet, mich unwissend und unschuldig gestellt und beteuert hatte, ich würde jenes Glück, das mir aber nicht zuteilgeworden, für sehr wünschenswert gehalten haben, gab ich ihm die Versicherung, ihn nie in dem Besitz dieses Kleinods stören zu wollen und ihm alle Möglichkeit zu benehmen, mich je wieder in Verdacht zu haben. Und so verließen wir uns als die besten Freunde.

Es lag damals nicht in mir, mich in den Willen anderer zu fügen, einen gelehrigen Charakter anzunehmen, meine Leidenschaften zu zügeln; ich gestehe gern, dass ich es in diesen Eigenschaften noch nicht weit gebracht hatte. Ich war der Mann nicht, der nachgab, wenn er Zeit, Umstände und Folgen berechnete und voraussah. Ich hatte den Mut des Widerstandes. Hier aber kostete es mir gar keine Selbstüberwindung, zu versprechen und zu halten. So sehr war ich von der Dame nicht eingenommen und entzückt, dass ich um nichts und wider nichts einen Mann hätte kränken sollen, dessen Benehmen mir gefiel, dem ich viel schuldig war und der so großen Wert auf ein Opfer legte, das ich vielleicht nicht zu würdigen verstand. Ich wollte es bringen, ... es zu einem verdienstlichen machen – aber man überhob mich dieses Verdienstes.

Das schöne Geschlecht vergibt es dem unsrigen nicht, wenn wir den Gunstbezeigungen schnell und von selbst entsagen, die es allein sich für berechtigt hält, ohne Erbarmen zurückzunehmen. Unter falschen und ungenügenden Vorwänden hatte ich ein paar Zusammenkünfte abgelehnt und schmeichelte mir schon, der weibliche Stolz, würde der weiblichen Überlegung zu Hilfe kommen, man würde mich vernachlässigen, so wie ich es täte. Allein, ich sollte bestraft werden. Es erging eine Einladung zum Abendessen, ich nahm sie ohne Anstand an, weil sie mir von keiner Bedeutsamkeit zu sein schien. Ich wollte mir das Ansehen nicht geben, eine lächerliche Bedenklichkeit zu weit zu treiben und einer Person, die so viel Schritte tat, um gut mit mir zu stehen, keinen Schritt entgegen zu tun. Ich gehe also hin, finde zwei spärlich beleuchtete Zimmer, sehe niemanden und werde in ein Kabinett geführt, in welchem ich drei sitzende Frauen antreffe. Eine von ihnen steht bei meiner Ankunft langsam und gravitätisch auf und schließt die Tür hinter mir ab. Die beiden anderen schieben ein Kanapeekissen weg und ziehen drei mit starken Knoten versehene Servietten hervor. Ohne mir Zeit zur Besinnung zu lassen, fallen die drei Furien über mich her und fangen an, im eigentlichsten Sinne auf mich loszuschlagen. Ich ziehe den Degen, in der Hoffnung, den Pariser Eumeniden Einhalt zu tun und ihnen Furcht einzujagen, umsonst: Nichts hält sie zurück. Ich laufe von einem Winkel in den andern, ich springe auf die Stühle, sie verfolgen mich, holen mich ein, lassen nicht ab; hätte ich Orpheus' Gesang und Spiel gehabt, so würde ich geglaubt haben, die neuen Bacchantinnen hätten mir sein Schicksal zugedacht. Aufs Äußerste gereizt, ergreife ich zwei Leuchter, zünde das Kleid der einen, den Rock der andern, zünde die Gardinen an. ... Jetzt folgt kreischendes Geschrei auf die Drohung mich zu ermorden, man reißt die Türe auf, man stürzt hinaus, man ruft um Hilfe; ich benutze den Umstand, entfliehe auf die Straße, derb durchgeprügelt und über den Vorgang wie aus den Wolken gefallen.

So sind die Frauen: boshaft, schwach und bizarr.

Verliebte Abenteuer – mit glücklicherem Ausgang – füllten die Leere meiner Seele nicht aus. Mein brennendes unbeschäftigtes Herz bedurfte eines Hauptgegenstandes, an den es sich anschließen könne. Es ergriff mich eine ehrgeizige Grille[274]. Ich hielt es für schön, meinen Kopf mit diplomatischen Begriffen anzufüllen, da der in einen langen Friedensschlummer versunkene Staat meines Armes nicht bedurfte. Die Königin geruhte nochmals die Bereitwilligkeit für mich zu haben, sich für diesen Plan zu verwenden und erwirkte einen Befehl, der mich als Mitglied in den Bureaus des auswärtigen Departements anstellte. Aber kaum waren einige Wochen vorüber, als mich die trockene, reizlose Arbeit anekelte. – Die *beständige Unbeständigkeit*, dieser Wankelmut, dieses ewige Hin- und Herschwanken meines Gemüts entfernte diejenigen von mir, welche Anteil an meiner Glücksbeförderung nahmen, die Gleichgültigkeit der übrigen schlug mich vollends nieder. Ich war vielleicht dazu berufen (man hat es mir wenigstens gesagt) ein schnelles und ausgezeichnetes Glück zu machen, hätte ich es nur verstanden, die Leidenschaften zu zähmen, die mich irregeführt haben, und die Feuerseele zu bemeistern, die mich verzehrte. Doch was hätte ich nicht zu bereuen gehabt, hätte mich Fortuna erhoben. Nach den Stürmen der Revolution, die allen Ehrgeiz und mit ihm alle Ehrgeizigen wie Spreu zerstreut haben, wäre ich umso unglücklicher geworden und hätte die Trümmer eines Gebäudes doppelt zu beweinen gehabt, das auf den Sand gegründet war, ich hätte die Härte meines Schicksals doppelt gefühlt, wenn ich als Hofmann aus dem Himmel meiner Hoffnungen herabgestürzt wäre; das Andenken an einige schöne Lebenstage, an einige reizende Genüsse meiner Jugend würde sich mir nicht mit den lebhaftesten Farben darstellen, woran sich meine Einbildungskraft noch bis auf den heutigen Tag ergötzt. Die Ehrsucht ist unter allen Leidenschaften die unfruchtbarste für die Empfindung des Glücks; die Freuden, die sie gewährt, sind trübe, verschlossen, finster und mürrisch wie sie selbst; sie befriedigt sich, ohne je sich zu sättigen; ohne Ruhe, wie ohne Hoffnung, hat sie noch weniger Stetigkeit und ist dem Reize fremd, den man im Stillstand findet. Alles ist für sie ein hinderliches Bollwerk, nichts scheint ihr ein Ziel, wo sie ihren Lauf beendigen könne. Den geringsten Glücksanteil, worauf der Mensch, ohne ein Tor zu sein, Anspruch machen kann, findet er nur in der Gleichgültigkeit gegen alles, was die meisten Menschen lockt, und versucht, in einer weisen Verachtung aller umgebenden Außendinge, die nicht wesentlich mit den Grundsätzen der ewigen Gerechtigkeit zu-

---

[274] Velléité.

sammenhängen (insofern es für Wesen, welche von Natur so durchaus ungerecht und so unselig wandelbar und vorübergehend sind, wie der Mensch, Gerechtigkeit und Ewigkeit gibt). Nur die, welche es verschmähen, der Glücksgöttin zu huldigen und sich in ihre Launen zu fügen, verdienen von ihr aufgesucht zu werden; sie haben nichts zu besorgen, wenn sie kommt, weil sie nichts zu fürchten haben, wenn sie geht. Das einzige Palliativmittel gegen unsere Leiden liegt in einer unscheinbaren Mittelmäßigkeit. Ich berufe mich auf alle, die mit einem richtigen gesunden Verstande noch einige Geistesgaben vom Himmel zum Geschenk erhielten. Wer von ihnen, wenn er seine Lebensbahn zum zweiten Mal durchlaufen könnte, würde sich einen größeren geistigen Schatz wünschen, einen Grad von Verstand, der über alles abspricht, den alles anekelt, der sich so wenige zu Freunden macht und so viele Feinde hat? Wer würde nach den äußeren Eigenschaften trachten, wenn er vorauswüsste, worin das eigentliche Geheimnis der glücklichen Existenz liegt; wie schnell dieses Glück verschwindet, wie unendlich weit es irreführt und welche Saat von Trübsalen es im Frühling des Lebens auf das Feld unseres Daseins streut, damit sie aufgehe und uns im Winter unsere Tage zu unserer Qual und zu unserm Verderben die Früchte einsammeln lasse?

14. Kapitel

Le Sage seul dispose de son sort;
les autres ne vont pas, ils sont entraînés.

Unsere Neigungen folgen uns bis ins Grab – Nach meiner letzten unglücklichen Leidenschaft hielt ich mein Herz für unzugänglich – Neue Liebschaft – Schilderung Adelines – Herr von Veimeranges – Missgriffe in Urteilen über die Menschen – Widersprüche und falscher Eifer meiner Freunde knüpften mich fester an Adeline – Vorurteile meiner Verwandten – Die Königin – Ihr strenges Urteil über mich – Mein Schreiben an sie – Folgen – Ihre Beschuldigung macht mich zu ihrem Feinde – Ich versöhne mich in der Revolution – Mein Leben nimmt durch sie eine neue Wendung – Kein Glück für den Jüngling in der wilden Liebe, in den Ausschweifungen – Veimeranges und ich – Nähere Umstände über ihn – Ich leiste ihm einen wichtigen Dienst – Seine Gefahr – Sein Tod – Der junge Sartine – – Adeline verlässt mich – Meine Wut – Ich sehe sie wieder – Ich beschließe, mich zu rächen – Mademoiselle Dufayel – Ich söhne mich zum Schein mit Adeline aus – Ich verlasse sie – Nächtlicher Auftritt bei Mademoiselle Dufayel mit Adeline und dem Prinzen d'Henin – Meine Verbindung mit Rosalie – Zweite Rache – Adeline und Rosalie versöhnen sich auf meine Kosten – Die Griechischen Hetären – Die heutigen Kurtisanen – Der Prinz Joseph von Monaco – Der Chevalier de Curne – Anekdoten von Rosalie – Ihr Porträt – Sophie von Lorville – Ich besuche sie auf ihrem Landgute – Sie ist Witwe – Herr van V... (ihr nachheriger Gatte – Ich suche, sie zu verbinden – Meine Geschichte mit der Präsidentin von ... beschleunigt das Geschäft – Robespierre – Ehrenerklärung an das schöne Geschlecht – Der Präsident überrascht mich in einer geheimen Unterredung mit seiner Gemahlin – Es zieht sich mit ihr aufs Land zurück – Wie sich die Ehemänner zu benehmen haben – Die Präsidentin hat eine Schwester – Sophie vermählt sich mit Herrn von V... – Meine ungerechte Härte – Ich verlasse das Schloss – Mein Abschiedsschreiben – Schilderung eines Mannes, den ich mir zum Freunde wünschen würde – Frau von l. c., Schwester der Präsidentin, kommt nach Paris – Ich ersuche sie um eine Unterhaltung – Ihre Schönheit – Meine Leidenschaft – Ihre Vorurteile gegen mich – Der Prior des Klosters von ... – Ich lege einen tiefen Plan an – Vorläufige Maßregeln, einleitende Gespräche. Strafbare List – Erfolg – Ihre Blatternkrankheit – Meine

Trennung von ihr – Meine Verzweiflung – Ihr Schicksal – Der Graf von Maillebois – Seine junge Nichte, antik gekleidet – Lieblichkeit und Gefahren dieses Kostüms – Rückkehr nach Paris – Frau von L... und ihre Mutter – Ich erneuere meine Bekanntschaft – Fräulein von Coulanges – Ihr Tod – Der Prinz von Beauffremont – Die Mutter der Frau von L... erschwert mir den Zutritt zur Tochter – Zwei abgesonderte Epochen im Leben der Frauen – Ich mache der Mutter und Tochter den Hof – Meine Kriegslist – Ich verlasse sie beide – Die Tochter verzeiht mir – Die Mutter nie – Der Herzog von Choiseul – Der Marschall von Stainville, sein Bruder – Jener, unschuldig am Tode des Vaters Ludwigs XVI – Dieser ein unausstehlicher Schwachkopf – Betrachtungen über schlechte Minister – Das Mädchen im Palais Royal – Alte Bekanntschaft – Wie ich mich gegen sie betrage – In diesen Zeitraum fallen zwei fixe Ideen, von denen ich Mühe habe, mich zu befreien – Luftschlösser – Der Gedanke an den Tod – Melancholie – Betrachtungen über das Leben...

Der Schiffer, der auf kühnem Fahrzeug hundertmal dem stürmischen Weltmeere getrotzt hat und dessen Gefahren und Schlünden nur durch ein halbes Wunder entgangen ist, vertraut sich den Wellen aufs Neue an. Der Jäger, welchen sein wildes Ross quer durch den Wald fortreißt und der, ein zweiter Hippolyt, auf dem Sande geschleift worden, der die Spuren seines Blutes trägt, heilt seine Wunden; kaum von den Todespforten zurück, noch schwach und kraftlos, hört er das Wiehern und Stampfen der Rosse, das Hundegebell, den Schall des Waldhorns, das Hussa des Jagdgefolges; er springt auf vom Lager, er fliegt neuem Vergnügen zu, verbunden mit neuen Gefahren. – Jener Greis, dessen dürre gerunzelte Hand beim Goldwühlen erstarrt, stand vor Kurzem mit einem Fuße im Grabe, schon sah er den gierigen Erben jeden seiner Atemzüge zählen und auf den letzten harren, schon sah er ihn in Gedanken und mit Sehnsucht die Schätze verschwenden, die er mühsam gesammelt hat; er strengt sich an, erhebt sich vom Lager, lebt halb wieder auf und kriecht zitternd in seine Kleider ... Wird er die kleine Lebensfrist genießen? Wird er von dem Golde Gebrauch machen, das der Erbe schon mit den Augen verschlang, um es zu versplittern und des Erblassers zu spotten? Nein, er scharrt von Neuem, er bewacht den Geldkasten von Neuem, bleich und hager, bis die Parze seinen Faden zerschneidet und er mit Entsetzen stirbt, weil ihm seine Einbildungskraft die Beerdigungskosten vorrechnet! – Und jener Jüngling, der in früheren Jahren seine Unschuld in den Schlingen der Sirenen verlor und mit seinem Golde unschuldige Schlachtopfer erkauft hat, der, edler Liebe unwürdig, sein Herz an die Wollust gehängt und sein Leben in Sinnlichkeit aufgelöst hat, dessen Geschäft und Handwerk die Verführung war – er wird nie von dieser Schandbahn zurückweichen, nie den Kreis verlassen, in welchen ihn Verirrung und Verblendung gebannt haben; er wird sterben, wie er gelebt hat, wird im grauen Haar noch Liebe und Eroberung träumen und, über diesen einzigen Punkt getäuscht, über alle anderen entzaubert, den Geist verzweifelnd aufgeben.

Nach dem Verlust, den ich erlitten, nach dem tiefen Eindruck, den er auf meine Seele gemacht, glaubte ich mein Herz für die Liebe und ihre mannigfachen Gefahren verschlossen. Ich widerstand ihr, oder vielmehr, von ihren Pfeilen kaum geritzt, hatte ich nicht einmal das Verdienst des Widerstandes. Einem Schmerz preisgegeben, der nur einen verschiedenen Charakter angenommen hatte, ohne etwas von seiner Stärke verloren zu haben, fand ich in ihm einen Trauerreiz, den ich für die Gewähr einer unerschütterlichen Gleichgültigkeit hielt. – Täuschende Einbildung! Trügerische Hoffnung der Ruhe! Ich verlor sie, diese Ruhe, bei einer, die mich keine Gefahr ahnen ließ!

Es war damals ziemlich allgemein Sitte, dass die jungen Leute, die das Schauspiel besuchten, zwischen beiden Stücken in das Versammlungszimmer[275] der Schauspieler gingen, wo sie die hübschesten und liebenswürdigsten Aktricen antrafen. *Mademoiselle Adeline*, deren Bekanntschaft ich schon früher gemacht hatte, als *Sennecterre* ihr den Hof machte, hatte damals den Gipfel ihres Bühnenrufes erreicht. Zwar nicht in der Schauspielkunst die Erste, obschon nicht ohne Talent, war sie es unstreitig in der Buhl- und Verführungskunst. Im Vaterlande der Bajaderen würde sie Königin derselben gewesen sein. Ihr Gesicht hatte nicht die regelmäßigen Züge, die Maler und Bildhauer zum Modell wählen; wohl aber waren sie geeignet, den Kopf des Weisen zu verrücken und den schlafenden Satyr aus der Ermattung des Rausches zu wecken. Es war ein Ensemble, eine Tournüre, deren Geheimnis sie allein besaß; dabei war ihrer Unterhaltungssprache ein sehr freies Geplauder eigen, das aber die Grenze des Wohlstandes nie überschritt, während Augen und Blicke das Ungesagte ergänzten.

Um die Zeit, von der ich rede, lebte sie mit einem Manne, der sie mit Wohltaten überhäufte und der, um sie zu bereichern, nichts weiter be-

[275] Foyer.

durfte, als es zu *wollen*, und er *wollte* es. Dieser Mann war *Veimeranges*. Er war oft nahe daran, Minister zu werden, begnügte sich aber sehr weislich mit der Gewalt, die er ziemlich despotisch über den Marschall *von Ségur* und vor allem über Herrn *von Calonne* ausübte. Aus diesen zwei ergiebigen Quellen schöpfte er seine Habsucht und seine Unersättlichkeit. Man kann nicht von ihm sagen, dass er ein Mann von *Geist* gewesen, aber ein Mann von *Kopf* war er, das heißt, er war ein tüchtiger Arbeiter und ein spekulativer Finanzier. Doch *war* er es nur bis zu dem Augenblick, wo sich die Liebe seiner bemächtigte und er in die Schlingen der Sirene fiel – in einem Alter, wo der Verliebte wieder Kind wird und wo die Leidenschaft an Stärke zunimmt, weil sie den Menschen am schwächsten findet. So erging es ihm, die Liebe machte ihn für die Geschäfte ungeschickt und stürzte ihn in tausend Torheiten. Früher galt er für den Verfasser lichtvoller Aufsätze und Abhandlungen, worin freilich die Akademie eine Menge Fehler der Schreibart gefunden haben würde, die aber für das Finanzfach und die Staatsverwaltung das waren, was sie sein sollten, weil sie das Ziel im Auge behielten, die Fragen erörterten, sie unter ihren verschiedenen Gesichtspunkten darstellten und die Aufgaben lösten. Ich für mein Teil habe nichts von ihm gesehen als einige Briefchen an den Gegenstand seiner Zärtlichkeit, an die Dame seiner Gedanken, die sich die Freiheit nahm, sich über ihn lustig zu machen. Diese Episteln waren Erzeugnisse der stockdümmsten Anbetung, dabei erbärmlich stilisiert, kaum französisch und, *auf Ehre*, nicht einmal orthografisch geschrieben.

Das ist – *auf Ehre!* – die reine, lautere Wahrheit!

Ruf und Nachruhm! Stimme des Publikums! Wie oft seid ihr der schallende Nachhall der Lüge! Oh Fortuna! Blinde Göttin, wie wenig entscheidend sind deine Urteile, wie bedeutungsleer deine Gunstbezeugungen!

Damals wurde *Veimeranges'* Geliebte, *Adeline*, von vielen jungen Leuten meiner Bekanntschaft förmlich belagert, deren Absicht nicht so sehr war, sie ihrem Anbeter abzugewinnen, als ihn zu foppen. So pflegt es zu gehen: Mancher, den man nicht achtet, weil er nichts in den Augen der Welt ist, wird zu etwas, wenn man Vergnügen daran findet, ihn zu demütigen. *Adelines* Herz war frei. Sie betrachtete sich als *Witwe*. Ihre letzte Liebe war abgestorben; getrennt von dem[276], der sie in hohem Grade

[276] Der Marquis von Sennecterre

besessen hatte, fühlte sie keinen Trieb, ihm einen Nachfolger zu geben. Seinem Andenken treu und aus Herzensleere auch *Veimeranges* nicht untreu, war ihre Wahl noch auf keinen Dritten gefallen, als einer meiner Freunde, der einen hohen Begriff von seinen Verdiensten hatte und sich für unüberwindlich hielt, mich unbedachtsamerweise und fast wider meinen Willen mit sich ins Foyer fortzog. War es meine niedergeschlagene Miene, die sie rührte, genug, meine Traurigkeit machte Eindruck auf sie, so wie ihre Reize aufhörten, gleichgültig für mich zu sein, sie machte meine Eroberung, ohne dass ich es merkte, sie bestimmte mir eine Stelle, um die so viele buhlten, ich fühlte mich zu ihr hingezogen und erhielt den Zutritt zu ihr. So geschah es, dass sich ein Verhältnis entspann, das von meiner Seite mit so viel Anstand, so viel Methode, mit einer so reinen Ehrbarkeit angefangen wurde, als käme es darauf an, das Herz einer Jungfrau, einer Vestalin, einer zweiten Frau von *Tourver*[277] zu gewinnen. Indem ich ihr von meiner früheren Liebe erzählte, fand ich mich, ohne es zu wissen, in eine neue verwickelt.

Habe ich hier nicht das menschliche Herz mit allen seinen Gebrechlichkeiten und Schwächen nach dem Leben geschildert?

Dieser Verkehr, anfänglich nur dem Vergnügen gewidmet, verwandelte sich bald in die zärtlichste Zuneigung und gewann volle Herrschaft über mich. Ich überließ mich meiner Leidenschaft umso mehr, da mir von allen Seiten Hindernisse in den Weg gelegt wurden und eine starke Opposition sich gegen mich erhob. Dadurch, dass man aus unzeitigem Eifer das Verhältnis kurz und schnell abbrechen wollte und sich dabei ungeschickt benahm, befestigte man den Bund unserer Herzen. Der Mensch leistet Widerstand, wenn man ihn mit Gewalt zwingen will, er gibt nach, sobald man sich das Ansehen gibt, ihn sich selbst zu überlassen. Nitimur in vetitum semper.

Es bildete sich eine förmliche Verschwörung vonseiten derer, die wirklichen oder vorgeblichen Anteil an mir nahmen; man wolle mich, so hieß es, aus den Schlingen retten, die mir gelegt würden; man wolle mich den Gefahren entreißen, die mir drohten, man wolle meiner Moralität, die im Begriff stehe, Schiffbruch zu leiden, zu Hilfe kommen. Sogar die *erste Dame* in Frankreich – ich könnte sagen, in Europa – ließ sich herab, mir bittere Vorwürfe machen zu lassen. Die grundloseste Verleumdung hat diesen Zeitpunkt meines Lebens mit ihrem Gifte über-

---

[277] In den Liaisons dangereuses.

schüttet und denselben mit den schwärzesten und gehässigsten Farben ausgemalt. Wie die Unglücklichen, die den wilden Tieren vorgeworfen wurden, wurde ich es dem Teile des Publikums, dessen Geschäft und Leben darin besteht, den guten Namen anderer zu schänden.[278] Man setzte hinzu: »Ich richte Herrn *von Veimeranges* zugrunde und bediene mich dazu der Gewalt *Adelines* über ihn. Das sei der Grund und die Erklärung meiner Beharrlichkeit bei einer Person, die nichts an sich habe, wodurch sich eine unedle Leidenschaft rechtfertigen ließe, eine Leidenschaft, die, wenn sie ernsthaft gemeint sei, nur umso lächerlicher sein würde.«

Nichtsdestoweniger hat es seine Richtigkeit. Wer *Adeline* gesehen und gekannt hat, ist leidenschaftlich in sie verliebt gewesen; bei einer großen Verführungsgabe war sie – obschon nicht ohne Fehler – weniger tadelns- und verdammenswert als viele Frauen, von denen man Gutes sagt.

Ebenfalls hat es seine Richtigkeit, dass Herr H... *de Saint-Foy*, als Börsen- und Spielspekulant und Agioteur in ganz Paris bekannt, mir damals einen Reingewinn von zweihunderttausend Franken bei einem Geschäft anbot, welches er mit dem *Abbé d'Espagnac* betrieb und das beide Herren mir auf meinen Anteil einen ersten Vorschuss von zehntausend Franken, machten. Herr von *Saint-Foy* stellte mir ein Blatt[279] zu. Auf diesem Blatte, soviel ich mich dessen entsinnen kann – denn von einem Geschäft dieser Art, von dem ich so wenig verstand und das meiner Lebensweise so fremd war, ist es unmöglich, die genauen Einzelheiten anzugeben – standen *fünf Zahlen*. Es kam darauf an, dass *Veimeranges* seinerseits *fünf damit übereinstimmende* darunter setzte. Ich ersuchte *Adeline* um die Gefälligkeit, diesen Auftrag zu übernehmen. Sie tat es in der Überzeugung, mir einen Dienst zu leisten und stelle mir am folgenden Tage das gehörig agnoszierte Blatt wieder zu. Ich legte es einem Wechselmakler, namens P... de C... vor, der, ich weiß nicht was, darunter schrieb und es mir zurückgab. So kam es endlich in Herrn de *Saint-Foys* Hände, und dieser zahlte mir einige Tage nachher zweiundzwanzig Kassenscheine, jeden von tausend Franken, aus. Er begleitete die Papiere mit einer langen Auseinandersetzung, die ich kaum anhörte, und worin er sich Mühe gab, mir zu beweisen, es finde sich in der Berechnung ein Irrtum von

---

[278] Hier ist im Original folgende Stelle gestrichen aber noch lesbar: » Mademoiselle Adeline – so hieß es von mir – betröge Herrn von Veimeranges, und ich betröge sie beide.«

[279] Une Carte.

fünfhundertvierunddreißigtausend Franken, woraus sich denn nur ein Reingewinn von sechsundsechzigtausend Franken ergebe, dessen Drittteil – nämlich zweiundzwanzigtausend Franken – er die Ehre habe, mir als meinen Anteil bar zuzustellen. *Barême* selbst hätte nicht besser rechnen können[280].

Inzwischen schloss ich mich mehr und mehr an die an, von welcher man mich durchaus, selbst durch die unwürdigsten Mittel, trennen wollte. Diese Verfolgung knüpfte das Band nur fester und machte zur Leidenschaft, was sonst vielleicht eine vorübergehende Neigung und Grille[281] gewesen sein würde. Eine Frau von großem Verstande, eine Freundin von mir oder vielmehr von meiner Familie, ließ mich ersuchen, zu ihr zu kommen und bearbeitete mich förmlich mit Gründen, die mich bewegen sollten, von Adeline abzulassen; da aber ihre Gründe nichts vermochten, setzte sie Schmähungen an die Stelle, schimpfte auf Adeline und auf mich und ereiferte sich dergestalt, dass ich lachen musste, weil der Zorn ihre an sich hässlichen Züge vollends verunstaltete. Unter andern fragte sie mich: Was ich zwischen der ersten und vornehmsten Buhlerin in Paris[282] und einer Straßendirne von der Rue St. Honoré für einen Unterschied fände; worauf ich zur Antwort gab: »Diesen, dass Letztere, ohne Erziehung, ohne Geschmack, nur für Ihren Lakaien gefährlich ist, während jene, mit dem reichen Schmuck der Verführung angetan, Ihren *Freund*, Madame, Ihren *Bruder* an sich lockt und wohl gar Sie Ihres *Liebhabers*, Ihres *Gatten* beraubt.« – Diese Antwort missfiel der Dame sehr, denn ihr *Herr Gemahl*, auf den sie, bei ihrem Mangel an Reizen, kindisch genug war, eifersüchtig zu sein, unterhielt damals eine kleine Tänzerin.

---

[280] Hier findet sich wieder in der Handschrift eine ausgestrichene Stelle. Hier ist sie: »Was aber noch mehr seine Richtigkeit hat, ist, dass ich von Adeline nie, nicht einmal als Darlehen, die geringste Summe begehrt habe: eine Niederträchtigkeit, die mir meine Vernunft untersagt haben würde, wenn auch mein Herz der Versuchung hätte unterliegen können. Ich war innigst überzeugt, dass sie mir mein Verlangen aus Eigenliebe abgeschlagen und mich selbst mit Verachtung entlassen haben würde. Deswegen sage ich auch in einem Brief, den ich mich gedrungen fühlte, an die Königin zu schreiben, und worin ich sie um Gnade ersuchte, einen Augenblick bei einem für die Königl. Majestät so unwürdigen Gegenstand zu verweilen: »Meine Ehre, die ich, wenn's möglich ist, noch höher halte als Ew. Majestät, zwingt mich zu dieser Rechtfertigung – Man wird bald unten sehen, was zu diesem Brief die Veranlassung gewesen.«

[281] Fantaisie.

[282] La courtisane la plus huppée de Paris.

Inzwischen beging die Königin (denn ich sehe mich genötigt, bei dieser Veranlassung, wo ihr erhabener Name ungenannt bleiben sollte, ihrer noch einmal zu erwähnen) die folgewidrige Ungerechtigkeit, durch ein Wort – das vom Throne herab denjenigen, den es trifft, auf der Stelle vernichtet – einem jungen Manne die Ehre zu rauben. »Ich mag (sagte sie) nichts mehr von Herrn *von Tilly* wissen, der öffentlich mit einer Schauspielerin auf Kosten des Herrn von *Veimeranges* lebt, welcher den Staat bestiehlt.«[283]

Das Letzte war begründeter als das Erste. *Veimeranges* schöpfte aus den öffentlichen Quellen, ich hingegen aus den Quellen meines Privatvermögens, die von Jahr zu Jahr mehr versiegten. *Er*, versunken und verloren in dem Strudel von Paris und sich nicht zum Besten mit seinem Gewissen stehend, stellte sich, als habe er die Donnerworte nicht gehört: *Ich* hingegen hätte sie gehört und wollte sie gehört haben. Ich fliege nach *Versailles*, pallidus morte futura, die Wut im Herzen, einer Verzweiflung preisgegeben, die ich nicht zu verbergen suchte. Ich eile zur ersten Kammerfrau der Königin, um eine Audienz bei Ihrer Majestät zu erhalten. Ich erfahre nachmittags, sie sei mir verweigert worden. Ich wende mich an die Palastdame, Herzogin von F..., die es nicht vergessen haben kann. Wieder eine abschlägige Antwort. Jetzt schrieb ich an die Königin:

»Allerdurchlauchtigste usw.[284]

Mit einem Erstaunen, dem nur meine Verzweiflung gleichkommt, habe ich den Ausspruch[285] Ew. Majestät über mich vernommen. Die Ew. Majestät schuldige Ehrerbietung schließt weder die Wahrheit noch die Pflicht meine Ehre zu retten aus. Die Ehre ist mir teurer als das Leben. Auf die Gefahr, Ihre Königliche Gnade auf immer zu verlieren, wage ich es, Ew. Majestät untertänigst vorzustellen, dass Sie, gewiss ohne es zu wollen, mir die grausamste[286], die unheilbarste Wunde geschlagen haben.

Es kann Ew. Majestät nicht unbekannt sein, dass mich die Vorsehung durch Geburt erhoben und mit Glücksgütern beschenkt hat. Noch mehr aber bin ich mit Abscheu gegen alles geboren, was unedel ist. Es liegt

---

[283] An dieser Stelle stand vorher: Der öffentlich auf Kosten einer Aktrice und des Herrn von V... lebt, welcher, wie man sagt usw.

[284] Madame.

[285] Les reflexions.

[286] La plus sanglante.

vielleicht in meinem Charakter, Eigenes zu verschwenden, aber die Niederträchtigkeit, Fremdes anzunehmen, ist fern von mir.

Ich muss Ew. Majestät um Verzeihung bitten, wenn ich auf Einzelheiten eingehe, wenn ich Ihr Zartgefühl verletze. Aber meine tödlich gekränkte Ehre zwingt mich dazu – meine Ehre, die ich, wenn's möglich ist, noch höher halte als Ew. Majestät selbst.

Ich gestehe, dass ein Verkehr, der sich die Missbilligung Ew. Majestät zugezogen hat, tadelnswert ist, dass er aber eine so öffentliche Rüge, und zwar aus dem Munde Ew. Majestät, verdiene, kann ich mich nicht überzeugen. Sie ist das Resultat verleumderischer Anschuldigungen, deren Opfer geworden zu sein ich mich nie trösten werde.

Ew. Majestät wissen, dass in Frankreich die Verleumdung niemanden schont, dass ihre Waffe alles trifft, selbst den Thron. (!) In meiner frühesten Jugend[287] bin ich Zeuge gewesen, dass Ew. Majestät Tränen vergossen haben, weil Sie verleumdet wurden; – und jetzt, jetzt da ich der Gegenstand der Verleumdung bin, geben Sie dieser Furie so leichtes Gehör, jetzt findet die Furie Glauben bei Ew. Majestät? Habe ich denn, ich, der das Glück gehabt, unter Ihren Augen erzogen zu werden, Ihren Hass verdient? Habe ich mich so vieler Gnade unwürdig gemacht? Die Furie findet Glauben bei Ew. Majestät, als wenn Ew. Majestät, von der Vorsehung so hoch gestellt, die Welt nicht kennen müssten.

Ich werde mich hinfort enthalten, vor Ew. Majestät zu erscheinen, wie ich es schon seit geraumer Zeit getan, obschon Sie geruht haben, mir sagen zu lassen: »Ihre Ungnade erstrecke sich nicht so weit, mich aus Ihrer Gegenwart zu verbannen, die erbetene Audienz sei mir bloß versagt worden, weil Sie mir nichts zu sagen hätten.« Der Himmel würde mir alles gewährt haben, hätten Ew. Majestät mich von jeher des *Schweigens* gewürdigt, mein Leben würde nicht vergiftet, meine Ehre nicht verletzt worden sein.

Sollte dieses Schreiben, dieser schwache Ausdruck meines Schmerzes, mir Verfolgung zuziehen, so wage ich es, Ew. Majestät zu beteuern, dass, nach dem was geschehen ist, jeder neue Unfall mich nur unempfindlich finden würde. Ew. Majestät haben mir alles genommen, selbst die Macht, Ihre Gnade wieder zu gewinnen, sie würde mir kein Ersatz für Ihre verlorene Achtung sein.

---

[287] Dans mon enfance: als Page.

Mein sehnlichster Wunsch ist, dass kein tiefer Kummer je das Herz Ew. Majestät verwunde. Der höchste Rang hat seine Leiden. Das Glück Ew. Majestät ist mein sehnlichster Wunsch, obschon meine Jugend von Ihnen gebrandmarkt worden ist. Ich werfe mich Ihnen zu Füßen und flehe nochmals untertänigst um Verzeihung, wenn ich Ew. Majestät von Dingen habe unterhalten dürfen, die Ihrer Beachtung unwürdig sind. Ich ersterbe usw.«

Meine Freunde sahen mich schon in der Bastille; ich selbst zweifelte nicht daran und erwartete meine Haft mit so wenig Unruhe, dass ich mich nicht einmal wunderte, als sie nicht erfolgte. Ich nahm Abschied von *Versailles* und habe es nicht eher wiedergesehen als in den ersten Stürmen und Gefahren des Hofes. Die Königin wunderte sich über meine Erscheinung; es schien sie zu befremden, mich unter denen zu sehen, die sie *ihre Partei* nannte und die in meinen Augen von der Partei waren, zu welcher sich der ganze französische Adel hätte bekennen sollen. Ich blieb bei einigen Zeichen ihrer Gnade kalt und wunderte mich über ihre Verwunderung. Ich hätte das nicht tun sollen, sie handelte ihrem Charakter gemäß. Da sie selbst nicht verzeihen und ein gefasstes Vorurteil nicht ablegen, konnte, so war es natürlich, dass sie mir eine gleiche Denkungsart zuschrieb und über meine plötzliche Wiederkehr stutzte.

Können diejenigen, welche über Völker herrschen, wohl die Bedachtsamkeit in ihrem Tadel, in ihrer Ungnade zu weit treiben? Können sie behutsam genug im Strafen sein, da ihre Strafen einem ganzen Leben Glanz und Farbe rauben? Sollten sie nicht mit einem Urteil, mit einer Rüge, die so viel Folgen nach sich zieht, ratsam umgehen? Sollten sie nicht vor einer Ungerechtigkeit zittern, welche die Schicksale eines Unschuldigen aus den Angeln hebt und ihn allen feindseligen Leidenschaften, allen Verschwörungen des Hasses und Neides entgegenschleudert, welche nie tätiger und giftiger sind, als wenn der, den sie verletzten, stolz genug ist, der Gefahr zu trotzen, und mutig genug, sich nicht hinter dem Schild der Mittelmäßigkeit verbergen zu wollen. Die Beherrscher der Völker sollten Anstand nehmen, über den Schuldigen den Stab zu brechen, denn ein Wort aus ihrem Munde ist oft eine zu schwere Strafe für ihn, sie sollten ihre großen Ziviltodesurteile nur für diejenigen aufbewahren, welche der Spruch der allgemeinen Meinung schon aus dem Schoß der Gesellschaft verstoßen hat, weil sie, Verbrechen begingen, über die zwar das Gesetz nicht entschieden hat, die aber von der Gesamtheit der Menschen[288] dem Richterstuhl der Menschheit zugewiesen sind. Zum Unglück ist in dem Zeitpunkt, wo ich schreibe, diese Waffe in den Händen der Machthaber beinahe zerbrochen; ihre Gewalt, selbst auf dem Throne des asiatischen Despotismus, hat vor dem inneren Gerichtshofe des Verstandes zu viel verloren, um ihr altes Ansehen noch behaupten zu können, wo ein Wort strafte, wo ein Band belohnte. Ehedem galt eine Idee für eine Macht, jetzt sind die großen Hebel zersprungen und liegen unter Gebirgen von Trümmern begraben. Neue Meinungen sind aus den Ruinen hervorgegangen und die alten haben sich mit der Gestalt der Erde verändert.

Ich meinesteils appellierte von diesem Verdammungsspruch der Königin, der mich bürgerlich tötete, an die Geduld, ich appellierte mit Gelassenheit und Stolz an die Wahrheit, die nicht immer siegt, aber immer tröstet. Der gesunde Teil des Publikums und wer mich kannte, ließ mir Gerechtigkeit widerfahren; wer aber Vergnügen daran findet, das Böse zu glauben, verdient nicht, dass man ihn zurechtweise. Im Grunde meines Herzens war ich der Todfeind der Königin geworden; aber ich achtete mich selbst, folglich untersagte ich mir, von ihr zu sprechen, oder wenn ich es tat, geschah es immer mit der schuldigen Ehrerbietung, selbst zu einer Zeit, wo es schon Sitte war, ihren Namen ohne Schonung zu nennen. Die Revolution und die Schicksale der unglücklichen Fürstin söhnten mich ebenso schnell mit ihr aus, als das ihr entfallene Wort mich ihr entfremdet hatte. Es kostete mich kein Opfer, der Wollust der Rache zu entsagen, und noch jetzt weiß ich es mir Dank und wünsche mir Glück, seit langer Zeit nur an ihren Mut im Sturm, an ihre Seelengröße im Schiffbruch gedacht zu haben.

So war ich denn, noch so jung, in dem unermesslichen Paris verloren, ohne Bestimmung, ohne Zweck, ohne Führer. Die mächtige Hand, die in meinen frühesten Jahren sich über mich erstreckt hatte, war mir entzogen! Ich überließ mich dem Ungefähr. Ohne Plan, ohne Absichten, entmutigt, ungewiss wie ein Reisender, welchen Weg ich einschlagen sollte, wählte ich den ersten besten und – traf den *schlechtesten*. Abgestumpft, erbittert, bestätigte ich das über mich ergangene ungerechte Urteil durch Gleichgültigkeit, Leichtsinn und Missgriffe aller Art!!

Ich habe diesen Teil meiner Memoiren weitläufiger auseinandersetzen müssen, weil die Epoche für mein ganzes Leben wichtig und ent-

[288] La republique.

scheidend gewesen ist, weil sie mich in eine neue Richtung versetzt hat. Von nun an stürzte ich mich in den Strom der Lüste, suchte Wirklichkeit in dem Scheine, stieß von mir, was ich Hirngespinste des Ehrgeizes und Emporkommens nannte, begab mich sogar der Achtung, die man durch Entsagung und Opfer erkauft, und lebte nur für Genuss und Vergnügungen, die mir Gewohnheit und Missbrauch zum Bedürfnis gemacht hatten.

Hätte ich an dem Gebäude meines Glücks gearbeitet, wer weiß, ob in den Tagen, wo alles umgestürzt wurde, auch dieses nicht zertrümmert worden wäre? Würde ich in diesem Fall wohl weniger verloren und meinen Verlust weniger gefühlt haben? Ist mir nicht die Erinnerung an jene Tage geblieben, an jene glücklich verträumten Tage, deren Bild mir noch immer vorschwebt? Habe ich nicht mein Leben genossen? Habe ich mir doch nur Leichtsinn und keine grobe Lasterhaftigkeit vorzuwerfen!

Folgt aber daraus, dass ich gut gewählt habe und dass andere ebenso wählen müssen? Keineswegs. Ich warne jeden Jüngling, meinem Beispiele zu folgen. Er vermeide den Weg, den ich betreten habe! Er lerne von mir, wie sehr man sich auf diesem Wege verrechnet und verirrt; lauter Nichtigkeit und Täuschung, lauter Ekel und Sättigung, Verachtung, Verworfenheit, zu spätes Erwachen vom Rausche der Wollust, zu späte Reue über vernachlässigte Pflichten, über eine verlorene Zeit, welche Flügel hat und keine ehrenvolle Spur hinterlässt.

Ich erzähle weiter und komme auf meine Liebschaft mit *Adeline* zurück.[289]

Diese Liebschaft war eine förmliche Leidenschaft. Adeline teilte sie mit mir, und wenn es irgend möglich ist, die weiblichen Gefühle zu durchschauen, so darf ich nicht zweifeln, *Adeline*, die sich unserm Geschlechte so sehr nahte, habe mich wirklich geliebt, obschon man ihr schuld gab: Sie liebe nichts. *Veimereanges* erschöpfte sich in den Erregungen einer fruchtlosen Eifersucht. Er versuchte alles, mich von *Adeline* zu trennen; es gelang ihm nicht. Endlich wendete er sich geradezu an mich; er machte zwei verschiedene Angriffe, um zu seinem Zweck zu gelangen. Der erste bestand darin, dass er mir ein Stück Hausmauer auf den

---

[289] Der Verfasser macht hier die Anmerkung: »Man wundere sich nicht, wenn man auf Versetzungen, auf Vor- und Rücksprünge in der Zeitordnung stößt. Dieses und die eingestreuten Abschweifungen mögen immerhin die Leser ein wenig stören, wenn sie nur das Interesse der Erzählung heben. Ich fühle, wie sehr dieser Teil meines Lebens, bestehend in Jugendhändeln und Liebesabenteuern, dieses Hilfsmittels bedarf.«

Leib stürzen ließ. Ja, ja, ein Stück Gemäuer im eigentlichsten Sinn! Ich war gewohnt, mein Kabriolett etwa hundert Schritte von der Wohnung seiner Ungetreuen halten zu lassen, wenn ich seinen Wagen vor der Tür fand. Dann stieg ich aus und brachte die Zeit bis Mitternacht bei dem Prinzen d'*Henin* zu, dessen Hotel an ihre Wohnung stieß. Der Prinz mochte zu Hause sein oder nicht, gleichviel, ich fand, was ich brauchte, ein geheiztes Zimmer, Licht und Bücher. *Veimeranges* hatte durch Kundschafter, woran es ihm, da er reichlich bezahlte, nicht gebrach, Wind bekommen. Auf seinen Befehl musste jemand auf die Vormauer klettern (das Haus gehörte dem berühmten *Paul Jones*), sich verbergen und mir beim Vorübergehen einen steinernen Löwen, einen Helm, ein Stück Karnies, nebst anderen Zierraten von Stuckaturarbeit auf den Leib herabschleudern. Die Masse, die meinem Kopfe galt, rollte aber zu meinen Füßen hin und bedeckte mich mit Staub und Sand. Hätte sie mich getroffen, so wäre ich wenigstens drei Monate nicht imstande gewesen, das Bett zu verlassen, und nichts beruhigt über einen Rivale so sehr als eine dreimonatliche Abwesenheit. Mir blieb hier nichts übrig, als den Vorfall zu belachen und künftig hübsch mitten in der Straße zu bleiben. – Sechs Wochen später hatte ich mit *Veimeranges* eine Zusammenkunft, ich weiß nicht mehr wo und weshalb. Er betrug sich sehr gleisnerisch, sprach mit Salbung, wie ein Vater zu seinem Sohne, sagte, es sei unverantwortlich, dass ein Mann wie ich nichts tue, als sich mit Liebeleien abgeben[290]. Er setzte hinzu: Sein Glück habe ihm zu einem Kredit verholfen, den er nicht besser benutzen könne als zu meinem Vorteil; er schätze sich glücklich, mir dienen zu können; es hänge bloß von mir ab, als Oberst nach *Ostindien* zu gehen, und mit Vergnügen biete er mir hunderttausend Franken an, zur Reise und meine Schulden zu bezahlen. Ich entging seinen Schlingen, wie ich seinem Löwen entgangen war, und brach die Unterhandlung ab.

Ich war es endlich satt, den lästigen *Veimeranges* immer auf meinem Wege zu finden und, verliebt, wie ich es war – und wie ich es so oft im Leben gewesen bin –, erklärte ich *Adeline*, sie sei reich genug, um unabhängig zu sein, ein geteiltes Herz sei nichts für mich, sie müsse zwischen *Veimeranges* und mir wählen, und kurz, wenn sie ihm nicht den Abschied gäbe, würde ich den meinigen nehmen.

---

[290] Faire l'amour.

Sie gab nach – ob gern oder ungern, will ich nicht entscheiden –, genug, sie gab nach und brachte mir gewiss ein kleines Opfer.

Für *Veimeranges* war dieses der empfindlichste Schlag. Bein Schmerz, der einem jungen Anfänger in der Liebe zur Ehre gereicht haben würde, machte ihn den alten Liebhaber, höchst lächerlich. Seit der Zeit lebte er nicht mehr, er vegetierte. Sein Stern war erblasst. Ein Unglück zog das andere nach sich. Ein bekannt gewordenes ärgerliches Ereignis gab ihm den letzten Stoß, er verlor die Bedeutung, die er, man weiß nicht wie, erworben hatte, und das Spiel, zu welchem, er in Versailles seine Zuflucht nahm, richtete ihn vollends zugrunde. Wie gesagt, Herr *Pal**** (so hieß des Emporkömmlings Familienname) führte von nun an ein unscheinbares Pflanzenleben, verlor sein Ansehen und sogar den Ruf eines reichen Mannes. Spekulanten und Spieler wissen nie selbst, was sie besitzen und wie lange sie es besitzen. Und überdies schlägt sich Fortuna fast immer auf die Seite derer, die ihren vorigen Günstling beneiden und ihn zu stürzen suchen, sie verbündet sich gegen ihn mit den jüngeren Nachfolgern, hilft sein Glück untergraben und freut sich seines Falles. Sind es nicht immer die höchsten Eichen, die der Blitz am Ersten trifft und spaltet?

Ich habe Gelegenheit gehabt, *Veimeranges* einige Mal wiederzusehen, als ich die Ketten längst nicht mehr trug, die uns gemeinschaftlich gefesselt hatten. Er war unverständig genug, sich ihrer zu erinnern und mir nicht zu verzeihen. Seine Augenbrauen bauschten sich zusammen und gaben ihm, so oft ich ihm begegnete, das Ansehen eines kranken Ebers. Vergebens lächelte ich ihm zu; er wollte immer seine Hauer in mich einsetzen.

Beim Ausbruch der Revolution wurde er etwas menschlicher. Es war sein Glück; dieser Annäherung hat er vielleicht sein Leben zu verdanken. Wir waren in der Kirche unserer Sektion zusammengetroffen. Er hatte eben einen harten Stand, in ungleichen Streit verwickelt mit einem Volksrepräsentanten, der früher Kutscher bei der Herzogin von *Polignac* gewesen war. Dieser *Herr* ging ihm scharf zu Leibe und forderte nichts Geringeres von ihm als den Kopf. Seine Beredsamkeit war nicht kunstgerecht, aber desto eindringlicher, und gerade so, wie sie sich für den großen Haufen der Zuhörer passte. Ich erinnere mich unter andern, dass der Redner den unglücklichen *Veimeranges* als Mitglied des Comité Autrichien angab (die allerfürchterlichste Anschuldigung beim Volke, noch gefährlicher als die des Aristokratismus). Er beantragte eine Haussuchung, nannte den Zitternden einen Staatsaussauger, einen zweiten *Foulon*, und versprach sich und der Versammlung, Tonnen Goldes bei ihm zu finden. *Veimeranges*, der sein Leben lang kein gewandter Redner gewesen war, verwirrte sich dergestalt in seiner Verteidigung, dass er Gefahr lief, augenblicklich zur Laterne geführt zu werden. Sein Dickkopf hatte ein so durchaus stupides Ansehen gewonnen, sein offener Mund stammelte Verneinungen, welche wie Bejahungen lauteten und ihn härter anklagten als ein festes, ruhiges Schweigen. Auf seinen gewöhnlich so roten, jetzt so blassen Wangen schwebte der Tod. Alle Symptome der Straffälligkeit standen auf seiner Stirn geschrieben. In seinen Augen las man sein Verdammungsurteil und das Geständnis eines Veruntreuers, der seinen Henkern zuruft: »Knüpft mich auf!«

Der Zeitabschnitt, von dem ich rede, fällt in die drei bis vier Tage, die der Abholung des Königs von Versailles nach dem Stadthause von Paris vorausgingen. Damals rettete die angesteckte dreifarbige Kokarde dem Könige das Leben; allem Anschein nach war aber die Absicht nicht gewesen, ihn so wohlfeilen Kaufs davon kommen zu lassen. Diesmal noch wurde den Faktionen ein Strich durch die Rechnung gemacht. Noch war der bittere Kelch, den er, wie der Weltheiland, dessen Ergebung in den Willen Gottes ihm zum Muster diente, leeren sollte, nicht bis an den Rand gefüllt, er sollte ihn bis auf die Hefe ausleeren. Noch einmal ward ihm erlaubt, die Tuilerien wiederzusehen, um sich von dort aus auf den grenzenlosen Ozean der Revolution einzuschiffen. Noch brachte er das Leben, aber mit den bittersten Kränkungen, in das Schloss zurück. Aber königliche Würde, Thron, Zepter und Krone sind verschwunden, die Tore der Hauptstadt sind verschlossen, Männer, schrecklicher noch durch ihr Ansehen als durch ihre Waffen, durchlaufen die Gassen und laden vor jeder Tür die Bürger ein, sich in den Sektionen oder auf dem Stadthaus einzufinden. Für die Sektionen werden Tempel und Kirchen bestimmt, weil es naturgemäß scheint, wenn Menschen sich versammeln, um unnatürlichen Drangsalen und ebenso unnatürlichen Verbrechen Einhalt zu tun, dass es vor Gottes Antlitz geschehe, damit sie in ihrer gemeinsamen Not die Säulen umfassen mögen, welche die Erde mit dem Himmel verbinden.

So geschah es denn, wie ich oben gesagt habe, dass ich nach einem vergeblichen Versuche, aus Paris zu entkommen, zugleich mit dem Herzog *von Aumont*, mit *Sartines* und *Morinval* in unserer Sektionskirche eintraf. Hier wurden wir alle drei einstimmig zu Vorständen gewählt;

mir ward die Stelle eines Sekretärs für die militärische Abteilung. Diese Erfahrung hat mich belehrt, dass, wenn alles, was in Frankreich etwas vorstellte oder besaß, im Lande geblieben wäre, die Revolution eine andere Richtung genommen und zu anderen Resultaten geführt haben würde. Übrigens war es bei dieser Gelegenheit, dass ich meinem Rivalen den Dienst leistete, den er nicht imstande war, von sich selbst zu erhalten. Ich sprang auf einen Tisch und mithilfe meiner guten Lunge und einiger wohlklingender Redensarten brachte ich es dahin, dass der *Ex-Automedon* auf die Straße gestoßen und der arme *Veimeranges*, auf den er es gemünzt hatte, in eine kleine Kapelle gebracht wurde, aus der ich ihn heimlich befreite, noch ehe er Zeit gefunden, sich auf die Knie zu werfen und sein Stoßgebet zu verrichten. Doch muss ich zur Steuer der Wahrheit nicht zu berichten vergessen, dass er noch vorher einen lichten Finanzgedanken von sich gab, er fügte nämlich am Schluss meiner Schutzrede für ihn als Peroration die Worte hinzu: »Meine Herren Präsidenten (die Herren H... und S... von der französischen Akademie waren es beide), ich bin ein guter, patriotischer Bürger und lege tausend Taler auf den Altar des Vaterlandes nieder.« Das nenne ich Beredsamkeit á la Veimeranges und ä la Beaujon und stelle sie weit über die des *Cicero* und aller, Rhetoriker und Rhetoren. Gleichwohl war es vielleicht für den unglücklichen Mann besser gewesen, bei dieser Gelegenheit umzukommen, wenigstens würde er nicht eines so entsetzlichen Todes gestorben sein, als den er sich bald nachher selbst gegeben hat. Denn, um der Verfolgung der Trabanten des Terrorismus zu entfliehen, sprang er von einem fünften oder sechsten Stock auf die Straße und wurde zerschmettert in ein *Hospital* gebracht, wo er – welch ein Glückswechsel und welch ein Lebensende für ihn – den Geist aufgab.

Ich verlasse ihn und komme auf mich zurück. Meine *Circe* und ich fanden noch immer Vergnügen, uns zu lieben und durch unsre Liebe die Stadt zu erbauen[291], aber der mächtige Talisman, das Vergnügen, den Argus zu täuschen – und der noch mächtigere, das Vergnügen, immer neue Schwierigkeiten zu überwinden, war für uns verloren gegangen. *Mars* und *Venus*, mit denen wir uns übrigens nicht vergleichen wollen, liebten sich nur deswegen so lange und so heftig, weil sie sich vor den Schlingen und Verfolgungen *Vulkans* in acht zu nehmen hatten, aber einmal aus den künstlichen Netzen befreit, fing ihre Liebe an abzuneh-

---

[291] Edifier.

men. Auch wir gerieten in das Netz – der Langeweile, das haltbarste und unauflöslichste von allen. Unsre Zärtlichkeit hatte bereits ein ganzes Jahr gedauert, als meine treulose Geliebte mir in der Person des kleinen *Sartine*, welcher wie so viel andere unter dem Beile *Robespierres* gefallen ist, einen Gehilfen und Stellvertreter gab.

Dieses Männchen war eine Geldmaschine für alle Pariser Mädchen, die von ihm zogen und sich über ihn lustig machten. Ich selbst habe mir vorzuwerfen, ihn manches liebe Mal gequält und eingeschüchtert zu haben. Um so unlieber war mir seine Adjunktur; ich suchte vergebens, der neuen Spekulation *Adelines* Hindernisse in den Weg zu legen. Meine Ungetreue ließ sich nichts anfechten und gab mir den Abschied, ohne dass ein vorhergegangener Blitz mir diesen Donnerschlag angekündigt hätte.

Ich hatte sie nach einer zärtlichen Nacht verlassen und hielt mich ihrer Liebe so gewiss, wie *la Châtre* der schriftlichen Versicherung seiner *Ninon*[292], als ich am folgenden Morgen eine *Bonbonniere* mit ihrem Porträt, welche ich bei ihr hatte liegen lassen, zurückerhielt. Sie enthielt ein Zettelchen und der Zettel meinen förmlichen, feierlichen Abschied und ein Lebewohl. Er war geschrieben, wie dergleichen Billetts, worin man einen Liebhaber verabschiedet, seit Anbeginn der Welt geschrieben worden sind und es bis an der Welt Ende sein werden. Man rechnete auf meine Freundschaft; man versprach mir gegenseitige Freundschaft ... es war rührend, es war herrlich! Man sah sich wider Willen zu diesem Schritte gezwungen, man musste, wie *Zemirens* Vater, eine Reise machen, vielleicht eine sehr lange, usw.

Mein aufgeregtes Gemüt zeigte sich in seiner vollen Leidenschaftlichkeit. Mich auf solche Weise mit einer so platten Wendung verstoßen zu sehen! Ich kochte vor Rache und Liebe. Ich bestellte Postpferde, bestellte sie wieder ab. Den ganzen Tag suchte ich *Adeline* in der unermesslichen Steinmasse auf, die ich vielleicht nie wiedersehen werde, in Paris, wo sie eigentlich *nicht* war, denn sie hatte sich in ein kleines Haus am Ende der Elysäischen Felder zurückgezogen.

Bald schämte ich mich meiner Schwäche, mein Stolz erwachte, aber das Herz ist wie der Puls, beide schlagen nachlassend und ungleich. Ich

---

[292] Anspielung auf den bekannten Ausruf der Ninon Lenclos: »Ah le bon billet qu'a la Châtre!« Sie hatte ihm schriftlich ewige Treue geschworen und erinnerte sich dieses Versprechens in den Armen eines anderen. *Übers.*

wollte *Adeline* vergessen, aber *die* vergessen, die uns den Abschied gegeben hat, ist nicht so leicht. Oh Frauen, Frauen! Wenn ihr alle eure Vorteile kenntet, ihr würdet noch mehr unsre Tyrannen sein, als ihr es seid! Vierzehn Tage quälte ich mich mit einer ohnmächtigen Wut; endlich, um es auf einem neuen Wege zu versuchen, ward ich krank. Das half. *Adeline* zeigte sich wieder. Ich erhielt Zutritt. Man versprach mir, wenn ich mich ruhig verhalten wollte, *einzig* für mich zu leben. Ich verstand den Sinn dieser Redensart, sie war zu abgenutzt. Das Wort *ruhig* gab meiner Liebe den Gnadenstoß und ließ in meinem Herzen nur einen Wunsch zurück, den Wunsch der Rache. Auf der Stelle suchte ich ihn zu erfüllen, und um meiner ganz gewiss zu sein, wählte ich *Adelines* geschworene Feindin und machte der Schauspielerin *Dufayel* den Hof. Mademoiselle *Dufayel* war damals ein liebenswürdiges Mädchen; über ihre Grazie vergaß man fast ihre Libertinage, eine angenehme Figur erhob ihren Verstand. Sie hatte mit *Adeline* bei demselben Theater gestanden, war wegen eines schändlichen Verbrechens – welches sie übrigens *nicht* begangen hatte – entlassen worden; sie und *Adeline* verabscheuten einander und trieben Hass und Feindschaft so weit, dass sie aus fein ausgesonnener Lokalrache sich in derselben Straße, nur wenige Häuser voneinander, eingemietet hatten.

Auch meine Rache war gut ausgesonnen. Zum Schein mit *Adeline* versöhnt, war ich der *Dufayel* geheimer Liebhaber geworden und zu gleicher Zeit beider untertäniger Diener und Anbeter. Ich schreibe der einen *(Dufayel)*, dass ich eine Landpartie vorhabe, der anderen *(Adeline)*, dass ich ihr am Abend zu Befehl stehe. Alles gelingt und ich finde mich als den neuen Liebhaber meiner alten Gebieterin ein. Zärtliche Eidesschwüre, verliebtes Entzücken, wiederholte Beteuerungen einer unverbrüchlichen Liebe, Bitte um Verzeihung: Wir ließen es an nichts fehlen... Der Morgen bricht an, ich spiele die Verzweiflung ... war ich doch so glücklich gewesen! ... mussten uns schon trennen! Ich: »Also liebst du mich?« Sie: »Mehr als jemals!« – Ich: »Und willst mich nie wieder verlassen?« – Sie: »Eher sterben!« – Ich: »Nun, so stirb, denn nimmermehr siehst du mich wieder! Vergiss mich«, setzte ich mit einer Theaterstimme hinzu, »vergiss mich, ich liebe eine andere!«

Man wollte aufschreien, mich halten, aber ich war schon fort.

Wie unerschöpflich sind die Hilfsquellen der Eigenliebe! Ich war von meiner Leidenschaft geheilt, weil ich Zeit gehabt hatte, auf ihre Kosten meiner Eitelkeit Nahrung zu geben, weil ich meiner Einbildungskraft tausendmal vorgesagt und wiederholt hatte: Du wirst sie nicht wiedersehen, aber es ist dein *Wille*, du trennst dich von ihr, aber es ist dein *Vorsatz*, du bist es, nicht sie, der die Worte gesprochen hat: »Wir sehen uns nicht wieder!«

Ihr armen, schwachen Liebhaber, die ihr euch nicht trösten könnt und euch nie trösten werdet, dass man euch entlassen hat (und ich habe dergleichen gekannt und kenne noch heutigen Tages dergleichen!), hättet ihr am Tage eurer Verabschiedung eurer treulosen Geliebten den Wind aus den Segeln genommen, ihr würdet am Morgen ruhig erwacht sein, ihr würdet die Nacht sanft und süß geschlummert haben, euer Herz wäre rein und lauter geworden, wie das Wasser der Springquellen.

Den Vorsprung gewinnen – das ist das ganze Geheimnis: Hoc opus, hic labor est.

Denselben Abend schickte ich zu Mademoiselle *Dufayel*, ließ ihr sagen, ich sei zurück, und ersuchte sie um ein Nachtessen und Frühstück. Sie werde mich erwarten, war die Antwort. Mit dem Schlage Mitternacht bin ich bei ihr. Mitternacht ist die Schäferstunde. Wir sind halb eingeschlafen, es wird an die Haustür gepocht, als wolle man sie einschlagen. Ein halb entkleidetes Kammermädchen stürzt zu uns herein und fragt, ob geöffnet werden solle. »Nein«, ist die Antwort, aber es war zu spät. Ein plumper oder bestochener Kutscher hat schon die reißenden Wölfe in den Schafstall gelassen. Wer waren diese Wölfe? *Adeline* und der Prinz *d'Henin*, der bei ihr zu Nacht gespeist hatte und nun – höchst albern[293] – es auf sich nehmen wollte, uns auszusöhnen, sie vernünftig zu machen und *mich* wieder zu ihren Füßen zurückzuführen. »Aufgemacht!«, rief im Vorzimmer eine wütende Stimme, »aufgemacht, unwürdige Rivalin, Bübin, die mir meinen Liebhaber geraubt hat.« Und sich nun an mich wendend: »Ungeheuer, du sollst sehen ...« Jetzt ließ auch der Prinz seine Worte vernehmen. Ich schweige mäuschenstill. Mademoiselle *Dufayel* erhebt ihre Stimme, spielt die Verwunderte, legt Würde in ihre Antwort, droht mit der Polizei, weil man sich unterfange, sie zur ungebührlichen Stunde in ihrer Wohnung zu stören und das Hausrecht verletze und die Nachbarschaft in Aufruhr bringe und eine Person, wie sie, von einem so unbescholtenen Rufe, einem nächtlichen Skandal aussetze. Während so von beiden Seiten der verschlossenen Türe parlamentiert wird, hatte ich mich in aller Eile angekleidet und auf einer kleinen, geheimen Treppe

[293] Comme un nigaud.

ein kleines, verborgenes Zimmerchen erstiegen, nämlich das geheime Laboratorium der Grazien, das Zeughaus der künstlichen Schönheitsmittel, die Rüstkammer, in welcher die Waffen geschmiedet wurden, wodurch meine Gottheit ihre Triumphe erfocht. – Ach, diese Gottheit hat mir hinterdrein den Text tüchtig dafür gelesen, dass ich in das Innerste ihres Tempels und Heiligtums eingedrungen war. Ich hatte aber nicht Lust, mich bei einem Vorfall sehen zu lassen, der eine gewisse Öffentlichkeit erhalten konnte und wo meine Gegenwart ein Zeugnis zu meinem Nachteil abgelegt haben würde.

Nach langem Parlamentieren zog sich die verlassene *Adeline* zurück. Der Prinz gab ihr den Arm, eine Freundin begleitete sie, eine Vertraute zog hinterdrein, vor ihr ging ein Bedienter mit einer Fackel. Der Rückzug erfolgte in voller Schlachtordnung; man begab sich in ein hübsches Haus, das *Adeline* vor Kurzem in der Nähe hatte einrichten lassen. Ich war indessen fast vor Kälte umgekommen, ohne dass er's hören konnte, rief ich dem Prinzen *d'Henin* vom Fenster eine gute Nacht zu und legte mich schlafen, um mich wieder zu erwärmen.

Die Didone abbandonata fühlte den Schimpf so tief, dass sie darüber in eine Krankheit verfiel. Ich trieb die Grausamkeit so weit, dass ich acht Tage lang mein Kabriolett öffentlich vor der Tür ihrer Rivalin halten ließ, nach deren Ablauf ich Mademoiselle *Dufayel* für ihre Artigkeit dankte und mich nach einer anderen umsah.

Wäre *Adeline* so klug gewesen, eine vollkommene Gleichgültigkeit vorzutäuschen, so würde ich meine Rache für abgeschlossen gehalten und sie nicht weiter getrieben haben. So aber hinterbrachte man mir, sie mache einen gewaltigen Lärm von der Sache und gebe zu erkennen, dass sie empfindlich gereizt sei. Das bewog mich, eine zweite Person aufzusuchen. Ich hielt es für Pflicht, bei einer jungen Aktrice von demselben Theater vorzusprechen und dieser, von der ich wusste, wie verhasst sie ihr war, meine Huldigung anzubieten. Es war *Mademoiselle Rosalie*, gegenwärtig die Gattin eines unsrer vorzüglichsten Landesverteidiger, des Generals *Leg...* Beide Damen hatten, was man eine Kulissenfehde nennt, miteinander gehabt. Vor allen Dingen waltete aber unter ihnen der Streit ob, wer die besten Liebhaber und die schönste Garderobe besitze. Ich legte eine ziemliche Beharrlichkeit in die Versuche, die ich anstellte, zum näheren Umgang mit *Rosallen* zu gelangen; während die lebhafte Blondine, in den Grenzen einer preiswürdigen Leidenschaft mit dem Prinzen *Josef von Monaco* befangen, meinen zärtlichen Bewerbungen einen übel angebrachten Widerstand entgegensetzte. Allein da sie das beste Herz von der Welt hatte und der größte Tollkopf[294] in ganz Frankreich war, so gewann ich sie in kurzer Zeit durch die Erzählung meines Abenteuers mit *Adeline* und zog sie in meine Verschwörung gegen sie hinein. Es vergingen ein paar Wochen, es wurden zwei bis drei Briefe gewechselt, zuletzt verschaffte mir das Opfer eines Porträts, das ich brachte, die Erhörung meiner Wünsche und alles Glück, was man haben kann, wenn man erhält, was man verlangt. Als *Adeline* diesen neuen Sieg erfuhr, verlor sie den Kopf, ihre Verzweiflung war grenzenlos. Es wurden ehrwürdige Abgeordnete abgeschickt. Schon hatte sie (es ist zum Totlachen!) zu einer Audienz beim Polizeiminister eine Witwentoilette gemacht, sie wollte in dieser Audienz ihr Bild zurückverlangen, welches in die Hände einer kleinen Person gefallen sei, der, ein Erzbösewicht, sie (*Adeline*) verraten und aufgeopfert habe. Schon war sie im Begriff, diese lächerliche Klage einzureichen, als infolge eines noch lächerlicheren Hin- und Hertreibens und ernsthafter Konferenzen beschlossen, bedungen und festgesetzt ward, dass beide Damen eine Zusammenkunft haben sollten, worin Mademoiselle *Adeline* die Großmut ihrer Rivalin in Anspruch nehmen, diese ihr mit aller dem Gegenstande angemessenen Würde das fragliche preisgegebene Bildnis zurückstellen und *ich allein* bei meinen weiblichen Zeitgenossen und bei der weiblichen Nachwelt für ein Ungeheuer erklärt werden sollte. Von beiden kontrahierenden hohen Teilen wurde nun der Vergleich unterzeichnet, eine ewige, unverbrüchliche Freundschaft beschworen, ein enges Bündnis verabredet. In dieser offiziellen Akte befand sich kein geheimer Artikel zu meinen Gunsten. Überhaupt liegt etwas so Ansteckendes in der Schadenfreude, die das wankelmütige schöne Geschlecht darin findet, uns zu verleumden, dass selbst meine neue Geliebte, die göttliche *Rosalie*, die größten Schmähreden über ihren teuren Liebhaber führte, ihn unaussprechlich straffällig fand und mit ihrer alten Feindin, meiner ehemaligen Geliebten, gemeinschaftlich gegen mich loszog. Als ich sie wieder besuchte, fand ich sie noch dergestalt von diesem rührenden Auftritt erschüttert, dass es mir ein gut Teil Mühe und Arbeit kostete, den Grund, den ich durch die Zusammenkunft beider Mächte verloren hatte, wieder zu gewinnen. Ich hatte aber das große Glück gehabt, ihnen zum Annäherungspunkte zu dienen ... Und nun traue man noch den *Weibern* und

[294] Mauvaise tête.

verlasse sich auf sie, man sei ihnen nah oder fern! Geht's aber wohl mit den *Freunden* besser? Man gehe und sehe!

Wie das Reich der Mazedonier aufgehört hat, wie Troja gefallen ist, wie so viel andere Denkmäler, die wir für unvergänglich hielten, in Staub und Asche zerstiebt sind – so hatte auch meine Leidenschaft für die feinste aller Koketten, für *Adeline*, aufgehört. *Alcibiades, Sokrates*, selbst *Alexander der Große*, Helden, deren Wert den meinigen weit übersteigt, haben die reizenden Mädchen ihrer Zeit geliebt und gefeiert, welche, ohne sich mit den unsrigen messen zu können, gleichwohl im geistreichen Griechenland die Königinnen spielten. Das Blumenmädchen von Sicyon, *Glycerion*, deren Name allein schon die Herzen bewegt und in Gefahr bringt, ist von dem zahlreichen Heer ihrer Anbeter, denen sie selbst geflochtene Lorbeer- und Rosenkränze aufsetzte, übermenschlich gepriesen, abgöttisch verehrt worden. Ihr und aller ihrer Schwestern Andenken ist jedem Herzen, das für Liebe geschaffen ist, heilig. Die Buchstaben und Silben, die jene Namen bilden, sind von Mund zu Mund, von Jahrhundert zu Jahrhundert geflogen und werden auf jedem Blatte der Bücher der Liebe gefunden. Die Züge und Handlungen ihres ganz erotischen Lebens hat die Geschichte bei einer Nachwelt verewigt, welche zur größeren Hälfte in dem Wahne steht, Leben sei Liebe und Liebe sei die einzige Wirklichkeit im Leben und der Ruhm nur eine Chimäre. Ihre Reize findet man überall abgebildet, ihre Namen auf allen Lippen. Und ich sollte verdammt sein, von denen zu schweigen, welche sie nachgeahmt, vielleicht übertroffen haben? Nein, mag auch ein mürrischer Rezensent, ein strenger Leser, bei meinen treuen Erzählungen den Kopf schütteln und sie für unwürdig erklären, in der Geschichte einen Raum einzunehmen, mag er über meine Gemälde den verschämten Schleier der Moralität ausbreiten, meine modernen Laïs und Phrynen werden ihn lüften; ich werde ihnen eine Säule errichten, da ich ihnen keinen Tempel bauen kann, wie es ihresgleichen in Athen widerfuhr, in Athen, das sich so gut und besser als unsre heutigen Richter auf wahres Verdienst verstand.

Meine neue Verbindung mit *Rosalien* ging ihren Weg, war aber kein Himmel ohne Wolken. Der Prinz *Josef von Monaco* war nicht der einzige Rivale, dessen Mitbewerbung ich entgegenarbeiten musste; ein anderer, der *Chevalier de la Curne*, ein junger, freigebiger Mann, von vortrefflichstem Herzen, war fast noch verliebter als ich. Allen Wünschen der liebenswürdigen *Rosalie* zuvorkommend, machte er Anspruch auf eine

Gunst, die man nicht immer mit Schätzen erkauft, weil *Dankbarkeit* nicht immer *Liebe* ist. Ich erinnere mich, aus dem Munde dieser Zauberin, die uns vielleicht alle drei ein wenig an der Nase herumführte, gehört zu haben: »*La Curne* sei derjenige von uns, für den sie die meiste, auf Achtung gegründete Freundschaft empfinde.« Man kennt aber den Sinn dieses Wortes. Was ist *Freundschaft* für den, der *Liebe* begehrt? Ein Bündnis zwischen Schwäche und Stärke; eine Verbindung zwischen dem unschuldigen Lamm und dem reißenden Tiger; ein Kranker, der sich nach Hilfe sehnt und den man mit kalten Trostworten hinhält. Übrigens wurden wir auf eine neue Probe gestellt. Rosalie ward Mutter. Jeder von uns hielt sich für den Vater. Eine Tochter wurde geboren. Man sagte damals, dass sie mir ähnlich sei. Ich weiß es nicht und werde es nie wissen, wie so viele Dinge auf dieser Erde.

Ich kann diesen Abschnitt nicht schließen, ohne *Rosalien* und ihren Charakter näher zu beschreiben. Sie war eine allerliebste Person; reizend, geistreich, heftig, mutwillig, aber im Grunde wirklich gut. Ich bin ihr ewige Freundschaft schuldig und habe nie aufgehört, ihr Freund zu sein. Mein Herz ist ihr auf allen ihren Glückswegen gefolgt; ich weiß, sie hat den Hafen erreicht, und freue mich darüber, wie über mein eigenes Schicksal. Ich werde Gelegenheit finden, im Laufe dieser Memoiren wieder von ihr zu sprechen. Bis dahin begnüge sich der Leser mit zwei oder drei Anekdoten.

Der Marquis *von Genlis* war ihre erste Liebe. Sie gestand ihm einst mit vieler Naivheit: »Wenn das, was du für mich und ich für dich fühle, mich glücklich machen soll, so muss ich dir offenherzig gestehen, dass ich mich in der Wahl meiner Bestimmung vergriffen habe.«

Der Prinz von *Saint-Maurice* hatte sie verlassen und ihr eine gewisse Demoiselle *Thévenot* vorgezogen, die sich durch große, stark hervorstehende Augen bemerklich machte. Rosalie sagte einst von ihm: »Man sieht wohl, dass *Saint-Maurice* ein vollkommener Hofmann ist; er lebt und webt im Oeil de Boeuf.«[295]

Der Herzog *von Fronsac* hatte die Schwäche, vom Theaterpersonale, das unter ihm als Oberkammerherrn stand, gebieterisch[296] das Prädikat

---

[295] Ein Wortspiel. Das Oeil de Boeuf war in den Tuilerien der Aufenthalt der Hofleute, die beim Könige ihre Aufwartung machten; aber Oeil de Boeuf, zu Deutsch Ochsenauge, erinnert an den Beinamen der Juno im Homer. Übers.

[296] Très-impérativement.

Monseigneur zu verlangen. Einst, als er *Rosalien* im *Foyer*, in Gegenwart mehrerer, sehr hart behandelte, machte sie ihm, statt aller Antwort, eine tiefe Verbeugung und sagte: »*Monseigneur*, was Sie da sagen, ist erlogen!«[297] Das war gut oder nicht gut, wie man will; mich ging's nicht an. Aber den Abend darauf begegnet mir der Herzog im Theater auf der Treppe, hält mich auf und sagt mir zu meinem Befremden: »Ich ersuche Sie, Herr Graf, der Demoiselle *Rosalie* begreiflich zu machen, was sie mir schuldig ist; widrigenfalls werde ich Sie beide trennen müssen und die Demoiselle auf sechs Wochen nach der *Force*[298] bringen lassen.« – Meine Antwort war: »Ich habe zweierlei nicht gewusst: Erstlich, dass Sie mich für denjenigen halten, der die Aktricen in der Achtung, die sie Ihnen schuldig sind, unterrichten soll; Und zweitens, dass Sie ein genaues Tagebuch über meine Besuche bei ihnen führen.« Ich sah ihn dabei starr an; es entstand eine Pause. Er schwieg. Wir setzten unsern Weg fort; er die Treppe hinauf, ich die Treppe hinab.

Ich kann mich nicht enthalten, noch folgenden lustigen Streich von *Rosalien* zu erzählen. Ich war eines Morgens bei ihr, als man mir ein Billett von einer Dame brachte, das den Wunsch enthielt, eine Verbindung mit mir anzuknüpfen und mir eine Bestellung unter der Arcade Soubise in der Mittagsstunde gab. »Man werde mich«, sagte das Billett, »in einem Fiaker erwarten, da man aus Rücksichten den eigenen Wagen nicht nehmen dürfe.« *Rosalie* fragte mit scheinbarer Gleichgültigkeit nach dem Inhalt des Zettels. »Ein höflicher Mahnbrief«, sagte ich, »von einem Gläubiger, ganz im langweiligen Stil dieser Herren.« Ich nehme bald darauf Abschied, mache zu Hause die ausgesuchteste Toilette, fliege zum Rendezvous, finde den Fiaker, springe hinein, falle der Frau, die ich mir als einen Engel, als eine Göttin denke, zu Füßen. Sie ist dicht verschleiert; ich spreche von Liebe, von Verlangen; will die Wolkenhülle zerteilen. ... Plötzlich regnet es Schläge, Vorwürfe, Scheltworte; *sie* war's, *Rosalie* war's. – Ich sammle mich und spreche mit angenommener Kälte: »Ich habe mich dir zu Gefallen einem Scherz hingegeben, der dir Vergnügen zu machen schien: Glaubst du, ich hätte nicht gewusst, von wem der Zettel kam?« – Mit diesen Worten begleitete ich sie nach Hause. Doch war mir nicht wohl zumute, denn sie hatte sich nicht täuschen

---

[297] Monseigneur, vous en avez menti!

[298] Ein bekanntes Gefängnis in Paris, wohin man, wie nach Four l'Evêque oder Fort l'Evêque, die widerstrebenden Schauspieler bringen ließ. *Übers.*

lassen. Wir schmollten beide unterwegs. – Desto besser; umso süßer war die Versöhnung.

Nun auch ein Wort von *Adeline.* Indem ich heute, nach zwanzig Jahren, meiner Feder freien Lauf lasse und über die leichtsinnigste Periode meines Lebens scherzend hinwegzuhüpfen scheine, muss ich sehr ernsthaft gestehen, dass meine Leidenschaft für sie mich länger als jede andere beherrscht, mich auf eine unbegreifliche Art unterjocht hat. Einige Jahre waren wir Feinde geblieben und *Adeline* hatte kein Geheimnis daraus gemacht. Aber bei einer gewissen Gelegenheit, in einer wichtigen Lage, leistete sie mir einen Dienst, der eine aufrichtige Aussöhnung zur Folge hatte. *Adeline* besaß ein zartes Gefühl, ein gutes Herz; sie siegte über die Eitelkeit ihres Geschlechts, dem die Rache so natürlich ist. – Die *Liebe* war verschwunden; mit ihr der *Hass.* Es blieb kein Gegenstand der Fehde zurück. Sie benahm sich mit einer Größe, der ich hier Gerechtigkeit widerfahren lasse.

Erinnern sich meine Leser noch der hübschen *Sophie von Lorville,* die ich in einem Alter geliebt hatte, wo das Herz jung und rein ist und zum Lieben so wenig bedarf und verlangt. Doch was sage ich? *Sophie* gehörte nicht zu denen, die man leicht und oberflächlich lieben kann; sie besaß alles, was den Wildesten[299] fesseln konnte. Ich hatte lange keine Nachrichten von ihr gehabt; mein Herz konnte ihrer entbehren, konnte sie aber nicht vergessen; ihr Bild *schlief* in mir. Es erwachte. Sie war jetzt Witwe. Als ihr Gatte, ein Edelmann aus einem sehr guten Hause, den sie halb wider Willen genommen hatte, gestorben war, lud sie mich auf ihr Landgut, hundert Lieues von Paris, ein. Beim ersten Anblick eines Gesichts, worauf Liebe und Schwermut nicht nur *Spuren* zurückgelassen, sondern sich tief und unauslöschlich eingegraben hatten, fühlte ich mich gerührt, erschüttert. Ich fand ihr Herz *wo* und wie ich es verlassen hatte; bloß ihre Person hatte sie ihrem Gemahl abgetreten. Wir verstanden uns im ersten Augenblick und nach einigen Fragen und Antworten über ihn war nicht mehr die Rede davon. »Er war«, sagte sie, »ein schlichter, guter Mann[300], der mich mehr liebte, als nötig war: Eine andere wäre glücklich mit ihm gewesen.« – Die Erinnerung an Frau von ... machte uns weichherzig. Wir teilten unsere Rührung einander mit. Nur in der Abgeschiedenheit kann man weinen. Ich vergoss bei ihrem Andenken Tränen,

---

[299] Les plus sauvages.

[300] Honnête homme.

welche bei unserm Abschiede in Paris und bei der Nachricht von ihrem Tode nicht geflossen waren. Ich söhnte mich mit dem Schatten meiner Jugendfreundin aus. Die Unglückliche! Ihre einzige Schuld war, einen Leichtsinnigen, der es nicht verdiente, zu sehr geliebt zu haben.

Sophie war vollkommen gleichgültig gegen den Verdacht, den meine Erscheinung bei ihr in der Nachbarschaft erregen konnte. Ihre Absicht war, sich ins südliche Frankreich zurückzuziehen. Hier war sie geboren. Ihr Gemahl hatte sie in eine unabhängige Lage versetzt und sie war entschlossen, ihrer Freiheit nicht wieder zu entsagen. Er hatte ihr sein ganzes Vermögen hinterlassen und mit ihm einen einzigen Sohn, der aber schon im ersten Lebensjahre starb. In den Augen der Welt musste sie glücklich scheinen, war es aber nicht: Der Zwang, in welchem sie gelebt hatte, war ihrem Herzen verderblich gewesen, hatte es auf lange Zeit zerdrückt. Noch immer lasteten die Bande, welche sie an einen zwar achtungswerten Mann, den sie aber nicht liebte, gefesselt hatten, mit vollem Gewicht auf ihrem schon von Natur trübsinnigen Gemüte; in dem langsamen und beständigen Gefühl der Geduld und der Ergebung war in ihr die Quelle eines Glückes versiegt, an welches die jugendliche Hitze zu leicht und die kalte Vernunft zu schwer glaubt. So drückte sie sich über diesen Gegenstand aus; ich habe ihre Worte nur nachgeschrieben.

Bald nach mir traf der Mann, mit welchem ich sie in der Folge verbunden habe und der dieses Schatzes wert ist, auf seinem benachbarten Landgut ein. Ihn begleitete Herr *von Cazalès*, der mit ihm bei demselben Regiment stand. *Cazalès* war damals ein junger unbedeutender Dragoneroffizier, der noch nichts von der hohen Beredsamkeit ahnen ließ, von der er in der Assemblée constituante so glänzende Proben abgelegt hat. Er selbst hatte keine Ahnung davon und noch weniger den Vorgeschmack seines nachherigen, in meinen Augen übertriebenen Rufes, welchen er großenteils seiner Dreistigkeit und seinen Lungen verdankte. Auch er würde nicht abgeneigt gewesen sein, bei *Sophie* sein Heil zu versuchen, und mit eben der Stimme, welche seitdem auf der Rednertribüne gedonnert hat, zu ihren Füßen zu seufzen, allein er besaß nichts von dem, was ihn ihr hätte empfehlen können; seine Formen und Manieren standen zu sehr im Widerspruch mit den ihrigen. Der Mann hingegen, welcher später ihr Gatte ward, liebte sie noch, ehe sie den Mund geöffnet, und *erriet* sie, sobald er sie erblickt hatte. Sein eigenes Gemüt gab ihm den Aufschluss über das ihrige. Er sah, fühlte, handelte mit

Gefühl; dabei war sein Verstand sehr ausgebildet und die schönen Künste hatten sein Empfindungsvermögen[301] erhöht und verfeinert. Nur bei wenigen Menschen findet man so viel Talente beisammen, besonders solche, die sich bei Frauen anbringen lassen und sich ihres Ohrs bemächtigen, das ihrem Herzen immer so nahe liegt, während das bei uns Männern so selten der Fall und der Abstand zwischen beiden so groß ist. – Ich kannte ihn vorher nicht; er machte beim ersten Blick meine Eroberung und den tiefen Eindruck, vor welchem ich später, nach so vielen Veranlassungen zum Misstrauen, mich zu verwahren habe lernen müssen. Er machte mir Entdeckungen, vertraute mir Geheimnisse, womit er länger hätte an sich halten sollen; ich nahm sie in mich auf, wie einer, der das Vertrauen zu verdienen glaubt; ich erwiderte sie wie einer, dessen Ehre ihn verpflichtet, die gute Meinung, die man von ihm hat, zu rechtfertigen. Er forschte nicht, ob ich der Liebhaber der Person sei, die er zu seiner Gattin zu machen wünschte; er ersuchte mich, ihn zu unterstützen, als *könne* ich mich nicht mit ihm kreuzen, und ich diente ihm so treu und redlich, als wäre *Sophie* von je her mir *fremd* gewesen. Er setzte mir, tief ins Einzelne gehend, seine ganze Lage auseinander und schien überzeugt, dass, wenn ich die Partie angemessen *für sie* fände, sie sich *durch mich* dazu überreden lassen würde. Seine Verhältnisse waren von der Art, dass sie zum Leben in der Provinz hinreichten und für *Sophie* annehmbar scheinen konnten. Was er ihr aber noch mehr anbot, was er ihr als höhere Mitgift anrechnete, war ein guter Ehegatte, auf den sie sich vertrauensvoll stützen konnte, um Arm in Arm durch das Leben zu wandeln, ein schönes edles Gemüt, um sie während der kurzen Lebenstage zu trösten, die nur *denen* so lang dünken, die zusammen alt werden, ohne gelernt zu haben, sich einander zu schätzen und ihr gegenseitiges Dasein durch Freundschaft zu versüßen.

Ich übernahm das Geschäft, *Sophie* vernünftig zuzureden; ich legte alle meine Kunst in meine Überredungsgründe; es war kein leichtes Stück Arbeit. Selbst die anspruchsloseste Frau, mit welcher man aufrichtig zu reden berechtigt ist, vermag nicht der Weiblichkeit und Eitelkeit insoweit zu entsagen, dass sie Geschmack an der Erklärung des Mannes finden sollte, der zu ihr spricht: »Ich liebe Sie genug, um zu wünschen, Sie mit einem andern glücklich zu sehen.«

---

[301] Sa sensibilite.

So ging's *Sophie*; sie weigerte sich, mich anzuhören und äußerte ein Befremden, das ich bei jeder anderen für Verdruss[302] genommen haben würde, so sehr trug es die Farbe der getäuschten Erwartung. Ich drang in sie; jetzt verwandelte sich der Verdruss in Traurigkeit. Ich wollte nun kalte mathematische Gründe vorbringen; ich wollte ihr begreiflich machen, dass, was auf einige Zeit gefiele, den Vorteil nicht überwiegen müsse, der sich über ein ganzes Leben erstrecke usw. – »Es sei wohl recht, sagte sie, dass ich so denke und, da ich ihr das Leben verdorben hätte, auch einigermaßen bemüht sei, es zu verschönern; sie danke mir, könne mir aber keine Aussicht auf den glücklichen Erfolg meiner Vorschläge gewähren ...« Dann folgten einige Tränen, welche noch deutlicher sprachen. Beides bestärkte mich aber in dem Vorsatz, bei meinem System der reinen Freundschaft zu verharren und die Bolzen zu einer schnellen Verheiratung zu schmieden. Diese Idee ward in mir die vorherrschende; ich ließ keine Gelegenheit vorübergehen, mit aller Zartheit, die ich vermochte und die der Gegenstand erforderte, *ihn* und *sie* näher zu bringen[303]; ich ermutigte Herrn *von* V... (diesen Namen trägt jetzt *Sophie*) und hieß ihn an einem Siege nicht verzweifeln, welchen Beharrlichkeit von der einen Seite und dépit von der ändern immer zuletzt unfehlbar davontragen lassen.

Was man hier lesen wird, half der Sache mehr nach als alle meine Bemühungen.

Ein Pariser Parlamentsrat meiner Bekanntschaft hatte eine Schwester. Diese lebte in der Nähe von *Sophies* Landgut, in einer Stadt, wo ihr Gemahl Präsident war. *Sophie* hatte einen zwar nur unbedeutenden Prozess vor seinem Gerichtshofe, wollte ihn aber doch gewinnen und bat mich, statt ihrer, mit dem Richter zu sprechen, dem sie sich empfehlen zu lassen bis jetzt versäumt hatte. Ich versprach ihr der Präsidentin Vermittlung, welche ich, wegen meiner früheren Verhältnisse mit deren Bruder, erwarten durfte. Demzufolge reiste ich nach der Stadt. Mein erster Gang war zum Präsidenten. Er war in der Session. Ich ließ mich bei seiner Gemahlin melden. Sie empfing mich mit aller Vorbereitung und sorgfältigen Aufmerksamkeit[304], die man einem Pariser Besuch schuldig zu sein glaubt. Sie war ausnehmend schön und wäre nicht der Umstand gewe-

---

[302] Dépit.

[303] De les apprivoiser.

[304] Recherche.

sen, dass in ihrem Wesen sich ein Ernst, eine Bedächtigkeit, eine Steifheit äußerte, die wir collet-monté zu nennen pflegen und die dem Hause eines Präsidenten wie der Schnupfen anklebt, so würde sie unter den Sirenen ihres Geschlechts eine der gefährlichsten gewesen sein.

Ich fing damit an, der Dame eine Litanei von Gemeinplätzen, über mein Entzücken, sie so vollkommen zu finden, über ihre Schönheit, ihre Reize usw. vorzuleiern; und da sie vermutlich seit langer Zeit nicht aus diesem Strom von Süßigkeiten getrunken hatte, so ließ sie keinen Tropfen vorbeifließen, hielt meine Worte für Floskeln des neuesten Geschmacks, ja noch mehr, für die Sprache der feurigsten Leidenschaft, für unverkennbare Symptome der Überraschung und Liebe.

Ihre Augen dankten mir; nur lag in ihnen ein Zug von Ruhe und weltklugem Ansichhalten, der mich hätte bescheiden und zurückhaltend machen sollen. Doch das waren nun einmal nicht meine Haupteigenschaften. Von Natur dreister und verwegener, als man es bei Frauen sein soll, ward ich bei dieser Gelegenheit so dringend, so zärtlich, griff ihr Herz mit so großem Ungestüm und Sturmlaufen an, dass ich in einer halben Stunde weiter mit ihr kam, als mich eine förmliche Belagerung in einem Monat gebracht haben würde. Jetzt aber, wieder zu sich gekommen, überließ sie sich ihrem Schmerze, vergoss einen Tränenstrom, rief in ihrer Verzweiflung den Tod zu Hilfe – als der verehrlichste aller Männer, ihr würdiger Gemahl, ins Zimmer trat. Ich nahm mich zusammen und schien beschäftigt, sie methodisch über ein zufälliges Unglück zu trösten, dessen Urheber man in mir nicht erraten durfte. Gleichwohl gestehe ich, dass eine gespenstische Erscheinung keinen solchen Eindruck hätte auf mich machen können als die ihres Gatten. Ich war noch unschlüssig, welches Unglück ich ersinnen, welche Wendung ich der Sache geben sollte, und begnügte mich, in meine Züge den Ausdruck des Schmerzes zu legen, der den Tröster und Teilnehmer begleitet, als sie, unterstützt vom Genius des weiblichen Geschlechts, der in den wichtigsten Augenblicken keinen seiner Schützlinge im Stich lässt, auch wenn sie zu den Unerfahrensten gehören – ihren Gemahl anredet: »Sie sehen, mein Lieber, den Grafen *von Tilly*. Sein Besuch erschüttert mich; er hat Briefe aus Paris, die ihm melden, dass Frau *von Bel...*, meine beste Freundin, wie Sie wissen, so gefährlich krank ist, dass beim Abgange der Post an ihrem Leben verzweifelt und mit jedem Augenblick ihr Ende erwartet wurde.«

Außer mir vor Verwirrung, vor Staunen, vor Bewunderung, in der Stellung eines Mannes, der über etwas Außerordentliches stutzt und dem dieses ein schafmäßiges Ansehen gibt, konnte ich nur die Worte: »Zu wahr! Zu wahr!«[305] stammeln und sie mit einer Art von Seufzer begleiten. Während aber der Präsident mit feierlichem Ton ein langes und schönes Klagelied über das Leben von Paris vorbrachte, über die Unvorsichtigkeit der jungen Frauen, die sich vor der Zeit ins Grab stürzen, erholte ich mich so vollkommen, dass ich die strafbare Dreistigkeit hatte, seine Rede zu überbieten und noch weiter zu gehen als seine Wohlweisheit. Ich machte nun die umständliche Beschreibung von der Krankheit der Dame *Bel...*, setzte den Anfang derselben, die Fortschritte, den Charakter auseinander, bezeichnete die Abwechslung, sprach vom Entscheidungspunkt, ... gab das Bulletin jedes Tages, nannte die Ärzte, die sie behandelt hatten, die Fehler, die von ihnen begangen worden und die ihr unfehlbar das Leben kosten würden. Ich führte mehrere Personen namentlich an, die sich zweimal des Tages nach ihrem Zustand erkundigt hatten, mit einem Gefühl und einer Teilnahme, welche zu jetzigen Zeiten immer seltener würden und deren Abnahme mich, in diesem Jahrhundert des Egoismus, einigermaßen zum Menschenhass berechtigten. Der biedere Präsident hörte mir mit einem Gesicht zu, das ganz in Sentimentalität getaucht und aufgelöst war. Ich war im Zuge, die herrlichsten Dinge vorzubringen, als ich zufällig den Blick auf seine Gattin warf. Welche Aufmerksamkeit, welches natürlich scheinende Auffassen meiner Lügen! Welche Falschheit! Welche sprechende Anstrengung ihres ganzen Wesens bei meinen Worten! Welchen Wert ihre in Tränen schwimmenden Augen auf den Redner zu legen schienen! Dieses Kunstspiel[306], das den berüchtigtsten Koketten Ehre gemacht haben würde, brachte mich wieder zu mir selbst, führte mich auf meine Lieblingsbetrachtungen über das weibliche Geschlecht und dessen unversiegbaren Schatz von angeborener Heuchelei zurück und erfüllte mich mit dem Eisgefühl der empörtesten Bewunderung.

Der Präsident lud mich mit vieler Artigkeit zu Mittag ein; ich nahm die Einladung mit Dank an, aber die schöne Wirtin entschuldigte sich: Es sei ihr unmöglich, zur Tafel zu kommen; der Schmerz habe ihr alle Esslust geraubt; die ganze Welt sei ihr verhasst. Zugleich richtete sie, mit

[305] C'est trop vrai – ein Doppelsinn.

[306] Manoeuvre.

vielem Anstand und auf den Boden gehefteten Augen, ihre Entschuldigung besonders an mich. Ihr gesenkter Blick verhinderte sie, in dem meinigen zu lesen, wie sehr zur Unzeit ich ihre Verstellung angebracht fände. Ein Oberstleutnant von der Kavallerie und der Prior eines Klosters stellten sich als Gäste ein, sodass unserer Vier bei Tisch saßen. Der Prior hatte in seiner Jugend in Paris die Fastenpredigten gehalten. Er führte uns aus seinen Vorträgen einige Stellen an, die ich wiedererkannte: Sie waren vom Pater *Neuville*[307]. Die beiden anderen Herren bewunderten über alles die Pracht der Antithesen, die, wie man weiß, der Hauptfehler dieses Redners und das Hauptkennzeichen seiner Schreibart sind. Der Oberst sprach mit Sachkenntnis von seinem Fache; der Präsident trug einige erstaunliche Causes célèbres aus seiner Praxis vor und ich tischte ihnen zum Nachessen etwas aus der skandalösen Chronik von Paris auf, schilderte absichtlich meine Helden mit den schwärzesten Farben und stellte sie als Warnungstafeln auf, als moralische Landplagen, gegen welche die Gesellschaft in Masse auftreten und die strengste Gerechtigkeit üben sollte. Zum Schlusse wurden Kaffee und Liköre herumgereicht und schon um vier Uhr befand ich mich recht sehr kleinstädtisch[308] auf der Straße, recht sehr großstädtisch über die Auftritte mit der Präsidentin lachend und mich wundernd, wie *in der Provinz*, ein Mann *aus der feinen Welt*[309] bei Leuten, die er nie gesehen, eine gute Mahlzeit finden und das Herz der Hausfrau gewinnen kann, während sich in *Paris* eine Menge Menschen vergebens um eine Mahlzeit und eine Frau bemühen.

Welch eine herrliche Polizei in der menschlichen Gesellschaft! Sie beweist, selbst den größten Holzköpfen, welche Fortschritte die Aufklärung und Bildung gemacht hat und wie viel weiter wir in dem System der Vervollkommnung vorgerückt sind.

Der gütige, freundliche Präsident, dessen Gast ich war, ermangelte nicht, mir in *Sophies* Angelegenheit seinen ganzen Beistand zu versprechen; in der Sache schien ihm alles Recht auf ihrer Seite zu sein. Ich reiste ab, kam zu *Sophie* und fühlte mich doppelt stolz; einmal über die Verhandlung mit dem Präsidenten, über die ich ihr Bericht erstattete; zwei-

---

[307] Ein bekannter Jesuit und geistlicher Redner, dessen Predigten in sieben Bänden erschienen sind. *Übers.*

[308] Provincialement.

[309] Un homme de bonne compagnie·

tens über meine Verhandlung[310] mit der Präsidentin, deren ich keine Erwähnung tat. Herr *von V...* war mit *Sophie* nicht weiter gekommen, obschon er nicht vom Schlosse und von ihrer Seite gewichen war. Den ganzen Tag spielte er abwechselnd die Geige und auf dem Klavier, sang dabei, bot alle seine Künste und Talente auf, weil er glaubte, bemerkt zu haben, dass sein Spiel und sein Gesang mehr Wirkung auf *Sophie* hervorbrächten als seine Person; denn *Sophie* selbst war eine große Virtuosin in der Musik. Trotz dem allen machte er gleichwohl so langsame Fortschritte, dass ich ungeduldig darüber wurde und ungeduldiger als er selbst, denn er war der ruhigste, bescheidenste Liebhaber, unfähig eine Gelegenheit herbeizuführen oder zu benutzen, eine Überraschung zu erfinden und Vorteil daraus zu ziehen. Er wollte sich gerade so *unschuldig* verheiraten, wie sein Vater und sein Großvater und spann seinen Liebesroman aus, wie er es in irgendeinem Roman gelesen hatte. Oft fand ich ihn vor dem Piano, die melancholischen Augen schmachtend rollend, seine Seele in den Gesang legend, mit Stimme und Gebärden zur liebenswürdigen Tyrannin, die er noch nicht erweicht hatte, um Gunst und Gegenliebe flehend.

Ich durfte ihm nicht anders zu Hilfe kommen als durch meinen Rat. Das tat ich denn auch redlich, wohl wissend, dass es kein besseres Mittel gibt, ein Weib *stark*zumachen, als wenn man es recht sehr bittet, *schwach* zu sein.

Was mich selbst betrifft, so trieb mich mein böser Genius wieder nach der Stadt zu meiner schönen Betrübten. Der Präsident empfing mich mit offenen Armen. Wir speisten beide allein. Er liebte, *Lünel* zu trinken, zog ihn dem *Romanée*[311] vor, pries mir das köstliche Getränk, erwartend, dass ich in sein Lob einstimmen sollte.

Ich goss ein paar Gläser hinunter und war so gefällig, ihm *nicht* zu sagen: dass sein Lünel ein Damenwein sei, ein Wein für junge Demoiselles, ein fader, süßlicher Wein ohne Kraft und Würze. Allmählich hatte ich mich daran gewöhnt, stellte mich wenigstens so, und mir wurde zuletzt das Lob des Lünel so geläufig, dass ich beim Präsidenten für einen stattlichen Weintrinker galt. Drei Tage später bat ich mich wieder

---

[310] Expedition.

[311] La Romanée ist eine Gegend in Bourgogne im Kanton Nuits, unweit Vosnes, berühmt durch das herrlichst e Burgundergewächs. Der dortige Wein kam nicht in den Handel und gehörte früher dem Hause Bourbon-Conti. *Übers.*

zu Gaste, in der Hoffnung, nicht nur Lünel zu trinken, sondern auch meine schöne Wirtin an der Tafel zu finden, und da ein Präsident immer Geschäfte nach Tisch hat, mit ihr allein bleiben zu können. Ich irrte mich nicht, sie erschien bei Tisch. Er hatte ihr viel zu meinem Lob gesagt und sie enthusiastisch versichert, ich sei ein junger Mann, wie es wenige gäbe, ein junger Mann, der allen Gefahren und Versuchungen von Paris glücklich entgangen sei, ein seltenes Muster von Anstand und Sitten. Sie ihrerseits hatte von meinem ersten Betragen den Teil vergessen, der mir geschadet haben würde und nur dasjenige im Gedächtnis behalten, was sich entschuldigen ließ; denn die Frauen sind immer der Meinung, dass sie auf uns Männer einen so unwiderstehlichen Eindruck machen, dass es keinen leidenschaftlichen Ausbruch, keine *Sottise* gibt, die sie uns nicht zugutehalten könnten. Ich hatte mich auf eine Weise bei ihr eingeführt, die ihr keine Zeit zur Besinnung ließ, und zu spätes Nachdenken sucht ein Frauenzimmer gern von sich zu entfernen. Die Frauen lieben an uns Mut, folglich auch Keckheit, selbst ein wenig Unverschämtheit. Die großen Bewegungen und Kraftäußerungen des Geistes setzten ihre zarte Organisation in Erstaunen; alles, was den Stempel der Sonderbarkeit trägt, richtet in ihren Köpfen eine augenblickliche Verwirrung an. Meine Präsidentin beobachtete sich sehr bei Tisch, sie zeigte mir einen zürnenden Blick, aber keine Verachtung. Der meinige flehte um Gnade, aber mit Stolz und ohne Kriecherei. Sie zog während des ersten Ganges ihren Fuß zurück, wenn ihn der meinige suchte; als ich aber im Laufe der Unterredung von dem Kummer sprach, der seit einigen Tagen an meinem Herzen nagte, schlich sich unbemerkt ihr Fuß näher, um nach der Ursache zu fragen; die Hand folgte dem Fuße unter den Tisch; das Herz war schon vorausgeeilt.

Ein unfehlbares Mittel, die Frauen zu besiegen, wäre Folgendes: Man müsste erst für sie *sterben* und dann wieder für sie *leben* ... Nicht eine Einzige würde standhalten!

Anbetungswürdiges Geschlecht, nimm die Scherze nicht zu genau, die mir die leichtsinnige Erzählung der leichtsinnigen Streiche meiner leichtsinnigen Jugend in die Feder gibt. Ohne euch Frauen, was wäre das Leben? Wer trüge Begehren danach? Ihr allein ebnet den Pfad des Tränentals, in welchem wir eine kurze Zeit fortwandeln, ohne den Ausgang abzusehen. Eure Stimme ist es, die uns tröstet. Der Wunsch, euch zu gewinnen, macht uns schlechter in dem, was euch betrifft, aber besser in allem Übrigen. Ihr verbreitet euren Glanz über unser finsteres, unscheinbares Dasein. Der wilde Mensch, den ihr nicht zähmt und erweicht, ist ein schon in diesem Leben verworfenes Ungeheuer, ein Bösewicht. Die Männer würden sich untereinander zerfleischen, trätet ihr nicht als vermittelnde Engel unter sie und ließet sie fühlen, dass sie ein Herz haben!

Das ist mein Ernst, das Übrige war Scherz.

Unser Mittagsmahl wollte kein Ende nehmen. Endlich wurde die Tafel aufgehoben; der Präsident entfernte sich und seine Gemahlin und ich blieben allein, wie ich es vorausgesehen hatte. Ich ging nun mit meiner Verteidigung logisch zu Werke, schob alles auf die Rechnung einer unwiderstehlichen Sympathie, eines überraschenden Gefühls, das mich augenblicklich ergriffen, fortgezogen und aus Rand und Band gebracht habe. Ich musste eine Menge Vorwürfe anhören oder vielmehr *nicht* anhören, weil sie mir schon bekannt waren; alles, was sie mir sagte, hätte ich mir selbst sagen können. Es wurde mir die Versicherung gegeben: Mein Sieg würde keinen zweiten nach sich ziehen[312]. Ich bewies dagegen, dass es unerhört, unzart, unverantwortlich von mir sein würde, ihn nicht zu verfolgen; ich stellte den Grundsatz auf: Eine Frau von Ehre und Gefühl, der so etwas begegnet sei, habe kein Mittel sich wieder zu rehabilitieren, als wenn sie sich einer Empfindung überlasse, deren Dauer und Leidenschaftlichkeit ihr zur Entschuldigung diene. Man wollte behaupten, man habe meine Schuld nicht geteilt, sei nicht für mein Verbrechen solidarisch verbindlich. Ich gab es zu, aber nur bis zu einem gewissen Punkt, denn (bemerkte ich ganz leise), bei Tafel sei sie nicht neutral geblieben, und schon vorher (setzte ich hinzu) sei sie meine Retterin gewesen, als sie den Scheintod ihrer Freundin mit so *wahren* Tränen beweint habe. Ich gab ihr zu bedenken: In welche Verlegenheit ich sie gestürzt haben würde, hätte ich die Grausamkeit gehabt, sie im Stich zu lassen, oder das Ungeschick, in ihre glückliche Erfindung nicht einzustimmen. – Man errötete einmal über das andere ... man wusste nicht, was man antworten sollte ... man fing an, sich bloßzustellen, sich zu verraten. – Ich hielt ein, um ihrer zu schonen, und überließ sie ihrem Kampfe zwischen Sehnsucht und Scham. Es entstand ein langes Schweigen, während jede Minute von mir benutzt wurde. Ich unterbrach es durch einzelne Liebkosungen und durch die Beteuerung: Ich wolle nur

---

[312] N'aurait point de lendemain.

unter einer Bedingung glücklich sein – nur wenn *sie* mein Glück teile. Sie teilte es.

Dieses Glück dauerte zwei Monate ohne Störung, ohne Wolken. – Wie? Zwei ganze Monate? Ist es möglich? Hab' ich es wirklich so niedergeschrieben? – Nun ja, denn sie sprach mir von einer abwesenden Schwester, die sie alle Tage erwarte und deren Bekanntschaft ich zu machen wünschte.

Aber ach:

Le Temps voile et dévoile tout.[313]

Ein nichtswürdiger Bedienter sah uns, verriet uns dem Präsidenten, wollte sich durch die Entdeckung bei ihm beliebt machen. Dem Präsidenten gab dieser Verrat den Todesstoß. Er würde gern die Unwissenheit, worin er lebte und die der Angeber ihm raubte, mit dem Leben bezahlt haben. Er konnte dem Berichte nicht Glauben beimessen, wollte nur den eigenen Augen trauen, verbarg sich und sah. Aber er vergoss kein Blut, er machte es wie *Joconde*[314], ergriff die beste Partei, schonte und achtete das Leben seiner ungetreuen Hälfte. Beredter als der Fürst der Lombardei, hielt er uns eine Strafrede, wie sie *Cicero* in der Toga gehalten haben würde, und schloss sie damit, dass er mir das Haus verbot und seiner Gattin mit dem Kloster drohte.

Diese Drohung ließ ihn in meiner Achtung sinken.

Aber schon am Abend weinte sie so sehr ... so sehr, dass er nahe daran war, ihr Abbitte zu tun und sich einzubilden, er habe falsch gesehen. Er nahm sie mit sich aufs Land, weil es im Leben Vorfälle gibt, gegen welche die Einsamkeit die beste Arznei ist. Soviel ich weiß, hat sich ihre Strafe darauf beschränkt, ebenso ist mir versichert worden, dass er gegen sie den Vorfall niemals erwähnt hat.

Von nun an stieg er wieder in meiner Achtung. Wie glücklich sind die Ehemänner, die sich mit Klugheit und Mäßigung in ihr Schicksal zu finden und zu ergeben wissen! Der Präsident war einer davon, einer der ausgezeichnetsten, eine unbestechliche, unerschütterliche Magistratsperson aus dem goldenen Zeitalter – denn *Sophie* gewann den Prozess, obschon *ich* mich für sie verwendet hatte.

So war der Präsident.

---

[313] Die Zeit deckt alles zu und auf.
[314] In den Contes de la Fontaine.

La Bruyère sagt irgendwo: »Wüsste man, was unser bester Freund von uns gesagt hat, man würde aufhören, der seinige zu sein.« Ich meinesteils sage: Wer würde mit seiner Frau glücklich sein, wüsste er um alle ihre Geheimnisse?

Der Präsident hat sich nie weiter danach erkundigt.

Ich erwartete, wie ich schon gesagt habe, seine Schwägerin. Aber die Art, wie ich mich hatte überraschen lassen, machte Aufsehen (denn jede Überraschung spricht gegen uns), und da nichts so schnell in Umlauf kommt als das Böse, so erhielt auch *Sophie* Wind davon. Es verdross sie; sie erklärte mir nun rund heraus, sie werde sich vermählen. Das war mir nichts Neues, ich hatte sogar aufgehört, ihr davon zu sprechen.

Als ich Herrn *von* V... sein Glück hinterbringen wollte, fand es sich, dass er es schon wusste. Hierdurch verletzt, machte ich ihm Vorwürfe, dass er mir die Sache verschwiegen hätte; er beantwortete sie mit Kälte und schob die Schuld auf Sophie, die ihm Stillschweigen auferlegt habe. Ich zog hieraus den Schluss, dass ich ihr Vertrauen zum Teil verloren hatte.

Auch die beste Frau verstellt sich! Allein sie hatte so viel Ursache, sich über mich zu beschweren, dass ich nicht den Mut hatte, ihr Vorwürfe zu machen. Es war mir im Gegenteil lieb, dass sie dem biederen Manne ihre Hand gab, dass sie sich von meinen Bitten und seiner Beharrlichkeit hatte rühren lassen, nur hätte ich gewünscht, dass sie länger widerstanden hätte. – Warum? Den geheimen Grund zu diesem Wunsche fand ich in meinem Herzen, als es zu *spät* war. Ich unterdrückte schnell die augenblickliche Aufwallung und ein schmerzliches Gefühl, dessen ich mich zu schämen hatte. Ich gewann den Sieg über mich und machte die letzte Anstrengung, um das Glück des Mannes beschleunigen zu helfen, den ich nicht mehr als einen Rivalen betrachten durfte. Ich führte das Paar in die Kirche. *Sophie*, blass wie der Tod, hatte Mühe, ihre Fassung zu behalten, ohne Zweifel dachte sie an die Ludwigskirche in Versailles zurück und an die schwache Liebe, die wir auf Felsengrund zu bauen geglaubt hatten. Als sie mit bebender Stimme das *Ja* sprechen sollte, welches sie zum Eigentum eines andern machte, fragten mich ihre Augen um Rat und Erlaubnis. Ich wandte die meinen von ihr ab, sie schwammen in Tränen. Ich stürzte aus der Kirche, ohne die Vollendung der Weihe abzuwarten, um mich nicht der Gefahr auszusetzen, Zeuge und Ankläger ihres Meineides zu sein. Meine ersten Versuche, einen Schmerz zu überwältigen, den ich mir selbst geschaffen hatte, waren fruchtlos; ich war nicht imstande, den Ausbruch zu bemeistern, der sich meiner bemächtigt hatte und mir im ersten Augenblick, als ich sie wiedersah, die Worte auspresste: »Möge die Schranke, die sich zwischen uns beiden erhoben hat, mich nicht so leicht Ihre Freundschaft verlieren lassen, als sie mich meiner anderen Rechte beraubt hat!« Dieser Vorwurf war durchaus unstatthaft und unzeitig. Auch hatte er eine plötzliche Ohnmacht zur Folge – ihre *Antwort*, meine *Strafe*.

Aber das war auch das letzte Symptom einer unsinnigen Eifersucht, der letzte Funke eines verlöschenden Feuers, die letzte Äußerung eines Gefühls, welches einen so großen Einfluss auf mein Leben gehabt hat und – treu bewahrt – mich vor unzähligen Klippen geschützt haben würde, an welchen das Schiff meiner Jugend gescheitert ist.

Lebe wohl, teure, zärtlich geliebte *Sophie*! Du warst die Erste, die in meinem Herzen unbekannte Empfindungen und Rührungen weckte, die erste, für die ich Tränen über eine mit Schwierigkeiten kämpfende Leidenschaft vergossen habe. Lebe wohl, die engste zärtlichste Freundschaft wird uns bis ins Grab vereinen!! Dieses ist mein Trost. Noch einmal, lebe wohl, mögest du ebenso das Glück genießen, als du verdienst, es zu kennen, dieser Wunsch enthält alles und ist dir Bürge für mich und dich.

Mit Tagesanbruch verließ ich das Schloss und bei meiner natürlichen Abneigung gegen das Abschiednehmen hinterließ ich ein Schreiben an *Sophie* und an ihren Gatten.

»Sie werden hier beide den Ausdruck einer Zuneigung finden, die sich nie verleugnen wird, den Ausdruck des Wunsches, dass Ihr Leben ebenso ruhig und heiter sein möge, als das meinige bewegt und stürmisch ist. – Ich habe Ihnen ein Glück vorbereitet, dem ich entsage ... das größte von allen ... das Glück, sich mit einem Herzen zu verbinden, welches man schätzt, welches man liebt, und die Gewissheit zu haben – die schönste für die Zukunft – dass diese Verbindung nur mit dem Tode aufhören wird. Mögen Sie sich in Kindern überleben, die Ihrer würdig sind! Kinder sind ein Geschenk des Himmels, wenn er sie uns nicht zur Strafe gibt; die Ihrigen werden Ihr Trost sein. Wie könnten sie, von Ihnen entsprossen, nicht gedeihen? Um dieses Glück beneide ich Sie, fühle mich aber nicht berufen, es zu verdienen, denn um dessen wert zu sein und es ganz zu genießen, bedarf es einer Beständigkeit, welche die Leidenschaften und der Strudel der Welt mir geraubt haben, und einer Treue, die mein Herz, vom flatterhaften Instinkt getrieben, nicht festhält, und die ich im Strome böser Gewohnheit ohne Rückkehr verloren habe. Ich bedarf Ihrer Freundschaft, mich über die Opfer zu trösten, die ich Ihnen bringe, und bitte darum bis zu dem Augenblick, wo ich aufhören werde, sie zu verdienen, das heißt, bis zu meinem letzten Atemzuge. Ich verlasse Sie, aber das Beste in mir, meine innigste Seele, bleibt bei Ihnen zurück!« –

Ich verließ diesen Aufenthalt, als wäre es nicht mein Wille gewesen, ihn zu verlassen; ich verließ ihn ungern und mit Reue.

Die Leichtigkeit, sich in alle Lebensereignisse zu fügen, sich mit Ungestüm an etwas zu hängen und sich mit Ergebung davon loszureißen, ist eines der sonderbarsten Attribute unsres Wesens. Die Fähigkeit, von einem Gegenstand zum andern überzugehen, die dem Menschengeschlechte überhaupt eigentümlich ist und nur in den Einzelnen sich modifiziert – diese Neigung, abgöttisch zu lieben, was man einst grausam vernachlässigen wird, ein Geschöpf wie eine Gottheit zu verehren, dessen Namen wir einst mit Gleichgültigkeit aussprechen hören und selbst aussprechen werden – diese Gewalt – diese Möglichkeit – *dem* fremd zu werden, was uns zu einem zweiten Ich geworden war, nichts für *die* zu empfinden, die einst unsre ganze Empfindung war, kein Herz für diejenige zu haben, für die einst unser Herz allein schlug – diese unerklärliche Wandelbarkeit im Menschen ist eine der unauflöslichen Aufgaben unserer Organisation, eines der dunkelsten Rätsel unseres Wesens und vielleicht der Hauptvorwurf, den wir unsrer Natur, unserm Seelenbau zu machen haben, weil er uns beständig auf die Betrachtung zurückführt, dass alle unsre Triebe[315] nur Trümmer sind und unser ganzes Ich nur eine große Ruine.

Ich möchte einen Menschen kennen, der in seinem ganzen Leben nur *zwei* Frauen geliebt hätte. Ich setze noch ferner den Fall, er sei von *beiden* durch die Macht der Umstände, durch den Lauf der Dinge getrennt worden, welche immer mehr Kraft haben als die Menschen und sie mit sich fortreißen; ich nehme an, dass er keine von beiden wiederzusehen bekomme, ohne aufs Innigste gerührt zu werden, ohne dass ihr Name ihn in Verwirrung setze; ich nehme ferner an, er spreche von ihnen nur mit einer Art von Andacht, oder, noch lieber, er *vermeide* es, von ihnen zu sprechen; ich nehme an, dass ihr Andenken sein Herz unverwundbar gegen alle Pfeile der Liebe, gegen alles mache, was an Liebe grenzt oder

[315] Affections.

ihren Namen trägt. – Würde *ich* einer der Glücklichen dieser Erde, wäre *er* unglücklich – ich würde ihn zu meinem Freunde machen; mein Vertrauen in ihn würde grenzenlos und unwillkürlich sein. Wäre er arm, ich machte ihn zum Herrn und Hüter meiner Schätze, wäre mein Tod sein Vorteil, ich legte unbedenklich mein Leben in seine Hände. Auch ohne Glauben an Gott, an Himmel und an Hölle, auch ohne Furcht vor menschlichen Gesetzen, und außer ihrem Bereich, würde ein Mann wie dieser in meinen Augen ein rechtschaffener Mann sein.

Es fing an Abend zu werden, als ich in die Stadt kam. Ich erfuhr, dass Frau von *L. C...*, die Schwester der Präsidentin, welche früher eingetroffen war, aus ihrem Unwillen gegen mich kein Geheimnis machte, dass sie ihren Beschwerden freien Lauf ließ, dass sie sich selbst zum Nachteil ihrer Schwester offen erklärte und mich laut und bitter den Urheber ihres Unglücks nannte. Ich erfuhr zugleich, wie streng ihre Grundsätze, wie feindselig ihre Vorurteile gegen mich waren. – Wie viel Gründe für mich, sie anzugreifen, sie zu überwältigen! Wie viel Antriebe für einen Kopf, wie der meinige damals war, nichts aus der Acht zu lassen, was mir zu einer süßen Rache verhelfen, nichts zu versäumen, was mir den Triumph über ihre Liebe erwerben konnte. Dazu gehörte Nachdenken, Sammlung und ein genau entworfener Plan. Ich brachte die ganze Nacht damit zu.

Am Morgen erbat ich mir unter einem erborgten Namen die Erlaubnis, ihr in einer wichtigen Angelegenheit aufwarten zu dürfen. Ein Reisender wünsche sie zu sprechen, könne sich nur wenige Stunden in der Stadt aufhalten und habe ihr die allerdringendsten Aufschlüsse mitzuteilen. Mein Jäger hinterbrachte mir, die Dame habe Anstand genommen und sich vorläufig und angelegentlich nach dem Namen des Durchreisenden erkundigt, der sich auf eine so geheimnisvolle Weise melden ließe. Das bewog mich, auf der Stelle zu ihr zu gehen und mich für einen Grafen *von Chantenay* auszugeben. Chantenay war der Name eines meiner Güter. Ich wurde angenommen und fand eine Frau, die nicht nur alle Reize besaß, welche mir die öffentliche Stimme versprochen hatte, sondern auch solche, auf die ich nicht vorbereitet worden war, nämlich: ein Organ, einen Ton, eine Haltung, die mich entzückten, und dabei etwas Imposantes und Würdevolles im Wesen, das mich stutzig machte. Als es vollends dahin kam, dass ich mich nennen musste, und ich es mit allen Zeichen der Bescheidenheit, der Reue, in gesenkter Stellung und mit niedergeschlagenen Augen tat – ja, da musste ich die ganze Litanei der Gemeinplätze und Gemeinklagen über meine grenzenlose Vermessenheit anhören, sie in ihrem Hause, in ihrem eigenen Zimmer zu beleidigen, ihr Trotz zu bieten, nachdem ich ihre Familie beschimpft und Trauer und Schande über sie gebracht hätte. Sie bat mich, mich augenblicklich zu entfernen, und legte in dieses Verlangen ein Feuer, eine dringende Ungeduld, welche an Hass grenzte. Sie begreife nicht, sagte sie, was ich für eine Mitteilung, für einen Auftrag haben könne, die nur im geringsten dem Widerwillen die Waage hielten, den sie gegen mich zu haben gestand. – »Verdiente ich ihn, diesen Widerwillen«, versetzte ich, »so würde ich untröstlich sein.« – »Wie?«, unterbrach sie mich lebhaft, »sind Sie nicht ...? Aber keine Gegenklage, keine Vorwürfe, keine Erklärungen; geben Sie mir nur soviel zu, Herr Graf, dass wir beide uns nichts zu sagen *haben* und zu sagen haben *können*.« – mit diesen Worten verneigte sie sich mit vieler Würde gegen mich und ging auf ihr Kabinett zu. Das durfte ich nicht zugeben; ich warf mich am Eingang auf die Knie und wagte es, die Hand zu berühren, welche in diesem Augenblicke mit kaltem Blute mein Todesurteil unterzeichnet haben würde, so blitzte ihr Auge, so bebte ihre Stimme vor Zorn. Sie entriss mir die Hand mit Abscheu, aber stärker als sie und mir diesen Missbrauch meiner Kraft erlaubend, hielt ich sie zurück und beschwor sie, mich anzuhören. Sie willigte ein, um einem größeren Übel zu entgehen, *dem* (sagte sie), mir so nahe zu sein. Das waren ihre harten Worte. Jetzt fühlte ich, es sei Zeit, eine höhere Rolle zu spielen und mich von der kleinen, augenblicklichen Erniedrigung zu erheben, zu der ich mich, um ein Kind zu beschwichtigen, herabgelassen hatte. Ich begann mit etwas Stolz: »Madame, alles, was ich soeben gehört habe, ist mir neu; ich verstehe nichts von Ihren Vorwürfen; ich glaube, Sie nie beleidigt zu haben. Ich komme in einer Angelegenheit zu Ihnen, die Sie nahe genug angeht, weil Sie den Ruf Ihrer Schwester zugleich mit dem meinigen betrifft, und ich habe die Ehre, Sie zu versichern, dass Sie mich anhören *werden*. Nach dem Vorfall, den man auf eine so lächerliche und unschickliche Weise entstellt hat, habe ich ein Recht, ihn in das wahre Licht zu setzen und ... diesem Rechte werde ich nicht entsagen. Übrigens wünsche ich nicht,[316] dass es heute geschehe, teils sind Sie nicht auf diese Erklärungen gefasst und ich bin es ebenso wenig, über einen Gegenstand zu reden, der meine ganze Sammlung, meine ganze Aufmerksamkeit und die Ihrige, Madame, er-

---

[316] Il ne me plaît pas.

fordert ...« – Ich bemerkte ihr Staunen und suchte es zu benutzen und sie zu erweichen. Nichts rührt eine edle Frau so sehr, nichts führt in der Liebe so schnell zum Ziel, als wenn man von einer früheren Liebe und von dem tiefen Eindruck spricht, den sie auf uns gemacht hat. Ich fuhr fort: »Erlauben Sie mir für jetzt nur das Einzige. Ich hatte gehofft, jene Empfindung, der ich mein ganzes Herz aufgeschlossen, würde die letzte in mir sein, ich hatte gehofft, mein ganzes Leben würde unter den Augen derjenigen verfließen, der ich es widmen wollte, bei ihr wollte ich meinen Lauf vollenden und in der Wonne wechselseitiger Zärtlichkeit, endlich und nach so vielen Täuschungen, das Glück finden, für welches ich geboren bin und welches nur in einer Liebe anzutreffen ist, die der Gegenstand derselben mit uns teilt und die der einzige Wunsch eines Herzens wie das meinige, ist.« Hier trocknete ich einige Tränen ab, die ich nicht vergossen hatte, und setzte hinzu, ohne dass sie Miene gemacht hätte, mich zu unterbrechen: »Ein unglücklicher Vorfall hat über meine Vorsicht gesiegt und das Gebäude umgestürzt, welches meine Hoffnung aufgerichtet hatte; ich muss mich dem Geschick unterwerfen, das mir alles geraubt hat, wenigstens werde ich bis an mein Ende für diejenige alles sein und tun, die durch mich ihre Ruhe verloren hat; ihre Ehre wird ein mir anvertrautes Heiligtum sein, welches keine menschliche Kraft mir entreißen soll.« – Nach diesem pomphaften Bombast[317], begleitet und gehoben von einer feurigen und beredten Pantomime, hielt ich es für Zeit, mich wegzubegeben, nachdem ich der Dame zweierlei gezeigt hatte, erstlich meine Rührung, zweitens meinen Stolz. Jene ist ansteckend, dieser scheint zu verschmähen, was man zu wünschen das Ansehen gehabt hatte.

Ich war dem Prior des Klosters von ... nicht abhold, der seinerseits für mich in heißer Freundschaft entbrannte. Er hatte einen Koch, dessen sich kein Lukullus geschämt haben würde, und eine schöne Bibliothek, die er im ganzen Ernste glaubte, in sich aufgenommen zu haben. Ich hatte ihm zu verstehen gegeben, er sei in meinen Augen der größte Gelehrte; dadurch und auf andere Weise war ich dazu gelangt, ihn in ebenso kurzer Zeit zu meinem Freunde zu machen, als man gewöhnlich braucht, seine Freunde zu verlieren. Er übte eine despotische Gewalt über das sehr reiche Kloster aus. Ich bat ihn um ein Zimmer und um Verschwiegenheit. Er räumte mir jenes ein und versprach mir diese. Endlich, nach

---

[317] Galimatias.

einigen Tagen ließ ich mich bei meiner Unerbittlichen melden, fest überzeugt, dass sie mich dieses Mal nicht abweisen würde, umso mehr, da es mein *letzter* Besuch sein sollte, wie ich ihr sagen ließ, ein Abschied vor meiner nahen Reise nach Paris – eine Audienz, die ich mir erbäte und in welcher ich versprach, alles aufzuklären.

Ich wurde angenommen. Im Eingange sagte ich: »Ich hoffte, Madame, die Sache, welche sich auf einen Gegenstand bezieht, den ich nicht erwähnen darf und wodurch sich mein Aufenthalt in der Provinz verlängert hat, heute abzutun und Ihnen die darauf Bezug habenden *Papiere*, die ich vorher in Ordnung bringen musste, zustellen zu können (hier malte sich ein jähes Erstaunen auf ihren Zügen), allein meine auf immer untergrabene Gesundheit, der Zustand meines Herzens, dem die Ruhe geraubt ist, und ein neuer Sturm, der sich *seit einigen Tagen* in demselben erhoben hat, machen mich zu einer Arbeit unfähig, welche, so leicht sie ist, für jetzt meine Kräfte übersteigt ... Nicht ohne die größte Anstrengung kann ich sie vollenden und, mit einem Worte, mich aus meinem Nichts erheben und abreisen.«

Sie könne nicht einsehen, sagte sie, inwiefern meine Anordnungen sie angehen könnten ... doch, weil ich es so haben wolle ... und es sogar peremtorisch verlange ... sei sie bereit, sich in Erörterungen einzulassen, die ich für unvermeidlich hielte ... Sie sei keineswegs darauf vorbereitet, ein *Blatt meines Romans* einzunehmen (gut gesagt, dachte ich bei mir selbst), und könne nicht begreifen, was sie in Berührung und in Verwicklung mit jemandem bringen könnte – ich möchte sie entschuldigen! –, mit dem sie so wenig als möglich zu verkehren wünschte. ... Gleichwohl fühle sie sich zu einem Schritte *hingezogen*, gegen welchen sie so viel einzuwenden habe. ... Dessen ungeachtet möchte ich aber überzeugt sein, dass sie zu allem geneigt sein werde, was mit der Ehre und ihren Pflichten bestehen könne (welche Pflichten? Sie hatte keine, sie war Witwe). Ich könne darauf rechnen, dass sie, ihres anfänglichen Vorsatzes ungeachtet, zu allem geneigt sein würde, was sich mit ihren Grundsätzen vertrüge (schöne Redensarten, Worte, Worte, dachte ich).

Während sie sprach, hatte ich nur in den kurzen Augenblicken die Augen von ihr abgewendet, wo es schicklich schien, den ihrigen, wenn sie auf mich fallen wollten, auszuweichen. Meine waren trübe, ohne Feuer, niedergeschlagen und drückten tiefen Seelenschmerz aus. Und da mir überdies wenig oder nichts zu sagen übrig blieb, da mein Plan so weit gediehen war, als ich es wollte und es nur noch einer lebhaften

Anregung, einer starken Erschütterung bei ihr bedurfte, wagte ich es mit einer Ohnmacht, deren Erfolg meine Erwartung weit überstieg. Denn da die Dame nicht schellen durfte, aus Furcht, sich vor ihren Leuten zu kompromittieren, war sie bereit, mir selbst Hilfe zu leisten, und tat es mit der ängstlichsten Sorgfalt. Es ging so weit, dass sie schon anfing, mir die Brust zu lüften, als ich für gut fand, dem Spiele ein Ende zu machen, damit ihr Eifer nicht erkalten und in bloßes Mitleid übergehen möchte. Ich schlug die Augen auf, einige Tränen kamen mir, ich weiß selbst nicht woher, zu Hilfe und vollendeten die Täuschung des pathetischen Auftritts. Fanden sie vielleicht ihre Quelle in der Mühe, die ich mir gab, sie zu vergießen, oder waren sie eine natürliche Folge der Rolle, die ich zu spielen hatte, und der Ausdruck einer Rührung, die ich heuchelte? Genug, ich war in diesem Augenblicke der Schauspieler, der sein Talent aus seiner Seele schöpft und weint, weil der Dichter ihn weinen lässt. – Was ich aber mit Entzücken bemerkte, war, dass Frau *von L. C...* ebenso gerührt war als ich. Ich bedeckte ihre Hand mit Küssen, erholte mich, entschuldigte mich bestens wegen meiner tiefen, rechtmäßigen Empfindung, und schied mit der Miene eines Mannes, der sich anschickt, in den Tod zu gehen.

Ich verließ sie, in Betrachtungen versunken, die sie zu einer unbeweglichen Bildsäule gemacht hatten.

Zwei Tage später bewog ich den Prior, zu ihr zu gehen. Er hinterbrachte ihr, ich sei außerstande, ihr aufzuwarten, und liege seit achtundvierzig Stunden in einem heftigen Fieber. Der gute Mann, der es wirklich glaubte, richtete meinen Auftrag mit einer Wärme aus und teilte der Dame seine Besorgnisse mit. Sie hielt nicht an sich, schien sich meine Unpässlichkeit zu Herzen zu nehmen und entließ den Prior nach einem kurzen Besuche mit sichtbarer Gemütsbewegung. Jetzt griff ich sie von einer andern Seite an. Ich schrieb. Der Inhalt meines Billetts war: »Ich hätte eine unerlässliche Pflicht erfüllen wollen und mich dadurch unglücklich gemacht; ihr könne es nicht verborgen sein, von welcher Pflicht die Rede sei. Indem ich mich gegen ihre Schwester einer schuldigen Verbindlichkeit hätte entledigen wollen, habe *ein* Augenblick über mein Schicksal entschieden und zeige mir in der Zukunft nichts als Unglück und Verzweiflung. Es gäbe Leidenschaften, die das Ungefähr erzeuge und die nur schwache Spuren zurückließen; es gäbe aber auch unzerstörbare Eindrücke, ebenfalls das Werk eines ersten Augenblicks, Strafen des Himmels, für welche die Erde keine Arznei habe. Nachdem ich mit so vieler Inbrunst eine Unterhaltung mit Ihr gewünscht hätte, so würde ihr mein Benehmen ebenso unschicklich als ungereimt scheinen, wenn ich sie jetzt verließe, ohne den Grund anzugeben, warum ich jenen Wunsch geäußert habe; ich müsse sie aber ersuchen, mich zu entschuldigen, wenn ich vernünftig genug sei, einer Gefahr mich zu entziehen, die ich nicht geahnt, nicht gekannt hätte. Ich beschwor sie, keinen romanhaften und verkehrten Ideen den Entschluss zuzuschreiben, sie zu fliehen, indem ich nur zu sehr die traurige Erfahrung gemacht hätte, man müsse sie *immer* sehen oder sie *nie* gesehen haben.«

In ihrer Antwort – die ich nicht erwartet hatte – sagte sie: »Ich könne besser als sie die Gründe wissen, die mich früher bewogen hätten, eine Unterredung mit ihr nachzusuchen, und die mir jetzt Anlass gäben, sie nicht fortzusetzen, sie billige, *obschon ungern*, alles, was mir Vernunft und Weisheit vorschrieben, sie ersuche mich jedoch, nicht abzureisen, ohne ihr *die Papiere* zuzustellen, denen ich eine solche Wichtigkeit beizulegen schiene und welche, wie ich ihr versichert hätte, ihre Schwester so nahe betrafen, mein Billett enthalte manches, was ihr unerklärlich sei, worüber sie aber keinen Aufschluss von mir erwarte; übrigens schätze sie mich jetzt höher, als sie es früher infolge eines unfreiwilligen, aber sehr natürlichen Vorurteils getan habe; sie ersuche mich, nicht daran zu zweifeln, dass sie in vielen Stücken ihre Meinung geändert habe[318] und dass der Gedanke, mir vielleicht unrecht getan zu haben, in ihr den aufrichtigen Wunsch für mein Glück hervorrufe.«

Nach allem diesem konnte ich mich ohne Bedenken wieder bei ihr einfinden und mir den Schein geben, als hätte ich in ihrer Antwort eine Art von Einladung und die Veranlassung gefunden, mich eines Besseren zu besinnen.

Wie glücklich war sie, mich wiederzusehen! Ich bemerkte es im ersten Augenblick, so sehr sie sich auch Gewalt antat, ihre Gemütsbewegung zu verbergen. Kaum aber hatte sie mich ins Auge gefasst, als der Sonnenstrahl der reinen Freude sich hinter einer dunklen Traurigkeitswolke verbarg!

Schwarz gekleidet, ohne Puder (damals etwas ganz Ungewöhnliches), die Haare verschnitten (d. h. größtenteils unter die Halsbinde versteckt), bleich von allem Wasser, das ich den Tag über getrunken hatte (ein unfehlbares Mittel, so blass zu werden, als ich will), auf den Wan-

---

[318] Qu'elle ne fût beaucoup revenue.

gen Spuren vom Tränen (d. h. von *Gummiarabikum-Tropfen*, in Wasser aufgelöst, auf die Haut geträufelt, dann leicht verwischt und getrocknet), die Stirn gesenkt und niedergeschlagen – in diesem Aufzuge, mit diesem Anstand, hatte ich mich am Abend eines trüben Regentages gegen neun Uhr bei ihr eingefunden.

Gemüt und Augen schienen noch trauriger und melancholischer als der Abend.

Ich stellte ihr ein schwarz versiegeltes Paket zu, mit dem Ersuchen, es in meinem Beisein nicht zu öffnen. Ich beschwor sie um die Gunst, mich aufmerksam anzuhören. Sie war nicht imstande, auch wenn sie es gewollt hätte, mich zu unterbrechen. Ich sah in ihr das versteinerte Bild des Schweigens und der Beängstigung.

Ich redete sie an: »Ich kann mir selbst, Madame, über einen Punkt Glück wünschen. Die Irrtümer meiner Jugend haben keinen unheilbaren Einfluss auf mein von Natur gefühlvoll und gut geschaffenes Herz gehabt (Hier sagte ich glücklicherweise die Wahrheit.). Hätte der Tod nicht eine Frau von mir getrennt, welche mich mit einer Liebe beglückt hatte, wie man sie in den ersten Tagen der Welt und der Tugend kannte, so würde ich noch immer zu ihren Füßen liegen (auch hier sprach ich wahr!). Wären die Frauen, die nach ihr meine Huldigungen angekommen haben, mir treu geblieben, wären sie mir nicht durch Ereignisse und Umstände entrissen worden, die nicht von meinem Willen abhingen, so würde man mich als ein Vorbild haben aufstellen können, wie man sich einem Gefühl überlassen dürfe, welches die Zeit rechtfertigt, adelt und heiligt. So aber hat alles dazu beitragen müssen, meine Jugend und mein Herz zu vergiften. –

Alles, sage ich, meine Umgebungen, der Strom der Verderbnis, einige Vorzüge und Naturgaben, die ich leider missbraucht habe, eine allgemeine moralische Erschlaffung[319] der Grundsätze, welche auch die meinigen lockerer gemacht hat, eine kindische Eitelkeit, welche ihre Ehre und ihren Stolz in Verirrungen sucht, die nur Unruhe und Reue zur Folge haben sollten; meine Gesellschaften und mein Umgang, alles, was ich gehört und gesehen habe – das alles, sage ich noch einmal, hat mich irregeführt, noch ehe ich die Bahn der Erfahrung betreten und mir den richtigen Gang vorgeschrieben hatte, der das Gute finden und das Böse meiden lässt. Ihre Schwester ist das letzte Opfer des unersättlichen Trie-

---

[319] Relâchement.

bes in mir geworden, Ihr ganzes Geschlecht zu besitzen, eines Triebes, den die Natur in mich gepflanzt hat und welchem ein durchdachtes System, die Mode und die Leichtigkeit der Erfolge, neue Kräfte lieh. So bringt es die Gebrechlichkeit unserer Natur mit sich, der Mensch begehrt, was er tadelt, und die Neigung zu dem, was ihn verführt, verwandelt sich, selbst wenn er es verwirft und von sich stößt, in ein unwiderstehliches Bedürfnis. Ich bin dafür bestraft worden ... ich bin nicht glücklich gewesen ... nein, ich war es nie, nie habe ich ein Glück von der Art genossen, wozu mein Herz und mein angeborenes Gefühl mich berufen und berechtigt zu haben schienen ... Die Welt bildet sich ein, wir ergötzen, wir amüsieren uns, nichts weniger: Unser Herz ist da und straft die Welt Lügen, unter den Rosenblättern liegt der nagende Wurm verborgen ... Es ist beschlossen, ich will meine Strafe beenden, ich will meiner Qual ein Ende machen.« – »Wie, mein Herr« (rief sie mit einem durchdringenden Schrei und blasser als ich) – »Ja, das Leben ist mir zur Last ... seitdem ich Sie gesehen habe.« – »Wie, mein Herr?« – »Ja, ich muss diesem Zustand ein Ende machen und zwischen der Welt und mir eine Kluft ... die Einsamkeit ... ein ewiges Bollwerk aufrichten. Zu sehr habe ich sie kennengelernt, die trügerische Welt; nur das Geschenk Ihres Herzens könnte mich ins Leben zurückrufen ... Trost und Ersatz für mich sein ... Aber ich bin es nicht wert, Sie zu besitzen ... Der schnelle, unbegreifliche Eindruck, den Sie auf mich gemacht haben, berechtigt mich nicht, zu wünschen ... ist kein hinreichender Grund zu einem Bunde zwischen Verbrechen und Tugend. ... Doch davon kann die Rede nicht sein. ... Schon lange nährte ich den Entschluss, den jetzt die Leiden, welche den Frühling meines Lebens vor der Zeit haben verdorren lassen und die noch größeren Qualen einer neuen Leidenschaft, die mich überwältigt, unwiderruflich machen. ... Ich will mich von allem losreißen, mich durch Gelübde binden und in den finsteren Mauern eines Klosters, Ruhe – oder den Tod – finden. Unser würdiger Prior leitet und bestärkt mich in diesem Vorhaben, ich selbst beschäftige mich mit Inbrunst damit. Ich lasse nur *eine* Rückerinnerung zurück, die mein Leben vergiften wird; allein, mein frommer Freund wird mir den Pfad der Buße ebnen, ich höre in ihm die Stimme meines Berufs.«

Hier schwieg ich, es war hohe Zeit.

Jetzt sie:

»Der Zustand, worin ich Sie sehe, *überwältigt* mich (ein seltsamer Ausdruck, dachte ich). Ich fühle mich selbst, ich weiß nicht wie. Was kann Sie zu einem so verzweifelten Entschluss bringen? Wäre es nicht vernünftiger, zu warten, bis sich Ihre Gesundheit befestigt hat? Unser physisches Wesen hat weit mehr Einfluss auf unser geistiges, als man denkt. Sie sind nichts weniger als wohl; ja, seit dem letzten; Mal, da ich Sie sah, sind Sie fast unkenntlich geworden. Von welcher unüberwindlichen Leidenschaft ist denn die Rede? Ist es wohl denkbar, bei der Gewalt, die Sie über sich selbst – und unglücklicherweise über so viele andere – haben, dass Sie so schwach sein werden, unter einem Eindruck zu erliegen, den Sie hätten bekämpfen sollen, ehe Sie ihn für unbezwingbar erklärt haben? ... Wie können Sie eine Lebensart ergreifen, die so bizarr ist, so sehr mit Ihren Neigungen und Gewohnheiten im Widerspruch steht? Ich warne Sie vor dem bitter täuschenden Glauben an einen Beruf! Vor dem Eintritt in die Lebenshölle, über deren Eingang die Worte geschrieben sind: »Hier bleibt die Hoffnung zurück!«[320] – Ich. »Wie schön dies gesagt ist! Aber Ihr Verstand scheitert, wo Ihr Herz allein mich in den Hafen steuern könnte. *Sie* könnten ...« – *Sie.* »Was könnte ich?« – *Ich.* »Mich ins Dasein zurückrufen; meinem Leben einen Wert geben, den es verloren hat.« – *Sie.* »Ich könnte es? Wie sollte ich?« – *Ich.* »Mich der Tugend wiedergeben!« – *Sie.* »Suchen Sie vor allen Dingen, Ihre Vernunft wieder aufzufinden.« –

Ich. »Unmöglich! Bei Ihnen habe ich sie verloren, und solange ich Sie sehe, ist keine Hoffnung. ...« – *Sie.* »Halten Sie ein! Sie haben meine Schwester unglücklich gemacht, wollen Sie auch noch ...« – *Ich.* »Ihre Schwester? Sie vergleichen sich mit Ihrer Schwester? Wie können Sie sich so weit ...« – *Sie.* »Halten Sie ein. Meine Schwester ist eine liebe, liebenswürdige, ausgezeichnete Frau.« – *Ich.* »Ich gebe es zu, aber sie ist – eine Frau. *Sie* hingegen sind höherer Natur. Wären Sie zwei Schwestern, warum hätte ich nicht aus den Augen der älteren das verzehrende Gift, die unauslöschliche Flamme gesogen; die mir aus den Ihrigen entgegenströmt und mein Herz verzehrt? Ja, (indem ich mich ihr zu Füßen warf) mein Herz hat nur die Wahl zwischen Ihnen und dem Tode, wenn ich nicht eile, eine ewige Scheidewand zwischen uns aufzurichten! Aber auch dann verschmähen Sie meine letzte Bitte nicht, vergessen Sie nicht ganz den Unglücklichen, der, weil Sie ihm nicht vergönnen, in Ihrer Nähe zu leben, sich in die Einsamkeit verbannt hat, um, fern von aller

---

[320] Worte des Dante in seinem Gedicht Die Hölle.

Zerstreuung, mit ihrem Bilde im Herzen ein elendes Leben zu führen und zu enden!«

Als ich so sprach, hatte sich ihr Kopf an meine Schulter gelehnt; brennende Tränen übergossen mich – tiefe Seufzer erstickten sie; – der Augenblick war erschienen; – vielleicht der einzige – ich ließ ihn nicht vorüber.

Mein Sieg war entschieden, sie lag in Ohnmacht; das schwarz gesiegelte Paket war auf den Boden gefallen; ich hob es auf, steckte es zu mir, benetzte meine Augen mit Kölner Wasser, das für Tränen gelten sollte, spritzte ihr davon ins Gesicht; sie erwachte, schlug die schönen beschämten Augen auf, heftete sie auf mich, mehr mit Verwirrung als zürnend.

Mit Rührung gedenke ich ihres Zustandes; er war von aller Ziererei so entfernt, dass sie es verschmähte, in Vorwürfe und Klagen auszubrechen und zu den bekannten Künsten und Auftritten ihre Zuflucht zu nehmen, die so alt sind wie die Liebe, wie ihre Niederlagen und Siege. Nur die wenigen Worte sprach sie: »Nicht wahr? Sie entsagen Ihrem sinnlosen Entschlusse? Ich allein will die Unglückliche sein! Doch nein, ich bin es nicht, denn Sie werden mich nicht verlassen!«

Gewöhnliche Männer sind der Meinung, dass sich alle Frauen auf eine und dieselbe Weise ergeben, so wie gewöhnliche Frauen der Meinung sind, dass alle Männer nur auf eine Weise sich hinreißen lassen. Wie unedel! Wie unzart! Selbst die Schönste der Schönen bedarf eines magischen Reizes, um ihren Fall zu veredeln und sich von ihrem Fall zu erheben. Die Reminiszenz nach dem Siege macht uns zu wahrhaft Verliebten oder Nichtverliebten.[321] Eine mittelmäßig schöne Frau, die in ihre letzte Gunst Grazie und Anstand legt, hat einen Vorzug vor denen, welche nur Reize entfalten und sich ohne angeborenen Zartsinn, ohne das natürliche, wenigstens ohne das unmerklich erkünstelte Sträuben der Unschuld, preisgeben. Nur ein solches schafft den Liebeszauber, setzt ihn weit über den Genuss hinaus und vervielfältigt ihn durch das Nachdenken. *Venus* selbst löst ihren Gürtel mit schamhaftem Erröten.

Diese Kunst, diese schöne Natur lagen in Frau *von L. C....*

---

[321] Dasselbe sagt Rousseau: Femme trop facile, voule-vous savoir si vous êtes aimée? Examinez votre amant sorti de vos bras. O amour! si je regrette l'âge où l'on te goûte, ce n'est pas pour l'heure de la jouissance, c'est pour l'heure qui la suit.

Unsere Tage flossen in einer süßen Sorglosigkeit dahin, welche die Frucht gegenseitiger Liebe ist, wenn Tag und Nacht, Nacht und Tag in beständiger Wonne abwechseln und nichts das Glück gleich fühlender Herzen stört. – Nichts? – Ach, unser Glück wurde grausam gestört. Das furchtbare Übel, das nur in der Impfung sein Gegengift findet, richtete auf einem Gesichte, das ich anbetete, seine Verheerungen an. Während der ganzen langen und gefährlichen Krankheit verließ ich das Zimmer der Leidenden nicht. Ich setzte mich der Gefahr der Ansteckung aus, wich nicht von ihrem Lager, übernahm allein alle Hilfeleistung und Pflege, und jeder Dienst, den sie aus meinen Händen erhielt, machte sie mir teurer. Noch mehr: Ich dachte nicht einmal daran, dass sie mir das Gift mitteilen könne, oder, wenn ich daran dachte, so geschah es mit einer Art von Entzücken: »Du teilst die Gefahr mit ihr, folglich ist es keine, im Gegenteil ein Glück – das Glück, mit der zu sterben, die du liebst!« – Das Ausbruchfieber war von beständigem Irrereden begleitet; sie rief mich unaufhörlich bei Namen, ich saß ihr zu Häupten und sie sah mich nicht, meine Verzweiflung war grenzenlos. Dabei war es aber eine überlegte Verzweiflung, der es nicht gleichgültig war, dass sie mich zum einzigen Gegenstand ihrer Gedanken machte, dass mitten unter ihren körperlichen Leiden ihr Geist sich mit dem meinigen beschäftigte. Aber das Entsetzlichste erwartete *sie*. Schmerzen sind nichts in Vergleichung mit der fürchterlichen Überraschung, mit dem Schreck über – Verunstaltung. Wie entsetzte sie sich, als sie zum ersten Mal, meinem langen Widerstande einen stärkeren entgegenstellend, in den Spiegel blickte und ihre verwandelten Züge sie sich selbst unkenntlich machten. Vergeblich tat ich aus vollem Herzen den Schwur, dass sie für mich noch immer dieselbe sei. Sie traute wohl der Wahrheit meiner Eide, aber noch mehr der Wahrheit des Spiegels.

»Ich lasse Ihnen Gerechtigkeit widerfahren«, sagte sie, »aber auch mir!« Ich durchschaute nicht gleich den Sinn dieser Worte; einige Wochen später wurde er mir klar. Frau *von L. C....* zog sich in ein Kloster zurück, aus welchem (sie ging hierin ehrlicher und aufrichtiger zu Werke als ich) meine Bitten und Vorstellungen sie nicht zurückbringen konnten. Sie selbst bat mich, nach Paris zu gehen und versprach mir, für den Fall erprobter Treue, ihrem Vorhaben zu entsagen und sich mir zu schenken. Ich bot ihr meine Hand an, und zwar unverzüglich (ehrlich und aufrichtig); sie war fest wie Eisen und Stahl und widerstand meinem Flehen und meiner Liebe. – Was blieb mir übrig? Ungern und mit

Kummer reiste ich ab, fühlte mich unglücklich und ward es noch mehr, als ich erfuhr, dass sie ihre Gelübde abgelegt hatte – Gelübde, die sie mir auf immer entzogen.

Welch ein Zauber liegt im Hindernis! Welche Macht in der Unmöglichkeit! Welche Ungeduld erregen beide, welche Reue ohne Trost, welche hoffnungslose Wünsche!

In ihrer klösterlichen Abgeschiedenheit erlebte Frau *von L. C....* den Anfang der Revolution und vertauschte seitdem diesen Aufenthalt mit einem Kloster in Deutschland. Hier lebt sie noch, indem ich dieses schreibe. Möge sie sich ebenso glücklich fühlen, als sie, mit allem Jugendreiz übergossen, zur Zeit unserer Bekanntschaft es zu sein glaubte! (Sollte sie dem flüchtigen Augenblick unseres Frühlings und dem schönen Vaterlande, welches wir beide verloren haben, eine Träne widmen, so fließe sie ohne Bitterkeit, als Ausdruck einer schwärmerischen Melancholie, welche köstlicher ist als die Freude!

Die Vorsehung bediente sich meiner ungeweihten Hand, sie der Gottheit zuzuführen; ich ward für sie ein Gnadenwerkzeug; ich öffnete ihr die Tür zum Heiligtum, ungefähr wie der mechanische Arbeiter den Ton zubereitet, aus welchem die Porzellanvase geformt wird, welche im reichen Schmuck der Kunst die Tafel der Könige ziert.

Aber der große Hebel weiblicher Bekehrungen ist die Hässlichkeit. Hässlichkeit macht die Weiber zu Betschwestern oder zu Teufeln – nicht selten zu beiden zugleich.

Der Graf *von Maillebois* lebte damals auf seinem Landsitze und dachte über die Ungerechtigkeit nach, die ihm den Marschallstab vorenthielt. Dieses Unrecht beschäftigte ihn ausschließlich und war das Lieblingsthema seiner Unterhaltungen; übrigens wusste er sie auch mit anderen Gegenständen zu würzen, welche für seine Freunde ein lebhafteres Interesse hatten. Er hatte mich oft eingeladen, seine Einsamkeit mit ihm zu teilen, deren Zierde eine geistreiche Gattin war, die er früher angebetet hatte und noch zu lieben glaubte. Ein allerliebstes junges Mädchen war ihre Gesellschafterin. *La Fontaines* bekannter Vers:

Et la grâce, plus belle encore que la beauté,

schien für und auf diese gemacht zu sein. Ich kam an, als sie eben ging, und sah sie kaum, als sie verschwand, gleich einem letzten Sonnenstrahl, welchen die Wolke auffängt. Vierundzwanzig Stunden nach meiner Ankunft verließ sie das Haus und schenkte mir zum Andenken eine niedliche Zeichnung, ihr oder eines Engels Werk. Dieses kleine Geschenk hätte mir beinahe das Leben gekostet: Denn als mich lange nachher in der Nähe von London Straßenräuber überfielen und ich ihnen ohne Widerstand Uhr und Börse überließ, aber mich durchaus nicht von einer kleinen hölzernen, rosafarbenen Büchse trennen wollte, worin Kleinigkeiten und besonders die kleine, hübsche Zeichnung lagen, die so großen Wert für mich hatte, war einer dieser Herren übel gelaunt genug, zur Strafe, beim Wegreiten, seine Pistole durch das Wagenfenster auf mich abzudrücken. Ich habe ihr Talent und die hübsche Hand nicht vergessen, womit sie so allerliebst malte. Noch weniger habe ich vergessen, wie sehr sie in das Altertum, in die antiken Modelle und Kostüme verliebt war und schon damals sich kleidete, wie es später unter uns Sitte geworden und wie man sich im alten Athen, unter dem schönen Himmel Griechenlands, trug.

Sie ist das erste Weib, welches ich den Beweis führen gehört hatte, dass Europas weibliche Tracht naturwidrig sei, dass es ihr an Grazie, an Bequemlichkeit fehle und dass selbst die Gesundheit darunter leide. Sie trug statt aller Bekleidung eine lange, weiße Tunika, vorn übergeschlagen, unter der Brust mit einer Rosaschärpe befestigt. Ihr Kopfputz bestand aus einer Blume im Haar. Nie habe ich schönere Formen gesehen, edler gezeichnete Konturen, eine anständigere Nacktheit einzelner Teile, es ist unmöglich, sich von ihrer so anziehenden und zugleich schmucklosen Toilette einen Begriff zu machen. Sie schien zum Beglücken geschaffen und gebildet. Sie hatte die Güte, mir in einem kurzen, erklärenden Aufsatz das ganze System ihrer Tracht zu entwerfen. Ich teilte einigen Freundinnen in Paris die kleine Schrift mit; allein es fehlte ihnen an Mut, schon damals die antike Grazie und *Vernunftmäßigkeit* anzunehmen. Doch muss man auch gestehen, dass zur Annahme einer solchen Bekleidung ein anderes Klima, als das Pariser erforderlich ist, wo die zu leichte Tracht so manche Schöne in ihrem Lenze dahinwelken lässt wie frühzeitige Blumen, wenn sie des Schutzes entbehren, der sie vor der rauen Jahreszeit verwahren soll.

Nachdem ich den Grafen von *Maillebois* verlassen hatte, welcher damals so wenig wie ich eine Revolution vorhersah, die sich immer wider meinen Willen in meine Feder drängt, begab ich mich wieder nach Paris und ließ, soviel es nur möglich war, alle Rückerinnerungen an die Provinz und an das, was mir begegnet war, hinter mir zurück. Eine der ersten Zerstreuungen, die mir begegneten, führte mir das Ungefähr an einem Abend zu, als ich die Oper verließ. Ich erneuerte daselbst die Bekanntschaft mit der liebenswürdigen Frau *von L...*, die ich früher in Mans und später bei Fräulein *von Coulanges* gesehen hatte. Letztere galt für die erste Schönheit von Paris; aber sie blieb nicht lange im Besitz dieser Ehre. Der Tod mähte die zarte Blume in der ersten Hälfte des Tages ab. Sie starb, angebetet vom Prinzen *von Bauffremont*, welcher das Eis seines Winters an der Glut ihrer Frühlingssonne erwärmte und mich selbst bei seiner Geliebten eingeführt hatte, ohne es zu ahnen, dass ich ihm einen – Pagenstreich spielen würde, obschon ich nicht mehr Page war. Aber es geschah; und wenn ich von diesem Vorfall nicht zu seiner Zeit gesprochen habe, so war's, weil die Liebelei nur kurze Zeit dauerte, nichts Besonderes hatte, der Zerstreuung und der Gleichgültigkeit Platz machte und weil es kleinlich und langweilig ist, alles zu sagen. – Ich fand Frau *von L...* wieder, wie ich sie vor ihrer Verheiratung nur flüchtig gesehen hatte; ich fand sie ebenso allerliebst, aber ausgebildeter; sie entfaltete alle Grazien, alle Reize, welche sie früher nur angedeutet hatte[322]. Ich sah sie wieder und fand in ihr die erlernte Haltung, die pikante Sicherheit, die der Ehestand gibt und denen ich vor den schüchternen, gespielten oder wirklichen Zierereien des jungen Mädchens, das sich in der Liebe versuchen oder sich gegen die Liebe sperren will, den Vorzug gebe. Ich hatte bei unserer ersten Bekanntschaft nicht übel Lust gehabt, mich ihrem Herzen zu nähern, hatte mich aber nicht tiefer eingelassen, weil mir die Mama – eine beschränkte Seele, die bei allem aufschrak und über alles zitterte, was ihre Tochter betraf – Felsen in den Weg rollte. Ich darf nicht aus der Acht lassen, dass an jenem Opernabend eben diese Mutter, in Abwesenheit des Gatten, ihre Tochter begleitete und dass sie selbst noch alle Vollkommenheiten der Schönheit, aber einer Schönheit an sich trug, welche täglich einen Vorzug nach dem andern einbüßt und sich mit starken Schritten dem Niedergang nähert. Überhaupt gibt es im Frauenleben einen glücklichen Zeitpunkt, wo die Reize sozusagen stationieren und wo die Augen noch glänzend vom Feuer der Jugend der gehorchenden Zeit den Befehl zuwinken, vor ihnen vorüberzugehen. Auf diese Periode folgt aber rasch einfallend eine zweite, wo jede Minute eine Blume welken macht, einen Reiz raubt, ein Verführungsmittel zerstört; dann bringt jeder Augenblick eine Verheerung, dann sind die Frauen noch heute begehrenswert, morgen sind sie es weniger, übermorgen gar nicht. Wie teuer ist alsdann jeder Augenblick! Wie kostbar

---

[322] Auxquels elle préludait alors.

jede Gelegenheit, zu der Jugend und ihren Freuden zurückzukehren, ehe die Zeit kommt, wo sie für uns abgeschlossen sind! Da heißt es bei der Frau nicht mehr »Überlegen«, sondern »Genießen«.

In dieser Lage befand sich die Mutter der Frau *von* L... und ihre Ideen über diesen wichtigen Punkt stimmten ganz mit den meinigen, wie ich sie hier aufgestellt habe, überein. – Strenge gegen ihre Tochter, welche noch Raum und Zeit vor sich hatte; Nachsicht gegen sich selbst, welcher beides abging. Beides ließ sich erklären. Beides war recht schön, aber zu *gotisch* für mich. Ich entschied mich schnell zu einem Vergleich: Die Nachsicht gab ich zu; die Strenge bekämpfte ich.

Ich fing damit an, der jungen Person zu eröffnen, dass ich seit langer Zeit ihr Anbeter sei und dass ihre Mutter es nicht zugeben wolle, weil sie mich ganz allein in Beschlag zu nehmen und mein Herz für sich zu besitzen gewillt sei. Der Mutter sagte ich: Sie habe mir vom ersten Augenblick an eine überlegte[323] Leidenschaft eingeflößt; dabei dürfte ich ihr aber nicht verbergen, dass ihre Tochter Absichten auf mich habe. Ich setzte hinzu: Meinem Herzen sei eine übermäßige Empfänglichkeit[324] angeboren; und da ich nur dies eine Herz besäße und es von ihr erobert sei, könne ich mich unmöglich in zwei Liebschaften teilen; daher müsse ich sie beschwören, es für sich zu behalten und nur zuzugeben, dass ich mich gegen ihre Tochter gefällig zeige, um ihrer Eigenliebe zu schmeicheln und uns von dieser Seite Ruhe zu verschaffen. – Die junge Person schien mir nicht ganz zu trauen; aber die Mutter zog gelindere Saiten auf. Wie viel weibliche Tugenden sind nur rau und lärmend, weil man sie nicht angreift! Aus diesem Grunde griff ich die ältere Tugend an, und als sie nachgegeben hatte, richtete ich es so ein, dass die Tochter die Niederlage merken musste. Ich gab ihr einen Wink und erleichterte ihr die Mittel, uns zu überraschen. Die Mutter, wohl oder übel, ließ sich alles gefallen, um Friede und Verschwiegenheit zu erkaufen. Sie musste einen Liebhaber abtreten, der so ungeschickt gewesen war, sich betreffen zu lassen, weil er eine Türe abzuschließen vergessen hatte, und ebenso wenig als seine junge Mitschuldige, den schwarzen Verrat zu gestehen Lust hatte. Auf diese Weise konnte meine Huldigung zur Tochter, als zu ihrem ersten und natürlichen Gegenstand, zurückkehren. Doch, da es Pflicht ist, Verräter zu bestrafen, selbst wenn man aus ihrem Treubruch

---

323 Raisonnée.

324 Sensibilite.

Nutzen zieht, so war ich Bösewicht genug, neue Mittel zu finden, die verlassene Dido zu trösten, ohne dass es ihre hübsche junge Rivalin geahnt hätte. Ja noch mehr: Ich war nahe dabei, der Tochter überdrüssig und der Mutter treu zu werden. Jedoch, ich besann mich noch zu rechter Zeit, brach beider Umgang zugleich ab, schrieb nach einigen Wochen beiden zugleich ein Abschiedsbillett gleichen Inhalts, und dieser große Gedanke, der ohne Mühe in mir entstanden war, schenkte uns Dreien zugleich die Freiheit wieder.

Frau *von L...* fand sich anfangs durch einen Schritt, den sie ein schlechtes Verfahren nannte, beleidigt[325], hatte aber bald Takt und Verstand genug, darüber zu lachen (denn worüber lacht die Jugend nicht?). Ihre Frau Mutter nahm die Sache nicht so leicht (ich habe es schon gesagt: In ihren Jahren versteht man keinen Spaß in diesem Punkte). Sie grollte und benahm sich viel zu theatralisch, denn das Ereignis war unbedeutend und ich hatte ihr ziemlich lange gehuldigt. Sie hat mir den Abfall nie verziehen.

Beide Damen wohnten im Hotel *Choiseul*. Der Vater hatte eine Anstellung in dem Bureau des Herzogs gehabt und es ist möglich, dass die liebenswürdige Frau *von L...* diesen geistreichen aber unmoralischen Minister zum Vater gehabt habe. Der Herzog von *Choiseul* hatte sich an das Ausland verkauft; er ist eine Pest für den Staat gewesen und hat die Krone entwürdigt; gleichwohl ist er nicht des Verbrechens schuldig, womit man sein Andenken hat belasten wollen; er hat den Tod des unglücklichen Vaters Ludwigs XVI. nicht auf dem Gewissen. Sein Bruder, der Marschall von *Stainville*, ein mittelmäßiger Kopf, ein hartherziger und gehässiger Charakter, reichte ihm nicht das Wasser. Ich werde diesen näher schildern, wenn ich zu einem Zeitpunkt komme, wo ich zu meinem großen Nachteil gegen ihn, gegen seine Dummheit und seine Ungerechtigkeit anzukämpfen hatte.

So hat denn eine Folge schlechter Minister das schöne Frankreich in eine unheilbare Verwirrung gestürzt. So tragen überhaupt schlechte Wahlen dazu bei, dass ganze Dynastien untergehen und verschwinden. So schreiten bestochene oder untüchtige Minister als höllische Erscheinungen daher, gehen dem Fall der Reiche voraus und stürzen die festesten Throne in den Staub. Sie selbst gehen vorüber, treten vom Schauplatze ab, lassen das herrschende Geschlecht hinter sich, welches bald

---

[325] Choquée.

nachher durch *ihre* Schuld verloren geht, für *ihre* Fehler und Verbrechen büßt, oft ein ganzes Volk, oft mehrere Völker in seinen Fall mit fortreißt und einen allgemeinen Umsturz der bürgerlichen Ordnung nach sich zieht.

Ihr neidischen, abgünstigen, unzufriedenen Seelen, die ihr euch nicht über die Vorzüge trösten könnt, welche man, mit Recht oder Unrecht, vor euch hat; ihr, denen die Glücklichen ein Dorn im Auge sind; ihr, die eure Verdienste unaufhörlich mit denen anderer vergleichet, um euch mit der Einbildung zu quälen, wie ungerecht, wie blind das Glück sei; schaut her, überzeugt euch, dass die großen Lücken, die in den eingeführten Rang- und Klassenordnungen entstanden sind, dass der furchtbare Einriss in das hierarchische Blatt des geistlichen Kodex dazu da sind, um die Ruhe wiederherzustellen; lasst euch sagen, wie nichtig die Gaben der Glücksgöttin und wie gehaltlos die Urkunden sind, die sich nicht auf den wirklichen inneren Wert des Begabten gründen.

Macht es euch bequem; arbeitet euch nicht ab, Grundsätze aufzustellen, Folgerungen zu ziehen, auf gegebene Grundlagen zu bauen; verliert keine Zeit mit verwickelten Berechnungen, verwendet keine Kräfte auf Vergleichung der Wahrscheinlichkeiten[326], schließt nicht von dem, was ist, auf das, was sein *soll*: Denn das unbezwingliche Schicksal, das Fatum, welches die Alten zu einer Gottheit erhoben haben, wird eure Kombinationen umstoßen und euch zeigen, dass, was die Menschen für die Regel halten, nichts weiter ist als flüchtiges Übereinkommen; das Fatum wird euch die Ungewissheit und Leere eurer eingeführten Gebräuche lehren; es wird euch dartun, dass es für euch keine feste, sichere Stelle gibt, dass in der Natur nichts unwandelbar ist als die Wandelbarkeit, nichts stetig als unsere Unwissenheit, nichts erwiesen als unsere Blindheit, und dass alle Folgen und Wirkungen, die uns selbst im System unserer armen menschlichen Ordnungen in Verwunderung setzen, uns nur deswegen wundernehmen, weil unseren schwachen Augen *alle Grundursachen* entgehen.

Dem, der ernstlich darüber nachdenkt, wird die Lust vergehen, sich auf seinen Scharfsinn etwas zugutezutun.

Ich beschäftigte mich nicht mit Gedanken dieser Art, als ich eines Abends mit dem Marquis *von Genlis* durch das Palais-Royal ging und von einer Frau angehalten wurde, die mich einlud, ihr zu folgen. Ich

---

[326] Calculs de probabilités.

hatte eben keine Lust, ihr Gehör zu geben; aber *Genlis* betrachtete sie näher, fand in ihr einen Schatz von Reizen und las auf ihrem Gesichte, dass sie nicht für ihr Gewerbe geboren sei. Je mehr er ihre Haltung und ihr Wesen herausstrich, desto mehr lachte ich ihn aus und drang in ihn, sich zu entfernen. Wie wenig sah ich voraus, was meiner wartete und welches pathetische Wiedererkennen mir bevorstand! Diese Frau war – meine Aline[327] (hat nicht jedermann die seinige?), meine junge, frische Bäuerin, welche in einem der lieblichsten Dörfer von Frankreich, unter dem Himmelsgewölbe, die erste Huldigung der Liebe von mir erhalten hatte. Wie wäre es nun möglich gewesen, ihr nicht in ihr Dachstübchen zu folgen und ihre Geschichte sich erzählen zu lassen? Sie war nur einfach; ihrer Lebensereignisse waren wenige; ach, und diese wenigen waren die natürliche Folge ihres und meines ersten Fehltritts. Was sie mir erlaubt hatte, erlaubte sie anderen; ihre Eltern hatten sie verstoßen.

Die Libertinage ist anfangs ein scheues, furchtsames Kind, wird aber bald zum Riesen und wächst in einem fort, bis sie zusammenstürzt. So war es dem Mädchen ergangen. Sie war nach Paris gekommen und in den Abgrund versunken, der unter der Gestalt eines einzigen Lasters sie alle verbirgt. Nach manchem Glückswechsel war sie in ein Elend geraten, aus welchem wahrscheinlich nichts sie gerettet haben würde. Sie *schien* nicht, sie *war* bei dieser Erzählung gerührt. Uns lockte sie Tränen ab, *uns*, besonders *mir*, der sich den strafbaren Anteil an ihrer Lage, an ihrer unwürdigen Lebensart nicht verbergen konnte. Herr *von Genlis* gab ihr mit der ihm angeborenen Freigebigkeit und Großmut alles, was er bei sich hatte, und sagte dabei: Er fühle sich glücklich, das Unrecht eines Freundes zum Teil wieder gutmachen zu können, in der Hoffnung, dass es ein andermal ein Freund ebenso mit ihm machen würde. Ich meinesteils handelte noch besser, handelte aber aus Pflicht so. Ich brachte sie in die Vorstadt Saint Jaques zum Arzte S..., und nachdem ihre Gesundheit wieder hergestellt war, versah ich sie mit dem nötigen Reisegelde, schickte sie nach der Normandie und verheiratete sie mit einem Hägereiter, der ihr ohne Umschweif alle seine verliebten Waldabenteuer gebeichtet hatte; ob sie ihm die ihrigen gestanden und die Quittungen vorgezeigt haben werde, lasse ich unentschieden.

Warum habe ich nicht immer auf diese Weise mit wenig Gutem, was so leicht getan ist, das Böse wieder ausgeglichen, welches oft so viel Mü-

---

[327] Beziehung auf Boufflers Aline, reine de Golconde. *Übers.*

he kostet und so selten ungeschehen gemacht werden kann! Fehler verbessern, ist die Tugend derer, denen die übrigen fehlen.

Dieser Teil meines Lebens zeichnete sich durch zwei, mir zur Gewohnheit gewordene Gemütsrichtungen aus, welche ich nur mit großer Mühe habe bekämpfen und mit noch größerer überwinden können. Die erste war: *der beständige Gedanke an den Tod*, keineswegs aber mit Furcht verbunden. Die zweite war: *eine unwillkürliche Beschäftigung meines Geistes*, bestehend in Träumen einer zügellosen Einbildungskraft, in Hirngespinsten, Täuschungen und Luftschlössern[328]. Es war mir oft stunden- und tagelang unmöglich, mich aus Lagen herauszuarbeiten, in welche mich meine Fantasie gebracht hatte. Heute war ich der Anführer eines siegreichen Heeres; ich eroberte eine Festung mit Sturm; meine Krieger hatten Wunder der Tapferkeit vollbracht; ich hielt nun die Wut des Siegers zurück und meine Milde wurde von den Überwundenen gesegnet. Morgen war ich König. Mein Hof war der glänzendste in Europa; ich ernannte zu den Großwürden meines Reiches; ich setzte lange Verzeichnisse tüchtiger Staatsbeamten auf; ihr Fleiß und ihre Brauchbarkeit rechtfertigten meine Wahlen. Nur fand ich oft große Schwierigkeiten, die von mir gemachten Entwürfe zu verwirklichen; dies kostete mir viel Kopfzerbrechen. Ich begünstigte die Künste, tat weniger zur Aufmunterung der Literaten, denn mir war ihre große Unkenntnis der Welt, ihr noch größerer Eigendünkel, ihre Undankbarkeit und der Widerwille bekannt, mit dem sie sich in das Joch der Oberherrschaft und in die Untergebenheit fügen. Ich gab Feste; Feste gehören zu den Pflichten eines Königs, wenn er die übrigen erfüllt hat. Ich war auf den Glanz meines Thrones bedacht; denn das heißt, auf die Erhaltung desselben bedacht sein. Wer diesen Satz leugnet, verdient zu den Dummköpfen gerechnet zu werden oder zu den Faktionsmännern, für die es die größte Freude ist, das herabzusetzen, was sie hassen. – Ein anderes Mal verwandelte ich mich in einen christlichen Redner. Als ein zweiter *Bossuet* donnerte ich von der Kanzel herab; Könige und Völker erbebten vor der erhabenen Sprache, die ich führte, und das Lob, welches ich den Großen im Grabe erteilte, war für sie eine Hindeutung auf ihr lebendes Nichts. – Wieder ein anderes Mal war ich der begünstigste Liebhaber einer großen Königin, der meine reiche und freigebige Einbildungskraft eine Macht ohne Grenzen, eine Schönheit ohne Flecken lieh. Ich hatte alle

---

[328] Châteaux en Espagne.

meine Nebenbuhler entfernt; die Welt lag zu ihren Füßen; *sie* lag zu den meinen. – Noch ein anderes Mal hatte ich die Narrheit (denn eine Narrheit war's), mein Leben über mehrere Jahrhunderte ausdehnen zu wollen. Ich legte mir die Macht bei, alle Formen, die mir gefielen, anzunehmen; ich durchreiste Europa unter verschiedenen Namen und Gestalten; ich erfüllte es mit meinem Rufe, mit tausend abwechselnd rühmlichen und scherzhaften Abenteuern; nur mussten beide immer etwas Wunderbares an sich tragen. – Das traurigste bei dieser Seelenkrankheit war, dass, sobald sich eine solche Idee meiner bemächtigt hatte, sie mich nicht wieder verließ, sondern zur fixen wurde, die mich in die Welt begleitete, allen Zerstreuungen widerstand, in meiner Fantasie tiefe Wurzeln schlug, mich von allem ablenkte, wachend und schlafend in mir lebte und webte, keimte und wuchs, mich oft am Schlafe hinderte oder beim Erwachen sich an die Spitze aller meiner Gedanken stellte, ja oft mein einziger Gedanke war.

Sich auf diese Weise an eine fixe Idee hängen, heißt den kürzesten Weg zur Narrheit und Tollheit einschlagen.

Der Mann, welcher sich abwechselnd für *Tancred, Alcibiades, Bajazet, Ludwig XIV., Demosthenes* halten wollte, würde zuletzt das Los des Unglücklichen teilen, den man einsperren musste, weil er sich einbildete, *Gott der Vater* zu sein. Der arme Mann war in allem Übrigen so vernünftig wie ein anderer. Ich weiß nicht, warum man sich so streng gegen ihn benahm. Er hatte seine Art von Narrheit; ich gebe es zu; haben wir aber nicht alle die unsrige? Und wie viele Narren gibt es, welche gefährlicher und schädlicher sind, besonders wenn ihnen auf Erden diejenige Macht und Gewalt zugeteilt ist, welche er in seinem unschuldigen und unschädlichen Wahn über Himmel und Erde glaubte ausüben zu können!

Ich fasste den Entschluss, meiner Fantasie diese romanhaften Ausflüge zu untersagen, sie von der Gefahr, sich durch Afterschöpfungen unglücklich zu machen, zu befreien, meinen *Selbstverwandlungen* so wenig Gewicht als möglich beizulegen; mit einem Worte, in der Wirklichkeit zu leben und nicht länger den nichtigen Träumen eines wachenden Toren nachzuhängen. Es kostete mich viel Mühe, eine Gewohnheit abzulegen, die mich in die ungemessenen Räume der Einbildung versetzte, und dem Wahne eines grenzenlosen Horizonts zu entsagen. So viel Herbes hat das wirkliche Leben! So sehr sucht die Natur den bitteren Kelch zu versüßen!

Von diesen immerwährenden Luftbildern und abgezogenen Ideen konnte mich nur eine andere Grille befreien – der *Gedanke an den Tod*. Der Tod war mir beständig gegenwärtig, obschon ohne mich zu schrecken. Doch berührte seine Knochenhand die Blumen meines Lebens und machte sie verdorren. Alles Glück, alle Freude, die mir ward, störte und zerstörte sein Anblick. Was ist, sagte ich zu mir selbst, das Dasein eines Tages und alles, was diesem Dasein Wonne oder Schmerz, Ruhm oder Schmach geben kann? Welchen Wert kann ich den Täuschungen einer Stunde beilegen, welchen schon morgen der Tod ein Ende macht? Wird auf meinen Lippen das Lachen schweben, wird in meinem Herzen die Freude wohnen, wenn alles mir zuruft, dass ich zum größten aller Leiden verdammt bin, zum Unglück, geboren zu sein? – Wenn alles Zeugnis ablegt, wie wenig das *Sein* für uns ist? – Wenn alles bezeugt, dass wir nur belebter Staub sind, den der Hauch der Winde zerstiebt! Das schönste Werk und Meisterstück der Natur, das Weib, vollkommen an Reiz und Gaben, hat alle Schätze ihrer Liebe an mich verschwendet ... das wenige Glück, was auf Erden ist, habe ich, wenn es irgendwo anzutreffen ist, in ihren Armen gefunden ... ich *glaubte* es gefunden zu haben, als die Überlegung es vergiftete. Die einladenden Spaziergänge, die großen gesellschaftlichen Zirkel, die prächtigen Feierlichkeiten und Aufzüge, die Bälle, die Schauspiele – alles wollte mich locken, mich anziehen, mir schmeicheln, mir gefallen ... aber immer überraschte mich mitten im Genuss das Bild des Todes, es erschien mir bei der Biegung einer Allee, trat hinter einer Säule des Ballsaals hervor, stellte sich mir im Schatten eines halb erleuchteten Boudoirs entgegen, setzte sich neben mich an die Festtafel. Überall sah ich den Tod ... selbst auf den Rosenlippen der lachenden Schönen, die ich für seinen *morgenden Raub* hielt. ... Überall ist *er*, und *wir*, was sind wir? *Sterbliche, Sterbende!* – Und ich sollte mich von Eindrücken lebhaft hinreißen lassen, für etwas, das keine Spur zurücklässt? Ich sollte Chimären, die keinen Wert haben, weil es ihnen an Wirklichkeit fehlt, Wert beilegen? Ich sollte Hirngespinsten nachgehen, die hinfälliger sind als das Laub, welches sich mit jedem Frühling erneut, flüchtiger als der Sand, den der Wind zerstreut und wieder zusammenweht? – Ich lese ein Buch, das mich rührt und mich zu Tränen rühren würde, wenn ich beim Lesen mich gehen ließe. ... Aber mich unterbricht der Gedanke an den Tod und mit ihm endet plötzlich alles. Ich schlage das Buch zu, wäre es wohl der Mühe wert, es auszulesen? Wird der Tod den Leser nicht vielleicht überraschen? – Kann ein Lob mir Lebenden schmeicheln? Kann ich nur ein Lob verdienen? Was ist in diesem allen *mein*? Was gibt es auf Erden, das nicht mangelhaft sei? Mangelhaft an Kraft und an *Dauer*? Lässt sich Gutes da finden, wo alles auf Vergänglichkeit und Kürze hindeutet? Ist das, was wir Vollkommenheit nennen, weil es weniger unvollkommen ist, nicht ein doppeltes Unglück, da ihm die Eigenschaft abgeht, zu dauern und Wurzel zu schlagen? – »Wohlan«, rief ich aus, »so gibt es also im Leben keine Substanzen, nichts als Phänomene, Erscheinungen ohne Körper und Grundlage, und die ganze Menschheit ist nichts als eine Familie von Schattenbildern! Ja, ich bin nicht einmal gewiss, ob das, was ich *mein Ich* nenne, mir mehr angehört als, was ich bei einem anderen sein Ich nenne. Nur eines ist gewiss, der Tod, und vielleicht ist auch dies Wort ein leerer Schall, denn ist es möglich, dass, was nicht *angefangen* hat, *aufhören* könne?

Das waren die beiden Feinde, welche ich lange zu bekämpfen hatte und von denen mir eine tiefe Verachtung des Lebens und ein hoher Grad von Schwermut zurückgeblieben ist. Jene habe ich nie verleugnet, diese verbarg ich lange unter der Außenseite von Leichtsinn und Etourderie, jetzt aber zeigt sie sich offenbar. – Ich kann nicht begreifen, wie andere sich lebhaft freuen, wie sie über etwas sich höflich verwundern können, ich muss ohne Rückhalt gestehen, dass ich nur mit einer Art von Unwillen und Geringschätzung auf Leute herabsehe, welche Entwürfe für die Zukunft machen oder mit ernstem Eifer die Interessen des Lebens wahrnehmen und betreiben, wo alles nur Ungewissheit, Dunkel, Abgrund und Armseligkeit ist. Kann man wohl anders empfinden, wenn man über die Natur des Menschen nachgedacht hat? Können wir aus der Betrachtung unserer Schwachheit, unseres Wissens, unserer Unwissenheit einen andern Schluss ziehen?

Es gibt Menschen, welche nie darüber *nachgedacht* haben, andere, die so schnell und leicht darüber hinweggeglitten sind, dass Betrachtungen dieser Art in dem unfruchtbaren Boden ihres Gemüts keine Wurzeln schlagen, keine Früchte hervorbringen konnten. Am Morgen haben sie in Erfahrung gebracht, dass ihre sterbliche Hülle umkommen müsse; am Abend haben sie den Stolz einer Gottheit gefühlt, die das Bewusstsein ihrer Unsterblichkeit in sich trägt. Sie haben in Erfahrung gebracht, dass nichts von dem, was man auf Erden verfolgt oder erreicht, für die Bestrebungen, Anstrengungen, schlaflosen Nächte und Kriechereien des Ehrgeizes und der Habsucht schadlos hält, und am Ende stehen sie da, bestürzt, betrogen, umgeben von allen Beängstigungen der Ungewissheit, von allen Peinigungen des Misslingens, von allen Bewegungen der Hoffnung, von dem Rausche der Scheintriumphe, von der Eitelkeit des Gelingens und von den Erschütterungen der vorübergehenden Freude. Sie haben in Erfahrung gebracht, dass nichts dauerhaft sei – und handeln, als wenn sie das Privilegium der Ewigkeit erhalten hätten. Sie haben in Erfahrung gebracht, dass Titel, Würden und Ehren nichts weniger als Titel, Würden und Ehren sind, dass mit Schätzen Goldes keine Lebensstunde erkauft wird, dass die unsinnige Anhäufung des blendenden Metalls uns überlebt. Sie haben endlich in Erfahrung gebracht, dass alles unterm Monde Rauch und Dunst ist – und doch finde ich sie in Rauch und Dunst gehüllt und der ewigen Wahrheit vergessend: »Alles unter der Sonne ist eitel.«

Es sind *zwei* Menschen in ihnen (und vielleicht auch in *mir*). Sie haben, wie alles, zwei Seiten, es geht ihnen und uns allen, wie dem Pentheus

> ... vidit Pentheus
> Et solem geminum et duplices se ostendere Thebas.329
> Wir sehen doppelt – und oft sehen wir nichts.

Lebt wohl, ihr Täuschungen des Ruhmes, von denen auch mir bisweilen geträumt hat, lebt wohl, einschmeichelnde Täuschungen der Liebe, denen ich einen großen Teil meines Lebens gewidmet habe, lebt wohl, glänzende Spiele der Fantasie, die mir oft diese Welt mit bunten Luftbildern ausgemalt hat, lebt wohl, eure Nichtigkeit ist mir bekannt, eure Leere ist mir in ihrem ganzen Umfang offenbar geworden. Dieses Lebewohl kommt mir von Herzen und ist – mein letzter Abschied. Schaubühne ohne Fundament, Schauspiel ohne wirkliche Intrige, ohne deutliche Entwicklung. – Du hast keine Rollen mehr für mich! Unfruchtbares Feld, du trägst nur farblose Blumen, nur saftlose Früchte, in deinem so weiten und doch so engen Bezirk werde ich nicht mehr herumschweifen. Ich bin von allem enttäuscht – von allem losgesagt330. In meinen Augen ist kein Unterschied zwischen dem Pantheon und den Gemonien331. Ich habe die Welt gesehen, überall hat mich ihre Leere ver-

---

329 Ovid. Metam. III. 9.

330 Désillusionné, désintéressé.

331 Abschüssiger Platz in Rom, von dem die Leiber der Hingerichteten mit einem Haken fortgeschleift wurden. *Übers.*

folgt, ich habe Könige und Völker kennengelernt, Nationen besucht, ich habe versucht und erprobt, was in den menschlichen Tätigkeiten das tätigste ist – und habe als Endresultat das Nichts herausgebracht.

Nach so vielen krampfhaften Gemütsbewegungen hatte ich eine Frau gefunden, den Inbegriff von allem Guten und Schönen, eine Frau, der ein Engel seine Züge, eine Gottheit ihre himmlische Milde geliehen hatte; »die süßesten Empfindungen – so dachte und sprach ich – werden ihren Reiz über mein ganzes übriges Leben verbreiten.« ... Aber auch hier halte ich ein und stehe vor dem Abgrund, vor der bodenlosen Tiefe meiner letzten getäuschten Hoffnung, vor einem Ergebnis, welches so traurig, so außerordentlich ist, dass mein Schmerz darüber mich in das Grab begleiten wird – ein Schmerz, der mein Herz dergestalt zermalmt, dass selbst die Verleumdung, von der dieser Gegenstand meiner Anbetung nicht verschont worden ist,[332] mich ebenso unempfindlich gegen ihre giftigen Pfeile gefunden hat, als ich es gegen die künstlichen Trostgründe geblieben bin.

---

[332] Diese Geliebte hatte sich ertränkt. *Übers.*

15. Kapitel

Je vis une de ces femmes qui réunissent comme par miracles les diverses perfections don't les Anciens composèrent leur beau idéal. Je la vis, et je me sentis soudainement frappé comme d'un coup de foudre: mon âme se détacha de moi. Cette femme parla, j'entendis comme la voix d'un homme, et mon âme à l'instant même me fut rendue.

Reiz einer schönen Stimme – Widriger Eindruck eines rauen Organs – Ich sehe eine vollkommen schöne Frau in den Champs-Elysées – Ich sehe sie wieder bei Lady D... – Ihre Stimme macht sie in meinen Augen hässlich – Einige Liebesabenteuer – Mit Frau von S... – Sie zieht mir den Grafen von Polastronvor – Der russische Gesandte, Herr von Simolin, führt mich bei seiner Geliebten ein – Ich trenne mich von beiden – Ein Abenteuer, welches mir zum großen Vorwurf gereicht – Es spinnt sich auf dem Opernball an – Die Art, wie mich die schöne Ungenannte zulässt – Worte, die ihr entfallen und mich beleidigen – Mein Entschluss – Ich bediene mich eines andern, um mich zu rächen – Damp... vertritt mich – Ball beim Prinzen von Salm – Bonmot von, ihm – Widersprüche in seinem Charakter – Sein Ruf – Stirbt auf dem Blutgerüste – Frau von R... auf dem Ball; sie verlässt ihn, um abzureisen – Ich reise ihr nach – Liebeserklärung – Ich halte mich in ihrer Nähe auf – Mein Kammerdiener – Ihre Kammerfrau – Sie kommt zu mir – Ich schleiche mich in ihr Schlafzimmer – Meine Taktik – Mein Sieg – Rückkehr nach Paris – Bemerkung über Frau von R... – Sie trennt sich von mir – Für wen? – Ein Wort über zähe Liebhaber – Demütigendes Ereignis – Edles Verfahren des Herrn Le Noir – Zweiter Unfall – Mademoiselle Guiraud – Jugendliche Aufwallung – Der Intendant von Chalons – Meine Bekanntschaft mit ihm – Dritter lächerlicher Auftritt – Der Graf A. du Luc – Ein umgefahrener Herr im roten Rock – Volksauflauf – Ein Kommissar, wie es wenige gibt – Seine Frau; seine Nichte – Mein Abscheu vor Ehemännern, die ihre Frauen schlagen – Meine Behauptung, dass ein Liebhaber seine Geliebte schlagen darf – Ein feindlicher Genius verfolgt mich – Rosalie im Foyer des Théâtre Italien – Unangenehmer Auftritt mit Mademoiselle Colombe – Sie fordert ihren Liebhaber, Herrn von Lubersac, zur Rache gegen mich auf – Duell auf dem Platze Ludwigs XV. – Beide verwundet – Aussöhnung – Ich hüte das Zimmer – Besuche – Herr Rétif de la Bretonne sucht mich auf – Seine Absicht – Sein Pay-

san perverti – Meine Meinung über ihn – Herr de la Harpe – Dessen Urteile über Restif, Roucher, Rivarol, Beaumarchais – Mein Streit mit Beaumarchais – De la Harpe wird von den Hefen der Literaten verfolgt – Sein unruhiges Leben – Seine politischen Irrtümer – Seine Reue – Sein schönstes literarisches Denkmal – Er stirbt, als sein Ruhm ihn über seine Neider zu erheben anfing – Lohn für literarische Arbeiten – Betrachtungen über mich selbst als Schriftsteller – Eigenliebe und Bescheidenheit sind gleich lächerlich – Ein paar Worte über die Nachwelt ...

Oh du, mächtigste Verführung! Zauberischer Reiz, unwiderstehliche Macht! Siegreiche Magie eines zarten, rührenden Organs! Wie eindringend und sicher ist deine Gewalt! Wie spricht es zum Herzen, erobert es und gibt es nicht wieder zurück! *Silberstimme*, du bist für die Worte, was *Grazie* für Form und Gestalt, was der *Geist* für den Körper ist. Du veredelst die nichtssagendste Rede im Munde der unbedeutendsten Frau ... Wo du fehlst, verliert das Gespräch der Engel ihren Wert. ... Ihr sanften, biegsamen Töne, Musik der Sprache, mit euch hört die Hässliche auf, hässlich zu sein ... ohne euch ist die Schönheit nicht mehr schön ... wird es nicht wieder, auch wenn sich ihr Mund geschlossen hat. Wo ist der Wilde, der nicht Liebe lispelt, wenn er liebt, und dessen Herz ohne Worte Liebe atmet? Harmonischer Wohlklang, Widerhall der empfindenden Seele, ich folge lieber deinem süßen Betruge in die Schatten der Nacht, als dass ich, von der Sonne bestrahlt, eine Schöne an mein Herz drückte, deren männliche Stimme die Liebe und ihre Freuden verscheucht!!

In den Elysäischen Feldern hatte ich einst eine Frau von außerordentlicher Schönheit gesehen, eine von den Frauen, welche uns die Lust benehmen, nach anderen zu schauen, und deren Bild im Herzen zurückbleibt, wenn man es aus den Augen verloren hat. Ich zweifelte schon, sie wiederzufinden, als ich eines Tages zu Issy, bei Milady D..., die damals mit ihren reizenden Töchtern sich in Frankreich aufhielt, in einer großen Gesellschaft – nur Augen für eine hatte. Es war die Göttin meines Herzens, die einzige, die meine Gedanken gefesselt hatte. Welch Entzücken, sie so unvermutet wiederzusehen, den Namen derjenigen zu erfahren, die der geheime Gegenstand meiner Huldigung war, und ihr diese Huldigung zu Füßen legen zu können? Sie sprach wenig, war eine Engländerin, und es währte lange, ehe ich entzaubert ward. Aber, oh Götter, wie ward ich es! Wie fiel ich aus allein meinen Himmeln! Ihre Stimme war eine Mannesstimme, eine Stimme, die man selbst einem Manne zum

Vorwurf hätte machen können, ein so raues und unbiegsames Organ, dass kein Mann bei einer Frau von feinem und zartem Gehör sein Glück damit machen würde. Die Lady hatte ohne Zweifel bemerkt, wie viel Mühe ich mir auf der Promenade gegeben, ihre nähere Bekanntschaft zu machen, und welchen Eindruck ihr bloßer Anblick bei meinem Eintritt in die Gesellschaft auf mich gemacht hatte. Um so mehr musste es sie wundernehmen, dass ich eine so erwünschte Gelegenheit so wenig benutzte. Es war mir aber schlechterdings unmöglich, ihr näher zu treten und ein Gespräch mit ihr anzuknüpfen, sobald ich sie nur einmal hatte sprechen hören. Sie war in meinen Augen eine frische, schöngefärbte Frucht, welche zum Pflücken und Anbiss einladet, schneidet man sie aber auf, so findet man den Wurm, der sich eingesponnen hat; sie war eine glänzende Blume mit unverletzten Blättern, deren Kelch aber geruchlos und angegangen ist. Im Geiste sprach ich zu ihr: Schöne Statue, wie schade, dass du mit der Stimme begabt bist! Hätten dich die Götter mit Stummheit geschlagen, wie sehr würde dich alles bedauert haben! Jetzt, da du sprichst, wie gern vergisst man dich!

Inzwischen konnte ich doch kein Auge von ihr wenden. Ich horchte lange und aufmerksam, ob sich ihr Organ vielleicht mildern möchte. Fängt man an, eine Frau zu lieben, und entdeckt dann bei ihr einen Fehler, eine Unvollkommenheit, oh, wie sehr ist man darauf bedacht, sich dessen zu versichern, um sich zu entschließen, ob man sie lieben soll oder nicht! Sobald ich nicht mehr an der rauen Bassstimme meiner Schönen zweifeln konnte, war mein Entschluss gefasst: Ich entfernte mich, aber mit Schmerz und wie man sich von einem Freunde trennt, der unser Zutrauen verraten, unsre Hoffnung getäuscht hat.

Bis dahin, wo ich eine andere fände, die ich lieben möchte, beschäftigten mich im Fluge einige kleine Abenteuer, über die ich schnell hinweggehen werde, weil ich sie nicht für interessant genug halte, den Leser damit aufzuhalten. So habe ich zum Beispiel einer Frau *von S...* vier Wochen gehuldigt, an die sie vielleicht noch weniger zurückdenkt als ich selbst. Ich speiste nämlich beim Obersten *von St...,* in einem Hôtel garni der Vorstadt Saint Germain. Die Gesellschaft hört mit einem Male einen Lärm. Ich erkundige mich näher und erfahre, dass man im Begriff ist, sich der Frau *von S...,* welche im Hotel wohnt, zu versichern, sie abzuführen und Gott weiß was noch mehr gegen sie zu beginnen. Ich eilte zu den Gerichtspersonen, und da keine Minute zu verlieren war, biete ich als Zahlung, mindestens als Kaution, Uhr, Pferd, Kabriolett, ja selbst meinen *Jockey* an. Die *ehrlichen* Leute, mit denen ich zu tun habe, wollen aber alle diese Unterpfänder nur zu 50 Louisdor anschlagen. Der Oberst *St...* leiht mir zwanzig; ich lege meine ganze Barschaft dazu und befreie die Schöne mit den schwarzen Augen. Sie glaubt sich ihrerseits durch Dankbarkeit gebunden, ich hingegen glaube, aus Zartgefühl mich nicht aufdringen zu müssen. Nach einigen Tagen wendet sich das Blatt und ich nehme zum Vorwand eines Besuchs den Dank, den *ich ihr* schuldig sei, weil sie eine so geringe Dienstleistung *von mir* angenommen hätte. Einen ganzen Monat hatte ihre Erkenntlichkeit gedauert, als ich eines Abends den Obersten *Polastron* mit seiner Violine eintreten sehe, denn ohne diese ging der Herr Oberst nie aus, er führte sie beständig in der Tasche oder unterm Arm oder – im Munde. Bruder und Gatte zweier ausgezeichneter Frauen, besaß er von beiden nur das schmachtende Wesen. Er liebte Frau von S... und härmte sich im verheimlichten Schmerz ab, aber ich erriet ihn bald und bemerkte, dass wir beide einem Gegenstand unsern Weihrauch brachten. Nun fand ich es ratsam, mich mit ihm zu verständigen; ich befragte ihn offenherzig um seine Herzensangelegenheit; er antwortete mir mit Tränen in den Augen und aus beklommener Brust. Jetzt kam die Reihe an unsere gemeinschaftliche Schöne. Ich machte ihr einige Vorwürfe, empfahl mich beiden und ließ das Paar beieinander.

Kurze Zeit nach diesem, der Ruhe eines dritten dargebrachten Opfer, rühmte mir der russische Gesandte in Paris, Herr *von Simolin*, mit allem diplomatischen Ernste das Glück, das ihm in dem Umgange mit Frau *von Al...* zuteilgeworden sei. Diese Dame war eigens nach Paris gekommen, ihn zugrunde zu richten. Sie war in dieser löblichen Absicht von Marseille angelangt – dieser zweimal durch die Pest berühmt gewordenen Stadt, einmal, als ihr Bischof *Belzunce* sich durch die edelste Aufopferung für seine geistliche Herde unsterblich machte, und das andere, als sie, pestartiger als je, aus ihren Mauern die Bluthunde über Paris ausspie, welche, den Thron umstürzend, frech genug waren, sich die Begründer, Verfechter und Anbeter der Freiheit zu nennen.

Simolin, mit seiner blonden, sorgfältig gekräuselten Perücke und seinem übrigen alten Jünglingsaufputz, hielt sich für geliebt (dafür halten sie sich alle) und suchte – der Narr! – Zeugen seines Glücks. Seine Wahl fiel unter anderen auf mich. Er führte mich bei seiner Göttin ein und in ihrem Kabinett, an ihrem vertraulichen Kaminfeuer, leistete ich ihm alle üblen Dienste, welche ein hübscher, junger, lebhafter Mann einem Fat leisten kann, der weder das Eine noch das Andre noch das Dritte ist. Ich will ihm seine Verdienste als Diplomat nicht abgesprochen haben, aber der Dienst der Großen ist von dem Dienste der Schönen so unendlich verschieden, es ist ein so himmelweiter Abstand zwischen Depeschen und Liebe; so mancher schreibt Berichte und offizielle Akten mit leichter Mühe, der sich dem Spotte aussetzen würde, wenn er vier Zeilen an seine Angebetete aufsetzen wollte. So erging es dem Gesandten. *Ich* war der Geliebte, nicht er; und als er es durchaus nicht von selbst merken wollte, setzte ich es ihm ziemlich klar auseinander. Er machte anfangs einen gewaltigen und lächerlichen Spuk, allein Zorn und Wut legten sich so schnell, dass mir seine Ruhe lästig wurde und selbst die Reize seiner Schönen mich langweilten. Eines Abends, als ich bei ihr speiste und Streit suchte, gab eine *Heloise* in Email auf meinem Uhrdeckel günstigen Anlass dazu. Die Schöne aus der Provence hielt das Bild für das einer Rivalin und bestand darauf, dass ich es ihr zum Opfer bringen sollte, ich meinerseits schützte ein Nasenbluten vor, begebe mich in ein Nebenzimmer, nehme meinen Hut, springe aus dem Fenster auf den Boulevard und lasse die Didone abbandonata allein bei Tisch. Sie erwartete mich lange und würde mich vielleicht noch erwarten, wenn sie nicht nachher als Witwe des Generals *Custine* gestorben wäre, der, im Dienste der französischen Republik – als diese selbst im Dienste des Herrn *Maximilian Robespierre* stand – seinen Kopf unter die Guillotine gebracht hat.

Meine Damen, geben Sie acht, es kommt noch schlimmer! Schönes, gefühlvolles, nachsichtsvolles Geschlecht, Gnade, Gnade! Gnade für die größte Sünde meines Lebens! Ich bin, wie Sie sehen werden, ein wenig dazu verleitet worden, allein das will alles nichts sagen, ich bekenne mich schuldig und straffällig, spreche mir selbst das Verdammungsurteil und flehe Sie um eine Begnadigung an, deren ich mich unwürdig fühle.

Es war einmal in Paris eine überaus reizende Frau, liebenswürdig und hübsch, wie man es nur sein kann. Sie galt für einen Tugendspiegel, sie war weit, weit von Paris aus einer Provinz, wo die Frauen mehr angenehm als schön sind, wo sie mehr fühlen als empfinden, mehr Sinn als Sinnlichkeit haben[333]. Die, von der ich hier spreche, besaß Reize aller Art und vor allem das beste Herz von der Welt. Ihr Mann brachte die Nächte beim Spiel zu, verlor ungeheuer, und die gute Stadt Paris, wo man wie überall nur mit Leuten spielen muss, die man sehr genau kennt, oder –

---

[333] Plus de sens que de sensibilité.

was noch besser ist – gar nicht spielen müsste, hatte seine Finanzen in die größte Unordnung gebracht. Ich war mit der Frau in Gesellschaften zusammengekommen und hatte sogar auf dem Opernball – der schönsten Gelegenheit zu dergleichen Abenteuern – eine Art von Roman mit ihr angesponnen.

Nachdem sie sich so lange gegen mich gesträubt hatte, als nötig ist, eine zärtliche Flamme anzufachen und eine Zeit lang zu unterhalten, hatte sie sich ergeben, und da sie keine ihrer Frauen zur Vertrauten machen wollte (was ich sehr billige und allen Schönen empfehle, von welchen es abhängt, Gebrauch davon zu machen), übernahm sie es jederzeit selbst, mir eine kleine, geheime Tür zu öffnen, welche von hinten zu ihrem Zimmer führte, sodass ich ganz unbemerkt mich hineinschleichen konnte. Die Tür stieß auf einen dunklen Korridor, von da ging es durch finstere Gänge und Umwege, es war ein wahres Labyrinth. Dieser heimliche Zutritt, dieser Irrsaal hatte für mich etwas Pikantes, Romanhaftes und amüsierte sie und mich. Die Liaison würde lange gedauert und ein schickliches und anständiges Ende genommen haben, hätte mich ein ihr entschlüpftes, unzeitiges Wort nicht auf Gedanken gebracht, die mir sonst nie eingefallen wären. Eines Abends, als ich mich im Dunkeln an einem Gerät gestoßen hatte und mit übler Laune darüber Beschwerde führte, gab sie mit einem Tone, der an Härte grenzte, zur Antwort: »Nicht wahr, mein Herr, Sie möchten wohl durch die *Haupttür* zu mir kommen, bei hellem Kerzenschein, von allen meinen Leuten und im Notfall von ganz Paris gesehen? Ich aber, mein Herr, bin entschlossen, meinen Ruf nicht aufs Spiel zu setzen und mich so gut vorzusehen, dass selbst Ihr Ausplaudern[334] unsers Geheimnisses keinen Glauben finden würde.« – Als wäre der Blitz zu meinem Füßen gefallen, als hätte mich der Donner gerührt, stand ich da, sprachlos, unbeweglich, musste mich an die Wand lehnen, konnte vor Bestürzung und Wut kein Wort aufbringen. Wir waren noch im Korridor, sie langte nach meiner Hand, ich stieß die ihrige zurück; so gelangten wir auf ihr Zimmer, *sie* mir folgend, *ich* mit dem einzigen Gedanken beschäftigt, sie mit Würde zu verlassen und nie zurückzukehren. Aber die große, edle, majestätische Rache setzte in mir eine Gewalt über mich voraus, die ich damals noch nicht besaß und die sich nicht in Gesellschaft einer Frau erzwingen ließ, die so manche Wünsche erregte und in meiner Macht war. Sie ihrerseits ver-

[334] Vos indiscétions.

schwendete Liebkosungen und Lockungen aller Art, sie gab dem Gesagten eine leichte, scherzhafte Wendung, die der Beleidigung den Stachel benehmen sollte, »sie habe sich nichts Schlimmes dabei gedacht, sie sei an der Bedeutung, die man ihren Worten geben könne, unschuldig«, kurz, meine Sinne wurden aufgeregt und mein Herz beschwichtigt.

Aber kaum zu Hause angelangt, stellte ich andere Betrachtungen an, welche sämtlich das »Schuldig« über sie aussprachen. Es war weiter kein Gedanke an großmütige Verzeihung in mir. Ich sann nur auf Rache. *Damp...*, damals Offizier bei den Garde-du-Corps, ein Mann, der so wenig Ursache hatte, die Revolution zu lieben und dennoch einer der Ersten war, die sich von dem Strudel fortreißen ließen, hatte sich mir bei mehreren Gelegenheiten gefällig gezeigt. Unter andern war er so artig gewesen, eine junge Malerstochter, die ihn liebte und die ich auch sehr hübsch fand, mir auf das erste Wort abzutreten, ja, noch mehr, sie zu bewegen, mich anzunehmen. Es gelang ihm nicht ohne Mühe, sie zu bereden. Vielleicht mochte er ihrer überdrüssig sein, aber das gehört nicht hierher, und überhaupt muss man Beweggründe dieser Art nicht so genau zergliedern und in eine gute Handlung nicht so tief eingehen, was bliebe sonst von den meisten derselben übrig? – Dem sei, wie ihm wolle, ich zog nicht lange Nutzen von seiner Gefälligkeit, denn die Kleine verließ Paris und trat in eine Provinzial-Schauspielergesellschaft ein. Wir hatten beide diesen Entschluss auf unserm Gewissen, dabei musste uns noch überdies der Gedanke quälen, dass eine sehr schlechte Schauspielerin aus ihr geworden ist, was uns doppelt strafbar macht, erst gegen sie, dann gegen das Publikum. Was ihn betraf, der sie mir so großmütig abgetreten hatte, so begnügte ich mich nicht, ihm meine Dankbarkeit mit Worten auszudrücken, sondern machte mich zu jedem Gegendienste erbötig. Und so kam es denn, dass bei dieser Gelegenheit, und da ich auf Rache über die erlittene Beleidigung sann, mir mein Freund einfiel. Ich kannte ihn als einen feuerfangenden Kopf, ich war überzeugt, er würde mich weder verraten noch mir Schande machen, kurz, ich fand gerade in ihm den Mann, der mich aus dem Stegreif vertreten, sich glücklich machen und meine Schöne züchtigen könne. Er hatte ungefähr mein Maß. Überdies hatte ich einige Mal bei meinen nächtlichen Zusammenkünften mit ihr einen großen Muff getragen, den ich mir vor das Gesicht hielt, wenn mich fror. Finster war es, es bedurfte nicht vieler Umstände. Ich lieh meinem Freunde den Muff und machte ihm seine Lektion. Ja, ich ging noch weiter und versah ihn mit den Wohlgerüchen, an welche meine Dulzinea gewöhnt war.

Um aber in meiner Erzählung nichts auszulassen und in der gehörigen Ordnung zu bleiben, muss ich bemerken, dass ich anfangs Mühe hatte, ihn dahin zu bringen, und dass er nur einwilligte, nachdem ich ihm den Gegenstand genannt und ihn überzeugt hatte, dass im äußersten Fall[335] ihm nichts Schlimmeres begegnen könne, als – die Partie zu verlieren und – Tür und Straße zu gewinnen. So entschloss er sich denn zu diesem Abenteuer und machte sich nach Mitternacht auf den Weg. Es war im Februar. Gesicht und Kopf in den wohltätigen Muff begraben, ließ er, als ihm geöffnet ward, nur unverständliche Laute hören wie einer, den friert. Er fand einen Arm, hing sich daran und folgte mit festem Tritt, wie ein des heimlichen Ganges und Labyrinths Gewohnter. Ich hatte ihn mit der Topografie des Orts bekannt gemacht. War man die Hintertreppe hinauf, so kam man an ein kleines Kabinett, dessen Türe halb offen stand, um den Korridor spärlich zu beleuchten. Ein Tisch mit Blumenvasen, eine marmorne Badewanne, eine kleine Kommode mit einem einzigen Lichte, einige Stühle, ein Sofa, machten das ganze Gerät aus. Kurz, ich hatte *Damp...* alles genau beschrieben und vorgezeichnet. Im Kabinett nahm nun die eigentliche Gefahr ihren Anfang. Desto größer aber auch war sie. *Damp...* musste, meiner Anweisung gemäß, etwas vorangehen, zuerst eintreten, sich mit schnellem Blicke nach allem umsehen, um sich zu orientieren, dann das Licht umstoßen, als geschehe es aus verliebter Ungeduld und leidenschaftlichem Ungeschick. Er musste die Dame in seine Arme schließen, ohne ihr Zeit zur Besinnung und zum Zweifel zu lassen, und, ohne ihr Schlafzimmer erreicht zu haben (wie ich es oft in den schönen Tagen unseres Bundes getan hatte), mit ihr im Kabinett zurückbleiben und im Finstern einen Sieg davontragen, der sich auf die Rechnung des Entzückens schreiben lässt und von den Schönen selten übel gedeutet wird.

Er tat es.

Nachher hat er mir versichert, die Dame habe nicht Zeit gehabt, Verdacht zu schöpfen, und noch weniger, über die Sache nachzudenken. Etwas verwirrt, dabei etwas stolz, habe sie sich gesammelt, sei aus dem Kabinett getreten und ihrem Schlafgemach zugeeilt. *Damp...* sei ihr unerschrocken gefolgt und habe sich schnell hinter die Vorhänge gestürzt

---

[335] En cavant au plus fort.

(so hat er es mir wenigstens erzählt). Jetzt erst, als er wie ein Schatten an ihr vorübergeglitten, habe sie ein Schauer befallen, sie habe die entsetzliche Wahrheit geahnt, sei ihm nachgelaufen, habe sich fest an ihn geklammert und trotz seines Widerstandes gesucht, mithilfe des schwachen Lichtscheines im Alkoven seine Züge zu erkennen und ihn zum Sprechen zu bringen; nun endlich von ihrem ganzen Unglück unterrichtet, sei sie ohnmächtig zu seinen Füßen hingesunken. Er habe sie vom Boden aufgehoben und auf das Bett gelegt. Dann habe er noch einmal versucht, ob die Allmacht der Liebe sie beleben würde; sie sei zwar wieder zu sich gekommen, habe sich aber mit Löwenkraft ihm entwunden, ihn mit den niedrigsten Schmähungen belegt, sich Gesicht und Brust zerschlagen, zerkratzt, habe sich in ihrer Verzweiflung umbringen wollen, kurz, sich wie eine Wahnsinnige gebärdet. Er sei ihr zu Füßen gefallen, umsonst, habe um Vergebung gefleht, umsonst, habe Reue beteuert, umsonst, habe sich mit der Gewalt der Liebe entschuldigen wollen, alles umsonst. Mit jedem Augenblick, mit jedem Worte ihr verhasster, wie es schien, habe er nach tausend ohnmächtigen Versuchen und zu nichts führenden Erklärungen sich morgens drei Uhr meines Schlüssels bedient, sei mit vieler Mühe an die Türe, aus dem Hause, in die Straße gelangt, ohne dass sie, die halb Tote, irgend Behutsamkeit angewendet hätte, ihn unbemerkt zu entfernen und den Rückzug eines abscheulichen Ungeheuers zu decken, welches ihr ein noch weit abscheulicheres zugesandt hatte.

So schloss das Schäferspiel. Es enthielt für unsre schöne Ungenannte die große und traurige Wahrheit: »Man müsse nie durch einen unzeitigen und beleidigenden Argwohn seinen Liebhaber zu einem treulosen Verrat verleiten.« Sie lernte hier, dass der Sold einer bösen Rede fast immer eine böse Handlung ist. Gleichwohl gestehe ich in aller Demut meines Herzens und Gewissens, dass die meinige sich durch nichts entschuldigen lässt und dass ich sie von jeher als einen *Schandfleck* in meinem Leben angesehen habe.

Einige Zeit nachher gab der Prinz von *Salm* einen Ball, zu welchem halb Paris geladen war. Es war ein sonderbarer Einfall und die Anzahl der Gäste so groß, dass er sie bei Weitem nicht alle kannte und scherzend zu mir sagte: »Wie mancher von ihnen mag mich für einen der Eingeladenen halten!« Sein Einfall wunderte mich weniger als die Erbärmlichkeiten, die er seit dem Anfange der Revolution begangen hat. Sie haben ihn unter die Guillotine gebracht und allem Bösen, was über ihn gesagt worden ist und ihm nur zum Teil zuschulden kommt, zur Bestätigung gedient. Selten oder nie ist wohl der Ruf eines Mannes so unbarmherzig mitgenommen worden als der seinige; er war durchstochen wie ein Sieb, und doch hieß es, er sei feige; er hatte sein ansehnliches Vermögen durchgebracht und es hieß, er lebe von fremdem Gelde; er hatte ungeheure Summen im Spiel verloren und es hieß, er spiele falsch; man konnte ihm Geist nicht absprechen, wohl aber sprach man ihm die gesunde Vernunft ab; gebildet und unterrichtet wie wenige, galt seine Unterhaltung für leer und geistlos. Weil er ein Mann von Charakter war, wollte man ihm nun einmal nicht trauen. Stolz und hoch wie der Chimborasso – denn dafür wurde er allgemein gehalten – lauerte man auf jede unziemliche Handlung von ihm, um ihn demütigen, ihn züchtigen, über ihn triumphieren zu können; so wahr ist es, dass der Hochmut an sich so wenig natürlich ist, dass er beim Nachlassen nie auf halbem Wege bleibt und nicht maßhalten kann. – Nachdem er sein ganzes Leben hindurch den Adelstand erhoben, nur von Adel und wieder von Adel gesprochen und niemanden gefunden, dessen Adel alt genug für ihn war, hat er sich der schmutzigsten Demokratie in die Arme geworfen und ist als Opfer der Pöbelliebe[336] gefallen, nachdem er, wie ein zweiter Comte de Tuffière,[337] eine Prinzenrolle gespielt hatte, hat er Grundsätze angenommen und befolgt, deren sich ein ehrlicher Bürgersmann schämen würde.

Das Blutgerüst hat dem Kampfe zwischen Hoch und Niedrig in ihm ein Ende gemacht.

Um wieder auf seinen Ball zurückzukommen, so widmete ich diesen Abend meine größte Aufmerksamkeit der Frau *von* R..., welche ganz Paris für eine Schönheit erklärt hat, in der ich aber weiter nichts als viel Grazie gefunden habe. Ich sah mich schon im Geiste in eine neue Liebschaft verwickelt. Wie konnte ich anders? Hatte sie mir nicht gesagt, sie werde bis ganz zuletzt bleiben und den Saal nur verlassen, um sich in ihren Reisewagen zu setzen, sie habe nämlich vierzig Lieues ohne anzuhalten zu machen und ihren kranken Schwager auf seinem Landsitze zu besuchen. Ich war nicht genau genug mit diesem bekannt, um bei ihm abzusteigen und Quartier zu nehmen; überdies war es nicht der Augenblick, einen Kranken zu überfallen. Ich war aber in meiner Jugend oft in

---

[336] Populacerie; im Gegensatz mit Popularité, Volksliebe.
[337] Im Glorieux von Destouches.

Rouen gewesen, welches nicht weit davon entfernt ist. Rouen ist eine Stadt, worin ein Regiment in Besatzung liegt; es hat ein ziemlich gutes Schauspiel und die hübschesten Frauen der ganzen Provinz, welche übrigens keinen Mangel daran hat. Auf jeden Fall wusste ich im Voraus, dass es mir drei Wochen lang in der Gegend nicht an angenehmer Unterhaltung fehlen würde. Demzufolge reiste ich tags darauf der Frau *von R...* nach. Kaum angekommen, erkundigte ich mich (alles erfährt man durch die Dienerschaft) nach dem Tage, wo sie bei dem Grafen *de la R...* speisen wird, und richte mich so ein, dass ich tags vorher einen Besuch bei ihm abstatte, damit er mich auf den folgenden Mittag einlade. Wie gedacht, so geschehen. Als mich beim Eintreten Frau *von R...* erblickt, stutzt sie und fragt, was mich herführe? Ich antworte: ein Gegenstand von der größten Wichtigkeit[338]. Und als ich sie nach aufgehobener Tafel aus dem Speisesaal führe, setze ich leise hinzu: »Sie allein sind es, die mich anzieht.« Sie hatte Lust, mich zu schelten, durfte es aber vor den Gästen nicht.

Am folgenden Morgen mache ich mich auf, gehe auf die Jagd. Eigentlich bin ich nichts weniger als ein leidenschaftlicher Jäger. Das Wetter war abscheulich. Ich mache drei Lieues, schieße hier und da nach einem Wilde, das mir begegnet, treffe es nicht und gelange endlich an das Landgut, wo die Dame wohnt, kehre in der nahen Meierei ein, fordere Tinte, Feder und Papier, und mit Händen, an denen kein unschuldiges Blut klebte, schreibe ich einen Zettel, der die Spuren einer rührenden Verwirrung trug. Ich hatte zum Glück einen pfiffigen Kammerdiener, einen wahren Valet de Comédie mit mir, dieser musste das Brieflein besorgen. Er knöpfte sich in einen Bauernkittel ein und hatte den gemessensten Befehl, auf die Gefahr seiner Entlassung das Blatt abzugeben und nicht unverrichteter Sache zurückzukommen. Man hatte sich, hinterbrachte er mir, durchaus geweigert, mich insgeheim anzunehmen, als gewöhnlicher Besucher würde ich willkommen sein. Es war mir aber einleuchtend, dass ich auf diesem Wege zu nichts gelangen würde und dass nur ein abenteuerlicher Schritt, der die Dame in ihren eigenen Augen kompromittierte, mich zum Ziel führen könne. Ich schrieb ein zweites Billett, worin ich die Verzweiflung spielte und mit allen ihren Folgen drohte, wenn Madame sich nicht bewegen ließe, nach der Meierei zu kommen; ich schloss mit der Versicherung, unverzüglich abzureisen,

---

[338] Du premier ordre.

sobald ich sie nur gesprochen haben würde. Endlich entschied sich die Grausame, zu kommen. Viel gewonnen! Unsere Unterhaltung war das Muster einer – Unterhaltung. Ich sagte, was man in solchen Fällen zu sagen pflegt, sie antwortete, was man in solchen Fällen zu antworten gewohnt ist. Sie beschwor mich, abzureisen. Ich beschwor sie, wieder zu mir zu kommen. Sie versprach es endlich. Bis jetzt hatte ich aber, einige kleine Liebkosungen abgerechnet, die meine Leidenschaft ihrer Schamhaftigkeit abstahl, noch keinen Fingerbreit Raum gewonnen!

In den Gefilden der ersten Unschuld konnte es kein so exemplarisches Paar geben als wir beide.

Mein Vertrauter hingegen (zu seiner Ehre sei es gesagt) verlor seine Zeit nicht; er ging rascher zu Werke als sein Herr und hatte sich tief in das Herz der Demoiselle *Le Blanc*, einer Kammerfrau der Frau *von* R..., eingeschlichen. Ich erhielt durch seine kräftige Fürbitte und Vermittlung, dass ich in das Schloss, ja noch mehr, nach dem Abendessen in das Zimmer ihrer Gebieterin eingelassen werden sollte. Die gefällige Zofe machte mir zur einzigen Bedingung, mein Ehrenwort zu verpfänden, dass ich sie auf keinen Fall verraten wolle. Wer sieht mich nicht im Alkoven der schönen Frau, hinter den Bettvorhängen, zitternd und bebend vor Verlangen, vor Begierde, mit klopfendem Herzen, wie ein Dieb – und war ich nicht wirklich ein Dieb, ein Räuber? In dieser Lage erwarte ich den entscheidenden Augenblick. Frau *von* R... lässt sich entkleiden, bleibt allein, legt sich schlafen, wie ein jeder am Schlusse des Tages zu tun pflegt, steigt ins Bett, vom matten Schein eines Nachtlichtes beleuchtet, greift nach einem Buche, nach Richardsons *Clarisse*, die der Abbé *Prévost* in seiner sogenannten Übersetzung fast noch barbarischer behandelt hat als *Lovelace*, fängt an zu lesen. ... Jetzt zeige ich mich. Sie schreit entsetzlich auf. Ich falle auf die Knie, flehe um Vergebung und Gnade, erhalte keines von beiden, beteure hoch und teuer die Reinheit[339] meiner Absichten, die Unmöglichkeit, dass meine Leidenschaft je über die Ehrerbietung, die ich ihr, noch über die Pflicht, die ich den Zartgefühlen meines Herzens schuldig bin, siegen werde, und versuche, sie über diesen nächtlichen Besuch zu beruhigen. Sie, mit aller Würde der Person, der Lage, des Augenblicks, mit dem vollen Ausdruck der Überlegenheit in ihren Zügen, befiehlt mir, mich unverzüglich zu entfernen. Ich beweise ihr die Unmöglichkeit, ihr zu willfahren, und bitte mir als

[339] Candeur.

einzige Gnade aus, bis zum Tagesanbruch bleiben zu dürfen, alsdann wolle ich sie verlassen und so rein wie sie von dem unverdienten Verdacht, dem sie Raum gäbe, mich reinigen. Die Dame wollte nicht trauen, es entstanden lebhafte Debatten, ich ziehe mich endlich zurück, setze mich auf einen entfernten Stuhl, rücke aber näher, immer näher, nehme eine Stellung am Fuße des Bettes ein, und gegen drei Uhr befinde ich mich trotz aller Schwüre und Beteuerungen, ich weiß selbst nicht wie, im Besitze der Witwe des Herrn *von* R..., als wäre ich Herr *von* R... in eigener Person gewesen. Nachdem ich mich in die vollen Rechte des Besitztums gesetzt hatte, nahm ich meinen Rückzug durch das Fenster und legte mich in der Meierei auf dem Heuboden schlafen. Die Wirtin hatte ihr feinstes Laken über die Stelle gebreitet. Es war mir aber nicht möglich, ihr für diese Aufmerksamkeit zu danken, sie war zu hässlich, um nicht züchtig zu sein, oder ich zu züchtig, um sie nicht hässlich zu finden. Ihr mochte jenes so unangenehm sein wie dieses und das war für sie ein doppeltes Unglück, denn die Hässlichste sucht wie die Schönste zu gefallen.

Meine Nächte vergingen schlaflos. Den Tag über musste ich ruhen, um das Gleichgewicht wieder herzustellen, und da meine Besuche immer gefährlicher für die Dame, immer ermüdender für mich wurden, beschlossen wir, nach Paris zurückzukehren. Ich ging voran, sie folgte bald nach. Unsre Landpartie hatte keine vierzehn Tage gedauert.

Aus allem, was man hier gelesen hat, sollte sich's schließen lassen: Frau *von* R... sei eine sehr gefällige[340] Frau gewesen. Nichts weniger: Sie hat sich weder vor- noch nachher als eine solche bewiesen. Zeit und Umstände beherrschen die Welt und besonders die Frauenwelt. Sie sind stärker als die stärksten weiblichen Seelen. Die besten Entschlüsse halten gegen den Augenblick nicht Stich und zumal in der Liebe hängt alles von der Überraschung und dem Moment ab.

Als ich mit Frau von R... in Paris wieder zusammentraf, fand ich sie nachdenkend, gezwungen, verlegen. Ich bat sie zärtlich, mir ihr Herz zu öffnen. Sie tat es und gestand mir mit Beschämung, sie habe heilige Pflichten verletzt, sie gehöre sich selbst nicht mehr; sie sei mit Victor de Broglie verbunden, er sei der Erste, der ihren Treuschwur erhalten, sie könne sich's nicht vergeben, ihn gebrochen zu haben; sie rechne zu sehr auf meine Ehre, als dass sie fürchten könne, ich werde ihr Vertrauen

[340] Facile.

missbrauchen oder nicht alles dazu beitragen, sie wieder mit sich auszusöhnen und sie ihrer ersten Liebe zurückzugeben, an der sie noch hänge
und die sie durch keine zweite Untreue entweihen würde. Ich bat nur
um eine einzige Gunst, um ihr Bild. Sie gab es mir mit unendlicher Anmut. Und nun blieb mir nichts weiter zu tun, um ihr Bedauern mit mir
zu nehmen (wenn ein Abschied dieser Art Bedauern zulässt), als mich
wie ein honnête homme zu entfernen und sie dem unbedeutenden Rebellen zu überlassen, den ich schon anderwärts skizziert habe und der,
wie so viele andere, das Verbrechen seiner Empörung und den Fehler
seiner Nichtigkeit mit dem Leben gebüßt hat.

Diese Liaison eines Augenblicks hat für mich nicht viel Schmeichel-
haftes, sie schwand mit der Schnelligkeit des Blitzes vorüber und ließ
wie der Blitz keine Spur zurück. Ich kann den kurzen Erfolg, den sie
gehabt, nur meiner Idee, Postpferde zu bestellen und einem raschen und
dreisten Manöver zuschreiben, das mir dazu verhalf, einen Platz zu
überrumpeln, der mit allem reichlich versehen war, was dazu dienen
konnte, eine lange Belagerung auszuhalten, und dessen Kapitulation
keine weiteren Folgen hatte. Es war der Triumph der List, nicht der Tapferkeit, eine Überraschung, keine Eroberung. Zuletzt einem kaum mittelmäßigen Gecken aufgeopfert, konnte ich mich für nicht ebenso verführerisch halten, da ich es nicht genug war, um ihn auszustechen.
Allein er gehörte zu der Klasse von Liebhabern, von welchen man sich
nicht losmachen kann, und die immer ein Ende der Kette in der Hand
behalten, womit sie ein Herz gefesselt haben. Unersättliche Tyrannen
sind's, die wie Geier auf ihren Raub erpicht sind, ihn ganz verschlingen
wollen und in ihm die immer wieder nachwachsende Leber des Prome-
theus aufsuchen. Die Erbärmlichen! Sollte man nicht sagen, es gäbe nur
eine Frau auf der ganzen Welt für sie und sie hätten dieser Frau ihre
Ohnmacht eingestanden, eine zweite zu finden und zu besitzen? Sollte
man nicht glauben, sie hätten dieses Mittel erdacht, ihr Furcht einzujagen und sie zu vermögen, einen Handel auf lebelang mit ihrer Knauserei
abzuschließen? Dergleichen Männer sind wie die Kletten; man wird sie
nicht los, man kann sich ärgern, dass man sich mit ihnen eingelassen hat,
allein man sieht keine Möglichkeit vor Augen, mit ihnen zu brechen.

Somit überließ ich Frau *von* R... ihrem Sklavenjoche.

Es gibt Zeiten im Leben, wo man glauben sollte, ein Dämon habe sein
Augenmerk auf uns gerichtet und finde Vergnügen daran, uns alle lose
Streiche zu spielen, welche nur eine boshafte Laune ersinnen kann. Man

wird bemerkt haben, dass ich schon seit geraumer Weile nicht mehr Fortunas Schoßkind war. Der Schluss dieses Kapitels wird zeigen, dass meine Stunde geschlagen hatte und mein Glücksstern erblasste. Doch muss ich zugleich bekennen, dass man gar zu sehr gewohnt ist, sein eigenes Unrecht auf die Rechnung der blinden Göttin zu schreiben, und dass man nicht in ihr, sondern in der Etourderie und Unklugheit seines Betragens seine wahren Feinde suchen sollte.

Ich schenke mir nichts, wie man sieht, und bin der Erste, mich preiszugeben und meine Fehler und Schwächen aufzudecken – alles zu Nutz und Frommen der lieben Jugend, die sich an meinem Beispiele spiegeln und von mir lernen soll – nicht zu sein wie ich. Und somit fahre ich in meinem Unterricht fort, sollte meine Beichte mich auch bisweilen vor Scham erröten lassen.

Ich hatte mich vor den Siegeswagen einer gewissen Demoiselle B... gespannt, einer hübschen, pikanten Brünette, die sich besonders dadurch einen Ruf erworben hatte, dass es ihr gelungen war, in sehr kurzer Zeit den Grafen Des... zu rupfen und zugrunde zu richten, ohne selbst dadurch reicher geworden zu sein. Unrechtmäßig erworbene Schätze haben das Eigene, dass sie keine Früchte tragen, oder noch kürzer, unrecht Gut gedeihet nicht. Das Geld, das man auf leichtsinnigem, schlechtem Wege erwirbt, wird auf einem ebenso leichtsinnigen und schlechten Wege wieder zersplittert, weil dabei auf die Zukunft kein Bedacht genommen wird. Mademoiselle B... wohnte in der Schäferstunde[341]. Hier hatte ich sie einst besucht und mein Kabriolett um neun Uhr vormittags in die Straße Montmartre bestellt, wartete aber vergebens bis zehn Uhr und bequemte mich endlich, zu Fuß nach Hause zu gehen, fest entschlossen, meine Leute hart anzufahren. Allein ich musste wohl gelindere Saiten aufziehen, als ich bei meinem Eintreffen den Grund ihres Ausbleibens erfuhr. Ein gewisser Herr M..., der mir tausend Taler geliehen hatte, und am Tage, wo ich sie von ihm empfing, in meinen Augen ein überaus artiger[342] Mann war, hatte die Unart, sie mir mit einer Beharrlichkeit wieder abzufordern, die ihn mir unausstehlich machte. Ich benahm mich bei der Sache, wie Don Juan mit Herrn Dimanche. Aber mein Mann hatte den Molière gelesen, er fand sich durch meine Weise beleidigt, hielt sie für Verspottung, griff zu einem Mittel, dessen sich unsre

---

[341] Rue bergère.

[342] Fort honnete.

Urgroßväter bedienten, und hatte, während ich meinen Liebesbesuch bei Mademoiselle B... ablegte, die unerhörte, strafbare Dreistigkeit (damals hielt ich sie dafür), in der ersten Frühe alles bei mir versiegeln zu lassen, so herzhaft und lobenswert auch der Widerstand war, den ihm meine Leute entgegensetzten. Zimmer, Stall, Remise, alles trug das verhasste Siegel des Gläubigers. Es war ihnen nicht möglich gewesen, eines Hufs, eines Sporns habhaft zu werden. Ich, damals ein junger Mann, der auf nichts Rücksicht nahm und sich alles erlaubte, lief zum Grobian hin, sprach von nichts als von Totschlagen und Totschießen, von Hauen und Stechen – obschon es in Frankreich nicht so leicht war, jemanden aus der Welt zu schaffen, weil wir von jeher gute Gesetze hatten, so wenig dies auch manche zugeben wollten. Der Mann verbarg sich, seine hochschwangere Schwiegertochter, die ich in meinem Grimm überfiel, kam mit einer Art von Schrecken davon, die mich allein schon straffällig gemacht haben würde. Ich stürme wieder zum Hause hinaus, wie ich hineingestürmt war, werfe mich in einen Fiaker, eile zum Polizeileutnant, Herrn Le Noir, erzähle ihm umständlich den ganzen widerwärtigen Vorfall, stelle ihm das Verfahren des Herrn M... als das ungereimteste, strafwürdigste, beleidigendste für einen Mann, wie ich bin, dar. Er hört geduldig und mit außerordentlicher Artigkeit meinen ganz erbärmlichen Vortrag an und lässt Herrn M... durch einen Unterbeamten zu sich entbieten. M... erscheint und wird veranlasst, einen Schein auf tausend Taler nebst Zinsen, in Jahresfrist fällig, anzunehmen, für welchen sich Herr Le Noir noch obendrein zu verbürgen die Güte hat. Es lässt sich denken, dass ich ihm, sobald wir allein waren, auf das Verbindlichste dankte und noch vor Ablauf des Jahres mir meinen unbarmherzigen Gläubiger vom Halse schaffte. Noch ein paar dergleichen Fälle von zuvorkommender Artigkeit, und der leichtsinnigste Mensch würde von der üblen Gewohnheit des Schuldenmachens geheilt sein.

Ein dienstbarer Geist, keiner von den Schutzgeistern, die uns zum Guten leiten, uns bisweilen aber auch quälen, um die matte Einförmigkeit des Lebens zu unterbrechen und der schneckenartigen Zeit Flügel zu leihen – sondern ein Dämon, ein Cacodämon, ein schwarzer Geist, mit einem Wort, der »Gottseibeiuns« selbst – hatte sich an meine Fersen geheftet und verfolgte mich unablässig. Einst steigt er hinter mein Kabriolett auf, womit ich eines Abends an der grünen Seite der keuschen

Demoiselle *Guirau*[343]d sitze, und Gott weiß, wohin fahre, aber so schnell fahre, als hätte ich den Doktor *Bouvard* oder den Doktor *Portal* zu einem sterbenden Freund abgeholt. Ich begegne einem auf Rädern ruhenden rollenden Hause, von zwei aus dem Groben gehauenen Pferden gezogen, die ein ehrwürdiger Kutscher im kastanienbraunen Oberrock regiert. Ich will, wie natürlich, dem närrischen Noahskasten den Weg abrennen, aber der Kastanienmann, ein Schlingel, der sich auf seinem Thron ebenso viel dünkte wie ich auf dem meinigen, wollte nicht weichen. Ich versetzte dem Ritter von der traurigen Gestalt einen Hieb über die Nase und will ihn lehren, rechts zu lenken, er lenkt absichtlich links, und ich, um der Gefahr zu entgehen, mein leichtes Wägelchen von der schweren Masse erdrücken zu lassen, will mich durchdrängen, falle aber, weil der Raum zu beschränkt ist, oben vom Wall in die Rue-basse Saint Denis, an einer Stelle herab, wo eines Baues wegen die Schranken fehlten.

Ich stürzte, mittelmäßig gerechnet, aus einer Höhe von dreißig Fuß herab. Mein Kabriolett war in tausend Stücken, mein Pferd über und über nur eine Wunde, mein Jockey lag fünfzig Fuß weiter mit einem Loch im Kopfe, einer ausgefallenen Hüfte, zwei Verrenkungen und dem Anschein nach einem zerbrochenen Rippenpaar; er schrie so erbärmlich, dass die Nachbarschaft und das ganze Stadtviertel herbeiliefen. Die Theaterprinzessin lag in Ohnmacht, nachdem sie vorher zweimal einen Schrei ausgestoßen hatte, der Herzen von Stein gespalten haben würde, einen Schrei, rührender, eindringender als in ihrem besten Ballett; sie blutete stark und man wusste nicht, woher das Blut kam, endlich zeigte sich's, zum Glück – aus der Nase. Und nun ich selbst, zerschlagen, gequetscht, den Hut ins Gesicht gedrückt bis übers Kinn, wie *Hippolyt* in meine Zügel verwickelt, mit blutenden Händen, die Peitsche in Granatstücken, die Kleider zerrissen, mit Kot bespritzt – so lag ich neben dem umgestürzten Kabriolett. Ich will mich aufrichten, versuche zu stehen, falle wieder um, strenge mich von neuem an, falle von Neuem, richte mich endlich auf, will schäumend vor Grimm dem Bösewicht nach, schwöre ihm den Tod – er hat aber seine Elefanten und seinen Kasten in Bewegung gesetzt, ist verschwunden, und ich kann nicht erfahren, wem der Hühnerstall angehört.

[343] Einer Operntänzerin.

417

Ich war erschöpft. Man trägt mich und die Dame zu Herrn *Charland*, dem Apotheker des Herzogs von *Orleans*, ins Haus. Dort erholen wir uns, lassen uns nach Hause bringen. Wir werden zur Ader gelassen und kommen mit dem Leben davon. Aber Wut und Raserei kochen in allen meinen Adern. Zehn Tage brachte ich auf dem Sofa zu, ehe ich mich erholen konnte. Ich ziehe Erkundigung ein und erfahre, dass es Herr R..., Intendant von C..., oder vielmehr sein abscheulicher Kutscher ist (der Kutscher eines Robin[344], eines Intendanten!), der mich beinahe zu Pulver zermalmt hätte[345]. Ich fliege mit geladenem Terzerol in der Tasche hin, gelange auf den Hof, in den Stall, finde den unverschämten Kerl von Kutscher, prügle ihn halb tot, ehe man ihm zu Hilfe kommen kann. Sein Herr erscheint nun mit einigen anderen; in meiner blinden Wut will ich mich auf ihn stürzen, er redet mich an, erkennt mich, nennt sich, stottert Entschuldigungen; ich bin so ungesittet, ihn zu beschimpfen, ihn auf den Degen, auf Pistolen zu fordern. ... Wer weiß, ob ich ihn nicht gar in meinem Grimm tätlich beleidigt habe? ... Er will sich rechtfertigen, spricht von seinem Stande, seiner Stelle, von der Magistratur, welcher wie der Geistlichkeit das Blutvergießen ein Gräuel ist. Die Frau Intendantin kommt dazu; es gelingt ihr, mich zu beruhigen, mich hinein zu nötigen; sie ist in Tränen, alles ist in Tränen. Von den Folgen meiner Heftigkeit erschöpft, bin ich selbst einer Ohnmacht nahe, man bespritzt mich mit Wasser und so erhole ich mich endlich. Schließlich war auch meine Aufwallung verschwunden, wir baten uns gegenseitig um Entschuldigung, drei Tage nachher ward ich zu Tisch geladen und an der Tafel besiegelten wir den Bund der Versöhnung. Nur der Herr Intendant blieb etwas zurückhaltend, steif und pedantisch. Die Frau Intendantin hingegen, nichts weniger als hübsch, war nichts weniger als stumm. Sie sprach von nichts als vom *Hofe*, den sie mit keinem Fuße betreten hatte, von ihrer Provinz, wo sie selbst Hof hält, von dem herrlichen Wein, der in ihrer Provinz wachse, aber nicht bei ihr getrunken wurde. Das alles zusammen bewog mich, die Bekanntschaft bald wieder abzubrechen.

---

[344] Spottname, womit man die adeligen und nichtadeligen Rechtsgelehrten in Frankreich zu belegen pflegt. Es wurde ehedem ein großer Unterschied gemacht zwischen den gens d'épée und den gens de robe. Der Degen galt für ehrenvoller als der Talar. Im Deutschen ließe sich nur Tintenkleckser dem Robin entgegensetzen, wie Bibelhusar dem Husaren. *Übers.*

[345] Pensé réduire en atômes.

Ich habe noch einen zweiten Auftritt dieser Art zu erzählen, der nicht ganz so tragisch anfing und nicht ganz so gemein endigte. Er hängt wieder mit dem verwünschten Fuhrwerk, dem Kabriolett, zusammen – ein Fuhrwerk, das durchaus in Paris verboten und nur auf den Landstraßen zugelassen werden sollte.

Ich kam mit dem Grafen A. *du Luc* von Saint-Mandé zurück. In der Straße Saint-Antoine will ein Herr im roten, betressten Rock quer vorüber, hat sich verrechnet oder hat Lust, sich überfahren zu lassen, kurz, er und mein Pferd stoßen zusammen, er fällt, wie eine Feder, wie leichte Spreu wird er zur Seite geworfen. Ich halte wider den Willen des Grafen die Zügel an (ein Fehler, den ich seitdem nie wieder begangen habe), steige aus, will den Mann aufheben, ihn um Entschuldigung bitten, ihm Geld anbieten usw. Aber schon hat uns von allen Seiten ein wilder, wütender Pöbel umzingelt, der nie ungebundener ist, als wenn er sich selbst Recht schaffen will, der schon damals den Kabrioletts zu Leibe wollte, wie später den Schlössern und Landhäusern des Adels, und der überhaupt allem feind ist, was er gern hätte und nicht hat. Es wird geschrien, gedroht, es ist von nichts Geringerem die Rede, als das Kabriolett zu zertrümmern, dem Pferde die Kniekehlen durchzuschneiden usw. Wir waren in keiner angenehmen Lage. Zum Glück befand sich in dem Haufen, der einen dichten Kreis um uns schloss, ein Pferdehändler, den die bloße Neugierde herbeigeführt hatte. Er machte den Vorschlag, uns zum Viertels-Kommissar zu führen, damit dieser die Sache näher untersuche und die Genugtuung für den Beteiligten bestimme. Das bloße Wort »*Kommissar*« hätte uns schon aufgebracht, als ein schneller und ausdrucksvoller Seitenblick des Mannes uns zu verstehen gab, wir möchten ihm trauen und seiner Vorstellung Gehör geben. Wir willigen ein, er, mit dem vollen Ansehen, das ihm sein Gewerbe gibt, steigt in das Kabriolett, nimmt die Zügel, heißt uns vorangehen, folgt im Schritte, lenkt unbemerkt in eine Querstraße ein, ist verschwunden, noch ehe wir vor der Wohnung des Kommissars angekommen sind, und gelangt glücklich mit Pferd und Wagen in das Hotel des Grafen *du Luc*. Uns wollte es anfangs nicht so gut gehen. Der Herr Kommissar konnte uns eigner Geschäfte halber nicht sprechen und verwies uns an seinen Stellvertreter, den Clerk. Das war ein grober Schuft, ein Einfaltspinsel, der, ohne sich zu erkundigen, wen er vor sich habe, mit lächerlicher Amtsmiene sich anschickte, ein Protokoll aufzunehmen, und sich dabei die unschicklichsten Ausdrücke gegen uns erlaubte. Doch stimmte er den Ton herab, als er sah, dass wir eine Tür nach der andern öffneten, ihn, den Grobian, der uns daran hindern wollte, auf einen Stuhl hinstießen, den er durch sein körperliches Gewicht eindrückte und mit lauter Stimme nach Monsieur le Commissaire riefen. Monsieur le Commissaire zeigte sich in der ganzen Majestät seiner Amtswürde, in der vollen Größe eines Richters, in dem hohen Bewusstsein seiner höchsten Funktionen. Wir nannten uns. Von diesem Augenblick geruhte er, ein ganz anderer Mensch zu werden.

Er traf unverzüglich Maßregeln, dem gehässigen Vorfall eine bessere Wendung und einen schnellen Abschluss zu geben. Als er aber nach dem Umgefahrenen fragte, war dieser nirgends zu finden. Es war ein rechtlicher, wohlhabender Mann, der sich von der Menge hatte verleiten und fortreißen lassen, der aber froh war, als er im ersten günstigen Augenblick sich unbemerkt wegschleichen konnte. War es ihm lieb gewesen, sich loszumachen, so war es uns beiden noch viel lieber, seiner los zu sein. Nun blieb noch der erbitterte Volkshaufen zu besänftigen übrig. Man musste ihn behandeln, als wenn er beleidigt sei und ein Recht hätte, auf Genugtuung zu dringen. Man hatte Mühe, der Menge begreiflich zu machen, dass wir uns durch eine Hintertür heimlich entfernt hätten und man nicht wisse, was aus uns geworden sei. Es verging über eine Stunde, ehe sich der Pöbel zerstreut hatte; endlich verlief er sich, murrend, wie die Wellen, die sich am Ufer brechen. Der Kommissar war ein Lebemann, ein guter Gesellschafter, er hielt ein gutes Haus und hatte einen anständigen Ton. Er stellte uns seine Gattin vor, eine wohlerzogene, gebildete Frau, deren Gesichtszüge noch immer verrieten, dass sie schön gewesen war. Die paar Stunden, welche wir – wie man gleich sehen wird – in ihrer Gesellschaft zubrachten, berechtigten uns nicht, Fehler und Mängel an ihr zu finden. Sie zeigte sich überaus liebenswürdig. Aber das Merk- und Sehenswürdigste in der Familie dieses *Minos* seines Stadtviertels war eine Nichte, seine einzige Erbin. Das *eigene Geschäft*, das ihn verhindert hatte, uns sogleich selbst zu vernehmen, bestand darin, dass er einen Kummer, der diese Nichte drückte, zu lindern und ihre Tränen zu trocknen hatte. Diese Tränen machten sie doppelt schön. *Du Luc*, immer exzentrisch und überspannt, immer die Artigkeit zu weit treibend, hatte kaum die Damen gesehen, als er schon über das Glück entzückt war, *ihnen den Hof machen zu können,* und den Wunsch äußerte, diese schöne Gelegenheit länger benutzen zu dürfen. Vergeblich zupfte ich ihn beim Rockschoß, dass er hätte reißen mögen. Umsonst, er blieb immerfort; und der Kommissar, dem unsre Gesellschaft nicht unwillkommen war, konnte nicht umhin, uns vorzuschlagen, »ihm die Ehre zu erzeigen, ein kleines Familien-Nachtessen bei ihm einzunehmen«. Mein Unglücksgefährte, welcher es auf sich genommen zu haben schien, den Abend hindurch die Hauptrolle zu spielen, ergoss sich in einen Strom von Komplimenten, welche auf ein einziges Wort hinausliefen, auf das Wörtlein: »Ja«. In Erwartung der Abendmahlzeit, bei der es an nichts fehlte, weder an Überfluss noch an Freundlichkeit (es war ein Seitenstück zur Hochzeit des Gamacho[346], hielt es unser Wirt für gut, uns in seine Familiengeheimnisse einzuführen und mit dem herben Kummer seiner häuslichen Verhältnisse bekannt zu machen. Seine würdige Hausfrau stattete das Gemälde mit noch rührenderen Farben aus (jede Frau versteht sich aufs Malen). Sie hatten nämlich die junge Nichte mit einem Ingenieur-Offizier verbunden, welcher nicht nur nichts tat, was zu ihrem Glück beitragen konnte, sondern infolge seiner rohen, schändlichen Gemütsart, in der unwürdigsten Behandlung seiner Gattin so weit ging, dass er sich sogar schon tätlich an ihr vergriffen hatte. »Das alles«, sagte das junge, unglückliche, unschuldige Opfer, »wäre nichts, wenn er mich nur liebte!« Diese Naivität, in Gegenwart von Fremden ausgesprochen, hatte in meinen Augen etwas Erhabenes, in *Racines* Geschmack, dessen Genius die Frauen sprechen lässt, wie *Corneilles* Genius die Männer. Der Umstand gab Veranlassung zu einer langen Erörterung über die Ehen, worin dergleichen Gräuel vorkommen. Ich nahm Gelegenheit, meinen Abscheu gegen die Ehemänner auszudrücken, welche sich eine so barbarische Behandlungsart erlauben, indem ich sie Ungeheuer und Verworfene nannte; ein belohnender Blick und der laute Beifall der Wirtin ward mir dafür. Allein ich war nahe daran, beides durch einen Zusatz zu verscherzen, der mir entfuhr. Ich sagte nämlich: »So abscheulich und wider alle gute Sitte es sei, seine *Frau* zu schlagen, so sei es doch erlaubt und ein ganz verschiedener Fall mit seiner *Geliebten*[347]. Die Frau Kommissarin wollte diesen Satz durchaus nicht gelten lassen, obschon sie meinte, dergleichen *Geschöpfe*, welche die Pflichten ihres Geschlechts so ganz aus den Augen setzten, dass sie sich *Galane* anschafften, verdienten nicht, dass man *viel Umstände* mit ihnen mache. – Aber, bedenken Sie doch, meine Damen, sagte ich mit einer Art von Enthusiasmus, dass der Weiseste von allen Sterblichen, der göttliche *Sokrates*, einst ohne Um-

[346] S. Don Quixote.

[347] Sa maîtresse.

stände eine Hetäre schlug, er, der dieses wirksame Heil- und Besserungsmittel nicht bei der Pest seines Lebens, bei der Hausfurie, die sein Dasein verbitterte, bei seiner *Xanthippe* anzuwenden für gut fand, obgleich sie offenbar darauf ausging, seiner Weisheit Schlingen zu legen, damit er fiele und ihr den Triumph gewähre, in der Ungeduld Hand an sie zu legen. Was würde sie nicht gegeben haben, für einen Schlag, für eine Ohrfeige! Welcher Ruhm, welche Ehre für sie, wenn er sie nur berührt hätte, er, der weise, der duldsame, der leidenschaftslose *Sokrates*! Sie konnte es aber nicht dahin bringen; der große Mann wusste sich zu gut zu beherrschen, um sich seiner jemals zu entäußern und sie nicht stets im Nachteil zu lassen. »Ich habe sie zum Weibe genommen«, sprach er zu *Xenophon*, »damit sie der Prüfstein meiner Geduld sei, damit ich sie ertrage und durch diese Übung lerne, auch andere zu ertragen.« – Aber, Madame, setzte ich hinzu, um so zu reden und zu handeln, müsste man ein Sokrates sein; und wenn man es sich auch gefallen lässt, von Zeit zu Zeit, seiner Gesundheit wegen, *in seinem Hause* einen bittern Trank zu verschlucken, so folgt daraus nicht, dass man, *wenn man außerhalb speist*, nichts als Wermutwein trinken müsse. Die Damen wollten sich zu Tode lachen, dass ich den Ehestand mit einer bitteren Arznei verglich. Aber es wurde mir ein Leichtes, sie zu überführen, dass die Ehe nichts Besseres sei als dies, sobald sie nicht das Süßeste und Lieblichste auf dem Erdboden ist.

Endlich nahm die Mutter das Wort: »Herr Graf«, sagte sie, »ich habe über diesen Stand meine eigenen Gedanken, welche Sie immerhin gotisch nennen mögen. Ich meine und werde beständig meinen, dass ein Mann, sei er Liebhaber oder Gatte, der seine Frau schlägt, und eine Frau, verheiratet oder nicht, welche sich schlagen lässt, ein paar Naturphänomene sind. Was mich betrifft, so erkläre ich hiermit feierlich, hätte ich mich in meinen jüngeren Jahren von der Liebe anfechten lassen und ein Unverschämter – sei's ein angebeteter Liebhaber oder ein angebeteter Gatte – hätte sich erfrecht, Hand an mich zu legen, ich würde ihn – nicht wieder geschlagen haben, denn das halte ich für unedel – aber ich hätte Menschen und Gesetze zu Hilfe gerufen, mich vor Gericht gestellt und unglücklich gemacht, um meinen Zweck zu erreichen, um ein Sklavenband zu zerreißen und angesichts beider Geschlechter ein Ungeheuer zu brandmarken.«

Die naive Wut der neuen Amazone ergötzte uns höchlichst.

»Sie werden gütigst bemerken«, erwiderte ich, um ihrem Ingrimm neuen Zunder zu geben, »dass das Privilegium der Liebhaber, ihre Schönen schlagen zu dürfen, ihnen sogar und vor allen anderen Königinnen, Kaiserinnen, die größten Fürstinnen unterwirft – wohlverstanden, wenn diese es verdienen; denn hier würde die geringste Ungerechtigkeit das größte Verbrechen sein.« – »Wie, mein Herr, Königin? Wäre ich eine Königin und beginge auf dem Throne die Torheit, einen – Günstling zu haben, und er triebe den ungeheuren Frevel so weit, sich an mir zu vergreifen, mich ... (ich kann das Wort nicht aussprechen), ich ließe ihn auf der Stelle hängen.« – 112

»Nicht doch, Madame, nicht doch; im Gegenteil; sein Übermut würde Ihnen pikant vorkommen; Sie würden ihn umso mehr lieb gewinnen. Sie würden es wie eine der größten Frauen unserer Zeit machen und mit Entzücken zu Ihrer Vertrauten sagen: ›Wünschen Sie mir Glück, meine Freundin; seit gestern weiß ich, dass er mich liebt; er hat mich geschlagen!‹ Ja, ja, Madame, Sie würden ebenso denken und sprechen. Ein solches Hinwegsetzen über alle Konvenienz würde Ihnen als das erscheinen, was es ist: nämlich als der letzte Beweis der wahnsinnigen Liebe, der äußerste Ausdruck der exaltierten Leidenschaft. Sie würden es dem Manne, den Sie bis zu sich erhoben hätten, Dank wissen, dass er Sie *liebe*, ohne Sie zu fürchten; Sie und Ihr ganzes Geschlecht würden ihm diesen Grad von Selbstvergessen zum höchsten Verdienst anrechnen und in seinem unwürdigen Benehmen nur die schmeichelhafte Seite hervorsuchen. Und dann ist ja noch zwischen Schlagen und Schlagen ein großer Unterschied; der Mann von Lebensart schlägt anders als der Lastträger; er *will* es nicht, es entfährt ihm; er tut es mit einer besonderen Art. Überdies darf auch so etwas nur äußerst selten geschehen. Alles, was oft wiederholt wird, verliert seinen Wert, den Wert der Neuheit.« ...

Während ich sprach, ergötzte ich mich an dem Befremden der Dame und der Gesellschaft. Nur *Du Luc* vermaß sich hoch und teuer; ich sei ein Ungeheuer und Manns genug zu tun, was ich verföchte. Ich fuhr fort: »Mit Ihrer Erlaubnis will ich Ihnen meine Grundsätze über diesen in der Tat zarten Punkt auseinandersetzen. Seine Frau schlagen, ist eine rohe, viehische[348] Abscheulichkeit. Sie ist die Mutter unserer Kinder; sie trägt unsern Namen; wir schänden uns selbst in ihr. Sie ist durch einen vielleicht zu leichtsinnigen Eid auf immer mit uns verbunden; sie ist mit uns

[348] Stupide.

in ein Verhältnis getreten, welches, wie alles auf Erden, seine Mängel hat; aber es besteht einmal, und wenn sie den Druck fühlt, ist sie zu bedauern, aber nicht zu misshandeln. – Die Schöne hingegen, welche, im vollen Besitz ihrer Vernunft, ihrer Freiheit, keine Fessel kennt als ihren Geschmack, kein Band als ihre Liebe, keinen Zwang als ihren Willen, keine Notwendigkeit zu betrügen als ihren Hang zum Betrug, keinen Vorwand den Geliebten zu quälen als Lust an Unlust; – die Schöne, die ich aus überlegter, lange geprüfter Wahl liebe; die ich umso weniger zu verlassen vermag, da ich Herr bin, sie jeden Augenblick zu verlassen; die alle Mittel der leidenschaftlichen Liebe an mich verschwendet und mich mit allen Schlingen der Liebe festhält; die sich mir unentbehrlich gemacht hat und zu meinem Dasein notwendig ist; die durch freiwillige Eideschwüre, die sie selbst nicht glaubt halten zu dürfen, mir gegenseitige Schwüre abgelockt hat, denen ich glaube, treu bleiben zu müssen: – Die Schöne endlich, mit der zu leben zwar oft eine Qual für mich ist, von welcher mich zu trennen aber mein höchstes Unglück sein würde, warum sollte es nicht erlaubt sein, nachdem ich alle mögliche Mittel der eindringlichsten Überredungsgabe, der zärtlichsten Zärtlichkeit an ihr erschöpft hätte, mit Schonung und mit allmählicher Steigerung, ... einige lebhafte ... gewaltsame Verfahrungsarten ... welche dem, was wir ... im gemeinen Leben ... Schläge zu nennen pflegen ... ähnlich sind, zu versuchen, um eine große Bewegung, eine Art von Umstimmung und Umwälzung hervorzubringen, die zur Ordnung zurückführt; mit einem Worte, um einen starken Eindruck auf sie zu machen, der, selbst im schlimmsten Falle, tiefe Spuren zurücklässt und allem Anschein nach Blumen und Früchte auf dem Pfade der Liebe hervorlocken wird, den Dornen und Disteln zu überdecken drohten? – Schon weint sie – ein gutes Zeichen! Sie ist gerührt; sie wird sich bessern. Ihr Liebhaber liegt zu ihren Füßen (doch nur einige Stunden nach dem Auftritt, damit die Lehre Zeit haben möge, zu wirken und zu fruchten); am Ende weint er mit, bedauert, bereut, sich so weit vergessen, sich *gezwungen* gesehen zu haben, den Altar zu entweihen, auf welchem sein Weihrauch brennt. Welch ein glücklicher, erfolgreicher Übergang! Welch ein fruchtbarer Kontrast! Was für heilsame Wirkungen wird und muss dieses Gemisch von Rührung und Strenge, von Kraft und Schwäche in einem Manne hervorbringen, welcher *liebt* und *nicht im Unrecht ist*! Wie süß ist dann die Aussöhnung! Wie hell scheint die Sonne nach diesem Sturm! Welchen zärtlichen Stolz wird die Schöne in ihre Verzeihung legen, wenn sich ihr Sieger vor ihr demütigt? Welcher Zauber wird in jedem Worte liegen, das man spricht, wird in der Verwirrung der Ideen herrschen, die sich kreuzen! Oh, du glücklicher Sterblicher, wie wirst da *dann* erst geliebt werden, wenn du nur liebenswürdig bist!!«

Ich fuhr fort, da alles still blieb und zuhörte: »Wenn Sie kaltblütig vor einem Ehrenmanne die Frage aufwerfen, ob es erlaubt sei, sich an einer von Ihnen zu vergreifen, von Ihnen, die unter unserem unmittelbaren Schutze stehen, von Ihnen, deren Schwäche Ihre beste Verteidigung ist – so wird jeder Ehrenmann sich bei der bloßen Frage empört fühlen, ... unwillkürlich, wie vor einem Bubenstück zurückschaudern; er wird Feuer und Flamme gegen den Elenden sprudeln, der unser Geschlecht schändet, wenn er das Ihrige verletzt. Wie könnte auch der Ehrenmann anders fühlen und urteilen? Er muss dem Gesetz der allgemeinen Theorie Folge leisten. – Wie aber, wenn er sich selbst in dem Fall befindet? Wenn ihn der Augenblick überrascht? Wenn nicht von einer kaltblütigen Erörterung, von einem kühlen, gelassenen Urteilsspruch die Rede ist? Wenn er sich mitten in eine Lage versetzt sieht, wo Eifersucht, Argwohn und die ganze Hölle der verwundeten Liebe in ihm rast? Wie dann? Ist er nicht in solchen Augenblicken ein ganz anderer? Nicht himmelweit aus sich selbst entrückt? – Und überdies, wie ich schon die Ehre gehabt habe, Ihnen zu sagen, darf ein solches Mittel nur *selten* angewendet werden; man muss damit kargen, nur in dem kritischsten Zeitpunkt Gebrauch davon machen; man muss überzeugt sein, dass man wenigstens *zweimal* recht gegen diejenige hat, welche *schon lange* unrecht gehabt hat. Ferner muss man sich auch dabei mit Anstand zu benehmen wissen; mehr strafend als beleidigend zu Werke gehen; mit noch größerem Anstand seine Abbitte tun; man muss *weinen* können und im Besitz aller Eigenschaften sein, welche erforderlich und hinreichend sind, uns Verzeihung auszuwirken. –

Die Nichte nahm Himmel und Erde zu Zeugen, dass sie nie etwas so Vernünftiges gehört habe, wie meinen Vortrag[349]. Der Kommissar schlürfte ein Glas Champagner nach dem andern und sah dabei aus, wie einer, dem dergleichen Geschwätz längst fremd und gleichgültig ist. *Du Luc*, der immer die Hälfte seines Glases unter den Tisch schüttete, tat ihm mit schelmischer Geschäftigkeit Bescheid und die Frau Kommissarin, seine tugendbegabte Gattin, welcher die Stürme der jugendlichen

---

[349] Ma dissertation.

Liebe stets fremd geblieben waren, beharrte auf ihrem Sinn, auf ihrer Meinung, gleich der alten, kalten, fühllosen Asche, die weder Feuer verbirgt noch Feuer in sich aufnimmt.

Es war ein Uhr nach Mitternacht, als wir aufbrachen und von der guten, ehrlichen Familie Abschied nahmen. Der Kommissar würde uns gar zu gern das Geleite bis an die Türe gegeben haben; aber er hatte sich so stark begossen, dass es ihm nicht möglich war, sich aus seinem Sessel herauszubringen. Die Damen waren über meine Grundsätze nachdenkend geworden, obschon ich ihnen ein paar Mal versichert hatte, es sei alles nur Scherz und *Du Luc* sie durch wirkliche und zum Teil witzige Scherze unterhalten hatte. Sie sagten uns Adieu, wie man von alten Freunden scheidet, die man ungern weggehen sieht, und würden uns bis an den Wagen begleitet haben, wenn wir ihnen nicht mit einer Entführung bange gemacht hätten. Wie hätten sie es über das Herz bringen können, den Herrn Kommissar in dem bedenklichen Zustand, in den ihn seine Gastfreundlichkeit versetzt hatte, allein zu lassen und den Bedienten anzuvertrauen? Wir versprachen wiederzukommen und uns öfter zu sehen; doch da es in dieser Welt nicht geschehen ist, so geschieht es vielleicht in jener.

Der feindselige Geist, der seit einiger Zeit meine Angelegenheiten in Verwirrung[350] gebracht hatte, schlief nicht. Man beliebe nur, weiter zu lesen.

Ich hatte die Foyers der Theater lange nicht besucht, als es mir einfiel, im sogenannten Théâtre Italien die allerliebste *Rosalie* wieder aufzusuchen, mit welcher ich meine Leser schon bekannt gemacht habe. Ich saß ruhig bei ihr; wir unterhielten uns von gleichgültigen Dingen; plötzlich tritt Mademoiselle *Colombe*, *Adelines* Schwester, ein und kommt gerade auf uns zu. Sie hatte, ich weiß nicht aus welchem Grunde, Partei für ihre Schwester genommen und bildete sich ein, Adeline sei der Gegenstand unseres Gespräches. Kurz, sie geriet in Eifer, erlaubte sich Sticheleien, ging zu Schmähungen über, drohte, machte zuletzt eine Bewegung mit dem Fächer. Gereizt, wie ich war, springe ich auf, nehme sie beim Arm, führe sie aus der Türe des Foyers bis an die Bühnentreppe und verlasse sie mit den Worten: »Ich weiß, dass ich unrecht tue, auf Sie zu achten und mich mit Ihnen abzugeben. Vielleicht findet sich jemand, der toll genug ist, sich für Sie einzulegen: Deswegen beliebt es mir, Ihnen im

---

350 Mis le feu dans mes affaires.

Voraus zu sagen, dass ich mir aus diesem Ritter ebenso wenig mache als aus Ihnen.« Der, auf welchen sich diese Erklärung beziehen konnte, war Herr *von Lubersac*, ein Neffe des Bischofs von Chartres. Wir waren zusammen erzogen worden und seit unserer Jugend vertraute Freunde geblieben. Erst seit ungefähr drei Monaten hatte ich ihn etwas verändert gefunden und alle Ursache zu vermuten, dass Mademoiselle *Colombe* ihn allmählich in ihr Netz gezogen hatte. Und so war's. Sie läuft in der heftigsten Bewegung hin und her, bis sie ihn gefunden hat; nun verlangt sie im größten Pathos von ihm, dass er sie räche. Es ward ihr nicht schwer, ihn, den Feuerkopf, in Flammen zu setzen, und einen Jüngling, der sich selbst liebt, der sie liebt, der vielleicht auch einen Ehrenhandel liebt und sucht, aufs Äußerste zu bringen. *Lubersac* erwartet mich am Ausgang. Ein paar gemeinschaftliche Freunde, *Dampierre*, den ich schon öfters erwähnt habe, eben der *Dampierre*, der in der Revolution leider zu berühmt geworden ist, und noch ein anderer Gardeoffizier, der sich in der entgegengesetzten Partei ausgezeichnet hat, begleiten ihn. Er tritt mir entgegen, redet mich im hochfahrenden Tone an, ereifert sich immer mehr, behauptet, ich hätte einer Person mit Achtung begegnen sollen, von der ich wisse, dass er sie mit seinem Wohlwollen beehre; droht mir, es solle mich reuen; ist umso mehr aufgebracht, da wir seit unserer Jugend die besten Freunde gewesen und er von mir dergleichen nicht erwartet habe usw. In seinen Beschwerden, in seinen Vorwürfen lag viel Wahres, viel Vernünftiges; aber er sprach sie so sehr ohne Rückhalt, ohne die nötige Einkleidung aus, dass ich für gut fand, lakonisch zu antworten: »Da er solch einen Ton annehme, tue es mir leid, nicht noch weiter gegangen zu sein.« Schließlich gaben wir uns ein Rendezvous auf dem Platze Ludwigs XV., zum folgenden Morgen sieben Uhr. Wir fanden uns pünktlich ein, aber der Graf *von Lubersac*, ein älterer Bruder des Beleidigten, war mit ihm gekommen und trat auf mich zu. Er war im Regiment der Gardes françaises und ein junger Mann von vortrefflichem Ton und Ruf. Ich liebte ihn sehr und hatte ihn von jeher seinem jüngeren Bruder, obschon ich mit diesem länger bekannt war, vorgezogen. Er versicherte mir, wie unendlich leid der Vorgang ihm tue; wie sehr er es bedaure, dass sein Bruder und ich uns schlagen müssten; da es aber einmal soweit gekommen sei, so würde ich es nicht übel deuten, wenn der Anteil, den er an diesem – und auch an mir – nehme, ihn bewege, Zeuge des Zweikampfes zu sein. Der Marquis *de l'Aigle*, mein Sekundant, fiel ihm ins Wort und machte auf die Unschicklichkeit aufmerksam, einem Bruder zu sekundieren. Aber ich umarmte den Grafen und ersuchte ihn, zu bleiben. *Lubersac* und ich zogen hinter dem Hotel *Beaujon* vom Leder und drangen wütend aufeinander ein; nach einigen Gängen versetzte ich ihm einen Stoß oben in die Brust; er ging nicht tief, war aber so kräftig geführt, dass *Lubersac* nach rückwärts hinfiel. Mit verdoppelter Wut springt er auf und verwundet mich bedeutend in der rechten Weiche. Jetzt musste wohl eingehalten werden; ich konnte mich kaum auf den Füßen halten. Es erfolgte eine Aussöhnung; nur wollte *Lubersac* durchaus nicht zugeben, dass unser Streit eine unstatthafte Veranlassung gehabt habe. Mir war es ärgerlich, aus einem so nichtigen Grunde eine Ehrensache gemacht und uns dem Publikum zur Schau gestellt zu haben. Was konnte uns für Achtung erwarten, wenn man erfuhr: Die Herren *von Tilly* und *von Lubersac* haben sich um Mademoiselle *Colombe* geschlagen? Daher, umso viel als möglich den Leuten Sand in die Augen zu streuen, tat ich mir Gewalt an und ging, zu meinem größten Schaden, noch denselben Abend ins Schauspiel. Dafür musste ich aber schon am folgenden Tage schwer büßen und nicht nur diesen, sondern mehrere Tage, auf meinem Ruhebett, zwischen Schmerz und Langeweile, zubringen. Zwar suchten mir die geborenen Freundinnen aller Zweikämpfe – die Frauen, einen Teil des zweiten Übels zu erleichtern; sie leisteten mir Gesellschaft, mir, der das Unglück hatte, verwundet zu sein, und das Glück, ihre Teilnahme zu erregen. Einige gingen noch weiter und machten mir Hoffnung auf bessere Zeiten, auf ein tätigeres Interesse während und nach meiner Genesung. So fand ich in meinem Kabinett Trost gegen die Klatschereien der Gesellschaftssäle.

Eines Morgens kam zu meiner großen Verwunderung Herr *Restif de la Bretonne* zu mir, ein Mann, den ich zu kennen mich nicht sogleich entsann und mit dem ich nie in einiger Berührung gestanden hatte. Er brachte mir in Erinnerung, dass ich ihn bei der Gräfin *von Beauharnais* gesehen hätte, welche in ihrem Hotel das, was man sehr uneigentlich und unschicklich ein Bureau d'esprit nennt, hielt. Sie sah gute Gesellschaft bei sich, bestehend teils aus Männern von Stande[351], teils aus Gelehrten von sehr verschiedenem Gehalte. Ich hatte diese Versammlungen ein paar Mal besucht; allein, ein so großer Freund ich auch von Geist und Verstand bin, so sehr ist mir das Auskramen desselben[352] zuwider;

---

[351] Hommes du monde.

[352] Les apprêts.

ich blieb weg. Herr *Réstif* sagte mir nach den gewöhnlichen Eingängen: »Er habe sehr viel von mir gehört; er sei gekommen, mich um *einige erotische Anekdoten* aus meinem Leben, mit einem Worte, um einige *auffallende Abenteuer*[353] zu bitten, welche in einem weitläufigen Werke, womit er sich trüge, einen der ersten Plätze einnehmen sollten. Er wollte dieses Werk für die Nachwelt, nicht für die Contemporains[354] schreiben, deren er überdrüssig sei. Man musste über einen solchen Besuch und dessen Absicht lachen; noch lächerlicher wäre es gewesen, darüber böse zu werden. Ich versicherte ihm, mein Leben sei arm und unfruchtbar an Anekdoten der Art, wie er sie gern hätte. Ich dankte für seine Aufmerksamkeit. Ich bat ihn, versichert zu sein, dass es mir unendlich leidtue, auf diesem Wege nicht zur Nachwelt gelangen zu können; es fehle mir nicht an Lust, nur an Stoff; sein Geschmack sei auch der meinige; er möge mir seine Feder, seinen Pinsel und seinen guten Willen für bessere Zeiten aufbewahren, und da er einmal von mir die Hoffnung hege, ich könne an seinem Plan tätig mitwirken und ihn in der Zukunft mit Anekdoten versorgen, die seiner originellen Farben und Darstellungen[355] nicht ganz unwürdig wären, so wollte ich ihm diese für mich so schmeichelhafte Hoffnung nicht ganz benehmen. – Meine Höflichkeit und meine Komplimente entzückten ihn; noch mehr aber war er von seinen Schriften eingenommen und bezaubert. Er trug kein Bedenken, mir seinen Paysan perverti als ein Buch erster Klasse zu nennen und zu empfehlen; es sei ein Werk ... wie kein anderes; es werde so lange bestehen, als die *Sprache*, die er gelehrt habe, alles auszudrücken, und als die *Natur*, die er überall nach dem Leben geschildert und bei ihrer geheimsten Toilette beschlichen habe.[356] Er wünschte sich Glück, dass ihn sein *fades, beengtes* Jahrhundert durchaus verkenne; die Verleumdungen der Journalisten und Akademiker, sagte er, deren Maß nicht an sein Knie reiche, wären für ihn die ersten Titel und Rechte auf die Unsterblichkeit.

---

[353] Aventures marquantes.

[354] *Réstif de la Bretonne* hat eine ganze Bibliothek zusammengeschrieben und ist unter anderem Verfasser einer vielbändigen Sammlung von Anekdoten unter dem Titel: Les Contemporaines. Auf dieses Werk wird hier von ihm angespielt. Er gedachte ein besseres pour la Postérité zu schreiben. Seine besten Romane sind: Le Paysan perverti und La Paysanne pervertie. Chamfort pflegte von ihm zu sagen: »Er schreibe auf Löschpapier, an den Straßenecken, auf einem Prellsteine.« *Übers.*

[355] Touche originale.

[356] Qu'il avait prise au pied levé.

Meine einzige, oft wiederholte Antwort auf dies alles war: »Sehr wohl!« Ich machte ihm eine höfliche Verbeugung und er ging.

Bei alledem ist *Réstif de la Bretonne* ein Mann, den man nicht mit drei Worten abschätzen kann. Man würde sich kompromittieren, wollte man ihn hoch anschlagen; aber man würde ungerecht sein, wollte man ihn zu tief herabsetzen. Einige seiner Schriften deuten auf einen Fieberkranken im Wahnwitz; in diesen ist er unverständlich für seine Leser und für sich selbst. In anderen zeigt er sich originell und pikant; doch immer so, dass es seinem Geiste, seinem Witz, seiner Originalität an *Geschmack* gebricht und sie sich mehr dem *Genius* nähert. Wer zufällig eines seiner Werke gelesen hat, wird Mühe haben, sich zum Durchlesen aller zu entschließen; aber das einmal Angefangene wird er gewiss bis zu Ende lesen. Er wird Seiten und Stellen finden, welche (im guten Sinne des Wortes) so außerordentlich, so merkwürdig, so beachtenswert sind, dass sie, in der nicht selten getäuschten Hoffnung, zum Weiterlesen einladen. Er behandelt fast immer *unedle* Gegenstände; behandelte er sie vorzüglich und musterhaft, so hätte man ihm eine *neue Gattung* zu verdanken und er würde im Erfolg seine Rechtfertigung finden. Aber der Hauptvorwurf, von dem man ihn nicht freisprechen darf, ist, dass er fast immer niedrig, unanständig, schmutzig schreibt und Gefallen an Bildern und Schilderungen findet, welche ebenso sehr die Zartheit und das Schamgefühl beleidigen, als sie gegen die Wahrscheinlichkeit und die Vernunft verstoßen. Man kann ihm eine fruchtbare und vielseitige Erfindungsgabe nicht absprechen; gleichwohl würde ich mich schämen, seiner Einbildungskraft das Wort zu reden, weil nichts leichter ist, als diese Eigenschaft auszubilden und sie in den Vordergrund zu stellen, sobald man ihr die Zügel schießen lässt und ihr ein grenzenloses Feld aufschließt. Sollten aber auch immerhin überzarte schöne Geister dazu lächeln, so mögen sie hier mein Geständnis finden, dass ich den Mut gehabt habe, fast alles, was er geschrieben, zu lesen, und den ganzen Wust und Schlamm zu durchwaten, der sie anekelt. Ja, ich gestehe gern, dass ich abwechselnd über ihn die Achseln gezuckt habe und abwechselnd von ihm zum Lachen, zum Mitleid, zum Schauder und zu Tränen gebracht worden bin.

Sein Paysan perverti ist das Werk eines kräftigen Geistes, eines männlichen, rüstigen, aber regellosen Genius. Es waltet in diesem Roman eine ungeheure, aber reiche Fantasie, mit allen ihren Auswüchsen. Nur wenige Hände würden es gewagt haben, seine Zeichnungen zu entwerfen. Er umschließt mit Rahmen ohne Geschmack und Zartsinn Bilder, deren kühnen, energischen Pinselstrich man wider Willen bewundern muss. Mit einem Worte, er ist der *Teniers* des Romans und sein Buch die Liaisons dangereuses der niederen Volksklassen.

Ich habe drei mit Herrn *de la Harpe* in dem Tale von Montmorency sehr angenehm zugebrachte Tage nicht vergessen. Mein Hauptaugenmerk war, wenn wir auf unseren Spaziergängen umherschweiften, sein Urteil über mehrere lebende Schriftsteller einzusammeln. Ich erinnere mich unter anderem auch, seine Meinung über *Réstif de la Bretonne* gemildert zu haben, nicht sowohl durch das Raisonnement als durch angeführte Stellen. Anfangs schien er sich nicht einmal auf die Beurteilung des Mannes ein- und herablassen zu wollen; aber nachdem ich ihm mehrere Seiten aus dem Paysan perverti aus dem Gedächtnis vorgelegt hatte, bewog ich ihn zum Bekenntnis: Er habe nicht geglaubt, so viel Gold in so vielem Miste zu finden. Nicht so gut gelang es mir mit *Roucher*, als ich ihm seinen Widerwillen[357] gegen diesen benehmen wollte. Vergebens hob ich sechzig bis achtzig der besten Verse seines Gedichtes les Mois aus. Er wusste sie ebenso gut auswendig wie ich; aber mit dem reinen und feinen Geschmack, der ihm so eigen war und der beinahe ganz mit ihm in Frankreich verloren gegangen ist,[358] verwarf er die meisten meiner Schützlinge; mit dem kritischen Adlerblick, der ihm eigen war, streifte er ihnen den blendenden Schmuck ab und zeigte sie in ihrer ganzen Blöße.[359] Von *Roucher* kam *de la Harpe* auf *Rivarol*, welcher zu der Zeit wenig Neues geliefert hatte. Er hatte sich durch seine ältere Fabel: Le Chou et le Navet berühmter gemacht als durch spätere Arbeiten wie z. B. durch die Übersetzung des Gesanges 124 von Dante, der die Hölle beschreibt, durch seine Epistel an den König von Preußen und selbst durch seinen Discours sur l'universalité de la langue française, da in dieser Schrift, bei einem großen Aufwand von Luxus in der Schreibart, bei äußerstem Scharfsinn und vieler Gewandtheit, doch der Gleichnisse

---

[357] Antipathie.

[358] Nur wenige haben ihn von ihm geerbt; unter anderen sein Freund, sein Schüler und sein Rivale, Herr von Fontanes. *Verf.*

[359] In de la Harpes Lycée ou Cours de litérature, Teil XII, findet man ein weitläufiges kritisches Urteil über Roucher und die neuere französische Poesie. Wir bedauern, das Lesenswerte und auch in Deutschland zu Beherzigende dieses Abschnitts nicht hersetzen zu können und verweisen angelegentlich darauf. C'est tout comme chez nous. *Übers.*

und Metaphern zu viel sind und die Bilder, mehr glänzend als gründlich, die Manier des Verfassers gar zu sichtbar an der Stirne tragen. Dessen ungeachtet ist dieser Discours ein Werk, worin viel Durchdachtes liegt und welches mit großer Genauigkeit im Ausdruck und Eleganz im Stile bearbeitet und ausgestattet ist. Kurz, es erweckte zur Zeit, als es erschien, ein sehr günstiges Vorurteil für die ausgezeichneten Talente des Verfassers und berechtigte zu großen Hoffnungen. Herr de la Harpe wollte sie nicht teilen; er war streng, aber aufrichtig und ohne Härte. »Rivarol«, sagte er, »hat den Kopf, der zu einem ausgezeichneten Literaten und Schriftsteller gehört; allein es fehlt ihm an dem erforderlichen Geist und Charakter; er ist, was man einen französischen Improvisator nennen möchte.« Rivarol hat in der Tat bewiesen, dass unser französischer Quintilian nicht ganz unrecht hatte.

Dagegen erklärte sich de la Harpe entschieden für Beaumarchais. Ich war mit diesem in eine nicht eben ehrenvolle Fehde geraten. Eine Dame von unserer beiderseitigen Bekanntschaft hatte ihm weisgemacht, ich sei der Verfasser eines Liedchens auf ihn, das sich Champcenetz zuschrieb und eigentlich von Bouville gedichtet war. Hierauf machte Beaumarchais ein beleidigendes und überdies sehr schlechtes Spottgedicht auf mich und rückte es ein – oder vielmehr begrub es lebendig – in ein von einem gewissen A... herausgegebenes Flugblatt. Schon hatte ich mit einem Dutzend Versen, worin mehr Galle als Witz und Geschmack herrschten, geantwortet und wollte sie ebenfalls (mehr noch zu meiner als zu seiner Schande) drucken lassen. Ich zeigte sie Herrn *de la Harpe*. Er riet mir davon ab. »Folgen Sie mir, verbrennen Sie das Blatt: Suchen Sie mit *Beaumarchais* sich zu verbinden; er ist ein Mann von großem Verstande; nur mit Dummköpfen muss man anbinden.« – »Das soll doch nicht für ein *Gebot* gelten?«, erwiderte ich. »Ich müsste ja sonst mit der halben Welt in die Schranken treten.«

Niemand ist wohl in ganz Frankreich so ungerecht behandelt worden als *de la Harpe*; ihm, der den literarischen Ruf aller so genau und treu abgewogen, ihm hat man jedes Lot Ruf streitig gemacht. Seine kritischen, seine literarischen Urteile werden von der Nachwelt beinahe zu Gesetzen erhoben; bei seinen Lebzeiten wollte man zweifeln, ob sie ihn überleben würden. Er hat ein wenig klassisches Werk geschrieben; ein Werk, das den Vorwurf von uns abwälzt, als könnten wir in den Tagen der Unruhen und inneren Kriege und in den kurz darauf folgenden der Aufklärung nichts mehr der alten Zeiten Würdiges hervorbringen: –

Und dieses unbestreitbare Verdienst ist ihm lange streitig gemacht worden. Doch das ist das Los der lebenden Schriftsteller; das die Art, wie man sie beurteilt; das das Maß, mit welchem man Ruhm, d.i. Wind und Dunst, austeilt! *De la Harpe* hat mitten unter den Stürmen, die ihn umgaben, das Köstlichste, die *Ruhe* verloren. Er, der Kronen verdient hätte, weil er allein die Tradition des guten Geschmacks aufbewahrt und mitten in den Wellen des Blutmeers, welche alles zu verschlingen drohten, das köstliche Kleinod des Schönen, den heiligen Schatz der Literatur, gerettet hat; weil er in seinem Werke Beispiele und Regeln aufgestellt und aus den besten Mustern einen klassischen Kodex zusammengetragen hat, aus welchem wir lernen sollen, unsere Muster nachzuahmen, ohne sie auszuschreiben, weil er selbst ein ausgezeichneter Schriftsteller und der vortrefflichste aller Kritiker und Rhetoren gewesen ist. Aber ach, er hat seinen Ruhm kaum genossen, selbst sein Werk nicht ganz vollendet. Immer in bitterem Streit befangen, oft von geheimer Eigenliebe zerrissen, oft mit sich selbst unzufrieden und sich anstrengend, um die Stelle zu erklimmen, die man ihm streitig machen wollte, ist er in dem Augenblicke gestorben, wo er, seine politischen Irrtümer einsehend und bereuend, durch diese Reue seinem Leben einen neuen Glanz, seinen Tugenden einen neuen Wert beigelegt haben würde, wo sein Verdienst anfing, den Neid zum Schweigen zu bringen, wo seine Zeitgenossen es nicht mehr wagen durften, ihm einen Teil seines Nachruhmes abzusprechen. Er starb mit dem Ausruf: »Ist das der Lohn für so viel Anstrengungen und Nachtwachen? Der Preis für so viel ununterbrochene Arbeiten? Die Palme für ein ganzes tätiges, hingeopfertes Leben?«

Schreiber dieses könnte sich auch über Ungerechtigkeit beklagen. Hat man ihm seine Stelle angewiesen? Wird man sie ihm einst anweisen? Wird man von ihm sagen? »Er besaß eine lebhafte Fantasie, er schrieb mit Leichtigkeit und Kraft.« Wird man sein Talent anerkennen, wenn auch im Grunde ihm nicht mehr daran liegt als am Nachruhm? Er überlässt der Welt sein Ich, ein Wesen, welches kein Verdienst darin setzt, etwas zu gelten und von falscher Bescheidenheit ebenso fern ist als von lächerlicher Eigenliebe. Ja, die Welt hat recht: Nichts ist lächerlicher als sie selbst und alles, was in ihr ist. Schreiber dieses beruft sich nicht wie so viele auf die Nachwelt, weil er sich noch etwas weniger aus ihr macht als aus den Mitlebenden; er verwahrt sich im Voraus gegen Leichenstein und Grabschrift, worauf die Eitelkeit in Titeln und Lobeserhebungen prunkt; er will nicht, dass sein Name berühmt sei, wenn er selbst nichts mehr ist als Leere, Nacht, Grabesstille, Staub und Asche.

16. Kapitel

Ce contentement personnel, cette confiance, cette présomption de la jeunesse, cette supposition qu'il faut avoir du mérite pour plaire et pour réussir, vous en rirez vous-même quand vous serez un peu plus philosophe (dans l'acception honnête de ce mot) et quand une façon de penser plus mûre aura remplacé cet amas de prestiges qui s'évanouissent avec le printemps de la vie, chez ceux qui ne sont pas destinés à mourir de vieux enfants; car vous aurez plus d'esprit que vous n'en avez, vous ne ferez pas même grand cas de celui que vous aurez eu jusqu'ici, et à peine en ferez-vous un peu de tout celui qu'on peut avoir.

Hoher Begriff, den sich die jungen Leute von sich und vom Leben machen – Meine Täuschung hört auf – Fenelon und Frau von Beauvilliers – August Vestris – Bonmot des Herzogs von Fleury – Der Sire de Pons – Der Vicomte de Pons – Frau von C...; ihre Geschichte – Wie man an Frauen schreiben soll – Der General von Montesquiou – Der Abbé, dessen Bruder – Wie der erste seine Geliebte behandelte – Seine Verbindung mit Frau von C... – Das Kloster von Pant... – Meine Intrige mit Frau von C... – Der Vicomte von Pons sinnt auf Rache – Schilderung der Frau von C... – Ihre fernere Geschichte – Schilderung des Vicomte – Der Prinz von Montbarrey – Er nimmt Frau von C... in Schutz – Tod des Vicomte von Pons – Der Graf von Montmorin – Mein Streit mit Moreton de Chabrillant – Anekdoten von ihm – Der Baron von Grimm – Ich werde von einer schönen Engländerin mystifiziert – Mademoiselle Arnould; ihre Soupers, ihr Haus, ihre Gesellschaften – Der Schauspieler Mole – Madame R...; ihre Geschichte – Ich verliebe mich in sie – Torheiten, welche die Liebe und besonders die unwürdige Liebe begehen lässt – Ursachen der Revolution – Die Adelsbeweise, um ins Militär einzutreten – Die zweite: Beweise alter Abkunft zur Courfähigkeit – Eifer, sich bei Hofe vorstellen zu lassen – Anmaßung der Adeligen beim Kriegsdienste Hofadel; alter Adel – Herr von Monteynard – Der Prinz von Beauffremont.– Der Komtur von G... – Meine Ahnenproben, Abkunft, Geschlechtsfolge – Mein edler Großvater – Mein eitler Vater – Wittekind – Ursprung des königlichen Hauses in Frankreich – Verwirrung in meinem Stammbaum – Der Marquis von Tilly-Blaru – Mein Vater und dessen beide Brüder treten in den Kriegsdienst – Ihre Karriere – Woher die Lücken in meiner

Wie kurzsichtig ist der Jüngling, der in der vollen Gewalt der Leidenschaften, im Fiebertraum noch ungetrübter Täuschungen, alle Eindrücke des Vergnügens, alle Schmeichelworte falscher Freunde, alle Liebes- und Lobeserklärungen seiner treulosen Freundin, mit Selbstgefälligkeit in sich aufnimmt! Wie tief liegt in ihm das Gefühl der Kräfte, die er hat, und die Einbildung derer, die er nicht hat! Wie leicht ist es in seinen Augen, zu gefallen! Welch' ein ernsthaftes Geschäft ist für ihn das Bestreben, Geist und Verstand zu zeigen! Wie anstrengend das Bemühen, liebenswürdig zu erscheinen! Wie weit ist er entfernt, einzusehen, dass er es umso weniger ist, je mehr er es sein will! Alles um ihn verbreitet in seinen Augen einen größeren Glanz, eben weil er alles um sich verdunkeln und überstrahlen will. Je höher er zu steigen gedenkt, desto tiefer fällt er. Wie hoch schätzt er, was er in späteren Jahren gering achten wird! Ein Wort verletzt ihn, ein Wort entzückt ihn. Er setzt alles aufs Spiel des Ungefähre und hält doch alles für sein Werk. In jeder Minute des glücklichen Jugendalters blind und unbesonnen, scheinen ihm alle

Widerwärtigkeiten seines Lebens Wunden, die ihm ein feindliches Schicksal schlägt, und alle glücklichen Erfolge der gerechte Lohn seiner Verdienste und das unfehlbare Resultat der wohlberechneten Entwürfe seiner Weisheit. Nichts erschüttert ihn, als wenn seine Eigenliebe verletzt wird, nichts hemmt seinen Lauf als seine Eitelkeit, nichts tröstet ihn als sein Stolz. In seiner Unerfahrenheit und in seinem Eigendünkel verlässt er sich auf Menschen und Handlungen. Was kann (denkt er) seinem Scharfsinn entgehen? Mögen andere fein und klug sein, er ist es mehr als alle! Für ihn hat das Leben keine Geheimnisse, keine Schleier, nur Reize. Er liebt es um seinetwillen, er schätzt es, weil er sich anbetet. Zwar gibt es auch Zeiten, wo er die Welt verachtet, doch verachtet er sie nur, wenn er sie mit sich vergleicht, im nächsten Augenblick erblickt er sie wieder durch das zauberische Prisma, im Schmuck aller ihrer Farben. Allein die Zeit wird kommen, wo es ihm leicht dünken wird, sich von allem loszusagen, alles herabzusetzen, und sich selbst mehr als alles, die Zeit wird kommen, wo ihn nichts in Verwunderung setzen, nichts entzücken, nichts verführen, nichts schmeicheln wird, nicht einmal das Bewusstsein, dass er gründliche Philosophie genug besitzt, die Wahrheit zu finden, ehe er das Grab findet.

Für mich ist diese Zeit gekommen; dass sie es sei, rufe ich Erde und Himmel zu Zeugen! Und doch hatte mich der Rausch vielartiger Täuschungen so trunken gemacht, dass meine Freunde mich warnten und meine Feinde frohlockten.

Ich fahre mit der Erzählung meiner oft Schmach bringenden Siege fort, welche mich eher beschämt als stolz machen und mich auf gesunde und heilsame Betrachtungen hätten führen sollen.

> When I myself applaud,
> Me people hiss abroad[360]

Ein Neffe des *Schwans von Cambray*, der Marquis *von Fénélon*, dem es aber am *Gesang* und an der *Reinheit* seines Oheims fehlte, wagte im herannahenden Alter etwas, wozu mehr Mut und Beharrlichkeit gehört als zu einem Telemach. – Er unterhielt ein Mädchen von sehr zweideutigem Rufe, deren Vater ein Amt im Finanzfach bekleidet hatte. Sie gab sich den Namen *Bauvilliers*, war ausnehmend schön und richtete ihren vierzigjährigen Liebhaber zugrunde. Ihre Schönheit gereichte ihm einiger-

---

[360] Eigner Beifall erzeugt fremden Tadel.

maßen zur Entschuldigung, denn es gibt wohl Beispiele, dass man sich von Hässlichen hat einnehmen lassen und dass das Herz oft mit den Augen und dem Verstande davonläuft. Unsere Sirene, welche der Abbé *Delille* zu besingen gewürdigt hat (weit ärger, als wenn er ihr den Hof gemacht hätte!), mocht' es dem armen *Fénélon* angetan haben, der bei allen möglichen Fehlern dennoch mit großem natürlichen Verstande und einem schönen Äußeren begabt, sich bisher vom weiblichen Joch frei erhalten hatte. Kurz, sie führte ihn, wie es denn immer zu geschehen pflegt, bei der Nase und hatte ihm den ersten Tänzer in Europa, *August Vestris*[361], zum Gehilfen gegeben, oder besser gesagt, dieser spielte die Hauptrolle und Fénélon doublierte ihn nur, wenn es jenem gefiel zu pausieren. Der eine glich dem Reichen im Evangelium, er saß an einer wohlbesetzten Tafel, der andere, ein zweiter Lazarus, nährte sich von den herabfallenden Brocken. Der Tänzer schwelgte im Überfluss, der Marquis zehrte vom Abhub. Um zugelassen zu werden, musste er die Zimmer neu möblieren lassen, wo man ihn empfing. Sein Rivale war der Herr des Palastes, er selbst trieb sich im Vorsaal umher. Endlich ward er seiner Bedientenrolle überdrüssig, benahm sich aber seltsam dabei. Er ersuchte mich nämlich, ohne einen Grund anzugeben, ihn eines Abends in die Comedie française zu begleiten und ihm nicht von der Seite zu weichen. Ich vermutete eine Ehrensache von Wichtigkeit und schickte mich an, seinem Vertrauen bestens zu entsprechen, als ich ihn plötzlich auf den jungen *Vestris*, wie einen Raubvogel auf seine Beute, herabschießen sah und anhören musste, dass er ihn mit allen Verwünschungen belegte, die der Mensch nur der Hölle abgeborgt haben kann. Ich schämte mich seiner, machte ihm über diesen niedrigen Ausbruch seiner Wut Vorwürfe und zog ihn mit mir fort.[362] Jetzt gab er mir Aufschluss über sein Benehmen, setzte seine Gründe weitläufig auseinander, bekannte mir seine Leidenschaft, welche eine so tragische Gewalt über ihn ausübe, und der bisher Unempfindliche mit dem ehernen Herzen brach zuletzt in einen Tränenstrom aus und beschwor mich, der ihm verwundert zu-

---

[361] Le Dieu de la danse. *Übers.*

[362] Der Herzog von Fitz-James, der sich in der Revolution auf eine so edle Art vom Falle erhoben hat, zeigte bei einer ähnlichen Gelegenheit mehr Geist und Kopf. Als er nämlich eines Tages eben diesen liebenswürdigen und leichtfüßigen Rivalen bei der Contat angetroffen hatte, sagte er mit herablassendem Tone zu ihm: »Ich werde stets Achtung für Ihre Beine haben; setzen Sie aber noch einen Fuß über diese Schwelle, so schlage ich Ihnen die Arme entzwei.«

hörte, zu seiner Grausamen zu gehen und sie zur Treue zu überreden. Die Dame hatte den Vorgang schon erfahren; zitternd über die Gefahr, in welcher ihr junger Gott, der junge Tanzgott, geschwebt hatte, kam sie mir zuvor, war an meiner Tür, noch ehe ich an der ihrigen, und bat mich inständigst, die Sache zu vermitteln. Ich befolgte die in solchen Fällen übliche Vorschrift, riet ihr, behutsamer zu Werke zu gehen, und diesen Vorfall für mich selbst benutzend und mit der Lehre das Beispiel verbindend, zog ich eignen Vorteil aus der Sache, bis sie selbst mich zwang, der verbotenen Frucht zu entsagen, als ich einst in einem jener kurzen und glücklichen Augenblicke des Selbstvergessens – wo sie aber *mich* nicht hätte vergessen sollen – mich *August* nannte und mir den Taufnamen desjenigen gab, der allein in ihrem Herzen thronte. Ich ließ sie von Stund an mit ihrem Tänzer – ihr Pas de deux fortsetzen.

Die alten Chroniken haben den Namen des *Sire de Pons* aufbewahrt, gleich berühmt durch seine Liebes- und durch seine Kriegsabenteuer, durch sein Glück und Unglück, ein zweiter *Ulysses*, der, von Himmel und Erde verfolgt, ein Spiel des Schicksals und der Wellen und in der Schlacht von *Mapoure*[363] verwundet, unerkannt in sein Haus zurückkam, seine Gattin etwas weniger treu als *Penelope* fand und bloß von seinem Hunde freundlich empfangen ward. Einer seiner Ururenkel, der *Vicomte de Pons*, lange glücklicher als er, nahm ein trauriges Ende, denn er fiel unter dem Beile und auf der Schlachtbank der Revolution und der mit Recht sogenannten Schreckensmänner. Er war in besseren Tagen wie sein erlauchter Ahnherr und wie alle Helden – *Friedrich II.* ausgenommen – ein Anbeter des schönen Geschlechts gewesen. Ein von allen Flammen der Liebe loderndes Herz schlug in dem schön begabten, doch schon etwas gebrechlichen Körper, für den es besser gewesen wäre, früher zusammenzustürzen, anstatt auf dem Blutgerüst Opfer aus allen Klassen fallen zu sehen und selbst als Opfer zu fallen. Sein Blut rötete die noch rauchenden Bretter und vermischte sich mit den herabfließenden Strömen.

Der *Vicomte de Pons* (um in der Zeit zurückzugehen) liebte vor der Revolution eine gewisse Frau *von C...*, in Paris wenig bekannt, aber die himmlischste der Houris in Mahomets Paradiese. Eines Tages, als ich mich mit aller angenommenen Gleichgültigkeit in Ton und Wesen bei ihm nach ihr erkundigte, gab er mir mit eben der anscheinenden Gut-

---

[363] In Ägypten, wohin er den König Ludwig IX., den Heiligen, begleitet hatte. *Übers.*

herzigkeit zur Antwort, sie sei aus der Provinz und reise in einigen Tagen wieder zurück. Mit dieser Antwort – im Grunde so gut als gar keine – war mir wenig geholfen. Ich ging der Spur der schönen Unbekannten nach, fand sie in dem Kloster, worin sie lebte, und in ihr – einen Engel. Zugleich entdeckte ich tausend angenehme Talente, die den Reiz ihrer Schönheit erhöhten. Der Vicomte war schon ziemlich über die Jahre hinaus, welche für die Liebe geschaffen sind; er fing sogar an, ein wenig von der Gebrechlichkeit zu verraten, woran der Beiname *Pompon*, den man ihm beigelegt hatte, erinnerte; man fand, dass er der kleinlichen, sorgfältigen Toilette bedurfte, um das herannahende Alter zu verbergen, übrigens war er der beste Mann von der Welt. Ich hatte mir, ich weiß selbst nicht warum, eingebildet, dass es schwer halten würde, an seine Geliebte heranzukommen, aber es bedurfte nicht vieler Umstände, ihr selbst ohne zu schreiben meine Absichten zu erklären. *Schreiben* wollte ich nicht. Es ist von jeher mein Grundsatz gewesen, mich durch keinen Brief oder Zettel, durch keinen stummen und doch sprechenden Zeugen bloßzustellen, bevor diejenige, an welche ich die Schrift richte, in den Fall gekommen ist, verschwiegen sein zu *müssen*, um sich nicht durch die Mitteilung des Geschriebenen in Gefahr zu setzen. Ich hege noch immer die größte Achtung und Hochachtung vor einem sehr gewandten, feinen Mann, der alle seine Billett doux ungefähr mit einer der folgenden Eingänge anfing:

»Das reizende Geständnis, welches Sie mir von Ihrer Zuneigung abgelegt haben –« oder

»Die vielfältigen Beweise, die ich von Ihrer Liebe erhalten habe –« oder

»Die Gefühle, die ich das Glück gehabt habe, in Ihnen zu erregen –« usw. usw.

Wie könnte ich einer Methode meinen Beifall versagen, welche dem dreistesten Wesen auf Erden – einer Frau – Verschwiegenheit zur Pflicht macht, der Schwatzhaftigkeit ein Schloss anlegt und den leichtsinnigen Lippen das Siegel des Geheimnisses aufdrückt? Ich finde diese Wendung wirklich erhaben.

Vergebens quälte ich mich, zu einem glücklichen Erfolg zu gelangen, als das Ungefähr – oft ein größerer Meister und Ratgeber als die Klugheit – mir zu Hilfe kam.

Man weiß, dass *Herr von Montesquiou* einer der stolzesten Edelleute von Frankreich war, dass er unendlich viel Verstand besaß, nur *den* nicht, welcher ihm die Türen der Academie française geöffnet hat, aber man weiß auch, wie undankbar er gegen die Krone gehandelt und dass er sich nur deswegen in das Finanzfach des Staats eingedrängt hat, weil die seinigen in einem unheilbaren Zustande waren;[364] man weiß ferner, dass er sich in der Revolution als einen ebenso schlechten, republikanischen General gezeigt hat, als er unter der Monarchie ein gewandter Hofmann gewesen war, man weiß, dass er einen Verwandten hatte, den *Abbé de Montesquiou*, einen feinen Unterhändler R*[365], welchen viel harmlose Leute für einen sehr rechtlichen Mann und alle Parteien für ihren aufrichtigen Anhänger gehalten haben, so sehr wusste er durch glücklich angewandte Gemeinplätze und durch einen Anstrich von Bonhomie sich das Ansehen eines klugen, aber biedern Mannes zu geben. Man weiß auch, dass der General *von Montesquiou* gestorben ist, ohne das Andenken und Bedauern einer Nation mit ins Grab zu nehmen, die nur dasjenige schätzt und aufbewahrt, was wirklich und wesentlich groß ist. Was aber von ihm, dem Nachkommen und Sprössling aus *Chlodwigs* Blute, weniger bekannt sein mag, ist, dass er ein wahrer Tyrann in der Liebe war, dass er die ganze Tiefe der Verstellung und Heuchelei besaß, welche sich hinter einer kalten Unempfindlichkeit verbirgt, dass er der eifersüchtigste Liebhaber war, gebieterisch in seinen Anmaßungen, langweilig in seinen Reden, ein alter Narr in seinen Grillen und Einfällen, dass er anderen die Rechte versagte, die er selbst auf eine Frau zu haben glaubte, dass er sich die Rechte verbarg, die die Frau auf ihn hatte, und dass er die Vorwürfe, die er sich hätte machen sollen, durch wiederholte Anfälle von Rohheit erstickte. Herz und Sinne standen bei ihm im Gegensatz. Er quälte seine Geliebte, als wäre sie sein ausschließliches Eigentum, ließ jede Minute den Besuch erwarten, den er von Tag zu Tag aufschob, und hielt – ein langweiliger gelangweilter Sultan – das Tuch beständig in der Hand, ohne es fallen zu lassen.

Er war infolge einer vorübergehenden Grille mit der Witwe eines Mannes in Verbindung getreten, den seine Verdienste nicht hatten vor Elend und Tod schützen können, obschon Name und Abkunft ihn zu

---

[364] Am Vorabend meiner Reise nach England (1780) brachte ich einige Stunden bei L... zu, wo ein Höllenspiel gespielt wurde. Ich fand Herrn von Montesquiou daselbst; er verlor ungeheuer und zuletzt belief sich sein Verlust auf hunderttausend Taler. Er verließ den Spieltisch, um in der Nationalversammlung einen Bericht über die Finanzen des Reichs abzulesen. Ein Aretin, der von Keuschheit spricht! *Verf.*

[365] Intrigant fieffé.

Glück und Leben berechtigten. Ist Reichtum immer das Los dessen, der ihn verdient, und immer seine Belohnung? Der Unglückliche, von dem ich hier rede, darbte und starb. Seiner hinterlassenen Witwe blieb kaum das Unentbehrliche und sie begehrte Überfluss. Was tat sie? Sie opferte das Herz dem Kopfe, vertauschte Mangel mit Schande, Dürftigkeit mit Laster, veräußerte die bessere Hälfte ihres Wesens, um der andern das kurze Vergnügen des Luxus zu verschaffen, womit so viele Frauen sich über den Verlust ihrer Tugend und Freiheit trösten. Zu ihrem Glück ließ sie sich nicht lange blenden, ermannte sich und fasste den Mut, in der Provinz ein unbeachtetes Leben zu führen, nachdem sie in Paris einen Namen entehrt hatte, den sie höher geachtet haben würde, wenn sie meinem Rate gefolgt wäre. Aber halt! ... Wenn sie diese Zeilen lesen sollte!? Ich lege die Feder nieder, um sie nicht wie einen Dolch ihr in die Brust zu stoßen und ein Herz zu verwunden, welches nur durch Umstände hingerissen und dem Elende unterliegend die angeborene Tugend verleugnet hat. Es genüge mir das Bewusstsein, sie, die ich hier tadle, nicht auf Irrwege gebracht zu haben. Ich muss mir aber auch zugleich ein Unrecht vorwerfen; ohne gegen sie eine edle Liebe gefühlt zu haben, deren sie in der Tat würdig war, habe ich sie zu Gefälligkeiten bewogen, die ich nicht begehrt haben würde, wäre sie nicht schon früher gefallen; das Ärgste war geschehen.

Herr *von Montesquiou* war oft in sie gedrungen, dass sie sich in ein Kloster zurückziehen sollte. Ich bediente mich der Gewalt, die ich über sie hatte, sie zu überreden; es gelang mir. Ihr Aufenthalt war kaum hundert Schritte von dem der Frau *von C...* entfernt, deren ich oben erwähnt habe, und die ich *über* alles[366] liebte; ein Ausdruck, der beiläufig in der Gebrauchssprache wenig oder nichts bedeutet, aber in der Jugend den Stempel der Wahrheit trägt. Beide Damen machten Bekanntschaft miteinander, wurden ein Herz und eine Seele, und ihre beiderseitige Freundschaft erwies mir, dem Dritten, einen Liebesdienst, denn obschon es mir wahrscheinlich würde gelungen sein, mein Geschäft allein durchzusetzen, so kann ich doch nicht leugnen, dass es dadurch, dass sich ein weiblicher Sachwalter für mich ins Mittel schlug, weit schneller fortrückte. Bekanntlich ist jede Frau die geborene Feindin der Tugend aller anderen und die feinste Verteidigerin. Wenn eine Frau den ersten Mann verführt

---

[366] Éperdûment

442

hat, wie viel leichter würde es ihr gelungen sein, das erste Weib zu be-
schwatzen!

Mein Prozess war gewonnen und der Vicomte hatte den seinigen in
letzter Instanz verloren. Mein Wille war, dass er es erführe, Madame
wollte es nicht; sie hatte die Absicht, uns beide zugleich zu behalten, mir
war daran gelegen, dass er verzichten und mir Platz machen sollte. Um
meinen Zweck zu erreichen, beging ich absichtlich eine Unvorsichtigkeit
nach der andern im Reden und Handeln, er aber stellte sich, als merke er
nichts. Seine Rolle war schwerer als die meinige. Er wusste aber seinen
Racheplan gegen sie, gegen mich, gegen sich selbst so fein anzulegen,
ihn hinter einer scheinbaren Ruhe so tief zu verbergen, dass wir beide
nichts davon merken konnten. Das Lächeln war auf seinen Lippen, die
Hölle kochte in seinem Busen. So tröstet man sich über eigne Pein durch
die, welche man anderen bereitet. Oh Natur! Du besitzest schändliche
Geheimnisse!

Ich bin, ehe ich fortfahre, meinen Lesern noch zweierlei schuldig: den
Charakter der Frau von C... und ihre Schicksale, die sie dem Vicomte
von Pons zuführten. Frau von C... hatte keinen überwiegenden Verstand, aber was sie davon besaß, gefiel mehr als das, was ihr abging,
auffiel. Sie war schlau, aber ihre Verschlagenheit lag mehr in ihrem Blick
als in ihren Reden. Sie log nie geschickter, als wenn sie die Wahrheit
sprach, denn ihr Blick schien zu sagen: »Ich lüge!« Selbst die Weiße ihrer
Haut gab ihr ein Ansehen von Unschuld, dem das Feuer ihrer Augen
widersprach. Ihr sanftes, blondes Haar gab ihrer Stirn etwas Verräteri-
sches – aber ungefähr wie das Verräterische bei einem Kinde. Ein weiches Wesen in Wuchs und Haltung, welches die Italiener durch ihr di-
sinvoltura[367] auszudrücken pflegen, verlieh ihr einen unwiderstehlichen
Reiz, man hätte schwören mögen, dass eine so wollüstige Nachlässigkeit, ein solches Sichgehenlassen weder Zeit noch Kraft finde, an Betrug
zu denken und Betrug zu üben; sie war zugleich unbeständig wie die
Wellen und fest wie der Fels im Meere, sobald es ihr Eigensinn sein
wollte. Alles, was ihr Vergnügen machte (alles ohne Ausnahme), hatte
seinen Sitz in ihrem Kopfe. Bei ihrem Gatten, an den sie vom Schicksal
gefesselt worden war, waren die meisten ihrer Eigenschaften verloren
gegangen. Es war ein ungebildeter, beschränkter Mensch, der sie misshandelt, ehe sie es noch verdient hatte. Sein rohes Verfahren regte sie

---

[367] Ungezwungenheit, natürliche Nachlässigkeit.

auf, sie ergriff endlich ein gewaltsames Mittel, gab ihm Opium, und während seines unnatürlichen Schlafs entsprang sie mit zehn Louis in der Tasche, machte dreißig Lieues zu Fuß und gelangte aus dem äußersten Bearn nach Paris auf einem einspännigen Karren, den sie selbst führte. So oft sie dieses fabelhafte Abenteuer mit einer Grazie erzählte, die ich vergebens wünschte, in meine Erzählung zu legen, musste man erstaunen, wie sie diese Irrfahrt hat überleben können. Sie ging gerade zu Herrn Amelot, damals Polizeiminister von Paris; sie war seine entfernte Verwandte. Wäre sie hässlich gewesen, würde er sie vermutlich verleugnet haben, so aber war sie hübsch, sodass er sie vor den Augen des Königs für seine Cousine gelten lassen konnte. Beim ersten Anblick versprach ihr der hochachtbare Staatssekretär Schutz und Sicherheit, aber schon nach Verlauf von drei Monaten überwarf er sich mit ihr, weil er es satthatte, Hoffnungen zu nähren, zu denen sie ihn nie berechtigt hatte. Jetzt würde ihr Gatte gewonnenes Spiel gehabt und sie als flüchtig, wohl gar als Giftmischerin verfolgt und peinlich angeklagt haben, wäre sie nicht mit dem Vicomte von Pons zusammengetroffen, der sie – oder wenigstens eine Frau suchte, die ihm eine andere, welche er verloren hatte und von der ihm eine schmerzhafte Rückerinnerung geblieben war, ersetzen könnte. Diese andere war Frau von F..., welche plötzlich allen ihren Freunden ihre Türe verschloss, um sich dem Operntänzer Nivelon ausschließlich zu ergeben. Der Vicomte musste den Schimpf erleben, nachdem er fünf Jahre lang in ihrem Tempel seinen Weihrauch gestreut hatte, sich einen so unwürdigen Nachfolger gegeben zu sehen, was für einen Mann höchst schmerzlich sein musste, der die Empfindsamkeit aufs Äußerste zu treiben gewohnt war. Jetzt fand er, wie gerufen, um sich und seinen Kummer zu zerstreuen, eine Zauberin, welche Schutz und Beistand gegen ihren Ehetyrannen suchte, er versprach ihr beides und half ihr mit Vermögen und Ansehen. Es war die höchste Zeit. Der Eigentümer des fraglichen Gutes war nach Paris gekommen, um seine Besitzrechte geltend zu machen und sein Eigentum einzuklagen, er fand aber gehörigen Widerstand und zog ab, wie er gekommen war.

Noch muss ich, ehe ich weiter gehe, den Vicomte von Pons näher beschreiben. Er war ein sonderbarer Charakter. Mit einem süßlichen, hasenfüßigen Äußeren verband er innere Festigkeit und Gesetztheit. Er legte viel Wichtigkeit auf Kleinigkeiten des Anzugs, behandelte die Toilette wie eine freie Kunst, die Liebe wie die Toilette, zeigte sich immer im Rocke nach dem neuesten Schnitt und galt in seiner kleinen Sphäre für einen Magister elegantiarum. Hätten die damaligen Minister ihr Fach so gut gekannt und studiert, wie er das edle Schneiderhandwerk, die Hofkostüme, den Zuschnitt eines Gilets, die Breite der Schuhschnallen, den Stutz des Hutes, Pferde- und Wagengeschirr, usw. usw. – Frankreich wäre noch wie vor dem Jahre 1789.

Dieses war die Außenseite des Vicomte. Desto verborgener war sein Inneres, desto tiefer seine Verstellungsgabe, desto versteckter seine Rache. Er hatte, wie gesagt, mein Verständnis mit Frau von C... längst bemerkt. Jetzt schien ihm der Zeitpunkt gekommen zu sein, sie zu bestrafen. Er ließ an ihren Gatten schreiben, seine Frau stehe allein, schutz- und wehrlos; er solle kommen und sie abholen. Der Brief wirkt, ihn lesen, abreisen, ankommen, war die Sache eines Augenblicks. Der Geier war schon an den Barrieren von Paris, als es die Taube erfuhr. Sie wollte in die Arme des Vicomte, ihres natürlichen Verteidigers, eilen, als er ihr mit der ausgesuchtesten Grausamkeit zur Antwort gab: »Er habe sein Herz einer ändern geschenkt und nicht Lust, ihretwegen seine Pferde noch einmal tot jagen zu lassen.« Ich war nun ihre einzige Zuflucht, ihre Hoffnung, ihr alles. Ich erfüllte die heilige Pflicht, sie zu retten. Der Prinz von Montbarey, obschon Reichsfürst, Grande von Spanien, ehemaliger Kriegsminister, hatte seit dem Tode des Grafen von Maurepas viel von dem Ansehen und der Achtung, worin er früher stand, verloren; gleichwohl war er noch immer bedeutend genug, um Frau von C... aus ihrer schlimmen Lage zu befreien. Ich war intim mit ihm bekannt und wusste, dass er zu solchen Diensten gern die Hand bot. Ich brachte also die Dame zu ihm, empfahl sie ihm, vertraute sie ihm an. Er traf die nötigen Maßregeln, schlug die geeignetsten Wege ein, und es gelang ihm, meinen Wunsch zu erfüllen und sie zu retten. Er machte nicht einmal den Anspruch auf zärtlichen Minnelohn und ersparte ihr die Verlegenheit des Widerstrebens oder des Nachgebens. Als weiblicher Troubadour spielte sie die Harfe vor ihm, sang dazu und liebte – einen andern. Dieser andere bin ich nicht lange gewesen; lag die Schuld an ihr oder an mir? Die Frage ist jetzt zu unwichtig, um beantwortet zu werden. Wie man mir versichert, lebt sie in der Schweiz, unweit des schönen Sees[368], den J. J. Rousseau (und seine Forellen) unsterblich gemacht haben. Sie mag ihre neununddreißig Jahre alt und noch immer schön und angenehm sein, wenigstens wollte ich darauf wetten. Ihr Geist hilft ihren

---

[368] Des Bieler Sees. *Übers.*

Zügen nach und ihre Züge verjüngen ihren Geist. Möge sie in ihrer Lage glücklich sein, sie bedarf mehr als viele andere des Vergnügens, sie harrt darauf und lebt davon.

Ich bin nicht vorwurfsfrei; ja, ich fühle und besorge, dass dies Ereignis auf den tragischen Tod des Vicomte von Pons hat Einfluss haben können, indem es vielleicht dazu beigetragen hat, ihn wieder in die Gesellschaft der Frau von Saint-Amarante hinein zu ziehen, welche er seit geraumer Zeit weniger sah. Er wurde nach dem berühmten Robspierreschen Mahl, welches allen Gästen das Leben kostete, auf die Proskriptionsliste gesetzt und zugleich mit der Mutter, dem Sohne und der englischen Tochter auf dem Revolutionsplatze hingerichtet. Wie hätte er mit dem Namen, den er führte, und einem jährlichen Einkommen von vierzigtausend Franken diesem Schicksal entgehen können?

Ich war seit mehreren Jahren nicht in Versailles gewesen, als der Entschluss, eine zweite Reise nach England zu machen – die ich aber später angetreten habe – mich dahin rief, um mir Pässe vom Minister Grafen Montmorin und ein ministerielles Schreiben an den englischen Hof zu erbitten. Er gab mir mit vieler Artigkeit den Bescheid, ich würde beides nächsten Sonntag fertig finden, wenn ich mir die Mühe geben wollte, es in Person bei ihm abzuholen. Der Graf Montmorin beschäftigte sich in seinem Departement mit Kleinigkeiten, ging seinem kleinlichen Ehrgeiz nach, übte kleine Tugenden, suchte durch kleine Dienstleistungen die Gnade seines Königs zu verdienen, den er zwar nicht verraten, aber schlecht unterstützt hat. Er hielt mich für einen der Hofleute, welche die Ehre einer angebotenen Mahlzeit mit einer Hin- und Herreise von vier Lieues nicht teuer genug bezahlt glaubten. Ich gab mich nach der Audienz einen Augenblick in das Oeil-de-boeuf und unterhielt mich mit einigen Personen, unter andern mit der blinden Raupe Moreton de Chabrillant, mit dem ich so hart zusammenstieß, dass ich Mühe hatte, den geheiligten Vorsaal der Höflinge nicht zu entweihen. Es kam, wie man denken kann, zu einer Herausforderung. Beajon und sein Vetter, der Marquis von Chabot (unter dem Namen le gros chat bekannt), machten mich aber auf die Lächerlichkeit aufmerksam, mich mit einem Manne zu schlagen, dessen Verstand so kurzsichtig war wie seine Augen, mit einem Manne, der am hellen Tage einen Koloss von Gardeschweizer für eine Operntänzerin ansah und auf *ihn* losging, *sie* zu umarmen, mit einem Manne, der sich zu Metz in voller Karriere auf eine Jägerschwadron hinstürzte, die er für eine grüne Wiese hielt, sowie den Staub, den die Reiter machten, für leichte Tauwolken. Ein andermal war er in einen Ehrenhandel verwickelt und sollte sich schießen; man pflanzte eine Stange auf, befestigte einen roten Mantel daran, setzte einen Hut darauf und machte ihm weis, das sei sein Gegner. Er hatte den ersten Schuss und tat ihn auf die Vogelscheuche. Der wahre Gegner, welcher zehn Schritte davon abstand, trat nun vor, stellte sich verwundet, und die Sekundanten, welche mit ihm einverstanden waren, legten die Sache bei. Unter solchen Umständen war für mich keine sonderliche Ehre bei diesem Ehrenstreite zu holen. Die Fehde endigte mit einem Frühstück und im Grunde ist das schlechteste Frühstück doch dem glänzendsten Duell vorzuziehen.

Ich selbst bin auch einmal mystifiziert worden, doch auf andere Weise als Moreton de Chabrillant.

Ich war im Theatre Feydeau in der Loge des unglücklichen Barons von Grimm, der so oft an seiner eigenen Tafel mystifiziert worden ist, den man unter einem Spottnamen lächerlich gemacht hat, weil er im Salon glänzen wollte, da er doch nur in die Antichambre gehörte, und mit dem man glimpflicher hätte umgehen sollen, weil er im Grunde nicht sowohl lächerlich als gutmütig war. – Es fehlte ihm an Bescheidenheit, das gebe ich zu, aber man verlangte auch in diesem Punkt das Unmögliche von ihm. Um die Menge derer, welche die Freunde seines Kochs waren, und sich die seinigen nannten, zu befriedigen, hätte es bedurft, dass er, wie jener Millionär zur Zeit der Regentschaft und des Mississippisystems, aus Gewohnheit hinter seinem Wagen gegangen wäre. Das war doch zu viel verlangt!

Ich war, wie gesagt, in seiner Loge. Nebenan saß eine Engländerin, welche in ihrem Vaterlande mehr durch Gestalt und Grazie, als durch gute Sitten und Aufführung bekannt war. Ich war mehrere Male mit ihr beim Kommandeur von Boniface zusammengetroffen, der den Fremden und Ausländern die Honneurs von Paris machte und in mehr als einem Sinne Unterhändler war. Ich kannte sie zu gut, um nicht eine noch nähere Bekanntschaft mit ihr zu suchen. Auf meiner ersten Londoner Reise hatte sie mir verweigert, was sie anderen gewährte; ich hatte nicht das Glück gehabt, ihr zu gefallen, und das lässt sich leicht begreifen und erklären. Dem sei wie ihm wolle, hier fand sich eine Gelegenheit, den Faden wieder anzuknüpfen. Ich benutzte sie. Mit den ins Herz dringenden Tönen eines Paesiello und eines Cimarosa, mit dieser Musik, welche den Zuhörer weich und zärtlich stimmt, glaubte ich zu meinem Vorteil die Töne einer Erklärung verbinden und in bester Form ausdrücken zu können. Es schien mir, als dürfte ich mich eines guten Erfolges zu erfreuen haben. Nach einigen leise gewechselten Worten bestimmte sie mir Mitternacht als die glückliche Stunde, in welcher sie alle meine Fragen beantworten werde. Der Tempel, wo ich dieser Göttin mein Opfer bringen wollte, war ein Hotel-garni in der Vorstadt Saint-Germain. Ich stellte mich auf die Minute ein. Eine Art Kammerfrau empfängt mich, ladet mit in geradebrechtem Französisch ein, mich zu Bett zu legen. Sie setzt hinzu: »Mistress ..., ihre Herrschaft, sei noch nicht zurück, werde durch ein wichtiges Geschäft aufgehalten, werde aber unverzüglich eintreffen.« Ich bilde mir ein, dass die Dame nach der Oper einen Augenblick nach Hause gekommen ist und ihrer Vertrauten aufgetragen hat, die Bestellung an mich auszurichten. Indessen ließ ich doch über eine Stunde verstreichen, ehe ich von der Freiheit Gebrauch machte, die man mir auf eine so treuherzige Weise angeboten hatte. Jetzt aber entkleide ich mich, lege mich nieder, schlafe ein, schlafe bis zum Morgen, ohne mein Licht ausgelöscht zu haben, sodass es einen Hauptspaß gegeben haben würde, wenn ich das Haus in Brand gesteckt hätte. Es schlug elf Uhr vormittags, als ich erwachte. Ich schickte mich eben an, Erkundigung einzuziehen, als die Kammerfrau von gestern meine Tür leise aufschob, wie jemand, der sich fürchtet, einen aus dem Schlafe zu stören. Sie stellt mir ein Billett zu, worin es hieß: »Eine Menge unerwarteter und unangenehmer Hindernisse hätten eine angenehme Zusammenkunft verhindert; man behalte es sich vor, mir alles zu meiner größten Befriedigung zu erklären, und gebe mir ein Rendezvous in Chantilly, zum Abend; ich sollte entweder im Posthause absteigen oder wenigstens in der Post einen Zettel abgeben, mit der Anzeige, wo ich Quartier genommen.« Zwar fühlte ich mich etwas verstimmt, traf jedoch neue Maßregeln und richtete mich so ein, dass ich zur rechten Zeit in dem schönen Chantilly anlangte, von dem nichts übrig geblieben ist als der Name. Mit aller Gelehrigkeit und Pünktlichkeit eines Tropfs, den man an der Nase herumführt, ohne dass es der Mühe verlohne, tat ich alles, was und wie es mir vorgeschrieben war; und erst nach Verlauf von zwölf Stunden ward ich gewahr, dass die Schelmin mich zum Besten gehabt hatte. Ich kehrte verwirrt und halb sinnlos[369] nach Paris zurück und blieb stumm wie ein Fisch, vor Scham und Furcht, mich zu verraten. Die Dame hatte

[369] très-effarouché.

das Mittel gefunden, mir den Mund zu verschließen; sie hätte mich in allen Betten von Frankreich mein Lager allein aufschlagen und Schildwache stehen lassen, wenn es mir eingefallen wäre, sie noch ferner um Mitternacht zu erwarten. Doch nahm ich mir die Freiheit und machte mir das Vergnügen, sechs Jahre später, durch einen ebenso unartigen Scherz den Wechsel, den sie am Ufer der Seine auf mich trassiert hatte, am Ufer der Themse zu honorieren.

Ob viel Witz und viel attisches Salz in jener britischen Mystifikation liegen mag? Ich glaube nein, aber ich bin zu sehr Partei in der Sache, um Richter sein zu dürfen.[370] Diese kleine Erzählung sei eine gute Lehre für die Jugend, die sich gar zu leicht in den gröbsten Schlingen fangen lässt, weil sie sich für fein hält und weil der Eigendünkel der Bruder der Dummheit und die Eigenliebe das Betrüglichste der Vergrößerungsgläser ist.

Mademoiselle *Arnould* galt allgemein für eine der witzigsten Frauen in Paris, als ich ihre Bekanntschaft machte. Ihre Bonmots waren durch andere an mich gelangt, die sie auffassten, behielten und weiter verbreiteten. Aus ihrem Munde habe ich aber nie ein Bonmot gehört. Ich habe sie zwei bis drei Jahre lang ziemlich oft gesehen, muss aber bekennen, in der ganzen langen Zeit kein einziges pikantes, geistreiches Witzwort aus erster Hand von ihr erhalten zu haben, so reich man sie auch in dieser Gattung von Geist und Verstand hielt – und ausschrie. Aber mit dem Geiste geht es wie mit dem Körper, beide haben ihr Stufenjahr, nur dass der Geist nicht so schnell abnimmt wie die Schönheit. Ich horchte und erwartete immer von ihr zu hören, was andere aus ihrem Munde gehört hatten, und hörte immer nur das, was sie sagte, nichts Außerordentliches, nur Gewöhnliches; keine Witzfunken, nur schwachen Schimmer, Flittern, keine Epigramme, leichtes Geschwätz, keinen hervorstechenden Zug, vorübergehenden Redefluss, kein bleibendes Gepräge. Sie täuschte

---

[370] Ich, der ich nicht Partei in der Sache bin und folglich nach Maßgabe meines Gefühls und meiner Überzeugung in Geschmackssachen Richter sein darf, habe bei allen englischen Schriftstellern und im Umgang mit allen Engländern überhaupt, gefunden, dass ihre an Grobheit grenzende Derbheit und Geradheit ihnen die Mittel benimmt, Witz und Attisches Salz über ihre Späße und Mystifikationen zu streuen. Man lese ihre Romane, ihre Schauspiele. Selbst die in denselben eingeführten Frauen nähern sich dem männlichen, und zwar dem englisch-männlichen Geschlechte. So wenig Hogarth sich darauf verstand, Frauen zu malen, so wenig verstehen sich, mit wenigen Ausnahmen, die englischen Roman- und Schauspieldichter darauf, ihnen den Attischen Witz, die Attische Grazie und das Attische Salz in den Mund zu legen. *Übers.*

ihre Bewunderer, diese, um es nicht Wort zu haben, täuschten das Publikum und rühmten den ungemeinen Witz der Demoiselle *Arnould*. Ihre Soupers waren noch weniger schmackhaft als ihre Unterhaltung und ihre sogenannten Bonmots, man setzte sich zu beiden – aus Gewohnheit und fand in beiden keine Leckerbissen. Ihr Verkehr bestand aus Personen, welche eigenen Verstand zeigen wollten, Verse machten zum Zeitvertreib oder gar mit Anspruch, und sich dadurch lächerlich machten – aus schönen Geistern, welche sich bei ihr einfanden, um sich zu zerstreuen und weil sie gute und vornehme Gesellschaft anzutreffen glaubten – aus einer sogenannten vornehmen Gesellschaft, welche das Ansehen haben wollte, sich mit *Schriftstellern* zu messen und kaum die *Schrift* ihrer *Briefsteller* lesen konnten (man verzeihe mir den erbärmlichen Calembourg)[371] – aus Reisenden von Profession, welche überall, nur nicht in ihrem Vaterlande, zu Hause waren, alles sehen und hören wollten, sich allenthalben eindrängten und einbürgerten – aus Hofleuten, welche sich etwas über die Dummköpfe dieser Klasse erhoben – aus Schauspielerinnen, welche Talent gehabt *hatten* oder (was noch besser ist) Talent zu entwickeln *versprachen* – aus Männern von Namen und Geburt, welche aber in der großen Welt nur eine kleine Rolle spielten – endlich aus solchen, denen an einem Souper mehr gelegen war als an der öffentlichen Achtung.

Der Graf *von Lauraguais*, Verfasser der *Jocaste*, besuchte diesen Kreis nicht mehr, man hatte sein Trauerspiel nicht genug bewundert, wahrscheinlich, weil es noch unverständlicher war als das Rätsel der Sphinx.

Dagegen lernte ich daselbst *Molé* kennen, diesen unnachahmlichen, selbst in seinen Fehlern liebenswürdigen Künstler. Er wusste allen seinen Rollen, den Versen, die er sprach, Reiz und Wert zu geben, obschon er sie oft durch kleine, unnütze Zusätze entstellte und überdies sich und das Publikum an ein dem Stammeln nicht unähnliches Anstoßen in der Deklamation gewöhnt hatte, welches ihn zwar nicht übel kleidete, aber das Heer der Schauspieler, dem es an feinen Talenten fehlte und das nicht wie er diese Unvollkommenheit liebenswürdig machen konnte, zur Nachahmung verleitete. Seitdem hat sich alles in Frankreich, besonders in Ton, Sitten und Haltung, so sehr verändert, dass ich mit Recht

---

[371] Im Original heißt es: des gens de qualité prétentieux, qui aimaient à se frotter aux gens de lettres, quoiqu'ils sussent à peine lire celles qu'ils recevaient de la poste (voilà un détestable calembourg!!).

fürchten muss, *Molé* habe sein Geheimnis, seine Pinsel und Farben und die Gabe, eine gewisse Welt zu schildern, von welcher die Spur und wohl gar die Tradition verwischt ist, mit ins Grab genommen. Seine Gruft verbirgt eine nicht gewöhnliche Immoralität, einige zum Teil lächerliche und zum Teil schändliche Laster, doch ein Schauspieler bedarf nicht eben der Achtung des Publikums, um dessen Liebling zu sein.

Ich sah *Molé* bei Mademoiselle *Arnould* und machte zugleich die Bekanntschaft seiner Stieftochter, seiner Mätresse, des unglücklichen Opfers seiner Intrigen, mit einem Worte, der Madame R... mit dem Roxelanengesichte, mit der Falschheit eines Romans, mit der Treulosigkeit eines boshaften Herzens. Ihre Mutter war eine Demoiselle *Dépinay*, ebenfalls Schauspielerin, späterhin unter dem Namen der Madame *Molé* bekannt; ihr Vater war der Marquis und nachmalige Herzog *von Villeroy*, welcher unter *Fouquier-Tinvilles* und dessen Scharfrichters Regierung bei aller seiner Nichtigkeit und Kriecherei wegen seines unermesslichen Reichtums unter der Guillotine bluten musste. Das junge Mädchen war an einen Schauspieler der dritten Ordnung, einen gewissen R..., verheiratet, welcher jedoch so viel Geist und Takt besaß, um bald einzusehen, dass sein Schwiegervater ein *Roué*[372] und seine Frau eine abgefeimte Buhlerin war. Deswegen trennte er sich wieder von ihr und überließ sie einer Anzahl junger Wüstlinge, wozu auch ich gehörte. Sie war nicht schön, nicht einmal hübsch, aber sie besaß einen unnennbaren Reiz, ein gewisses Etwas, was sie *begehrenswert*[373] machte – ein Ausdruck, der gerade für sie geschaffen zu sein scheint. Bei geringem Verstande war sie so verschlagen, dass sie mir den höchsten Abscheu gegen alles, was List und Arglist heißt, eingeflößt hat. Ohne eine vorzügliche Schauspielerin zu sein, hob sie mehrere Rollen und verdarb keine. Sie hatte sich beim Publikum den Ruf der Zurückgezogenheit erworben, sah nur ausgesuchte Gesellschaft, trat selten auf, hatte sogar durch Vermittlung des alten *Camerani* bei der Comédie Italienne ein Abkommen mit diesem Theater getroffen, welches ihr das *halbe* Gehalt sicherte, auch wenn sie gar nicht spielte, eine Freiheit, deren sie sich gern bediente. Kurz, durch Verstellung und Kunst galt sie fast überall für eine Vestalin. Dem geübtesten Auge machte sie die Entdeckung unmöglich, dass sie sich zwischen ihrem Stiefvater und einem italienischen Faun teilte, der selbst die

[372] Das Wort hier im allerempörendsten Sinne genommen.
[373] Désirable.

Gunstbezeigungen der Venus einem Nebenbuhler verekelt haben würde. So war dieses Weib beschaffen, welches sich durch den dichten Schleier einer erkünstelten Außenseite einen besseren Ruf zu erstehlen gewusst hatte als so viel andere Priesterinnen Thaliens und Polyhymniens, die auf höherer Stufe standen.

Und diese Frau war ich zu lieben bestimmt! Diese Frau war es, die mir beim ersten Anblick den Kopf verdrehte. Sie *machte* Mlle. *Arnould* zu allem, wofür man diese *hielt*, denn sie diente ihren Reden, ihren Reizen zur Folie. Bald gab sie mir Hoffnung, bald zerstörte sie ihr Gebäude wieder, bald war sie streng, bald nachgiebig, heute stellte sie sich, als liebe sie mich ein wenig, morgen, als sei es ihr leid, mich gut behandelt zu haben. Eine zweite *Penelope*, trennte sie ihr eigenes Werk auf. Meine Leidenschaft war so übermäßig, meine Geduld so übergroß, dass, als sie eines Tages, ohne es zu wollen, mir beinahe mit der Schere ein Auge ausgestoßen hätte und über den möglichen Unfall erschreckend, mir Teilnahme bezeigte, ich sie in allem Ernst bat, es wirklich zu tun und mich einäugig zu machen ...

So kann uns also Leidenschaft noch stupider machen als Wahnsinn! Was Wahnsinn ist, weiß man einmal, man weiß, dass dieser allerunglücklichste Zustand der menschlichen Vernunft unser ganzes Mitleiden rege macht, dass wir den Wahnsinnigen für tot achten, selbst wenn er noch lebt – aber jene Verblödung ist ein unwürdiges Herabsinken des Menschen, eine gänzliche Abwesenheit seiner Würde, seiner Willenskraft, seiner Tätigkeit zum Guten, ein Zustand, dem man weder Tränen noch Teilnahme schenken kann. Unsere Sirene hatte damals einen jungen, eitlen, unerfahrenen, mittelmäßig begabten Jüngling[374] zum Liebhaber, der es gar nicht für denkbar hielt, dass sie ihn hinters Licht führen *könne*. Würde er es wohl – der Scharfsinnige – nicht gleich gemerkt haben? Konnte sie ihm untreu sein, ihm, der so liebenswürdig war? Dieser Pfau, dieser Gimpel ohne Stimme, selbst ohne das glänzende Gefieder, welches er an sich bewunderte, ist alt geworden und jung geblieben und hat zuletzt mit einem so dummen Streich geendet, dass seine Feinde darüber gejubelt haben würden, wenn er bei seinem einfältigen Benehmen sich wirkliche Feinde hätte machen *können*.

Die Kulissenprinzessin, die *Merteuil der Komödie*, oder, wie ich sie noch lieber nenne, die *Sirene*, hatte mit ihrem jungen Liebhaber so viel zu

---

[374] Écolier.

tun, dass sie für mich wenig tat und ich in ihrer Gunst keine Fortschritte machte. Ich kann nicht sagen, dass mir diese Windstille unangenehm gewesen sei, weil ich voraussah, dass ich doch früher oder später mit vollen Segeln in den Hafen einlaufen würde. Aber es erfolgte ein unvorhergesehenes Ereignis, das meine Erwartungen aufhielt und meine Hoffnung auf lange Zeit – zu Wasser machte.

Hier ist eine *Abschweifung* umso notwendiger, da sie mit meiner Persönlichkeit in genauer Verbindung steht.

Zwei Hauptursachen, auf welche man nicht besondere Rücksichten genommen zu haben scheint, haben zu der revolutionären Umwälzung Frankreichs das Ihrige beigetragen.

Erstens:

Um *dienen* zu können, musste man seinen Adel bis zum Ältervater beweisen. Diese Bedingung machte den neuen Adel und den höheren Bürgerstand unzufrieden, weil sie eine reiche, gebildete, wohlerzogene Klasse gewissermaßen von dieser Laufbahn ausschloss. Dem alten Adel gebührte billig der erste Zutritt, nur hätte man kein Strafgesetz darüber erlassen sollen. Man konnte auf diese Weise der Geburt den Vorzug lassen, bei Nichtadeligen Ausnahmen machen und diese der Weisheit des Chefs, des Kriegsministers und der endlichen Entscheidung der höchsten Behörde, dem Ausspruche des Königs, überlassen. Stattdessen machte der kurzsichtige, ungeschickte Marschall *von Ségur* aus einem stillschweigenden Übereinkommen eine Regel, ein Reglement, eine Ordonnanz, ein Gesetz.

Zweitens:

Die Kurzsichtigkeit und der Fehlgriff eines andern Marschalls, der den Grafen *von Ségur* weder an Bravheit noch an Rechtlichkeit übertraf, woran es diesem gewiss nicht fehlte, ihm aber in einer anderen Hinsicht überlegen war, nämlich an Rittergeist, an Hofart und Hofsitte, an der Etikettenkunde – kurz, ein Missgriff des Marschalls *von Duras* erhielt vom Könige die Zustimmung zur bekannten Ordonnance des preuves, dites »des carrosses«. Diese Ordonnanz setzte fest, dass, um in die königlichen Wagen steigen zu können (was man *debütieren* nannte) und um Sr. Majestät *vorgestellt* zu werden, man die Beweise eines Adels führen und vorlegen musste, welcher bis zum Jahre *Vierzehnhundert* hinaufstieg und zum *Ritteradel* (noblesse de chevalerie), nicht zum *Gnadenadel* (anoblissement) gehörte. Das alles war an sich gut, sehr gut und in der Ordnung; wozu es aber sozusagen mit Trompetenschall und Paukenschlag bekannt machen? Wozu eine Ordonnanz, ein Reglement, welches einem guten Drittel des französischen Adels das Recht *absprach*, dem Könige vorgestellt zu werden – seinem Könige, welcher, selbst der *dreiundsechzigste* seines Stammes und das Haupt der ältesten Monarchie der Welt, es für gut findet, die Ehre, ihm vorgestellt zu werden, an Bedingungen zu knüpfen, welche die übrigen Souveräne Europas nur in einem Fieberanfall erträumt haben könnten, weil die erste Verpflichtung der königlichen Würde darin besteht, dass der Monarch zugänglich – ich möchte fast sagen *populär* – sei. Dass der Fürst das Recht habe, wie jeder Privatmann in seiner Wohnung *frei* zu sein und nur diejenigen in seine Wagen, an seine Tafel aufzunehmen, deren *mutmaßliche* Ahnen den Boden des Gelobten Landes betreten, sich im Jordan gebadet, sich mit dem heiligen Wasser aus dem Bache Cedron besprengt und gereinigt oder, wie einer meiner Vorfahren, der alte Ritter *Tilly*, sechsundzwanzig Ungläubige mit eigner Hand[375] erlegt haben – nur Männer, deren Stammväter in Syrien vor Hunger, Durst und Ermattung umgekommen sind – nur Abkömmlinge und Überreste derer, die ihr Blut, das reinste französische Blut, bei Massoure vergossen haben – das mag sein, das finde ich recht und billig, dem unterwerfe ich mich ohne Laune und Widerrede, ich mag *Montmorency* heißen oder *Gorsas*. Waren denn aber die mehr oder weniger geschichtlichen Namen unsrer alten Familien, welche Anteil an diesem Gnadenvorzug hatten, nicht bekannt genug? Klangen sie nicht harmonisch genug, ohne dass es nötig gewesen wäre, die Bedingung *ausdrücklich* zu bestimmen und sie unpolitisch als conditio sine qua non aufzustellen? War der König nicht Herr genug, um diejenigen aufzunehmen oder zurückzuweisen, welche in seinen Augen und nach den eingeführten Begriffen dieser Ehre wert oder unwert waren? War es notwendig, ein für die Mehrzahl des Landadels kränkendes, herabwürdigendes Gesetz öffentlich zu erlassen, das nur *gegen sie* gerichtet sein konnte? – ein Gesetz, das weder einen Pair von Frankreich, noch den Sohn eines Marschalls von Frankreich, noch den eines Ordensritters usw. traf? – Ein Gesetz, wodurch große Grundeigentümer ihren Schlössern entzogen wurden, in welchen ihre Gegenwart alles belebte, um sich in Paris niederzulassen und zugrunde zu richten – und weswegen? Damit sie ihren Nachbarn erzählen könnten, dass sie in Versailles gewesen

---

[375] Diese Hand muss fünfundzwanzigmal so groß und stark gewesen sein, als die meinige. *Verf.*

wären, dass sie von Versailles kämen – von Versailles, wo man über ihre altväterischen Gestalten, Gebärden und Trachten lachte, wo ihr lächerlicher Anzug, dessen Anschaffung ihnen einen Holzschlag, eine Wiese, einen Weinberg, eine Mühle gekostet hatte, weiter nichts bewies als ihren Mangel an Geschmack.[376] Dieses unselige, unpolitische Gesetz hat mehr als einmal Freunde[377] und noch öfter Freundinnen entzweit, wenn die eine der andern mit stolzer Selbstgefälligkeit erzählte, wie es ihr auf dem Ball der Königin ergangen, wie selig sie sich gefühlt, was für ein Glück ihr Anzug gemacht habe, wie lächerlich Frau du R... sich mit dem Prinzen *von B...* benommen, wie arg verliebt sie sich in ihn gestellt, wie er sie in einem fort mit seinen großen stieren Augen angeglotzt habe und wie unglaublich es sei, dass Frau *von L...* ihre Wahl habe auf den Herrn von C... G... fallen lassen können, der zwar ein ganz guter Mensch sei, aber sich's nicht einfallen lassen sollte, schön und verliebt zu tun; wie entzückend, reizend und schön die Königin gewesen sei, mit welcher gefälligen Grazie Ihre Majestät sich bei ihr nach ihrer Schwiegermutter erkundigt habe usw. usw. Das alles hieß nämlich zu ihrer Freundin (seit diesem Augenblicke zu ihrer Feindin) sprechen: »Mein Schatz, *Sie* waren nicht auf dem Ball, *Sie* werden niemals auf den Ball kommen, und ohne mein mit zarter Hoheit und stolzem Übergewicht Ihnen hier hergeleiertes Geschnatter würden *Sie*, mein Engel, von dem Ball in Versailles

---

[376] Man hat mehr als einmal das Beispiel eines Herrn von Pontavice angeführt, eines Schiffskapitäns aus einem guten Hause von Bretagne, dem es in seinem fünfzigsten Jahre einfiel, mit aller Eleganz der Hofsitte von Brest und Toulon, mit aller Grazie eines Höflings Neptuns und dem schlagenden Kontrast desselben mit der Etikette von Versailles, sich bei Hofe vorstellen zu lassen. Der ehrliche Seemann, wie ein Abendmahlskelch von innen und außen übergoldet, harrte lange vergebens im Oeil-de-boeuf, zeigte sich täglich in einem neuen gestickten Kleide, ruinierte sich, langweilte sich, bis endlich der Marineminister ihn im Vorbeigehen fragt: was er wolle und worauf er warte? – »Ich bin gekommen«, erhielt er zur Antwort, »um mit dem Patron eine Suppe zu essen, pour casser une croûte avec le maître, und ich weiche und wanke nicht eher von hinnen.« – Der König erfuhr es; man hatte Mitleid mit dem Wunsche des armen Mannes; er wurde einmal gerufen und angeredet, und glaubte nun eine Seeschlacht gewonnen zu haben.

[377] Ich fragte einen Mann meiner Bekanntschaft: »Warum sehe ich Sie nicht mehr mit Herrn von B..., Ihrem Verwandten, Ihrem Landsmanne aus derselben Provinz, mit dem Sie erzogen sind?« Ernst und wichtig, gab er zur Antwort: »Wir sehen uns in der Provinz, hier geht es nicht an, er ist nicht vorgestellt worden, hier bedeutet er nichts, und wir treffen nie zusammen.« – Ich zweifle sehr, ob Herr von B... seinen Sommerfreund auf dem Lande aufrichtig geliebt haben werde.

nichts mehr oder weniger wissen als von einem Ball in Peking!« – Dieses Gesetz hat bei Hofe mehr Feindschaften erregt als das *Defizit* Anhänger, Verfechter und Freunde gefunden hat. Dieses Gesetz hat endlich den Landadel gegen den Hofadel, den man sehr uneigentlich den *Hohen Adel* zu nennen gewohnt war, bewaffnet. Der eigentliche Hohe Adel ist der *Alte Adel*, nicht der Hofadel, denn bei Hofe findet man neben den ältesten und berühmtesten Familiennamen mehrere sehr moderne und neugebackene *große Herren* und ich dächte doch, man könne nicht füglich ein *großer Herr* sein, wenn man nicht von altem gutem Adel ist. (Ich denke und rede hier, wie man ehedem in Frankreich redete und dachte.)[378]

Wie viel Familien, für die es eine Kleinigkeit war, ihre Courfähigkeit zu beweisen, wären gleichwohl verlegen gewesen, alle Schwierigkeiten und Einwürfe zu heben, alle Lücken auszufüllen, alle Beweise und Urkunden herbeizuschaffen, die über die gewöhnlichen Erfordernisse hinausgehen und in die ältesten Zeiten hinaufsteigen. Andre haben sie wirklich aufgesucht und sich durch die schweren Kosten zugrunde gerichtet, sie haben ungeheure Summen verschwendet, um in fremden Ländern, in fremden Archiven, Registraturen und Sammlungen[379] nachzuforschen; bisweilen ist es ihnen gelungen, Titel und Denkmäler ihres uralten Adels, aber auch zugleich sprechende Beweise ihrer gegenwärtigen Dürftigkeit, ihrer verlorenen Glücksgüter, zu erhalten. Das hat manche Köpfe in Gärung gesetzt, noch andere missvergnügt gemacht, in allen Leidenschaften erregt, Verdruss, Verwirrung, Stolz, Reizbarkeit, besonders aber geheimen Neid und Ingrimm gegen neuere Familien, die ihr Steigen und ihren Flor der Hofgunst verdankten und zu Würden gelangt waren, auf welche ältere Familien nähere, begründetere Ansprüche zu haben glaubten usw. War es unter solchen Umständen und bei solchen Rücksichten kein Fehler, kein Verstoß, keine falsche Maßregel, ein *Adelsgesetz* zu erlassen? Hieß es nicht, den Keim und Samen zu Spannung, Zwist, Uneinigkeit und Übel ausstreuen?

Wirklich haben obige beide Ordonnanzen bewaffnete Revolutionsmänner, wie die aus den Drachenzähnen des Kadmus erstandenen Krie-

---

[378] Um so lächerlicher war es gleichwohl in der Emigration (weg mit dem schlecht gewählten Worte!), wenn der Enkel eines Königl. Staatssekretärs sich bedachte, ob er dem Herzog von Coigny oder dem Marschall von Castries den Vortritt einräumen oder streitig machen sollte. Aus diesem Babylonischen Turme sind alle Unfälle Frankreichs hervorgegangen.

[379] Chartriers.

ger, wie die aus dem Gehirn Jupiters hervorspringende Pallas, erzeugt, Revolutionsmänner aus den zwei unruhigsten und zugleich tätigsten Klassen des Reichs, nämlich aus den Häuptern des *dritten Standes* und aus dem *Mittel-Adel* – denn der neue, der gestrige, hielt sich noch nicht für berechtigt, zu murren und sich aufzulehnen, er stand sozusagen noch in sich abgeschlossen da und trat nicht eher in Reihe und Glied, als bis die Revolution die Lärmglocke der losgelassenen Wut, der blinden Leidenschaften angezogen und ihnen alle Tore und Schranken geöffnet hatte. Bedenkt man noch überdies, dass früher die ersten Stellen, besonders im Militär, fast ausschließlich unter die Höflinge verteilt wurden, so wird man den besten Aufschluss zu einer Revolution haben, welche weit außerordentlicher in ihren Folgen gewesen ist, als sie auffallend in ihrem Ursprung war.

Doch dieser Gegenstand wird zu seiner Zeit ausführlicher besprochen werden, für jetzt beschäftige ich mich mit etwas, das mich selbst am nächsten betrifft.

Meinem Großvater, der, wie man sich aus dem Anfang dieser Memoiren erinnern wird, aus einem so alten Hause war, dass er alle Ahnenproben ablegen konnte, waren nur diejenigen Beweise abgefordert worden, welche ihn zum Eintritt in das Pagenkorps berechtigten.[380] Er war bei Ludwig XV. und bei dessen Krönung in Reims Page gewesen. Er hatte fünfundzwanzig Jahre beim Kavallerie-Regiment von R... gestanden, zu einer Zeit, als es noch nicht eingeführt und erforderlich war, dass ein alter Edelmann durchaus Oberst sein und ein Regiment haben musste, um bei Hofe den gebührenden Platz einzunehmen.[381] Damals fiel es noch keinem jungen Fant ein, wie wir es späterhin erlebt haben,[382]

---

[380] Die Pagen mussten einen zweihundertjährigen Adel nachweisen, einen Ritter-, keinen ursprünglichen Gnaden-Adel Sans trace d'anoblissement au point de départ.), und so, wie ihn außerdem auch einige Domkapitel, wie z. B. das von Straßburg, Lyon, St. Claude, Remiremont usw. forderten. Die zum Pagen erforderlichen Adelsbeweise waren damals die strengsten; um in die Ecole Militaire, in St. Cyr, und selbst in den Malteserorden aufgenommen zu werden, wurden nur vier Geschlechtsfolgen erfordert.

[381] Der Marschall von Lévis war, wie mein Großvater, fünfundzwanzig Jahre Infanteriekapitän gewesen und hatte eine Grenadierkompanie befehligt.

[382] Als der Prinz von Monteynard Kriegsminister war, hielt ein Graf von G... um ein Regiment an und drohte, seinen Abschied zu nehmen, wenn sein Verlangen nicht berücksichtigt würde. Der Minister rief mit großer Kaltblütigkeit drei Männern, die sich in seinem Kabinett befanden, zu, näherzutreten. Diese drei Männer waren, nichts mehr nichts weniger, als die Herzoge von Lévis, von Rochechouart und der Graf von Beau-

dem Könige und dem Staate damit zu drohen, dass er sie ihrem unglücklichen Schicksal überlassen wolle, wenn er nicht unverzüglich zum
Oberst ernannt würde. – Mein Großvater, der ehrwürdige Greis, war mit
ehrenvollen Wunden bedeckt; er hat mir oft in meiner Kindheit die Nar-
ben gezeigt. Seine Gattin stammte aus einem alten Hause, sie war die
Verwandte eines Mannes, der bei Hofe und in der Armee sehr geachtet
wurde und vielleicht Marschall geworden wäre, wenn er länger gelebt
hätte. Ihr Verstand und ihre Gaben erhoben sich nicht über das Mittel-
maß, aber ihr Mut, ihr Biedersinn und ihre Tugenden würden den
schönsten Zeiten der Welt Ehre gemacht haben. Ich bin umso straffälli-
ger, meine Großeltern nicht zu Mustern genommen zu haben, da ich
mich ihrer so genau und deutlich erinnere und da meine erste Kindheit
unter ihren Flügeln verfloss. Ohne den Stolz und Übermut zu besitzen,
welcher Hass erzeugt, fand sich in meinem edlen Großvater die schöne,
einfache Würde eines Mannes, welcher weiß, dass er von hohen Ahnen

---

villiers. Sie dienten alle drei über zwanzig Jahre; keiner von ihnen hatte ein Regiment.
»Messieurs«, redete sie der Minister an, »dem Könige steht ein großer Verlust bevor,
Herr von G... ist willens, den Dienst zu verlassen, aber da Seiner Majestät Männer bleiben wie Sie, meine Herren, so wird sich Se. Majestät wohl trösten müssen.« Dieser Zug
macht dem Prinzen von Monteynard umso mehr Ehre, da Herr von G... aus Dauphiné,
mit ihm verwandt, und was noch mehr sagen will, ein Bruder des Komturs von G...
war, der mit dem Minister intim befreundet war, besonders als Tischgenosse, weil er,
zumal in den Speisestunden, dessen Hotel nie verließ und sich beständig des Wörtleins
Wir bediente, wenn von seinem Herrn Patron, dem Minister, die Rede war. Der Prinz
von Beauffremont hat mir von diesem Komtur unter anderen folgende Anekdote erzählt. Der Graf von Saint-Mauris hatte sich aus Gründen vom Hofe zurückgezogen, die
manchen wohl dazu bewegen konnten. Um aber seinem Sohne keinen Nachteil zu
bringen, entschließt er sich, nicht länger zu schmollen; er reist nach Versailles, geht ge-
radewegs zur Marquise von Pompadeur, mit welcher er sich früher sehr gut gestanden
hatte, und erhält von ihr die Vergünstigung, nicht allein den König zu sprechen, sondern mit Seiner Majestät bei der Marquise zu speisen. Der alte Komtur weiß von dieser
Audienz nichts, begegnet Herrn von Saint-Mauris in den Königl. Zimmern, macht sich
gegen ihn mit seinem Ansehen bei Hofe breit, versichert ihm, dass kein Mensch auf
Erden ihm ergebener sei als er, spricht mit ihm von ihrer alten Freundschaft, von der
alten guten Zeit und schließt mit den Worten: »Sie wissen, liebster Graf, dass Wir
einem glücklichen Ungefähr einen großen Kredit verdanken, dass wir eine Stelle be-
kleiden, wo es uns gegeben ist, vielen angenehm und nützlich zu sein; sagen Sie Uns
frei heraus, was Sie für Ihren Sohn zu erhalten wünschen, seien Sie im Voraus versichert, dass wir alles tun werden, Sie beide wieder obenauf zu bringen und Ihnen zu
etwas zu verhelfen. Reden Sie, liebster Freund, reden Sie frei ... was kann Ich für Sie
tun?« – »Mir eine Prise Tabak geben.«

abstammt und als solcher von zwei großen Provinzen[383] anerkannt wurde, die für ihn die höchste Achtung hatten. Dieser Vorzug galt viel in seinen eignen Augen, aber er rühmte sich dessen nur mit derjenigen Mäßigung, die denselben in den Augen der Neider verzeihlich machen kann. Mein Vater hingegen unterhielt mich von nichts als von den Urmüttern *Percy* und *Harcourt* (von diesem Stamme behauptete er sogar, dass der Herzog dieses Namens ein Afterabkömmling sei). Er sprach und träumte von nichts anderem als von den alten Königen von Dänemark, von deren reinstem Blute er abstamme,[384] und womit er ein zweites Königliches Haus, das Haus *Bourbon*, verband, dessen Blut ebenfalls in unsern Adern rolle. Das ging so weit, dass er sich durch seine behauptete Abstammung von Wittekind[385] und von *Ludwig dem Neunten* unerträglich und lächerlich zugleich machte, zumal, da es ihm an Mitteln, Kräften und Ansehen fehlte, sie geltend zu machen.

Dem sei, wie ihm wolle, so hatte mein Großvater sich nie persönlich mit Stammbaumuntersuchungen beschäftigt, noch sich darum bekümmert, ob der seinige in Ordnung sei oder nicht. Er zog sich mit seiner zahlreichen Familie vom Dienste zurück, lebte auf seinem Landgute S... in der Normandie, besaß ein Vermögen von zehn- bis zwölftausend Livres damaliger Renten und stand in dem Ruf eines Patriarchen und des rechtlichsten Edelmannes in der ganzen Umgegend.

Der Marquis *von Tilly-Blaru*, General und Großkreuz des Ludwigsordens, hatte kaum in Erfahrung gebracht, dass sich ein Zweig seiner Familie unweit Alençon niedergelassen habe, als er mit dem Marquis von *Scépeaux*, einem Freunde und Jugendgenossen meines Großvaters, seinen Vetter auf einige Tage besuchte und sich von ihm seine beiden jüngeren Söhne ausbat, welche das Jünglingsalter kaum erreicht hatten; der

---

[383] Normandie und Maine.

[384] Nati de stemmate Danorum.

[385] Man spricht beständig in Deutschland von Wittekind, und wenn man etwas Wichtiges gegen das Haus Bourbon vorbringen will, welches man aus dem doppelten Grunde nicht liebt, weil es mächtig war und unglücklich ist (1804), so rückt man damit hervor, dass es regierende Häuser in Europa gebe, die von Wittekind abstammten und folglich älter seien als die französische Monarchie. Schön! Doch hier tritt der kleine Umstand ein, dass der französische Stamm und Wittekinds Stamm ein und derselbe sind. Wittekind (zweiter Sohn des berühmten Sachsenfürsten dieses Namens, welchen Karl der Große überwand und taufen ließ) erhielt, bei der Taufe seines Vaters, den Namen Robert. Sein Sohn, Robert der Starke, führte den Titel »Marquis von Frankreich« und war Hugo Capets Urgroßvater.

älteste stand schon beim Regiment *Noailles*. Seine Absicht war, ihre ersten militärischen Schritte zu leiten, sie von untenauf dienen zu lassen und als Garde-du-Corps in seiner Brigade anzustellen. So ehrenvoll dieser Antrag war, so wenig gefiel er meinem Großvater. Gleichwohl gab er den Bitten und Vorstellungen seines Verwandten und Familienhauptes nach, als dieser sich anheischig machte, einem der Söhne nächstens zu einer Eskadron und dem andern zu einer Unterleutnantsstelle[386] zu verhelfen. Er sei, versicherte er, seiner Sache gewiss und werde zu rechter Zeit Wort halten. Der alte Marquis von *Tilly-Blaru* war kein Prahler, der sich mit einem Einfluss gebrüstet hätte, den er nicht besaß; im Gegenteil war er imstande, was er einmal versprochen hatte, zu halten. Allgemein geachtet und verehrt, vom Könige ausgezeichnet, vermochte er besonders viel über den Gardekapitän, Herzog *von Villeroy*. Er nahm die beiden Jünglinge mit sich nach Versailles; der ältere war siebzehn Jahre alt; aber beiden fehlte noch viel am Maße, welches man haben musste, um in die Garde eintreten zu können. Als sie daher der König erblickte, lachte er und rief: »Wie klein! Wie klein!« – »Sire«, nahm mein Oheim das Wort, »geruhen Ew. Maj. sich zu erinnern, dass Sie mit *mir* verwandt sind.« – »Sie haben recht«, versetzte der König; »Jünglinge, die Ihren Namen führen, misst man nicht mit der gewöhnlichen Elle.« –

So viel ist doch wohl gewiss, dass ein Mann, der aus eigenem Antrieb einen Verwandten auf seinem Landsitze aufsucht und ihm eine Art von Gewalt antut, um sich zweier von seinen Söhnen annehmen zu dürfen, dass ferner ein Mann, der diese Söhne dem Könige als seine nahen Verwandten vorstellt, überzeugt sein musste, dass sie wirklich zu seiner Familie gehörten.

Nach Verlauf von anderthalb Jahren verließ mein Vater (der ältere dieser beiden Brüder) die Garde-du-Corps und trat in die Schule der Chevaux-Légers ein, wohin sich damals alles drängte. Mit allen erforderlichen Eigenschaften begabt, in den Waffen sein Glück zu machen, mit einer schönen Gestalt und einem erprobten Mut, verließ er bald nachher, zwanzig Jahre alt, den Dienst, um sich zu verheiraten, als wären Mars und Venus nicht von jeher die engsten Freunde gewesen! Jedoch, um ernsthaft zu reden, er quittierte aus Insubordinationsgeist, aus Unruhe, aus Ungeduld, aus einem mächtigen Hang zur Unbeständigkeit, welcher ihm sein Leben hindurch anhaftete. Unstetigkeit war sein Element und

---

[386] Damals bâton d'exempt genannt.

nur im Tode hat er Ruhe gefunden. Sein Bruder war zwar stiller, methodischer, schritthaltender, ein Mann von vieler Ordnung, Regelmäßigkeit und strenger, unbescholtener Ehre; aber von beschränktem Verstande, sodass er es nie weiter brachte und in den unteren Regionen der Legion das Ludwigskreuz mit Gelassenheit[387] abwartete, erhielt und trug. Der älteste Bruder starb als erster Kapitän im Regiment Noailles, mit dem Majors- oder Oberstleutnantspatent in der Tasche. Eine Schwester, ganz in Andacht und Frömmelei versunken, hatte die begründetsten Ansprüche auf eine hohe Stelle in jener Welt; in dieser machte sie kein Glück und tat nichts, als ihren Rosenkranz beten. So geht's in großen Familien wie in großen Staaten zu; beide verlieren allmählich von ihrer Kraft und Frische; beide schwanken, verfallen; alles in der Welt nimmt zu und ab. So erging's auch diesem Ast unseres Hauses und Stammes; er trieb keine starken Zweige, keine blätterreichen Reiser und Schösslinge. Wem war es vorbehalten, ihm neue Säfte und Kräfte zu geben? Wer sollte ihm neuen Glanz mitteilen? Wer sollte die alte Ehre des alten Baumes wiederherstellen? Ihn wieder treiben und grünen lassen? Wer sollte unter dem Schatten seines Laubes ein neues Geschlecht sammeln, das den unterbrochenen Ruhm seines Namens verjünge und sich zugleich mit eigenem und Ahnenglanze bedecke? – *Mir* war – so sagte man wenigstens – dieses Los, diese Ehre bestimmt; *mir*, wenn ich den Mut des Ehrgeizes, die Fähigkeit, einen Plan aufzufassen und zu verfolgen, die Geduld, alles ruhig abzuwarten, die Gewohnheit eines regelmäßigen Lebens, wenn ich das Unglück der Leidenschaftslosigkeit oder die langweilige Standhaftigkeit, die Leidenschaft zu zügeln, gehabt hätte. Die Revolution würde mich dann mitten im Aufbau meines Glücks überrascht, unterbrochen und mein Gebäude umgestürzt haben; ich würde (schon oft habe ich es gesagt) vor Unmut, mich unter ihren Trümmern begraben zu sehen, umgekommen sein; Lebensfreuden und Lebensgenüsse würden mir ihre Hand nicht gereicht haben, mich wieder aufzurichten, um mit ihnen auf Blumenwegen zu wandeln. *Oh, Candide, Candide*, du hast recht.[388] Alles geht auf dieser besten Welt aufs Beste zu!

Meine Verwandten und der Graf von *Tessé*, Oberstallmeister der Königin, versprachen sich vermutlich so etwas von mir, als dieser eine Pa-

---

387 Mollement.

388 Nicht Candide, sondern Pangloss ruft aus: »Tout est pour le mieux dans ce meilleur des mondes.« Candide findet immer das Gegenteil. *Übers.*

genstelle bei Ihrer Majestät für mich erwirkte und jene ihre Einwilligung gaben. Übrigens habe ich im Eingang meiner Memoiren das Umständliche dieser Anstellung beschrieben, sodass ich hier darauf hinweise. Ich erwähne jenen Zeitraum meines Lebens nur insofern, als er mit dem Ereignis in Verbindung steht, welches ich hier zu berichten habe.

Als ich meinen Pagendienst antreten sollte, schrieb ich in der festen Überzeugung, dass sich mein Stammbaum in der besten Ordnung befinde, an meinen Oheim in Versailles, er möchte die Gewogenheit haben, die Familienpapiere (welche ich ihm zugleich übermachte) dem Genealogen *Chérin* zur Durchsicht und Bestätigung vorzulegen. Mein Oheim war von ihrer Richtigkeit und Vollständigkeit so ganz überzeugt, dass er zur Antwort gab: Er werde nächstens deshalb nach Paris reisen und mich dann unverzüglich *debütieren* (dem Könige vorstellen) lassen. Er hielt Wort, kam nach Paris, nahm Rücksprache mit Herrn *Chérin*, übergab ihm die Papiere nebst denen, wodurch ich mich bereits beim Herzog *Harcourt* zur Pagenstelle beglaubigt hatte. Herr *Chérin* fand zwar in den Schriften den allgemeinen Beweis, dass unsere Familie »so alt sei, wie der König«, hielt sich aber nicht für berechtigt, auf Grund desselben *mir* das gehörige Zeugnis auszufertigen, weil sich in diesen Papieren Lücken befänden, welche jedoch mittels einiger Nachforschungen und einiger Kosten leicht ausgefüllt werden könnten. Er gab zugleich Andeutungen an, wo die fehlenden Beweise herbeizuholen wären: Man werde sie, versicherte er, im Tower von London, in Dänemark und zu Vareville in der Normandie auffinden. Demzufolge wurde mit schweren Kosten ein gewisser *Abbé Guerin* nach diesen Orten abgeschickt. Der Tag meiner feierlichen Vorstellung rückte näher; der Graf von *Tessé* hatte bereits mit dem Marschall *von Duras* die Verabredung getroffen, dass ich am nächsten Sonntag dem Könige und im Laufe der Woche der königlichen Familie und den Prinzen vorgestellt werden sollte. Es geschah. Ich unterwarf mich diesem lästigen Frondienste[389] (denn für das hielt ich in meinem

---

[389] Man wird sehen, warum ich auf die Einzelheiten eines Ereignisses, das mich in augenblickliche Verlegenheit setzte, einen so besonderen Wert lege. Es geschieht, um den Ungrund der Verleumdungen zu zeigen, welchen mich dieser Umstand aussetzte, den sich in der Folge die Bosheit so geflissentlich gegen mich zunutze gemacht hat. – Diderot sagt: »Dergleichen Längen sind notwendig, mag sich auch der Leser darüber beschweren. Man versteht nur dasjenige ganz, was ins Detail geht und genau auseinandergesetzt wird. Die kleinste Angelegenheit in der Welt nimmt so viel Zeit weg, kostet so viel Mühe und Anstrengung, und der Leser wollte nicht einen kleinen Teil davon tragen helfen?« *Verf.*

Alter diese verschiedenen Vorstellungen, zu welchen ich mich von zwei meiner Verwandten hatte bereden lassen); – ich verbarg, so gut ich konnte, den Zwang, den ich mir antun musste; ich erschien im prächtigsten Kostüm und blieb meinem Schneider die gestickten Kleider lange nachher schuldig; meine schüchternen, linkischen Verneigungen gereichten meinem Tanzlehrer nicht zur Ehre. Überdies hatte ich kein Geheimnis aus der Unordnung gemacht, in welcher sich meine Papiere befanden. Ich nahm mir sogar die Freiheit, über diesen Punkt mit der Königin zu sprechen, und Ihre Majestät geruhte, mir kurz und einfach zu antworten: »Personen von Ihrer Familie haben das Recht, in königliche Wagen zu steigen: Sie selbst sind vorgestellt worden; was bedarf es mehr für den Augenblick? Das Übrige wird sich finden und lässt sich mit Muße in Ordnung bringen und nachholen.« Ich hatte aber nicht Geduld, es abzuwarten und betrieb die Sache mit Eifer. Zuerst wandte ich mich an meinen Verwandten, den Marquis *von Tilly*, der sich meiner bisher so väterlich angenommen hatte und auf allen meinen Besuchen mein Begleiter gewesen war. Er versicherte mir: Er werde alles tun, was mir angenehm sein könne; nur da sich unsere beide Linien seit Jahrhunderten abgesondert hätten, könne er nicht glauben, dass seine Beweise auch für mich gültig sein würden. Mittlerweile kam der Abbé *Guérin* von London zurück, wohin ich ihn geschickt hatte, um Erkundigungen einzuziehen. Er erbot sich, seine Nachforschungen fortzusetzen, verlangte aber neue Vorschüsse, die ich nicht Lust hatte, daran zu wagen, denn teils hatte ich meinen Zweck erreicht: Ich war vorgestellt worden; teils musste ich den Zeitpunkt abwarten, wo meine Finanzen in einem blühenden Zustande sein würden, um die schweren Auslagen bestreiten zu können; teils wollte ich die Sache so weit hinausschieben, bis ich selbst nach England reisen würde. Denn von früher Jugend auf habe ich in mir den Trieb zum Reisen gefühlt; nur war ich damals noch weit entfernt von der leisesten Ahnung, dass ich von der Vorsehung zu unendlichen Wanderungen und Irrsalen bestimmt sei. Auf diese Weise bereitete ich mir, durch Sorglosigkeit in meinen früheren Jahren, durch eigene Enthüllung der Schwierigkeiten, die ich vorfand, meinen Stammbaum in seiner Vollständigkeit aufzustellen und durch Verabsäumung der Mittel, welche ihn in Ordnung gebracht haben würden, den ernsten und schwierigen Auftritt, dem mich mein Verhängnis zwölf Jahre später ausgesetzt hat. Ich erzähle weiter.

Der Abbé von *Tilly-Blaru* glaubte, Grund zur Klage gegen meinen Vater und meinen Oheim zu haben. Er hielt sich für einen großen Genealogen, trieb das Studium überhaupt mit Fleiß, beschäftigte sich aber vorzüglich mit seinem Namen, seiner Familie, dem Glanze und Alter derselben. Er war in seiner Jugend im Seminar mit dem Prinzen *Ludwig von Aremberg* erzogen worden, dem die Kirche seinen ersten Beruf erließ und der auf eine so auffallende Weise von der geistlichen Laufbahn zur weltlichen überging. Einstens, als der Prinz und ich in Paris beim Grafen von B..., Kurfürstlich Kölnischem Gesandten am Versailler Hof, zusammentrafen, sagte mir jener mit dürren Worten, doch ohne der Sache Wichtigkeit geben zu wollen: »Ich bin mit dem Abbé *von Tilly* genau bekannt; er behauptet, du seiest nicht von seiner Familie.« – »Wenn er (erwiderte ich, ohne viel Gewicht darauf zu legen) unter Familienverwandtschaft einen nahen Grad von Vetternschaft versteht, so mag er recht haben; Geschwisterkinder sind wir nicht, aber wir führen einen Namen und ein Wappen[390] und, obschon seit undenklichen Zeiten abgezweigt, haben wir eine und dieselbe Abstammung.

Hinterdrein wurmte mich die Sache. Aus Unruhe, aus Neugier, aus Verdruss ging ich einige Tage darauf zum Abbé *von Tilly*. Nach den gewöhnlichen Eingangsreden kam ich ohne Umschweif auf den Zweck meines Besuches. Der Abbé wollte zwar die eigentlichen Worte nicht gesprochen haben, die ich ihm vorhielt, meinte aber doch, er habe Nachforschungen angestellt und das Resultat seiner Untersuchungen habe ihn auf die Vermutung geführt, dass wir nicht miteinander verwandt wären; er wolle damit keineswegs behaupten, dass wir nicht von ebenso altem Adel seien; nur sei es ihm sozusagen gewiss, dass wir zwei abgesonderte Familien ausmachen; »der Zufall (setzte er hinzu) mache die Verwandtschaften, nicht der Wille« usw. usw. Ich gab ihm mein Befremden zu erkennen und versicherte ihm ohne alle Empfindlichkeit, ich würde nicht eher ruhen, bis ich eine Wahrheit einleuchtend gemacht hätte, an welcher ich nicht im geringsten zweifle, oder ich würde beim

[390] Das Tillysche Familienwappen führt eine weiße Lilie im goldnen Felde und das Motto: Sic tinctum sanguine nostro.

Versuch untergehen.[391] Wir schieden voneinander mit der kalten Höflichkeit eines gegenseitigen Stolzes.[392]

Es ist mir unbekannt, wie es zugegangen ist; so viel ist aber gewiss, die Leidenschaftlichkeit des Vicomte[393] *von Tilly-Blaru* wurde erregt; eine feindselige Hand schürte vollends das Feuer der Zwietracht an, welches schon (aus Ursachen, die mit dieser Angelegenheit in keiner Verbindung standen) zwischen uns glimmte. Wie dem auch sei, der heftige, feurige Mann, noch obendrein durch seinen Unstern erbittert, welcher ihn nicht so weit gebracht hatte, als er es wohl erwarten durfte und verdient hätte – der bis zur Verwegenheit tapfere Mann warf sich zum Repräsentanten seines Zweiges auf und hing mir in seinem und der seinen Namen einen Prozess an, den er damit anfing, dass er beim Gericht der Marschälle von Frankreich Bittschrift und Klage gegen mich einreichte. Das war eine unzeitige, durchaus unnötige Maßregel, denn nach meiner Rücksprache mit dem Abbé *von Tilly* war ich fest entschlossen und mit der Familie einverstanden, zwei Genealogen (einen von jeder Seite) mit den Urkunden und Beweisen zu versehen und die Entscheidung auf ihren Anspruch ankommen zu lassen. Ich hatte bereits diese Erklärung bei dem Marquis *von Tilly* abgegeben und von ihm die mündliche Versicherung erhalten, dass er an der Untersuchung keinen tätigen Anteil nehmen wolle. Auf diesem Wege wäre die Affäre weit schneller und kürzer abgemacht worden als auf dem langweiligen Wege der Prozesse, deren Schneckengang mehr dem Publikum zur Belustigung dient, als er die Beteiligten zum Schlusse führt. Es stand aber im Buche des Schicksals

---

[391] Der Prinz von Aremberg sagte mir bei dieser Gelegenheit: »Jene werden ebenso viele Mühe haben, Ihnen zu beweisen, dass Sie nicht mit ihnen verwandt sind, als Sie, den Beweis zu führen, dass Sie es sind.« *Verf.*

[392] Die Geschlechtskundigen sprechen von einem Zweig der Familie Tilly, welcher von einem Harcourt, Bischof von Bayeux und einer Tilly ausgeht, deren Sohn, nachdem der Papst Paul III. (Alexander Farnese) durch den Erlass einer Bulle und der König Franz I. durch einen Kabinettsbefehl vom Juli 1535 die Säkularisierung und Vermählung des Vaters zugegeben (unter dem Namen Tilly) anerkannt und legitimiert worden sei. Zu diesem Zweig wollte man mich rechnen und mir diese Abstammung zum Vorwurf machen, obschon sie ebenso ehrenvoll wäre, als jede andere; allein, unsere Familienpapiere, welche sich so lange in den Händen des Herzogs von Harcourt oder des Herrn Chérin befunden haben, beweisen den Ungrund der Behauptung. Der Letzte aus jener Harcourt-Tillyschen Familie ist 1733 als Grand-Mousquetaire ohne Kinder verstorben. Verf.

[393] Nachheriger Graf Karl. *Übers.*

465

geschrieben, dass die Frage mit dem Schwert entschieden werden und dass ein in ganz Frankreich bekannt gewordener Zweikampf die Folge und das Ende davon sein sollte.

Die zärtliche Freundschaft, die mich heute mit meinem damaligen Widersacher verbindet, das enge Band, welches sich um uns geschlungen und durch die Erinnerung an unsere blutige Fehde neue Festigkeit erhalten hat, erlaubt es mir nicht, auf weitere Umständlichkeiten einzugehen und gehässige Gegenbeschuldigungen namhaft zu machen, da mir die Freundschaft die Pflicht des Schweigens auferlegt und Männer von Ehre, die sich gemessen haben, dergleichen Erklärungen verachten.[394]

Welch Gemälde könnte ich hier entwerfen? Folgendes würden die Hauptzüge sein: ein Auftritt an einem öffentlichen Orte, von welchem ich selbst dem König und dem Königlichen Hause schriftlich Kenntnis gab; die darauf erfolgte Vorladung vor den Richterstuhl der Marschälle von Frankreich; das dahin abgegebene und durch eine Grenzreise umgangene Versprechen, sich innerhalb Frankreichs nicht zu schlagen; ein schweres Duell; eine hübsche Frau, welche, von ihrer Unruhe getrieben, mir mit Postpferden nachreist;[395] meine Rückkehr nach Paris; der Marschall *von Stainville*, der mich in der Oper festnehmen lassen will; die treulose romanhafte Frau *Ray*, der ich alle Opfer der Liebe bringe und von der ich alle Opfer der Scham erhalte; die Verfolgungen des Inquisitionsgerichts der Connetablie; der Graf von L..., der mich auf sein Schloss in der Normandie abführt, um mich der Gefahr zu entziehen; ein Diener des Liebreichsten aller Tribunale, der mich dort aufsucht; die

---

[394] Der Graf Charles de Tilly-Blaru hat in seiner Emigration dem Grafen von Tilly, den er früher nicht als seinen Verwandten erkennen wollte, viel zu verdanken gehabt und seinen Dank in folgenden Worten schriftlich hinterlassen: »Le comte de Tilly a mis dans sa manière de m'obliger, une grâce et une noblesse faites pour fixer ma reconnaissance, ainsi que celle de ma famille.« *Übers.*

[395] Eine andere (Adeline) wünschte, sich vor meiner Abreise mit mir auszusöhnen. Ich erfuhr es und sah sie in derselben Nacht, als ich mich entfernte; sah und sprach sie – nach vielen Jahren zum ersten Mal wieder – in einem der zierlichsten Boudoirs, wo sie mir Beweise der Freundschaft und Traurigkeit gab; wo ich sie aufheitern wollte, wo ich von Liebe sprach; wo sie aber mit einer Art von Abscheu vor diesem Worte zurückschauderte, als müsste ihre Liebe mir Unglück bringen, als sei die meinige das Gefühl eines Sterbenden. Ich erinnere mich, nachdem ich sie verlassen hatte, in einem Kodizill zu meinem letzten Willen ihr eine Bonbonnière vermacht zu haben, die ich einige Tage früher von einer andern mit meinem Porträt zurückerhalten hatte. Verf.

Anhänglichkeit meiner Freunde,[396] deren sich mein Herz mit der reinsten Freude erinnert; mein Verhör vor den Marschällen; meine einfachen, kräftigen Antworten; das Interesse, welches mir mehrere Mitglieder des Gerichts zu erkennen geben; die leidenschaftliche Wut einiger anderen; meine dreimonatliche Haft in der Abtei Saint-Germain-des-Prés; einige Liebesabenteuer in diesem finsteren Verließ, das ich dergestalt aufgeweckt und aufgeheitert hatte, dass Nos Seigneurs[397] es ungnädig aufnahmen; d'Esprémenil, der zu mir kam und mir den Vorschlag machte, meine Sache vor das Parlament zu bringen, welches dem ersten Staatskörper so gern in den Weg getreten wäre; meine, durch die Hand der Königin, wieder erlangte Freiheit, obschon ich nichts davon wissen sollte;[398] *Sillery*, der mir die Erklärung des Herzogs *von Orleans* an den Marschall *von Stainville* hinterbrachte: »Es steht den Herren frei, sich bei dieser Gelegenheit zu entehren; den beiden Herren *von Tilly* die Ehre zu rauben, steht nicht bei ihnen«; – und zuletzt das unaussprechliche Wonnegefühl des Verhafteten, vor dem sich die Tür seines Gefängnisses auftut usw. usw. usw.

Endlich verließ ich den Kerker, die Gefängnishöhle, in welche mich ein Inquisitionsgericht hinabgestürzt hatte, unter dessen Joch damals der französische Adel seinen Hals schmiegen musste, ohne sich darüber beschweren, ohne sich's merken lassen zu dürfen: »Denn«, hieß es ja, »wird der Adel nicht auf eine ehrenvolle Weise durch seinesgleichen – durch seine Pairs – gerichtet?« Nun blieb mir noch übrig, hinzugehen und den Herren Marschällen für die von ihnen begangene Ungerechtigkeit meinen verbindlichsten Dank abzustatten; denn eine Ungerechtigkeit war es, selbst wenn ich zugeben wollte, dass ihr angemaßtes Recht ein wirkliches gesetzliches gewesen sei; selbst wenn ich nicht in einem Aufsatz bewiesen hätte, dass sie ein mit der Urwürde ihres Standes unvereinbares Amt überkommen hätten; selbst wenn ich nicht den Fehler

---

[396] Ich habe deine Tränen nicht vergessen, großmütiger D..., nicht deine Bruderliebe, mein teurer M..., nicht deine schnelle und edle Aussöhnung mit mir, tapferer L... , C... , nicht die zärtliche unruhige Teilnahme des unglücklichen Prinzen d'Hénin, der bei allen seinen Lächerlichkeiten ein so grundgutes Herz besaß! *Verf.*

[397] Titel und Überschrift, deren man sich bediente, wenn man an die Herren Marschälle schrieb. *Übers.*

[398] Hier folgen die eigenen Worte Ihrer Majestät: »Hat man die Absicht, Herrn von Tilly zu verfolgen, so werde ich dies nicht zugeben; aber ein paar Monate Gefängnis werden ihm gut bekommen.« *Verf.*

begangen hätte, diesen Aufsatz der konstituierenden Versammlung vorzulegen. Der Spruch der Marschälle war wegen der Gesetze, die wir nicht verletzt hatten, da wir uns jenseits der Grenze schlugen; wir hatten nicht wider den Grundsatz verstoßen, der will, dass für alle Glieder der Monarchie gleiche Pflichten und gleiche Rechte gelten sollen.

Dass die Marschälle die ihrigen überschritten, gaben selbst einige aus ihrer Mitte zu. Wenigstens ließ mir der tapfere Marschall *von Duras* in dem Dankbesuche, den ich ihm abstattete, etwas Ähnliches nicht undeutlich merken. Er ging auf Einzelheiten ein, welche mir bewiesen, dass ihm der Gerichtshof, zu welchem er gehörte, von Grund aus bekannt sei; dass ihm die Missbräuche, die Schädlichkeit desselben nicht entgingen und dass er der Aufhebung einer Einrichtung mit Vergnügen entgegensehe, welche der Ehre, der Würde und dem verdienten Lohne der ersten Krieger des Staates nicht angemessen sei. Er behandelte mich wie ein Vater seinen Sohn und behielt mich sogar zu Tisch, was an sich nichts weniger als gleichgültig war, da er so ziemlich allgemein für den Mann galt, bei welchem man am besten speiste. Ich sagte ihm: Er sei in seiner Jugend viel zu sehr *Cäsar* gewesen, um mich bestrafen zu wollen, dass ich meine Schuldigkeit getan habe; es sei mir bewusst, dass seine Meinung mir günstig gewesen. Über meine dreisten Reden und Ausfälle auf den Marschall *von Stainville* lächelte er; mich nicht unterbrechen, hieß so viel, als mich ermutigen, fortzufahren, was ich denn nach Herzenslust tat; ich fand es unvergleichlich von ihm, dass er seinen Herrn Kollegen nicht in Schutz nahm und selbst noch jung genug war, um meiner Jugend Nachsicht zu schenken. Er erinnerte sich deutlich, dass er das Dienstvierteljahr beim Könige gehabt hätte, als ich in den Pagendienst getreten wäre, und dass er mich dem Könige vorgestellt habe. Er machte die Bemerkung, dass die Jugend das Alter mit einer für beide Teile schreckhaften Schnelligkeit vor sich hintriebe. Es tat ihm leid, dass ich mich so früh vom Militärdienst zurückgezogen hätte; der Dienst sei in Frankreich für einen Edelmann das Hauptgeschäft; ich möchte so bald als möglich wieder eintreten und es bei allen Zipfeln anfassen[399], um einst Marschall von Frankreich zu werden. Alsdann, meinte er, würde ich die beste Gelegenheit haben, gute Reformen in einem Gerichtshofe einzuführen, welcher meinen Beifall nicht zu haben schiene usw. usw.[400]

---

[399] En faire de toutes les façons.

[400] Dont je ne lui paraissais pas engoué.

Er sprach dies alles mit außerordentlicher Grazie und mit ebenso vieler Würde.

Mit diesem Besuche war ich fertig, noch blieb mir ein anderer bei dem ungarischen Korporal, Marschall *von Stainville*, übrig, der mir diese ganze Verfolgung zugezogen hatte. Ich mache mich auf den Weg, komme an, bin da. »Sie sind mir, mein Herr, keinen Dank schuldig«, das war seine barsche[401] Eingangsrede; (wem sagte er es!); »wäre meine Meinung durchgegangen, so würden Sie Ihr Haupt auf den Block haben legen müssen.« – »Ich hoffe, Herr Marschall«, versetzte ich, »dass ein solches Resultat über die Macht und den Bereich des Gerichtshofes hinausgegangen wäre, selbst in dem Fall, wo ich keine Freunde, keine Verwandte, keine Verbindungen gehabt hätte. Es gibt in Frankreich noch andere Gesetze als das, welches vom Schwert der Connetablie ausgeht.« – »Mein Herr!« – Ich wiederholte das Gesagte. »Allein«, setzte ich hinzu, »die schuldige Ehrerbietung verbietet mir, in diese Frage weiter einzudringen. Ich beobachte meine Pflicht, indem ich vorgeschriebenermaßen nicht zum Grafen *von Stainville*, sondern zum Marschall von Frankreich komme.«[402]

Hier sah er auf sein Wams von grauem Ratin, das ihm zum Schlafrock diente. War es ein Blick der Demut oder der Selbstgefälligkeit? Ich muss das Erstere vermuten, denn er hatte die Höflichkeit, einige Entschuldigungsworte zu stammeln, dass er mich so ohne alle Umstände im Morgenanzuge empfangen habe. Ich verneigte mich tief und ließ ihm Zeit, sich umzukleiden. Gewiss bedurfte er der Toilette, ohne dass man hätte sagen können, die Toilette verschönere ihn. Der erbärmliche Mann war durch das Ansehen seines Bruders, des Herzogs von *Choiseul*, als dieser schon Minister war, in den französischen Dienst gezogen worden. Die Königin trug viel dazu bei, ihm den Marschallstab zu verschaffen, da sie dem Herzoge, seinem Bruder, dessen Werk ihre Vermählung mit *Ludwig XVI.* gewesen war, denselben nicht zuteilen konnte – eine Verbindung, die sie damals als ein Geschenk des Himmels ansah, welche sich aber späterhin als ein Geschenk der Hölle erwies. Um wieder auf unsern Marschall zu kommen, so war dieser teure Mann, der mir so gern

---

[401] Brutalement.

[402] Einer seiner Kollegen, der sich ebenso sehr gegen mich ausgesprochen hatte, ließ sich entschuldigen; er könne mich nicht annehmen, er habe einen Fieberanfall. Ich ging fort, kam nicht wieder, und ließ mich nicht nach seiner Gesundheit erkundigen.

das Schwert an die Kehle gesetzt hätte, kaum ein mittelmäßiger Garnison-Dienstmann gewesen. Er stand früher in österreichischen Diensten als Titular-Generalleutnant, nachdem er sich fünfzehn Jahre in den Regimentern *Kollowrath* und *Löwenstein* herumgetrieben und nicht verdient hatte, bis zum Kaiserlichen Feldmarschall aufzusteigen. Ebenso wenig verdiente er, Marschall von Frankreich zu werden. Jenes wurde er nicht; dieses ist er geworden! Doch – gestehen wir es nur! – in den letzten Zeiten war diese Würde ebenso sehr gesunken als die der übrigen Militärgrade. Der Offiziere waren bei Weitem zu viele im Verhältnis zu einer Armee, welche, in Vergleichung mit unserer Macht und unserm Flächenraum, viel zu klein war. Die Pairswürde war die einzige,[403] womit die vorige Regierung geizte. Ihr gebührt Lob deswegen, denn nichts ist ein so sicherer, unfehlbarer Vorbote des nahen Falls und Untergangs eines Reiches als die Verschwendung, welche mit den ersten Würden desselben getrieben wird.

[403] Die Herzoge von Castres, von Guines, sogar der Herzog du Châtelet, der so sehr zu allem berufen war, was man durch Geburt werden und erlangen kann, waren nur erbliche oder Patent-Herzoge. Der Herzog von Coigny wurde zum Pair erhoben, und man kann diese Erhebung als eine Art von Schadloshaltung wegen des Verlustes ansehen, den er durch die Einziehung der Oberst-Stallmeistersteile erlitt, als der Prinz von Hambese sie erhielt. Dieser Prinz, aus dem Hause Lothringen, übte sich, schon vor der Revolution, in Brüssel darin, den fremden Fürsten zu spielen, denn frühzeitig sah er den Umsturz der Monarchie voraus und verzweifelte am Wohle des Landes. Einst erlaubte er es sich, als von Ludwig XVI. die Rede war, zu sagen: »Ihr König.« – »Was nennen Sie Votre Roi?«, rief ihm Frau von Matignon zu, welche die Gabe der nachdrücklichen Zurechtweisung in hohem Grade besaß. – » Ludwig XVI. ist mehr Ihr König, als der König von irgendjemandem unter uns. Sie hatten eine nicht schlechte Stelle und wurden gut genug bezahlt, um sie für eine sehr gute halten zu können.« – Der Zweig des Hauses Lothringen, von welchem der Prinz abstammte, war seit 1500 nach Frankreich verpflanzt, und besaß seit 1527 die Pairswürde. Folglich war Herr von Lambese in jeder Hinsicht Franzose und ein Untertan des Königs von Frankreich. – Hierbei fällt mir eine zweite wenig bekannte, aber durchaus authentische Anekdote bei. Der Prinz von Poix war Gouverneur von Versailles und Kapitän der Garden. Er stand in dem Rufe, nicht immer der Feinheit des Hoflebens getreu zu bleiben. Einst, als er sich vom Grafen von Artois eine mehr als strenge Antwort und Rüge zugezogen hatte, wusste er sich auf eine edle und die Ehrerbietung nicht beleidigende Weise herauszuziehen. Er hatte sich nämlich unterfangen, dem Fürsten ins Gesicht zu sagen: »Monseigneur, wäre es zur Zeit der Ligue dem Hause Lothringen gelungen, die Oberhand zu gewinnen, so hätte sich's fügen können, dass Herr von Lambese König von Frankreich, und Ew. Königl. Hoheit Oberst-Stallmeister bei ihm geworden wären.« – »Und was wäre dann aus Ihnen geworden?«, versetzte der Fürst, »etwa ein Stallknecht?« – »Nein, gnädigster Herr«, erwiderte der Prinz von Poix, »nicht weniger als jetzt, ein Edelmann.«

Ungefähr um diese Zeit machte ich eine Entdeckung, die mir wehe tat und mir zugleich über einige Rätsel Aufschluss gab, deren Lösung mich in Verlegenheit gesetzt hatte. Der Präsident *von Nicolaï* war es, der mir Licht in der Sache gab. Er eröffnete mir nämlich, dass jemand, der meinen Namen führe, auf Antrag seiner Gläubiger festgenommen und nach dem Gefängnis de la Force gebracht worden sei. Er selbst hatte zwar mit diesem obrigkeitlichen Zweig wenig oder nichts zu tun, war aber durch seinen Sekretär, dessen Bruder bei der Kriminalbehörde eine Anstellung hatte, unterrichtet worden, dass dieser Mensch[404], ein ganz verworfenes Subjekt, eines falschen Wechsels wegen angeklagt sei. Ich begab mich in Eile zum Präsidenten, der mich auf das Artigste und anständigste empfing, und von da, mit einer eigenhändigen Schrift von ihm versehen und von einem Beamten, den er mir zugab, begleitet, in das Gefängnis. Hier fand ich einen Menschen aus der niedrigsten Klasse, ohne alle Erziehung und Bildung und von der rohesten Gestalt. Ich nahm mir die Freiheit auf meine Gefahr, ihm handgreifliche Beweise meiner tiefen Verachtung zu geben, und ließ über seinen mehr als zweijährigen Aufenthalt in Paris, über seinen Verkehr, über seine Verhaftung und die einzelnen Umstände derselben ein Protokoll aufnehmen. Er warf sich, im wörtlichen Sinne, mir zu Füßen, gestand mir alle seine schändlichen Streiche und entdeckte mir seinen wahren Namen. Er hieß *Le Blanc* und war ein Kreole. Seine Mutter hatte lange mit dem General Grafen *von Tilly*, welcher sich mehrere Jahre in Westindien aufgehalten, vertraute Beziehungen unterhalten. Aus diesem Grunde war der Elende auf den Gedanken verfallen, dessen Namen anzunehmen. Ich ließ seine Geständnisse und Aussagen gerichtlich erhärten und ruhte nicht eher, bis er aus Paris gejagt wurde, mit dem Verbot, je wieder einen Fuß in die Stadt zu setzen. Seitdem ist er, wie ich zuverlässig weiß, dennoch wiedergekommen und unter Robespierres Diktatur im wirklichen Dienst angestellt worden, als Frankreich sich in Blutströme wie in ein Bad der Wiedergeburt tauchte, als Räuber und Mörder ihr Patriotismus-Patent vom Galgenpfahl losklebten. Ich habe allen Grund zu vermuten, dass der feine Herr, wenn ich ihm damals begegnet wäre, einen sehr zärtlichen Anteil an mir genommen und mich geradezu aufs Blutgerüst gebracht haben würde.

[404] Ce Quidam.

Einiges Aufsehen, das ich gemacht hatte, und das wie Ruf klang, ein Ehrenhandel über einen nicht gemeinen Gegenstand, musste wohl meine Aktien bei einem Geschlechte steigern, dessen zarte Sinne und noch feinere Gefühle es auf so vielfache Weise eindrucksfähig[405] machen. Allein, dieser Vorzug genügte mir nicht. In meiner Seele blieb, ich weiß selbst nicht was für eine unstete Unruhe über die Zukunft zurück, deren Ursache sich mir später nur zu deutlich aufgeklärt hat. Damals war es noch eine trübe Wolke, durch welche mein Blick nicht zu dringen vermochte; ich konnte nur einen Sturm ahnen, ungefähr wie in den Tagen einer unerträglichen Hitze das Missbehagen in uns und die physische Schwere und Missstimmung uns ein Gewitter verkünden. – Nach Wiedererlangung meiner Freiheit war ich zum Herzog von *Orleans* gegangen, um ihm für den Anteil, den er an mir genommen, Dank abzustatten. Hier wohnte ich einer Unterhaltung bei, von der ich unwillkürlich ergriffen wurde. Ich sah den Herzog von Leuten umgeben, von denen die meisten zwar Männer von Ehre, aber vom Durst der Ehrsucht und der Öffentlichkeit und von einem Feuer durchdrungen waren, dem nur noch die Klugheit des persönlichen Interesses eine Mäßigung entgegenstellte. Andere in seiner Umgebung zeigten sich als solche, denen alle Mittel zum Glück zu gelangen gleich edel und gut schienen und deren Theorien deutlich genug zu erkennen gaben, dass sie, unbekümmert um die Folgen, vor keinem Verbrechen zurückbeben würden. Noch andere von des Herzogs Vertrauten waren Leute, in deren Augen der Ruf, ihren Namen an nützliche und preiswürdige Veränderungen geknüpft zu haben, die Gefahren des Unternehmens verminderte, verschleierte, verschwinden machte; Männer, die von nichts träumten als von Reformen, von einer englischen Konstitution, von Abschaffung der Missbräuche,[406] von freisinnigen Ideen, von Fesseln, die dem Despotismus angelegt werden müssten, von Beschränkungen der Gewalt des Hofes und seiner Agenten. Auf dem Kaminsims lagen eine Menge Scharteken, Pamphlets, Cahiers, Systeme, Entwürfe, lauter Erzeugnisse schreibender Handlanger des Herzogs, worin jeder den Traum seines Utopiens niedergelegt hatte. Das erste Wort, das der Herzog bei diesem Besuche zu mir sprach,

---

[405] Impressionable.

[406] Das erinnert mich an ein Bonmot des Grafen von Estaing, zu dem der Chevalier d'Oraison sprach: »Wir wollen den Tod der Missbräuche.« – »Herr Chevalier«, gab ihm jener zur Antwort, »Sie sind also des Lebens müde, denn Sie selbst sind ja auch ein Missbrauch.« Er sprach wahr. *Verf.*

war: »Beruhigen Sie sich, eine zweite Verfolgung wie die, der Sie soeben entgangen sind, ist unmöglich; bald werden wir gute, einfache Gesetze haben, denen die Willkür keinen fantastischen Sinn unterlegen wird. Die lettres de cachet, die Bastillen aller Art werden nicht lange mehr bestehen.« – Als ich ihm sagte, meine Absicht sei, einige Monate in England zuzubringen,[407] unterbrach er mich mit sichtbarer Bewegung: »Parbleu«, rief er, »man wird bald nach England und überall hingehen können, ohne einer Erlaubnis zu bedürfen oder eine Verweigerung befürchten zu müssen.«[408]

Ich fiel wie aus den Wolken, als ich diese rachsüchtigen Worte aus dem Munde des Herzogs vernahm, doch das war noch nichts, denn kaum hatte ich Zeit gehabt, mich von meinem Erstaunen zu erholen, als ich, in den großen Saal tretend, dort ganz andere Reden führen hörte. Ich hatte kaum die Rede auf die Marschälle von Frankreich gebracht – damals mein ewiges Thema, mein Steckenpferd und der einzige Zoll, den ich der allgemeinen Ansteckung gebracht habe – als unter anderen der Vicomte *von Noailles* mit jener exaltierten Schwärmerei, die ihm eigen war und den Grund seines Charakters ausmachte, rief: »Es muss in Frankreich dahin kommen, dass es dem gemeinen Soldaten leichter werde, als Marschall von Frankreich zu sterben, als es jetzt dem Offizier wird, es zu werden.« Ich konnte mir den unbestimmten Eindruck, welchen alle diese Reden auf mich machten, nicht eher erklären, als bis ich das Palais Royal verlassen hatte.

Mit dem Phantom einer Revolution, deren Wesen und Natur ich nicht angeben konnte, erschien mir zugleich die Gestalt der Monarchie in Tränen. ... Oder, um ohne Figur zu reden: Ich sah von diesem Augenblick an einem Bürgerkriege entgegen, die Gegenwart zeigte mir dieses halbdunkle Bild im Hintergrund. In meiner Unruhe eilte ich am andern Morgen zum Vicomte *von Noailles*, der mich mit seinem Bruder, dem Prinzen *von Poix*, wieder ausgesöhnt hatte, und offenbarte ihm mein Herz. Er war nicht meiner Meinung. »Ich kann mir die Sache nicht so denken«, sagte er. »Wir befolgen unsre Vorschriften und die *Cahiers*, wir werden freilich etwas darüber hinausgehen, der König will aber das Beste; er wird uns unterstützen und müssen wir uns schlagen, ei nun! So

---

[407] Zweite Reise des Grafen im Jahre 1789 und 1790. Übers.

[408] Die Erlaubnis, nach England zu reisen, war kurz vorher dem Herzoge verweigert worden. *Übers.*

ist's gut für die Gesundheit und wir schlagen uns!« *Noailles* hatte einen ausgemachten Hang und Beruf zur Revolution. Er war *La Fayettes* Schwager und Rivale, war *neidisch* auf ihn als auf einen, dem er den Vorzug über sich einräumen, und *eifersüchtig* auf ihn als auf einen, dem er diesen Vorzug streitig machen wolle. Dieses doppelte Gefühl hatte ihn längst und überall verfolgt, im Weltumgange, bei Hofe, im Dienste, sogar im Regiment, bei welchem sie zusammenstanden. Es hatte sich in den nordamerikanischen Freistaaten verstärkt. Beide waren von dort mit ausgebildeten Hirngespinsten zurückgekommen, deren Keim sie dahin mitgenommen hatten, mit einem Freiheits- und Gleichheitssinn, welches sie sich schlecht definiert und noch schlechter entwickelt hatten – mit einem System, welches keiner entarteten europäischen Monarchie angepasst werden kann und am wenigsten von allen der französischen. Ich will nicht damit gesagt haben, dass Frankreich verderbter und entarteter sei als die übrigen Staaten, allein Nachdenken und Erfahrung haben mich belehrt, dass wir unter allen Nationen diejenige sind, welche durch *Grübeln* und *Beratschlagen* über Freiheit und Gleichheit immer tiefer in den Sklavenstand zurückgebracht wird.

Ermaß ich damals noch nicht die ganze Tiefe des Abgrunds, so wurde ich sie doch gewahr. Um das Gemälde der Revolution zu entwerfen, wäre ein *Tacitus* nötig; und auch selbst ein *Tacitus*, wäre er Augenzeuge gewesen, würde beim Versuch scheitern, so unwidersprechlich wahr und gewiss ist es, dass kein Einziger von allen denen, welche vor und mit der Revolution geboren und durch dieselbe gegangen sind, eine *gute* Geschichte davon liefern kann.

Ich komme wieder auf meine Reise nach England (1789-1790) zurück. Ich fühlte das Bedürfnis zu reisen und gerade nach England. Ich hatte damals Gelegenheit und Muße, diese Grille zu befriedigen. Doch als ich die Reise unternahm, war es keine *Grille*, es war eine geheime, unerklärbare *Unruhe*, die mich trieb. Man hätte glauben sollen, mir riefe eine innere Stimme zu, der ersten Entwicklung der Trübsale, welche Frankreich befallen sollten, aus dem Wege zu gehen, um von dem Verschwinden der letzten schönen Tage der Monarchie kein Zeuge zu sein. Die Zukunft ließ sich in mir wie eine Weissagung hören, ich gehorchte ihrem Befehle.

Ich fühlte das Bedürfnis, mich zu entfernen, als *Sir John Lambert*, welchen man in Paris als einen der reichsten Bankiers gekannt hat, mir den Antrag machte, ein wichtiges und ehrenvolles Geschäft für ihn in London zu übernehmen. *Sir John* war in allen Stücken ein Sonderling. So liebte er z. B. nur Frauen, die sich durch eine gefährliche[409] Magerkeit auszeichneten und denen es so ganz am Busen mangelte, dass man ihr Geschlecht hätte in Zweifel ziehen können. Vor meiner Abreise war ich bei ihm zum Abendessen eingeladen, um seine Papiere in Empfang zu nehmen, und fand im Halbkreise auf Lehnsesseln eine Sammlung ausgetrockneter Mumien, mit denen ich würde Bedenken getragen haben, mein Besuchszimmer auszuschmücken. Es war eine Ausstellung von allem, was die Tanzoper an beweglichen, fleischlosen Knochengebilden und die Klasse von Freudenmädchen an menschlichen Gerippen und skelettartigen Gliederweibern liefern kann. Ich konnte mich nicht genug wundern, dass ein so reicher und wollüstiger Mann sich mit Gegenständen umgab, welche den Trieb ersticken und das Feuer der Begierde auslöschen mussten. Zwar schienen einige Freunde diesen seltsamen Geschmack mit ihm zu teilen, doch stellten sie sich wohl nur so, denn wer weiß im Grunde nicht, dass eine mäßige Wohlbeleibtheit ein ganz anderer Reiz ist als – Haut und Knochen, als Dörrsucht und Auszehrung? Nur der einzige Vicomte von C... schien wirklich seine Vorliebe für das Studium der – Knochenlehre nach dem Leben, der anschaulich gemachten Osteologie, zu teilen. Er hat mich mehr als einmal versichert (der Vicomte nämlich), dass, um in seinen Augen eine Frau *begehrenswert* zu machen, es nötig sei, dass ihre Taille sich von ihren samtenen Armbändern umspannen lasse, dass es ihr an sichtbaren Kennzeichen unsichtbarer Reize fehlen und dass ihr Äußeres keine geheime Schönheit verraten müsse. Man kann – auch ohne Wortspiel – diesen Geschmack einen mathematischen für das Vieleck, einen mineralogischen für das scharfkantige Kristallsystem und einen Widerwillen gegen die astronomischen Sphäroiden nennen.

Ich fand bei diesem Souper einen gewissen Abbé *D'Arcès*, einen dreisten Schmarotzer, einen profanen Speichellecker des Hauswirts. Um ihm den Hof zu machen, nahm er alle Frauen von Paris hintereinander durch, welche das Unglück hatten, die verwerfliche Eigenschaft eines schönen Busens zu besitzen. Er hörte mit der Dlle. *Lebeau* auf und machte ihr das Kompliment, dass sie von diesem Übelstand frei sei – welches Lob sie übrigens nicht verdiente. Er sprach von ihr als von einer angenehmen, talentvollen Schauspielerin, noch mehr aber als von einer Ko-

---

[409] Dangereuse.

kette der ersten und vornehmsten Klasse. Er erzählte von ihr ärgerliche Geschichtchen voller Bosheit und Witz, in einem pikanten, originellen Geschmack. Ich kannte diese Aspasia nur obenhin. Seine Erzählung reizte meine Neugierde; ich schämte mich meines Irrtums und des Unrechts, welches ich ihr angetan hatte, und um beide zu verbessern, entschloss ich mich, ihre nähere Bekanntschaft zu machen und eine so liebenswürdige Frau – zu lieben, wenigstens zu versuchen, ob sie alles leisten würde, was ihr Lobredner von ihr anführte, und nicht eher abzureisen, bis sie mich verabschiedet haben würde, was zu erhalten nicht schwer hält und nicht viel Zeit kostet, wenn man es nur recht anzufangen weiß. – Ich ruhte von nun an nicht eher, als bis ich eine Gelegenheit gefunden hatte, sie zu sprechen und die Erlaubnis erhielt, sie zu besuchen und ihr zu schwören – sie nie wieder zu verlassen. Sie lebte (wie man sagte) mit F..., dem Sohne des Chevalier von M..., einem artigen, hübschen, liebenswürdigen jungen Manne, den sie geliebt haben würde, wenn es, um Frauen, und besonders um Frauen dieser Art, zu gefallen, hinreichend wäre, ihre Liebe zu verdienen. Aber Frauen dieser Art bleiben keinem Liebhaber treu. Doch was sage ich *dieser Art*? In *keiner* halten sie Stich. Man muss sie bestürmen und den günstigen Augenblick benutzen, will man seines Sieges gewiss sein.

Die Gelegenheit, von welcher ich sprach, ihre Bekanntschaft zu machen, war die Gemäldeausstellung im Louvre. Dort fand ich sie; sie spielte die Kennerin. Ich und *Champcenetz* spielten die Kunstliebhaber und näherten uns. Nichts ist leichter, als mit einer schönen, talentvollen Frau ein Gespräch über Schönheit und Kunst anzuknüpfen. Die Worte fehlen da nicht. Meine Bekanntschaft mit ihr machte indessen nicht so schnelle Fortschritte; anfänglich leistete sie Widerstand. Sie war beschäftigt, ihren F... zwar nicht zugrunde zu richten, ihm aber doch die Fettfedern auszurupfen, und die Furcht, ihn zu verlieren, bürgte ihm für ihre Treue ... Aber schon nach einigen Wochen wankte sie, gab nach, gab sich überwunden, und als wir uns freundschaftlich verabredet hatten[410], schämte sie sich ihrer Besorgnisse und lachte über ihre Bedenklichkeiten. Schon damals ließ sie hoffen, es in dem Ränkespiel weit zu bringen;[411] sie hat noch mehr gehalten, als sie versprach, und in der Revolution sich schrecklich gezeigt. Das nimmt mich nicht wunder; mit einem Kopfe

---

[410] Arrangés à l'amiable.
[411] C'etait un mauvais sujet d'une grande espérance.

476

und einem Herzen wie das ihrige war, ließ sich's weit gehen. Auch hat sie Glück gemacht und es würde noch jetzt bloß von ihr abhängen, das zu werden, was man ehedem in Frankreich eine Edeldame nannte[412]. Sie war hübsch wie ihr Name, äußerst unterhaltend und lustig. Nicht so lustig war das tragische Ereignis, welches uns getrennt hat.

Ich hatte bei ihr zu Nacht gespeist. Auf eine zärtliche Unterhaltung, auf die Hoffnung einer noch zärtlicheren, folgten, ich weiß nicht wie, ein paar den Frieden störende Worte, plötzlich greift sie zu ihrem Arbeitsbeutel, zieht eine kleine, goldene Schere hervor und mit ebenso viel Grazie als ernster Absicht fährt sie damit nach einem Busen, qu'Amour avait formé pour plaire à tous les yeux.

Ihr Blut fließt: Sie stirbt, sie stirbt! Sie ruft es aus, sie glaubt es, ich fürchte es. Die Totenblässe der Lilie ersetzt die Farbe der Rose, wie eine abgemähte Blume senkt sich ihr Haupt. Ich springe auf, schreie, rufe nach Hilfe. Mein Zustand ist noch entsetzlicher als der ihrige. Ich bedecke mit Tränen und Küssen den Busen, vor dem ein *Sir John Lambert* die Flucht ergriffen hätte. Eine aus dem Schlafe aufgeweckte Kammerfrau tritt ein und glaubt in mir den Mörder ihrer Herrschaft zu erblicken. Diese hat aber Besinnung und Gewissen genug, ihr den Irrtum zu benehmen. Ich stürze auf die Straße, hole einen Wundarzt, habe Mühe, ihn mitzubringen, weil er nicht begreifen kann, dass man sich so spät Scherenstiche geben könne. Er hofft, die Wunde werde nicht tödlich sein, aber – und dies *aber* war für mich ein Dolchstoß – er will die Hoffnung nicht zur Gewissheit machen, will nicht darauf schwören[413]. Er verschreibt einen Balsam, vor dessen Geruch man hätte davonlaufen mögen, verspricht wiederzukommen, überlässt mich der Verzweiflung – mich, der in diesem Augenblick alles, was der zärtlichste *Seladon* hätte hervorbringen können, hervorbrachte und mit den heißesten Zähren (wie er sie nicht geweint haben würde) begleitete, während *sie* fest und unerschüttert blieb wie *Cato*, als er seinen Tod beschloss.

Der Morgen machte dem tragischen Possenspiel ein Ende. Ich eile zu einer Freundin meiner Heldin; diese, das Kostüm und die Haltung der Königin ablegend, deren Rolle sie bisweilen zu spielen die Ehre hatte, eilte, die minder glänzende einer Krankenwärterin am Bette der Freundschaft zu übernehmen. Mein Vorsatz war, die schöne Verwundete täg-

---

[412] Dame de paroisse.

[413] Il ne veut jurer de rien.

lich zweimal zu besuchen, solange als Gefahr vorhanden sein würde, und mich zu empfehlen, sobald sie vorüber wäre. Aber ein gewisser Herr von L...., verliebt wie ein Neuling, und Mademoiselle *Raucourt*, welche sich aus anderen Gründen ihrer sogenannten Freundin annahm, beratschlagten zusammen, wie sie mich noch während der Kur verabschieden lassen könnten. Sie fingen es schlau genug an. Einige Winkelgesellschaften in Paris wurden von ihnen hier und da verteilt, abgerichtet und eingelehrt[414]; sie mussten verbreiten, ich sei ein Ungeheuer, das einen Engel beleidigt, ein Barbar, der die Sanftmut selbst zur Verzweiflung getrieben, ein Hassenswerter, der sich an der Liebe versündigt habe ... kurz, ich musste froh sein, wenn man nicht von mir sagte, ich sei ein Mörder und habe sie *erstochen*; denn hätte man nur Lust gehabt, es zu sagen, man würde sich wenig an den Arzt und dessen Zeugnis, an die Dame und ihre Aussage gekehrt haben, dass sie selbst den Stoß ausgeführt habe! La calomnie, docteur, la calomnie! Il faut toujours en venir là –, sagt jemand,[415] und leider bestätigt die tägliche Erfahrung den Erfahrungssatz und macht ihn zur schauderhaften Wahrheit. – Diesmal kam ich noch ziemlich leichten Kaufs oder, wie man zu sagen pflegt, mit blauem Auge davon. Mit Ausnahme eines kleinen Kreises begnügte man sich, einander ins Ohr zu raunen, ich hätte einen Angriff auf ihre Tugend gemacht, und als er abgeschlagen worden, sei ich in Wut geraten und habe den Auftritt veranlasst, durch den sie in den Fieberzustand geraten sei, welcher sie nötigte, das Bett zu hüten.

Von einer Frau, wessen Standes und Ranges sie sei, Knall und Fall verlassen, verabschiedet zu werden, ist von jeher für mich ein unerträglicher Schimpf gewesen, oder vielmehr eine Schwäche, welche mir meine Vernunft oft vorgeworfen hat, aber nie hat besiegen können. Vergebens habe ich mir alle Mühe gegeben, über einen so lächerlichen Vorfall zu lachen, nie habe ich es weiter als zu einem halben Triumphe gebracht. Am Tage ging's noch an, da lässt man sich vom Lärmen, von der Bewegung, von den Umgebungen fortreißen, aber gegen Abend wird es anders. Die Nacht hat, wenn ich mich so ausdrücken darf, eine Nerven abspannende Kraft, eine Eigenschaft, welche die Seele allen weichen

---

[414] Endoctrinés.

[415] Dieser jemand ist Beaumarchais. Er legte diese Worte seinem Basil im Barbier von Sevilla in den Mund. »Nur verleumdet; nur immer verleumdet. Das ist die Hauptsache! Es bleibt immer etwas davon kleben.« *Übers*.

Empfindungen öffnet und sie der Reue und der Traurigkeit überliefert. Beides hat einen Verdruss zur Folge, der die verletzte Eigenliebe zu allen möglichen Sottisen verleitet und vor allem zu dem Wahn, »man liebe, was man nicht liebt«. So ging es mir. Ich ließ einige Tage verlaufen, dann schrieb ich, sobald ich erfuhr, dass man genesen sei, ein sentimentales Billett, eine förmliche Schutzschrift. Sie blieb ohne Antwort. Nun forderte ich Briefe und Porträt zurück, man schwieg noch immer. Ich drohte in einem dritten Schreiben, sie mir selbst abzuholen, man beharrte beim Schweigen. Jetzt eile ich hin, dringe unaufhaltsam ein, renne alles um, frage nach Mademoiselle *Lebeau*. Es heißt: »Sie ist ausgegangen.« Man öffnet mir alle Zimmer; ich suche, durchsuche alles und habe so wenig Lebensart, so wenig Feingefühl und Gewalt über mich, dass ich im Schlafgemach der Dame alles Gerät umstoße, zerschlage, zerschmettere. Denke ich heute darüber nach, so kann mich nichts entschuldigen als dies: Ich wollte mich auf eine Weise in mein Unrecht versetzen, die mir jede Hoffnung zur Rückkehr abschneiden sollte. Und so nahm ich denn Abschied von dem hübschen Gesichtchen, welches kein gutes Herz, wohl aber ein seichtes Gemüt und eine filzige Habgier verbarg. Ich sah sie seitdem nur auf der Bühne, wo ihr Talent sowohl als ihre Reize Beifall fanden, habe aber nie wieder ein Wort mit ihr gewechselt.

Bald nachher trat ich meine Reise an, diese so oft entworfene, so oft aufgeschobene Reise. Ich ging zum zweiten Male nach England, wo ich später länger gelebt habe, als ich es damals voraussehen konnte – nach England, dem Lande der Philosophie und des Gemeingeistes[416], so wie Frankreich das Land der schönen Künste und des Nationalenthusiasmus ist – nach England, unserm Rival-Lande – welches wir schätzen würden, wenn wir es nur lieben könnten – nach England, welches, um seines eignen Ruhmes und Vorteils willen, sich zum Interesse von Europa und aus Liebe zur Menschheit mit uns zu einem ewigen Frieden verbinden sollte!

Ich reise mit dir ab, liebster *Morinval*, mein treuester, teuerster, zärtlichster Freund, dessen fein gebildeter Geist mir auch eine längere Reise abgekürzt haben würde. Es war kurz nach dem 5. Oktober 1789, jenem schmachvollen Tage in unseren Annalen, und nachdem der feige Kleinmut des Herzogs von *Orleans* ihn auf das Ufer der Themse geworfen

---

[416] Public spirit.

und der Ausübung von Verbrechen entzogen hatte, zu denen man ihn in Frankreich trieb.[417]

---

[417] Gegen Mirabeaus Rat folgte der Herzog den Befehlen des Königs und reiste am 14. Oktober 1789 nach England. *Übers.*

17. Kapitel

Nescio quâ natale solum dulcedine cunctos
Ducit, et immemores non sinit esse sui.
(Ovid)

Unaussprechlicher Reiz der Vaterlandsliebe – Der Herzog von Orleans in London – Die öffentliche Meinung über ihn – Frau von Buffon – Des Herzogs Benehmen gegen mich – Wie ich es erwidere – Meine Unterredung mit Herrn de la Clos – Der Herzog sucht mir beim Prinzen von Wales zu schaden – Meine Erklärung mit ihm beim Lord L... – Der Herzog von Luxemburg – Ich spreche den Herzog von Orleans zum letzten Mal in der Oper – Mein Streit mit dem Herzog von Aiguillon – Der Herzog von Orleans; seine Schilderung; Anekdoten von ihm; Urteil über ihn – Urteil über den Herzog von Luxemburg – Burke – Bemerkungen und Anekdoten – Der französische Botschafter Marquis de l a Luzerne – Mistress Pove – Ihr Leben – Ich trete mit ihr in Verbindung – Häufige Ehen mit Schauspielerinnen in England – Ideen über das ehelose Leben und Grundsätze der Engländer über Freudenmädchen – Die berühmte Mistress Montague – Ihr Streit mit Voltaire – Ihr Urteil über Racine – Racine von Ausländern beurteilt – Urteil über Shakespeare – Hume – Die Spielhäuser in London und Paris – Der Marquis von Saint-Helens – Dessen Urteil über die jungen Engländer und über die Franzosen – Meine Erwiderung – Ein langer Frieden ist für den französischen Adel verderblich – Ich begegne den Marquis D'Es... – Dessen Elend und seine Bekanntschaft mit einem Alchimisten, dem Chevalier von Saint-Yldefonse – Stammbaum des Chevaliers – Die eiserne Maske – Sein Tod in der Bastille – Die Prinzessin Irene – Er wird erster Minister in Peking – Er ist unsterblich – Sechzig Unsterbliche auf Erden – Jesus Christus – Der Chevalier macht Gold für norddeutsche Potentaten – D' Es... führt mich beim Chevalier ein – Mein erster Eintritt – Schwarz behangene Zimmer – Die Prinzessin Irene empfängt mich – Lord B... – Eintreten des Chevalier – Seine Fragen – Geistererscheinungen, Nacht, Dunkel, Feuersäule, Donner und Blitz – Jesus Christus tritt mit dem Kreuze auf; hält eine Rede in drei Sprachen – Seine Unterredung mit dem Chevalier – Er berührt meine Stirn, hinterlässt eine Spur darauf und verschwindet – Abendessen – Der Chevalier berichtet seinen vergeblichen Versuch, Franz I. mit Carl V, auszusöhnen – Franz I. erscheint mit Bon-

Wie unauslöschlich ist doch der Eindruck, den der Zauber unsrer Heimat in uns zurücklässt! Wie viel reiner, süßer und aromatischer ist die Luft, welche wir als Kinder einatmen, als alle Wohlgerüche Arabiens! Welchen Verfolgungen und Trübsalen ist der Unglückliche ausgesetzt, der sich gezwungen sieht, seinem Vaterlande zu entsagen und das Land, die Wiege seiner Kindheit, den Spielplatz seiner frühesten Jahre – das Land, welches die ersten Laute seines stammelnden Mundes, seiner ewig teuren Muttersprache auffing – das Land, dessen Staub sich mit der verehrten Asche seiner Väter vermischt – mit einem fremden Boden zu vertauschen! Sein Vaterland auf lange Zeit verlassen, ist eine langsam fortgesetzte Todesqual, es auf immer verlassen, würde für den, der die Gewissheit dieses Unglücks vernähme, ein überraschendes Todesurteil, der augenblickliche Tod sein!

Der Weg von Paris nach Calais, obschon die Reise mit meinem Freunde sehr rasch vor sich ging, erregte in mir ein tiefes Gefühl von Traurigkeit. Schon las ich auf allen Gesichtern eine Art scheuen und wilden Misstrauens. In allen Zügen malte sich hier ein strenger, dort ein ausgelassener Patriotismus, mit dem Unterschiede, dass ihn einige natürlich in sich fühlten, andere sich Gewalt antaten, ihn zu erheucheln. Diese Reise, zu welcher mich noch kein gebieterischer Umstand zwang und die ich nicht als zitternder Flüchtling unternahm, war dennoch meinem Herzen peinlich; es würde aber noch peinlicher für mich gewesen sein, sie nicht gemacht zu haben. Es war mir zum Bedürfnis geworden, eine Zeit lang unter einem andern Himmel zu leben, eine andere Luft zu atmen. Ich sagte mir zwar: Du kannst Frankreich wiedersehen, sobald du willst, nichts lässt dich vermuten, dass Umstände eintreten könnten, die dir den Rückweg versperrten. Und doch ahnte ich schon dunkel, dass die Auswanderung – gegen welche ich von jeher gesprochen und geschrieben hatte – ein unvermeidliches Exil zur Folge haben müsse. Was ich hier tat, tat ich nicht so sehr, um einer Gefahr zu entgehen, als um dem Widerwillen meines Bleibens in Paris ein Ende zu machen; ich wollte mich bloß aus einer persönlichen Lage befreien, welche täglich lästiger und unausstehlicher zu werden drohte. Bitteren Betrachtungen hingegeben fühlte ich mich unglücklicher, als ich es in den glänzenden

Tagen meiner Jugend und im Leichtsinn meines damaligen Lebens für möglich gehalten hatte. Ich kannte mich nicht wieder, mich, dessen Vernunft bei den ersten Unfällen, deren Zeuge ich ward, gereift und gealtert war, dessen Herz einen so großen Reiz an düsterem Hinbrüten fand, obwohl es bis jetzt sich nur der Liebe, der Freude und dem Vergnügen geöffnet hatte. Ich betrachtete mein Jahrhundert mit melancholischem Entsetzen und konnte mir es nicht verbergen, dass *wir* die Geschichte desselben seien und dass *unsre* Geschichte alle übrigen verdunkeln, verschlingen würde. Was ich von uns *gelesen hatte*, deutete mir an, was man einst von uns *lesen würde*.

In London fand ich den Herzog von *Orleans*. Ich fand ihn weniger verachtet, als er es verdiente. Die Französische Revolution hatte noch viele Anhänger, die es treu und redlich mit ihr hielten, andere, die sich als ihre Bewunderer stellten, noch andere, deren Interesse es war, sie zu begünstigen und zu unterstützen. Der Widerstand eines Prinzen von Geblüte gegen das, was man Hofdespotismus nannte, erschien als eine erhabene Kraftäußerung, sowie dessen Mitwirkung zur Abstellung der Missbräuche für ein großmütiges Opfer galt. Über seine Verbrechen breitete sich der Schleier des Zweifels aus als eine Folge der Achtung vor seinem Rang; dieser Rang und die damit verbundenen Glücksumstände und Reichtümer warfen einen zweiten, noch dichteren Schleier auf die Verworfenheit seiner Politik und seiner damals noch geheimen, unerwiesenen Absichten. Sein Haus war der Vereinigungspunkt für viele ausgezeichnete Männer von allen Parteien, von der Opposition in Sonderheit, aber auch von den Ministeriellen. So sehr sie auch in anderen Hinsichten voneinander abweichen mochten, vereinigten sie sich wenigstens zu einem Zweck – zu einer wohlbesetzten Tafel, deren Mittelpunkt die Gräfin *von Büffon*[418] war. Der Herzog stand sozusagen auf der Lauer, und sobald jemand aus Frankreich herüberkam, suchte er sich seiner zu versichern und wenn auch nicht die innere Zustimmung, doch die äußere Huldigung ihm abzugewinnen, an welche er ehedem so gewöhnt war und die er so sehr zu verlieren fürchtete, dass, während er selbst nicht wusste, wie er grüßen sollte, er den Gegengruß ängstlich beobachtete. Freilich hätte alles, was er durch den Marquis *von Sillery*

---

[418] Des Herzogs Mätresse, Schwiegertochter des unsterblichen Büffon und Gattin seines Sohnes, eines jungen Mannes, der zu sterben verstand und auf dem Schafott die unsterblichen Worte sprach: »Bürger, mein Name ist Büffon!« *Verf.*

(Genlis) von mir vernommen oder was er aus meinem Munde selbst gehört hatte, sowie überhaupt die Natur der Grundsätze, zu denen ich mich öffentlich bekannte, ihn überzeugen sollen, dass er auf keine Weise auf mich rechnen könne, dass ich nie in die geringste Verbindung mit ihm treten würde und dass er, der noch immer in meinen Augen ein Prinz, ein naher Blutsverwandter des königlichen Hauses war, sich doch in meinen Augen viel zu sehr entwürdigt habe, als dass ich selbst mich so sehr hätte entwürdigen können, ihm den Hof zu machen. Nur aus persönlichen Gründen, die stets auf ein Gemüt wie das meinige einwirken werden, hatte ich mich bei ihm einschreiben lassen, hatte aber den Augenblick gewählt, wo ich wusste, dass er nicht zu Hause war. Das erste Mal, als er mich beim Könige sah, kam er auf eine so einschmeichelnde Weise an mich heran, dass seine Aufmerksamkeit mich in Verlegenheit setzte. Wie leicht hätte man daraus schließen können, dass ich diese Auszeichnung wirklich verdiente, dass ich ein angehender Verschwörer sei, der seine Lehrzeit anträte. Um diesem Verdacht zu entgehen, nahm ich ein kaltes, gezwungenes Wesen an; es sollte ihm zum Beweis dienen, dass sein freundlicher Empfang mehr unangenehm als schmeichelhaft für mich sei. Er machte noch einen zweiten Versuch, mich zu ergründen, aber als er sich auch diesmal durch *kalte Ehrfurcht* oder vielmehr durch *Ehrfurchtsbezeigung* abgewiesen sah, wurde er auf seine Weise mein Feind. Herr *de Laclos*, mit welchem ich mich gern unterhielt, weil er, obschon gefährlicher als der Herzog, doch nicht so bedeutend war, eröffnete mir: Monseigneur habe einige Worte fallen lassen, welche zu erkennen gäben, er sei unzufrieden mit mir. Ich gab ihm, indem ich jedes Wort auf die Goldwaage legte (denn die Aufgabe war nicht leicht, ich hatte es mit einem der Einbläser des Herzogs zu tun und musste mich zutraulich stellen), zu verstehen: In meiner Lage, mitten unter so vielen Franzosen, mit denen ich täglichen Umgang hätte, könne ich, auch wenn ich meine eigne Denkungsart nicht in Anschlag bringen wollte, unmöglich einen andern Weg befolgen. Ich berief mich auf ihn selbst, auf ihn, der sich so gut auf dergleichen verstehe, ob sein Prinz nicht für alle eine Liaison dangereuse sei.[419]

---

[419] Eine feine und witzige Anspielung auf den Roman des Herrn De Laclos Les Liaisons dangereuses. Freilich war der Herzog von Orleans schon damals für die Hofpartei eine äußerst gefährliche Verbindung. *Übers.*

Eine hohe Person[420] des königlichen Hauses, mit welcher der Herzog von *Orleans* eng verbunden war und von der ich auf meiner ersten Reise und selbst auch zu Anfang der zweiten einen schmeichelhaften Empfang erhalten hatte, schlug plötzlich um und entzog mir die vorige Gunst. *Pitt*, welcher bei dieser hohen Person sehr in Gnaden stand und fast täglich mit ihr umging, versicherte mir, der *französische Prinz* habe sich nachteilig über mich geäußert und widrige Eindrücke gegen mich erregt. Ich entschloss mich rasch und kurz. Eines Abends, auf einer Rout[421] bei Lord *Luc...*, nahm ich die Gelegenheit wahr, dem Herzoge zu sagen: »Monseigneur, England ist meinen Beziehungen zu Ew. Hoheit nicht zuträglich; das erste Mal, als ich diesen Boden betrat, nahmen Sie sich eines Stallknechts gegen mich an und taten mir vorsätzlich wehe[422]. Dieses Mal wollen Sie einen Prinzen mir entfremden. ... Ich muss mich darüber trösten, aber zugleich darf ich Sie bitten, gnädigster Herr, mich für *tot* zu halten, weil ich Ihnen sonst die Mühe machen muss, mich – zu töten.« Dem Herzoge *von Luxembourg*, welcher die aufrichtigste Freundschaft für mich hegte und alles Mögliche getan hatte, mich von diesem Ausfall abzuhalten, ehe ich ihn tat, blieb nichts übrig, als die Folgen zu verhüten. Er fiel mir in die Rede, brachte mich wieder zu mir selbst, zog mich mit sich fort, ehe die Sache zum Ausbruch kommen konnte. Seitdem verflossen einige Monate. Ich suchte die Blicke des Herzogs nicht auf; die seinigen gingen den meinigen aus dem Wege. Nur einmal – es war um die Zeit, als *Boinville* zum Herzoge gekommen war, ihm die Aufträge des Herrn von *Lafayette* zu überbringen, denen er nicht Folge leistete – war ich im Opernparkett (the pit), als der Herzog eintrat. Er stand mir so nahe, dass ich mich verneigen musste. Mit sardonischem Lächeln und ohne weiteren Eingang erwiderte er meinen Gruß mit folgenden Worten, die er rasch und ungestüm aussprach: »Nicht wahr, der Herzog *von Aiguillon* kann gut fechten?«[423] Dieses Mal blieb ich ihm die

---

[420] Der Prinz von Wales. Übers.

[421] Assemblee, Gesellschaft.

[422] Vexé.

[423] Diese Frage war eine Beziehung auf einen lebhaften Wortwechsel, den ich in Versailles bei Herrn von Sillery mit dem Herzoge von Aiguillon gehabt hatte, als dieser sich einst über die Königin mit giftiger Unanständigkeit ausließ. Ich war wahrlich nicht bezahlt, mich ihrer anzunehmen; allein, es gibt Pflichten, welche man nie mit feurigerem Eifer übt, als wenn man ihrer enthoben zu sein scheint. So ging es mir, ich legte in meine Schutzrede alles Feuer der Jugend, alle Lebendigkeit des Eifers. Sillery war Zeuge,

Antwort nicht schuldig. Schnell versetzte ich: »Monseigneur, fechten Sie auch?« – Er verlor die Fassung, erblasste; denn bei ihm war Blässe, wie bei anderen die Röte, das Zeichen, dass er sich schäme. Er wendete sich von mir zu einem anderen. Seitdem hat er kein Wort mit mir gesprochen.

Er ist zwar weitergegangen und hat mich, als ich wieder nach Paris kam – auf die Seite schaffen wollen[424]. Doch das hat mich nicht abgehalten, ihm bis auf den letzten Augenblick alle Gerechtigkeit, die er verdiente, widerfahren zu lassen.

Man hat von dem Herzog gesagt und man wird von ihm sagen, er sei ein Ungeheuer gewesen. Allgemein und im Ganzen genommen, lässt sich dieser Satz behaupten; will man aber auch einzelne Tatsachen, abgerissene Teile seines Lebens in Anschlag bringen, so ist der Ausdruck *Ungeheuer* einer näheren Bestimmung und mancher Einschränkung und Milderung fähig. Sein angeborener Charakter war – mit Metallen verglichen – geschmeidig, dehnbar, biegsam; er fügte sich in alle Verbrechen, war aber auch für einige Tugenden empfänglich; es war ein leichtes, ihn fortzureißen und zu überreden, weil sein Verstand beschränkt war und dem wenigen, was er davon besaß, ein Anstrich von Leichtgläubigkeit anklebte. Was ihm an angeborenen Mitteln und Fähigkeiten abging, ersetzte er durch einen ausgesuchten Geschmack und durch eine rasche und leichte Gabe zu scherzen, die mit dem schlechten Gehalt seiner Sitten nichts gemein hatte. Mit einer übermäßigen Eigenliebe ausgestattet, an welche sich ein noch größerer Leichtsinn anschloss, beging er tausend kleine, schlechte und niedrige Streiche, vor welchen ihn eben diese, dem Stolze so nahe verschwisterte Eigenliebe, hätte bewahren sollen; und da er überdies bei der stirn- und schamlosesten Dreistigkeit zugleich schüchtern und blöde war, so war es ihm nicht gegeben, wenn er sich einmal verirrt hatte, umzukehren und den rechten Weg wiederzufinden. Dabei ließ er sich von zwei Hauptleidenschaften seines Charakters, von *Empfindlichkeit* und *Rachsucht*, beherrschen und zu allen Verbrechen,

---

mein Betragen rührte ihn, er legte sich ins Mittel und beschwor beide Teile, nicht weiter zu gehen. Einige Zeit nachher sagte mir der Herzog von Orleans: »Ich habe von Ihnen gehört, Graf Tilly, warum spielen Sie den Don Quixote?« – Meine Antwort war: »Ich kann den Herzog von Aiguillon nicht hindern, etwas zu sagen oder zu tun, was der Ehre zuwider ist, aber ich will nicht, dass er mich zum Vertrauten seiner Gesinnungen mache, in der Meinung und Absicht, dass ich sie teile.« *Verf.*

[424] Me faire assassiner.

wozu man ihm riet, verleiten. Er beging sie zwar ohne Reue, aber auch ohne entschiedene Neigung[425] und, wie ich es schon oben gesagt zu haben glaube, wenn er auch nicht vor dem Verbrechen zurückscheute, so machte es ihm doch Missbehagen[426]. Das lässt sich umso leichter erklären, da der Schlamm, in welchem er seine letzten zwei bis drei Lebensjahre zubrachte und von dem er sich in Strömen Champagner zu reinigen suchte, mit der Prinzen-Eitelkeit, die er in nicht geringem Maße besaß, im Widerspruch stand. Was ihm am Stolze des Mannes, des Menschen, abging, bestrebte er sich durch diese Eitelkeit zu ersetzen, so oft er sich berufen glaubte, Bedeutung auf etwas zu legen – er, in dessen Augen an und für sich *nichts* in der Welt Bedeutung hatte.

Ehe ich weitergehe, will ich diesen Zug seines Charakters mit einigen Pinselstrichen – d. i. Belegen – schärfer angeben.

Einer meiner Bekannten, bei welchem der Herzog versprochen hatte zu speisen, erinnerte ihn an sein Versprechen. – »Wollen mir Monseigneur die Ehre erzeigen, morgen bei mir zu speisen?« – »Nein, mein Herr, nicht morgen; es würde mir nicht unlieb sein, wenn Sie etwas mehr Umstände mit mir machten; ich gebe Ihnen drei Tage Frist.« – Ein andermal, als er bei *Du Dresnays* spielte und mit guter Art verlor – denn nur, wenn er gewann, war er ein unausstehlicher Spieler – bot ihm jemand von der runden Tafel ein pari de traverse[427] von hundert Louis an: »Wann ich werde wetten wollen, will ich es Ihnen schon sagen.« – »Monseigneur«, wurde erwidert, »alsdann werde ich vielleicht nicht mehr Lust haben.« – Nach einem langen Gelage ereignete sich's, dass der mehr als halbtrunkene Herzog von *Fronsac* ihn duzte (ein Unsinn, eine Unmöglichkeit, wenn er kaltblütig und seiner Sinne mächtig gewesen wäre!). Der Fürst, den dieses *du* plötzlich wieder nüchtern gemacht hatte, sagte zu ihm: »Herr Herzog, man nennt uns bei Hofe ein Paar Freunde; machen Sie nicht, dass man uns ein Paar Narren nenne!« Es war fein von ihm, sich selbst ein Beiwort zu geben, welches nur auf den andern gehen sollte. – Einst, als er in Paris oder auf dem Landgut *les Ormes* bei Herrn *Le Voyer* war, kam das Gespräch auf den Zwist, der zwischen dem Prinzen von *Condé* (dem großen *Condé*) und dem Grafen *de Rieux* vorgefallen war. Der Prinz hatte dem andern einen Schlag versetzt und dieser

---

[425]   Ils le gênaient.

[426]   De mauvaise grâce.

[427]   Eine außerordentliche Wette, bei Spielen, wo das Parieren nicht gewöhnlich ist. *Übers.*

hatte dem Sieger von Freiburg, von Nördlingen, von Lenz seinen Teller an den Kopf geworfen. Der Prinz ward auf einige Zeit nach Chantilly verwiesen und Herr *von Rieux* wurde auf einige Tage nach der Bastille geschickt. Des Herrn *Le Voyer* Meinung lief darauf hinaus, dass sich beide, dem Verbote des Königs zuwider, hätten schlagen sollen. – »Was denken Sie davon?«, fragte er den Herzog. – »Ich mag in einer Sache, die mir *nie* begegnen wird, keine Meinung haben.« Der Graf von *Lauraguais*, welcher zugegen war, hat mir diese Anekdote erzählt. – Ich schließe mit folgender, denn ich könnte noch eine Menge anführen: Ihm begegnet auf der großen Stiege des Palais-Royal ein schlichter Ludwigsritter. Der Herzog war ohne Gefolge. Jener tritt auf ihn zu: – »Ich glaube, die Ehre zu haben, mit Seiner Hoheit dem Herzoge von *Orleans* zu sprechen.« – »Und ich, ich glaube nicht«, erwiderte dieser, »dass Sie es glauben.«

Eine falsche Urteilskraft, wie man sie bei ihm fand und ein Herz, welches nur selten sich kundgab, machten es anderen leicht, ihn zu überreden, nach seinen ersten revolutionären Fehlschritten sei für ihn keine Verzeihung zu hoffen. Er, dessen Rachsucht keinen Ruhepunkt kannte, musste sich einbilden, die Rache des Hofes sei ebenfalls schonungslos. *Mirabeau*, der einen Augenblick die Absicht hatte, ihn, wo nicht auf den Thron zu erheben, doch zum General-Statthalter[428] des Reiches zu machen und unter ihm zu regieren, unterhielt absichtlich und angelegentlich diese Besorgnis. Man verleitete ihn zu allen Verbrechern, unter der Vorspiegelung, jedes werde das letzte sein und ihn von allen übrigen reinigen und freisprechen.

Der Herzog war ein Philosoph im uneigentlichen und gefährlichsten Sinne; er achtete nichts auf der Welt, nicht einmal das Leben,[429] welches man ihn mit Unrecht beschuldigt hat, übermäßig geliebt zu haben; nicht einmal das Geld, welches er auf die unzarteste Weise zusammenscharrte, um es ohne Sinn und Verstand zu verschwenden. Laster und Tugend waren ihm gleich, Verachtung und Ehre bare Undinge und alle menschlichen Handlungen gleichgültig. Nur die materiellen Lebensgenüsse hatten Wert für ihn; sie waren die einzige metaphysische Gewissheit, die er sich aus allem, was uns in dieser Welt begegnet und was man in jener

---

[428] Lieutenant-général.

[429] Er starb mit einem falschen Schluss und einem Bonmot. Als ihm der Henker die Stiefel abziehen wollte, sprach er zu ihm: »Lass' sie mir an, du wirst sie leichter von den toten Beinen abstreifen können.«

hofft, abstrahiert hatte; seine physische Beschaffenheit war von der Art, dass ihn das Vergnügen eher sättigte als ermüdete. *Gall* würde über ihn geurteilt haben, er besitze das Organ niedriger Schwelgerei[430], aber keineswegs das Umwälzungsorgan; und mit Recht: Denn jenes hatte ihm die Natur gegeben, die Lust zu diesem war ihm von denen, welche ihn beherrschten, eingeimpft worden. Dadurch, dass er so tief gesunken war[431] zu erklären: »Die öffentliche Meinung gelte ihm keinen kleinen Taler«, fand man sich veranlasst, von ihm zu urteilen, er selbst habe das Maß und den Tarif seines eigenen Wertes und Gehaltes angegeben. Die Nachwelt wird freilich das Recht haben, ihn zu den abscheulichsten Bösewichtern zu rechnen; diejenigen aber, die näher um ihn und Zeugen gewesen sind, dass er ein guter Vater, ein guter Gatte (bis auf den Punkt der ehelichen Treue), ein milder, nachsichtiger Herr, der nie jemandem etwas schlechthin abschlagen konnte, ein leidenschaftlicher Freund des Privatlebens war, werden ihn nicht so streng verdammen und nur von ihm sagen: Er war unmoralisch und charakterlos. Sie werden vielleicht hinzusetzen: Weniger Strenge vonseiten des Hofes und des Publikums, eine bessere Erziehung, gute Ratgeber würden ihm die Maske eines Ehrenmannes und den Ruf eines gefälligen, liebenswürdigen Prinzen erworben haben. Für ihn, den ersten aller Badauds im ganzen Sinn und Umfange des Wortes, muss seine eigene Verhaftung, sein Gefängnis, das revolutionäre Blutgericht, sein Verhör, sein Zug durch die Pariser Straßen, ja selbst das Schafott und seine Hinrichtung ein wahres *Schauspiel* gewesen sein. Er hatte so viel Köpfe und namentlich das heiligste Haupt fallen gesehen; er hatte in der neu eingeführten Guillotine einen Zeitvertrieb für die Neugierde gefunden; ebenso wird er auch die Vorrichtungen zu seinem Tode betrachtet und sich sozusagen selbst *sterben gesehen* haben.

Ich habe mich vielleicht zu lange bei diesem Prinzen aufgehalten. Meine Entschuldigung ist: »Ohne ihn – der sie doch nicht gemacht hat – wäre keine Revolution gewesen.« Nach Herrn *Necker* fällt die schwerste Schuld und Verantwortlichkeit auf den Herzog von *Orleans*.

Der Herzog von *Luxembourg*, derselbe, welcher in der ersten Versammlung der Reichsstände beim Adel den Vorsitz geführt und, nachdem er sich anfänglich der Vereinigung der drei Ordnungen aus allen

---

[430] L'organe de la crapule.

[431] Le mauvais goût.

Kreisen widersetzt, Frankreich verlassen hatte, befand sich in London. Er verband mit mehr Geist, als ihm allgemein zugeschrieben worden ist, einen liebenswürdigen, einnehmenden Charakter. Viele waren der Meinung, er würde sich zur Partei der Neuerer schlagen. Seine stürmische Jugend, als er noch Marquis *de Royan* war, die Strenge und Ungerechtigkeit seines Vaters und die daraus entstandene Spaltung zwischen Vater und Sohn hatten ungünstige Vorurteile gegen ihn erregt und vermuten lassen, er werde seiner Leidenschaft freien Lauf geben. Er ließ die Leute nicht lange in Ungewissheit. Gleichwohl habe ich häufig sagen gehört, er habe sich zu sehr beeilt, die Hofpartei zu verlassen; seine schnelle Abreise (hieß es) sei eine Folge des Kleinmuts und der Übereilung gewesen. Doch so pflegen diejenigen immer zu urteilen, welchen jede Gelegenheit zu einem Vorwurfe willkommen ist. Ich denke nicht so. Die Nachgiebigkeit, mit welcher er sich in den Willen des Königs fügte, der nicht *sein* Wille war, verleitete ihn zu einem Schritte, dem er anfangs aus allen Kräften widerstanden hatte. In einer langen Unterredung mit *Ludwig* XVI. war die Rede von der Vereinigung der drei Stände gewesen; der Herzog hatte mit siegenden, überwiegenden Gründen die Gefahr der Maßregel auseinandergesetzt; er hatte dargetan, dass eben dadurch das königliche Ansehen ohne Gewähr, Schutz und Sicherheit bliebe und die Volksmacht ohne Schranken und Gegengewicht herrschen würde. *Ludwig* XVI., der zu klar sah und zu richtig dachte, um das volle Gewicht dieser Gründe nicht einzusehen, ließ sich dennoch nicht bewegen, ihnen Eingang zu gestatten. Schon gewohnt, in allen Punkten einer Revolution sich nachgiebig zu zeigen, die es darauf angelegt hatte, ihm Krone und Leben zu rauben, hieß er seine Vernunft und sein Interesse schweigen, sobald er glaubte, es der Liebe zu dem, was in seinen Augen »das öffentliche Wohl« war, zum Opfer bringen zu müssen. Der König befahl. Der Herzog, ein treuer Untertan, gehorchte. Dazu kam noch, dass der Graf von *Artois* aus Besorgnis für die Ruhe seines erhabenen Bruders an den Adelstand ein bewegliches Schreiben erließ, welches allem Schwanken der Unentschlossenheit ein Ende machte. Die Pflicht des Untertans war nun erfüllt. Der Herzog von *Luxembourg* brachte seinem Gebieter das Opfer seiner persönlichen Meinung und fügte sich in eine Maßregel, welche sein Verstand, sein Herz und sein Gewissen verwarfen. Wer war berechtigt, *mehr* von ihm zu erwarten? Wer durfte verlangen, dass er durch seine Gegenwart – ja noch mehr, durch seine Handlungen – Schritte und Einrichtungen, die er getadelt hatte, und ein System, welches er mit ganzer Seele und mit allen Kräften seiner Vernunft von sich stieß, *feierlich* annähme[432]? Er zog es vor, sich in eine ruhige Abgeschiedenheit zurückzuziehen und nicht länger auf einem großen Schauplatz zu verweilen, wo er nicht abgeneigt gewesen wäre, wie so viel andere, eine Rolle zu spielen, hätte er nicht frühzeitig die Stimmung der Gemüter ergründet und eingesehen, dass diese Rolle eine undankbare gewesen sein würde. Er blieb folgerecht und sein Benehmen macht seinen edlen Gesinnungen Ehre. Ich habe ihn selbst die hier angeführten Gründe entwickeln gehört, und zwar nicht erst späterhin, sondern gleich im Anfange, ohne Prahlerei und Laune, sodass diejenigen, welche seine Entfernung aus Frankreich der Furcht zugeschrieben haben, in derselben das Lob seines Scharfsinns hätten finden können. Ich werde es nie vergessen, dass ich zum ersten Male bei ihm den berühmten *Burke*[433] gesehen und gehört habe, zu dessen näherer Bekanntschaft Herr *von Calonne* mir verhelfen hatte. *Burke,* dieser alte Verfechter der Opposition, war von ihr abgesprungen, sobald er in der Opposition selbst Gefahr für den Staat ahnte. Sein Abfall erregte Erstaunen bei einigen, führte andere zu gemäßigteren Grundsätzen zurück, sammelte viele näher um den Thron, mehr noch durch sein Beispiel als durch seine Behauptungen in den Parlamentsreden: »Man müsse sich der obersten Gewalt fest anschließen.« Es ist allgemein bekannt, dass keine der Entwicklungen und Folgen der Französischen Revolution in ihrem Entstehen seinem Späherblick entgangen sind und dass, wenn sich in seiner beredten Schrift einige Übertreibungen befinden, die ein deklamatorischer Vortrag noch mehr hervortreten lässt, dieses Buch dennoch für die unfehlbare Weissa-

---

[432] Sanctionner.

[433] Ich habe an einem anderen Orte den Ausdruck meiner persönlichen Erkenntlichkeit über den rührenden Empfang drucken lassen, welchen ich nach den Gräueln vom 10. August 1792 bei Burke fand, und über alles, was er mir damals aus der Fülle seiner Gefühle von seiner Teilnahme an dem Unglück meines Vaterlandes sagte. Sein Herz war so edel wie sein Talent ausgezeichnet und selten. Ohne je aufhören zu können, ein wahrer Engländer zu sein, ließ er der französischen Nation volle Gerechtigkeit widerfahren. Er schätzte sie, weil er sie kannte; er schätzte ihre Literatur, ihre Ansprüche auf Ruhm, ihre Künste. Späterhin, als er sich überzeugt hatte, dass ich Englisch genug verstand, machte er mir in Gegenwart des Herrn von Calonne den Antrag, sein Werk über die Revolution zu übersetzen, welches umso mehr einer Übersetzung bedurfte, da schon eine solche erschienen war. Ich lehnte es aus Gründen ab, die ich ihm nicht auseinandersetzen konnte; vollends nicht den, dass eine gute Übersetzung der Ehre wenig, eine schlechte aber noch weniger als Ehre einbringt. (*Verf.*)

gung eines Staatsmannes, für den Beweis eines schönen Enthusiasmus und für das Denkmal eines edlen Talents gelten kann. *Burkes* Unterhaltung war vielleicht noch wärmer[434], noch gediegener, noch gedrängter[435]. Er fand viel Vergnügen daran, von seinem politischen Leben zu erzählen und sein Gespräch mit dem Feuer seiner öffentlich gehaltenen Reden zu beleben und zu würzen.[436] Er urteilte über die Zukunft mithilfe des Probiersteins der Vergangenheit; ein enthusiastischer Verehrer der englischen Konstitution, entgingen ihm zwar in derselben die Flecken nicht, die der menschlichen Schwäche ankleben, aber nichtsdestoweniger sah er sie als das Palladium der Freiheiten einer großen Nation an. Schon im Jahre 1790 hörte ich ihn (wie ich hiermit feierlich versichere) die Französische Revolution auf zwei Hypothesen zurückführen und ein Räsonnement auf sie anwenden, welches sie ganz so aufdeckte, wie sie sich bis zum Jahre 1800 entwickelt hat. Alles, alles hatte er vorausgesehen, nur die Riesengestalt des Mannes nicht, der sie abschließen sollte[437].– Damals noch ein fünfundzwanzigjähriger Jüngling, hörte ich ihm gelehrig zu, und mithilfe seiner Vorträge und meines Nachdenkens bildete ich mich in einer Schule, welche mir wenigstens das Staunen über unerwartete Ereignisse erspart hat.

Der Herzog *von Luxembourg* vermied, ohne es auffallend zu machen, den Herzog *von Orleans*, den er verachtete, und lebte in gespanntem Verhältnisse mit dem französischen Botschafter, den er nicht achtete und von dem er gehasst wurde. Dieser, der Graf *de la Luzerne*, war ein Bruder des Marineministers dieses Namens; ihre Grundsätze wichen ganz voneinander ab. Es musste befremden, dass der Hof einen so unfähigen Mann zu einem Posten ernannt hatte, der einen sehr gewandten erforderte, um den vorigen Glanz und die vorige Wichtigkeit wieder zu erlangen. Der Graf war in physischer und moralischer Hinsicht ein verschrobener, linkischer Mensch, von einem so beschränkten Verstande,

---

[434] Plus chaleureuse.

[435] Plus pleine.

[436] Unter den vielen Stellen und Fragmenten, worin sich seine Beredsamkeit entwickelte, erinnere ich mich besonders an den Eingang einer Wahlrede in Bath oder Bristol, als einer der Kandidaten plötzlich gestorben war: »The unexpected event of this day teaches us feelingly, what shadows we are, and what shadows we pursue, usw.« (Das unerwartete Ereignis dieses Tages lehrt uns fühlbar, welche Schatten wir sind und welchen Schatten wir nachjagen).

[437] Qui fermerait la caverne.

dass sein Ehrgeiz nichts zu seiner Beförderung beigetragen hatte und seine Beförderung nicht dazu diente, seinen Ehrgeiz zu wecken. Er befolgte in tiefster Unterwürfigkeit den Gang und die Vorschriften der Assemblée Constituante, glich jede Sottise, die er begangen, mit einer Niederträchtigkeit aus, hatte sich für die *Monarchie* erklärt, war aber jeden Augenblick bereit, sie umstürzen zu helfen. Sein erster Gesandtschaftsposten war bei den Vereinigten Staaten von Amerika gewesen (beiläufig nicht eben der geradeste, schicklichste Weg nach London). Was er dort gesehen und gehört hatte, war schlecht aufgefasst und noch schlechter verdaut worden. Er benahm sich unbedeutend und schwankend; nächst *sich* war der König von Frankreich die Person, welche er am meisten dem Tadel bloßstellte. Nur in einem einzigen Punkte ging er offen zu Werke; in seiner verliebten Narrheit zu einer gewissen Frau von *Saint A...*, einer abgefeimten Kokette, der Mätresse des Lord Ch... Sie benahm sich ebenfalls offen und ohne Hehl gegen ihn, spottete seiner, lachte über seine Liebe, eine Liebe, die ihn noch hässlicher machte, als er von Natur war. Mehr sich auf den Wunsch beschränkend, seine Stelle zu behalten, als auf die Mittel bedacht, sich in derselben zu behaupten, musste er sie abgeben, nachdem er einen von den tausend Eiden geleistet hatte, die man damals denen auferlegte, von welchen man gewiss war, dass sie keinen einzigen halten würden. Doch hatte der kurzsichtige Mann seine Abberufung ebenso wenig vorausgesehen als seinen Tod, welcher kurze Zeit nachher erfolgte. Wie oft hat der Herzog von *Luxembourg* Vergnügen gefunden, ihn mit Theorien des Despotismus zu quälen, denen er nichts entgegensetzen konnte als *zwei Kammern und das Gegengewicht der Gewalten*; denn darin bestand seine ganze Verteidigungstaktik; eine lakonische Wiederholung der hier unterstrichenen Zeile war alles, was er hervorbrachte, denn es ist nicht jedem gegeben, mit einigem Anschein von Vernunft zu deräsonnieren. Ihr guten Leute, ihr strittet euch in offener See über die beste Bauart eines Schiffes, ohne zu bemerken, dass das eurige leck geworden und auf Klippen geraten war![438]

---

[438] Es hat in allen französischen Nationalversammlungen keine Männer gegeben, welche sich an Patriotismus und Tugend einem Algernon Sidney, einem Hambden in England an die Seite stellen dürften; und doch haben sich beide, als Umbildner ihrer Regierungen, den schwersten Vorwürfen ausgesetzt und vor dem Richterstuhl der Geschichte nicht Gnade gefunden. Der Erste hat sich des Undanks schuldig gemacht, nachdem ihm von der königlichen Huld die ersten Versuche verziehen worden, und hat sich in

Der Gesellschaftssaal des Grafen *de la Luzerne* war zum Kampfplatz von Scharmützeln dieser Art geworden. Selbst Frauen nahmen Anteil an den Fehden und leichten Gehalts, wie die Gegenstände selbst, schnatterten sie zwischendrein. Da war zum Beispiel eine Herzogin von *Laval*, rot wie ein Streithahn, herbe wie ein unreifer Holzapfel, wütend über ein herannahendes Alter, welches sich nicht – wegstreiten lassen wollte, noch wütender, dass sie nie hübsch gewesen, obschon sie sich immer hatte den Hof machen lassen. Da war eine Frau von *Ossun*, Schwester eines der älteren Liebhaber – d. h. der sogenannten Liebhaber – der Herzogin, der es nur gewesen war, um von ihrem Kredit und Vermögen Vorteil zu haben. Diese Frau von *Ossun* war interessant auf der Schönheitsgrenze, eine sentimentale Blondine, die sich die Last eines tugendhaften Rufes aufgebürdet hatte und sie nun tragen musste. Sie war an einen wackeren, achtungswerten Mann vermählt, dem *Ludwig XVI.*, der sich zu allen rechtlichen Männern hingezogen fühlte, mit Recht gewogen war. Er sollte den Grafen von *Ségur* als Gesandten in Russland ersetzen. Da war eine kleine Gräfin *de la Luzerne*, geborene Mon..., ein bissiges, borstiges Eichkätzchen, dem man die Nüsse weggenommen hat. – Doch vor allen diesen Damen hätte Herr von B... genannt werden sollen, der sich wenig oder gar nicht hingab, sondern kalt, zurückhaltend, zugeknöpft wie ein Premierminister, das Geheimnis seiner künftigen Schicksale im Busen zu tragen schien. Er war die Providenz des Hauses.

Es fehlte mir nicht, wie man sieht, in dieser Gesellschaft an einem weiten Felde zu Betrachtungen und Beobachtungen aller Art. Nur ließ sich meine feurige leidenschaftliche Jugend nicht daran genügen und verlangte nach anderer Kost. Sie wurde mir gereicht. Ich machte die Bekanntschaft der Mistress *Pove*, einer Frau, welche sich ebenso sehr durch ihren Charakter als durch ihre Schönheit auszeichnete und deren Geschichte und Lebensereignisse so sonderbar sind, dass sie in einem Roman keine unbedeutende Stelle einnehmen würden. Sie stammte aus einer achtbaren Familie. Ein Edelmann aus der Grafschaft Kent sah sie und entbrannte in Liebe, stellte ihr nach und erfuhr, dass sie eine Reise

---

neue Umtriebe gegen den Hof gestürzt. Es ist nicht genug zu sagen: »Ich bin ein guter Republikaner im Herzen.« – »Willst du Republikaner sein, so verlasse den monarchischen Staat und ziehe nach Ragusa.« Hambden, minder schuldig und höher begabt, kann gleichwohl bei allen Eigenschaften, des Privatmannes, welche ihm Achtung und Bewunderung im Privatleben verdienen, auf den Namen und Ruhm eines guten Staatsbürgers keinen Anspruch machen. (*Verf.*)

vorhabe, um ihre Mutter und Schwester nach Canterbury zu begleiten. Drei Frauen auf der Landstraße in einer Postchaise sind keines langen Widerstandes fähig, zumal wenn, wie es hier der Fall war, der Führer im Voraus gewonnen ist. Gegen Abend werden unsere Damen von ein paar Männern, die sie für Straßenräuber (highwaymen) halten, überfallen – in England etwas so Gewöhnliches, dass es fast nicht auffällt, zumal da die den Engländern angeborene Menschlichkeit und ihr natürlicher Abscheu vor Blutvergießen dergleichen Auftritte selten oder nie zu Mordszenen macht. Gleichwohl sind diese alltäglichen Überfälle, Straßenräubereien und gewaltsame Plünderungen keineswegs angenehm, veranlassen ein augenblickliches Erschrecken und machen einem Lande, welches sich einer so vorzüglichen Verfassung rühmt, wenig Ehre. Ohne mich aber auf die Polizeiordnung von England einzulassen, erzähle ich weiter. Man ließ die zitternden Damen aussteigen, trennte sie voneinander, und in der entstandenen Verwirrung wurde *Cäcilie* rasch abgeführt, in eine unweit wartende Chaise gehoben und mit Blitzesschnelle nach Devonshire gebracht. Nachdem sie hier einige Monate eingeschlossen, allen Verfolgungen und Drohungen eines Mannes ausgesetzt war, dessen Liebe sie standhaft zurückwies, ermüdete er endlich in dem Kampfe, ging mit ihr nach Irland, beschenkte sie reichlich, setzte sie in Freiheit, verließ sie und reiste nach Italien. So hat sie es mir wenigstens erzählt. Nur hat mir manches in ihrer Erzählung nicht ganz einleuchten wollen. Im Gegenteil. Ich fand Grund mich zu überzeugen, dass sie, an ihr Sklavenjoch und an ihren Tyrannen gewöhnt, jenes immer leichter gefunden, diesem immer mehr seine Behandlung verziehen haben muss. Lebte sie doch in einem Lande, wo sich das schöne Geschlecht nicht so leicht einschüchtern lässt, wo man nicht aus Furcht schweigen darf, wo die Gesetze gegen Verfolgung und Unterdrückung Schutz gewähren! – Ein irländischer Pair ward ihr zweiter Liebhaber (sie verzeihe mir, wenn ich ihren Entführer, ihren Tyrannen, als den *ersten* zähle). Nach einem Schritt, zu welchem sie gezwungen worden war, schien ihr ein freiwilliger ganz natürlich. Lord D... war ein ganz großer Verehrer *Shakespeares*; der Geschmack an Deklamation war bei ihm zur Leidenschaft geworden. Er beschwerte das Gedächtnis der jungen *Cäcilie* mit den Hauptstellen aus seinem Lieblingsdichter, entwickelte ihr Organ, bildete ihre Haltung aus, gab beiden einen Theateranstrich, der ihr in der Folge anklebte und sie der Natürlichkeit beraubte – das Einzige, was dieser schönen, herrlichen Gestalt abging! – Lord D..., der Shakespearianer, hatte einen Neffen, einen sehr hübschen Neffen, der wenig Gedichte las, noch weniger sie auswendig lernte, gar keine machte, der aber zwanzig Jahre zählte und das glückliche Alter erreicht hatte, wo man, selbst ohne Verstand, zu allem geschickt ist und in gewissen Augen immer Verstand zu haben scheint. Er spielte seinem Herrn Oheim den Streich, ihm an einem frühen Morgen seine treulose Schülerin und Geliebte zu entführen. Um sich dabei folgerecht zu benehmen, machte er die Quasitante zur Nichte und zur Mutter, ging mit ihr ein wenig in die weite Welt, brachte sie nach London, wo sie Wochen hielt, während er in Temple Bar die Rechte studierte. Ein Sohn, mit dem sie ihn beschenkte, schien das Band ihrer Liebe mehr zu lockern als zu befestigen. Für Herrn *Pove* (so hieß der saubere Neffe und Entführer) hatte der Trieb, Vater zu werden, größeren Reiz als die Freude, es geworden zu sein. Er versuchte sein Heil an mehreren Schönen; sie wurden für den Augenblick seine Gattinnen und Mütter für das Leben. *Cäcilie* hatte Augen und Verstand. Sie ergriff die gute Partei, zankte und schmollte nicht; rächte sich aber und übte Wiedervergeltungsrecht. Nichts bringt eine Frau so weit als eine anfängliche gewaltsame Entführung. Sie ging noch weiter als ihr Vorbild, verließ ihn und warf sich einem mächtigen Manne in die Arme, welcher alles für ihr Glück tun konnte und es auch getan haben würde, wäre die Leichtsinnige nicht plötzlich zu ihrem Rechtsbeflissenen zurückgekehrt, welchen ihr, dem Anscheine nach, die Trennung teurer gemacht hatte. Ihr Feuer mochte sich aber schon wieder in der Ruhe und Einförmigkeit des alltäglichen Lebens abgekühlt haben, als ich das Paar bei Herrn von C..., ehemals Obersten in der irländischen Brigade in Frankreich, antraf, von dem wir zufällig zusammen eingeladen waren. Ich betrachtete die Dame lange und genau; die Folge davon war, dass ich ihr erklärte: Ich *würde* sie lieben. Sie gab mir die Versicherung, dieses Gefühl erwidern zu wollen. Acht bis zehn Tage später besiegelte sie das Versprechen mit dem Munde und kurz nachher mit ihrer Liebe. Wir führten zusammen ein lebhaftes Schäferspiel auf; nur kein solches, wie Asträa am Ufer des Lignon[439] im Bilde darstellt. Sie brachte täglich sechs Stunden bei mir zu, ohne die außerordentlichen mitzuzählen. Herr *Pove*, welcher seine Zeit in den Beschäftigungen von Temple Bar, in Trinkgelagen und Spielhäu-

[439] L'Astrée von Honoré d'Urfé, ein Schäferroman, welcher in der ersten Hälfte des 17. Jahrhunderts außerordentliches Glück gemacht hat. Er schildert die platonische Liebe auf dem Lande. Der Schauplatz ist der Fluss Lignon in Auvergne. Der Verfasser sagt: Les bergers du Lignon n'y fesaient oeuvre. (*Übers.*)

sern verlebte, merkte spät Unrat, und als er ihn merkte, gab er der Sache eine sonderbare Wendung, die mir aber nichts weniger als lustig vorkam. Es war ein verzweifelt origineller Scherz, mehr ernst als komisch, und besonders für mich gar unleidlich. Herr *Pove* erzeigte mir nämlich die Ehre, mir ein lebendiges Geschenk mit einem kleinen Nachkommen zu machen und schickte mir zugleich ein Kind und ein Billett. Das Kind schrie aus vollem Halse, das Billett sagte weiter nichts, als dass es recht und billig sei, Baum und Frucht, Mutter und Sohn nicht zu trennen, und dass er mir folglich sehr verbunden sein würde, wenn ich beides auf mich nehmen wollte. In meinen Augen war der Mann verrückt geworden. Ich bewog die Dame, die ich ihn so oft mit dem Namen seiner Gemahlin hatte beehren gehört, ihren kleinen Astyanax auf den Arm zu nehmen und sich zu Hektor zu verfügen, um seinen Gemütszustand näher zu untersuchen. Sie tat es, und nun bestand ich darauf, dass sie diesen Rabenvater mit den tollen Einfällen nicht einen Augenblick aus den Augen lassen dürfe. Sie befolgte eine Zeit lang meinen Rat, aber ihre Unbeständigkeit führte sie bald einem *ersten Helden* einer herumziehenden Schauspielergesellschaft[440] in die Arme, der als *Romeo* auf dem Theater von Drury Lane oder Covent Garden ihr Herz gewonnen hatte. Sie ward seine *Julia*, folgte ihm – auf die Bühne, spielte die Rollen der Mistress *Siddons*, doch ohne jene vergessen zu machen. Desto mehr gefiel sie einem Baronett, der, von ihren Reizen bezaubert, ihr sein Herz anbot, sie verwarf es – seine Reichtümer, sie verschmähte sie – endlich Namen, Titel und Hand, sie geruhte, sie anzunehmen. Sie hat sich seitdem als respektable Gattin vorwurfsfrei betragen, weil ihr das Gegenteil unmöglich gemacht wurde, denn ihr Herr Gemahl spielt den tragischen Tyrannen mit ihr und hält sie neun Monate im Jahre in seinem Schlosse gefangen, welches zwar kein verzaubertes, wohl aber *für sie ein verwünschtes* ist.

Für ein großes Talent ist die Ruhe ein Grab.

Wie kommt es, dass Eheverbindungen mit Schauspielerinnen in Frankreich so selten, in England nichts weniger als selten sind? Sollten folgende zwei Gründe nicht zur Erklärung und Beantwortung der Frage genügen? In England wird auf das Ungefähr der Geburt und auf Missheiraten kein großes Gewicht gelegt. In England ist man beim Abschluss einer Ehe mehr darauf bedacht, was die Frau *künftig* sein soll, als darauf,

---

440 A strolling player.

was sie *vorher* gewesen ist. Beide Gründe lassen sich hören und verteidigen, obschon es hier nicht so sehr die Sache des Vorurteils als des Gefühls und Zartgefühls ist. Ich gestehe für mein Teil: So gern ich mir erlauben würde, die Frau meines Nachbars zur Untreue zu verleiten, so sehr würde ich wünschen, dass die meinige mit jungfräulicher Keuschheit mein Ehebett beträte und es als Gattin nie befleckte. Ich gestehe ferner, dass ich von zwei Übeln das kleinste wählen würde, und dieses kleinste ist in meinen Augen – eine Frau, welche sich *nach* der Ehe schlecht aufführt. In dieser Hypothese sind ihre Fehler von meinem Willen unabhängig; ich konnte sie nicht voraussehen, sie hat mich betrogen. Im andern Fall habe ich alles gewusst, sie hat mich nicht betrogen, ich aber habe vorsätzlicher- und mutwilligerweise mich mit ihrer Schande vermählt, mich über alles hinweggesetzt, der öffentlichen Meinung getrotzt und der begründeten Furcht vor der Zukunft nicht geachtet. Wer könnte wohl über den Hagestolzen den Stab brechen? Wer könnte den ehelosen Stand verrufen, der uns allein vor diesem Wechselfall und vor den Gefahren dieser wichtigen Lebensfrage schützt? Aber ach, diesem Stande stehen von anderen Seiten andere Gefahren bevor, andere Waffen sind gegen ihn gerichtet, und auch selbst wenn die politische Verfassung der Gesellschaft ihm nicht den Krieg erklärte, würden es Wahrheit und Erfahrung tun und sprechen: »Der ehelose Stand macht das Leben leer und schwer und den Tod bitter.« – Ihr Männer, Spielwerke der Frauen, ihr großen Kinder, lasst euch lieber in der *Jugend* von ihnen betören, damit ihr im *Alter* den Trost ihrer Pflege genießt! Ihre Stimme ist dann nicht mehr trügerisch, wenn ihr Haar gebleicht ist, ihre schwachen Hände sind noch immer hilfreich und wohltätig. Naht der Tod, so drückt die Last der Jahre den Mann ganz danieder, die Frau hat weniger Kräfte verschwendet und ausgegeben, fühlt sich weniger schwach und hinfällig, und am Ende der gemeinschaftlichen Lebensreise bietet sie ihrem Gefährten den sterbenden Arm zur Unterstützung, um an das Grab zu gelangen.

Ja, ich will wieder heiraten![441]

Ein zweiter Punkt, worin sich die Engländer unstreitig verständiger und weiser zeigen als die Franzosen, ist die äußere Lebensweise ihrer

---

[441] Der Verfasser, der dieses im Jahre 1804 oder 1805 schrieb, hatte 1799 in Nordamerika ein Ehebündnis geschlossen und wieder aufgelöst. Er hat sich aber seitdem nicht wieder vermählt. (*Übers.*)

Lustdirnen. In London trägt kein öffentliches Mädchen den Luxus zur Schau, der in Paris so auffallend anstößig und ärgerlich ist. Keine baut ein großes Haus auf Trümmern von zwanzig Häusern und Familien, auf Kosten ebenso vieler Narren und Gimpel, welche – während die Damen, die sie betrogen und gerupft haben, im vergoldeten Schlafgemache ruhen – auf der Straße ihr Lager suchen würden, wenn sie aus Furcht vor ihren Gläubigern diese betreten dürften. Keine englische Lustdirne lässt sich in ihrem Triumphwagen vor die Tür des Schauspielhauses fahren, um dort, mit dem glänzenden Schmucke der Edelsteine reich beladen, sich in der ersten Logenreihe mit diesen schändlichen Siegeszeichen zu brüsten, den öffentlichen Sitten Trotz zu bieten, Familienmütter zu beunruhigen, sich den Söhnen zur Schau zu stellen, um den Töchtern durch ihre Prachtausstellung schweigend zu beweisen, dass es Laster gibt, welche besser bezahlt werden als Unschuld und Tugend. – Zwar kann man in London ebenso gut wie in allen großen Hauptstädten *fertige Liebe kaufen*[442], aber diejenigen, welche sie dort feilbieten, erheben sich nie zu derjenigen Stufe von Reichtum, ich hätte bald gesagt, von Ansehen und Achtung[443], auf welcher ich einige unserer Demoiselles gesehen habe. Die meisten Engländer halten sich an die gewöhnlichen Klassen der gutherzigen Schönen, die nicht viel Umstände machen, schließen mit ihnen einen Vertrag, welcher so lange dauert als das Vergnügen, worauf er sich gründet, schließen selten mit ihnen einen Bund der Treue, heuern sie auf gewisse Zeit und bringen dabei mehr die Gesundheit als die Beständigkeit in Anschlag. Ich habe Engländer von Rang gekannt, deren Geliebte im Hause einer gemeinen Kupplerin wohnte, sie zogen es vor, sie dort zu lassen und zu besuchen, anstatt sie in eigne Zimmer einzumieten und der Gefahr auszusetzen, ihren alten Wegen und Weisen nachzugehen. Kam es mit einigen so weit, dass sie ihre Schöne der Aufsicht der Duegna entzogen, sie in Möbel und Zimmer setzten, sie wohl gar zu sich ins Haus nahmen, so gingen sie bald noch einen Schritt weiter – so war es entweder der feinsten Verführungskunst vonseiten der Dame oder einer geheimen *Sympathie*, einer *Wahlverwandtschaft*, zu-

---

442 Acheter l'amour tout fait. Eine Antwort, die ein Engländer dem König Ludwig XV. gab, als dieser ihn fragte: Ob er nach Paris gekommen sei, pour faire l'amour. Non, Sire, je l'achète tout fait. Die Redensarten faire l'amour (Liebe machen) und acheter l'amour (Liebe kaufen) sind zwar französisch und englisch, aber bis jetzt noch nicht deutsch. (*Übers.*)

443 Considération.

zuschreiben, dass sie den Roman mit einer geheimen oder öffentlichen Ehe schlossen. Dagegen ist es aber auch wahr und zu bedauern, dass in London Straßen, Theater, Spaziergänge, Belustigungsorte mit Hetären aus den untergeordneten Klassen überfüllt sind, welche in ihren Lockungen den größten Zynismus entfalten und schamlos ihr schändliches Gewerbe treiben. Doch sind diese Evastöchter mit ihren Äpfeln nicht gefährlich; ich sehe in ihnen und ihren abstoßenden Reizen nur den Stamm ohne Frucht. In der Liebeskunst gilt die Nation, welche die höchste Feinheit hineinlegt, mit Recht für die gefährlichste, aber zugleich auch für die verdorbenste.

Mistress *Pove* ist die Einzige, welcher ich in dieser Reise meinen Weihrauch opferte. Die anderen vorübereilenden Gegenstände eines flüchtigen Götzendienstes hier anführen, hieße meinem Gedächtnisse und der Nachsicht meiner Leser Gewalt antun.

Ich erneuerte meine Bekanntschaft mit einer durch ihre Kenntnisse und ihre Liebe zu den schönen Wissenschaften berühmten Dame, Mistress *Montague*. Sie war eine Halbgelehrte[444], ein schöner Geist, und gehörte zu der Klasse, welche die Engländer mit dem Namen blue stockings (Blaustrümpfe) bezeichnen. Eine Engländerin durch und durch, wie fast alle Einzelne in diesem Volke leidenschaftlich, enthusiastisch, fanatisch eingenommen für ihr Vaterland. Sie schätzte nichts als ihren *Shakespeare* und die Erzeugnisse des englischen Musenbodens. Zwar geruhte sie, uns und unserm Frankreich hier und da, aus Gnaden, eine Achtung zu schenken, doch war diese so mager und untergeordnet[445], dass ich sie gern zurückgeschenkt hätte. Übrigens war sie von der äußersten Höflichkeit gegen die Ausländer, für welche sie die Honneurs eines großen und guten Hauses machte, besonders übte sie die Gabe des Zuvorkommens und einer ausgesuchten Artigkeit gegenüber Franzosen – im Grunde den einzigen, welche Gnade vor ihren Augen fanden. Sie hatte mit *Voltaire* mehr als eine Lanze gebrochen, er war so artig gewesen, über *Shakespeare* mit ihr in die Schranken zu treten und mit beiden seinen Scherz zu treiben. Auf diese literarische Fehde hatte sie alles verwendet, was im Kunstfache Parteigeist und das enthusiastische Vorurteil des Eigensinns und der Leichtgläubigkeit vermag. *Voltaire* hatte in seinen Antworten nie die Grenzen der Mäßigung überschritten, worin er

[444] Une érudite.
[445] Secondaire.

sich zu halten wusste, wenn es ihm der Anstand und die Artigkeit gegen Damen und gegen Männer, die er als Damen behandeln wollte, zur Pflicht machte. Der alte Kämpe spielte mit seiner ebenfalls nicht jungen Gegnerin; er, der Wolf, sie das – (nicht *Lamm*, sondern) Schaf, das er *schor*, ohne es zu *verletzen*, das er widerlegte und unterrichtete, ohne es zu überzeugen und zu bekehren. – Mistress Montague hatte auch in ihren guten Stunden einige Schwäche[446] und Vorliebe für *Corneille*, verfiel aber bald wieder in ihre unheilbare Krankheit, denn die Bedauernswürdige fühlte nichts für *Racine*; und, um sich noch strafbarer zu machen, behauptete sie, sie *verstehe* ihn. Die vortreffliche Frau sah im *Achill* einen französischen petit-maître und im Trauerspiel *Athalia* nur ein interessantes Kind. In diesem Geist und Geschmack hat sie gelebt und ist sie gestorben!!

Ihr, die in England oder in anderen Ländern als Frankreich geboren seid und die ihr das Unglück habt, die Meinung der Mistress *Montague* zu teilen, vernehmt es: Ihr habt nie die Musik dieses großen Dichters begriffen, ihr seid nie in das Geheimnis seines *einzigen* Talents eingedrungen. Ich habe Grund, zu fürchten, man müsse in Frankreich geboren sein,[447] um diesen großen Mann ganz und durchaus zu kennen. Er wird über alle partiellen Urteile siegen, solange es noch Geschmack geben wird. Neben *Virgil* und über *Euripides* gestellt, wird er ewig und überall der Liebling aller Männer von Geist und Gefühl bleiben. Doch um ihn begreifen zu können, muss man der französischen Sprache mächtig sein, und dies, mit Ihrer Erlaubnis, Mylady, ist nicht Ihr Fall – man muss außerdem kein ausschließliches Wohlgefallen an Gräbern, Scheiterhaufen, Blutgerüsten, Geistern und Hexen finden, man muss in alle Feinheiten der Sprache *Racines*, in alle Zartheiten seiner harmonischen Verse, in die teuren, mit den Farben der Natur ausgemalten Schilderungen der Stürme und Leidenschaften des Herzens eingeweiht sein, man muss die Griechen lieben, in ihren Theatern einheimisch sein, um an *Racine* Geschmack finden, um über seine Naturkunst entzückt sein zu

---

[446] Du faible.

[447] Hört, ihr Nichtfranzosen, was Voltaire von ihm sagt: Je ne connais pas une bonne pièce depuis Racine, et aucune, avant lui, où il n'y ait d'horribles défauts. Lettre XXXII de l'année 1763. – Je trouve tout détestable, quand je lis les pièces de Racine, et je voudrais avoir brulé tout ce que j'ai fait. *Il n'y a que Racine dans le* monde. Ce n'est pas qu'il n'y ait de très-belles choses dans Corneille, mais pour une pièce parfaite de lui je n'en connais point. Ibid. Lettre XXXVIII. (*Übers.*)

können, um sich von dem echt attischen Mechanismus der vervoll-
kommneten Tragödie angezogen zu fühlen. Überlassen wir immerhin
die *Shakespearesche* Literatur und Manier denen, die Gefallen und Genüge daran finden. Seien wir mit dem Ruhme zufrieden, Griechenland
wieder auf unseren Bühnen aus dem Grabe erweckt zu haben, seien wir
damit zufrieden, dass in unseren Dramen mehr Philosophie und Pathos
gefunden wird als bei den Alten und dass wir in ihrer eignen Kunst ihre
Sieger geworden sind. Ich gebe zu, dass *Shakespeare* ein großer Dichter,
ein großer Maler ist, aber er hat kein einziges seiner Gemälde vollendet,
er hat kein einziges Denkmal hinterlassen, welches neben dem Standbil-
de seines Genius nicht auch zugleich das Flussgestell und die Basreliefs
des schlechten Geschmacks seines Zeitalters – und seines eignen dazu –
aufstellt. Sein rohes Jahrhundert ist dergestalt auf ihn und in seine Erzeugnisse übergegangen, dass man sich wohl den Zweifel erlauben darf,
ob er, zu einer späteren Zeit geboren, einen *geläuterten* Geschmack gezeigt haben würde. Können Sie es leugnen, Mylady? Muss man nicht
eine einzige schöne Szene mit zwei langweiligen Akten erkaufen, *eine*
Wahrheit mit *zwanzig* Unwahrscheinlichkeiten? Selbst Ihre Nation ist
geteilter Meinung über sein Verdienst: Ein großer Teil Ihrer Landsleute
schätzt ihn bei Weitem nicht so hoch wie Sie, ein andrer Teil versteht ihn
nicht, und *Hume*, einer ihrer gediegensten Schriftsteller, urteilt von ihm:
»Er sei ein *Riese*, weil er einen *Höcker* trage.« Wir Franzosen zergliedern
gern, was uns Vergnügen machen soll; der Faltenwurf des über eine
Statue ausgebreiteten Mantels versöhnt uns nicht mit ihr, wenn sie ko-
lossal, aber dabei unförmlich gezeichnet ist, wenn es ihr an Grazie und
an Ebenmaß fehlt. Man hat uns nicht ohne Leichtsinn des Leichtsinns
beschuldigt, uns, die so schwer zu befriedigen sind, uns, die von der
Kunst so viele Korrektheit und Überlegung verlangen. Doch muss ich
zugeben, dass wir, um an etwas Gefallen zu finden, zu sehr auf ein Drittes sehen – auf Eleganz.«[448]
      Die Spielhäuser in London, diese Vorhallen der Hölle, verdienten
wohl ein besonderes Kapitel in meinen Memoiren, wenn ich Zeit und
Lust hätte, mich in diese Gruben des Jammers und der Verzweiflung
hinunterzulassen; alsdann aber müsste ich, um das Bild auszumalen,
einen eisernen Griffel zum Pinsel wählen und ihn in Blut tauchen. Doch

---

[448] Der Verfasser bleibt uns die Antwort der Mistress Montague schuldig. Sie, die Gegnerin Voltaires, wird hier, wo ihr der Sieg so leicht fiel, nicht geschwiegen haben. (*Übers.*)

es bedarf nur eines einzigen Strichs, hier ist er. »Die Londoner Spielhäuser sind noch verderblicher, noch gefährlicher als die Pariser!« Die Trunkenheit, das herrschende Laster der englischen Nation, macht die Betrüger dreister und ihre Opfer verblendeter. Außerdem gab es (zu meiner Zeit) in Frankreich – mit Ausnahme der allerniedrigsten Schlupfwinkel – in allen Spielhäusern Frauen unter den Gästen und Teilnehmern, und obschon sie nicht zur auserlesenen guten Gesellschaft gehörten, so diente doch die angeborene Sittlichkeit ihres Geschlechts dazu, den Ingrimm der rasendsten Spieler zu zügeln. In London habe ich während meines dreimaligen Aufenthaltes eine solche Spielwut in den ersten Klassen der Gesellschaft angetroffen, dass in der großen Welt und ganz besonders beim anderen Geschlechte, am höchsten gespielt und am meisten verloren wurde, sodass es Fälle gab, wo in einigen Nächten Frauen aus den ersten Ständen aller Gemächlichkeiten des Lebens für sich und die Ihrigen verlustig gingen. Doch ist es nicht meine Absicht, von den Spielgelagen dieser Art zu sprechen, obschon es traurig genug ist, bei gewissen Gelegenheiten, und um sich nicht von der Sitte auszuschließen, in großen Gesellschaften sich in Spielpartien verwickelt zu sehen, welche den Verlierer zugrunde richten können. Ich wollte nur hier die Winkelhäuser erwähnen, wo Beutel- und Gurgelabschneider auf ihren Raub lauern, wo jeder ohne Umstände eintreten kann und wo man ebenso wenig Umstände macht, ihn zu rupfen und kahl zu machen.

Wäre ich König, so müssten zwei Übel aus meinen Staaten verschwinden: das *Spiel* und die *Bettelei*. Mithilfe einer guten Logik und mit vollkommen gutem Gewissen könnte man den Satz aufstellen und durchsetzen, dass das Spiel noch verabscheuungswürdiger ist als der Diebstahl. Und doch wird dieser gebrandmarkt und bestraft, jenes wird geduldet und geehrt. Der Spieler lebt von dem Blute und den Tränen derer, die er beraubt, aber die Gesellschaft errichtet ihm Siegeszeichen und Triumphbögen.

Meine Erinnerungen würden mich in den Stand setzen, die Schilderung einer sehr ausgezeichneten Person[449] zu entwerfen. Vielleicht könnte ich diesen Herrn ähnlich darstellen, trotz der Beweglichkeit seiner moralischen Physiognomie und trotz der Unbeständigkeit seiner Formen. Aber es gibt Gründe der Schicklichkeit und des Wohlstandes, die

---

[449] d'un personnage très-marquant. Auch uns verbietet die schuldige Ehrfurcht, diese hohe Person, von deren früheren Jahren hier die Rede ist, zu nennen. (*Übers.*)

man nie verletzen darf. Diese Gründe, denen ich treu bleiben will, erlauben mir bloß, zu sagen, dass es Menschen gibt, welche von der Natur so freigebig und köstlich ausgestattet sind, dass ihre Gaben ein vollständiges System von Lebensverirrungen und Inkonsequenzen vergessen machen. Ich darf aber nicht verschweigen, dass, indem ich so urteile, ich nur die Worte eines alten Höflings[450] wiederhole, den ich zu wenig und zu spät kennengelernt habe. Wenn ich ihn aber *über diesen Punkt und über jene Person* nicht weiter reden lasse, so will ich meine Leser auf eine andre Weise zu entschädigen suchen und diesen trefflichen Mann, der alle Sitten und den guten Geschmack der besseren Zeiten besaß, klagend und redend einführen. Er beschwerte sich oftmals gegen mich, dass in England die Leute seines Standes von der alten Weise abgegangen wären und sie mit einem kleinlichen, *dürftigen* Wesen – eine Folge des Leichtsinns und der Sittenverschlimmerung – vertauscht hätten. »Herr Graf«, fuhr er, sich folgender Wendung bedienend, fort, »wir haben uns sonst aus Ihrer Garderobe mit Kleidern versehen und die Moden, welche Sie uns von Calais nach Dover übermachten, waren nicht allein gefällig, sie waren edel. Ich habe es mir in der Jugend zur Pflicht gemacht, so ziemlich Schritt mit ihnen zu halten, da es mir von jeher äußerst zuwider gewesen ist, von einem Äußersten zum andern rasch überzuspringen. Daher ist es denn gekommen, dass mir seit den reiferen Jahren eine – wie soll ich's nennen? – französische Tradition anklebt, welche auf meine Bewegungen, meine Gebärden, meine Stellungen, meine Haltung, meine Reden übergegangen ist und mir dazu verholfen hat, die insularische Steifheit abzuschleifen. Es gibt eine glückliche Mischung von dem, was beide Nationen Gutes haben, diese Mischung sollte man in ein Ganzes zusammenschmelzen und alles, was in beiden Nationen auf feine Bildung Anspruch macht, sollte davon Gebrauch machen. So habe ich es wenigstens gehalten und diesem Studium und dessen Anwendung verdanke ich das Wenige, was ich wert bin. Mit Schmerz sehe ich fast unsere ganze heutige Jugend in Stall- und Pferdeknechte umgewandelt, die englische Höflichkeit und Sitte, in der wir nie außerordentlich geglänzt haben, nimmt mit jedem Tage mehr und mehr ab; unserer Nation wird bald nichts übrig bleiben als ihr *Original-Charakter*, wodurch sich bei uns mehr als sonst irgendwo ein Mensch von einem andern unterscheidet. Doch damit ist noch nicht alles abgetan. Ein junger Engländer dünkt sich

---

[450] Der Marquis von Saint Helens, Ritter des Hosenbandes usw. usw.

heutzutage viel und glaubt ein vollkommener Engländer zu sein, wenn er mit Enthusiasmus von seinem Vaterlande *spricht*, er weiß aber nicht, was sein Vaterland Großes getan und geleistet hat. Er hält sich für einen Römer, weil an unseren Straßenecken sich ein paar Lastträger boxen, er findet Vergnügen an Hahnenkämpfen, weil er das für ein Bild des Krieges und eines kriegerischen Nationalsinnes ansieht. Unsre unüberwindliche Seemacht macht den Inhalt aller seiner Unterhaltungen aus. Er geht acht Stunden des Tages gestiefelt und betrinkt sich – um doch etwas zu *tun*. Er würde sich gern zum Erbrechen reizen, wie es in Rom Sitte war, ehe man zur Tafel ging, das Hutabnehmen kommt ihm als eine Unart vor, der *beste* Ton besteht in seinen Augen darin, gegen die Frauen einen *schlechten* anzunehmen, wenn er ihnen die Ehre erzeigt und sich die seltene Mühe gibt, in ihrer Gesellschaft zu erscheinen, dann stößt er vor Herzoginnen sein Goddam und andere Modeflüche aus, dann wirft er sieh auf das Sofa,[451] legt sich, streckt sich, anstatt sich zu setzen. –

Aber ihr Herren Franzosen habt einen noch schlechteren Handel getroffen; ihr habt uns nachahmen wollen, d. h. tun wollen, was mit euch im größten Gegensatz steht. Was uns hier vielleicht keine Gefahr bringt, ist in eurem Lande höchst gefährlich. Ich habe Frankreich bereist. In eurer Nation ist das Dekorum – die Schicklichkeit – wesentlich notwendig und eine Hauptsache. Jeder Stand muss bei euch seine Markscheide[452] haben; eine unerklärliche Narrheit hat euch aber bewogen, der *höflichen Würde* zu entsagen, welche den Charakter des französischen Adels ausmachte; ihr habt Räume und Klüfte ausgefüllt, welche ihr hättet bestehen lassen sollen. Ich suche eure *großen Namen*; ich erkundige mich, ob sie noch auf einer großen Bühne ihre Stelle einnehmen; man gibt mir Bescheid, dass viele von denen, die sie tragen, hinter den Kulissen und im Hintergrunde stehen, unfähig, eine Rolle zu spielen. Ich frage, ob es noch *Montausiers, Du Guesclins*[453], *Türennes*,[454] *Coucis, Fenelons* in

---

451 Wörtlich wahr! Der Übersetzer ist Augenzeuge gewesen, dass ein englischer Gentleman, Sir Arthur Pag... in Berlin, in Gegenwart der Wirtin und ihrer Freundinnen von Stande, das Sofa allein einnahm, auf demselben unanständig lotterte, gähnte, sich die Zähne stocherte, während die Damen sich einander zuzuschelten: Qu'il a de beaux yeux! – Wer war am meisten zu tadeln? (*Übers.*)

452 Son quant à soi.

453 Der Marquis Du Guesclin (der letzte seines Namens, weil die Herzogin von Gesvre nicht dazu gerechnet werden kann), war schon tot, als der Marquis von Saint Helens seine Frage aufwarf. Aber sieben bis acht Jahre früher wäre die Frage sowohl als die Antwort begründet gewesen. (*Verf.*)

Frankreich gibt? Man antwortet: ja. – Was sind sie, was stellen sie vor? – Nichts. Diese Leute hätten aber ihre Vorfahren *fortsetzen* sollen. Ich gehe noch weiter und sage: Der König, ihr Herr, hätte sie dazu zwingen sollen. Wäre ich der König gewesen, ich würde ihnen hohe Stellungen gegeben haben. Hätten ihre Ämter und Würden sie auch erdrückt, ei nun! So würde ich, ihr König, sie doch, wie gesagt, gezwungen haben, wäre es auch nur bei Feierlichkeiten, ihre Väter zu repräsentieren.«

»Sehr wohl, Mylord«, rief ich aus, »vortrefflich! Der große *Chatham* selbst könnte nicht besser gesprochen haben! In Ihnen fließt noch das Blut des alten Rittertums; aber ach, es ist der letzte Funke einer Flamme, welche erlischt und welche Sie vergebens versuchen wieder anzufachen. Mehr als je ist die Zeit einer analysierenden Philosophie an der Tagesordnung. Die großen Familien haben es jetzt mehr als je nötig, sich durch große Taten wieder emporzuheben und zu Ansehen zu bringen. Man muss die Buchstaben berühmter Namen wieder mit feinem Golde überziehen, wenn sie nicht unleserlich werden sollen, und ich fürchte sehr, dass, um Achtung zu gebieten, kein Name an sich, allein und ohne Zusatz, sonorisch genug klingen wird. Es kann vom Könige kein Befehl ergehen, welcher einem Hause, wo sie fehlen, die großen Männer wiedergeben kann, die es entbehrt; so wie es keinen Gärtner gibt, der eine Pflanze wachsen lassen kann, wenn kein Same ausgestreut ist. Die alten Namen gleichen alten Schlössern und Burgen, deren Mauern verwittert sind; vergebens sucht man ihre Antlitzseite durch Mörtel und Anstrich zu verjüngen. Europa muss sich durchaus einer neuen Erziehung unterwerfen, um neue Begriffe zu erhalten, um alte Vorurteile abzulegen. Diese Vorurteile hatten ihr Gutes; sie verhalfen einigen zur Achtung, dienten anderen als Zügel, retteten alle vor Ungebundenheit und Sklaverei. Aber die Wahrheit liegt immer in der Mitte; geht man zu weit, tritt man die Einrichtungen und Satzungen der Vorzeit mit Füßen, was kann daraus entstehen? Wird man nicht mit Glück und Ruhe die Erfahrung teuer bezahlen, dass was man Vorurteile nannte, unerlässliche *Bedingungen* der Gesellschaft und Lebensteile des politischen Körpers sind?

---

[454] Die Nachkommenschaft Türennes in gerader Linie ist erloschen; aber Verwandte seines Hauses und Familiennamens, de la Tour d'Auvergne, haben sich bis zur Revolution Türenne genannt, und es gibt aller Wahrscheinlichkeit nach bis auf den heutigen Tag Abkömmlinge, welche diese schwere Namenslast zu tragen haben. (*Verf.*)

Dagegen muss ein schlafender Adel,[455] dem keine Pflicht obläge, als in stolzer Ruhe seine Titel und Urkunden aufzurollen, gewärtig sein, den Streich zu erhalten, der das Herz trifft und dem Leben ein Ende macht; so wie ein Volk, das keine Macht der öffentlichen Meinung kennt, unfehlbar willkürlicher Gewalt zum Raube und das Eigentum eines Despoten werden muss. Ihr Räsonnement, Mylord, muss auf eine zusammengesetzte Grundlage gestellt werden; Sie müssen nicht verlangen, dass die großen Häuser immer große Männer liefern; Sie müssen aber darauf bestehen, dass, wenn es der Fall ist, solchen auch ehrenvoll begegnet werde. Sie müssen das Volk auffordern, den Adel gehörig zu achten, und es dem Adel zur Pflicht machen, sich des Volks wegen selbst zu achten. Mit einem Worte, Mylord, eines von beiden: lange Kriege oder neue Sitten, wo nicht, so ist das achtzehnte Jahrhundert die unvermeidliche Epoche unseres Verderbens!«

Kaum hatte ich den Marquis *von Saint Helens*, mit welchem ich diese halb feudale, halb philosophische Unterhaltung hatte, verlassen, als ich dem Marquis D'... begegnete, der, ehemals Offizier bei der Gendarmerie, vor mir in England angekommen war, zu seinem Unglück wieder nach Frankreich ging und auf dem Landsitz des Herrn *von Cl...* den martervollsten Tod fand.[456] Sein Anzug war in einer Unordnung, welche zugleich Mitleiden und Ekel erregte und den Beweis des schmutzigsten Elends gab. Sein Auge war hohl, sein Gesicht abgemagert, mit hervorstehenden Backenknochen, und zeigte eine Todesblässe, die das Los anzukündigen schien, welches ihn treffen sollte. In diesem Zustande[457]

---

455 Es würde in Frankreich keine Revolution erfolgt, wenigstens keine besonders gegen den Adel gerichtet worden sein, wären wir nicht in einem zu langen Frieden eingeschlummert. (*Verf.*)

456 Er wurde in einem Backofen, worin er sich geflüchtet, mit Bajonettstichen durchbohrt. (*Verf.*)

457 Nihil sub sole novum. Schon *Philipp von Commines* berichtet: Nach der Niederlage der Partei des Hauses Lancaster im Kriege der roten mit der weißen Rose, habe er in den Niederlanden den Herzog *von Somerset*, dessen Vater nach der Schlacht von Hexham enthauptet worden war, in der Lage und Tracht eines Bettlers angetroffen und mit eigenen Augen gesehen, wie er sowohl als der Herzog *von Exeter* im eigentlichsten Sinne auf der Straße die Leute um Almosen ansprachen. Jener war lange Zeit die Seele und das Haupt seiner Partei gewesen. – Ganz spät setzte Philipp, Herzog von Burgund, beiden ein kärglichen Gnadengehalt aus, von welchem sie in der Stille und in der Vergessenheit lebten, bis ein vorübergehendes Übergewicht ihrer Partei sie nach England zurückrief, wo aber neues Unglück ihrer wartete und sie ihr Haupt auf den Block legen sollten. – Ebenso lebte, während der Kriege Karls I. mit dem langen Parla-

traf ich ihn zu seinem und auch meinem Glücke; denn ich konnte ihm einen Dienst erzeigen, ohne mich in die Verlegenheit zu setzen, ihm denselben erst *anbieten* zu dürfen; so sehr sah ich ihm den Hunger an, der ihn quälte, so sehr zu gelegener Zeit und im entscheidenden Augenblick kam ihm meine Hilfe. Er dankte mir, aber wie stutzte ich, als er hinzusetzte, er wolle mich aus Dankbarkeit glücklich machen. Mein Erstaunen stieg aufs Äußerste. Ich musste ihn für verrückt halten und eilte daher, ihn zu einer Erklärung zu bringen. Er gab sie mir und nun wusste ich nicht: Sollte ich über ihn lachen oder Mitleid mit ihm haben, als der Mann nahe an mich heranrückte und mir ins Ohr sagte, er habe den Stein der Weisen gefunden und die Kunst entdeckt, unsterblich zu sein. Jetzt erst bemerkte er meine Bestürzung und setzte mit tragischem Akzente hinzu: »Beleidigen Sie mich nicht durch Zweifel; Sie wären es sonst nicht wert, die Bekanntschaft des erlauchtesten Sektenhauptes zu machen, des Chevaliers *von Saint Yld*..., der kein anderer ist als der Nachfolger des großen Cosma[458], welcher ihm vor tausend Jahren in Memphis die Geheimnisse seiner Kunst mitteilte, ehe er sich mit *Jesus Christus* vereinigte. Der Chevalier verlangt einen blinden Glauben und mit dem besten Willen von der Welt würde es mir unmöglich sein, Sie *dem Meister* näher zu bringen, Ihnen an seinen unschätzbaren Wohltaten Anteil zu verschaffen, wenn Sie ihm kein lenksames, gelehriges Herz zubrächten.« – Ich kniff mir den Arm, um die Überzeugung zu gewinnen, dass ich wachte und nicht träumte. Wir waren in Pall Mall. Ich schlug ihm vor, mit mir in ein Kaffeehaus (in den Kokusbaum) zu treten, teils, damit er nicht fortführe, mich auf offener Straße, populi stante corona, von seinen Geheimnissen zu unterrichten, teils auch aus Neugierde, damit er mir seine Torheiten und sein System weiter entwickeln möchte. Hier setzte er das Gespräch fort: »Der Mann, welcher die unedlen Metalle in Gold umwandelt und die Kiesel in Diamanten, der Überwinder des Todes, wird Ihnen unleugbar beweisen, dass er bei der Eroberung von Konstantinopel durch *Mahomet II.* zugegen war. Sie werden seine Gattin, die Prinzessin Irene, kennenlernen, dieselbe, von welcher einfältige Geschichtsschreiber behaupten, sie sei von dem Sultan ge-

---

ment, in einer an Mangel grenzenden Lage, auf dem Festlande, sechzehn Jahre, der Marquis von Newcastle, einer der trefflichsten, ausgezeichnetsten Männer in diesen Zeiten der Verwirrung und Unruhe, einer der reichsten Eigentümer des Landes. (Verf.)

458 Des Groß-Cophta? (*Übers.*)

schändet und nachher enthauptet worden. Denn so *schreibt* man und, was noch ärger ist, so *liest* man die Geschichte! Wollen Sie noch mehr und noch Überzeugenderes? Mein Meister, und bald auch der Ihrige, war in Palermo zur Zeit der Sizilianischen Vesper, und da er das Probewort Ciceri nicht rein und richtig aussprechen konnte, erhielt er zehn Dolchstiche und deren fünf mitten durchs Herz. Er stellte sich tot, machte sich auf, schiffte sich ein. – Sie werden seinen Stammbaum zu sehen bekommen. Er stammt von *Aegialeus*, dem Bruder des *Osiris*, und weiblicherseits in gerader Linie von der *Isis* ab. Der Glanz der größten und ältesten souveränen Häuser erblasst, wie Sie hören, gegen den seinigen, doch was Sie noch mehr rühren wird – denn ich kenne Ihre gefühlvolle Teilnahme an den Schicksalen der Menschen – er, er selbst, er allein ist die berühmte *Eisenmaske*. Sie können wohl denken, mein geliebter *Tilly*, dass ich Ihnen alle diese Tatsachen nur in der festen Versicherung mitteile, Sie bald zu den Unsrigen zu zählen. Doch was sage ich, *bald?* Schon in diesem Augenblick merke ich es Ihnen und der Aufmerksamkeit, mit welcher Sie mir zuhören, an, dass Sie bereits mit Ohren und Herzen der Unseren einer sind. So wissen Sie denn, mein glücklicher Freund, dass eine wohltätige Menschenliebe die erste, angeborene Eigenschaft des unsterblichen Chevaliers ist. Gegen das Jahr 1640 kam er nach Frankreich, um daselbst Aufklärungen zu geben und Offenbarungen zu machen, deren heilsame Wichtigkeit die Revolution verhindert haben würde, wenn man auf ihn gehört und geachtet hätte – die Revolution, welche mir kein Hemde auf dem Leibe gelassen hat! Aber Sie müssen sich's noch erinnern, wie der Chevalier – als Eisenmaske – vom Kardinal *Mazarin* behandelt ward und nachher vom stolzen *Louvois*, der ihn so lange gequält hat. Er ist noch immer, wie damals, ein Freund von feiner Leibwäsche und kritzelt gern mit der Messerspitze Hieroglyphen auf silberne Teller. Endlich spielte er wieder in Paris die Rolle, welche ihm schon in Sizilien gelungen war, er stellte sich tot. Man begrub ihn in unsrer Bastille, welche nachher vom Maulaffen-Pöbel[459] umgestürzt worden ist. Im Einverständnis mit *Cagliostro*, der seitdem ..., aber damals sein treuer Kammerdiener war[460], wurde er unter seinen Augen und mit dessen Hilfe beerdigt, dann wieder ausgegraben, reiste nach Peking, ruhte sich

---

[459] Des badauds.

[460] Anspielung auf Biron und auf den Vers der Henriade: Qui depuis ... mais alors il était vertueux. (*Übers.*)

509

dort ein paar Jahre aus, verband sich mit der Prinzessin *Irene* und erhielt die erste Ministerstelle beim Kaiser von China. »Das sind«, setzte er mit einer Bewegung des Hauptes hinzu, »keine alltäglichen Begebenheiten.« – »Nein, wahrlich«, erwiderte ich, »keine gewöhnlichen; aber ein Mensch, welcher nicht stirbt, ist noch ungewöhnlicher.« – »Ich bitte um Verzeihung«, unterbrach er mich, »nicht so ungewöhnlich, wie Sie wohl glauben. Wir sind unserer sechsundfünfzig Unsterbliche auf Erden. Es wird nun von Ihnen abhängen, der siebenundfünfzigste zu sein; die Anzahl wird aber nur bis sechzig gebracht, weiter hinaus erstreckt sich die *mitteilende Kraft*[461] des Meisters nicht. *Jesus Christus*, mit dem er sie bald zusammenbringen wird, da er ihn wenigstens alle Woche einmal spricht, besitzt allein die volle, unsterblich machende Kraft, doch hat man uns zu verstehen gegeben, dass er nur selten und aus ganz besonderen Gründen und Rücksichten Gebrauch davon macht. Es wird auch bloß von Ihnen abhängen, Personen aus Ihrer Familie, welche vor fünfzig Jahren gestorben sind, oder einen Freund oder eine verlorene Geliebte wiederzusehen, sobald Sie es wünschen. Der Meister wird Sie überdies so reich machen, dass Sie nach den ersten Tagen kein Vergnügen mehr an Schätzen finden werden. Sie sehen mich freilich (setzte er hinzu, als er hier den Blick auffing, den ich unwillkürlich auf sein höchst ärmliches Äußeres warf) etwas im Anzuge vernachlässigt und der *Vorschuss,* den Sie soeben die Güte hatten, mir zu machen, beweist, dass meine Finanzen sich augenblicklich in keinem blühenden Zustande befinden; aber das kommt daher, weil sich seit acht Tagen der Chevalier in der *finstern Kammer* verschlossen hält. Er macht Gold für zwei nordische Mächte, welche sich zugunsten *Ludwigs* XVI. rüsten, um seinen etwas wurmstichigen Thron (wie ihn *Mirabeau* in einer Abendsitzung nannte) zu begründen und zu befestigen. Morgen ist die Arbeit vollendet, der Chevalier erscheint, schüttelt den Goldstaub ab und glänzt wie der schmachtende *Opal* und wie der blendende *Saphir,* die unter seinen Händen hervorgehen.«

Hier schwieg der Marquis D'... Ich blieb stumm; er hingegen glaubte steif und fest an alles, was er sagte.

»Bis jetzt war ich der Meinung gewesen«, nahm ich das Wort, »Gott oder der Sohn Gottes pflegten sich auf Erden ihren Auserwählten nicht so vertraulich zu zeigen. Ich dachte so: Wer sie *einmal* gesehen hat, bleibt

---

[461] La force dispensatrice.

ewig im Lichte ihrer Herrlichkeit leben. Ich dachte ferner: Der Stein der Weisen befinde sich nur in den Furchen eines wohlbestellten Feldes. Ich muss Ihnen auch gestehen, dass ich mit der Idee einer *irdischen* Unsterblichkeit noch nicht hinlänglich vertraut bin und dass ich sogar mehr als einmal über die Langeweile nachgedacht habe, welche ein solcher Zustand hier auf Erden auf die Dauer mit sich bringen würde, zumal wenn man so übermäßig reich ist, dass uns weiter nichts zu wünschen übrig bleibt als – der Tod. Übrigens aber beglückwünsche ich Sie zu Ihrer Verbindung mit einer Person, von der Sie ohne Zweifel alles erhalten werden, was Sie in diesem Augenblicke zu bedürfen scheinen: Gesundheit und Geld. Ich sage: Gesundheit, denn ich kann nicht voraussetzen, dass Ihr Freund Ihnen ein unverwüstliches Leben zugutekommen lassen und ein solches Geschenk mit Ungesundheit verbinden wird, da in meinen Augen »gar nicht leben« besser ist als »ein sieches Leben führen«. Ich weiß wohl, dass man das Leben mit einer Geliebten verglichen hat, über welche man den ganzen Tag lang Klage führt und mit welcher man die Nacht zubringt; auch angenommen, dass dieses übertrieben sei, so bleibt doch so viel wahr, dass das Leben, um eine Wohltat zu sein, keine Last sein muss.«

»Sehen Sie«, unterbrach er mich hier mit erhobener Stimme, »Sie haben ganz das Ansehen des Spötters, den Ton des Spottes und eine leichtfertige Miene, der ich nicht traue. Brechen wir ab. Doch da ich es mir einmal vorgenommen habe, über Ihren Unglauben Herr zu werden und Sie zu bekehren, so frage ich Sie: Wo sind Sie übermorgen Abend sechs Uhr anzutreffen? Geben Sie mir einen Ort an.« –

Ich lief keine andre Gefahr, als mich zu langweilen; vielleicht, dachte ich, gibt es auch Kurzweil. Ich nahm das Anerbieten an und bestimmte den Ort.

Mein Adept war pünktlich. Es war aber nicht mehr der Mann von vorgestern. Seine erloschenen Augen waren neu belebt. Sein Anzug war sorgfältig gewählt; er hatte sich noch auf andre Weise gestärkt und vom edlen Wein gekostet. Halbtrunken schien er mir nur halb verrückt; seine Schwärmerei hatte einen weniger finsteren Anstrich bekommen. Er kam und holte mich – in seinem Wagen ab. – »Wohin führen Sie mich?« – »In den Tempel der Tempel: nach Chelsea, wo der Statthalter des Ewigen diesen Abend – ich glaube fast, Ihnen und drei anderen Gläubigen zu Ehren – eine Sitzung abhält. Sie sind freilich noch ein Ungläubiger, aber Sie sollen bald bekehrt werden.«

Musste ich nicht lachen? Ich war weit davon entfernt, den Schluss der Posse vorauszusehen. Wie konnte ich meine Befremdung über einen Mann bemeistern, den ich so lange für vernünftig gehalten und als solchen gekannt hatte und den ich so plötzlich in einen leichtgläubigen, einfältigen Duns umgewandelt sah? Aber das Elend ist eine Vorbereitung zu allen Arten und Gattungen von Schwachheit; es erklärt viele traurige Erscheinungen, aber auch ohne diesen Antrieb gibt es keine Art von Verirrungen, welche eine fixe Idee nicht in unserm Gehirn hervorbringen könnte? *Pascal*, der große *Pascal*, sah beständig einen Abgrund zu seiner Linken. Es ist klar und ausgemacht, dass er diesen Abgrund einmal *gesehen* hatte; seitdem *träumte* er ihn sein übriges Leben hindurch, weil er sich davor fürchtete. Konnte der Marquis D'... nicht ebenso gut einen Goldfluss vor seinen Füßen *gesehen* haben? Sein Patron war ein Gauner ... ist so mancher ehrliche Mann es nicht geworden? Hat aber wohl die Goldmacherkunst, oder wie sie von ihren Adepten genannt wird, die hermetische Philosophie, so viele Übel angerichtet als eine gewisse andre Philosophie, gegen welche ich mich nicht zu laut aussprechen will, weil man sie schon ohnehin mit zu vielen Vorwürfen überhäuft hat und weil es mächtige Rezensenten und ausgezeichnete Literaten gibt, welche verlangen, man solle sie heutigen Tages in Ruhe lassen und sie nicht als Sündenbock in die Wüste verstoßen.

Mitten unter meinen Betrachtungen, welche aber den Wagen nicht am Fortrollen hinderten, kamen wir an, hielten still, stiegen aus und fanden uns am Eingang eines abgelegenen Hauses. Man empfing uns in einer schwarz behängten, mit einer silbernen Lampe beleuchteten Vorhalle. Die Stiege, welche zu dem Saal führte, war ebenfalls mit schwarzem Tuch belegt, schwarz war die Livree der Dienerschaft. Ich trat ein und sah eine Versammlung von dreißig Personen aus allen Ländern, welche sich in mehreren Sprachen, aber leise, unterhielten. Der Herr, der Meister, das Haupt des Hauses war noch nicht sichtbar. D'... sagte mir von ihm, er befinde sich im inneren Kabinett, wo er mit der *Begeisterung* im Kampf begriffen sei. Zugleich erbot er sich, das Amt eines Einführers zu verrichten und mich der Prinzessin *Irene* vorzustellen. Sie war, wie er mich belehrte, den fünfzehnten des Monats Februar im Jahre 1436, abends elf Uhr, geboren. Alles Geschmeide von Golconda und Masulipatam blitzte in ihren Haaren, auf ihren Armen, auf ihrer Brust, auf ihrem Gewande. Da es eine Kunst und eine Masse gibt, welche die edlen Steine so treu und täuschend nachahmt, dass man ein Juwelier von Handwerk sein muss, um den Betrug zu merken, so unternehme ich es hier nicht, den Grad des Zutrauens zu bestimmen, den das Geschmeide der Prinzessin verdiente. Ihre Toilette war vollständig, ihre Person entzückend; die Schelmin war hübsch. Mein Begleiter stellte mich ebenfalls dem Lord B... vor, einem ausgemachten Narren. Er war einer der Unsterblichen und des Meisters Stellvertreter[462]. *Irene* führte das Gespräch mit Geist und Grazie. Da ich aber gewohnt bin, eine Frau, selbst wenn ich sie sehe, weniger mit den Augen als mit der Einbildungskraft zu beurteilen, so schien mir ihre Schönheit – sowie alles Übrige an ihr – verdächtig. Ich ließ mich von ihr nicht einnehmen, nicht bezaubern. Überall ahnte ich Betrug. – Endlich gingen beide Türflügel mit großem Geräusch auf; ein Mann von hoher Gestalt trat ein. Sein braunes, verbranntes Gesicht hatte etwas Angenehmes. Sein Blick war durchdringend, sein Gang auf Eindruck berechnet; er warf auf den Kreis einen Blick, welcher mehr Schlauheit als Freundlichkeit verriet. Ich brauche nicht zu sagen, dass mein Einführer mich ihm mit lächerlicher Ehrerbietung vorstellte. Ich verhielt mich passiv. Der Chevalier drückte mir die Hand, aber sein wohlwollender Händedruck war mir umso empfindlicher und schmerzhafter, als ich von jeher gern Ringe an den Fingern getragen habe. Seine erste Frage machte mich bestürzt. »Wollen Sie mich lieben?«, redete der Zauberer mich an. Und als ich ihm die Antwort schuldig blieb, eilte D'..., mich zu vertreten, und versicherte dem Meister, mein brennendes Verlangen, eingeführt zu werden, habe ihn erbaut, und mein gegenwärtiges Schweigen, mein Erstaunen und meine Religion wären gleichbedeutende, ineinanderfließende Gefühle. – Jetzt wurde ich, im Gegensatz zu den Sitten des Landes, wo wir uns befanden, vom Meister umarmt, wobei ich mich etwas ungebärdig benahm, ihm die Erklärung dieser Bewegung ad libitum überlassend. Der Herr führte mich auf ein Sofa, ließ mich neben sich sitzen, fing an, mich methodisch zu befragen und zu bearbeiten. Mein Alter, mein Vaterland, der Tag meiner Geburt, die Art und Weise meiner Neigung für das schöne Geschlecht – das waren die Hauptgegenstände, womit sich der Fragende beschäftigte und wobei er auf die umständlichsten Einzelheiten einging. Ich antwortete auf alles, wie es mir gerade einfiel, fast immer in die Quere und der Wahrheit zuwider.

---

[462] Subdélégué.

Auf einmal erloschen zwanzig im Zimmer brennende Wachskerzen wie durch einen magischen Hauch. Ich sah nun eine Gestalt von übernatürlicher Größe erscheinen; sie war weiß gekleidet und trug auf dem Kopfe eine rote Kapuze, aus welcher Blut auf das weiße Gewand herabträufelte. Ein phosphorisches Licht schlängelte sich um die Haare und erhellte auch den Saal hinlänglich, um das Entsetzen zu vermehren und dem Zuschauer von dem, was er sehen sollte, nichts zu entziehen. Das Gespenst sprach einige seltsam klingende Worte, worüber der Meister unwillkürlich und natürlich zu schaudern schien. Mitten im Zimmer stand der Stumpf einer Säule von Jaspis; sie trug einen kleinen Schmelzofen. Das darin enthaltene Metall kochte mit großem Geräusch; eine grüne, durchsichtige Rauchwolke stieg in Zylinderform die Decke hinan. Einige der Herren stießen bei diesem Anblick ein Freudengeschrei aus, das meinen Ohren nicht anders klang als das Geschrei der Wahnsinnigen im Irrenhause. Der Stellvertreter des Meisters gebot Schweigen; und jetzt erfolgte tiefe Stille und Sammlung. Mein Nachbar war in ekstatisches Nachdenken versunken, woraus ihn aber ein plötzlicher Donnerschlag weckte; das Haus zitterte, der Donner rollte lange und dumpf nach und auf ihn folgte eine mitternächtliche Finsternis. Diese machte sehr bald einem sanften Lichtscheine Platz, welchen einzelne Punkte an der Decke hervorbrachten. *Jesus Christus*, ein Kreuz tragend, erschien. Aus seinen Augen leuchtete ein etwas melancholischer, aber zugleich wahrhaft göttlicher Blick. Sein goldgelbes Haar trug die Dornenkrone. Das Kreuz war von ungewöhnlicher Größe und schien mir von Holz zu sein wie das, woran er sein Leben für unser Heil aushauchte. Er warf es von sich, es zersplitterte wie Glas; im Fallen knisterten die Scherben. *Christus* hielt hierauf seinen Umgang im Saale, und als er an mich herankam, berührte er meine Stirn mit dem Finger, stellte sich dann mitten in den Kreis, schaute um sich, redete die Versammlung hebräisch, französisch und englisch an und wiederholte in diesen drei Sprachen, »dass er seinen Frieden und seinen Geist unter uns lasse und uns ermahne zur brüderlichen Eintracht und zum Glauben an ihn und an seine Allgegenwart.« Er ließ hierauf aus seinen geöffneten Händen einen knisternden Goldstaub fallen, der uns mit einer Menge Lichtfunken überströmte und den angenehmsten Wohlgeruch verbreitete. Der Chevalier, der indessen aufgestanden war, stürzte sich ihm zu Füßen, hob Bruchstücke vom Kreuz auf, küsste sie ehrerbietig und sammelte sie sorgfältig in eine goldene Büchse. *Jesus Christus* reichte ihm mit Wohlwollen die

Hand, ergriff die seinige und ging mit ihm an das äußerste Ende des Saals, wo er sich ziemlich lange und leise mit ihm unterhielt. – Ein zweiter Donnerschlag stürzte uns von Neuem in die Finsternis. Kaum aber war die Gottheit[463] verschwunden, als das Zimmer zu einem Feuermeer wurde. *Armidens* Palast in Flammen war nichts in Vergleichung mit dieser Glut. Sie nahm unmerklich ab, ließ aber Schein genug zurück, um oben aus der Decke die Gestalt eines vor fünfzehn bis zwanzig Jahren verstorbenen Mannes herabsteigen zu sehen, dessen Erscheinen sein Sohn, einer aus unsrer Gesellschaft, begehrt hatte. Es war die vollkommenste Karikatur des Komturs im *Don Juan*. Sie rief mit lauter Stimme den Sohn bei Namen und redete ihm auf Italienisch zu, sich ohne Furcht zu nähern. Der Sohn tritt aus dem Kreise, geht auf den Schatten zu, will ihm in die Arme fallen und sinkt ohnmächtig nieder. Der Chevalier schellt; es bricht wieder tiefe Finsternis herein, zwei Kammerdiener erscheinen mit Kerzen und an den Marquis von *Massimi* aus Mailand werden alle Hilfsleistungen verschwendet, bis er wieder zu sich kommt. Spielte man mit *ihm* oder spielte *er selbst* eine Rolle?[464] Ich weiß es nicht, konnte es ihm wenigstens nicht anmerken; er schien ehrlich zu Werke zu gehen und sein Entsetzen kam mir nicht erkünstelt vor. – Dem Meister gefiel es nun, mich zum zweiten Mal, ohne mich zu befragen, mit seiner Umarmung zu beehren; er legte mir zwei Finger auf die Stirn und berührte gerade die Stelle, welche *Christus* vorher berührt hatte. Zugleich wurde mir zu der Kaltblütigkeit Glück gewünscht, welche mich während der erhabenen Feierlichkeit keinen Augenblick verlassen hatte; und mir ward die Versicherung gegeben, bei der nächsten Versammlung, wovon die gegenwärtige nur ein unvollkommenes Bild sei, werde man mir Geheimnisse offenbaren, von denen der gemeine Haufe keine Ahnung habe; ich solle dann in die *große geheime Loge* eingeweiht und für *unsterblich* erklärt werden. – Im Vorübergehen vor einem Spiegel bemerkte ich auf der Stirn einen goldenen Flecken. Meine erste Bewegung war, ihn wegzuwischen, doch um mir nicht *vergebens* die Haut zu verletzen, fasste ich mich in Geduld und ließ ihn sitzen. – Jetzt verließen wir das Zimmer und traten in den Speisesaal. Ein köstliches Abendessen wurde aufgetragen; die Gäste fielen wie Ausgehungerte darüber her und zeigten sich als Kenner, Schmecker und Hochgelehrte in der edlen

---

[463] Le bon Dieu. ·

[464] s'il était bafoué ou mystificateur.

Kochkunst und in der Gastronomie. Ich machte die stillschweigende Bemerkung, dass die *Unsterblichen,* der Meister an der Spitze, ebenso gut aßen und tranken als die gemeinen Sterblichen. Doch, wie konnte das mich wundernehmen? Haben wir nicht alle von den Göttergelagen im Olymp gehört? Heißt es nicht im Sprichwort: »ein Göttermahl«? Mein Platz wurde mir neben der Göttin des Hauses, neben der Prinzessin *Irene,* angewiesen. Sie führte die Unterhaltung mit Geist und Verstand. Anfangs sprach man von gleichgültigen Dingen; kein Wort über das, was vorgefallen war, keine Anspielung, keine Hindeutung. Nur zuletzt, als jemand von der Gesellschaft sich des Glücks rühmte und freute, tags vorher zwei Bekannte, welche eine Fehde auf Leben und Tod vorhatten, ausgesöhnt zu haben, sagte der Chevalier, er habe einmal in seinem Leben mit zwei Freunden viel Mühe gehabt; sie hätten ihm, als dem Vermittler, viel Kummer verursacht und er müsse sogar gestehen, es sei ihm nie gelungen, sie ganz vollkommen miteinander auszusöhnen. »Meine beiden Freunde«, setzte er im nachlässigen Tone hinzu, »waren *Franz der Erste* und *Carl der Fünfte.* Ich besaß beider ganzes Zutrauen und machte wohl zwanzig Reisen hin und her, um die Stimme der Vernunft zu ihren Herzen dringen zu lassen. Ganz wider meinen Willen wurde die Schlacht von Pavia geliefert ...« Niemand lachte – nur ich konnte bei aller Anstrengung das Lachen nicht ganz verbeißen. Die Prinzessin *Irene* bemerkte es; sie warf mir einen ernsten Blick zu. »Pfui«, sagte sie, »wer wollte hier lachen? Das ist nicht gut, ebenso wenig und noch weniger, als dass Sie das Reiben der Stirn nicht lassen können; der Fleck wird schon von selbst vergehen.«

Nach Tisch begaben wir uns in eine ziemlich große Galerie, welche, mit Blumengewinden behangen und von Säulen in Baumgestalt getragen, woran Waffenrüstungen und Trophäen befestigt waren, einem bezauberten Walde im Kleinen glich. Hier wurde – zur Strafe für mein Spottlachen – der Geist *Franz des Ersten* gerufen; diese Erscheinung sollte der letzte Betrug oder, um die Marktschreiersprache zu reden, der letzte Sieg über den Unglauben sein. Der Monarch gehorchte dem Aufruf; er erschien auf des Meisters Stimme, hoch zu Pferde, auf einem prächtig angeschirrten Apfelschimmel, in Begleitung des Admirals *Bonnivet* und eines armen Teufels von Stallmeister, ebenso unbekannt nach dem Tode wie im Leben. Das Kostüm des Zeitalters, die Tracht jener Kriegsepoche, Waffen, Bekleidung, alles war zeitgemäß oder, wenn ich mich so ausdrücken darf, chronologisch richtig. Ich muss sogar gestehen, dass dieser

Franz der Erste den besten Bildern, die ich von ihm gesehen habe, auf das Vollkommenste glich. Er trug denjenigen Bart, den er zuerst eingeführt hatte, und, was noch mehr ist, sein Bart verbarg die Wunde nur halb, welche das Unterteil seines Gesichts verunstaltete. Tränen flossen ihm aus den Augen und benetzten seine Wangen. Er beweinte das Unglück, welches nach Jahrhunderten sein Haus treffen sollte. Beim Absteigen vom Pferde half ihm sein Stallmeister und übergab ihm zwei kreuzweise übereinandergelegte Schwerter. Er nahm sie, reichte eines dem Marquis D'.., das andere mir hin. »Möget ihr«, rief er uns mit furchtbarer Stimme zu, »einen edlen und nützlichen Gebrauch davon machen!« Ich gestehe, dass *dieser* Auftritt einen unbeschreiblichen Eindruck auf meine Fantasie machte, welche schon vorher vom Champagner und von den Augen der Prinzessin war bearbeitet worden. Ich kann überhaupt nicht genug sagen, wie fein, künstlich und pathetisch diese ernsthafte Posse angelegt war; mir ist, als sei sie erst gestern vor sich gegangen, so tief hat sie auf mich eingewirkt. Waren zum Beispiel die beiden Schwerter nicht ein redendes, weissagendes Sinnbild der Zukunft und der Sache, die wir verteidigen sollten? Zudem bestanden sie aus einer so zerbrechlichen Masse, dass sie, kaum in unseren Händen, zusammenfielen. *Franz der Erste* zog sich unter dem Trompetenschall einer kriegerischen Musik zurück und gleich nachher sang die Prinzessin *Irene* unter eigener meisterhafter Begleitung eine Bravour-Arie.

C'est ainsi qu'en partant je vous fais mes adieux, sagte mir der Marquis D'... und wir nahmen Abschied.

Als wir im Wagen saßen, redete er zuerst: »Nun, Herr Graf?« – Ich erwiderte: »Nun, Herr Marquis? Sie wollen meine Meinung wissen? Hier ist sie. Alles, was ich gesehen habe, ist seltsam, ist mehr und außerordentlicher als alles, was ich früher gesehen hatte; aber Ihr Meister – wie Sie ihn nennen, ist weder ein Zauberer noch ein Unsterblicher.« – »Sie werden vielleicht an seine Macht glauben, wenn er sie mit Ihnen geteilt haben wird, wenn Sie, mit Schätzen und Lebensjahren beschenkt und überhäuft, nach tausend Jahren wieder mit mir zusammentreffen und wir weiter davon reden.«

Jetzt waren wir vor meiner Tür angelangt. Ich stieg aus und wir kamen überein, uns nächstens wiederzusehen.

Mein Schlaf war äußerst unruhig. Ich war kein solcher Tor, dass ich in den Ereignissen des Abends etwas Übernatürliches gesucht und gefunden hätte, doch erregt, erschüttert hatten sie mich und mein bewegtes Blut wollte sich nicht beruhigen lassen. Ich berechnete die ungeheuren Kosten einer so zusammengesetzten Maschinerie und so künstlicher Anlagen, wodurch die Täuschungen hervorgebracht und unterhalten werden mussten. Ich dachte über den tief und weit angelegten Plan nach und über die zur Ausführung erforderlichen Geldmittel. Endlich schlief ich ein.

Am folgenden Morgen, als ich mich im Spiegel besah, war es mir lieb, die Spur des Goldfleckes nicht mehr zu finden. Meine Freude glich der so vieler Ehe- und Ehrenmänner, welche ebenfalls Ursache haben, sich zu freuen, wenn ihre äußere Stirn fein glatt und eben ist, obschon sie Grund genug hätten, das Gegenteil zu befürchten. Als ich noch darüber nachdachte, ließ sich der Sekretär eines fremden Fürsten bei mir melden. Diese Eigenschaft und der Titel, den er sich gab, kamen mir bedenklich vor. Ich ließ nach näherem Aufschluss fragen. Man konnte aber nichts weiter aus ihm bringen. Jetzt nahm ich ihn an. Beim Eintreten erkannte ich ein Bruchstück[465] des vornächtigen Mahles. Er überbrachte mir eine Quittung, auf dreißig Guineen für meine Einführung lautend. »Sie begreifen wohl, Herr Graf«, sprach er mit einem gezwungenen, verzerrten Lächeln, »dass ein Mann, welcher Gold macht, keines von anderen bedarf, aber dieser Beitrag gilt für einen *talismanischen Handel*; wir nennen ihn in der Sprache der Alchimie die *Jungfrauschaft des Schmelztiegels*; er ist das Eigentumsteil[466] des *untergeordneten Geistes*, welcher dem *Keime* vorsteht; er ist der erste auszustreuende *Same*, aus welchem die *allgemeine Ernte* aufgeht. – Mit einem Worte, was hier beobachtet wird, ist eine *philosophale Form* des Steins der Weisen und, um Ihnen alles zu sagen, aus diesen dreißig Guineen erwächst binnen vierzehn Tagen Ew. Exzellenz so viel Gold, dass Sie nicht wissen werden, wo es zu lassen und was damit anzufangen ist.«

Jetzt klärten sich meine Ideen auf, das Rätsel war mir gelöst. Ich sann auf eine Antwort, fand es aber bequemer und einfacher, den Sekretär zu ersuchen, wieder vorzusprechen, und kaum war er gegangen, als ich schon Befehl gab, ihn nicht wieder vorzulassen.

»Sie haben recht, mein Herr *von Saint Yldro*«, dachte ich bei mir selbst, »Sie machen *Gold*, aber Sie würden Mühe haben, *Kupfer* zu machen, wenn alle Ihre Kunden ihr Geld so gut verteidigen wie ich!«

[465] Un débris.
[466] La quotité.

Ich habe seitdem erfahren, dass er einen englischen Pair und einen reichen Neapolitaner, der ihm von Rom aus nach London gefolgt war, zugrunde gerichtet hatte und sich jetzt ihrer bediente, andere ebenfalls zugrunde zu richten. Auf alle Fälle kamen ihm die Reize der schönen *Irene* zu Hilfe, welche, so oft sich eine gute Gelegenheit darbot, sich zu geheimen chemischen Prozessen verstand und sich selbst in Umlauf setzte.

Was D'... betrifft, so hatte sein Glaube und sein Feuereifer so tiefe Wurzeln geschlagen, dass keine Hoffnung, ob er je von seiner Tollheit genesen würde, übrig blieb. Was überdies hatte ein Mensch zu wagen, der auf Gottes ganzer Welt weiter nichts besaß als einen schwarzen Rock und seinen Magen? Ich musste noch eine Zeit lang seine Beweise zugunsten des erlauchtesten aller Menschen (bald hätte ich »aller *Sterblichen*« geschrieben) und seine Klagen und Verweise über das Unschickliche meines Verhaltens anhören. Er hatte schon alle Spitzfindigkeiten und Kniffe seiner Schule dergestalt inne, dass ich ihn für unheilbar halten und aufgeben musste. Ich begnügte mich, ihm zu versichern, dass solche herrliche Entdeckungen meiner Vernunft zuwider wären und meine schwachen Organe zu sehr angriffen. Ich gab ihm zu verstehen, es müsse wohl durchaus unmöglich für mich sein, in diesem Punkte Herr über mich zu werden, da eine so glänzende Laufbahn, die sich mir eröffne, nicht imstande sei, mich eines Bessern zu belehren. Aber als ich ihm vollends erklärte, dass mich die verheißenen Schätze nicht so sehr als das versprochene ewige Erdenleben von dem Entschlüsse abschreckten, weiter auf die Sache einzugehen, da konnte er mich vollends nicht begreifen und ich schied von ihm mit dem Wunsche, dass er jene sowohl als dieses besitzen möge. Der Unglückliche hätte besser daran getan, bei dieser doppelten Hoffnung in England zu bleiben, als nach Frankreich zurückzukehren und daselbst (wie schon erwähnt worden) des grausamsten Todes zu sterben.

Lord F..., ein Sohn des Grafen von D..., hatte Gelegenheit gehabt, den Alchimisten *Saint Yldro* kennenzulernen, und hat mir Nachrichten über ihn mitgeteilt, welche mich auf die ersten Spuren dieses Abenteurers gebracht haben.

Er war auf einer Insel des Archipelagus geboren und der Sohn eines Griechen, welcher sich im Handel mit Edelsteinen bereichert hatte. Der

Sohn beging tolle Streiche[467], sah sich genötigt, nach Smyrna zu fliehen, versah sich aber auf der Reise mit einer Handvoll Perlen, Brillanten, Rubinen, Smaragden, Topasen usw. In Smyrna machte er die Bekanntschaft eines Gelehrten, der ihm seine Steine abnahm und sich damit für die Stunden, die er ihm gab, bezahlt machte. Jetzt blieb ihm nichts übrig, als in die weite Welt zu gehen. Er kam nach Italien, das damals der große Schauplatz war, auf welchem sich Scharlatane und Betrüger aller Art herumtummelten. In Florenz verband er sich mit einem Freudenmädchen, ganz dazu geboren, ihm in seiner Rolle beizustehen und selbst mitzuspielen. Er machte sie zur Prinzessin *Irene*. Eine Zeit lang ging alles vortrefflich; sie lebten im Überfluss. Als er es aber zu grob anfing und das Kirchengut, in dem Besitztum zweier Kardinäle, angetastet hatte, wurde er von diesen bei der heiligen Inquisition angegeben, musste Italien verlassen, kam nach London, fing sein Spiel von neuem an, fand aber Widerstand vonseiten der besonnenen, kaltblütigen Nation. Ich weiß aus bester Quelle, dass er nach Cartagena gegangen und daselbst (gewiss nur *augenblicklich*) gestorben ist. Seine Quasi-Witwe hat sich während der Entfernung ihres Gatten nach Cadiz zurückgezogen, wo sie ihren Schatz von Juwelen und Kleinodien weislich verborgen hält und unter einem andern Namen Musik und Liebe treibt. Ihre Stimme ist ihr Talisman, ihre Augen sind ihre Zauberkraft.

Mein Zusammentreffen mit dem Könige *Franz dem Ersten* brachte mir Unglück. Einige Wochen, nachdem ich die Ehre gehabt hatte, seiner verstorbenen Majestät aufzuwarten, überfiel mich (zu meiner Schande sei es gesagt!) die Krankheit, an welcher er selbst gestorben ist. Hätte ich dem Sekretär des großen Meisters die eingeforderten dreißig Guineen zugestellt, wäre ich der gehorsame Diener und Verehrer der Prinzessin *Irene* geworden, hätte ich mich zum Adepten der Kunst anwerben und einweihen lassen, so würde ich wenigstens eine Beschäftigung gefunden haben, die mich vor einer ab- und ausschweifenden Lebensart bewahrt hätte. So aber ist nichts so gefährlich als Untätigkeit und Müßiggang. Der junge Mann, welcher sich dem Vergnügen hingibt, weil der Liebe das Vergnügen nicht unähnlich ist, findet mit jedem Schritte einen Fallstrick, worin er sich fängt. Ich fiel wie tausend andere und musste einem Wundarzt das Geständnis machen, dass ich mich in der Person vergriffen hätte. Er hatte es in der Kunst nicht viel weiter gebracht als sein Mit-

---

[467] Des fredaines.

bruder, welcher *Franz den Ersten* in die Kur nahm, und es lag nicht an ihm, wenn ich dem Monarchen, der mir in dieser Welt erschienen war, nicht in jene gefolgt bin. Der Quacksalber war auf gutem Wege, mich ihm nachzuschicken, als ich, zu meinem Glücke und zu meiner Rettung, nach Brüssel musste. Ich gab dem Zöglinge Äskulaps mein Geld und er gab mir dafür in einer kleinen Schachtel seine Pillen, welche seiner Versicherung nach Wunder tun sollten, noch ehe ich Brabant erreicht haben würde. Wie fand ich mich aber in dieser Hoffnung getäuscht, umso mehr, da ich seine Vorschriften sehr genau befolgt hatte. Zu diesen gehörte freilich der Umstand nicht, der mich in der Nähe von Dartford, zehn bis zwölf Meilen von London, befiel. Hier wurde ich von drei Männern zu Pferde mit verlarvten Gesichtern angefallen, welche mir auf ziemlich gebieterische Weise die Wahl ließen, ihnen meine Börse zu geben oder mich durch den Kopf schießen zu lassen. Die Wahl fiel desto leichter aus, da ich, eben aus dem Schlafe geweckt, nicht Zeit gewann, mich zu besinnen, denn als ich die Augen aufschlug, begrüßte mich der Mund eines höflichen Pistols rechts und zu gleicher Zeit ein zweiter Mund ebenso höflich und beredt links. Die Herren schienen eiliger als ich zu sein, doch waren sie so artig, nachdem sie mir vierzig Guineen, meine Uhr und dem Kammerdiener die seinige abgenommen – uns beiderseits eine glückliche Reise zu wünschen. Entzückt über alles, was mir seit einiger Zeit begegnet war, eilte ich, mich einzuschiffen, und setzte nach Boulogne über, wo ich ans Land ging. Ohne mich aufzuhalten, ging's von da nach Brüssel, wo ich Zeit hatte, Betrachtungen anzustellen, ehe ich zur völligen Genesung gelangte.

18. Kapitel

Γηρασ ανθρωπων τα βαλαυεια
Senectus hominum balnea calida.
(Lucian)

Ich reise nach Aachen ins Bad – Mein Umgang mit Frau von A... – Der Abbe La C... – Mein Streit mit ihm; unser Duell – Der Graf von Egmont – Mein Besuch beim Grafen von Maillebois in Maastricht – Die Emigranten in Aachen – Herr von Meilhan – Die schöne Buchdruckerfrau – Rückkehr nach Brüssel – Dortige Schauspielergesellschaft – Der Engländer und sein Mündel von V... – Liebeserklärung auf der Straße – Diese Liebe soll meine letzte sein – Man ist oft besser, als man scheinen will – Geschichte der Mündel und ihres Vormunds, Herrn von B... – Ich laufe Lebensgefahr mit einem wilden Pferde – Mein Zufall erwirbt mir den Besitz des Fräuleins von V... – Sie lässt sich von mir entführen – Wir nehmen ein junges Mädchen aus Brüssel mit – Aufenthalt in Middelburg – Auftritt mit dem Groß-Pensionär von Zeeland – Wir verlassen Middelburg – Ich kehre nach Brüssel zurück – Der Graf von Mercy nimmt mich in Schutz – Vergleich mit Herrn von B... – Meine Erinnerung an eine spätere Liebe – Episodische Liebschaft – Tragikomisches Ende derselben – Herr von B... tritt mir seine Rechte ab – Unsere Trennung von ihm – Ich reise mit meiner Helena nach Paris – Ich schöpfe Argwohn gegen ihre Treue – Falsche Freunde – Lage Ludwigs XVI. – Frankreichs Lage – Mirabeaus Tod – Mirabeau und Cromwell

Hebe führte mich in Hygieias Arme zurück. Meiner Jugend verdankte ich meine Genesung. Um sie zu vollenden, reiste ich auf den Rat meines Arztes nach Aachen ins Bad. Die heilsamen Quellen dieser alten Kaiserstadt zeichnen sich vor allen übrigen dadurch aus, dass sie nie beträchtlich nachteilig sind und dagegen, wenn sie anschlagen, die heilsamsten Wirkungen hervorbringen. Man kann sich ihrer mit der vollsten Zuversicht bedienen, da sie höchst selten und nur wenig schaden, fast immer und im höchsten Grade helfen oder wohl tun. Ich kann die Bäder von Aachen nicht genug empfehlen. Der Ort selbst hat nichts Anziehendes, aber es ist ein wahrer Heilort; er lässt sich mit einer soliden Schönen vergleichen, die ihre Toilette vernachlässigt. Es gibt andre Bäder genug, die man besuchen kann, um sich die Zeit zu vertreiben, die aber, wenn man sie gegen wirkliche Übel anwenden will und der unerfahrene Arzt, der sie uns angepriesen, sich geirrt hat, so nachteilig wirken, dass man den Irrtum nicht selten mit einem lebenslänglichen Siechtum bezahlen muss.

Aachen, *Karls des Großen* Wiege und Grab und die Krönungsstadt so vieler Kaiser, hat zwar seinen alten Glanz verloren, doch fand ich gute Gesellschaft in seinen Mauern. Ich machte sie mir zunutze. Um in meinen eigenen Augen die Schande auszulöschen, die ich mir durch eine schlechte Wahl und besonders durch die üblen Folgen derselben zugezogen hatte, beschloss ich – eine bessere zu treffen. Sie fiel auf die Gattin eines fremden Generals, der die Bäder gebrauchte. Ohne mich mit Frau von A… in ein förmliches Liebesverhältnis einzulassen, fand ich Geschmack an ihrem Umgange und eine angenehme Beschäftigung, zu einer Zeit, wo ich mich mit nichts Ernstem beschäftigen durfte. Die Dame war keine vollkommene Schönheit, auch nicht mehr in den jüngeren Jahren; was ihr noch an Reizen blieb, bewies, dass sie einst größere besessen hatte und noch jetzt gefallen konnte. Ebenso verhielt es sich mit ihrem Geiste; ohne außerordentlich gebildet oder weit umfassend zu sein, fehlte es ihm nicht an Lebhaftigkeit und Witz. Von ihr ist ein Bonmot, welches ich mit Unrecht anderen habe zuschreiben hören.[468] Auf einer Redoute wurde sie beharrlich von jemandem verfolgt, dessen Person und Wesen ihr zuwider waren. Der lästige, unausstehliche Mensch nahm sich's besonders heraus, als sie mit drei Masken Whist spielte, sich hinter ihrem Stuhl aufzupflanzen. Endlich riss ihr die Geduld, und als sie eben im Verlust war, brach sie aus: »Mein Herr, ich bin nicht reich genug, um Sie immer in meiner Nähe zu haben.«

Eine zärtliche Annäherung[469] an sie würde mir nicht schwergefallen sein, umso mehr, da wir beide wenig dabei zu wagen hatten. Sie schien sogar darüber verwundert, dass ich die Badezeit und die Badefreiheit so

---

[468] Kann sie es nicht jenen anderen nachgesprochen haben? Die Anekdote erinnert übrigens an eine ähnliche. In einem Kaffeehause lehnte sich bei einer Whistpartie einem der Spieler ein unbekannter Zuschauer über die Schulter und sah ihm in die Karten. Um ihn los zu werden, zog jener sein Taschentuch hervor, kniff den Lästigen in die Nase und entschuldigte sich mit den Worten: »«Bitte, um Verzeihung, ich habe mich vergriffen und Ihre Nase für die meinige gehalten.« (*Übers.*)

[469] Un doux nenni, avec un doux sourire, Est tant honnête. (Marot)

wenig zu benutzen suchte. Als sie mich aber in einer so wichtigen Angelegenheit ganz über die Maßen vernünftig fand, folgte sie meinem Beispiel und legte nicht größeren Wert auf die Sache als ich. Nur ging sie doch etwas weiter und gab mir zum Gehilfen[470] einen Abbé, welcher kurz vorher Militär und Hofmann gewesen war. Ich nenne ihn mit Recht meinen Gehilfen, er selbst zeigte sich als solchen. Bis dahin war der Mann höflich, artig, bescheiden gegen mich gewesen, plötzlich wandelte er sich um, zeigte Laune und Übermut, bewies mir, dass er der Glückliche sei. So kam es denn zwischen uns zu einem heftigen Auftritt, wobei ich (nach so vielen Jahren) nicht entscheiden will, auf welcher Seite das Recht war. Nur so viel ist mir erinnerlich und klar, er brach mit beleidigendem Ungestüm aus, ich blieb nicht zurück und überbot ihn. Zugegen waren der Baron *von Batz* und der Graf *von D...*

Wäre mein Gegner, Herr *von La C...*, ein Dorfpfarrer gewesen, so würde ich mich ganz anders bei der Sache benommen haben, so aber hatte ich mit einem Manne seines Namens, seiner Familie, seines Ranges, und der im Begriff gewesen war, es bis zum Dragonerobersten zu bringen, andre Rücksichten zu beobachten; ich durfte die Schicklichkeit nicht aus den Augen setzen.

Der Generalleutnant und Ritter des Goldnen Vlieses Graf *von Egmont* war damals in Aachen; ein Mann, dessen Loyalität als Muster angeführt wurde, ein Mann, dessen ganzes Leben die schönsten, kräftigsten Eigenschaften bewiesen hatte, der aber in eine Schwachheit verfallen war, welche so vielen Helden und Nichthelden gemein ist. Er war nämlich mit einer gewöhnlichen Frau in ein erstes, unschickliches Verhältnis und von da in ein zweites, noch unpassenderes – in den Ehestand getreten.

> If thou not rememberest the slightest folly,
> That Love made thee fall into,
> Thou hast not loved.

Welcher Stern ist nicht unter dem weiblichen Einfluss erblasst? Der Graf *von Egmont* ließ sich von einer Irländerin, die mit ihm als Wirtschafterin gelebt hatte, betören und machte sie zu seiner Gemahlin. Sie behauptete, von Adel und »adelig wie der König« zu sein. Das Publikum wollte es aber durchaus nicht glauben. Ich habe selbst ein Chanson gesehen, einen geschmacklosen Gassenhauer, worin ihr die niedrigste Ab-

---

[470] Adjoint.

kunft vorgeworfen wird, denn wenn sich einmal der Strom der Verleumdung über jemand ergießt, der sich Feinde und Neider gemacht hat, so gibt es keinen Damm, der ihn zurückhält. So viel bleibt ausgemacht, sie war keine schickliche Partie für einen Mann von so hoher Geburt. Doch da sie ihm in seine Verbannung gefolgt ist, da sie durch sanftes und zuvorkommendes Wesen, durch sorgsame Pflege sein herbes Schicksal versüßt hat, da sie bis zu ihrem Ende sein Trost und sein Glück war, da sie, mit wenigen Verstandesgaben, aber mit einem immer gleichartigen, aufmerksamen, gefälligen Gemüt ihn dergestalt an ihren Umgang gewöhnt hatte, dass er ihren Tod nicht hat überleben können – so muss man daraus schließen und der Billigkeit nach zugeben, dass er im herannahenden Alter eine gute Wahl getroffen und einen sehr vernünftigen Entschluss gefasst hatte. Man kann es ihm in jeder Hinsicht zutrauen, dass er mehr als seine Freunde imstande war, zu beurteilen, was sich am besten für sein Herz schickte; und der Herzog *von Harcourt*, der sich unwiderruflich von ihm trennte, sobald er diesen Schritt getan, hat in meinen Augen lächerlich gehandelt. Es ist zwar die Pflicht des Freundes, dem Freunde nach Einsicht und Überzeugung zu raten, wenn er glaubt, dass dieser im Begriff steht, eine Sottise zu begehen; ist sie aber einmal begangen, so sehe ich es als den sichersten Beweis der Freundschaft an, wenn man die Sottise entschuldigt, sie bemäntelt und gegen die Welt in Schutz nimmt. Muss der Stolz – der Ahnenstolz – *da* nicht schweigen, wo das Herz spricht und gebietet? Wo es auf eine Verbindung ankommt, welche dem ganzen übrigen Leben Gehalt und Farbe mitteilt? Jener Tote auf dem Gottesacker sprach zu einem andern, der ihm, weil er im Leben vornehmer gewesen war, den Weg vertreten wollte: »Schatten ist Schatten; ich weiche dir nicht!« Lässt sich das nicht schon von Lebenden sagen? Was sind die Menschen? Sind sie nicht *Schatten*? Warum sollte es nicht erlaubt sein, den *Schatten* zu wählen, an dessen Hand man durch das Leben gehen will, um mit ihm das Ziel zu erreichen, wo alles zu Schatten wird?

Der Graf *von Egmont* wurde nach wie vor allgemein geachtet, niemand verargte ihm seine Missheirat. Er war der Mann, an den ich mich wandte. Ich teilte ihm alles Nötige mit, um über mich und den Abbé zu entscheiden, und fragte ihn um Rat. »Die Sache«, sagte er, »ist so weit gediehen, dass ich *Ihnen raten muss*, sich mit Herrn *de la C...* zu schlagen; bedenken Sie indessen, dass man Sie sehr tadeln würde, wenn Sie ihn totschössen, aber noch mehr auslachen, wenn Sie sich totschießen ließen.

Suchen Sie, so gut es angeht, sich aus der Affäre zu ziehen.« Sein Rat war, wie man sieht, ziemlich verwickelt; ich dachte darüber nach und es gelang mir, die Frage zu vereinfachen.

Ich bewog nämlich den Baron *von Batz, uns beiden* als Kampfzeuge zu dienen. Herr *de la C...,* welchen er benachrichtigt hatte, fand sich auf dem Platz ein, wo ich seiner wartete. Er gab sich ganz das Ansehen seines ehemaligen Standes. Der Baron *von Batz* stellte uns zehn Schritte auseinander und entschied, wir sollten auf ein gegebenes Zeichen zugleich schießen. Ich erhielt das Feuer meines Gegners, er hingegen machte mir den Vorwurf, nicht abgedrückt zu haben. Ich erwiderte: »Es hängt von Ihnen ab, den Kampf zu erneuern; was mich betrifft, so schieße ich nicht, *wenn ich unrecht habe.*« Er bestand fest auf einem zweiten Gang und verlangte ausdrücklich von mir, ihn wegen seines jetzigen Standes nicht zu schonen. »Auch habe ich«, sagte ich, »diesen Stand mit keinem Worte erwähnt.« Auf diese Erklärung zwang ihn Herr *von Batz,* mir die Hand zu reichen; als Freunde gingen wir Arm in Arm nach Hause. Ich speiste beim Grafen *von Egmont,* welcher mein Benehmen billigte. »Herr Graf«, erwiderte ich, »warum loben Sie *mich?* Ich verdiene Ihr Lob nicht; der Zufall verdient es. Hätte mich der Zufall erschießen lassen, was wäre ich in Ihren Augen? Ein Narr.«

Dieser Vorfall bewirkte, dass ich in der Gunst der Frau *von A...* stieg. Ich fühlte aber, dass ich ihre Zuneigung *nie* verdienen, nie ernsthaft erwidern würde, weil die Gefahr, in die ich mich ihretwegen begeben, sie mir nicht teurer gemacht hatte.

Mein Vorsatz war längst gewesen, beim Herzog *von Maillebois* in Maastricht einen Besuch abzustatten. Er hatte mir geschrieben, er hoffe, in Holland angestellt zu werden; alsdann könne ich versichert sein, unter ihm mit Ehre und Vorteil zu dienen. Diesen anständigen Vorwand benutzte ich, das leichte Joch abzuschütteln, welches nur an einem Faden hing. Der Marquis *von D...* bot sich mir als Begleiter an; wir reisten beide nach Holland und kamen glücklich und gesund an, einige kleine Widerwärtigkeiten abgerechnet, welche auf schlechten Wegen, mit schlechten Postillionen, schlechten Pferden und schlechtem Fuhrwerk unvermeidlich sind.

Ein Hauptgrund zu diesem Abstecher war, dem Herzoge *von Maillebois* eine *Geschichte der Revolution* mitzuteilen, woran ich arbeitete und die ich fortzusetzen gesonnen war.[471] Aber es ist abschreckend, die Geschichte seiner Zeit zu schreiben; so sehr mich anfangs die gewählte chronologische Form verführte, so sah ich doch bald ein, ich würde so nur ein mageres Gerippe herstellen, ohne Belege, ohne Verbindung und Folge der Begebenheiten, ohne die nötigen Aufschlüsse, die man nicht geben kann, weil man den Ereignissen zu nahe ist. Um die Geschichte schreiben zu können, muss man *erstens* sich selbst, wie beim Überblick einer Theaterdekoration, auf den rechten optischen Punkt stellen, *zweitens* muss man das Augenglas des Lesers von eben diesem Punkte ausgehen lassen. Wie schwer ist beides? Zu sehr abgekürzt, fließt alles vor dem Glase zusammen; zu weit hinausgeschoben, bleibt nichts deutlich. – Was tat ich? Ich verbrannte meine Schrift.[472] Und weswegen? Weil mir, als ich sie meinen Freunden vorlas, nicht entgehen konnte, dass sie (wie alles auf Erden, selbst das Allerbeste) vom Parteigeist angesteckt waren: denn meine Freunde, von diesem Geiste hingerissen, lobten alles, alles ohne Ausnahme, fanden alles vortrefflich, unvergleichlich – sie, die zu einer ändern Zeit an jedem meiner kleinen Gedichte, meinen leichten Chansons etwas zu tadeln gefunden hatten.

Ich kam von Maastricht mit dem traurigen Gefühl zurück, einen Mann von großen Verdiensten angetroffen zu haben, der bei herannahendem Alter in die Schlingen einer alten Ränkemacherin gefallen war, welche ihn in den Augen aller, die sie kannten oder nur einen einzigen Blick auf sie warfen, ohne Entschuldigung ließ.

Kann ich meinen Aufenthalt in *Aachen* verlassen, ohne an die seltsamen und lächerlichen Träume der dortigen Emigranten erinnert zu werden? Mit jeder Woche handelte sich's um nichts Geringeres, als in der nächstfolgenden in Frankreich einzurücken, einer gewissen Klasse von Menschen Verzeihung angedeihen zu lassen, eine andere gebührend zu züchtigen, dem Könige ein kraftvolles Ministerium beizugeben, um ihn vor seiner eigenen Schwäche zu schützen, die Armee auf einen andern Fuß zu setzen, sie besser und gründlicher zu organisieren, Paris zu bestrafen und den Sitz der Regierung nach Lyon oder *anderswohin* zu verlegen usw. usw. Schöne, harmlose, unschuldige Luftschlösser! Ihr wart der Trost von Männern, welche alles verloren hatten und größtenteils auf fremdem Boden nur ein Grab finden sollten! Die Köpfe waren derge-

---

[471] Es sind einige Hefte derselben in London (1795) erschienen. (*Übers.*)

[472] Doch nur zum Teil. (*Übers.*)

stalt verdreht und verrückt, dass man mir ohne Rückhalt zu Leibe ging, als ich es einmal gewagt hatte, zu sagen, dass Frau *von Maintenon* (welche man, ich weiß nicht, warum, in ganz besonderen Schutz genommen hatte) ein Flecken in der Regierung *Ludwigs des Vierzehnten* gewesen sei. Mit Zeichen des heftigsten Unwillens hörte man dieser Äußerung zu, und als ich kurz darauf den Saal verließ, folgte mir Herr *von Rabodange*[473] auf dem Fuß, holte mich an der Treppe ein und entließ mich mit folgender Strafpredigt: »Sie haben einen unverzeihlichen Fehler begangen! Ich begreife nicht, wie ein Mann von Ihrer Lebensweisheit – denn diese Eigenschaft räumen wir alle Ihnen ein – sich an einer *Frau* hat vergreifen können, deren *Andenken* mit dem des *größten* unserer Könige so eng verknüpft ist. Wissen Sie denn nicht, junger Mann, dass dergleichen Fragen nicht aufgeworfen, dergleichen Sätze nicht erörtert werden dürfen? Dass sie als *heilig* anzusehen sind und dass es in den Zeiten, worin wir leben, keinem biederen, treuen Franzosen *erlaubt* ist, über dergleichen Gegenstände Zweifel aufzuwerfen und Untersuchungen anzustellen?« – »Also«, versetzte ich, »ist Frau *von Maintenon* eine Heilige und Pater *Le Tellier* wohl auch ein Heiliger?« – »Freilich«, erwiderte er. – »Nun wohl, es mag sein; die *Maintenon* heilig, *Le Tellier* heilig! Dafür aber wagen Sie es beileibe nicht, von der Marquise *von Pompadour* und vom. Herzog *de la Vrillière* ein böses Wort zu sprechen! Gnade Gott Ihnen, vollends, wenn Sie sich je leichtsinnig über den seligen *Ludwig XI.* vernehmen lassen.« – Er bedeckte sich das Gesicht mit beiden Händen und rief: »Das sind für einen Mann, der so *rein* ist wie Sie, *unreine*, unanständige Späße!«

Ein andrer, der kleine Abbé S..., Verfasser einer guten Schrift, die aber nicht von ihm sein soll, wollte mir ebenfalls Lehren geben. Ich hatte ihm Stellen aus meiner *Geschichte der Revolution* vorgelesen; »Sie schreiben unvergleichlich«, sagte er, »Ihr Stil ist glänzend, nervig; Sie malen mit kräftigen Zügen;[474] aber erlauben Sie mir, es Ihnen zu sagen, Sie werden wenig Leuten gefallen, weil Sie für alle Parteien eintreten.« – »Abbe«, versetzte ich, »ich schreibe für die Wahrheit, wenigstens für das, was in meinen Augen Wahrheit ist.« – »Ein großer Irrtum, Herr Graf; in einem Werke dieser Art muss man wie in einer beratenden Versammlung eine

---

[473] Marechal de Camp, ein braver Offizier von gutem, alten Adel und was noch mehr sagen will, ein Mann von Ehre, ein Ehrenmann.

[474] Ich durfte ihm nicht aufs Wort glauben; meine Leser dürfen es ebenfalls nicht. (Verf.)

Partei ergreifen, sich kopfüber hineinstürzen, sollte sie auch die schlechte sein, und dann von der einmal angenommenen Linie nicht abweichen.« – »Aber in dieser Handlungsweise liegt wenig Rechtlichkeit und Seelengröße.« – »Eben deswegen kommt man auf diesem Wege weiter.«

Ich fand in Aachen noch ein zweites Original, Herrn *Senac von Meilhan*, Exintendanten von Valenciennes. Der gute Mann brachte die letzte Zeit seines Lebens im Bette zu, ohne krank zu sein. Er starb ganz eigentlich am – Bettliegen; sein Tod gilt für sein bestes Werk, obschon er deren eine ganze Menge an das Licht gebracht hat. Es lässt sich in der Welt kein so ernsthafter Stolz, keine so ruhige Eigenliebe denken als die seinige. *Rivarol* war neben ihm und in seinen Augen – ein Zwerg. Ich bin zwar nicht der Meinung, dass Männer von großen Talenten die Bescheidenheit spielen sollen, haben sie sich im Leben zu hoch angeschlagen, so wird ihnen nach dem Tode ihr Recht schon widerfahren, ja, unter *zehn* widerfährt dieses schon *neun* im Leben. Das bescheidene Talent ist wie eine Münze von altem Gepräge; man hebt sie als eine Schaumünze auf, sie ziert ein Medaillenkabinett; will man aber damit bezahlen, so verliert sie viel von ihrem Nominalwert.

Herr *von Meilhan* wird mir nach seinem Tode, und seiner Eitelkeit unbeschadet, erlauben, eine Anekdote von ihm zu erzählen. Ein Buchdrucker in Aachen hatte eine schöne Frau. Wir pflegten sie Frau *de la C…* zu nennen, weil sie wirklich Ähnlichkeit mit ihr hatte. Dabei führte sie wie jene ein freies Leben, nur dass sie nicht, wie ich wenigstens glaube, bei Lebzeiten ihres Gatten sich mit einem andern hat trauen lassen. Doch dergleichen ist Sache des Geschmacks und des Charakters, und wenn man sich vom Manne scheiden lässt, um sich mit dem Geliebten zu verbinden, so wird es sogar erbaulich. Um wieder auf unsere Buchdruckerfrau zu kommen, so hatte sie mehr als einen von uns glücklich gemacht und keinen Liebhaber leer ausgehen lassen. Wenn schon eine ehrsame Frau Mühe hat, *einen* verschwiegenen – Hausfreund zu finden, wie viel schwerer hält es für eine, die sich *mehrere* dergleichen anschafft, ein Verhältnis geheim zu halten, welches ihr Benehmen sozusagen zu einem öffentlichen macht, obschon dieser Umstand eigentlich keinen Ehrenmann zum Ausplaudern berechtigen sollte. Meine Freunde und ich waren aber schwatzhafte Ehrenmänner; wir teilten mit, was jeder von uns erhalten hatte, und jeder von uns war begünstigt worden. Herr *von Meilhan* hörte davon und wollte sich's zunutze machen. Freilich hätte er sich kennen und wissen sollen, dass er die Rolle eines lächerlichen Liebhabers spielen würde; aber kennt man sich? Weiß man, wie man beurteilt wird? Oder hält man es immer für notwendig, liebenswürdig zu sein, um zu liebeln? Kurz, Herr *von Meilhan* tritt in die Schranken. Seine Toilette, wie gesucht; sein Wesen, wie gefällig; seine Mienen, wie süß! Schon geht er die Straße auf und ab, wo *seine Schöne*[475] wohnt, vor dem Hause hinüber und herüber, verweilt vor ihren Fenstern, schaut hin, räuspert sich, um bemerkt zu werden, lässt seinen Brillantring blitzen, wirft einen zärtlichen Kuss hinüber! – Noch mehr; er ist Schriftsteller, folglich wird er auch *schreiben*. Sein Billett ist abgeschmackt wie seine Liebe: gleichviel.

Er hofft, die kleine Bürgerfrau wird das parfümierte Billettdoux *riechen*; das Pulver à la maréchale wird ihr süß entgegenduften; das Blättchen mit den rosenroten Vignetten und vergoldeten Rändern wird ihr in die Augen fallen; sie wird die Aufschrift lesen, die Worte: »Verliebt und verschwiegen« werden einen tiefen Eindruck auf sie machen; sie wird das Siegel betrachten; der Buchstabe L. und das Wort seule daneben! Was heißt das? »Ich hab's!«, wird sie ausrufen: »Elle seule! Sie allein!« – »Ich allein!« – Ist das alles nicht rührend, herzbrechend, herzgewinnend? Wie manches, was in der Vorstadt Saint-Germain seinen Zweck verfehlen würde, gelingt im Ladenstübchen einer Landstadt – besonders im Nebenzimmer, welches die schöne Dame so gern zum Salon stempeln möchte.

Nach einigen Tagen zieht Herr *von Meilhan* mich und den Vicomte von C... auf die Seite und mit geheimnisvoller Miene spricht er zu uns: »Ich weiß, meine Herren, dass Sie das Konterfei der Frau von C... bisweilen besuchen. Lassen Sie sich warnen. Sie laufen die größte Gefahr. Ich rede aus Erfahrung. Ich bin nahe daran gewesen, bei ihr das Leben einzubüßen. Der Mann war hinter dem Bette versteckt; er wollte mich umbringen. Ich konnte mich nur mit Aufopferung meiner Uhr und Börse retten. Es ist eine Raubhöhle. Gehen Sie um Gottes willen nicht wieder hin!« Diese Rede, begleitet von allen Zeichen des panischen Schreckens, von der Miene der Wahrheit und Ehrlichkeit, machte Eindruck auf uns. Der Vicomte gab mir die bestimmte Versicherung, er werde nie wieder einen Fuß in das Haus setzen. Ich war im ersten Augenblick derselben

---

[475] Ich habe diese Redensart nie leiden können; sie klingt so geschmacklos und ist so gemein geworden, dass man sie schon in dem Munde aller Liebesschranzen und Liebesscherwenzler findet. (*Verf.*)

Meinung; da ich mir aber die Sache ruhiger überlegte, als ich den Charakter der sanften, gefälligen Frau zergliederte, ihr einfaches, offenes Benehmen mir dachte, mich an ihre oft bezeigte Ängstlichkeit, von dem Manne überrascht zu werden, erinnerte, und vor allen Dingen ihre treue und zärtliche Hingebung in den glücklichsten Augenblicken mir vormalte – da schwanden meine Besorgnisse, meine Zweifel, da sagte ich mir ohne alles Bedenken: »Der Herr Ex-Intendant ist ein schamloser und ungeschickter Verleumder; die Frau ist nichts weniger als ein Ungeheuer, als die Mitverschworene eines Mörders.«

Gleich am nächsten Tage ging ich zu ihr. Ich entsinne mich, ein Terzerol eingesteckt zu haben, es war aber, dünkt mich, nicht einmal geladen und mehr eine Folge der Gewohnheit, wenn ich auf Abenteuer ausging, als eine Vorsicht, als eine Folge der Furcht. Ich brachte das Gespräch auf Herrn *von Meilhan* und seine Erzählung. Anfangs lachte sie dazu wie eine Närrin; aber als ich auf den Hauptpunkt kam, auf das Interessante der Geschichte, geriet sie in den heftigsten Unwillen über die schwärzte, scheußliche Beschuldigung. Sie gestand mir, ihn zweimal in allen Ehren und Züchten bei sich gesehen zu haben; er habe ihr Gräuel zugemutet, die sie schaudern gemacht hätten; er sei ihr zu Füßen gefallen, habe ihr alles, was er auf der Welt besitze, angeboten, wenn sie ihn *schlagen* – wenn sie ihn (wer sollte sich dieses nec plus ultra der Liebeswut denken!) – wenn sie ihn mit *Messerstichen* verwunden wollte!! (Oh Menschen! Menschen! Verächtliche, erbärmliche Menschen!) Sie habe vor Entsetzen die Sprache verloren, habe ihn, sobald sie wieder zu sich gekommen, beschworen, sie nicht weiter zu verfolgen, habe stufenweise den Mut gefunden, ihm zu erklären: Er und sein Messer sollten ihr nie wieder vor Augen kommen, sie werde sonst, trotz dem, was daraus entstehen könnte, *bei der Polizei Klage einreichen.* – Wütend über die Drohung und aus Furcht, entlarvt zu werden, hatte er nun den allerschlechtesten seiner Romane erfunden, und in der Hoffnung, schwache Menschen zu finden, welche seiner groben Erdichtung Glauben beimessen würden, war er der Erste gewesen, ein geheimes Verhältnis aufzudecken, welches ihn zum Spott seiner sogenannten Freunde und der ganzen Stadt machen musste. Viele lachten darüber, ich aber gestehe, dass mir der Vorgang Verachtung und Abscheu eingeflößt hat.

Ich zog mich von ihm zurück, denn es gibt eine Art von Verachtung, die keinen andern Ausweg überlässt. Ich ließ ihn sich mit einem Manne herumzerren, mit einer Art von Theater-Karikatur[476], einem Seitenstück zum Grafen *von Tuffières*;[477] nur in einer andern Art; denn der Mann, von dem hier die Rede ist, besaß schätzbare Eigenschaften, war bieder, rechtlich, von ritterlichem Ehrgefühl durchdrungen – nur dabei von einer lächerlichen Außenseite. Er war ein Glorieux wie *Tuffières*, wenn man das Wort im strengsten Sinne nehmen will, aber sein Stolz war ergötzlich, nicht abstoßend war sein Schild im Leben, bewahrte es vor Flecken und Schuld, war der Stützpunkt, der ihn nicht fallen ließ, weil seine überspannten Begriffe von der Würde eines vornehmen Mannes ihm die damit verbundenen Pflichten beständig vor Augen stellten.

Dieser Mann war der Graf *von Escars*.

Will man sein wohlgetroffenes Bild haben, so stelle man sich einen Mann vor mit einem sorgfältig gepflegten lockeren, schwellenden[478] Haarputz, mit langem hageren Gesichte, mit vornehm ironischem, Wesen[479], mit kurzem, eng zugeknöpftem Rocke, gestickter Weste, altmodischen Berlocks auf zart- und hellfarbigen Beinkleidern; vom frühsten Morgen an in seidenen Strümpfen und Eskarpins mit der kleinen, runden, goldenen Schnalle auf der Fußspitze; die Haare in ein Beutelchen, Crapaud genannt, hinten im Nacken fest zusammengebunden; mit dem Paradestocke, dem Armhute (á la brigadière), der zierlich gefalteten Halsbinde von Batist und der kleinen Diamantnadel, die schon von fern an das Oeil de boeuf erinnerte; mit dem großen, blauen Bande, welches die vorsätzliche Bewegung der Hand in der Weste blähte und aufpuffte; mit dem abgemessenen Gange eines Mannes, der jeden Schritt für das Publikum und für das Heil des Staates macht; mit dem ganzen Äußeren und Auftreten eines abgemagerten Höflings, der seinen letzten Prozess verloren hat, mit dem Zittern und Wispern einer an sich haltenden, halb vertraulichen, halb stockenden Stimme; mit vornehmer Gebärde; zehnmal in fünfzig Schritten anhaltend und stehenbleibend, um dem Begleiter mit dem Daumen und Zeigefinger den Sinn jedes seiner Worte einleuchtender zu machen; dabei aber, und trotz allem diesem, der beste Mann von der Welt, der artigste Weltmann, der über alles und von allem

---

[476] Personnage de comédie.

[477] Destouches, in seinem Glorieux, hat diese Person, eingeführt, um die stolze Eitelkeit lächerlich zu machen und sie zu beschämen. (*Übers.*)

[478] Mousseux, wie Champagnerweinschaum.

[479] Superbement goguenard.

gehörig und schicklich zu reden weiß, sich bei der Tafel auf die Küchen-chemie und die feinen Bestandteile eines Gerichts so gut wie auf seinen Stammbaum und auf seinen Horaz versteht, und ein *Schmecker*, wie es demjenigen zukam, der im Hofstaate eines Königs von Frankreich die Stelle eines Oberst-Mundkochs zu verwalten hatte.

Ich habe ihn für *die* beschrieben, die ihn *sehen* wollen; jetzt lasse ich ihn reden für *die*, welche ihn zu *hören* wünschen.

»Die Verbindung, in weicher wir schon vor vier Jahrhunderten mit dem Königlichen Hause gestanden haben, gereicht weder diesem Hause noch uns zur Schande. ... Man ist gegen die Familie von Noailles sehr ungerecht gewesen.[480] Ihr rasches Emporkommen in den neueren Zeiten hat den Neid gegen sie rege gemacht; man hat sie für Leute von gestern ausgegeben, da sie doch von gutem, alten Adel und sogar mit uns ver-schwistert sind. Die Familie stammt aus Limoges, hieß ursprünglich *Noaillac* und folgt auf die unsrige. Das kann ihr niemand streitig ma-chen.« – Dann kam eine Anführung aus Horaz; auf diese folgte eine an-dere aus Tacitus; denn Herr *von Escars* wusste mehr Latein als der Pe-dant *Meilhan*. Sein tapferer Bruder, welcher die Sprache ebenso gut ver-stand, ist im Laufe der Revolution als General in die Dienste einer gro-ßen Macht getreten, welche mit Frankreich Krieg geführt hat. Er war ein ganz vorzüglicher Mann, gefällig, diensteifrig wie keiner; dabei sehr unterrichtet, ein guter Kenner der schönen Wissenschaften und Künste, ein eben so guter Gastronom, dabei ein trefflicher Offizier und so leiden-schaftlich für dieses Handwerk eingenommen, dass er es, als er noch in Frankreich war, manchem, der unter ihm diente, verleidet hat. Er war klug genug, in sein Vaterland zurückzukommen (aus welchem sich überhaupt niemand hätte entfernen sollen), als es noch Zeit war, umso mehr, da ihn das Ausland nicht immer mit derjenigen Auszeichnung behandelt hat, die er verdiente. Aber in welchem Lande von Europa sind wohl die Ausgewanderten nach Verdienst aufgenommen worden?

Nach einem dreimonatlichen Aufenthalt in Aachen sagte ich zu mir selbst: »Es ist genug!«, und kehrte nach Brüssel zurück. Brüssel ist eine Stadt, der es zwar am Glanz und Umgang der ersten Stände fehlt, aber nicht an den übrigen Reizen der Geselligkeit und an vielseitigen Hilfs-

---

[480] Das ist wahr. Die Herren von Noailles sind von uraltem Adel und haben in allen Fä-chern mit Auszeichnung gedient. Ob ein Noailles beim Hause Bouillon – damals ein souveräner Fürstenstamm in Sedan – in Diensten gestanden oder nicht, tut nichts zur Sache. (*Verf.*)

quellen für das angenehme Leben. Ich kannte außerdem viele Einwohner und hielt mich meistenteils zu den Engländern, wie es denn die Franzosen überall auf dem Festlande zu tun pflegen, obschon beide Nationen sich nur hoch schätzen, aber nie lieben.

Ich sah beim Chevalier *von R...*, dem reichen *Lima* von Brüssel, eine Gräfin *von* G..., schön und nicht schön, in die er verliebt war und die er sich etwas – nur nicht zu viel – kosten ließ, denn der weise Senor verstand sich vollkommen auf die Rechenkunst. Er hielt sich für geliebt und wurde auch wirklich – *angebetet*, wie es die sechzigjährigen Liebesnarren zu glauben pflegen. Die Dame fühlte noch außerdem ganz eigentlich das Bedürfnis, ihn zu betrügen; ich bot mich ihr schnell zum Mitschuldigen an. Aber sie, welche ihre guten Gründe hatte, den Alten zu schonen, ahnte nicht sobald, dass er Lunte rieche, als sie mich verabschiedete, und das mit einem so niederländischen Phlegma, dass man Mühe gehabt haben würde, zu unterscheiden, welcher von uns beiden ihr der gleichgültigste sei.

Dieser kleine Schwärmer war nur der Vorbote eines großen Feuerwerks, eines förmlichen Liebeshandels, dessen Folgen beinahe tragisch für mich ausgefallen wären. Es bedurfte nichts weniger als der Dazwischenkunft eines Mannes, in dessen Händen sich damals die zeitige Obergewalt befand, um mich aus einer ziemlich verwickelten Lage zu befreien. Diese neue Leidenschaft bemächtigte sich meiner mit unwiderstehlicher Kraft und Herrschaft, trieb mich über Land und Meer, brachte mir in vieler Hinsicht großen Nachteil, fesselte meine Gedanken, hemmte meine Entwürfe, wurde mein ein und mein alles, der Hauptgegenstand meines Daseins, verließ mich dann wieder und versetzte mich in meine vorige Lage, unbeschäftigter und berufsloser als je. Das Unrecht bei der Sache ist ganz auf meiner Seite. Man hat sich wohl nie so viel Mühe gegeben, einen Fehler zu begehen, wie ich in diesem Falle. Gleichwohl muss ich gestehen, dass die junge Person, mit der ich auf diesen Abweg geriet, durch ihre Reize, ihre Grazie, ihre verführerischen Eigenschaften die Torheiten zum Teil rechtfertigte, zu welchen ich sie verleitete und in welche sie mich hineinriss.

Wir hatten damals in Brüssel eine nichts weniger als mittelmäßige Schauspielergesellschaft:

C'étaient d'assez beaux yeux pour des yeux de province.[481]

Die Loge des Herzogs *von Aremberg* war das Rendezvous der feinen Welt. Der Prinz *Louis* machte sich ein Vergnügen daraus, seinen Bekannten den Zutritt anzubieten. Alles, was sie in sich schloss, stimmte mit mir in die Bewunderung und in das Lob einer jungen himmlischen Schönheit ein, welche ein bejahrter Engländer alle Abend ins Schauspiel führte. Sie schien zwischen siebzehn und achtzehn; ihr Wesen war noch einnehmender als ihre Reize. Wer war sie? Dieses wünschten wir alle zu erfahren. Ich meinesteils dachte: Das beste Mittel, sie kennenzulernen, besteht darin, sie – ein für alle Mal ihrem ewigen, unzertrennlichen Argus zu entreißen. In dieser Absicht suchte ich mich ihr bemerkbar zu machen; ich richtete es so ein, dass es ihr nicht entgehen konnte, wie sehr ich mich mit ihr beschäftigte. Zugleich benahm ich mich dabei auf eine Weise, die ihr beweisen sollte, dass meine Bescheidenheit ein mir auferlegter Zwang sei und eine Folge der Furcht sie bei ihrem Begleiter (sei dieser ihr Vater, ihr Oheim, ihr Vormund oder was er sonst wolle, denn aus der Miene des Gentlemans ließ sich alles Mögliche schließen) – zu kompromittieren. Sobald ich sicher sein konnte, dass sie mich verstanden habe, erwartete ich mit Ungeduld den Tag, wo sie in Gesellschaft einer ältlichen Frau, welche den männlichen Mentor bisweilen ersetzte, ausgehen würde. Endlich zeigte sich die günstige Gelegenheit. Zu meinem Unglücke regnete es den Morgen, als wenn alle Schleusen des Himmels sich aufgetan hätten. Doch das hielt mich nicht ab, ihr auf offener Straße aufzulauern, und als sie aus der Tür trat, um in den Wagen zu steigen, mich mitten in den Schmutz ihr zu Füßen zu werfen. »Sie würden berechtigt sein«, redete ich sie an, »mich für einen Tollhäusler zu halten, wenn Sie nicht schon in mein Herz geschaut, gelesen und die Gewalt erraten hätten, die ich mir antue, jedem Ihrer Schritte *schweigend* zu folgen. Fühlen Sie gar kein Mitleiden mit einer Liebe, die ich nicht unterdrücken kann und die mir den Tod gibt, wenn Sie sich weigern, sie zu erwidern?« (Im Augenblicke, wo ich dieses schreibe, muss ich selbst über das Pathos lachen, mit dem ich das vorbrachte; aber bei Frauen muss man nie mit der Sprache der Schwärmerei und mit dramatischen Formen und Formeln markten und geizen[482], besonders bei den jungen;

---

[481] Gresset sagt in seinem Méchant (Act. III. Sc. 9): Elle avait de beaux yeux pour les yeux de province. (*Übers.*)

[482] Marchander.

denn ältere und erfahrene lassen sich von dergleichen Floskeln nicht betören; sie verlangen nicht, dass man sich diese Mühe mit ihnen gebe, und man gibt sie sich auch nicht.) – »Mein Herr (stammelte sie), mein Herr ... Sie machen mich unglücklich ... stehen Sie auf!« – »Nein, Miss, mich, mich machen Sie unglücklich, wenn Sie mich nicht anhören, mir nicht antworten ... Nur um ein Wort flehe ich, nur um einen Augenblick. Und wenn ich nicht das Glück habe, Sie zu überreden, so fliehe ich auf immer aus Ihrer Gegenwart.« – »Mein Herr, lassen Sie mich los ... lassen Sie mich gehen; ich beschwöre Sie!«

– »Wo kann ich Sie wiedersehen?« – »Nirgends.« – »Ich folge Ihrem Wagen.« – Sie stieg ein und fuhr mit Pfeilesschnelle davon. Ich hinterdrein. Es war nicht weit. Ich sah sie aussteigen. Ein Geschenk an den Bedienten wird nicht gleich angenommen; ich verdoppelte die Gabe und der Mensch wird zahm, antwortet auf meine Fragen, nennt mir den Namen der Dame, gibt mir eine Menge wichtiger Aufschlüsse. Der Hauptpunkt für mich war, mit der Kammerfrau Bekanntschaft zu machen. Mein neuer Vertrauter verspricht mir, sie zu bewegen, eine Türunterredung mit mir zu haben. Sie erscheint; einerseits beteuere ich ihr die Reinheit meiner Absichten, andernteils die Größe meiner Erkenntlichkeit, wenn ich meinen Zweck erreiche. Nach einigen Minuten ersucht mich die Frau, sie zu verlassen, die Weisung hinzusetzend: »Ich möchte mich *keinem Bedienten* anvertrauen«, und bestellt mich auf den nächsten Tag, abends zehn Uhr, mit der Versicherung, sie werde versuchen, so weit es in ihren Kräften stehe, mir in allem nützlich zu sein, was sich mit ihren Grundsätzen von Ehre und Rechtlichkeit vereinbaren lasse. Sie setzte hinzu: »Ich zweifle nicht, dass Sie *der Herr* sind, von welchem meine Miss mich oft unterhalten hat.« Diese Nachricht brachte ihr einen Louisd'or und einen Kuss ein und ich verließ sie fast ebenso glücklich, als hätte ich eine Zusammenkunft mit ihrer Herrin gehabt.

Es ist nicht an dem Erfolg zu zweifeln, dachte ich bei mir selbst; die Kammerfrau ist gewonnen, morgen spreche ich sie wieder und sehe die Glückliche,[483] welche beständig um den Gegenstand meiner Liebe ist, deren Hand ihr Haar in Locken dreht, in Flechten bringt, ihr das Gewand anlegt, das ihre Reize einschließt und erhöht, und alle Abend sie

---

[483] Cherubin im Mariage de Figaro (Act. I. Sc. 7.) Que tu es heureuse! A tous moments la voir, lui parler, l'habiller le matin, et la déshabiller le soir, épingle par épingle. ... (*Übers.*)

von dem Schmucke befreit, dessen sie so wenig bedarf. ... Sie hat von mir gesprochen! *Wir* lieben uns! Das ist ausgemacht! Eine beiderseitige Sympathie bringt uns näher ... wird uns verbinden ... Ich will ... es ist beschlossen ... diese Liebe soll die letzte sein ... die letzte? ... vielleicht! Wenigstens soll sie keiner von den vielen Liebschaften gleichen, die ich gehabt habe; ihr Feuer soll sich von den wilden Flammen unterscheiden, die mich verzehrt haben, ohne auf dem Altar meines Herzens zu brennen – von der erkünstelten Wärme, die meine Seele verdorrt, nicht erquickt hat!

Man glaube nicht, dass ich hier übertreibe! Zwanzigmal in meinem Leben habe ich dergleichen Entschlüsse gefasst, zwanzigmal hat die böse Gewohnheit über sie gesiegt. Mehr als irgendjemand, ein zaghafter Neuling in der Liebe, galt ich in der Welt für einen Mann, der ein ehernes Herz im Busen trage, der sein einziges Vergnügen im Betrug finde, der nur nach Genuss strebe und der unschätzbaren Gabe eines Herzens unwürdig sei. Wie konnte man mich aber anders beurteilen? Gab ich mir nicht geflissentlich das Ansehen, das zu *sein*, was ich *scheinen* wollte und nicht *war*? War ich nicht bemüht, vor der Welt die Gefühle zu verbergen, welche tief in mir lagen? Suchte ich nicht aus falscher Scham und schlechten Beispielen folgend die Sprache eines Taugenichts[484] zu führen, welche meinem Herzen so fremd war, und zu verbergen, was in ihm vorging? Wie oft habe ich die Schwächen der Gutherzigkeit, die zärtlichsten Rührungen, die zartesten Empfindungen, die mich des Glücks würdig gemacht hatten, nur *eine* Frau zu lieben, nur von *einer* Frau geliebt zu werden, zurückgedrängt! Aber so geht es. Man bringt sein Leben damit zu, sich den Schein eines Bösewichts[485] zu geben, und die wahren Bösewichte stehen da und lauern und nehmen uns beim Worte. Ein schlechter Ruf entsteht, die Welt fasst alles auf, was ihn begründen kann, und wendet die Augen von dem ab, was ihn tilgen könnte. Und will man hinterdrein die böse Meinung verbessern, so ist es zu spät; sie steht auf eherne Tafeln geschrieben und eingegraben, die sie ganz ausfüllt und wo es zur Aufzeichnung ehrenvoller Tatsachen an Raum fehlt; die Fama hat in ihre Trompete gestoßen; sie hat gesprochen und sie nimmt bekanntlich das einmal Gesprochene nur dann zurück, wenn es in Lob, nie aber, wenn es in Tadel bestand.

---

[484] d'un mauvais sujet.

[485] d'un méchant.

Wenn uns etwas grausam und zu Barbaren gegen die Frauen machen könnte, so wäre es der Gedanke, dass sie keine Schonung verdienen, weil sie gegen uns keine üben. Sie sind in der großen Welt die öffentlichen Nachrichter in den gesellschaftlichen Kreisen, wie die Revolutionsweiber auf den Straßen von Paris die Henkersknechte der Parteiwut und der blutigsten Rache gewesen sind. Ihre Bosheit verbirgt sich hinter ihrer Schwäche, wo sie der von ihnen verletzte und verwundete Mann selten aufsucht. Und wenn er sich's erlaubt, diese leichte Verschanzung zu durchbrechen, so nennen sie *ihn*, den sie so feige und sicher vor Gefahr angriffen, feigherzig und unedel, rufen um Hilfe, und Toren, welche sie *morgen* ihren Launen aufopfern werden, sammeln sich *heute* um sie, stimmen in ihre Anklagen ein, überschreien sie gar und verbinden sich mit ihnen gegen ihren natürlichen, gemeinschaftlichen Verbündeten – den *Mann* –, nicht bedenkend, dass ihnen Ähnliches bevorsteht und dass sie die Pfeile gegen sich selbst richten, welche, wenn Männerhände sie nicht schärften, stumpf und ohnmächtig zu Boden fallen würden.

Ich stellte mich auf die Minute ein und die dienstfertige Zofe war ebenso pünktlich. Ich erfuhr von ihr, dass ihre Herrschaft eine Dame von Stande sei, Fräulein von *Saint* F... de V... heiße und aus Korsika stamme. Ihre Mutter, eine geborene Schottländerin, hatte sie auf dem Totenbette einem Engländer, ihrem Verwandten, Herrn B...n, empfohlen, welcher jetzt mit ihr reise. Dieses kostbare Vermächtnis war wirklich in edle Hände niedergelegt worden. Herr B...n hatte das junge Mädchen wie seine Tochter empfangen und angesehen – bis auf den Augenblick, wo sich die heftigste Leidenschaft in sein Herz einschlich. Nun aber wollte er seine Rechte missbrauchen und seine Lage benutzen. Ihm wurde von ihr mehr Widerstand entgegengesetzt, als er erwartet hatte; gleichwohl ward es ihr leichter, einem Vormund Gegenliebe zu verweigern, als ihm ihre Liebe zu einem andern zu bekennen. Dies alles entdeckte mir die Kammerfrau, oder vielmehr sie bestätigte mir nur zum Teil, was mir schon dunkel vorschwebte. Mehr als je wurde eine Zusammenkunft mit ihrer Dame mein höchster Wunsch und meine wichtigste Aussicht. Die Zofe eröffnete mir, sie sei schon darauf bedacht gewesen, mir eine solche auszuwirken, und habe in dieser Hinsicht Worte fallen lassen, welche ihren Eindruck auf das Fräulein nicht verfehlt hätten; sie habe zugleich gegen sie die Besorgnis geäußert, ich würde mich zum Äußersten entschließen, zu gewaltsamen Mitteln schreiten, mein Leben in Gefahr setzen. Die Furcht, mit in die Folgen verwickelt zu werden, habe ihre Lady sichtbar beunruhigt. Kurz, sie glaube, das Versprechen von sich geben zu können, durch List oder Überredung mir auf den morgenden Tag die so sehnlich gewünschte Zusammenkunft zu verschaffen. Es gelang. Der Erfolg übertraf meine höchsten Erwartungen. Ich wurde in das Innere des Heiligtums eingeführt und fand meine Göttin in ihrem Zimmer. Hier versuchte ich durch alle mir zu Gebot stehenden Mittel, sie zur Verzeihung, zum Mitleid zu bewegen. Ich kniete, ich flehte, ich widmete mich ihrem Dienste; und aus ihrem Munde vernahm ich: Ihr Herz sei frei; sie wisse zwar, dass: sich einer Leidenschaft überlassen, zugleich dem Glücke entsagen heiße, sie habe aber dem Vergnügen nicht widerstehen können, mich *mündlich* zu ersuchen, von dem Entschlüsse abzustehen, sie für mich zu gewinnen; sie rechne zu sehr auf mein Ehrgefühl, um besorgen zu dürfen, ich würde mit ihrer Ruhe ein paar kurze, glückliche Augenblicke erkaufen wollen; ihr Vormund werde bald über den Honig einer zärtlichen Empfindung den Wermut der Verfolgung und der Vorwürfe streuen usw. – ich war im Begriff zu erwidern, als dieser Vormund sich auf dem Gange hören ließ. Ich hatte nur so viel Zeit, in ein anstoßendes Kabinett zu stürzen. Das Kabinett war kalt wie die Jahreszeit (wir waren im Januar). Ich verbarg mich hinter einem halb zerfallenen Bettschirm. Hier musste ich aushalten und glaubte wirklich ganze zwölf Stunden ausgehalten zu haben, als ich erlöst ward. Vier gute Stunden wenigstens dauerte meine Gefangenschaft, denn Herr B... n setzte sich gemächlich vor den Kamin, unterhielt auf gut Englisch mit der Lady ein Gespräch, seinerseits bestehend aus lauter Einsilben: yes, no, lud, damn, hum, ha, but, if, well usw. Nachdem sich die angenehme Unterhaltung bis tief in die Nacht hingezogen hatte, nahm er mit einem good night seinen Abzug. Ich kroch nun aus meinem Hinterhalt hervor, aber die Schöne war so erschrocken und der Liebhaber so vor Kälte erstarrt, dass er sich nicht zweimal nötigen ließ, sich fortzuschleichen und an der Türe sich umzusehen, ob ihm niemand folge. Die Kammerfrau bot mir mit vieler Artigkeit, zum Trost und aus Mitleid, auf den folgenden Abend ein Stelldichein – auf der Straße an. Es sollte aber nicht stattfinden, denn wenn ich schon am frühen Morgen mit dem Leben davonkam, so ist dies einem Halbwunder zuzuschreiben. Es ist unmöglich, in einer größeren Gefahr zu schweben; meine Rettung habe ich dem besonderen Schutz der himmlischen Vorsehung zu verdanken.

Alles ist mir noch so gegenwärtig, als wäre es mir gestern begegnet, ich wohnte mit einem leichtsinnigen jungen Mann zusammen, der sich nur auf zweierlei verstand, entweder selbst Narrheiten zu begehen oder sie anderen zuzumuten. Er quälte mich unablässig, ein Pferd zu reiten, welches er vor einigen Tagen gekauft hatte. Das Pferd, sagte er, ist ein Wunder von einem Pferde, ein Inbegriff aller Vollkommenheiten, es ist schön, sanft, leicht, sicher, zugeritten, der prächtigste Passgänger, ein zweiter Bucephal. Ich will nicht glauben, seine Absicht sei gewesen, dass ich mir den Hals brechen sollte; es war weiter nichts von ihm, als dass er, selbst zu ungeschickt und zu furchtsam, es zuerst zu besteigen, mich vorschieben und mir Lust machen wollte, den Proberitt zu machen und mich den Gefahren des Erfolges auszusetzen.

Kaum habe ich mich in den Sattel geschwungen, als das verdammte Tier sich bäumt, nicht von der Stelle will, hinten und vorne ausschlägt und mit dem Reiter einen Kampf beginnt, den die Sporen ausmachen sollen. Mein Begleiter, der Vicomte von C..., merkt nun Unrat, ändert die Sprache, will mich zum Absitzen bewegen, führt den vernünftigen Grund an, es sei nichts so langweilig und verdrießlich, als mit einem stetigen Pferde spazieren zu reiten. Er hatte recht, aber nun bestand ich auf dem Ritt, in der Gewissheit, Herr über das Tier zu werden. Es geht vorwärts. Wir gelangen auf den Wall. Hier begegnen wir einem kühnen Reiter, dem Grafen *von* G... Er setzt über einen Graben, ich ihm nach. Aber mein Pferd springt so unglücklich, dass es mit mir mitten in den Graben stürzt, sich wieder aufrafft, in vollem Galopp davonfliegt. Mein Fuß war im Steigbügel hängen geblieben; ich werde, wie Hektor um Troja, dreimal um die Wälle von Brüssel – ohne alle Übertreibung, zehn Minuten lang – geschleift. Zum Glücke werde ich ohnmächtig, sodass, als ich keine weitere Anstrengung machen kann, meinen Fuß zu befreien, dieser von selbst nachlässt. – Im Leben geht es tausendmal so, man erhält, was man wünscht, nur dann, wenn man aufhört, sich darum zu bewerben. – Man brachte mich nach Hause, ins Bett; ich wurde ein paar Mal zur Ader gelassen und verblieb vierundzwanzig Stunden in einer Art von Betäubung und Geistesabwesenheit. Als ich wieder zu mir kam, dünkte es mich – wie im Traume – ich werde von sechs Pferden geschleift, immer in die Runde, immer am schmalen Rande eines Abgrunds, immer den Augenblick erwartend, dass ich hinabstürzen soll. Ich erinnere mich noch heute lebhaft an diesen Zustand; es war keine Einbildung, es war ein physisches, mechanisches Gefühl; ich wusste, dass ich im Bette lag, meine Vernunft redete mir zu, mich zu beruhigen, aber ganze acht Tage lang ward es mir unmöglich, Herr über meine Sinne zu werden und mich von der körperlichen Empfindung, von der un-willkürlichen Bewegung loszumachen, welche mich längs dem Abgrund entgegenriss. Das Seltsamste dabei war, dass dieses Gefühl von keiner peinlichen Ängstlichkeit begleitet wurde; es hatte seinen Sitz in den Nerven. Ich richtete mich auf, ich sah auf den Fußboden hinab, befühlte ihn, fand nichts, was die geringste Ähnlichkeit mit einem Graben hatte, schloss ich aber im nächsten Augenblick die Augen, gleich war der Ab-grund wieder da; die Nerven arbeiteten von Neuem; das Bild erschien von Neuem; ich fühlte körperlich den ganzen vorigen Zustand wieder; mein physischer Aberglaube siegte wider Willen über meine kalte Ver-nunft. Wer erklärt mir diese Widersprüche? – Das Fräulein *von Saint F...de V...* (ich werde sie von nun an Frau *von V...* nennen) erfuhr mit der ganzen Stadt meinen Unfall. Er rührte sie. Als ich zu genesen anfing, schickte sie, dicht verhüllt, ihre treue Zofe zu mir, sich nach meinem Zustand zu erkundigen und Bericht abzustatten. Ich schrieb, um mein Dankgefühl auszudrücken. Der Brief wurde angenommen. Auch der Briefsteller ward es, sobald er ausgehen durfte. Ich hatte das Glück, mich überzeugen zu können, dass ein den Pforten des Todes entronnener Liebhaber große Fortschritte im Herzen der Geliebten macht, wenn er ihr vorher nicht ganz gleichgültig war. Unbeschreiblich war die Zärt-lichkeit, das Gefühl, das neu entstandene Verhältnis zwischen uns bei-den; unbeschreiblich die erste Stunde unseres Wiedersehens, unsere abgebrochenen Reden, unsere Seufzer. Ich benutzte die Stimmung und machte den Vorschlag, uns nie zu trennen. Man war unschlüssig, man stockte. Wie ließ sich ein solcher Schritt tun? Wie konnte man sich dem Ansehen eines Vormundes entziehen, der ein unbeschränktes Recht über sein Mündel hatte, es überall zurückfordern durfte? – Und ich? Ich wür-de des gewaltsamen Raubes schuldig erklärt werden! Ich würde der Rache eines Mannes nicht entgehen können, der alles für sich habe: das Recht, die Vernunft und vor allem die Wut über eine *fehlgeschlagene*[486] Liebe im Herzen. – Ich bat sie, die Besorgnisse über diesen letzten Punkt fahren zu lassen. Diese Wut übernähme ich zu zügeln, sodass, nach vie-len Kämpfen mit sich, nach vielem inständigen Flehen, von ihr abzulas-sen, nach langem Widerstreben und häufigen Tränen (denn ohne Tränen

---

[486] Désappointé – ein echt englischer Ausdruck. Disappointed gilt besonders von der vereitelten Hoffnung, von vereitelten Entwürfen usw. (*Übers.*)

gibt es keine wahre Liebe[487] das süße Kind endlich nachgab und in eine Entführung einwilligte. Ich setzte alles in Bereitschaft. Um Mitternacht stand mein Reisewagen unter ihrem Fenster. Sie warf in der Eile die unentbehrlichsten Sachen hinein. Der liebenswürdige Flüchtling zitterte und ermannte sich abwechselnd an meiner Seite, während wir fortrollten, um einen Hafen zu erreichen und nach Holland überzusetzen. Alles ging gut bis dahin. Aber welche Frau begeht nicht etwas Unüberlegtes? Welche zieht sich nicht durch Leichtsinn diese oder jene verdrießliche Affäre zu? Welche bereitet dem, der sein Schicksal an das ihrige knüpft, durch ihren Mangel an Folgerichtigkeit nicht Kummer? Meine Schöne nahm ein junges, sechzehnjähriges Mädchen, eine unzertrennliche Freundin, eine Kaufmannstochter aus der Stadt, mit sich. Auch ich war nicht ohne Schuld, denn in der Eile und Verwirrung einer nächtlichen Entführung und Abreise hatte ich zu wenig auf diesen Umstand geachtet, der eine Tochter ihren Eltern entriss und notwendig ernste und bedenkliche Folgen haben musste. Hieß das nicht, zwei gefährliche Händel statt eines sich auf den Hals laden? Hätte ich es nicht im Voraus bedenken sollen?

Doch es war geschehen, und um meine Erzählung abzukürzen, genüge es, dass wir ein Schiff fanden, welches uns glücklich nach Vlissingen brachte. Hier, und erst hier, nahm die Göttin, welche der italienische Dichter *Crudeli* in seinem allerliebsten Sonett auf eine mailändische Schöne personifiziert hat, Abschied von meiner Geliebten.[488]

Die Göttin der jungfräulichen Scham redet mit diesen Worten die Braut an, von deren Hochzeitslager sie weicht. Ich gebe für diejenigen, die das Original nicht besitzen oder nicht verstehen, eine schwache, doch treue Übersetzung.

> Voici les bords du lit de l'Hyménée;
> Je n'ai pas de t'y suivre obtenu la faveur. Adieu!

---

[487] Viele haben es dem Virgil zum Vorwurf gemacht, dass er seinen Helden Äneas so weinerlich darstellt: Sic fatur lacrymans - lacrymis affatur obortis usw. Ich will nicht behaupten, dass Tränen der Hauptbestandteil einer Epopöe sein sollten; so viel aber ist unstreitig: Tränen sind die Seele des Drama, wie die Liebe selbst. Ich wüsste nichts Unwiderstehlicheres als Tränen; nichts, was man einer weinenden Schönen - die ihre Tränen noch verschönern - versagen könnte. (*Verf.*)

[488] Del letto nuzzial' questa è la sponda; Più non lice seguirti...

De tous tes pas compagne fortunée,
Tu fis ma gloire, et je fus ton honneur.

Tu deviendras épouse et mère
Si mes souhaits sont accomplis;
Bientôt l'amour effeuillera ces lis
Que sa main avec soin cultiva la première...
La Déesse s'enfuit pour ne la plus revoir, –
Cette jeune Beauté, qui brûle encore pour elle,
Par ses cris vainement, à trois fois, la rappelle.
Mais la Fécondité,[489] rayonnante d'espoir,
Descend, lui prend la main, vers son époux l'attire
Et soudain la douleur se change en un sourire.

Ich trat als ein *Herr de la Tournerie* auf, welcher als Kunst- und Natur-
liebhaber mit seiner Gemahlin und einer jungen Verwandten reiste. Unser Gefolge bestand aus einer Kammerfrau und einem Bedienten; beide
machten sich während der ganzen Reise keiner Unbedachtsamkeit im
Reden und Handeln schuldig. Ich wünsche allen denen, welche sich in
der Notwendigkeit befinden werden, in ähnlichen Fällen von ihren Leuten abzuhängen und ihnen ihre Geheimnisse anvertrauen zu müssen,
eine ebenso diskrete Dienerschaft. Von Vlissingen begaben wir uns nach
Middelburg auf Walcheren. Hier ward mir bald die süße Aussicht zu
einer künftigen kleinen Familie; allein sie verschwand ebenso schnell,
denn von jeher ist das Reisen Hoffnungen dieser Art nachteilig gewesen.
Ein Stoß des Wagens vernichtete die unsrige, und ach! Sie kam nicht
wieder zurück! Der zarte Rosenstock trieb keine zweite Knospe.

Unsre Tage flossen und flogen schnell dahin. Nicht, dass uns Middelburg viel Abwechslung dargeboten hätte, aber die Morgenröte der
Liebe und der Leidenschaft malt den Horizont mit tausend Farben aus,
und man zieht es vor (ich wenigstens), sich schweigend Arm in Arm an
stillen Orten zu ergehen, als im Taumel der gleichgültigen Gesellschaften lebhaftere Vergnügungen aufzusuchen. Aber unser Glück sollte
nicht lange ungestört bleiben. Jemand, der mich in Maastricht beim Grafen von Maillebois gesehen hatte, verbreitete in Middelburg die Nachricht meiner Ankunft und meines Aufenthalts. Das Gerücht gelangte bis
zum Großpensionär von Zeeland. Angetan mit einem betressten, grün-

---

489   Eine zweite personifizierte Göttin.

tuchenen Rocke, einen mit Perlmutter ausgelegten Hirschfänger von seltsamer Form zur Seite, beehrten mich eines Nachmittags seine Hochmögenden in Begleitung zweier Alguasils von widrigem Aussehen, die er im Vorzimmer ließ, mit seinem Besuche. Er hub seine Rede mit folgenden Worten an: »Es müsse für die Regierungen gefährliche Folgen haben, wenn sie es dulden wollten, dass Fremde, von welchem Stande und Rufe sie auch sein möchten, sich unter einem fremden Namen in das Land einschlichen und niederließen. Je bekannter der wahre Name einer solchen Person sei, desto mehr sei es ihre Pflicht, sich dessen zu ihrer Ehre zu bedienen. Sich hinter einem falschen verbergen, scheine anzudeuten, dass man geheime, gesetzwidrige, strafbare Absichten habe; wenigstens setzte man sich dem Verdachte aus, etwas gegen den Staat im Schilde zu führen. Er ersuche mich zugleich, infolge seines Eifers für die Erhaltung der öffentlichen Ehrbarkeit und Sittlichkeit, ihm meinen Ehekontrakt vorzuzeigen, ferner ihm zu gestatten, ein Protokoll über die Gründe aufzunehmen, die mich bewogen hätten, meinen Namen zu verändern und meinen Sitz in der guten Stadt Middelburg aufzuschlagen. Ich möchte ihm alles eröffnen, meine Absichten, meine Entwürfe, meine Pläne, Vorhaben, Anschläge und künftige Verrichtungen.« – Ich unterbrach sein breites Geschwätz, indem ich den grünen Ehrenmann mit dem Hirschfänger ersuchte, seine Lunge zu schonen, seinen Feuereifer abzukühlen und von der unnötigen Hitze abzulassen. Ich sei nicht gewohnt, mit einem Heiratskontrakt in der Tasche zu reisen; ich müsse den Herrn für einen ... ich weiß nicht was halten, wenn er glaube, ich würde ihm das Dokument vorzeigen, selbst wenn ich es bei mir führte; ich hätte nie die Absicht gehabt, mich in seiner Stadt niederzulassen, wo ich nichts Gutes vorfände als trefflichen Kabeljau; und da ich mich nur kurze Zeit im Gasthofe zur »Silbernen Glocke« aufzuhalten gedächte, wo ich weiter nichts täte, als mein Geld verzehren und meine Zeche bezahlen, so hätte ich es für sehr gleichgültig erachtet, ob ich mich *Peter* oder *Paul* nenne. Ich hätte ihm überdies dadurch die Mühe ersparen wollen, meiner Gemahlin die Aufwartung zu machen (hier merkte das Männchen, dass ich seiner spottete), doch, um ihm seine kostbare Zeit nicht zu rauben und um einen Besuch abzukürzen, der mir schon viel zu lang dünke (hier runzelte sich seine Stirn und seine Augenbrauen zogen sich auf eine seltsame und widrige Art zusammen), wolle ich mich dazu bequemen, ihn einige Papiere sehen zu lassen, welche auf alles Antwort geben und alle seine Zweifel lösen würden. Mit diesen Worten schob ich ihm einen Pass des Grafen *von Mercy*, Gouverneur der österreichischen Niederlande, und ein paar Briefe des Grafen *von Maillebois*, dessen Name einem holländischen Ohre nicht fremd klingen konnte, unter die Nase. Während er die Papiere mit der Brille betrachtete, bat ich ihn trocken und lakonisch, sich nicht länger zu bemühen und mich und meine Gattin unserer stillen Häuslichkeit zu überlassen; ich machte ihm ziemlich bitter und scharf den Vorwurf, in ihr eine Überraschung erregt zu haben, welche einer Neuvermählten immer gefährlich werden könne, zumal da sein finsteres Aussehen nicht geeignet sei, das Unangenehme des Auftritts zu vermindern. Ich schloss mit der Versicherung, dass der nächste Morgen die Stadt, die das Glück hätte, seiner Oberaufsicht unterworfen zu sein, von uns befreien werde. – Dies alles brachte ihn auf. Er erzeigte mir die Ehre, zu antworten: Es beliebe mir wohl, das zu *sagen*, aber nicht zu *tun*. Seine Pflicht gebiete ihm, sich meiner Abreise zu widersetzen, bis ein Schreiben des Grafen *von Maillebois*, an ihn selbst gerichtet, mit seines Namens Unterschrift, ihm genügenden Aufschluss geben würde, weswegen ich mich in Zeeland aufhalte und welches die Gründe meines Inkognitos seien. Ich erwiderte, wie sehr es mich freue, ihn so vernünftig zu finden, weil ich auf diese Weise meinen ersten Vorsatz erfüllen könne, noch acht bis zehn Tage in denselben Ringmauern mit ihm zu leben. Ich ersuchte ihn, sich zu setzen, während ich vor seinen Augen an Herrn *von Maillebois* schreiben würde, indem es meine Absicht sei, zur richtigen und schnellen Bestellung in seine eigenen Hände den Brief zu geben, dessen Beantwortung meine *Freiheit* erwirken sollte; denn, setzte ich spöttisch hinzu, ich betrachte mich als *Kriegsgefangenen* in der Festung, in welcher Sie in *Friedenszeiten* mit so großer Auszeichnung kommandieren. Er bemerkte mit vielem Scharfsinn, dass die Herren Franzosen feine Necker und lustige Vögel seien. Ich versicherte ihm meinerseits, dass ich sein Wesen viel drolliger fände als alle meine Reden. Nach diesem Kompliment, welches ihm sehr schmeichelhaft und treffend vorkam, begab er sich mit einer Menge von Bücklingen und Kratzfüßen weg, welche seinen übrigen Reden und Gebärden an Ungrazie nicht nachgaben. Er verlängerte und vermehrte sie aber dergestalt, immer rückwärts schreitend, weil er mir aus Höflichkeit die Antlitzseite nicht entziehen wollte, dass er, an die Stiege gelangt, stolperte, das Gleichgewicht verlor und die ganze finstere Treppe hinabrollte, ohne sich halten zu können. Seine beiden Nachtreter halfen ihm wieder auf die Beine. Ich stellte mich, als hätte ich den Unfall nicht bemerkt, blieb oben am Geländer stehen, rief ihm ein »Empfehle mich! Guten Abend! Nehmen Sie sich auf der Treppe in acht!« nach, kehrte dann um, schloss meine Tür ab, verriegelte sie, dass er es hören konnte, um ihm zu zeigen, dass, wenn er unten den Hals bräche, er oben bei mir keine Hilfe zu erhoffen hätte.

Ich hätte erraten sollen, dass das nicht mit natürlichen Dingen zuging, dass Seine Hochmögenden hier nicht von selbst, sondern auf geheimen Auftrag von außen handelten. So war's auch in der Tat. Unser Vormund hatte uns einen von den Ehrenmännern nachgeschickt, welche allzeit fertig sind, sich für Geld mit schlechten Aufträgen zu befassen. Sei's, wie es wolle, genug, das Ungefähr ließ mich noch denselben Abend mit dem Grafen *von R...* zusammenkommen. Er stand als Oberst bei einem deutschen Regiment in Ihrer Hochmögenden Diensten; seine Garnison war unweit Middelburg; ich hatte in Spa seine Bekanntschaft gemacht. Um sie zu erneuern, lud ich ihn ein, mit meiner Gattin zu Abend zu speisen, verhehlte ihm aber dabei nicht, dass sie fürs Erste nur den *Namen* führe. Er nahm die Einladung an. Nun erzählte ich ihm der Länge nach den Auftritt mit dem Pensionär. Das gab uns Anlass zu tausend Scherzen. Am Schluss erbot er sich, mir Pässe zum folgenden Tage zu verschaffen. Ich schlug sie aus. Das Beste für mich war, in Middelburg zu bleiben und das Ende ruhig abzuwarten. Zudem wollte ich diese Stadt und Festung nicht anders als mit allen kriegerischen Ehren verlassen. Auch ließ die Antwort des Grafen *von Maillebois* nicht lange auf sich warten. Der Pensionär gab sich die Ehre, sie mir in Person zu überbringen; er ließ mir die freie Wahl zwischen der Abreise und dem Hierbleiben. Mein Entschluss war nicht zweifelhaft. Ich nahm Abschied von ihm und erklärte, dass ich mich am folgenden Morgen zur Abfahrt anschicken würde. Er war so höflich, so artig geworden, so ganz um den Finger zu wickeln, dass er mich ersuchte, ich möchte ihm die Ehre erzeigen, bei ihm zu speisen, was ich aus dem Grunde ablehnte, weil *Frau von Tournerie* nicht mit eingeladen war.

Es war nicht genug, Middelburg zu verlassen, wir mussten einen andern Aufenthalt wählen. Ein Entführer mit seiner Beute pflegt kein leichtes, gutes Gewissen zu haben. Seine Unruhe kommt so ziemlich der eines Missetäters nahe. Und ist Entführung nicht im Grunde eine Art von Missetat? Ich sann hin und her. Endlich schien mir Gent ein sicherer Zufluchtsort. Hier beschloss ich Frau *von V...* unterzubringen; ich für meine Person wollte nach Brüssel gehen, um den Boden zu untersuchen und dem Grafen *von Mercy*, von dessen Nachsicht ich Rat und Schutz erwartete, mein Geheimnis zu offenbaren. Wir machten uns bei dem schönsten Wetter nach Vlissingen auf, wo wir uns einschifften. Aber kaum waren wir unter Segel, als uns auf der kurzen Überfahrt ein so fürchterlicher Sturm überfiel, dass wir Gefahr liefen, zu stranden. Endlich landeten wir bei Sas van Gent, mitten unter Donner und Blitz und bei einem Gewitter, welches, wie meine beiden ängstlichen, halb toten Begleiterinnen sagten, ein gegen uns verschworener Himmel über uns verhängt hatte.

Dort erwarteten uns neue Stürme anderer Art und neue Abenteuer.

Die Landesgerichte forderten die von einem Verführer ihren Familien entrissenen beiden Damen zurück. Ich hütete mich, den geringsten Widerstand zu leisten. Die Damen, sagte ich, wären zwei Reisende, die ich nach Holland begleitet hätte. Ihre Familien hätten wahrscheinlich triftige Gründe, sie zurückzuverlangen. Das Gesetz werde nach den Aussagen der Frau *von V...* entscheiden, ob sie strafbar sei ... ob es andre seien ... Es werde zum Beweis kommen, ob Herr B...n das Recht über sie habe, welches er sich anmaße ... Man werde vor allem in Betracht ziehen, ob er sich keiner andern Gefühle bewusst sei als solcher, welche mit den Pflichten übereinstimmen, die er am Sterbebette der Mutter seiner Mündel übernommen habe ... Das waren die kurzen und bündigen Bemerkungen, welche ich zwei oder drei in Schwarz gekleideten Nachteulen vorlegte, die sich um einen Tisch gesetzt hatten und ein Protokoll aufnahmen. Während sie meinen Vortrag zu Papier brachten, hatte ich volle Muße, mich mit den beiden scheu gemachten jungen Frauen zu besprechen. Ich gab der Frau *von V...* die heilige Versicherung, ich würde alles ins Werk setzen, um in Brüssel die Affäre zu unterdrücken; ich beteuerte ihr, mein ganzes Glück, mein ganzes Wesen, meine Seele bleibe bei ihr zurück; ich könne, obschon entfernt, in Gedanken nur mit *ihr* leben; Herr B...n werde im Weigerungsfall den Prozess zurücknehmen und, falls er nicht seiner Tyrannei entsage, von meiner Hand sterben oder ich von der seinigen.

Also sprach ich, also dachte ich; also denkt und spricht die Leidenschaft. Herr B...n war in meinen Augen ein Tyrann; warum? Weil er mir die Person rauben wollte, die ich ihm wider alle göttlichen und menschlichen Gesetze geraubt hatte; die es ihm Ehre und Gewissen zur Pflicht machten, gegen den Verführer, der sie betört hatte, der sie zugrunde richten wollte, in Schutz zu nehmen!

Auch *ich* hatte ein Gewissen, auch in *meiner* Brust ließ sich eine Stimme, die man nie ganz erstickt, heimlich und murrend vernehmen. Um sie aber zum Schweigen zu bringen, gab ich ihr (und zwar nicht ohne allen Grund) zur Antwort: Dieser Beschützer habe so gut wie ich eine sträfliche Absicht gehabt ... eine noch straffälligere, da ihn Verbindlichkeiten an sein Mündel fesselten, die mein Herz nicht belasteten ... ich selbst sei der Ritter und Retter der verfolgten Schönen geworden, der Rächer des missbrauchten Vertrauens, der Rächer der unglücklichen Mutter, welche vom Himmel herab Blicke des Zornes auf den Treulosen schleudere, der die Bitten der Sterbenden angehört habe und jetzt verhöhne ... der mir von ihm gemachte Prozess sei nur ein Vorwand seines Hasses und eine hinterlistige Erfindung seiner Liebe ... er berufe sich auf Gesetze und Gerechtigkeit, bloß um sein schutzloses Opfer wieder in seine Gewalt zu bekommen ... mit einem Worte, da sein Mündel nun einmal einen Fehltritt getan habe, sei es weit einfacher und weniger anstößig, ihn mit mir, den sie liebe, zu vollenden, als sich den Verfolgungen ihres Vormundes preiszugeben, den sie nicht liebe, und doppelt zu sündigen. Meine Zärtlichkeit für die Unterdrückte gab diesen Betrachtungen neue Kraft; der Widerstand, den ich fand, diente dazu, meine Leidenschaft zu vergrößern und den Gegenstand derselben mir tausendmal teurer zu machen. Meine durch ein gerichtliches Verfahren gereizte Ehre goss Öl in das Feuer meiner Fantasie und es ging so weit, dass ich mir schon ein Urteil dachte, welches mich, den des Raubes und der Entführung Angeklagten, in einen Befreier und Retter der Unschuld verwandeln und mir Ehrensäulen errichten würde.

Mit dergleichen Trugschlüssen gelang es mir, einen ebenso straffälligen als unbedachtsamen Schritt vor mir selbst zu beschönigen, nur wollte es mir nicht ganz gelingen, mich vor meinem Gewissen zu rechtfertigen. Gleichwohl hat der Sünder schon dadurch einen Vorsprung erhalten und ist mit seinem Gewissen bald im reinen, wenn er – der Straffällige – Augenblicke des Zweifels und Zwischenstunden der Ruhe gewinnen kann.

So schwankten meine Gedanken, während ich auf dem Wege nach Brüssel war, bis ich, dort angekommen, mich fest entschlossen fühlte, *recht* haben zu *wollen*. Beim Aussteigen aus dem Wagen wartete ein Bekannter auf mich, der viel beim Grafen *von Mercy* galt und mir riet, keinen Augenblick zu verlieren, den Grafen für mich zu gewinnen. Er verhehlte mir nicht, dass der Vorfall großes Aufsehen errege; man sei aufgebracht, wütend auf mich in der ganzen Stadt, und was man mir vorzüglich zum Verbrechen anrechne, sei die Entführung der jungen P... (der kleinen Kaufmannstochter, an die ich kaum noch dachte). Sein Rat war: Um den Prozess der Frau *von V*... schnell zu beenden, mit Herrn B...n ein paar Kugeln zu wechseln; er schien überzeugt, Herr B...n werde sich den Gang mit mir gern gefallen lassen. Aber mit dem Vater der Demoiselle P... liege der Fall anders; der schwerfällige Kontorist sei halsstarrig, berechne den Handel kaufmännisch, wolle seine Tochter mit der ganzen Ehrenemballage wieder in seine Niederlage geschafft haben. Ich beteuerte meinem Freunde, mit der ganzen Aufrichtigkeit eines schuldlosen Herzens, dass der Ballen seit der Absendung unberührt geblieben sei, dass ich ihn aufgeladen, fortgeschafft und abgesetzt habe, ohne mich um den Inhalt zu bekümmern; ich wisse nicht einmal, von welcher Gattung die Ware sei, und habe das kleine, langweilige Ding nie darum befragt. Mein Freund schien über diese Erklärung entzückt; ich glaube, auf Ehre, er hatte befürchtet, dass ich, von der Entführungswut angesteckt, zwei Sabinerinnen zugleich geraubt hätte. Meine Versicherung beruhigte ihn dergestalt, dass ich den Augenblick sah, wo er mir den Rat geben würde, *mich* für den Entführten auszugeben; und in der Tat war ich, als wir abreisten, wenn ich es recht überlege, von der kleinen Person gewaltsam überrascht worden, denn sie hatte sich ohne meine Erlaubnis in unsern Wagen eingedrängt.

Ich eilte zum Grafen *von Mercy* und vergaß in unsrer Unterredung nicht, diesen Umstand geltend zu machen. Der Graf empfing mich anfangs höflich kalt und mit strenger Würde; allmählich entrunzelte er sich und zuletzt, nachdem er meine Rechtfertigung angehört und sie sich zum Teil hatte wiederholen lassen, versprach er mir seinen Schutz. Er gab mir zu verstehen, ich müsse mich vorläufig aus der Stadt entfernen oder ein sicheres Haus finden, wo ich mich eingezogen aufhalten könne. Ausgehen dürfe ich fürs Erste nicht. Ehe ich diesen weisen Rat befolgte – denn ich fand es der Klugheit gemäß, ihn zu befolgen – begab ich mich zum Herrn B... n; er war im Begriff, sich niederzulegen. Ich erklärte ihm, dass er mir Genugtuung schuldig sei, indem er in Gott weiß welcher gerichtlichen Eingabe mich und meinen Namen beschimpft habe; wahr sei es, dass sein Mündel, die es nicht mehr sein wolle, sich entfernt habe, aber keineswegs auf mein Anstiften; sie sei geflohen, um den Versuchen, die *er* sich erlaubt, und den gewaltsamen Handlungen, *worüber sie Klage führe*, sich zu entziehen; ich wolle hoffen, er werde sich durch eigne

Überlegung und reifliches Nachdenken zu gemäßigteren, gescheiteren und vernünftigeren Gesinnungen zurückführen lassen; ich würde *einige Tage* abwarten und verspräche mir, dass er mir dann durch Herrn *von S...* (den ich als Begleiter mitgenommen hatte) seinen bestimmten Entschluss zukommen lassen würde. »Die Aussagen der Frau *von V...* (fuhr ich fort) werden Ihnen begreiflich machen, Sir, wie sehr Ihr Interesse es erfordert, ein gerichtliches Verfahren abzubrechen, worin Sie die Rolle des Klägers mit der des Angeklagten vertauschen würden.« – Er wollte nun eine zusammenhängende Rede anfangen – denn bisher hatte er nur einzelne Worte gestammelt –, aber ich ließ ihn nicht zu Worte kommen und verließ ihn mit der Versicherung, unsere heutige Zusammenkunft werde nicht die letzte sein. Herr *von S...* warf mir einen bedeutsamen Blick zu und blieb noch zurück.

Der gute Freund, den ich bei meiner Ankunft getroffen und der mir Beistand mit Rat und Tat versprochen hatte, war nicht untätig geblieben. Er reiste zur kleinen P..., sprach mit ihr und erhielt von ihr eine schriftliche Erklärung, dass sie wider meinen Willen und einigermaßen ohne mein Wissen ihre Freundin *von V...* nach Holland begleitet habe; sie habe sich nicht entschließen können, diese Freundin, ihre große Gönnerin, auf ihrer Flucht vor Herrn B...n allein reisen zu lassen. Sie beteuerte ferner in dieser Schrift, man habe es an keiner Achtung für ihre Person und ihr Geschlecht fehlen lassen; sie könne von einem Spaziergange mit Vater und Mutter nicht reiner, unschuldiger, ja selbst aus keiner Kirche erbauter zurückkommen als von diesem kleinen Ausfluge usw. Man eilte damit, diese bündige Erklärung dem Grafen *von Mercy* vorzulegen; er schien nur darauf gewartet zu haben. Andrerseits waren die Aufschlüsse und Erklärungen der Frau von V... so sehr zu meinen Gunsten, dass, Herr B...n es für gut fand, seine feindlichen Ausfälle gegen mich und seine prozesssüchtigen Maßregeln und Schritte einzustellen. Ich bin es der Wahrheit schuldig, zu bekennen, dass es nicht die Furcht vor meinen Drohungen, sondern das edle, ruhige und feste Betragen seines Mündels gewesen ist, welches ihn – einen wirklichen Ehrenmann – bewog, von der Klage abzustehen.

Ich speiste von der Zeit an öffentlich beim Grafen, obschon einige gutherzige Seelen der Meinung waren, er hätte dem triumphierenden

Laster einen Kappzaum anlegen sollen.[490] Unter andern legte es einmal über Tafel die alte Fürstin *von Stahremberg* darauf an, mich in Verlegenheit zu setzen. Sie wandte sich während einer Pause an mich. »Ei! (rief sie mir überlaut zu) Sind Sie doch wieder da! Man hat sagen wollen, Sie hätten ein junges Mädchen entführt. Nicht wahr? Ein bloßes Märchen?« – »So? Hat man das gesagt? Nun, da wir beide, gnädige Frau, Sie von Paphos ich von Middelburg, zurückgekommen[491] sind, wird man nicht mehr davon sprechen.« Es erhob sich ein für die alte Matrone, die weit über die Sechzig hinaus war, ärgerliches Gelächter. Sie verdiente den Stich schon dadurch, dass sie noch die Junge spielen wollte. Ich habe in meinem Leben keine so ungeheure falsche Perücke gesehen, Schminke, fingerdick aufgelegt und rot wie ein angestrichenes Wagenrad, ein Schmuck, im vorigen Jahrhundert gefasst, ein Gesicht wie das einer Mumie.

Damit war nicht alles abgetan. Ich musste mich wieder in den Besitz meiner Geliebten setzen und die Torheit vollenden, von welcher ich freigesprochen war. Es wurden mit Herrn B...n Unterhandlungen eingeleitet. Anfangs erfolgte seinerseits der tapferste Widerstand. Endlich ließ er seinem Mündel das Liberum Arbitrium[492], wie er sich ausdrückte. Kaum waren beide Worte aus seinem Munde, als ich ihn dabei festhielt und sie ihm so lange wiederholte, bis er sich entschloss, mich zur jungen Dame zu führen und ihr in meiner Gegenwart sagte: Sie sei frei und könne nach Willkür und eigenem Willen über ihr Schicksal entscheiden. Ich siegte, ich frohlockte, ich triumphierte. So viel muss ich aber auch zugleich gestehen, dass mein Sieg durch einen Umstand erschwert wurde. Herr B...n führte sie an ein Fenster, stellte ihr ein Papier zu, sprach einige Worte mit ihr; und nun sah ich sie stocken, wanken, einen Tränenstrom vergießen. Schon wollte ich mich entfernen, als sie mit großer Heftigkeit auf mich zustürzte, mich beim Rockschoß ergriff, ihn dann

---

[490] Donner un coup de caveçon. (Cavecon ist offenbar das deutsche Kappzaum, wie Lansquenet (Landsknecht), Lanspessade, Anspessade (Landspieß ›Unteroffizier‹), Havresac (Hafersack), Valise (Felleisen), Hallebarde (Hellebarte), Canapse (Schnappsack), Chenapan (Schnapphahn). Die Schweizerregimenter in Frankreich haben diese und eine Menge Trinkwörter (trinquer, chinquer, brindes, carousse, larigot usw.) eingeführt. (*Übers.*)

[491] Revenir heißt sowohl alt geworden sein, als von einer Reise zurückkehren; ein wörtlich unübersetzbares Wortspiel.

[492] Die freie Entscheidung.

wieder bescheiden und verwirrt fahren ließ. Was mochte der Inhalt des Papiers sein? War es ein Eheversprechen? War es ein Schreiben der Mutter? Ich weiß es nicht und werde es ewig nicht wissen; denn später, in den innigsten Augenblicken der Vertraulichkeit, habe ich von ihr keinen befriedigenden Aufschluss über ein Geheimnis erhalten, welches ich doch nur vergeblich abzuringen versucht haben würde, weil es immer nur von ihr abhing, der Wahrheit jede beliebige Erdichtung unterzuschieben.

Gleichwohl kann ich es nicht leugnen: Der ganze Auftritt befremdete mich. Die tiefe Rührung des Herrn B...n konnte mir nicht entgehen, nicht gleichgültig bleiben. Sein Ton war einesteils so gemäßigt, andernteils so innig und empfindungsvoll, er ging mir zu Herzen. Auch liebte ich die Unruhe, die Ängstlichkeit, das (soll ich sagen?) Schwanken nicht, welches ich an seinem Mündel bemerkt hatte; aber ihre rasche Bewegung vor einem Zeugen, der ihr im Wege stand, ihr Nachstürzen, als ich das Zimmer verlassen wollte – das Andenken an diese Minute ergriff mein Herz immer aufs Neue, hob alle meine Bedenklichkeiten.

Ich bin mehrmals von Frauen verlassen worden, unter anderen von einer; die ich angebetet habe. – (Ich rede hier von einer späteren Zeit, von einem späteren Falle.) – Diese Frau hat sich's aufs Äußerste angelegen sein lassen, während der ziemlich langen Verbindung, die zwischen uns stattfand, Güte, Zärtlichkeit, kurz alles, was ein Verhältnis wie das unsrige anziehend, reizend, lockend machen kann, mit Bosheit, Härte des Herzens und der empörendsten Handlungsweise zu vereinbaren. Der Tag unsrer Trennung war der nämliche Tag, wo wir uns gegenseitig versprochen hatten, uns *nie* zu trennen. Nie hatte sie so viel Kunst verschwendet, mich an sich zu zaubern. Ich fiel, als ich sie verlor, in einen Zustand der Nichtigkeit. Sie hatte für mich die Welt entvölkert, sie hatte mich in eine unendliche Einöde gebannt. Ich irrte tagelang umher, an nichts denkend, an nichts denken wollend, denken könnend als an ihre guten Eigenschaften, als an ihren Verlust, an die ewige Quelle meiner Tränen bis zu meinem letzten Atemzuge. Ich war untröstlich, nahe daran, den Verstand zu verlieren, mit Recht fürchtend, ein Schmerz dieser Art, ohne Rast, Ziel und Ende, müsse mich auf geradem Wege ins Tollhaus führen. Und dieses würde auch unzweifelhaft mein Los und meine Bestimmung geworden sein, hätte mir der Himmel nicht eine einfache Idee eingegeben, welche manchem wie eine Kinderei vorkommen dürfte, die ich aber als die stärkste Kraftäußerung meiner Vernunft ansehen muss, weil ich ihr die Erhaltung derselben schuldig bin. Ich setzte näm-lich ein umständliches, räsonierendes Verzeichnis von allen Bosheiten, Treulosigkeiten, grausamen Behandlungen, kalten Misshandlungen auf, die ich von dieser geliebten Person erduldet hatte, sogar von einigen beißenden, giftigen Stachelworten, die ihr entfallen waren; denn sie, die liebenswürdigste, anziehendste, hinreißendste ihres Geschlechts, sobald sie es wollte – und sogar, wenn sie es nicht wollte – konnte auch die barbarischste Tyrannin ihres Anbeters sein. Dieses Verzeichnis, in Form einer Anklageakte aufgesetzt, las ich täglich morgens und abends durch; ich trug es beständig bei mir, ich lernte es auswendig, und wenn Erinne-rungen anderer Art dagegen anstrebten, sie verscheuchen und sich mei-ner Fantasie bemächtigen wollten, so entfaltete ich mein Papier, las es mit lauter Stimme, spornte mich an und es gelang mir dann – sie zu has-sen ..., wenigstens bildete ich mir es ein. Aber nun entstand ein Kampf in mir auf Leben und Tod; die Geliebte gewann wieder Raum, siegreich verfolgte sie mich bis an die entgegengesetzte Grenze ihres Reichs und hätte ich mir in so widersprechender Lage nicht durch *Tränen* Luft ge-macht, ich hätte sterben müssen. – Endlich schlug sich der Sieg auf mei-ne Seite, vier Monate waren verflossen; ich verschloss mein Verzeichnis in meinen Schreibtisch, in der festen Meinung, dass ich sie nun hasste, dass ich sie verabscheute. In den drei folgenden Monaten hatte ich nicht nötig, zu meinem Rezept zu greifen und ihre Grausamkeiten zu über-lesen. ... Ich hatte sie beinahe ganz vergessen und dachte ich noch ab und zu an sie, so war es mit Unwillen (ein Gefühl, das ich dem Hasse vorzie-he).

Sieben Monate, geliebter Leser, sind vorüber ... Seit *drei* Monaten ist mein Sieg gewiss. ... Du glaubst es und hältst mich für gerettet ... Ich glaubte es selbst.

Es schlug acht Uhr abends. Wir waren im Herbst. Ich lebte in einer großen, damals etwas entvölkerten Stadt. An der Ecke einer breiten Straße bemerkte ich zwei Frauen. Die eine trägt sich weiß, mit einem Scharlachschal. Sie zieht meine ganze Aufmerksamkeit auf sich. Die Wohlgerüche, die sie verbreitet, sind mir bekannt, treffen meine Ge-ruchsnerven. Ich höre sie zu Ihrer Gefährtin sagen: »Da geht er« (und sie nennt mich bei Namen). Stolz gehe ich an ihr vorüber, aber schon hat ihre Stimme, die ich seit so lange nicht gehört hatte, einen Dolch mir ins Herz gebohrt. Vier Schritte weiter kehr' ich mich um ... Allmächtige Göt-ter! Wie ward mir? Auch *sie* hatte das Haupt gewendet; ohne von der

Stelle gewichen zu sein, blickte sie mich an. Jetzt verdoppelt sie ihre Schritte und entflieht. Ich musste mich am nächsten Prellsteine festhalten, um nicht auf das Pflaster zu fallen, welches nicht kälter sein konnte, als ich es war. Endlich raffte ich mich auf, schleppte mich mit äußerster Anstrengung bis nach Hause. Alle meine Wunden sind wieder aufgerissen!!! Ich war genötigt, das verzweifelte Verzeichnis einmal, zweimal, dreimal abzuschreiben und ein-, zwei-, dreimal wieder zu überlesen, ehe ich mich sammeln und mich in meine vorige Lage hineinarbeiten konnte. Zu einem vollkommenen Seelenfrieden bin ich nicht eher gelangt, als bis ich den Ort verlassen habe, wo die Feindin meiner Ruhe lebte und ich ganz sicher sein konnte, sie nicht anders als jenseits des Grabes wiederzusehen.

Frauen! Frauen! *Wollte* ich euch sagen, *könnte* ich euch sagen, was *diese* Frau für mich gewesen ist, was sie für mich getan hat, welches Liebeszeichen ich von ihr erhalten, ihr würdet begreifen können, wie ich mich habe über ihren Verlust trösten können. Setzte ich euch in Kenntnis des Geheimnisses, welches an meinem Herzen verborgen ist – entdeckte ich euch aber zugleich, was für überlegte schwarze Handlungen, welche Infamien ich ihr vorzuwerfen habe, ihr würdet ebenso wenig begreifen können, wie es mir möglich gewesen, mich wieder nach ihr zu sehnen.

Wie bin ich darauf gekommen, diesen Abschnitt zu schreiben, diesen Teil meiner Geschichte vorweg zu berühren? Wie? Jetzt besinne ich mich. Es ist bei Gelegenheit meines Verhältnisses zur Frau *von V...* geschehen, bei Erwähnung meines Wunsches, mich mit ihr zu verbinden, bei dem gleich darauf eingetretenen Bemerken ihrer Unschlüssigkeit und bei der erneuerten leidenschaftlichen Empfindung meines Herzens, welches ihr gleich wieder entgegen flog. Ich kehre wieder zu mir, zu ihr, zu Herrn B... n zurück.

Doch nein, ich muss vorher noch meinen Lesern ein psychologisches Rätsel aufgeben, welches diejenigen von ihnen, die mit dem menschlichen Herzen nicht ganz bekannt sind, schwerlich lösen dürften. Hier ist das Rätsel und mein Bekenntnis. Während meines inneren Kampfes mit und um Frau *von V...* hatte sich in mir für eine andere ein ziemlich lebhaftes Gefühl eingefunden. Ich stand auf dem Punkt, einer neuen Schönen zu huldigen; wenigstens durfte ich glauben, eine neue Eroberung gemacht zu haben, und meinem Abenteuer diesen Namen geben.

Ein Rechtsgelehrter von Brüssel hatte eine hübsche Tochter, welche nicht immer die Grausame gespielt hatte. Sie war mehrmals, in ihren

Mantel gehüllt, in einen Garten aus dem Tore gekommen, wie *Rousseaus Julie* in ihre Sennhütte, um in meiner und anderer *Saint-Preux* Gesellschaft Milch und Erdbeeren zu essen. Eines Morgens begegnete ich ihr vor dem Schlosse. Ich biete ihr den Arm, führe sie in einen der menschenleeren Höfe, ersuche sie, mich anzuhören, und ohne weitere Vorrede entdeckte ich ihr, dass mich geheimer Kummer drückt, dass ich höchst unrecht getan habe, *leicht zu haschenden Vergnügungen* zu entsagen, um sie gegen Tage der Bitterkeit und der Angst zu vertauschen. Ich fühle in diesem Augenblick den ganzen Verstoß gegen Galanterie und Sitte, dessen ich mich schuldig machte. Ob sie es nicht auch fühlen mochte? Ob meine Bemerkung sie nicht empfindlich verletzte? Genug, sie lächelt; in ihrem Lächeln lag ein sonderbarer Ausdruck; gleichwohl gab sie mir ein Rendezvous auf denselben Abend, elf Uhr. Die Verabredung war, ich sollte die Weise pfeifen: Où peut on être mieux usw.; dann werde sie herabkommen, mir aufmachen und mich einlassen. Ich war pünktlich; ich pfiff, pfiff noch einmal. Hätte ich aber auch die ganze Oper *Lucile* in Variationen gesetzt, es wäre niemand erschienen. Voll Ungeduld und instinktmäßig nähere ich mich der Tür, versuche, finde sie halb offen. Sie aufstoßen, die Treppe leichtfüßig hinaufsteigen, mich auf den Zehenspitzen in das Vorzimmer einschleichen, war das Werk eines Augenblicks. Aber im Begriff, die Türe zu öffnen, où Rose respire, fühle ich mich plötzlich von einem Paar athletischen Armen umfasst – eine Umarmung, welche mit der schwanenweichen Umspannung einer Geliebten nicht das geringste gemein hatte. Ich sträubte mich, umsonst; ich will mich losmachen, umsonst; ich bin einmal der Schwächere und werde überwältigt. Man zieht, schleppt, stößt mich gewaltsam der Treppe zu. Jetzt kenne ich mich nicht mehr vor Wut. Ich schlage um mich, und da mir der eine Arm lahm wird und wie zerbrochen schmerzt, wehre ich mich mit Fußtritten wie ein wildes Tier. Nun werde ich ohne Umstände auf die Erde geworfen; man bindet mir mit einem Strick die Arme hinter den Rücken; ich beiße um mich, man reißt mir die Haare aus. Ich fühle ein Knie, das mir die Rippen eindrückt. Meine Hände werden in einen Schleifknoten gebracht und in diesem Zustande lässt man mich mit Lebensgefahr die Treppe hinunterstolpern. Man schiebt mich mit der größten Höflichkeit auf die Straße und schließt die Tür hinter mir ab. Ich bin nie – und werde, wie ich hoffe, nie wieder – in einer solche Raserei geraten. Was war zu tun? Wozu sollte ich mich entschließen? An meine Haustür pochen, hieß mich lächerlich machen und war überdies bei gebundenen Händen fast unmöglich. Doch blieb mir kein anderer Ausweg übrig. Ich stieß mit den Füßen an und zog es vor, mich in diesem Auszuge lieber vor meinem Bedienten als vor einem Fremden bloßzustellen. So kam ich denn glücklich vor dem Pförtner vorüber, ohne von ihm bemerkt worden zu sein, und half mir bei meinem ziemlich einfältigen und ehrlichen Kerl mit einer Lüge durch. Mit innerer Beschämung erdichtete ich ein höchst unwahrscheinliches Märchen von Dieben, die mich angefallen hätten. Er hörte mir mit offenen Augen und Ohren zu und konnte gar nicht begreifen, wie sie es so gnädig mit mir gemacht, mich so unvollständig bestohlen und mir meine Uhr gelassen hätten, deren Kette er hervorhängen sah. Das kleinste Kind würde dieselbe Bemerkung haben machen können. Vielleicht sah er weiter als ein Kind; vielleicht dachte er bei sich: »Mein Herr ist ein Lügner!« – Man muss gestehen, dass ein verliebter Abenteurer bisweilen eine seltsame Rolle zu spielen hat.

Der Ungewissheit, worin ich mich mit Frau *von V...* befand, musste ein Ende gemacht werden. Ich hatte endlich eine bestimmte Aussprache mit ihr. Die Art, mit welcher sie mich versicherte, sie könne nur mit *mir* glücklich sein; der Ton, mit welchem sie diese Versicherung Herrn B...n vor mir wiederholte, ließ mir keinen Zweifel zurück, hob alle meine Bedenklichkeiten und genügte dem forschendsten Zartsinn. Ich bin Herrn B...n bei dieser Gelegenheit die Gerechtigkeit schuldig, anzuerkennen, dass er sich mit einer Festigkeit waffnete, die ich nicht in ihm gesucht haben würde, und dass er sich, im ausgedehntesten Sinne des Worts, als *Mann* zeigte. Er gab sich sogar Mühe, bei diesem Auftritt, wo er sich zum letzten Male mit dem Ansehen eines Vormunds zu zeigen und die Regungen eines geheimen Liebhabers zu verbergen hatte, die ganze Würde eines edlen, rücksichtsvollen Gemüts zu zeigen. Er rief den Himmel zum Zeugen, wie sehr er wünsche, dass die Verantwortlichkeit, die ich von nun an übernähme, nie anders als zu meinem Glück ausschlüge, wie sehr er wünsche, dass ich es nie bereuen möge, aus eigener Wahl ein Joch mir auferlegt zu haben, dessen Bürde mit ihrem ganzen Gewicht zu übernehmen, eine kältere Betrachtung mich gewiss abgehalten haben würde. Er nahm keinen Anstand hinzuzusetzen, und zwar mit einem gefühlvollen und unparteiisch scheinenden Tone: Er zweifle, ob das Band, welches ich geknüpft habe und nicht ohne die größte Straffälligkeit zerreißen könne, mir ein dauerhaftes Glück gewähren und ob ich es lange würde ertragen können, ohne bitter zu fühlen, dass es mich drücke. Er fuhr fort: »Die Schönheit der Frau *von V...* ist alles, worauf Sie Bedacht nehmen; wird sie aber immer in Ihren Augen schön sein? Ihr liebenswürdiger, gefälliger Geist, wird er Ihnen ewig gefallen? Ihr Gemüt ist leicht und wandelbar;[493] das lebhafte Aufwallen ihrer Jugend, die Beweglichkeit ihrer Neigungen leisten Ihnen keine Gewähr für die Zukunft, sind im Gegenteil Besorgnis und Misstrauen erregende Anzeichen.« Er fuhr fort: »Wäre mir bisher noch einige Ungewissheit über der Miss Charakter und über die Meinung geblieben, die ich mir längst von ihr gebildet habe, so würde der rasche, dreiste, gewagte Schritt, den sie sich mit Ihnen erlaubt hat, jeden Zweifel heben.« Er wollte nicht (so schloss er) den vielen Betrachtungen, die er darüber angestellt habe, Raum geben und Luft machen, um nicht bei der Sache befangen und eingenommen zu scheinen; er wünsche im Gegenteil inbrünstig und mit der ganzen Reinheit und Aufrichtigkeit seines Herzens, dass die Worte, die er gesprochen, sich tief ins Gedächtnis der (dabei gegenwärtigen) Frau *von V...* eingraben und sie bewegen möchten, ihn durch ihr künftiges Betragen Lügen zu strafen. Hierauf wendete er sich besonders an mich und machte die Zeit zum Schiedsrichter zwischen uns beiden, zwischen seiner Furcht und meiner Hoffnung.

Frau *von V...* weinte heftig, während er sie mit trockenen Augen, aber mit blassen, zitternden Wangen und einem Blick betrachtete, worin sich der finstere, zurückgehaltene Schmerz sichtbarlich malte. »Noch wäre es Zeit! (Sprach ich zu mir). Noch ist der letzte Schritt nicht getan! Noch könnte ich sie ihm abtreten, zurückgeben! ... Ich sollte es tun! ... Doch nein ... es ist zu spät; sie würde zu unglücklich sein ... und ich auch.«

Herr B... n behielt uns den Abend bei sich und gab mir alle erforderlichen Mitteilungen über sein Mündel und ihre Familie. Ich musste ihm versprechen, sie immer mit Güte und Sanftmut zu behandeln, auch wenn sie es nicht immer verdienen sollte, und ihr zu erlauben, bisweilen an ihn zu schreiben. Dann zog er aus einem Kästchen ein Bild hervor, und als er sah, dass die Züge mich tief bewegten, beeilte er sich mir zu sagen: »Es ist von *Plymer* für ihre Mutter gemalt worden, wenig Wochen vor deren Tode. Ist Ihnen durchaus alles daran gelegen, so trete ich es Ihnen (mir das Bild hinreichend) von ganzem Herzen ab!«

Ich hätte das Opfer nicht angenommen, wäre auch mein Leben der Preis gewesen. Innig gerührt konnte ich nur mit einer bedeutsamen Be-

---

[493] Varium et mutabile semper femina.

wegung des Kopfes danken. Es wäre mir unmöglich gewesen, ein Wort, einen Laut vorzubringen. Nach zwei Stunden einer peinlichen Lage, die ihm nicht entgehen konnte und ihn an uns rächte, verließen wir ihn, nachdem er uns beim Weggehen versprochen hatte, am andern Tage mit dem frühesten Abschied von uns zu nehmen. Er kam nicht. Ich danke ihm noch heute für dieses Zartgefühl.

Ich reiste nach Paris ab, ein zweiter *Paris*, dem eine zweite *Helena* Qualen die Fülle bereiten sollte. Schon unterwegs fand ich Gelegenheit zu bemerken, dass die Frau, welche man uns streitig macht, in einem ganz andern Lichte erscheint als die, welche uns abgetreten wird.

Oh Fantasie, Einbildungskraft, folle de la maison, wie dich ein Dichter mit Recht nennt, der Unglückliche, den du beherrschest, den du führest und leitest, hat nicht zwei Stunden hintereinander denselben Grund, dieselbe Ansicht, dasselbe Vergnügen; dagegen sind seine Leiden desto dauerhafter. Du weißt sie zwar auch ins Unendliche zu vervielfachen. Umsonst steht die Vernunft dir gegenüber; sie hat dir nichts entgegenzusetzen, keinen Zügel dir anzulegen. Du durchläufst den ganzen Kreis des Lebens, während deine kalte Rivalin untersucht und berechnet, wohin sie den Fuß setzen soll!

Ich selbst sollte *den Fuß wieder in Paris setzen*, in das Paris, welches ich fürchtete, nie wiederzusehen, welches ich seit fast anderthalb Jahren verlassen hatte, aus welchem ich mich seit einem ganzen Jahrhundert *verbannt* und entfernt glaubte. Hätte ich damals eine wirkliche *Verbannung* geahnt, sie vorhergesehen! Hätte ich, ein Spiel des Schicksals zu Land und zur See, ein Opfer der Menschen und der Dinge, mir die lange Zukunft, die grenzenlose Verbannung gedacht, in welcher ich abwechselnd Tage der Verzweiflung und der Hoffnung durchleben würde – wie hätte ich den bloßen Gedanken überleben können!

Als ich 1791 Frankreich wiedersah, war mein Vaterland in einen schwärzeren Schleier gehüllt als bei meiner ersten Entfernung; es war ein Trauerflor, der über demselben hing. – Ich mietete Zimmer für mich und Frau *von V...* auf der Chaussée d'Antin; ich suchte ihr einen ziemlich beschränkten gesellschaftlichen Kreis aus; es war mir daran gelegen, dass sie an einer eingezogenen Lebensart Geschmack fände, denn Eingezogenheit ist die erste Gewähr für Frauentreue, weil sie den Frauen die Gelegenheit entzieht, sie zu brechen. Nichtsdestoweniger überließ ich mich allen Anfechtungen einer marternden Eifersucht, weil ich bemerkte, dass die, welche sich meine Freunde nannten, kein Mittel unversucht ließen, meine Geliebte zu verführen. So machen es die Freunde, sie, die sich am wenigsten das Recht anmaßen sollten, den Hausfrieden zu stören und Herzen zu rauben! Von zehn Fällen gibt es gewiss acht, wo es gerade unser bester Freund sein wird, der sich's erlaubt, uns dergleichen Streiche zu spielen, weil er dazu die beste Gelegenheit hat und wir ihm am meisten vertrauen zu können glauben. Nichts ist leichter als einen Ehemann oder Liebhaber, der unser Freund ist, hinter der Larve der Ehrlichkeit zu betrügen; auch die meisten Frauen sind mit dieser Art von Betrug einverstanden, weil sie das Unwahrscheinliche lieben und von Natur zu allem hinneigen, was einer Treulosigkeit ähnlich sieht. Anbetungswürdige Hälfte des Menschengeschlechts, wirf nicht den ersten Stein auf mich! Wer von euch hier eine Ausnahme macht, wird mich verstehen und die Schwierigkeit und Größe der Ausnahme zugeben; wer nicht zu den Wenigen gehört, wird mich noch besser verstehen und an die Unmöglichkeit der Ausnahmen glauben. Ich sah die *Revolutionsmänner* meiner früheren Bekanntschaft wieder. Aus meinen Beobachtungen, aus meinen Unterhaltungen mit denen, welche damals die ersten Rollen auf dieser tragischen Bühne spielten, ersah ich, dass sich ein Bürgerkrieg entspinnen würde oder dass, wenn es nicht dazu käme, wir uns so lange zwischen einer zerrütteten[494] Monarchie und einer unmöglichen Republik zerarbeiten, uns hin und her zerren lassen würden, bis *ein Mann* aufstände, der es auf sich nähme, Toren und Bösewichter zu zerstreuen und Ordnung und Eintracht wieder herzustellen.

Der unglückliche *Ludwig* hatte sich als Gefangener in die Tuilerien begeben und dadurch den letzten Beweis seiner Schwäche gegeben, sein Absetzungs- und Todesurteil selbst unterzeichnet. Von nun an konnte nichts die Gesetzgeber abhalten, sich auf blutigem Kampfplatze in Gladiatoren zu verwandeln, sie, die man nur durch Widerstand zur Nachgiebigkeit hätte zwingen können. Vergebens hatte *Ludwig XVI.* die Konstitution (dieses Epigramm auf das Königtum) angenommen und beschworen; vergebens hatte er die beweglichen, rührenden Worte gesprochen: »Ich will meinen Sohn frühzeitig auf die neue Ordnung der Dinge vorbereiten, welche eine Folge der Umstände ist usw.«; vergebens hatte er verboten, auch nur einen Tropfen Blut zu vergießen; – umso mehr folgten Beleidigungen auf Beleidigungen und der bittere Kelch der Schmach, den man ihn leeren ließ, war unerschöpflich und ohne Grund,

---

[494] Déchirée.

wie die Ewigkeit. Mit der Königin und Madame *Elisabeth* allein geblieben, mit ihnen bestimmt, als Opfer der Wut und der Unmenschlichkeit zu fallen, hatte sich der unglückliche Fürst von seiner ganzen übrigen Familie verlassen gesehen. Seine Tanten, die sich in einem vorgerückten Alter hätten berufen fühlen sollen, ihn mit Trost zu unterstützen und mit ihren letzten Lebensjahren weniger zu geizen, hatten sich klüglich nach Italien zurückgezogen. Wut, Rachsucht und Schmähungsgeist lagerten sich um die Türen seines verwaisten Schlosses und sein Herz konnte, bei dem unausgesetzten Kummer, der daran nagte, nicht einmal die spärlichen Freuden der Einsamkeit genießen. Allen Demütigungen und Erniedrigungen preisgegeben, hatte er sich über alle erhaben gezeigt; nur *eine* sollte ihn niederwerfen, nur der letzten Tyrannei konnte er die Stirn nicht bieten. Er unterlag ihr. Es war, als man ihm die Erlaubnis verweigerte, in Saint-Cloud ein paar Tage des Friedens, im Schoße der Andacht und der Gottesverehrung, zu suchen. Damals sah man den *König von Frankreich* auf seinem Schlosshof in einem empörenden Kampfe begriffen; man sah den *König von Frankreich* von aufgewiegelten Untertanen umzingelt, mit Schmach belegt, angetastet, festgehalten; man sah den *König von Frankreich* mit tränenschweren, geschwollenen Augen sich zurückziehen und den Vorsatz aufgeben, zwei Stunden von Paris, in Saint-Cloud, frische Luft und den Frieden mit Gott und den Menschen zu genießen. Man sah ihn nicht für sich selbst, nur für einen treuen Diener zittern,[495] den er den Wütenden mit der Gebärde, mit der Stimme, mit der Bitte zu entreißen strebte. Herr *von La Fayette* meinte es diesen Tag ehrlich, konnte es aber nicht erreichen, dass dem Könige, dem die wirkliche Freiheit längst genommen war, ein Anschein von Freiheit gelassen würde.[496] Der Halbrevolutionär machte bei dieser Gelegenheit die Erfahrung, dass ein schwankender Aufrührer[497] in den Augen des Pöbels nur ein Gliedermann ist, der ihn wohl einen Augenblick in Bewegung bringen, aber nie leiten und anführen kann. Die vielen Empörun-

---

[495] Für den jungen Marquis von Duras, seinen ersten Gentilhomme de la chambre. Das wütende Volk riss ihn (den 18. April 1791) vom Kutschenschlage herab. Vergebens hielt ihn der König bei der Hand zurück. Man trennte sie. »Versprecht mir nur, ihm das Leben zu lassen!«, rief der König und erhielt das Versprechen, dass seinem Liebling kein Leid geschehen solle. (*Übers*)

[496] Es war bestimmt und festgesetzt, dass der König nicht über zwanzig Stunden Weges im Umkreis sich von Paris entfernen dürfe. (*Übers.*)

[497] Un pâle factieux.

gen hatten den wahren Sinn der Nation für Patriotismus und Volksfreiheit geschwächt, derselben nur den leeren Namen einer Nation gelassen und sie dem Joche einiger Tyrannen unterworfen. Das Königtum, die wahre Schutzgottheit des französischen Volks noch mehr als jedes andern, glich einer verstümmelten Bildsäule, welche man noch aufrecht erhält, um ihre Verletzungen recht sichtbar werden zu lassen. Der König schien nur noch zu leben, damit er die Zielscheibe der niedrigen Beleidigungen würde, womit man alle Kronen in den Staub treten wollte; er sollte sozusagen der Stellvertreter der in seinem Namen gekränkten und in der Person des ältesten Monarchen der Welt[498] verhöhnten und erniedrigten Souveräne Europas sein.

Mirabeau, welcher von dem Augenblick an, wo man nicht mehr wollte, dass er der Mann des Volks sei, der Mann des Hofes geworden war, hatte sich insofern verrechnet, als ihm nicht Zeit gelassen wurde, sein gegebenes Wort zu halten und das übernommene Werk zu vollbringen. Es ist, als habe über dieser ganzen Revolution der Geist des Bösen gewaltet, gewacht und die Fülle seiner Kraft ausgeschüttet und als sei gegen alles, was ein guter Geist versucht und vermocht hätte, um das Übel abzuwenden und die Ordnung wiederherzustellen, ein eisernes, unübersteigliches Bollwerk erstanden.

Mirabeau ist, so sehr man auch das Gegenteil behaupten will, an Gift gestorben. Es hat zwar seine Richtigkeit, dass die Ausschweifungen, welchen er sich wenige Tage vor seinem Tode überließ, dazu beigetragen haben, die Wirksamkeit des Giftes zu erhöhen und seiner Krankheit einen entschieden gefährlichen Charakter beizulegen. Die Exzesse allein haben es aber nicht getan; er war längst daran gewöhnt, er lebte davon und sein athletischer Körperbau würde ihnen noch lange widerstanden haben, hätte man nicht seine Zuflucht zum Gifte genommen, mit welchem er nicht so vertraut war als *Mithridat*. Aber, sagt man, sein Leichnam ist geöffnet und keine Spur von Vergiftung gefunden worden. Als wenn jede Giftart eine Spur hinterließe! Genug, ich behaupte: Er ist an Gift gestorben. Nicht ganze zwei Tage nach *dem*, wo er von der Bühne herab verkündete, er wolle die Faktionisten angeben, entlarven, bekämpfen, fühlte er sich von einer *Schwäche* befallen, welche – wie er selbst zu einer Freundin sagte, von der ich es habe – er *nicht zu beschrei-*

---

[498] Man wird hoffentlich Frankreich das Recht, die älteste christliche Monarchie zu sein, nicht streitig machen wollen. (*Verf.*)

ben vermögend sei. Ich habe noch überdies andere Gründe, es zu glauben; ich verschweige sie, weil ich kein Libell schreibe und es immer besser ist, nicht *zu viel* zu sagen, wenn man nicht *genug* sagen kann. – Der König ließ oft nach seinem Befinden fragen; ja, ich fand einmal vor seiner Tür einen Mann, der das volle Vertrauen der Königin besaß und sich nach seinem Zustande erkundigt hatte. Der Hof gab sich keine Mühe bei seinem Absterben, den tiefen Eindruck zu verbergen, den dieser Tod auf ihn machte. Mit diesem großen Verbrecher, welcher nur ein Jahr Zeit bedurft hätte, um sich zu entsündigen, sank die letzte Hoffnung eines Monarchen dahin, auf dessen Haupt sich die allerhärtesten Streiche des Schicksals vereinigt hatten. *Mirabeau* starb mit der Ergebung und der Festigkeit eines Gerechten. Dem Vorwurfe, es fehle ihm an Mut, begegnete er durch die einfache, edle, prunklose Art, auf welche er endigte. Man veranstaltete ihm das prächtigste Leichengepränge. Der allerbeste Staatsbürger, der Mann, der die größten Verdienste um sein Vaterland gehabt hätte, der Tugendhafteste in einem weitläufigen Reiche, würde nicht geehrter, beweinter, bedauerter und mit sprechenderen Zeichen von Dankbarkeit und Achtung seiner Mitbürger in die Gruft haben gesenkt werden können als *Mirabeau*. Ich sagte mir, als ich seinen Staub der Erde wiedergegeben sah: »Niemand kann durch den bloßen Gebrauch, durch die bloßen Handlungen seiner Gewalt es dahin bringen, dass man ihn im Leben und nach dem Tode hoch schätze und verehre; es hing ebenso wenig von diesem riesenhaften Genie, von diesem aus Talent und Immoralität zusammengesetzten Koloss ab, dass an seine leblose Asche diese Ehrenbezeigungen verschwendet wurden, als es früher von ihm abhing, nicht im Kerker von Vincennes zu schmachten und viele Jahre ohne Glanz und sogar ohne Achtung in Europa umherzuirren.« – Und als sein Leichnam ausgegraben, aus der Ehrengruft verstoßen und seine Asche in die Luft zerstreut wurde, muss da nicht die ganze Welt gedacht haben wie ich: »Eine Nation im Wahnsinn[499] kann ebenso wenig einen wahren Ehrenpreis austeilen, als sie Strafen der sogenannten öffentlichen Meinung verhängen kann.« Was es mit der Vergötterung des großen Haufens auf sich habe, so haben sowohl *Mirabeau* als *Cromwell* es treffend ausgedrückt; der Erste, wenn er ausruft: Es ist nur ein Schritt vom Kapitol zum Tarpejischen Felsen; der Zweite, wenn er zu seinem Schwiegersohn *Ireton* spricht: Du hältst den Beifall dieses Lumpengesin-

---

[499] En délire.

dels für etwas? Wisse, dass er zehnfach lauter sein würde, wenn man uns jetzt zum Galgen führte!

Eine große, unsterbliche Lehre, von den beiden größten Faktionshäuptern neuerer Zeiten gegeben!! Eine verloren gegangene Lehre!!!

19. Kapitel

Districtus ensis cui semper impia
Cervice pendet, non Siculae dapes,
Dulcem elaborabunt saporem,
Non avium citharaeque cantus
Somnum reducent.
(*Horat.* Od. III. 1)

Vois-tu ce malheureux qu'un tyran de Sicile
Appelle à son festin. Pâle, et tout effrayé,
De cette menaçante et sinistre amitié
Il goûte avec effroi les délices perfides,
Porte en tremblant la coupe à ses lèvres livides,
Vers les lambris dorés lève un œil éperdu,
Et croit voir sur son front le glaive suspendu.
(*Delille*)

Pourra-t-il retrouver un sommeil agréable,
Peut-il de Philomèle aimer la douce voix,
Celui qui, même assis à la table des rois,
Voit le fer suspendu sur sa tête coupable?
(*Daru*)

Wenn schrecklich blinkend auf das verruchte Haupt
Ein Schwert herabhängt; nie wird
Siculischer Festschmaus ihm Wohlgeschmack erkünsteln,
Vogelgesang und Gitarr' ihm nimmer
Den Schlaf zurückziehn. –
(*Voß*)

Schilderung von Paris – Abreise des Königs – Die Revolutionsmänner – Neuer
Verdacht gegen Frau von V... – Wir entschließen uns zur Trennung – Ich be-
gleite sie bis Calais – Fortschritte der Revolution – Meine Feinde

564

verfolgen mich – Fabre d'Englatine – Condorcet – Meine letzte Liebe in Frank-
reich – Ahnung meiner Verbannung – Fräulein von Saint-Amaranthe – Ihre
Mutter – Geschichte der Letzteren und ihres Gatten – Sie hält ein großes Spiel-
haus – Vicomte von Pons – Ich warne die Tochter vor ihm – Meine Liaison mit
Tochter und Mutter; mit Letzterer nur zum Schein – Die Tochter begünstigt
mich; wir werden verraten – Mein und des Fräuleins Widerstand gegen die
aufgebrachte Mutter – Sie gibt nach – Es melden sich Freier – Ich trete zurück –
Ich verlasse Mutter und Tochter – Mein Wiedererscheinen bei Hofe – Der Kö-
nigin letzte Worte an mich – Mein letztes Urteil über sie – Der einundzwan-
zigste Junius – Mut der Königin – Mut und Edelmut der Prinzessin Elisabeth –
Der August-Monat 1792 – Vergniaud gibt mir den Rat, Frankreich zu verlas-
sen – Ich eile zur Frau von Saint-Amaranthe, um sie zur Flucht mit mir zu
bereden; sie widersteht – Mein letzter Abschied von beiden Schlachtopfern – Ich
habe keine so geliebt wie Amalie...

Habt ihr nie ein Kind am Rande eines Abgrundes spielen gesehen? Es
pflückt das bescheidene Blümchen im Grase und hüpft schäkernd am
Abhang hin, welcher bald unter seinen leichten Tritten einstürzen wird!
Dunkel schwebt ihm die Gefahr vor Augen, allein es achtet ihrer nicht.
Fern vom sorgsamen Blicke der Mutter, deren zärtliche Stimme es so oft
warnte und zurückrief, besteht es auf seinem Willen, auf seinem Spiel
längs der jähen Wand und überlässt sich der letzten Freude eines Alters,
das nicht voraussieht. Es *wird* hinabstürzen – es *ist* gefallen; – sein
Instinkt reichte nicht hin, es zu retten; es ist ohne Hoffnung verschwunden.

Ebenso lebte man von einem Tage zum andern, von einer Stunde zur
andern, auf der Lava von Paris, wo so viele eines entsetzlichen Todes
sterben sollten; wo das Sybaritenleben, die Libertinage und Räusche
aller Art die Köpfe schwindeln machten und eine Zukunft in Nebel hüll-
ten, deren Anblick in der Ferne jedoch wohl diejenigen in Furcht und
Schrecken versetzen konnte, die nicht zu den *Kindern* gehörten, wie auch
die, welchen bloßer Instinkt den Rat gab, einen vulkanischen Boden zu
verlassen, der alle Augenblicke mit dem Ausbruch drohte und Lava-
ströme des Todes erwarten ließ. Aber der große apathische Haufe bestand darauf, den Feuer speienden Berg nicht zu verlassen, und brach
sogar die farblosen Blumen, die seinen Krater umgaben.

Ich ließ mich wie soviel tausend andere vom reißenden Strome, von
der gefahrvollen Torheit fortreißen. Ich war verliebt, eifersüchtig, dem

Spiel ergeben; und – um das Verzeichnis meiner guten Eigenschaften vollständig zu machen – ich war ein feuriger Anhänger und Jünger des Weingottes geworden, sodass ich schon anfing, der Meinung zu sein: Das Beste im Leben sei, des Lebensharms vergessen und das Sorgenheer verscheuchen, welches sich mit uns an die Tafel setzt. Die schönen Verse des Dichters *Delille*, welche man zu Anfang des Kapitels gelesen hat, dieses lebhafte Bild aller Genüsse der Menschen, aller Unruhen, aller Besorgnisse und sogar aller Hoffnungen, machte auf mich einen besonderen Eindruck. Aber damit es ja nicht jener künstlichen Ruhe, die ich mir zu verschaffen strebte, an Gegensatz und Gegengewicht fehlen möchte, sorgte mein feindseliges Verhängnis dafür, dass ich im Innern meines häuslichen Lebens alle Qualen einer gewaltsamen Leidenschaft und alle Beängstigungen der Eifersucht fände. Mit jedem Tage schuf ich mir neue Trugbilder – denn jetzt bin ich völlig überzeugt, dass es leere Hirngespinste waren und dass Frau *von V...* nie etwas getan hat, sie zu verwirklichen. Unsere Tage flossen in Gezänk vorüber; nichts war *mir*, der die Veranlassung suchte, leichter, als sie zu finden; *sie* war bereit zum Zwist und ebenso bereit zur Versöhnung. Ihr Charakter stimmte sie zum einen wie zum andern. So lange Liebe, Zartgefühl und Empfindung die stürmischen Wechselauftritte[500] begleiteten, so lange Fehde und Friedensschluss aufeinanderfolgten, lag ein gewisser Reiz in dem Verhältnis; es war abstoßend-anziehend. Als aber beide Teile anfingen zu gnittern und zu nörgeln, da fühlte man zum Mindesten das Joch unerträglich und sah in der Zukunft nur einen Hoffnungsschimmer – *die Freiheit*.

Allein Ergebnisse anderer Art sollten mich bald gegen meinen persönlichen Kummer unempfindlich machen; über die Schicksale meines Vaterlandes vergaß ich die meinigen. Der König hatte sich endlich entschlossen, seine Hauptstadt zu einer Zeit zu verlassen, wo man es am wenigsten dachte, obschon man sich dessen alle Tage hätte gewärtig sein sollen. Der unglückliche Monarch suchte in seiner verzweifelten Lage den letzten Glückswurf in einer Maßregel, welche sich sehr natürlich und wie von selbst einem gefangenen und aller Attribute seiner Macht beraubten Fürsten aufdrang; – denn ist man noch König, wenn das Wesentlichste abgeht, wenn man die Guten nicht durch Belohnungen ermutigen, die Bösen nicht durch Drohung und Strafen schrecken kann?

[500] Alternative.

Längst unter den Streichen der Rebellen gefallen, fühlte das Opfer, dass es bestimmt sei, den letzten Streich zu empfangen, und suchte nur durch Zeitgewinn das Beil des Henkers von sich abzuhalten. *Ludwig XVI.* ließ bei seiner Flucht der Versammlung eine Erklärung zurück, welche zu ihrer Zeit für parteiisch und übertrieben galt; als ob ein Souverän, ein rechtlicher Mann, den seine Untertanen beraubt, herabgewürdigt haben, wenn er sie für Rebellen erklärt, zu weit gehen könnte!! Als ob man ihm in dieser Erklärung, welche die Nachwelt *gemäßigt* nennen wird, etwas anders vorwerfen kann, als dass er sich in die Notwendigkeit versetzt habe, sie von sich zu geben!! Alle Welt kennt den Erfolg seines Versuchs; er schmiedete seine Ketten noch fester. Man weiß, dass, dem menschenfreundlichen Grundsatze getreu, dessen Folge gewesen ist, in ganz Europa *Ströme Bluts* fließen zu lassen, er nicht zugeben wollte, dass um seinetwillen nur *ein Blutstropfen* fließen sollte und dass er es vorzog, anstatt über wenige Leichen die Grenze zu gewinnen, selbst als eine lebende Leiche nach Paris zurückgebracht zu werden, gefesselt an den Triumphwagen der Volkstyrannen und auf immer in den Augen der Menge herabgesetzt, welche den nie wieder achten lernt, der einmal von ihr entehrt und in den Staub getreten worden ist.[501]

Dieses Ergebnis mit seinen im Voraus zu berechnenden, unvermeidlichen Folgen hatte teils finstere Schrecknisse, teils eine tödliche Traurigkeit in mir erregt und mich auf eine Zeit lang über meine eigenen Angelegenheiten betäubt. Als ich aber wieder auf mich und meine Lage zurückblickte, erwachte in mir der Entschluss, mich von den Banden, die mich drückten, zu befreien, ohne mich von den Annehmlichkeiten zurückhalten zu lassen, die sie mir noch hätten darbieten können. Kurz, es

---

[501] Am Tage der Abreise des Königs begegnete mir in den Tuilerien ein (in seiner Partei) ziemlich bedeutender Deputierter, der später wichtige Stellen bekleidet und sich denselben völlig gewachsen gezeigt hat. »Nun, mein Herr«, rief er mir entgegen, »Sie triumphieren; warten wir aber noch zwei Tage! Übrigens, wenn Ihnen die Trümpfe bis zuletzt zufallen, und wir nicht alle aufgeknüpft werden, so mache ich mich auf und bringe meine übrige Lebenszeit in Nord-Amerika zu.« – »Fürchten Sie nichts«, erwiderte ich lachend, »ich nehme Sie in meinen Schutz; wir Aristokraten besitzen eine unversiegbare Quelle von Großmut.« – Als bald nachher die unselige Nachricht einlief, dass der König erkannt und aufgefangen sei, sah ich jenen Mann wieder. Welch ein Unterschied in seinen Gesichtszügen und besonders in seinem Betragen. »Allons«, rief er mir zu, »Mut gefasst; den Mut nicht sinken lassen; ich stehe Ihnen für Ihr Leben.« – Er lachte; ich hatte keine Lust zu lachen. Seit der Zeit haben wir uns nicht wieder gesehen. (*Verf.*)

entstand in meinem *häuslichen Leben* ebenso gut eine Revolution, als ich deren täglich neue um mich entstehen und sich entwickeln sah.

Ich hatte einen Kammerdiener, der mein ganzes Vertrauen besaß. Ich überraschte ihn einst, als er der Frau *von V*... ein Papier zustellte, welches sie ihm mit Verwirrung und Eile abnahm. Da gerade jemand ins Zimmer trat, gewann sie Zeit, es zu verbergen oder zu vernichten, sodass, als ich darüber nachfragte, sie die Stirn hatte, mir ins Gesicht zu behaupten, sie habe nichts erhalten. Das hieß, mich blind machen wollen. Mein Vertrauter hatte die Unverschämtheit zu leugnen und in ihre Lüge, in ihre Versicherung einzustimmen. Ich jagte ihn auf der Stelle fort; das war ganz natürlich. Nun wendete ich mich zur Frau *von V*.... Ich erklärte ihr unumwunden, dass ich die Geschichte vergessen wolle, dass ich es sogar verschmähe, sie näher zu untersuchen, dass wir uns aber noch vor Abend trennen müssten, wenn sie auf einem Betruge beharre, der sie selbst erniedrige, indem er mich herabsetze. – Ihre kurze Antwort war eine Antwort, die mich mehr befremdete als betrübte.

»Wo gedenken Sie hin?«

»Nach England, zum Herrn B...n.«

»Sind Sie gewiss, ihn da zu finden und dass er Sie wieder aufnehmen wird?«

»Mich wieder aufnehmen? ... Das ist meine Sorge.«

»Nun in Gottes Namen; ich begleite Sie bis Calais und verlasse Sie nicht eher, als bis Sie das Paketboot bestiegen haben.« –

»Sie geht zu ihrem Herrn B...n«, dachte ich; »er liebt sie noch immer; und ich? Ich? ... Oh, wenn ich es zu spät gewahren sollte, dass ich sie noch liebe, dass sie mir notwendig ist? ... Sei ein Mann, *Tilly* (sprach ich weiter zu mir selbst), halte dich fest; sieh zu, ob sie sich besinnt!«

Zwei Tage verstrichen unter Vorbereitungen und Zurüstungen zur Reise. Ich bemerkte an ihr dieselbe Unschlüssigkeit, die mich quälte. Abwechselnd zeigte sie ein leichtes, unbefangenes Wesen[502], dann aber auch wohl ein mehr als trübsinniges Gefühl.

Endlich ging die Reise vor sich. Wir verließen Paris. Unterwegs herrschte auf beiden Seiten die äußerste Achtung, ein zärtliches Zuvorkommen, die größte Artigkeit. Jetzt waren wir in Calais, am Ziel. Eine Stunde vor dem letzten Lebewohl brach sie das Schweigen. »Hier ist es«, sagte sie, es mir überreichend, »das unglückselige Papier, der ver-

[502] Un air dégagé.

wünschte Brief; er ist von B...n; lesen Sie ihn; er handelt von nichts als von meiner Familie, enthält nur Hausangelegenheiten. Sehen Sie selbst zu, ob es der Mühe lohnte, einen solchen Aufstand zu erregen, so viel »Lärm um nichts« zu machen. Lesen Sie; ich will nicht von Ihnen scheiden, ohne Ihre Achtung mitzunehmen.«

»Ich mag ihn nicht lesen«, sagte ich, »der unschuldigste Inhalt könnte doch das Unrecht nicht auslöschen, ihn mir so lange verheimlicht zu haben, ihn auf eine versteckte Weise erhalten, einen meiner Leute, der mir bis dahin immer treu gedient hatte, verführt, und vor allem, sich mit ihm zu einer niederträchtigen Lüge verbunden zu haben. Ihr spätes Bekenntnis macht die Sache nicht schlimmer, kann sie aber nicht ungeschehen machen.« – Ihre Augen füllten sich mit Tränen; ich meinerseits war ebenso schwach. »Was soll hieraus werden?«, fragte ich, »lieben wir uns noch?« – »Ich fürchte, so ist's«, gab sie zur Antwort; »sei dem aber auch so«, setzte sie hinzu, »mein Rat ist, wir bleiben fest bei unserm Entschlusse; nach dem, was vorgegangen ist, haben wir kein Glück im gemeinschaftlichen Umgang zu hoffen ... Wünschen Sie es aber, nun wohl, so kehre ich um.« – »Leben Sie wohl«, rief ich mit großer Anstrengung, »Sie haben tausend- und tausendmal recht; lieber fest bleiben und sich eine Zeit lang härmen, als wanken und sich einander ohne Ende wehe tun. Unsre Aussöhnung würde nicht von der Art sein, dass sie die Vergangenheit vergessen ließe und uns ungestörte Freuden und Genüsse versprechen könnte; es gibt eine Grenze, die der Zwist der Liebenden nicht berühren, viel weniger überschreiten darf, wenn sich Liebe nicht in ein anderes Gefühl verwandeln, nicht alle Dornen des Hasses auf den Weg streuen soll.«

»Nun denn, so leben Sie wohl!«

»Leben Sie wohl und bleiben wir wenigstens wahre, aufrichtige Freunde!«

»Für immer!«

»Für das Leben! –«

Wir handelten weise und haben es uns gestanden, als wir uns wiedersahen. Es verstrichen viele Jahre, ehe das geschah; und es tut mir wehe, dass es nicht früher geschehen ist. Die Torheiten, welche wir gemeinschaftlich begangen haben, ihre entzückende Schönheit, ihr so liebenswürdiger und dabei so seltsamer Charakter, kurz, alles malte mir jene stürmischen Tage vor Augen, welche keine Zwischenräume vollkommener Ruhe gewährten. Mit inniger Teilnahme habe ich alles Glück erfahren, was ihr begegnet ist; nur weiß ich nicht, ob ich ihre Vermählung mit dem Fürsten *von Salm* mit dazu rechnen soll.

Ich kehrte nach Paris zurück, einerseits von einer Last erleichtert, andererseits mit einem Kummer erfüllt, den ich mir nicht erklären konnte; eine Gewohnheit war mir abgestorben und hatte mich zu ihrem Witwer gemacht. Einem Freunde verdankte ich meine Heilung; er setzte mir, wie man zu sagen pflegt, den Kopf zurecht, ohne die Gabe seiner Beredsamkeit dabei anzustrengen. Er gab mir nämlich zu, Frau *von V*... sei ganz allerliebst, allein, fuhr er fort, bei ihrer und meiner Gemütsart würde das Ende des Liedes früher oder später doch eine Trennung gewesen sein, und je länger ich dagegen angekämpft hätte, desto schmerzhafter wäre die bittere Notwendigkeit für mich geworden; denn (sagte er), wenn man sich mit einer Frau aus Liebe verbunden hat und hinterher fühlt, man *könne* sich von ihr trennen, so ist schon die Gewohnheit an die Stelle der Liebe getreten und erschwert nur die Trennung.

So ist es; ich fühlte es in mir selbst, und doch war es mir lieb und ein Trost für mich, dass mein Freund es ebenfalls fühlte und mir es als einen Erfahrungssatz aufstellte. Es gibt Augenblicke und Punkte im Leben, wo die geringste Idee von außen unser inneres Dunkel aufhellt, wo der einfachste Rat uns aufheitert, wo die natürlichste Betrachtung eines andern eine Wohltat für uns wird, ungefähr so, wie die schwächste Stütze oft hinreicht, uns vor einem Fall zu bewahren. Man bedarf des Hilfsmittels, sich von einem Freunde wiederholen zu lassen, was uns nichts Neues lehrt, was wir schon wissen und vielleicht besser noch wissen, als er es uns sagen kann; es geht ungefähr damit zu, wie mit üblichen Redensarten, welche nichts bedeuten, deren man aber im geselligen Umgange einmal nicht entbehren kann.

Die Fortuna des Spiels war mir eine Zeit lang gewogen und ich fing an zu bedauern, ihre Gunstbezeigungen nicht mit meiner Freundin teilen zu können. Ich gewann ungeheuer im Trente-un und bildete mir ein, mit meinem Gewinn Frau *von V*... glücklicher und mich in ihren Augen liebenswürdiger gemacht haben zu können. Die Frau, die in Zerstreuungen lebt, hängt natürlich mehr an dem Manne, der sie ihr verschafft, als die Sklavin, welche Langeweile hat, an ihrem Gefangenenwärter!

Doch bald vergaß ich Spiel, Liebe und Reue über neue Auftritte und über einen neuen Akt des furchtbaren und endlosen Trauerspiels, welches sich vor mir entfaltete. Die Absetzung des Königs wird von allen Seiten mit Wutgeschrei vom Pariser Pöbel verlangt. Der wilde, unbändige *Danton* organisiert das Marsfeld und ruft von allen Seiten die Horden zusammen, dem Rollen des fernen Donners ähnlich, der bald durch die erschütternden Schläge des näheren ersetzt werden sollte. Schon fließt Blut und schreibt auf den Boden das Todesurteil des unglücklichen *Bailly*, der in den Sternen die Geschichte der politischen Erdumwälzungen nicht gelesen hatte,[503] und dem seine staubigen Bücher und seine tiefe Gelehrsamkeit den Erfahrungssatz nicht hatten beibringen können, dass der rohe Haufe seinen Freunden und Lieblingen nur ein Gefühl und ein Geschenk aufbewahrt: Undank und den Tod. Sein Blut sollte den Keim der bald darauf folgenden Insurrektionen befruchten; von seinem Todesstahl entsprang der Blitz, der dem Donner des *zehnten August* vorausgehen sollte.

Frankreich hatte mit eben so vielem Unverstand als Leichtsinn und Unhaltbarkeit der Gründe[504] den Krieg an die Mächte Europas erklärt; denn konnte es wohl Männern an Gründen gelegen sein, denen die Folgen gleichgültig waren? Oder vielmehr, war ihr persönliches Interesse nicht ihr alleiniges Motiv? Musste das Blut des Volkes, des wahren französischen Volkes, nicht vergossen werden, um ihren Plänen und Aussichten behilflich zu sein? Waren die ersten Unglücksfälle und Niederlagen der Armeen nicht für sie der beste Vorwand, den König und das Königtum zu morden?

Schon lange war ich den wütendsten Leitern der demagogischen Partei als Opfer bezeichnet und die Zielscheibe ihrer Rachsucht. Ich hatte früher mit dein niederträchtigen *Fabre d'Eglantine* einen Zwist gehabt, worin ich ihn mit einem *feudalen* Übergewicht, mit einem aristokratischen Hochmut behandelte, den mir sein Stolz nicht verzeihen konnte. Er schwieg damals und steckte die Schmach ein, aber in einem Herzen wie dem seinigen musste seitdem ein unauslöschlicher Hass kochen. Dazu kam noch ein Federkrieg mit Herrn *von Condorcet* und half die Gefahr vergrößern, in welcher ich schwebte. Es gibt eine Menge Ehrenmänner, welche dem letzteren ihre Achtung noch immer nicht versagen wollen; ich für mein Teil kann mich nicht enthalten, ihn im Grunde meines Herzens und in der aufrichtigsten Überzeugung für einen der niedrigsten Agenten zu halten, welche die Revolution auf die Bühne gerufen hat. Endlich darf ich noch von mir sagen, dass ich – und zwar bis ganz

---

[503] Anspielung auf Baillys Geschichte der Astronomie.
[504] Futilité dans ses motifs.

zuletzt – mit einer Dreistigkeit und einem Freimut geschrieben hatte, der wenig Nachfolger gefunden hat und der vielleicht damals ebenso sehr als das Talent eine Bedingung des Erfolgs war. Ich ging selten zu Bett und gerade in diesen stürmischen Zeiten habe ich das Schlafen beinahe ganz verlernt. Nichts schien mir schätzbarer als das Gegenteil, das *Wachen*. Jetzt ist es anders mit mir geworden; jetzt besteht mein sehnlichster Wunsch darin, mein übriges Leben verschlafen und alles vergessen zu können, was ich wachend getan habe, was mir wachend widerfahren ist – alles zu vergessen, sowohl mein nutzloses Leben als die vielen Leiden und Widerwärtigkeiten desselben!

Den Tag über und einen Teil der Nächte brachte ich mit Spielen zu, das übrige verwendete ich auf die Ausarbeitung von Aufsätzen, die mir zu nichts gedient haben, die der Wind zerstreut hat und deren Schicksal und Bestimmung wahrscheinlich gewesen ist, von der Welt – nur freilich mit Ausnahme meiner Feinde – vergessen zu werden.

In den Händen der letzteren mögen sie wohl noch immer eine Waffe sein!

Ein Raub meiner unsteten, verzehrenden Unruhe, alles fürchtend, außer den Tod, trieb ich mich überall umher, in den Klubs, im Schauspiel, auf Spaziergängen – und war nirgends. Nie hatte Paris so sehr das Ansehen einer regellosen Stadt, eines unwürdigen Schlupfwinkels, einer Niederlage für die Befriedigung sinnlicher Leidenschaften gehabt; man lebte im Gewühl der Exzesse aller Art. Es war, als sähe man die kurze Dauer der Lebensgenüsse voraus, als sähe man das gähnende Grab, das uns mit jedem Augenblick zu verschlingen drohte, und die nicht zu berechnenden unglücklichen Ereignisse, die sich gegen uns anhäuften und als *Damokles*schwert über unsern Häuptern schwebten. Man stürzte sich mit heißem Durst in die Wollust einer Sekunde, um sie – vielleicht die letzte – in gieriger Hast zu verschlingen.

Ich stelle hier als an der passenden Stelle das Bild meiner letzten Liebe in Frankreich dar, das Bild meiner letzten Jugendflamme neben der Sonne meines Herzens, die für mich nicht mehr jenen geweihten Boden[505] beleuchtet, den *ich* (ach, eine einzelne, unglückliche Ausnahme!) nie wieder zu betreten verdammt zu sein scheine. Gezeichnet von der Hand des unerbittlichen Fatums, durch einen unbegreiflichen Spruch meines Schicksals bestimmt, von der Gnade eines Helden ausgeschlos-

[505] Cette terre privilégiée.

sen zu sein, dem ich – einer der Ersten – meine Huldigung darbrachte, als er zur Oberherrschaft gelangt war und man noch zweifeln und besorgen konnte, ob sie auch fest begründet sei – verstoßen aus einem Vaterlande, als dessen Retter und Wiederhersteller ich ihn laut begrüßt hatte – aus einem Vaterlande, für dessen eifrigsten, enthusiastischsten Verehrer ich im Auslande gegolten und von Ausländern bitter genug verschrien worden bin – was bleibt mir übrig? Die Ergebung in den eisernen Willen des Geschicks, in die Tyrannei meines Verhängnisses! Es steht auf den ehernen Blättern des ewigen Buchs geschrieben, dass, nachdem ich in fremden Ländern umhergeirrt, nachdem ich unwirtliche Küsten berührt haben werde, meine vergessene Asche nicht mit der Asche meiner Vorfahren sich vermischen soll! Mögen die, welche mir die Pforten Frankreichs verschlossen haben (und ich habe den Trost, zu wissen, dass es *nicht* der große Mann ist, dem Frankreich seine Wiedergeburt verdankt), in ihrem Vaterlande alles finden, was sie mir genommen haben, mögen sie das verzehrende Fieber der Sehnsucht, den Hunger und Durst nach der vaterländischen Luft, das Bedürfnis nie kennen und gekannt haben, die Schwelle des Vaterhauses mit Tränen der Freude zu benetzen und sich auf der Grenze unsers Geburtslandes vor Gott niederzuwerfen![506]

Und du, junge, rührende Schöne, letzter Gegenstand der Huldigungen meines Herzens in Frankreich, in dem schönen Frankreich, wo in unglücklichen Tagen dein Haupt unter dem Beil des Nachrichters fiel – du würdest es bezeugen müssen, wenn du noch reden könntest – habe ich nicht alles versucht, was in meinen Kräften stand, dich zu retten? Mit der Schilderung der Zärtlichkeit, die mich für dich beseelte, mit dem Gemälde der wahren und letzten Genüsse meiner verflogenen Jugend will ich das zu lange Verzeichnis meiner Verirrungen und den weiten Kreis meiner in den Augen der Vernunft und Moral so strafwürdigen Torheiten schließen.

Ich soll nicht mehr Frankreichs Sohn und Zögling sein? ... Länder sollen mich von meiner Wiege trennen? ... Nein, mein Herz wird nie aufhö-

---

[506] Als durch das sogenannte Deuxième Sénatusconsulte organique du 6 Floréal an X. (26. Apr. 1802) den Emigranten die Rückkehr nach Frankreich verstattet wurde, gehörte der Graf von Tilly zu den wenigen Ausnahmen, denen diese Wohltat nicht widerfuhr. Er schreibt, mit Grund, diese widerwärtige Auszeichnung nicht einem besondern Hasse Bonapartes zu, sondern den Intrigen der Hofumgebung. Doch erhielt er später die Erlaubnis zur Rückkehr. (*Übers.*)

ren, für seine Mutter zu schlagen! ... Der tief eingegrabene Name *Frank-reich* bleibt unauslöschlich ... Nur mit dem Leben kann er mich verlassen!

Wer hat nicht Mademoiselle *de Saint-Amaranthe* und ihre durch ihre Ausschweifungen und durch ihre Tochter doppelt berühmt gewordene Mutter gekannt? Diese Mutter von vornehmer Abstammung (eine geborene *Saint-Simon d'Arpajon*) war mit einem Herrn *von Saint-Amaranthe*, dem Sohne eines General-Finanz-Einnehmers, vermählt worden. Ihr Gatte war für seine Person Rittmeister und sehr reich, doch würden diese beiden Eigenschaften wahrscheinlich nicht hingereicht haben, die Hand des Fräuleins *von Saint-Simon* ihm zu verschaffen, hätte sie nicht sehr frühzeitig in Besançon, wo sie mit ihrer Mutter lebte, dem Beispiele dieser Mutter folgend, ich weiß nicht welchen kleinen Jugendstreich begangen, der sie ins Gerede brachte. Man sieht, dass es der jungen *Saint-Amaranthe* in ihrer Familie an nachahmungswürdigen Vorbildern nicht fehlte!

Herr *von Saint-Amaranthe* war ein ausgemachter Narr, besaß zwar, wie ich gesagt habe, ein großes Vermögen, allein für seine ausschweifenden Lüste und Gelüste[507] war es zu klein. Er kam mit seiner jungen Frau nach Paris; hier wurde er in kurzer Zeit teils durch seine *guten Freunde*, die er eben nicht in der besten Gesellschaft wählte, teils durch seine Mätressen, die er sich aus dem Opernpersonale holte, zugrunde gerichtet. Ein Raub der Freunde und Freundinnen, wurde der Gimpel bald von ihnen kahl gerupft; und nachdem sie ihm alle Fettfedern ausgerissen, ließen sie ihn ohne weitere Umstände laufen und schickten ihn nach Madrid, wo er als wohlbestallter Fiakerkutscher gestorben ist. Herr *von Fénélon* hat mir versichert, er habe ihn dort auf seinem Kutscherthron vor einer Kirchtür halten gesehen, und weil er ihn wiedererkannt, habe er ihm den Vorzug gegönnt, sich von ihm fahren zu lassen und ihm nebst dem Fuhrlohn noch ein Almosen gereicht.

Frau *von Saint-Amaranthe* – des Kutschers Frau – war eher hübsch als schön, eher begehrenswert und anlockend als hübsch; es hatte ihr nicht an ausgezeichneten Liebhabern gefehlt. Unter andern zählte sie den verstorbenen Prinzen *von Conti* darunter. Der Fürst benahm sich edel gegen sie. Ich könnte noch mehrere nennen, die sich bei ihr eingefunden haben, wozu aber? Es würde ebenso überflüssig als unschicklich sein. Dieser Umgang hatte für sie die natürliche Folge, dass sie bald im größ-

---

[507] Ses goûts.

ten Überfluss, bald in der drückendsten Verlegenheit lebte; kurz, sie ging alle Stufen und Klassen des Industrielebens durch. Man fand bei ihr neben der besten Gesellschaft eine sehr gemischte; sie sah abwechselnd beide. Ich muss ihr aber doch eine seltene Eigenschaft zuerkennen; sie besaß die schwere Kunst (schwerer als man glaubt), so viel Freundschaft in die Liebe einzuweben, dass sie die Liebe überlebte. Das war umso mehr ein Talent zu nennen, da sie in ihrem Charakter wenig Festigkeit, im Herzen wenig Erhabenheit zeigte, folglich nicht den Anschein hatte, auf eine moralische und uneigennützige Verbindung viel Anziehendes verwenden zu können. Doch, um in der Sache ein richtiges Endurteil zu fällen, hätte man ihr Liebhaber gewesen sein müssen, und mir ist diese Ehre nie zuteilgeworden. Ich war nur von Zeit zu Zeit in ihrem Hause gewesen; der Vicomte *von Pons* hatte mich in meiner frühen Jugend bei ihr eingeführt. Eben dieser Vicomte, der den größten Teil seines Lebens mit ihr zugebracht hat (insofern nämlich die Gewohnheiten des Hofes und die Pflichten seiner Stellung in der Welt es ihm gestatteten), fand an demselben Tag und in derselben Stunde wie sie den Tod unter der vom Arzt *Guillotin* erfundenen Köpfmaschine. Der gute Doktor glaubte vielleicht, seine *Kunst* habe nicht genug Opfer geschlachtet oder habe sie zu lange hingehalten; er war darauf bedacht, den Zerstörungsprozess schneller und lakonischer herbeizuführen, und sogar stolz darauf, dem fressendsten Mordstahl, den es je gegeben hat, seinen eigenen Namen beizulegen.

Übrigens gibt es eine Menge Menschen, welche weit mehr zu bedauern sind als der arme Vicomte *de Pons*, denn ist es nicht im Grunde angenehm, mit Personen, welche man lieb hat, aus dem Leben zu scheiden?

Frau *von Saint-Amaranthe* hatte eine Tochter, welche später in ganz Paris für einen Engel von Schönheit galt, allgemein als ein solcher angesehen wurde und, nachdem sie durch ihre Reize berühmt geworden, zu einer Zeit, wo es etwas Gemeines war, Mut auf dem Blutgerüste zu zeigen, durch den außerordentlichen Mut, mit dem sie starb, ihren Tod ausgezeichnet hat. Damals starb alles in Paris wie die Schauspieler auf der Bühne; man hatte sich dergestalt mit dem Tode vertraut gemacht, dass man sich allgemein darauf legte, wie die Gladiatoren in Rom mit Anstand und Grazie zu fallen. Um aber wieder auf das Fräulein *von Saint-Amaranthe* zu kommen, so hatte ich sie als Kind bewundert, aber mehrere Jahre lang nicht wiedergesehen. Als ich aber von meiner letzten

Reise zurückkam, fand ich mich wieder im Hause der Mutter ein. Wie fand ich es verändert! Die glänzendste und besuchteste Spielgesellschaft – der ausgelernteste Koch – ungeheure Fonds zu einer Bank von Trente-un – der ausgesuchteste Männerverein, besonders zu einer Zeit, wo es wenige Häuser von einer gewissen Ordnung gab, die ihnen zum Sammelplatz dienen konnten, wenige Stützpunkte und Versammlungsorte für die höhere Welt – ein fast ebenso anständiger Ton, als würde in diesem Hause *nicht* gespielt – die Reize beider liebenswürdigen Wirtinnen (denn die Mutter, obschon von der Tochter verdunkelt, erhielt sich immer noch im Wert) – andere Frauen, denen ich so eigentlich nicht ihren Platz anzuweisen wusste – (so wenig kannte ich den Maßstab ihrer Tugend), welche aber größtenteils das Verdienst hatten, hübsch und liebenswürdig zu sein – kurz, alles traf zusammen, das Haus zu einer reizenden Galerie zu machen, in welcher man sich gern mehr als einmal des Tages einfand.

Was mich betrifft, so hatte ich kaum das erste Mal diese Schwelle betreten, als ich nur einen Gegenstand erblickte, das junge Fräulein *von Saint-Amaranthe*, die mich alles andere vergessen ließ, nur *das* nicht, was mir der Vicomte *von Pons* fürderhin gesagt hatte und mir jetzt, bei meiner Einführung, leugnen wollte. Als das Fräulein nämlich noch Kind war, hatte er mir geradezu gestanden, er sei ihr Vater, und jetzt, da sie achtzehn Jahre zählte, wollte er mir das Gegenteil versichern. Ich will wünschen, dass seine erste Einbildung eine Selbsttäuschung und sein gegenwärtiger Glaube der richtige war – denn seine Absichten liefen auf nichts Geringeres hinaus, als die junge Schöne zu seiner Geliebten zu machen. Ich hielt es anfänglich für Scherz, aber er benahm sich so ernst und ließ es sich so angelegentlich sein, sich von der Vaterschaft loszusagen, dass ich aufhörte, darüber zu spotten und sogar davon zu reden. Nur konnte ich mich nicht enthalten, die Kleine zu warnen. Ich fing damit an, ihr das heilige Versprechen abzunehmen, niemandem ein Geheimnis zu offenbaren, das ich ihr zu entdecken hätte; dann stellte ich ihr mit glühenden Farben vor, was die Blutschande für ein abscheuliches Verbrechen sei. Es gelang mir, ihren Abscheu rege zu machen; ich erhielt das Versprechen von ihr, sie wolle in allem Ernst überlegen, welche Art von Erkenntlichkeit, welche Gattung von Gefühlen sie mir wegen meiner Eröffnung und meines dienstfertigen Eifers schuldig sei. Der Vicomte folgte mir überall mit spähenden Blicken, seine gelbe Farbe zeugte von Eifersucht und Misstrauen; es war ihm nicht möglich, seine üble

Laune zu verbergen, obschon ich mich stellte, als merke ich nichts. Jetzt wandte er sich aber an die Mutter, die ihm an Verstand überlegen war; er schilderte mich ihr als den gefährlichsten Besucher ihres Hauses. Der Mutter wäre ein Liebhaber für ihre Tochter nicht unwillkommen gewesen, nur *ich* – ich sollte es nicht sein. Was geschieht? Sie nimmt die Tochter ins Gebet; das arme Kind wird befragt, inquisitorisch verhört, gemartert, gegen meine *höllischen Anstiftungen* und Anschläge eingenommen. Was geschah weiter? Die Tochter, wie man denken kann, schloss sich mir näher an; meine Sache stand besser als je. Doch war ich nichts weniger als ruhig, denn so sehr die Galle des Vicomte mich ergötzt hatte, so sehr setzte mich der Zorn der Mutter in Furcht; es war noch nicht Zeit, über sie zu lachen. Ich entschloss mich daher zur Verstellung und sprach mit der Tochter nur selten und wenig, nur das Notwendige, was mir Höflichkeit und ein allgemeiner Umgang zur Pflicht machte; heimlich aber wechselten wir Briefchen, und ich gab ihr zu verstehen, ich würde zum Schein und auf einige Zeit und bis zu einem gewissen Punkt ihrer Mutter den Hof machen. Der Einfall schien ihr unvergleichlich. Ich hatte dabei einen doppelten Zweck. Erstlich wollte ich ihr zeigen, wie leicht es für mich gewesen sein würde, diejenige schwach zu finden und nachgiebig zu machen, welche sich jetzt das Ansehen der Strenge gegen ihre Tochter geben wolle, zweitens wollte ich die Eifersucht der Tochter rege machen, um desto schneller zum Ziel meiner Wünsche zu gelangen; denn es ist eine ausgemachte Wahrheit, ein Erfahrungssatz, dass die Frau, selbst wenn sie im Voraus unterrichtet ist, dass man mit einer andern ein verstelltes Liebesspiel treiben will, diese Art von *Probeszene* mit ihrer vermeintlichen Rivalin nicht ohne Misstrauen beobachtet. Und wirklich nahmen meine Scheinaufmerksamkeiten für Frau *von Saint-Amaranthe* einen so guten Fortgang, dass ich selbst darüber unruhig wurde und dass ihr Fräulein Tochter, welche anfangs dazu lachte, zuletzt üble Laune bekam und sie mir nicht verbarg. Ich merkte es besonders an einem kleinen Umstand. Wir schrieben uns alltäglich, das Fräulein und ich – kein Mittel kommt einer heimlichen Liebe so sehr zustatten wie dieses. Meine Briefe waren mit Blut – von einer kleinen Nadelwunde – geschrieben. Sie antwortete mir auf gleiche Weise, aber mit roter Schminke, die sie in Wasser zergehen ließ; und als ich ihr den leicht entdeckten Betrug vorhielt, schrieb sie mit gewöhnlicher Tinte. Es kam zur Erklärung, denn man muss das schelmische und boshafte schöne Geschlecht auf keine Weise glauben lassen, dass sie uns in Kleinigkeiten hintergehen dürfen – und nun verlangte sie ihrerseits geradezu von mir, die Intrige mit ihrer Mutter abzubrechen und deren Herz nicht weiter zu bestürmen; sie erklärte rund heraus, dieser Schattenkrieg und diese Liebesfabel seien ihr unerträglich. Jetzt musste ich also andre Saiten aufziehen und mich von der Mutter losmachen; ich schützte Brustschmerzen und die Notwendigkeit einer Milchkur vor, da ich aber oft bei ihr speiste und einen Appetit mitbrachte, den man allen Mitessern als Muster aufstellen konnte, wurde die Mutter böse und merkte, dass ich sie mit meiner vorgeschützten Enthaltsamkeit zum Besten hatte. Jetzt erfolgte, was ich vorausgesehen; meine im Stillen verehrte Schönheit erkannte, dass es Zeit sei, sich zu entschließen und mir früher zu gewähren, was sie mir später zugedacht hatte, da ihre Mutter uns neue Hindernisse in den Weg legen konnte.

B..., welcher, ohne dass ich seinen Namen auszuschreiben brauche, in ganz Paris als ein Narr bekannt war, der sich nicht darüber trösten konnte, nicht von Adel zu sein, obschon hunderttausend Taler jährlicher Renten diesen Mangel selbst in den Zeiten der altadeligen Monarchie schon ersetzen konnten – B... hatte im Hause ein ihm gehöriges Zimmer zum An- und Auskleiden, auch gelegentlich zum Schlafgebrauch, wenn es zu spät war, nach Hause zu fahren. Er lieh mir den Schlüssel dazu. Nach einer Oper, welche für mich kein Ende nehmen wollte und wohin ich Frau und Fräulein *von Saint-Amaranthe* begleitet hatte, schlich ich mich unter einem Vorwand vorher weg und in das beschriebene Zimmerchen; hier erwartete ich *Amalien*. Ihrem Versprechen getreu, erschien sie in der Dunkelheit; ihr Herz pochte; sie war, wie der Dichter sie beschreibt:

odoratos nexa capillos;
... vestis tenuissima, cultus amantis.

Das verabredete Zeichen waren drei leichte Schläge an die Türe; ich öffnete und empfing in meinen Armen *Flora*, die Blumengöttin, reizender und frischer als der Strauß, den sie am Busen trug. Nachdem die göttlichen Momente mit zu schneller Eile verflogen waren, verließ sie mich und kehrte in den Gesellschaftssaal zurück. Ich folgte ihr etwas später nach – als ein bescheidener Sieger, der den Verdacht von sich entfernen und der jungfräulichen Schamhaftigkeit Zeit lassen will, sich von der Niederlage zu erholen und eine sichere Haltung anzunehmen. Frau *von Saint-Amaranthe*, von einer mütterlichen Sympathie, ohne dass sie es wusste, elektrisch bewegt, hatte mich nie so freundlich empfangen, noch mit so vielen Aufmerksamkeiten überhäuft. Sie fragte mich einmal über das andere mit dem einschmeichelndsten Tone, woher ich so spät komme? Ich antwortete: »Von einem notwendigen Besuche, bei dem mich nichts schadlos hielt als der beständige Gedanke an Sie.« – »Sehr verbindlich«, erwiderte sie, »aber es ist in der Welt nur eins notwendig, nämlich der Zeitvertreib. Besuche! Besuche! Man macht keine Besuche mehr.« – »Der meinige«, versetzte ich, »gehört zu der kleinen Zahl derer, welche man von Anfang der Welt gemacht hat und bis an das Weltende machen wird.« – »Ich mag nichts weiter davon wissen gab sie mit abgewendetem Gesichte zur Antwort. – »Glauben Sie mir, Madame, Sie sind die Person auf der Welt, der ich am liebsten durch mein Schweigen gehorche.« – Sie war den ganzen Abend in der lustigsten, angenehmen Laune; die früher so aufgebrachte Bruthenne hatte sich in ein Täubchen verwandelt; einige von ihren Atomen umschwebten mich noch, ich war der Sohn ihres Instinkts trotz der Antipathie ihrer Vernunft.

Ihre liebenswürdige Tochter, die engelhafte *Amalia*, glich einer Rose, die man berührt hat, die am Stängel hin und her schwankt und deren Rot lebhafter erscheint, wenn ihre Blätter vom Zephir leicht angewebt worden sind.

Nichts bleibt lange Zeit verborgen. *Amalia* hatte einen Bruder, der später, im sechzehnten Jahre, vom Blutrichter *Fouquier-Tinville* gemordet ward. Was entgeht dem spähenden Auge des Knabenalters? Er schöpfte Argwohn, mutmaßte unsre Zusammenkünfte, lauerte auf, hielt Schildwache, sah die Schwester aus B...s Zimmer kommen, verließ seinen Posten nicht eher, als bis er auch mich heraustreten sah, und nun schlich er sich fort und entdeckte noch denselben Abend alles der Mutter.

Es lässt sich denken, dass ich mit dieser einen stürmischen Auftritt zu bestehen hatte. In der Erklärung, die es gab, ersparte sie mir die Namen: »Ungeheuer«, »Verführer«, »Mörder der Unschuld« nicht. Was die letzte Benennung betrifft, so wusste ich, woran ich war und inwieweit ich sie verdiente. Auch rührte sie mich wenig. Ich hatte die sicherste Kunde, dass ein anderer, ein Schützling der Mutter, der gedachte privilegierte Räuber war und die Schuld auf sich genommen hatte. Frau *von Saint-Amaranthe* verbot mir das Haus und schwor dabei, ihre Tochter sollte in einem Kloster das Vergehen büßen. Ich hörte eine Weile schweigend zu, die Beredsamkeit ihrer Wut und die Moralität ihrer heftigen Aufwallung bewundernd. Sie führte die Sprache einer Tugendhaften, der *nicht* nachgestellt wird, und die sich dieses Vorteils überhebt, um streng zu sein;

sie predigte gegen das Laster, weil der Sünder die Schuld nicht mir *ihr*
geteilt hatte. Als sie ausgetobt[508] – denn ich ließ sie ruhig schreien –, erwiderte ich mit sanfter Stimme, dass ich zweifle, ob sie ein Recht habe,
die Tochter ins Kloster zu schicken, weil diese sich einen Geliebten nach
ihrem Geschmack gewählt habe, nachdem ihr früher wider ihren Willen
von der Mutter einer aufgedrungen worden sei; was das Übrige betreffe,
so würde ich die Befehle des Fräuleins *von Saint-Amaranthe* befolgen,
aber niemals die *ihrigen*. Nach diesen wenigen Worten begab ich mich
weg und hörte im Abgehen den Strom von Schmähungen, der mir nach-
rauschte, die Türen, die sie wütend hinter mir zuwarf, und das Zerschlagen des unschuldigen Porzellans, an welchem sie ihre ohnmächtige
Raserei ausließ.

Ich teilte *Amalien* mit, was sie auch ohne mich würde erfahren haben;
ich meldete ihr: Der Augenblick, uns zu trennen, trete unabwendbar ein,
wenn es ihr bei dieser Gelegenheit an Charakter und Geistesstärke fehlen sollte; ich erinnerte sie an ihr so oft gegebenes Versprechen, es im
Fall einer Entdeckung ihrerseits daran nicht fehlen zu lassen. Sie übertraf
meine Erwartung. Ihre Kammerfrau kam noch denselben Nachmittag zu
mir und berichtete: Ihr Fräulein habe mit ihrer Frau Mutter einen lebhaften Auftritt gehabt und erwarte mich abends sieben Uhr. Ich war pünktlich. Sie erzählte mir, was vorgegangen war; wie ihre Mutter sie erst mit
Vorwürfen und endlich mit Bitten bestürmt habe; wie sie standhaft geblieben, fest und unveränderlich erklärt habe, sie sei durch die Opfer der
Vergangenheit hinlänglich berechtigt, mit der Gegenwart zu schalten; sie
sei zu allem entschlossen, selbst, wenn es sein müsste, das Haus zu verlassen; tyrannisch werde sie sich auf keinen Fall behandeln lassen; im
Schutze und mit dem Beistand des Mannes, dem sie *alles* entdeckt habe,
was sie seit ihrem Eintritt in die große Welt beträfe, werde es ihr nicht an
Mitteln fehlen, ihre Freiheit wieder zu erlangen, wenn man gesonnen
wäre, sie ihr zu rauben; sie werde vom Luxus des mütterlichen Hauses
und vom Überfluss, in welchem sie schwimme, wenig bestochen; Glanz
und Pracht mache sie nicht glücklich; sie habe keinen andern Wunsch als
mit dem, der ihr Herz besitze, im ruhigen Wohlstande zu leben; mein
Vermögen sei für ihre Bedürfnisse hinreichend und überdies seien zehntausend Louisdor beim Notar *Tr...* niedergelegt, ihr Eigentum, und dies
sei mehr, als sie zu ihrem Unterhalt in der Lage, die sie allen übrigen

[508] Débagoulé.

vorziehe, bedürfe. – Diese und noch mehr Gründe, mit ruhiger Festigkeit vorgetragen und am Schluss mit Tränen begleitet, machten einen tiefen Eindruck auf Frau *von Saint-Amaranthe*; sie erschrak ganz besonders, als sie erfuhr, dass ich mit ihren Geheimnissen vertraut sei, sodass sie mit ihrer Tochter in aller Güte übereinkam, sich von Stund an des mütterlichen Ansehens zu begeben, *Amalien* als eine Schwester anzusehen, ihre bisherigen Befehle in guten Rat zu verwandeln und sich mit dem aufrichtigen Wunsch zu begünstigen: Sie (die Tochter) möge es *nie* bereuen, das Joch der Klugheit und Erfahrung ihrer Mutter zu früh abgeschüttelt zu haben. Der erste Rat, den sie ihr gab, war, mich unverzüglich einzuladen, damit ich aus ihrem (Amalies) eigenen Munde mein ganzes Glück erführe – ein Rat, den die Tochter, wie wir gesehen haben, mit Freuden befolgte, so wie ich den ihrigen, am folgenden Tage der Mutter meine Aufwartung zu machen, was ich mit dem besten Anstand tat.

Ich fand die Matrone sanft wie ein Lamm, wie das friedfertigste Lamm von der Welt. Es ging so weit, dass es nur von mir abhing, zu glauben, ich sei ihr Sohn, ihr viel geliebter Schwiegersohn, von ihr gewählt und ausgesucht. Sie bat mich ausdrücklich, ihr die damit verknüpften Gesinnungen zu schenken; sie setzte hinzu: Sie sei versichert, ich würde ihre Tochter nie ins Gerede bringen, so wie ich gleichfalls versichert sein könne, sie werde ihrerseits nichts unterlassen und ihren ganzen Einfluss dazu anwenden, ein Band zu verewigen, welches seine Entschuldigung, seine Rechtfertigung in Zeit und Ausdauer finden würde. Ich sei (setzte sie hinzu) *Amaliens* erste Liebe und sie (die Mutter) schmeichelte sich, ich werde ihr von jetzt an die Gefühle eines Herzens widmen, welches sich bisher zu wenig an einen Gegenstand gefesselt habe. Sie ging noch weiter und nahm keinen Anstand, auf den zarten Punkt einzugehen; sie nannte mir den Verführer ihrer Tochter (ich kannte ihn schon); er habe mit schwerem Golde die Gunstbezeigungen der Schönheit und der hingeopferten Unschuld erkauft. *Gezwungen* sei Amalie nie worden; die Abrede sei gewesen, »der Mann, der ihre (der Mutter) Arglosigkeit benutzt und missbraucht habe, solle sie ehelichen«; überhaupt könne sie mir die aufrichtige Versicherung geben, sich so wenig als möglich in diesen vertrackten Handel gemischt zu haben; sie habe es sogar verschmäht, nach den Gründen zu fragen, welche diese Ehe rückgängig gemacht hätten, wie auch nach den Ursachen, aus welchen bei ihrer Tochter der Widerwille gegen den Mann entstanden wäre, dessen Huldigung sie anfangs angenommen hätte usw. – Ich ließ sie reden, soviel und solange es ihr beliebte, und gab nur ab und zu durch Zeichen eine Art von Zustimmung zu verstehen, gab aber zugleich meinen Zügen einen Ausdruck von Zweifel und Ungläubigkeit, um sie immer in meiner Gewalt zu behalten und nicht wieder in die ihrige zu fallen. Mit Hass und Feindschaft im Herzen verschwendete sie tausend Eidesschwüre einer ewigen Liebe und Freundschaft an mich; ich meinerseits beteuerte und schwor, sie sei nächst ihrer Tochter der Gegenstand meiner zärtlichsten Zuneigung auf der ganzen Welt. Ich betrog sie, aber ich hasste sie nicht. Daher versuchte ich es auch, sie zu überreden, dass sie vorzüglich in dieser Angelegenheit meine ganze Achtung gewonnen habe; und da das von allen meinen Unwahrheiten die größte war, so begleitete und verstärkte ich diese Falschheit mit allen Eidesschwüren, womit eine Lüge nur immer sich den Anstrich der Wahrheit zu geben sucht. Ich fand sie nicht ungläubiger, als sie mich gefunden hatte.

Als ich ihr Kabinett verließ, befanden wir uns beide in der Sache selbst gerade auf demselben Punkt wie bei meinem Eintreten. Wie groß war aber der Unterschied in der Form, im Äußern? Wie war zum Schein alles ganz anders geworden. Die vollkommenste Aussöhnung, die zarteste Behandlung, die beste Harmonie, der schönste Einklang, die feinste Aufmerksamkeit, ein gegenseitiges Zuvorkommen – kurz alles, was ein Dritter nur verlangen konnte. Sie lud mich zu Mittag ein; ich erschien. Ein paar von der Gesellschaft unbeobachtete Blicke schleuderten mir wie Blitze den Tod zu. Gleich darauf schwebte ein Lächeln auf ihren Wangen. Als wir aufstanden und ich sie führte, dankte sie mir mit einem zärtlichen Händedruck, dass ich die ganze Zeit über nicht ein einziges Mal *Amalien* angesehen hatte. Es sei unmöglich, sagte sie mir dabei leise, den Besitz einer Geliebten auf eine so gezwungene Weise zu verbergen. Ich meinerseits gab ihr den Dank zurück; ihr Lob sei äußerst schmeichelhaft für mich; es sei das Lob eines Meisters in der Kunst. Zwar hätte ich ihr einwenden können: Für eine so geübte und kunsterfahrene Frau habe sie doch fehlgeschossen, denn La Bruyère (wie ich glaube) hat irgendwo mit Recht bemerkt: Sich immer ansehen und sich gar nicht ansehen, gebe zu demselben Verdacht Anlass.

Wir liebten uns, *Amalie* und ich, seit drei Monaten, und glaubten uns nur seit vierundzwanzig Stunden zu lieben, oder glaubten auch wohl, unser Leben lang nichts anders getan zu haben. Aber ein dreimonatliches Glück ist ein langer Zeitraum in der Lebensbahn. Wie viel Menschen sind gestorben, ohne drei glückliche Monate in ihrem Leben gezählt zu haben! Wir wurden gestört. Ein Schwarm von Freiern[509] summte herbei. Der eine führte einen alten Namen, war aber nichts weniger als angenehm gestaltet; der andere war der Sohn eines ehemaligen Ministers, weiter aber auch nichts; der dritte, dessen Vater ebenfalls Minister und zu sehr Minister gewesen war, *Sartines*, meldete sich ebenfalls und schloss späterhin den unglücklichen Bund mit ihr, welches ihn und sie aufs Blutgerüst geführt hat; ein Schicksal, welches ihn freilich ebenso gut *allein* hätte treffen können, zu einer Zeit, wo es ebenso leicht war, den Kopf zu verlieren, als den Schnupfen zu bekommen.

Mich, der nicht heiraten, sondern nur das behalten wollte, was das Höchste ist, dessen sich Ehemänner zu erfreuen haben können – mich wurmten alle diese Heiratsanträge; ich ward verdrießlich, mürrisch, unzugänglich und von einer so verschlossenen Eifersucht ergriffen, dass ich quittengelb wurde. Endlich brach das Ungewitter los; kein Tag verging ohne Zwist; es folgten Fehden auf Fehden. Ich hatte, wie ich schon oben gesagt, bedeutende Summen gewonnen; ich verlor den größten Teil davon in diesem Hause, welches ich nun als die Klippe ansah, an welcher meine Ruhe und mein Glück scheiterten. Man ist nichts weniger als liebenswürdig, wenn man eifersüchtig ist und es vor so vielen Zuschauern verbergen will und – nicht kann; denn die Frauen haben für diesen Fall ein Luchsauge; sie dringen in unser Innerstes, lesen das Wort »Eifersucht« im verstecktesten Winkel des Herzens, haben einen ganz eigenen Takt, das Lächerliche dieser Empfindung aufzufinden, finden etwas Abstoßendes darin und fühlen bald Abneigung und Widerwillen gegen den Unglücklichen, den sie zu dieser Torheit verleitet haben.

Der Gedanke, unter die Haube zu kommen, nachdem sie alles getan hatte, was ihr die Hoffnung dazu hätte benehmen sollen, wurde im Kopfe des Fräuleins *von Saint-Amaranthe* zur fixen Idee; ihre Mutter bestärkte sie darin und ich konnte es ihr nicht verdenken. Es verband sich damit in ihrem Herzen die Sehnsucht nach äußerer Achtung; mit einem Manne, d.i. mit einem Ehrenmanne, schmeichelte sie sich, zumal bei ihrem bedeutenden Vermögen, zu größerem Glanze zu gelangen; so gut hatte sie ihr Jahrhundert und den Zeitgeist kennengelernt, der zum Motto wählen sollte: »Weg mit euren Urkunden! ... ein andermal mag von euren Tugenden die Rede sein! Für jetzt zeigt mir nur – euer Gold!«

[509] Épouseurs.

Genug, die sentimentale *Amalie* nahm es auf sich, nachdem sie von ihrer Mutter einstudiert und zugestutzt worden[510], mich um einige Augenblicke Gehör und Aufmerksamkeit zu ersuchen – ungefähr wie *Augustus* es vom *Cinna* verlangte. Sie rückte mir einen Sessel hin,

> Prends un siége,
> Cinna, prends ...

hob ihre Rede an und teilte mir den Entschluss mit, sich zu verheiraten. Sie kenne mein Herz zu gut, sagte sie, um von dieser Seite Widerspruch oder Einwendungen zu erwarten. Sie ersuche mich, in dieser Hinsicht meine Besuche auf einige Zeit einzustellen. »Ich bin überzeugt«, fuhr sie fort, »Sie werden als ein Mann von Ehre auf alle boshaften Fragen antworten, die man über mich an Sie richten wird; mein Herz bleibt immer für Sie, was es von dem ersten Augenblick unserer Liebe gewesen ist; Sie werden mich *wiederfinden*; der Tod allein kann die Gefühle vernichten, die Sie mir eingeflößt haben.« – Und nun schloss sie damit, wie so viele andere vor ihr, mir ein Bild, welches ihr nicht sonderlich gliche, und Briefe zurückzufordern, welche zu wenig Geist und Gehalt hätten, um einigen Wert für mich haben zu können.

Ich empfing diesen honigsüßen Abschied mit ziemlichem Stoizismus; ich war darauf vorbereitet und fühlte mich dem Umstande mehr als gewachsen. Ich fing damit an, ihr zu danken, dass sie mir die Gerechtigkeit widerfahren ließe, mich für den Mann zu halten, dem kein Opfer zu schwer falle, wenn es darauf ankäme, das Schicksal und Glück ihres ganzen Lebens zu begründen. Ich eröffnete ihr ohne Umschweif, dass ich mir von jetzt an *auf immer* den Zutritt in ihr Haus untersagen würde; ich versicherte sie, es werde nie ein Wort über meine Lippen kommen, wodurch Hymens Kranz auf ihrem Kopfe auch nur ein Blatt verlieren könnte, und schloss damit: Sie habe vollkommen recht von ihrem Bilde geurteilt; es gleiche ihr zu wenig, um die Ehre zu verdienen, ihr wieder zurückgegeben zu werden, aber dabei auch zu sehr, als dass es mir nicht peinlich sein sollte, es in andere Hände übergehen zu sehen. Sie erbot sich hierauf, es zu vernichten. »Nein« (gab ich zur Antwort); »ich bin abergläubisch genug, um mich der Zerstörung eines gemalten Gegenstandes zu widersetzen; ich kann mich dabei des Gedankens nicht erwehren, dass dergleichen oft der ahnungslose Vorbote eines reelleren

---

[510] Catéchisée.

584

Unglücks sein und die traurigsten Folgen für das Urbild nach sich ziehen könne. Was Ihre Briefe betrifft«, fuhr ich fort, »so habe ich es meiner ersten Geliebten und einem meiner Großeltern auf dem Sterbebette versprechen müssen, keinen Brief unter irgendeinem Vorwand zurückzugeben. Aber auch abgesehen von diesem allgemeinen Grundsatz, von dieser festen und unverbrüchlichen Vorschrift, gehorche ich hier, in diesem einzelnen Falle, einem höheren Gebot; mich bestimmt ein zärtlicheres Interesse; mir macht es ein unbeschreibliches Gefühl unmöglich, mich von so schmeichelhaften und zugleich so tröstenden Zeugnissen zu trennen, die, an Ihre Treue mich mahnend, mich noch mit Täuschungen über Ihren Wankelmut unterhalten werden.«

Ich küsste ihr hierauf die Hand mit ehrerbietiger Gleichgültigkeit; sie erwiderte es mit der kalten Höflichkeit, mit der sie mich wie einen gewöhnlichen Besucher entließ.

Ich will es jedoch nicht verhehlen, dass mir diese Verabschiedung lange sehr schmerzlich war, dass sie mir wehe tat und dass ich mir viel Mühe geben müsste, mich zu trösten und meinen aufrichtigen Schmerz vor ihr geheim zu halten.

Jetzt blieben mir nur Pflichten anderer Art zu erfüllen – die Pflichten des Hofmannes. Ich zeigte mich öfter und emsiger bei Hofe, zu einer Zeit, wo die Macht schon dahin war und nichts von derselben mehr zu erwarten war. Zwar hatte die Königin von ihren *Vorurteilen* gegen mich nichts aufgegeben (denn sie hat nie über sich vermocht, zu keiner Zeit und gegen niemand, von der einmal gefassten Meinung zurückzukommen); gleichwohl bezeigte sie mir, so oft ich ihr in den Tuilerien, sei's in den Stunden, wo gespielt wurde, sei's zu jeder andern, meine Aufwartung machte, außerordentlich viel Güte und Wohlwollen. Sie erwies mir sogar die Ehre, mir einst zu sagen: Ich hätte seit ihren Unglücksfällen und Widerwärtigkeiten nichts geschrieben, was sie nicht gelesen habe; ja, sie gab mir zu verstehen, sie finde Vergnügen daran, mich so anhänglich zu sehen, obschon sie mich mit Strenge behandelt hätte; nur fürchte sie oft (setzte sie hinzu), meine Dreistigkeit werde mir schaden, ohne ihr zu helfen. – Ich versetzte: »Dolche lassen sich schwerlich mit Federn widerlegen; solange mir aber meine Finger gestatten, eine Feder zu führen, soll mich nichts abhalten, nach den Eingebungen meines Gewissens zu schreiben.«[511] – Das Auffallendste[512] dabei ist, dass sie seitdem nur

---

[511] Que j'écrivais sous la dictée de ma conscience.

noch einmal mich angeredet hat (den 21. Juni 1792). Vermutlich fand sie in meinem Eifer und meiner Festigkeit mehr Gründe zur Beunruhigung als zur Ermutigung. Und dann war es auch ein von ihr angenommener Grundsatz, fast nur diejenigen anzureden, von denen sie wusste, dass sie in offener Fehde mit dem Throne begriffen waren. Damals hieß es, wie immer: »Mache dich furchtbar!« Von jeher ist diese Taktik die Grundlage und das sicherste Mittel aller Erfolge gewesen und die arme Königin zeigte hier wenig Hof- und Menschenkenntnis, wenn sie versuchte, durch Herablassung Männer zu gewinnen, welche in diesem Betragen nichts weiter suchten und fanden als einen Beweis des Hasses, der Vor- urteile und der Furcht – Männer, welche ihrem Zerstörungsplane treu, in ihren Verbindungen mit dem Hofe sonst nichts sahen als eine Gelegen- heit mehr, das unglückliche Opfer, dem sie nachstellten, sicher und un- fehlbar zu treffen. Beweinenswerte Fürstin! Du zeigtest mehr den Mut, der dich zugrunde richten musste, als den, der dich gerettet haben wür- de! Du hast es nie gewagt, einer höheren Regung nachzugeben, eine große Idee durchzuführen! Du bist in engen Kreisen, ohne bestimmten Plan, ohne Festigkeit umhergeirrt! Bedauernswerter Hof, der nur unnüt- ze oder gefährliche Freunde und so überaus geschickte Feinde hatte, dass man sich wundern musste, wie es ihnen möglich sei, so viel Intelli- genz mit so viel Wildheit zu verbinden! Man suchte nur bei solchen Rat, die keinen andern als verderblichen geben konnten; fand sich ein Mann von starkem Geist, so entfernte man ihn, und nur selten meldete sich einer. Ach, und warum so selten? Weil der *König* kein Vertrauen einflöß- te und weil sich dem *Schwachen*, welcher ratschlagt, wo es notwendig gewesen wäre, wie *Cortez* die Schiffe zu verbrennen, nur selten die Kraft zum Dienste anbietet.

Der Tag, welcher auf das Haupt *Ludwigs XVI.* mehr Schmach und Be- leidigungen häufen sollte als sein nachmaliges Gefängnis und selbst als das Blutgerüst, rückte näher. Der einundzwanzigste Juni – ebenfalls eine Schande für unsere Annalen – war ihm vorausgegangen und hatte auf einige Stunden den König in einen Helden verwandelt, als seine gehei- ligte Stirn, befleckt und entweiht durch das Tragen der schändlichen Mütze der Gesetzlosigkeit, sich würdiger als jemals zeigte, das Diadem *Ludwigs des Heiligen* zu tragen. Als das wütende Heer der Faktionisten in das Asyl des Palastes drang, weil es wusste, es sei bei diesem Frevel

512 Le merveilleux.

586

keine Gefahr zu befürchten; als es seinem Könige die Krone abforderte, weil es wusste, dass er sie schon abgelegt habe; als es sein Blut, sein Leben verlangte, weil es sah, dass man beides schlecht verteidigte; – da zeigtest du, *sechzehnter Ludwig*, im Angesichte der wilden Tiger, die dich umbrüllten, was der Mut der Seelenruhe vermag; waffenlos und allein tratest du in ihre Mitte und gingest einem fast gewissen Tode entgegen, *gingst ihm entgegen* und eben dadurch *entgingst* du ihm. Du sahst, erhabener Märtyrer, dass Seelengröße und Geistesmut allem die Spitze bieten,[513] sich überall den Sieg erringen, und dass die Mörder, welche dich, hinter den zersprengten Türen deines Palastes feige und zitternd versteckt, umgebracht haben würden, als du sie ihnen selbst öffnetest, vor deinem verklärten Blick zurückwichen und beinahe dir zu Füßen gefallen wären. Dieser große Moment genügt, um auf den letzten Akt deiner Regierung ein glänzendes Licht zu werfen. Die Reinheit deines Herzens hatte deinem Geiste volle Gegenwart und Fassung mitgeteilt. Du konntest in diesem einzigen Augenblick erkennen und fühlen, was ein Volk sei, was ein König sei. Alle Lehren, alle Ratschläge, alle Vorwürfe drängten sich in diesen Trauerauftritt zusammen ... vielleicht wäre es *noch* Zeit gewesen, sie anzuhören und sie zu benutzen!

Auch die Königin entwickelte den erhabensten Mut. *Madame Elisabeth* gab dem ihrigen das Edle und Würdevolle ihres ganzen Lebens. Ihr engelhafter Mund sprach in der gemeinschaftlichen Gefahr ein Wort, welches sie zur historischen Hauptperson der Gruppe, zur Lichtgestalt des Gemäldes macht; denn als sie merkte, dass die Wütenden sie für die Königin hielten und dass einer von den Ihrigen ihnen den Irrtum benehmen wollte, lispelte die Heilige ihm leise zu: »Lasst sie bei dem Wahne!«[514] Lässt sich etwas Erhabeneres denken als dieses Wort? Ist es nicht die bewundernswürdigste Vereinigung der Größe in Handlung und Ausdruck, in Entschluss und Sprache? Ne les désabusez pas!

---

[513] Servent et répondent à tout.

[514] Wie haben Journalisten und Kompilatoren dieses einzig erhabene Wort verwässert, anstatt es unverletzt zu wiederholen: Ne les désabusez pas! Wie haben sie sich um die Wette bemüht, es zu umschreiben, zu erläutern und auszulegen! »Sagt ihnen nicht, wer ich bin! Lasst sie bei dem Glauben, dass ich die Königin sei; mein Tod verhüte ein größeres Verbrechen; usw. usw. usw.« – Wozu die weitläufigen Paraphrasen? Nichts als die Worte: Ne les désabusez pas! Die Sprache der Erhabenheit und Tugend ist lakonisch. (*Verf.*)

Jene *vierstündigen* Misshandlungen, deren die ganze Geschichte kein ähnliches Beispiel aufzustellen hat; diese dem französischen Namen und dem Königtume zugefügte Schmach musste jeden, der noch für Tugend und Menschlichkeit Gefühl hatte, dem noch ein Herz im Busen schlug, belehren: Es sei die höchste Zeit, ein Land zu verlassen, wo die letzte Anstrengung, der letzte Versuch, dem triumphierenden Verbrechen entgegenzuarbeiten, darin bestehe, die unglücklichen Opfer dem Blutdurste zu entziehen. Mit jedem Tage fasste ich den Entschluss, auszuwandern; eine geheime Macht verhinderte mich, ihn zu verwirklichen.

Ich hatte mich so oft und so unumwunden gegen die Emigration ausgesprochen; sollte ich dem Beispiele folgen, das ich verdammte? War es edel, aus Ungeduld, aus Furcht, aus Abscheu vor den sich ereignenden Vorfällen das zu tun, was ich nicht aus kaltem, ruhigen Entschluss, aus Nachahmungstrieb, aus Konvenienz hatte tun wollen? War es edel, einen König zu verlassen, der sich selbst verlassen hatte? War es edel, in den Reihen, die ihn umgaben, nur solche zu lassen, welche seinen Fall vorbereiteten, welche nach seinem Blute dürsteten? Musste man nicht dem Leichenbegängnis der Monarchie beiwohnen, wenn man Zeuge ihres Einsturzes gewesen und so lange auf ihren Trümmern verweilt hatte? Ich legte freilich für meine Person kein großes Gewicht in die Schale; allein wäre sie nicht vielleicht – und aller Wahrscheinlichkeit nach – auf die entgegengesetzte Seite gesunken, wenn nicht mehrere gedacht und gesprochen hätten: »Ich bin nur ein kleines Gewicht in der Schale!«

Während ich mit mir überlegte, entstieg der *Augustmonat 1792* – aus der Nacht der Zeiten, um mit einem umgestürzten Thron in eben diese Nacht zu verschwinden.

Bis zu diesem furchtbaren Zeitabschnitt war ich dem von mir selbst gefassten Entschlusse, das Fräulein *von Saint-Amaranthe* nicht wiederzusehen, treu geblieben. Aber mit den ersten Tagen des August stieg in mir eine furchtbare Vorahnung des Schicksals auf, welches ihr von der Vorsehung bestimmt war; mein Herz bewegte sich heftig in mir und flog der Unglücklichen zu. *Vergniaud*, mit welchem mich ein unvorhergesehener Umstand früher zusammengebracht hatte und der mir aufrichtig gewogen war, hatte nichts unterlassen, um mich aus Frankreich zu treiben und meine Unentschlossenheit zu bekämpfen. Auch *er* sah die Zukunft voraus; alles, was erfolgt ist, selbst sein eigener Tod, lag ihm klar und deutlich vor Augen. Nur aus *Ehrgefühl*, vielleicht auch aus Trägheit, blieb er auf seinem Posten und verfolgte die Bahn, die er eingeschlagen hatte. Er wollte es nicht Wort haben; *mir* aber hat er es mehr als zwanzigmal eingestanden. Am Vorabend des schrecklichen Tages (10. August 1792) sah ich ihn noch. Es war Mitternacht, als ich ihn verließ. Ich wollte nach Hause, um einige Papiere zu verbrennen. Unwillkürlich zog und trieb mich mein inneres, dunkles Gefühl zu Frau und Fräulein *von Saint-Amaranthe.* Ihnen einen heilsamen Wink geben; ihnen über ihre Lage, die sie nicht ernsthaft genug bedacht haben mochten, Aufschluss geben; sie warnen; ihnen raten – das war eben nicht schwer und bedenklich in meinen Augen. Aber mich der Gefahr aussetzen, um sie ihnen zu ersparen und mit ihnen den Gefahren trotzen, denen ich sie entziehen wollte; – das schien mir eine schwerere, aber auch süßere Pflicht und die erste und natürlichste in unserer gegenseitigen Lage. Ich ging also hin, ließ einen Kammerdiener rufen und mich von ihm in ein einsames Zimmer führen. Hier schrieb ich einige Zeilen mit Bleistift und ersuchte beide Damen, die Gesellschaft im Salon zu verlassen und auf einen Augenblick zu mir zu kommen. Sie fanden sich ein, empfingen mich mit sichtbarer Bewegung und – ich möchte sagen – mit Zärtlichkeit. Ihr erstes Wort war: »Sind Sie unserer Hilfe benötigt? Ist Ihnen etwas Unglückliches widerfahren? Haus, Geld, Freunde, Kredit, Vermittlungen, alles bieten wir Ihnen an; alles, was wir besitzen und in unseren Kräften ist, steht Ihnen zu Diensten.« Diese freundschaftlichen Anerbietungen geschahen mit einem solchen Feuer, solchem Nachdruck, solcher Heftigkeit, dass kein Zweifel über die Aufrichtigkeit derselben aufkommen konnte.

Nachdem ich ihnen meine ganze Rührung über ihr Wohlwollen zu erkennen gegeben hatte, ersuchte ich sie, sich zu setzen. Ich erinnere mich, dass ich zu *Amalies* Füßen Platz nahm. Ich sagte ihnen hierauf: »Was Sie bereit waren, für mich zu tun, das eilen Sie für sich selbst zu tun; kaum bleibt Ihnen noch so viel Zeit übrig, sich aus Paris zu entfernen. Die Stadt wird unverzüglich ein Schauplatz nicht zu berechnender, nicht abzusehender Ereignisse und Auftritte werden; ein Schauplatz unabwendbaren Elends, ohne Hilfe und Schutz, besonders bei Frauen. Das ungeheure Glück, welches Sie gemacht haben, und Ihre gesammelten und zu jeder andern Zeit Ihnen so nützlichen Schätze werden Ihnen in sehr kurzer Zeit Verderben und den Todesspruch zuziehen.« – Ich erbot mich nun und machte mich anheischig, ihnen zu morgen in der Frühe Pässe nach England zu verschaffen und sie dahin zu begleiten. Ich beteuerte auf meine Ehre, dass, sobald wir den Fuß in London würden gesetzt haben, ich eine von der ihrigen entfernte Wohnung mieten würde und dass sie in mir den treuesten, uneigennützigsten Freund finden sollten, so wie ich, seitdem ein zu lockeres Band gelöst worden, der verschwiegenste gewesen sei.

Amalie schwankte oder vielmehr sie war bereit. Aber die Mutter blieb unerbittlich? »Wie sollte«, sagte sie, »Frauen etwas Widerwärtiges begegnen können? Und außerdem scheint mir der Tod weniger schrecklich als das wüste Herumirren und Landstreichen[515] der Emigranten, als die Flucht aus dem Vaterlande ins Ausland. Meine Finanzen sind von der Art, dass sie sich nicht so schnell zu Gelde machen lassen können. Ich mag auf keinen Fall mein Vermögen, mein Haus, meine Habe dem Ungefähr und der Plünderung preisgeben. Ich finde es tausendmal gefährlicher, Frankreich zu verlassen, als ruhig daheimzubleiben. Wie viele Opfer sind auf der Flucht gefallen, die man in ihrer Abgeschiedenheit würde vergessen und am Leben gelassen haben usw.!«

Hierauf reichte sie mir die Hand; mit sanfterer Stimme sprach sie das Wort: »Leben Sie wohl!«, schied aus dem Zimmer und ließ mich mit ihrer Tochter allein. Diese versicherte mir: Sie sei nicht glücklich und habe mir ihr Herz nie entzogen. Sie ließ einer aufwallenden Rührung freien Lauf, nahm mich aber selbst zum Zeugen, rief mich zum Richter auf: »Ob es wohl möglich sei, ihr Schicksal von dem ihrer Mutter zu trennen! Ich bin überzeugt«, fuhr sie fort, »dass diese Handlung der Ergebung in den Willen meiner Mutter mir teuer wird zu stehen kommen und dass ich das Opfer ihres Eigensinns sein werde.«

Sie trat jetzt näher zu mir, um mich zu umarmen, und als sie mir die Wange hinhielt, fühlte ich sie nass von Tränen; sie träufelten auf mein Gesicht. Ich nahm sie in meine Arme, drückte sie an mein Herz, beschwor sie, von neuen abzureisen, mir zu folgen. »Ich kann nicht«, sagte sie seufzend; Tränen schossen aus ihren Augen; sie entfernte sich langsam. ... Ich hätte sie zurückhalten sollen ... es hätte vielleicht ein Mittel gegeben, sie zu bestimmen ... ich habe es verfehlt. – Noch immer sehe ich ihr weißes Gewand, wie ich von ungefähr auf die Schleppe trat und sie einriss, wie der abgerissene Teil nachlässig hinter ihr nachwallte; wie das Kleid oberhalb den himmlischen Wuchs, die reizenden Konturen umspannte und abzeichnete. Noch immer sehe ich das Engelsantlitz, das

---

[515] Le vagabondage.

sich nach mir umdreht und mir ein Lächeln zusendet, dem die Träne, die im Auge zittert, neuen Wert gibt. – Es war meine letzte Unterhaltung, mein letztes Zusammentreffen, mein letzter Verkehr mit der in ganz Frankreich durch Schönheit und Liebreiz berühmtesten Frau; einer Frau, welche die Natur mit ihren seltensten Schätzen ausgeschmückt, mit ihrem höchsten Reiz übergossen hatte, und der Erde nur deswegen gezeigt hat, damit man ihr nicht den Vorwurf mache, sie hätte noch etwas Vollkommeneres, als es bis dahin gab, hervorbringen können.[516] Sie war schwach, aber grundgut und sanft und mit einem edlen Stolz begabt, welcher, besser geleitet, sie vermocht haben würde, nur das Edle zu lieben. Sie besaß mehr Verstand, als man ihr allgemein zugeschrieben hat, weil sie kalt war und den ihrigen zu verbergen strebte und weil man überhaupt geneigt ist, einer Person, die so viele Vorzüge an sich hat, einen Teil davon streitig zu machen. In ihr lag eine Feinheit, eine Zartheit, die nur dem schönen Geschlechte eigen ist, die aber den geistreichen Frauen oft, und denen, die keinen Verstand haben, allezeit abgeht. Sie starb mit einer Beherztheit und einem Heldenmute, den sie ihrer ganzen Familie mitteilte, welche sich geschämt haben würde, sie, die so viele Gründe hatte, das Leben zu lieben, nicht nachzuahmen und nicht wie sie mit Gleichmut das Blutgerüst zu besteigen und auf ihre Mörder mit Verachtung herabzublicken. Sie war in ihren Urteilen, die sie doch nur insgeheim abgab, außerordentlich streng und verlangte viel von denen, die sie nicht mit weiblichen Augen betrachtete. Sie hat mir manchmal gesagt, dass diejenigen, welchen jeder Mann gefällt, der Gefahr ausgesetzt sind, allen zu gefallen. Mit einem Worte, *Amalia* war eine von den Frauen, deren es so wenige gibt, über die nur der, welcher in der intimsten Verbindung mit ihnen stand, das Recht hat zu sprechen, weil nur er in dem Fall gewesen ist, sie von Grund aus kennenzulernen.

Der letzte Auftritt mit ihr, unser Abschiedsgespräch, hat mich enger mit ihr verknüpft, ihr Andenken tiefer meinem Gedächtnis, meinem Herzen eingeprägt, ihr Bild tiefer in meine Seele gegraben, wo es noch

---

[516] Dieses Lob wird nur denen übertrieben vorkommen, welche das Fräulein Amalie von Saint-Amaranthe nicht gekannt haben. Sie zwar zu ihrer Zeit die schönste Frau in Paris; sie war eine vollkommene Schönheit. Jeder Maler, jeder Bildhauer würde in ihr sein Ideal gefunden haben. In allen Ländern habe ich viele Schönheiten angetroffen, aber keine, die mich an sie erinnert hätte, keine, die mich sie hätte vergessen lassen, keine so einzig, so vollkommen Vollkommene. Mein Herz hat andere mehr geliebt als sie; bewundert wie sie habe ich keine andere.

immer lebendig ist als die früheren Bande, welche sich um uns geschlossen hatten. Was mich zu diesem letzten Besuch bewogen, den mir ein gebieterisches Gefühl zur Pflicht machte, ist der redende Beweis, dass sie nie aufgehört hatte, mir teuer zu sein. Die Ahnung, das Vorgefühl ihres Unglücks war in mir der Instinkt einer nie erloschenen Liebe. Die Erinnerung dessen, was ich, nach einer ziemlich langen Trennung, in ihrem Herzen für mich wiederfand, tat mir wohl und rechtfertigt die Gefühle der meinigen. Sie stellt sich meiner Fantasie dar, wie ich sie an jenem Abend sah, wie sie mich mit eindringenderem Zauber als jemals erfüllte, wenn sie ohne andere Schleier als den der Liebe sich an mein glühendes Herz warf.

Angebetete Unglückliche, wie oft habe ich unter einem fremden Himmelsstrich deinen Tod, dein schreckliches, dein, ach, so frühzeitiges Ende beweint! Nein, ich kann es mir nicht verzeihen, dich nicht in der Stunde der Trennung in meine Arme geschlossen, dich nicht dir selbst entrissen, dich nicht fortgeführt und alle Klagen über Gewalt nicht mit meinen brennenden Lippen von deinem Munde weggeküsst zu haben! Wie oft habe ich mir nicht selbst vorgeworfen, dass ich dich nicht wider deinen Willen rettete, als es mir möglich war! – Der Streich, der ihr Haupt traf, hat noch lange nachher das meinige getroffen ... Ich lebte mit ihrem Schatten, der mich beständig umwallte, aber ihren Namen aussprechen zu hören war mir unerträglich ... Jetzt ist dieser Name mein Trost ... ich spreche ihn aus, ich könnte immer und immer von ihr reden hören und selbst reden ... Bisweilen sehe ich sie im Schauspiel, in ihrem vollen Glanze, von keiner ihrer Rivalinnen verdunkelt, nicht einmal erreicht ... Ein andermal erscheint sie mir als blutiges Opfer der scheußlichsten Grausamkeit und dann möchte ich, wie Lady *Macbeth*, sprechen: »Alle Wohlgerüche Arabiens können dies Blut nicht tilgen!« und wie *Macbeth*:

> Kann wohl Neptunens ganzer Ozean
> *Dies Blut* vertilgen?

Ihr Mord, der schändlichste unter so vielen schändlichen Mordtaten, ihr Mord, dem sogar die gerichtliche Form fehlte, ihr Mord ist in meinen Augen, nach der Hinrichtung *Ludwigs XVI.*, der empfindlichste Schlag, der mich in dem ganzen politischen Orkan, der über mich hinweggestürmt ist, betroffen hat.

Einige Jahre später[517] versuchte ich in schwachen Zeilen die Geschichte ihres Mutes, ihres Todes zu schildern, ihre letzten Worte nachzuhallen, welche selbst auf ihre Henker Eindruck machten, sie erschütterten – aber nicht rührten, weil nichts sie rühren konnte.

[517] Im Jahre 1797 in einer Ode funèbre à la mémoire de Madame de Sartines, née Amélie de Saint-Amaranthe. Dieses 14 achtzeilige Strophen lange Trauergedicht findet sich nicht in den Oeuvres mêlées des Verfassers. Wir nehmen ebenso sehr Anstand, die Ode zu übersetzen, als sie, ihrer Länge wegen, im Original zu geben. (*Übers.*)

20. Kapitel

The cloudcapt towers, the gorgeous palaces,
The solemn temples, the great globe itself,
Yea, all which it inherent, shall dissolve!
And, like the baseless fabric of a vision
Leave not a wreck behind. – We are such stuff
As dreams are made on, and our little life
Is rounded with a sleep.
(*Shakespeare*)

Postquam res Asiae, Priamique evertere gentem
Immeritam visum Superis.
(*Virgil*)

Die Geschichte ist eine für wahr angenommene Fabel – Vergniaud; seine Schilderung; meine Beziehungen zu ihm – Mein Schreiben an den König; es wird von den Emigranten getadelt, vom Könige mitDank aufgenommen; es enthielt Wahrheit und Weissagung – Das revolutionäre Paris – Die Verhaftungen mehren sich – Ich erhalte von Danton die Zusicherung des Lebens – Ich entschließe mich zur Flucht – Meine Verkleidung und Abreise aus Paris – Ich laufe Gefahr, in Abbeville entdeckt zu werden – Mein Abschied von Champcenetz; meine Aufträge an ihn – Der Unglückliche wollte mir nicht folgen und starb auf dem Blutgerüste – Ich erreichte Boulogne am 25. Aug. 1792, abends 10 Uhr – Ich vertraute mich der Mistress Knowls im British-Hotel an. Ihr Gehilfe Parker sucht Mittel zu meiner Überfahrt – Mein Entschluss auf offener See – Ich laufe in Stockport ein – Ich eile nach Dover – Englands Anteil an Frankreichs Unglück – Pitt, der Urheber desselben – Ich lege die Feder nieder und warte den Spruch der Zeit und Überlegung ab, ehe ich die Fortsetzung meiner Memoiren ausarbeite

Fern von uns der eitle Stolz des Geschichtsschreibers, der sich mit seiner Wissenschaft bläht und ebenso wenig die Grenzen derselben als des Weltalls, der Zeit und des Raums anerkennt, obschon alles ihm zuruft:

the great globe itself shall dissolve!

begnügen wir uns, das zu berichten, was wir mit Augen sehen, mit Händen fühlen und mit unserm Verstand erreichen können. Seien wir bescheiden, wie es sich für beschränkte Wesen, für Blinde, für Nachtwandler geziemt, deren ganzes Leben ein Traum ist und denen es überall an *mathematischer* Gewissheit fehlt, besonders in der Geschichte, welche selbst nicht mehr als eine *für wahr angenommene Fabel* ist. Beschränken wir uns auf kurze Betrachtungen, unterwerfen wir sie einem lobenswerten Zweifel, lassen wir das Schauspiel dieses Lebens vor uns vorübergleiten, sammeln und berichten wir einige Tatsachen, die uns Tatsachen zu sein *scheinen*, weil wir Zuschauer oder Mithandelnde gewesen sind!

Vergniaud, dessen ich schon Erwähnung getan habe, *Vergniaud*, der größte Redner unter den Volksrepräsentanten, wenn man unter Beredsamkeit die Gabe versteht, auf das Gemüt einzuwirken, die verhandelten Fragen zu beleben, die Leidenschaften zu erregen – *Vergniaud* hegte eine tiefe Verachtung gegen alles, was Faktion hieß, und gewiss die allergrößte gegen die, zu welcher er selbst gehörte. Aber seine Eitelkeit, seine Sucht, als Redner zu glänzen, und sein erster Impuls fesselten ihn an die einmal getroffene Wahl. Gern hätte er ein ehrenvolles Mittel ergriffen, sich loszumachen (als wenn es eines ehrenvollen Vorwandes bedurft hätte, aus einem Verein auszutreten, der ohne alle Ehre war)! Er machte kein Hehl daraus. »Die Ruhe und zwanzigtausend Livres jährlicher Renten[518] wären mir weit lieber als das *Lärmen* in der Versammlung und *das Blut* auf den Straßen.« So sprach er, so *dachte* er gewiss auch; gleichwohl fehlte es ihm an Entschlossenheit, eine Bahn zu verlassen, die ihn mit Ekel und Widerwillen erfüllte.

Er hat mir mehr als einmal wiederholt: »Ich halte den König für einen Biedermann, aber er ist nicht zu retten;[519] er danke ab, er begebe sich mit der Königin, wohin er wolle, er lasse uns seinen Sohn. Noch ist es Zeit. Ich habe es übernommen, auf seine Suspension anzutragen; lassen Sie ihm eine Warnung zukommen, wenn Sie wollen; er läuft die größte Ge-

---

[518] Ich habe von Herrn Laporte den Auftrag und die Berechtigung gehabt, ihm noch mehr anzubieten.

[519] Il est insauvable – je le crois honnête homme.

fahr und hat nur das eine Mittel, ihr zu entgehen, und nur einen Augenblick, sich zu entschließen.[520]

Als in London ein Herr Abbé *von* M..., ein Herr Chevalier *von* P... und andere zwar zugaben, mein Schreiben an den König vom 27. Juli 1792[521] sei *gut gedacht* und gut verfasst, mir aber das Recht absprachen, es geschrieben zu haben – sagten die Herren (mit ihrer gütigen Erlaubnis) eine Sottise und eine Armseligkeit. In einem so feierlich wichtigen Zeitpunkte, wie dieser war, hatte jeder Franzose das Recht und einen Beruf, an den König zu schreiben und ihm nützliche Wahrheiten zu sagen. Vor allen anderen konnten diejenigen, die durch ihre Verbindungen, ihre bekannte Ergebenheit und durch eigenes Interesse über allen Verdacht und Zweifel in Hinsicht der Lauterkeit ihrer Absichten erhaben waren, nicht des Mangels an Ehrerbietung beschuldigt werden, selbst wenn sie in dem Feuer ihres Eifers zu weit gingen. Dem sei, wie ihm wolle, dieses Schreiben, welches so oft angeführt, in fremde Zeitschriften aufgenommen[522] und in mehrere Sprachen übersetzt worden ist, war mit einer prophetischen Dreistigkeit abgefasst. Es enthielt *Wahrheit* und *Weissagung*; es war ein *Todesurteil*, sobald man die Mittel verwarf, die es zur Abwendung des Streichs vorschlug. Der König dachte anders darüber als der Herr Abbé *von* M... und der Herr Chevalier *von* P... Er ließ mir durch Herrn *de la Porte* danken. Er tat noch mehr und die schriftliche Antwort, die Se. Majestät mir zustellen ließ und die ich an sicherem Orte aufbewahre,[523] wäre hinreichend, den Neid und die Bosheit zum Schweigen zu bringen; sie reicht wenigstens zur vollständigen Beruhigung meines Gewissens hin und ist in meinen Augen der schönste Lohn der Treue und der Pflichten, die ich mir *damals* so feierlich und heilig aufzuerlegen zu müssen glaubte.

---

[520] Am 11. August erinnerte ich ihn an diese Worte, die er vor nicht ganz acht Tagen zu mir gesprochen hatte. Ich bat ihn, die Abdankung des Königs zur Sprache zu bringen, und ein Dekret zu veranlassen, welches Ihre Majestäten ermächtigte, mit einem angemessenen Jahrgeld aus Frankreich zu scheiden usw. Er gab mir zur Antwort: »Es hängt nicht mehr von mir ab; der günstige Augenblick ist vorüber.«

[521] Man findet es in den Oeuvres mêlées du Comte Alexandre de Tilly. Berlin 1803. S. 158–181. Es ist mit Anmerkungen und folgendem Motto versehen: Ploravere suis non respondere favorem Speratum meritis.

[522] Z. B. in die englischen Zeitungen. (*Übers.*)

[523] Sie hat sich unter den Papieren des Grafen von Tilly nicht gefunden. (*Übers.*)

Noch rauchte und glimmte die Asche in den Tuilerien. Ich irrte auf den Straßen von Paris umher, angetan mit den Lumpen des Elends und der Dürftigkeit, im schmutzigsten Aufzuge, denn das war für den Augenblick die beste und einzige Sicherheitskarte. Ich mischte mich unter die furchtbaren Pöbelhaufen, von denen sich meine Blicke mit Abscheu wenden mussten und die ich mich gleichwohl nicht entschließen durfte zu verlassen. Ich tat Fragen, auf welche oft abscheuliche, oft verständige Antworten erfolgten, worin aber jederzeit der Blutdurst und die Zerstörungswut vorherrschend waren. Keiner dieser Mordsüchtigen wollte sich erinnern, dass er unter einem König geboren sei, dass er diesen König als eine sichtbare Gottheit verehrt habe; keiner erinnerte sich an die angeborene Ehrfurcht für privilegierte Stände. Alle hatten die unsichtbare, aber heilige Kette gesprengt, welche sich in einem Staate um die gesamten Bürger wie um eine einzige Familie schlingt. Während die wildesten Horden sich ihren Gesetzen fügen, schien es, als wenn in Paris nur ein Gesetz herrschte und Gehorsam erheische: das Gesetz des Blutbades, der Zerstörung; der Tigerinstinkt, der, ohne gereizt zu sein, würgt, um zu würgen. Keine persönliche Furcht – ich darf es behaupten – drang in mein Herz, desto tiefer fühlte ich ein unüberwindliches Entsetzen beim Anblick der Ströme Blutes, die mit kannibalischer Barbarei auf Befehl einer Regierung vergossen wurden, welche damals die einzige in Frankreich war.

So kann man gegen sein *eigenes* Leben gleichgültig werden, dasselbe vergessen, dasselbe gering schätzen, und doch vor Gräueln zurückschaudern, die die Allgemeinheit betreffen.

Die Verhaftungen vervielfältigten sich, alles schwebte in Furcht und Schrecken; nur Exzesse und Frevel blieben unbestraft. Auf der einen Seite dumpfes Hinbrüten der Bestürzung und Angst, auf der andern ungebundene Frechheit; hier Entsetzen ohne Hoffnung, dort losgelassene Wut; nirgends unbefangene Ruhe auf den Zügen und in der Haltung. Schon mehr als einmal waren die Trabanten und Söldner des Mordes und der Anarchie bei mir eingedrungen, bald mit offener Gewalt, bald mit verstellter List. Schon hatte ich aus Vorsicht auf vierundzwanzig Stunden meine Wohnung verlassen – aber was tut nicht die Liebe zur Heimat – ich schwankte noch immer, ob ich sie mit dem Rücken ansehen sollte. Seine Mutter fliehen, selbst wenn sie die Kinder, die sie erzeugt hat, mit unmenschlicher Härte von sich stößt, sie enterbt oder wie Medea ermordet – welches Kind vermag es ohne langen Kampf mit sich selbst?

Der Abbé d' *Espagnac*, den ich bei einem Freunde antraf, gab mir den Rat, zu *Danton* zu gehen, und bot sich mir als Begleiter an. *Danton* empfing mich mit Anstand und Teilnahme. Er sagte mir zwar gleich im Eingange: »Ihre Grundsätze und Denkungsart sind mir wohl bekannt, Sie haben sie nie verleugnet; Ihr Verhalten war immer offen, folgerecht und von der Art, dass ich es dem *verstellten Jakobinismus* der Leute von Ihrer Kaste vorziehe. Ich werde Ihnen Beweise meiner Achtung geben; Ihr Freimut ist tausendmal mehr wert als ein erheuchelter Patriotismus und gewisser Menschen vorgegebene Liebe zu einer Revolution, welche sie im Herzen verwünschen und verabscheuen, vielleicht in ihrer Lage mit Grund. Kann ich nicht mehr für Sie tun, so verspreche ich Ihnen wenigstens das Leben.« – Im Augenblick meinte er es so, wie er sagte.[524]

Aber zu jeder Zeit haben die *Triumvirn* bei Staatsumwälzungen mit ihren Schlachtopfern Schacher getrieben. Schon am folgenden Tage erfuhr ich durch *Manuel* (und ohne Zweifel durch diesen von *Danton* selbst), dass ich dem verruchten *Fahre d'Eglantine* überlassen und preisgegeben und mein Kopf der Gegenstand eines heftigen Kampfes und eines langen Widerstandes gewesen sei! ... Manche Witzköpfe werden hier vielleicht sagen, mein Kopf wäre keines langen Kampfes, keines heftigen Widerstandes wert gewesen, aber es hat Leute gegeben, deren Kopf noch weniger galt und die doch alles getan haben, ihn auf den Schultern zu behalten.

Es kann mir kein Zweifel über *Condorcet* bleiben. Er hatte seine Hand im Spiele. Er gehörte zu meinen Verfolgern, zu denen, welche die geheime Rache an mir zu üben gedachten, die sie längst bei sich herumtrugen.

Kundschafter, deren mehr als verdächtiges Ansehen sie verriet, wurden in meiner Nachbarschaft bemerkt. Ihr Auflauern, und noch mehr als dieses, ihr Forschen, ihre versteckten Fragen, öffneten meinem Diener, der auf sie achtgab, die Augen. Er hielt sich zu ihnen, gab ihnen zum Schein falsche Aufschlüsse, tat seinerseits Fragen, und erfuhr bestimmt, nachdem er sie treuherzig gemacht, *wer* sie abgeschickt hatte. Sechs Wochen später, und als ich glücklich in London angelangt war, gab ich ein

---

[524] Il était de bonne foi.

Schreiben heraus,[525] welches ziemliches Aufsehen machte und hinreichend war, den heimlichen Verschwörer gegen meine Freiheit und mein Leben zu entlarven und zu brandmarken.

Ein berühmter Arzt, dessen Eitelkeit ich verletzt haben mochte und der in der Revolution einigen Einfluss gewonnen hatte, verfolgte mich ebenfalls mit Erbitterung; er wollte mich wie einen seiner Kranken behandeln.

Bei so vielen und guten Gründen und Beweggründen war es mir wohl vergönnt, nicht länger unschlüssig zu bleiben. Und so widerstand ich denn auch nicht länger den dringenden Vorstellungen und Bitten einer Freundin, welche mehr über mich vermochte und mich schneller zu dem Entschluss brachte, Frankreich zu verlassen, als alle Ratschläge, Reflexionen und vorschwebende Gefahren. Sie verschaffte mir einen Pass, den ich selbst mit einem falschen Namen ausfüllte, nachdem ich auf einer Fensterscheibe, so gut es sich tun ließ, die Namen der beiden Munizipalbeamten *Da...* und *Ta...* kopiert und eingetragen hatte. Dieser Pass, der mich hundertmal hätte verraten müssen, wenn die Beschauer ein paar Augen im Kopf gehabt hätten, half mir überall die ganze Reise durch und brachte mich glücklich an die Küste. In Saint Denis, wo ich ihn zuerst keck vorzeigte, erhielt er die erste Sanktion, und nun ging's, wie mit der Göttin Fama, vires acquirit eundo: Von Stadt zu Stadt gewann das Papier an Ansehen und Wert, denn war es nicht zuerst in Saint Denis von den Zivil- und Militärbehörden visiert und unterzeichnet worden? Nur in Abbeville hätte es mir übel ergehen können. Ich hatte den Fehler begangen, bei hellem Tage in einer Postchaise, die ich auf der vorigen Station gemietet hatte, einzufahren. Ich wurde nun auf das Stadthaus gebracht – und zwar während einer Sitzung der Notabeln (zu Deutsch, der Honoratioren). Diese Herren waren die ausgemachtesten Demagogen, die es damals in einer Provinzialstadt geben konnte; die ärgsten Wichte, die von ihren Mitbürgern an die Spitze der Verwaltung gestellt waren, fünf oder sechs Rasende, die sich einbildeten, sich auf den Gipfel ihres neuen Berufs geschwungen und die Höhe der Revolutionsprinzipien und der Zeit erreicht zu haben. Sie müssten – so erklärten sie sich – an ihre *Brüder,* an die Munizipalität von Paris, schreiben. – Ich gab einen wichtigen, geheimen Auftrag vor und machte sie für jeden

---

[525] S. das Schreiben des Grafen von Tilly an Condorcet vom 5. November 1792, in den Oeuvres mêlées du Comte Alexandre de Tilly. Berlin 1803.

Verzug verantwortlich, den ihr patriotischer Eifer meiner Eile in den Weg legen würde. Mein Gesicht, einige Spuren älterer Toilette und eines nicht ganz abgelegten Anstandes wollten ihnen nicht behagen, obschon ich mich anstrengte, meinen Worten den ganzen Ton des Sansculottismus zu geben und sie von den Maßregeln unterhielt, welche *wir* nach dem Fall des letzten *Tyrannen* in Paris getroffen hätten. Endlich stimmte der Mindestbesessene der Bande für ein »Laissez-le aller!« und sein Wort ging durch. Hier nun, wo ich das meiste zu befürchten hatte, erhielt ich die größte Sicherheit für die übrige Reise, denn auf meinen Wisch von Pass hatte ich die Freude, den schützenden Zusatz zu erhalten: »Vu passer en Conseil permanent dans le lieu de nos séances, le présent passeport dûment examiné et vérifié, et y ayant à ces causes apposé nos signatures etc. etc.«

Bevor ich Paris verließ, hatte ich meinem Freunde *Champcenetz* den Schlüssel zu meinem Sekretär zugestellt und ihn ersucht, unmittelbar nach meiner Abreise, sobald es sich wenigstens in voller Sicherheit tun ließe, sich in meine Wohnung zu begeben und daselbst zwei Bündel Briefe, mit der Nummer 5 versehen und grün versiegelt, zu verbrennen. Ich hatte ihm ferner angelegentlich empfohlen, mit allen nur möglichen Mitteln zu versuchen, mir ein Bildnis zukommen zu lassen, auf welches ich einen unendlichen Wert legte. Allem Anschein nach ist es ihm unmöglich gewesen, beide Teile meiner Bitte zu erfüllen, denn nicht nur habe ich nie das gewünschte Porträt erhalten, sondern von jemandem, der sehr wider Willen damals angestellt war, erfahren, dass meine beiden Briefpakete nach der Munizipalität gebracht, dort gelesen worden wären und die gestrengen Herren überaus *belustigt* hätten.

Das war an sich zwar lustig genug, weniger lustig aber war es, dass durch dieses öffentliche Vorlesen eine Person, deren Achtung mir teuer ist, in den Augen des Mannes, den sie vor allen anderen Ursache zu schonen hatte, verlor und kompromittiert wurde. Sollten diese Memoiren bis zu ihr gelangen, so würde sie ohne Zweifel bedauern, den Brief geschrieben zu haben, den ich 1797 in Hamburg von ihr erhielt. Sie würde einsehen, dass mir weiter nichts zuschulden kommt, als dass ich zu lange gesäumt hatte, die Beweise eines Gefühls zu vernichten, welches *sie* in ihrem Briefe so ganz vergessen zu haben vorgibt.

Was aber den unglücklichen *Champcenetz* betrifft, was habe ich nicht getan, ihn den Henkern zu entreißen, die ihn gemordet haben? Es war nicht schwer vorauszusehen, dass ein Mann, der über alles gespöttelt hatte, auf das Blutgerüst kommen würde, um dort ernsthafter bespöttelt zu werden. Ich bewies ihm klar und bündig, es würde für ihn kein Wunder geschehen, und ein wahres Wunder würde es sein, wenn er einer so allgemeinen Verdammnis entginge, von welcher man sich nicht anders als durch die Nacht der Vergessenheit und des Schweigens retten könne. Ein Mann wie er, der sein ganzes Leben darauf verwendet, Geräusch und Aufsehen zu machen, heute ein Bonmot zu sagen, damit es morgen überall nachgesprochen würde, andere zum Lachen zu bringen oder über sie und über sich selbst ein schallendes Gelächter zu erheben – ein solcher war freilich weit von dem Verdacht entfernt, ein Verschwörer zu sein. Um so mehr aber war es vorauszusehen, dass er ein auffallender Visierpunkt sein und zu einer Zeit nicht verfehlt werden würde, wo man gewohnt war, die Schlachtopfer in derselben Rangordnung aufs Schafott zu bringen, als sie bisher in der Welt aufgetreten waren, und wo das einzige Mittel, sein Leben nicht zu verlieren, darin bestand, für tot zu gelten. Sein Verstand ging auf meine Gründe ein, aber seine Trägheit begriff mich nicht. Ja, noch mehr, er tat, was er konnte, mich selbst in sein Unglück hineinzuziehen, versuchte alles, mich in Frankreich zurückzuhalten, bot mir ein Bett und die Hälfte seiner Wohnung an. Er ging noch weiter und wollte mir bange damit machen, dass jeder Versuch zur Flucht zu spät komme, die Barrieren von Paris seien verschlossen, aller Augen geöffnet, alles, was reisen wolle, verdächtig, jeder Ausweg versperrt, alles unter den Waffen; ich würde, wenn ich auch wirklich durchkäme, auf freiem Felde ergriffen, als der wahre *Tilly* erkannt und entweder zurückgebracht oder jämmerlich ermordet werden.

Es lag nicht in meinem Verhängnis, dem Unglückspropheten zu glauben. Ich bestand auf meinem Entschluss und sagte ihm das letzte Lebewohl auf Erden. Später suchte ich mit Herzensbangigkeit seinen Namen auf jedem Totenverzeichnis und fand ihn später, als ich es vermutete, auf jenen Mordblättern, welche ganz Europa mit Entsetzen und Unwillen erfüllten und die Namen der Opfer enthielten, die wie Herden schutzloser Lämmer von blutgierigen Tigern in ihre Höhlen geschleppt, nacheinander von ihnen zerfleischt wurden.

Die Freundin, welche mich zur Abreise überredet hatte, war zugleich auf das rechte Mittel bedacht gewesen, meine Flucht zu sichern. Sie hatte einen Begleiter für mich gefunden, auf den sie wie auf sich selbst zählen konnte. Als ich von *Champcenetz* zu ihr kam, fand ich diesen Mann bei ihr, der schon auf mich wartete. Er setzte mir einen Bortenhut auf, knöpfte mich in einen Kutscherüberrock und ließ mich in diesem Aufzuge hinten auf sein Kabriolett steigen. So gelangten wir in der Nähe von St. Denis an ein abgelegenes Haus, wo ich die Nacht im einem Zimmer zubrachte, welchem ich, wenn ich es mit einer Bodenkammer vergleichen wollte, viel Ehre antun würde. Sowie der Morgen anbrach, trennte ich mich von meinem Führer, um, wie ich oben erzählt habe, mich von Stadt zu Stadt durchzuschleichen und den nächsten Hafen zu gewinnen. Meistenteils reiste ich des Nachts, bald zu Fuß, bald auf Mietswagen, hielt mich am Tage verborgen, war dreimal nahe daran, mich unterwegs zu verraten oder erkannt zu werden, und erreichte so am 25. August 1792 um 10 Uhr in der Nacht Boulogne.

Mein Signalement war vor mir eingetroffen.

Ich hatte mich schon unterwegs entschlossen, mich einer Engländerin, der Eigentümerin des British Hotel, anzuvertrauen. Wie oft war ich in diesem Gasthof abgestiegen, in einer ganz anderen Lage, unter ganz anderen Umständen, zu einer ganz anderen Zeit als in dieser nächtlichen Stunde. Ich schaute im Hofe durch die Fenster, welche erleuchtet waren, ob ich nicht Mistress *Knouth* entdecken würde. Zum Glücke fand ich sie; ich trat ins Zimmer, sie war zu meinem noch größeren Glücke allein. Meine schmutzige, bestäubte Kleidung, mein verzerrtes, von der Reise angegriffenes Gesicht, mein leises Auftreten und die dringenden Bitten um Verschwiegenheit bewirkten, dass sie ein paar Schritte zurückwich und mich, den sie nicht gleich wiedererkennen konnte, für eine der Gespenstergestalten hielt, welche ihre Landsmännin, Mistress *Radcliffe*, mit so verschwenderischen Händen in ihre Romane einstreut, die sie ohne Zweifel auf Gottesäckern entworfen und zu Papier gebracht hat. Ich nannte mich, und noch bedurfte es einiger Zeit und Besinnung, ehe sie mich zu einem der Bewohner dieser schlimmsten Welt rechnen mochte. Ich fragte sie endlich, als sie sich meiner erinnert hatte, ob sie entschlossen sei, mein Zutrauen zu verdienen und zu rechtfertigen oder ob sie mich anzugeben gedenke. Ich bat nur um eins: »Lassen Sie mich nicht lange in Zweifel.« Sie bedachte sich keinen Augenblick, führte mich selbst auf mein Zimmer, schloss hinter mir die Türe ab, kam bald wieder, brachte mir zu essen und wünschte mir eine gute Nacht. Ich schlief fünfzehn Stunden hintereinander und vergaß die ganze Zeit über, dass es eine Revolution, dass es Munizipalbeamte, dass es Räuber und Mörder und Tyrannen in Frankreich gab. So ruhig mein Schlaf, so ruhig und angenehm waren meine Träume.

Als ich erwachte, meldete sich ein Herr *Parker*, Gehilfe der guten Mistress, und schlug mir vor, mich der Gelegenheit eines Fahrzeugs zu bedienen, welches soeben die Leute und Pferde des Lords *Gower* nach England brächte. Als er mich sehr geneigt fand, das Anerbieten anzunehmen, beeilte er sich, den Schiffskapitän zu, holen, um Verabredung zu treffen. Der uneigennützige Engländer versprach mir, gegen Erlegung von fünfundzwanzig Louisdor mir am Bord eine Schütte Stroh zu geben und mich mitzunehmen. Ich würde das Opfer gebracht haben, wenn er mir die gehörige Sicherheit hätte geben können, dass sein Schilf vor der Abreise nicht von den Douane- und übrigen Beamten visitiert werden würde. Doch hiervon konnte mich seine ganze Beredsamkeit nicht überzeugen und somit zerschlug sich das Geschäft, nachdem ich mit einem bedeutenden Geschenk sein Schweigen erkauft hatte.

Nach einiger Zeit ließ sich *Parker* von Neuem in meinem Versteck sehen und brachte einen Mann mit sich, eine wahre Galgen- und Spitzbubenphysiognomie. Er sei, sagte er mir, ein grundehrlicher Schmuggler, der die heiligste Versicherung und seinen Kopf zum Pfande gäbe, dass er mich heil und gesund in Dover einschwärzen wolle. Er war noch uneigennütziger als der Kapitän und verlangte nicht mehr als vierzig Louis.

Wer war mir aber gut dafür, dass dieser Mensch, der von Betrug lebte, mich nicht verraten oder, um sein Boot zu erleichtern, mich nicht über Bord werfen würde? Ich hatte nicht Zeit, alle diese Betrachtungen anzustellen, und überließ mich ihm mit Leib und Seele. Jetzt musste ich eine Jagdtasche umhängen, eine Flinte auf die Schulter nehmen und ihm folgen. In diesem Kostüm erreichte ich mit ihm das Ufer, bis wohin vom Hotel d'Angleterre bekanntlich nur wenige Schritte sind. Es war Flut und wir mussten längs der Küste bis an die Knie im Wasser waten. Mein Kompagnon schoss von Zeit zu Zeit; ich tat dasselbe auf sein Geheiß. Wir verfehlten die Seemöwen, die nicht einmal in Schussweite bei uns vorbei oder über uns wegflogen. Er zielte so wenig als ich, denn uns war nur um den Lärm zu tun, nicht um den Vogel. So ging's zwei Stunden lang fort, immer die See entlang, bis wir eine letzte Anstrengung machten und, bis an die Brust im Wasser, uns endlich einem Boote, einem Kahne näherten, der an dem kleinen Mastbaume kein Segel, wohl aber ein altes, durchlöchertes Laken zu hängen hatte. Ich fand in diesem respektablen Fahrzeuge, womit ich das Meer durchschiffen sollte, zwei Matrosen, deren Sprache und Äußeres nicht gerade dazu angetan waren, um mir Mut einzuflößen. Mein Führer sprach einige Worte mit ihnen, die ich nicht verstand, packte mich um den Gürtel, hob oder vielmehr schwenkte und schleuderte mich in den Kahn wie einen, von dem man bezahlt worden ist, um dessen Arme und Beine man sich aber nicht weiter bekümmert. Meine Lage war nichts weniger als glänzend und erfreulich. Ich übersah sie in ihrem ganzen möglichen Umfang und entschloss mich schnell zu Maßregeln, wodurch ich sie verbessern könnte. Ich setzte mich an dem einen Ende des Kahns nieder, und indem ich meine Pistolen hervorzog und den Hahn spannte, redete ich die beiden Bootsknechte an: »Seht her und hört mich an: Sowie einer von euch mir um einen Schritt näher kommt, ist er des Todes. Dagegen aber, bringt ihr mich vor neun Uhr abends nach Dover oder einen andern englischen Hafen, so sind meine letzten zehn Louisdor euer.« – Meine Anrede schien sie zu befremden und Eindruck zu machen; sie erwiderten kein Wort, und ohne während einer zehnstündigen Überfahrt von beiden Seiten einen Laut von uns zu geben, ging es vorwärts, bis wir noch vor sieben Uhr abends in Stockport einliefen, nass wie die Katzen und nasser als der Opernsänger, der dem Schiffbruch entkommen ist.

Der Pfarrer des Orts und der Friedensrichter fanden sich bald nachher bei mir ein und machten mir die zuvorkommendsten gastfreundlichen Anerbietungen. Mit ihrer Menschenliebe, mit ihrem patriotischen Eifer verband sich ein guter Teil Neugierde und der Wunsch, von der wahren Lage der Dinge in Frankreich so viel als möglich zu erfahren. Ich befriedigte die Fragelustigen in der Kürze, und sobald vorgefahren war, beurlaubte ich mich mit Worten und Gefühlen der Dankbarkeit, stieg in die Postchaise und schlug die Straße nach Dover ein, welches ich in zwei Stunden erreichte.

Hier angekommen, atmete ich frei und dankte Gott, der mir gegen alle Wahrscheinlichkeit zu dem Glücke verholfen hatte, meinen Feinden und ihren Verfolgungen und Schlingen zu entgehen, und mit dessen Hilfe und Beistand ich in ein schützendes Land gelangt war; der tröstende Anblick desselben konnte mich aber nicht die Heimat vergessen lassen, aus der ich so sehr wider meinen Willen und allen meinen Wünschen und Neigungen zuwider mich verbannt sah.

Ich brachte zwei Tage in Dover zu. Unaufhörlich und unwillkürlich irrte ich an dem Gestade umher; in meiner Unruhe, in der Verwirrung meiner Gedanken fragte ich die See nach den Ursachen des schnellen Wechsels, von Stürmen zur Ruhe, von Ruhe zu Stürmen; ich fragte sie, wie sie so plötzlich ihre Wellen gegen die Wolken schleudere und ebenso plötzlich eine spiegelglatte Oberfläche zeigen könne; ich fragte sie nach der Hand, welche Ihre Wogen aus der Tiefe hervorwühle und sie in ihren Kerker zurückdränge. Eine hohle, tosende Stimme schien zu antworten: Der Gott der Stürme sei auch der Gott der Revolutionen; alles im Meere und auf Erden sei Wechsel und Unbeständigkeit; nichts geschehe, was nicht eine Folge der ewigen Ordnung, der Ratschläge, der Weisheit des höchsten Wesens sei; alles liege im allgemeinen Plan einer festen, auf berechneten Grundsätzen ruhenden Bestimmung.

Jetzt warf ich einen Blick des Bedauerns auf Erde und Meer und hob ihn gen Himmel. Nur im Himmel war mein Hoffen, weil alles, dieses einzige, letzte, unbekannte Asyl ausgenommen, wo die Hoffnung ihren Sitz hat, den Menschen verlässt und verrät.

In Dover fand ich den Lord *Cholmondley*, dessen Bekanntschaft ich in Frankreich gemacht hatte, und seine liebenswürdige Gemahlin. Sie standen wie ich am Ufer und betrachteten die See, nur aus anderen Beweggründen als ich. *Sie* waren glücklich, *sie* hatten ein Vaterland, *sie* besaßen alles, was der Heimat Wert geben kann; *sie* lebten im Genuss eines unermesslichen Vermögens. Lady *Cholmondley* liebte das Leben, nicht wie eine ihres Geschlechts überhaupt – denn, dieses Geschlecht hängt weniger daran als unseres und achtet es gering, wenn eine große Leidenschaft im weiblichen Herzen vorwaltet – aber wie eine glückliche und im Glück gleichgültig gewordene Frau. Im Begriff, sich nach Neapel einzuschiffen, um zu ihrer sterbenden Mutter, der Herzogin *von Ru...*, zu eilen, stand sie am Rande des Meeres, zitternd und zagend, und hätte es gern befragt, ob es sie sicher zu Italiens Küste tragen werde. Sie schien die Wellen zu beschwören, fand sie aber nicht heiter und ruhig genug, und ihr Gemahl, der ihr vergebens Mut einsprach, teilte ihre Besorgnisse und suchte den Augenblick der Trennung so lange als möglich zu verschieben. Ach, sie bedachten nicht in ihrer Hoffnung auf Meeresstille, dass das falsche Element nie gefährlicher ist, als wenn es seine Gefahren im tiefen Schoße verbirgt, und dass die Stunde des Sturmes gleich nach der wolkenlosen Stunde schlägt. Frankreich war ja auch still, ruhig und sonnig gewesen.

Nachdem ich einige Geschäfte mit dem Bankhause *Minet & Factor*, auf welches ich Wechsel hatte, in Ordnung gebracht, machte ich mich nach London auf den Weg und erreichte es noch vor Nacht.

Zur Steuer der Wahrheit muss ich sagen, dass ich alle Klassen der Nation über die Unruhen, Trübsale und Aussichten von Frankreich bestürzt und niedergeschlagen fand. Die Schicksale meines Vaterlandes erregten eine allgemeine Teilnahme von den ersten Klassen der Gesellschaft bis zu den letzten. Der Mann, der die Zügel der Politik Englands in Händen hielt und seine Leitung über ganz Europa ausdehnte, der Mann, den Frankreich mit Recht den Urheber und das Werkzeug seines Umsturzes und seiner Leiden nennen kann; – dieser Mann, *Pitt*, verabscheute sicherlich als *Mensch* die Grundsätze, die er als *britischer Minister* befolgte. Ich will hoffen, er werde mit hinreichenden Gründen vor den Richterstuhl des Allerhöchsten getreten sein, um Rechenschaft abzulegen, warum er die Flamme angeschürt hat, welche Frankreich verzehren sollte – welche es langsam verzehrte, bis durch eine rettende Hand hier der Brand gelöscht worden ist, während er *seinem* Vaterlande ein Vermächtnis künftigen, *infrage stellenden* Unglücks hinterlassen hat, dessen Ahnung ihm auf dem Totenbette Worte erpresste, welche seine letzten waren: »Oh the times! Oh my country!« – Diese letzten Worte des Sohnes des großen *Chatham* sind auch die meinigen!!!

Ich lege hier die Feder nieder; aber ehe ich sie wieder aufnehme, um den zweiten und interessantesten Teil meiner Lebensgeschichte (einen Zeitraum von fünfzehnjährigen Irrsalen in den Hauptstaaten von Europa und in der Neuen Welt)[526] zu schreiben und zu beschreiben, will ich das Urteil eines Richterstuhls abwarten, dem ich diesen ersten unterwerfe. Dieser Richterstuhl, der nie täuscht, wenn man ihn bescheiden, gelehrig und ohne Vorurteil befragt – dieser Richterstuhl ist – *Zeit und Überlegung*. Beide sollen mich bestimmen. Vor allem aber will ich, dass dieses mein Werk – mein, mindestens gesprochen, *nicht gewöhnliches* Werk – ohne Gefahr, ohne Galle, ohne Gift zu erregen, erscheinen und weder dem Verfasser noch denen Schaden soll, die darin erwähnt und aufgeführt sind. Das sicherste Mittel, diesen heilsamen und moralischen Zweck zu erreichen, ist – nach reiflicher Überlegung – dass es nur dann hervortrete, wenn beide – Verfasser und Beteiligte – nicht mehr sind.

---

[526] Von 1792 bis 1807.

Nachtrag
Biografische Notiz über den Verfasser dieser Memoiren

Stammbaum und Familiennachrichten – Aufenthalt in England – Aufenthalt in den nordamerikanischen Freistaaten – Vermählung – Trennung der Ehe – Rückkehr nach Europa – Aufenthalt in Berlin – Artikel der Biografie Universelle: Le Comte Alexandre de Tilly

Hier enden die handschriftlichen Memoiren des Grafen *Alexander von Tilly*. Die von ihm bestimmt und wiederholt ausgesprochenen Bedingungen, sie nach seinem Tode mit Auslassung dessen, was gegen die Zeitpolitik verstößt, und nur mit den Anfangsbuchstaben gewisser Namen erscheinen zu lassen, sind erfüllt worden.

Die Absicht des Grafen *von Tilly* war, seine Arbeit fortzusetzen. Er verspricht es sich und seinen Lesern am Schlusse der Schrift und nennt sogar diesen Schluss: Fin de la première partie.

Seine hinterlassenen Papiere zeigen deutlich, dass er nicht stehen bleiben wollte. Doch sind die Materialien zu einer vollständigen Fortsetzung bei Weitem nicht hinreichend und können ebenso wenig in ihrer jetzigen Gestalt einzeln und ohne Zusammenhang dem Publikum vorgelegt werden.

Der Übersetzer, dem seit der angefangenen Bekanntmachung der Memoiren noch mehrere Papiere des Grafen zugekommen sind, liefert hier mit Benutzung dieser Schriften als Anhang einige *biografische Notizen* über einen Mann, von dem man wohl nicht gern einen so plötzlichen Abschied nehmen möchte. Er ist imstande, alles, was hier folgen wird, mit Belegen nachzuweisen, und da er nun nicht mehr als Übersetzer den Verfasser reden lassen muss, so ist es ihm verstattet, sich freier zu bewegen, den dünnen Schleier vom Gemälde abzuziehen und das Bild des Mannes, den man längst erraten haben wird, offen vor aller Augen hinzustellen.

Der Graf Alexander von Tilly ist der in Frankreich, England und Deutschland gleich sehr bekannte (wir hätten beinahe gesagt berüchtigte) *Peter*[527] *Alexander, Graf von Tilly.*

Eine Menge Umstände, die er von sich anführt, seine Anstellung als Page bei der Königin Marie Antoinette von Frankreich und nachher als Oberst der Kavallerie, seine Teilnahme an den bekannten Actes des Apôtres, seine übrigen Schriften, zu denen er sich im Laufe des Buches bekennt, seine Familienzwiste usw., lassen so wenig Ungewissheit über seinen in den Memoiren nicht ausgeschriebenen Namen, dass es ebenso zwecklos als lächerlich sein würde, diesen länger zu verschweigen. Wir machen, wie billig, den Anfang mit den

Familiennachrichten

Peter Alexander, Graf von Tilly, der älteste Sohn Jakobs, Marquis von Tilly, und der einzige von dessen erster Gemahlin aus dem Hause Chasille, stamme aus einer alten normannischen Familie, die von dem Schlosse *Tilly* im Amtsbezirk von Caen den Namen hat. Sein erster, mit diplomatischer Gewissheit bekannter Ahnherr war Umfroy, Sire de Tilly, welcher *Wilhelm den Eroberer* nach England begleitete und 1068 Schlosshauptmann (Châtelain) von Hastings wurde. *Oldericus Vitalis*, Mönch in Saint-Evroul, im elften und zwölften Jahrhundert, nennt in seiner Historia ecclesiastica den Ritter Umfroy: natus de stemmate Danorum. Das Wappen der Familie, eine rote Lilie im goldenen Felde, mit der Umschrift »Sic tinctum sanguine nostro« bezeichnet die den französischen Königen geleisteten Dienste und ist einem der ältesten Ritter dieses Hauses von seinem Könige erteilt worden, als jener einen Ritter Vaspan im Zweikampf erschlagen hatte.

Wir finden im zweiten Bande der Memoiren, dass *dem* Zweige der Familie der Grafen von Tilly, aus welchem unser Graf entspross, die Ebenbürtigkeit, ja selbst die Verwandtschaft eine Zeit lang streitig gemacht worden ist, und dass dieser Streit Veranlassung zu einem Zweikampfe zwischen dem Grafen und einem Familiengliede gegeben hat. Was indes der Genealoge Cherin sowohl als der Gerichtshof der Marschälle von Frankreich unentschieden gelassen haben, dürfte doch, einer

---

[527] Der Name Peter ist überall, bei Unterschriften, auf Pässen, selbst im Malteser-Ordensritter-Diplom, weggelassen.

achtungswerten Quelle (dem Nobiliaire universel de France, par M. de Saint-Allais, T. 8. Paris 1816) zufolge, keinem Zweifel unterliegen können. In diesem Werke findet man die ununterbrochene Genealogie des Hauses Tilly und sieht, wie dieses mehrere zum Teil noch lebende Zweige getrieben hat, aus deren jüngeren einem man den Grafen Alexander hervorgehen sieht. Schon *Robert von Tilly*, welcher Marquis (Markgraf) genannt wird und nach einem Schloss, welches er 1138 in England erbaute, auch Graf *von Rodebert* (Robert) hieß, hatte zwei Söhne, welche die Stammväter zweier Linien wurden. Die männlichen Nachkommen des *ältesten* Sohnes Johann (welche die Baronin und Güter Beauffou, Beuvron, de la Motte-Cesny, Grimboise, Tury, Tilly, Auvilliers, Ouye, Fontaine-le-Henri, Couvains, Putot, Saint-Martin-de-Sallon, Barneville, Plannes, Seuvray, Juvigny usw. in ihren Besitz vereinigt hatten und welche unter ihren Familiengliedern auch Luce de Beauffou, eine Abkömmlingin der jüngeren Linie der Herzöge von der Normandie – Könige von England – zählten) erloschen nach 1360 und deren sämtliche, soeben genannte Güter gingen mit Johanna von Tilly an das Haus Harcourt, von welchem die nachmaligen Herzöge von Harcourt abstammen, über. Der *jüngere* Sohn Roberts, Alain de Tilly, Seigneur de Barou, bildete eine Linie, von welcher nach 1200 Nicolas, Marquis de Tilly abstammte, der durch seine zwei Söhne die Linien *Blaru* und *d'Escarbouville* gründete. Von jener stammte ohne Zweifel der Graf Charles de Tilly-Blaru, mit welchem der Verfasser dieser Memoiren das oben erwähnte Duell hatte; von der andern aber ganz bestimmt – und zwar von dem Zweige der Seigneurs de Prémarais – unser Graf Alexander. Das Duell, welches um der behaupteten und geleugneten Verwandtschaft willen stattfand, beweist, dass der Stammbaum beider damals nicht in Ordnung war, sonst würden die Kämpfer gewusst haben, dass sie allerdings so nahe verwandt waren wie man es durch einen gemeinschaftlichen Ahnherrn, der vor 500 Jahren verstorben ist, sein kann, und dass beide wenigstens mit gleichem Rechte *Tillys* waren. Dass der Graf Charles trotz des Duells und der folgenden herzlichen Aussöhnung indes keine feste Überzeugung gewonnen hatte, geht aus seinen Briefen hervor, worin er den Grafen Alexander immer Monsieur le Comte, seinen Freund, seinen Mitbruder als Malteserritter, aber nur ein einziges Mal seinen Verwandten[528] nennt.

---

[528] Er schreibt aus Weimar an ihn (10. April 1801): Il m'est doux de trouver à la fois un

Übrigens ist die Korrespondenz des Grafen die sicherste Quelle, aus der wir zur Aufstellung der uns fehlenden Nachrichten schöpfen; denn was manche Sagen über ihn sowohl in Berlin als außerhalb betrifft, so sind sie nicht zuverlässiger als – Sagen und Legenden überhaupt. Selbst wenn sie vollständiger wären, als sie es wirklich sind, würden wir Bedenken tragen, sie aufzunehmen. Was er selbst nicht von sich gesagt hat, was aus eigenen Aufsätzen oder aus an ihn gerichteten Briefen nicht authentisch hervorgeht, bleibe unberührt und unerwähnt. Nur das, was wir auf *diesem* Wege finden, wollen wir *glauben* und berichten. Ehe wir, so weit dieses Wissen reicht, den zweiten Teil seines Lebens ausfüllen, vollenden wir seinen Stammbaum und seine Familiennachrichten.

Mit dem Grafen Alexander ist der Zweig des Hauses Tilly, welcher den Beinamen Prémarais führte, ausgestorben, denn auch sein jüngerer Bruder aus der zweiten Ehe des Vaters mit einem Fräulein Ameslon de Saint-Cher, welcher sechs Jahre unter den Royalisten der Vendée gedient hat und noch vor einigen Jahren lebte, hat keine männlichen Erben hinterlassen, da er nur einen früh verstorbenen Sohn gehabt hat. Ein Oheim der beiden Brüder, René-Louis, stiftete die noch blühende Linie de la Maulnière, war einer der Verteidiger des Königs am 10. August 1792, ward verwundet und starb im Gefängnis, ehe man Zeit gehabt, ihn hinzurichten. Der älteste Sohn dieses Oheims ward 1799 in der Vendée in Stücke gehauen, der jüngere hat 1792 bis 1794 unter dem Prinzen von Condée, 1796 bis 1799 unter dem Grafen Frotté in der Vendée gedient und, treu seiner Devise »nostro sanguine tinctum«, eine Kompanie der wenigen treu gebliebenen Scharen angeführt. Sein Ende ist unbekannt.

Zur Vervollständigung der weiblichen Genealogie des Grafen gehört noch, außer der mütterlichen Familie von Chasille, der Name seiner Großmutter väterlicherseits, eines Fräuleins von Guéroult de Boiscléreault, der Tochter eines Herrn Guéroult von Saint-Loup. Wir finden in der Korrespondenz ein Schreiben seines *Vetters*, Guillaume-Guéroult (de Boiscléreau), aus Philadelphia (vom 17. März 1801).

Aufenthalt in England

Dass der Graf bei seiner dritten Reise nach England am 26. August 1792 in Stockport gelandet und von da über Dover nach London geeilt ist,

ami, un parent, dans un confrère.

haben wir von ihm selbst vernommen. Aus seiner Korrespondenz lässt sich nachweisen, dass er sich von 1792 bis Ende 1796 in England aufgehalten, 1797 sich nach den Vereinigten Nordamerikanischen Staaten begeben hat, 1799 nach England zurückgekehrt ist, es aber noch in demselben Jahre wieder verlassen hat, um in Deutschland zu leben.

Von seinem Aufenthalte in England lassen sich nur Bruchstücke angeben. Er hielt sich vorzüglich zu den vornehmen, französischen Flüchtlingen, dem Prinzen Léon (de Poix), dem Vicomte de Noailles, den Herren von Bouillé, Vater und Sohn, dem Baron von Breteuil, dem Grafen von Tressan, dem Marquis von Champignolles, den Familien von Vaudreuil, Matignon und anderen. Aus einzelnen Briefen geht hervor, dass er allgemein geachtet und geliebt wurde. Wovon er lebte, da er selbst, uns seine Umstände bei seiner Abfahrt von Paris und Boulogne nichts weniger als glänzend schildert, ist ein Geheimnis. Es scheint, der Vicomte de Noailles und er seien in Geldgeschäften miteinander verbunden gewesen. Es scheint auch, er habe im Spiel und bei Damen, Glück gemacht. Wie schwierig damals die Lage der Emigranten in England überhaupt war, mag folgender Brief beschreiben. Er ist aus Edinburgh, vom 20. November 1796 und ohne Namensunterschrift, doch von einem bekannten Freunde des Grafen (dem Grafen von Vaudreuil), wie aus der Handschrift zu erkennen ist. Nach dem gewöhnlichen Eingange heißt es: »Ich fange bei mir selbst an und beschreibe Ihnen meine Lage. Sie wissen, dass seit langer Zeit Monsieur[529] wünschte, wir möchten zu ihm nach Edinburgh kommen. Ich hatte es immer, wegen der Länge und Schwierigkeit der Überfahrt, abzulehnen, wenigstens aufzuschieben, gesucht, aber Monsieur schickte uns eine Brigg, und wir mussten uns, Frau von Vaudreuil und ich, zur Einschiffung entschließen. Nach sechstägiger, beschwerlicher Reise und Seekrankheit sind wir endlich äußerst ermüdet angelangt. Unsere Wohnung allein kostet uns vier Pfund monatlich. Man lebt hier zwar wohlfeiler als in London, aber noch teuer genug für Leute, die, alles in allem, nur zehn Pfund monatlich zu verzehren haben. Monsieur schickt uns täglich vom Schlosse zwei Schüsseln, um unsere magere Kost zu verbessern. Das ist aber auch alles, was er für uns tut und tun kann; er selbst ist nichts weniger als im Vollen,[530] da alle seine Einnahmen ausbleiben. Ich gestehe (doch dies unter uns),

---

[529] Der Graf von Artois.

[530] Bien mal à son aise.

dass ich auf etwas mehr gerechnet hatte; aber ich muss wohl darauf verzichten, da der Prinz nicht imstande ist, seinen eigenen Hofstaat zu bezahlen.[531] Es bleibt also bei den zehn Pfunden und ich weiß wahrhaftig nicht, wie ich auskommen soll; der Kopf geht mir um. Wie gern käme ich nach London, aber ein Platz in der Postkutsche kostet zehn Guineen. Wie traurig! Wir leben auf derselben Insel, mein guter Tilly, und können uns nicht umarmen; ich hätte Ihnen so viel zu sagen und zu vertrauen ... Ich habe einen Brief von Alphonse[532] erhalten, er verlangt Geld. Ich beschreibe ihm meine traurige Lage und lege meine Antwort hier ein, um das Porto zu ersparen usw.«

Es scheint nicht, als habe der Graf mit großen englischen Häusern in Verbindung gestanden. Dagegen verdienen zwei weibliche Bekanntschaften jede ihren besonderen Abschnitt.

Der Graf hatte bei dem Markgrafen von Anspach, der seit 1791 mit seiner Gemahlin in London lebte, Eingang gefunden. Die erste Bekanntschaft ging bald in ein engeres Verhältnis über, so, dass man sich an ihn wendete, wenn man bei dem Markgrafen eingeführt zu sein wünschte.[533] Noch mehr. Es finden sich in der Korrespondenz mehrere Briefe von der Hand der Markgräfin, voller Freundschaft, Zärtlichkeit, inniger Vertraulichkeit. Sie ganz abzuschreiben erlauben Inhalt und Raum nicht. Einige Hauptstellen werden genügen, den Grad des Verhältnisses anzudeuten. (Die Briefe fallen in das Jahr 1793.)

1. Mich kannst du boshaft nennen? Ich eine Boshafte?[534] Ich gegen dich? Ich, die es nicht einmal gegen *die* sein kann, die ich hasse? Du scherzest, liebster Freund! Weit entfernt, deinen Plänen mit D...[535] etwas in den Weg zu legen, habe ich dich nur warnen wollen, auf deiner Hut zu sein. – Was den Markgrafen betrifft, so ist er auf deine Nation wütend, vor allem aber auf D. M.... Er beantwortet alle Briefe mit schweigender Verachtung. Lord Thurlow speist Sonntag bei uns. Ich hoffe, sein Ansehen zu meinem besten, zum Ankauf eines Landgutes als Witwensitz, zu benutzen. Noch nie war ich dem Markgrafen so unentbehrlich. Seine furchtsame Seele flüchtet sich in den Schoß der meinigen ... Diesen

---

[531] Payer sa maison.

[532] Seinem Sohne.

[533] Ein Graf von Saint Farre lässt eine schriftliche Bitte dieser Art an ihn ergehen.

[534] Moi, méchante?

[535] Der Graf war auf D... eifersüchtig.

Morgen lief ein Schreiben an ihn ein, ihn zum Abschlusse des Ankaufes von Colney-Chapel einzuladen. Ich ließ anspannen, machte Toilette und begleitete ihn. Ich weiß ihm zu schmeicheln, ihn aufzurichten. Das Volk in London grüßt mich und sagt: »There she is«[536], und das macht ihn seelenfroh. ... Als ich ihn heute früh wecken wollte, fand ich ihn wach und nachdenkend. Er sprach von nichts als von D. M. und dessen schändlichem Betragen gegen mich. »Was?«, rief er, »mir *meine Frau* rauben wollen! Mich mit *meiner Frau* zusammenhetzen!« Dann sagte er: »Wenn du mich verließest, wer würde mich trösten?« Und dann: »Die damned bitch[537] mit ihrem Liebäugeln; ich hab' es ihr wohl angemerkt, als du in Bristol warst; aber ich bin nie wieder hingegangen; sie ist ein damned bitch.« – Dies alles ist allerliebst; es wird alles gut gehen, ich verspreche dir's. Ich bin *gut*; er ist *aufrichtig* und zärtlich. Aber auch du sollst *gut* und mit mir glücklich sein. – Gott ist mein Zeuge, dass, wenn ich dem Vergnügen entsage, dich einige Wochen hier zu sehen, ich dem Liebsten auf der Welt entsage; aber es *muss* sein; die Umstände gebieten es. – Deine Abreise wird allen Rechten, die ich auf den Markgrafen habe, den Ausschlag und dir das Ansehen geben, der Einzige zu sein, der ihn nicht betrogen hat. – Ich umarme dich. Bringe in deiner Antwort irgendwo in einem Winkel ein kleines Kreuz an, küsse es, und wenn ich das Schreiben erhalte, will ich es aufsuchen und ebenfalls küssen. Adieu, mein liebster, mein einziger Freund! Liebe mich, schone dich an Leib und Seele; beweise mir dadurch, dass du mich glücklich machen willst. Küsse diese Stelle. (Hier hat die Schreiberin einen Kreis, wie ein Taler groß, auf das Papier gemalt.)

2. In einem anderen Schreiben sagt sie: Ich habe diesen Morgen einen neuen Tränenstrom vergossen. Was für Gräuel und Abscheulichkeiten verübt man gegen die unglückliche Königin? – Herr *Reed* ist von Portsmouth angekommen. Er hat da die Ritter gesehen, die sich einschiffen sollen und vor Ungeduld sterben wollen. – Herr Reed, der bei uns frühstückte, hat mir Empfehlungen von den Herren *von Gand, von Duras* und *von Poix* gebracht. Du siehst, dass ich dir alles melde, auch wenn ich mit jemanden nur zwei bis drei Worte wechsele. – Mit dem Markgrafen habe ich eine lange Unterredung über meine Angelegenheiten gehabt. Er hat sich dergestalt ereifert, vergessen und das Unrecht auf seine Seite ge-

---

[536] Da ist sie!

[537] Die verfluchte Metze.

bracht, dass ich – alles aus ihm machen werde, was ich werde wollen. Ich kann dir für jetzt nichts mehr sagen, als dass er ganz allerliebst ist. Er geht Sonntag nach Colney-Chapel und bleibt bis Mittwoch. Ich bin dann ganz frei. Willst du in der Zwischenzeit noch einmal zu mir kommen, ohne dass es jemand erfahre, so wähle von den beiden Wegen, die ich dir vorschlagen lasse, welchen du willst. Lord Turlow wird dir den gestrigen Auftritt mit dem Markgrafen erzählen. Ich drücke dich an mein betrübtes Herz.

3. Ein drittes Schreiben hebt an: Meine Tränen ersticken mich. Ich halte es nicht für geraten, dich zu sehen. Du weißt nicht, *wie* ich liebe, wenn ich liebe. Du kannst dir nur einen schwachen Begriff davon machen. Glaube nur nicht, dass ich den Markgrafen gegen dich einnehmen werde. Ich führe nur eine Sprache und habe nie Umwege bei ihm nötig gehabt. Auch gebe ich mir nicht einmal die Mühe, ihn zu betrügen – eine sehr überflüssige Mühe; denn sobald du fort bist, mache ich aus ihm, was ich will. Was ich nicht sagen will, verschweige ich. Nur vermeide ich so viel als möglich, mit ihm von dir zu reden; denn ich fürchte, mich zu verraten. Mein Herz wird zu einem fünfzehnjährigen; es schlägt, es pocht, wenn man nur deinen Namen ausspricht. Ich erröte dann und bin der Ohnmacht nahe. – Ich suche ein Haus in London nur für mich allein und für so viel Aufwartung, als mein Sohn bedarf. Ich werde es so einrichten, dass du unbemerkt bei Tage und bei Nacht zu mir kommen kannst. – Lerne aber, mein guter Freund, dich vor dir selbst in acht zu nehmen, mehr noch als vor Feinden und Gottlosen. (Sie warnt ihn vor D...) Du weißt ja, dass es oft nur eines zufälligen Umstandes, einer Kleinigkeit bedarf, um die, welche dein einziges Glück ausmacht, in die Klasse der Beschimpften[538] zu bringen. Habe nur *mich* zur Freundin; deine Feinde benutze, wenn sie sich freundschaftlich stellen. – *Nachschrift.* Der Markgraf kräht wie ein Gockelhahn; er hat das große Wort und zieht gegen die Franzosen los. Soeben sagt er mir: »Was die Ungeheuer jetzt in Paris verüben, sei das Seitenstück und der zweite Teil dessen, was er bei seinen Truppen gesehen habe, worunter sich zweihundert Franzosen befanden. Nichts als Komplotte, Rebellion, Mord und Totschlag, Umbringen der Korporale usw.« Ich lasse ihn reden.

4. Wir schließen noch etwas aus einem *vierten* Schreiben an: Eine neue Qual, eine neue Todesmarter für mich ist, in deiner Nähe, in der Nähe

---

538 Des infames.

des Mannes zu sein, ihn nicht sehen zu können. Mir ist heute etwas besser, aber ich bin noch weit von der Besserung entfernt. Ich verspreche dir, für meine Gesundheit Sorge zu tragen. Warum verschweigst du mir aber deinen Zustand? Schicke mir deinen Heinrich, damit ich ihn fragen könne. Ich möchte ihn sehen, wäre es auch nur, weil er dich gesehen hat. Erhalte mir alle Kräfte deiner Seele, damit du mich lieben könntest, wie ich geliebt zu sein verdiene. Und sollte je dein Herz sich verändern, so sei *Ritter* genug, es mir nicht zu verheimlichen. Ich rechne darauf, aber noch mehr auf meine und deine Zärtlichkeit. Beide versprechen mir, dass du dich nie ändern wirst. Ich umarme dich mit der innigsten Zärtlichkeit. Ich bin in diesem Augenblick hoch betrübt. Lebe wohl! –

In einem englischen Briefe bekämpft sie die Eifersucht des Grafen gegen den oft vorkommenden D..., der ihr Freund, nie ihr Geliebter, gewesen sei.

Weiter erstreckt sich diese bedeutende und bedeutsame Korrespondenz nicht, welche, in einem besonderen Einschlusse enthalten, Marg.-of-Ans. überschrieben ist.

Eine zweite Bekanntschaft des Grafen ist Frau *von Lartigues*. Er machte sie, wie es scheint, durch den Prinzen Léon de Poix. Charlotte Marie Bobin, vermählt mit dem Doktor Arnauld André Roberjot-Lartigues in Port-au-Prince auf San Domingo, lebte, entfernt von ihrem Gatten, mit ihrer Tochter in London. Aus der Korrespondenz geht hervor, dass sie sich oft in Geldverlegenheit befand und alsdann ihre Zuflucht zum Prinzen und zum Grafen nahm. Den Vorwurf, dass sie sich ihre Lage durch Leichtsinn und Mangel an Wirtschaftlichkeit zugezogen, macht ihr freilich außer ihrem Gatten auch ein Freund desselben, ein Herr Beauvernet in Boston-Ross. Dem sei, wie ihm wolle, die Herren von Poix und von Tilly halfen ihr zu verschiedenen Malen in den Jahren 1794 und 1796 aus dringender Not. Unter andern belief sich die Rechnung der Vorschüsse des Grafen allein auf 1668 Pfund, wobei 18 Pf. 19 Sch. Kosten – um deren Rückzahlung er schon 1795 durch Herrn Beauvernet, den Prinzen von Poix und den Baron von Breteuil bei dem Gatten anhalten ließ, der in seiner Antwort (Port-au-Prince, 1. November 1795) sich auf den jugendlichen Leichtsinn und die unüberlegte Lebensart seiner Frau beruft, die unglücklichen Umstände auf San-Domingo anführt, sich auf die seiner Meinung nach hinreichende für seine Frau und Tochter ausgeworfene Pension bezieht, in deren Folge er die von ihr gemachten Schulden weder begreifen noch billigen kann. Sein Schreiben soll (so heißt es am

Schlusse) dem Grafen durch einen Freund in London, Herrn Dumont, zugestellt werden, welcher zugleich den Auftrag habe, über diese Angelegenheit weiter zu sprechen und zu unterhandeln. Ein Jahr später (1796) legte der Graf Herrn von Lartigues eine von dessen Gattin bescheinigte und unterzeichnete Liquidation der Summen vor, welche er sowohl derselben, als sie in Bath verarmt war und Schulden halber festgenommen werden sollte, als für das Kostgeld ihrer Tochter vorgeschossen hatte. Der Aufsatz trägt das Datum: London, den 27. Juli 1796. Es scheint aber nicht, dass Herr von Lartigues die Schuld anerkannt habe, obschon die Rubriken beweisen, dass der Graf, um den Belang herbeischaffen zu können, Juwelen, Ringe, Pferde, Bücher und Pistolen versetzt und verkauft habe. – Noch weniger hat jener die Schuld berichtigt; denn es findet sich ein Mahnschreiben des Grafen an Frau von Lartigues vor, worin er ihr mit einiger Bitterkeit die ihr geleisteten Dienste vorhält und sie an ihre schriftlichen[539] Verbindlichkeiten erinnert. Der Brief ist von Berlin (3. Dezember 1801) nach Bordeaux gerichtet, wo sich die Dame damals aufhielt.

Ihre Antwort vom 20. März 1802 enthält teils Äußerungen der Dankbarkeit, teils eine Schilderung ihrer Unglücksfälle, seitdem sie nach San-Domingo zurückgekehrt war (ihren Gatten erwähnt sie mit keiner Silbe), teils Aufschlüsse über ihre gegenwärtige Lage.

Hier einiges aus ihrem Schreiben. »Ich bin nicht, wie Sie es sagen, der tödlichen Beschaffenheit des Klimas (auf San-Domingo), sondern der blutdürstigen Wut der Neger entgangen. Diese haben mich zwei Monate in ihrer Mitte gehalten. Ich war mit meiner Familie und 28 Weißen alle

---

[539] Je jure, affirme et proteste, que le compte cy dessus de 1649 livres Sterling, argent d'Angleterre, est de toute exactitude, justice et vérité, ainsi que la reconnaissance éternelle, que moi et ma fille devons à Mr. Alexandre de Tilly, qui m'a empêchée de mourir de faim et de maladie et de misère à plusieurs époques {devant tant de témoins les plus respectables, qui le certifient). Dans les intervalles, où je ne recevais point de pension (et où j'étais perdue de dettes) et surtout ces derniers quatorze mois, ou ayant beaucoup de dettes, je ne recevais aucune pension, abandonnée de toute ma famille, et obligée enfin de recourir depuis quatre mois aux secours que le gouvernement anglais accordé aux indignes, et cela, lorsque toutes mes propriétés sont en plein rapport. Je reconnais, dis-je, que 'la susdite somme de 1649 livres sterling, argent d'Angleterre, portée cy-dessus, Lui est dûe de la plus légitime mánière, et que Lui, Alexandre de Tilly, est autorisé devant le ciel et les hommes, à prendre tous les moyens possibles sur tout ce que je possède et posséderai, sur tout ce que possède et possédera mon mari, pour se rembourser d'une dette aussi sacrée. Londres, 27. Juillet 1796. Charlotte Marie Bobin Roberjot de Lartigues.

Augenblicke der Gefahr ausgesetzt, ermordet zu werden. Die ganze Zeit habe ich die Wäsche nicht wechseln können und keine Nahrung bekommen, als die mir von den Menschlichsten dieser Unmenschen gereicht ward und die ich fast ganz an meine Kinder und meinen Vater verteilte, deren Leben mir teurer war als das meinige. Nach zwei Monaten ließen uns die Ungeheuer frei; nun mussten wir ohne Nahrung, ohne Schuhe und Strümpfe, sogar der letzten Hemden beraubt, neun Meilen durch unwegsame Wälder irren, bis wir glücklich in Port-au-Prince anlangten. Hier habe ich drei Monate lang nur von den Wohltaten der Prinzessin von Borghese gelebt. Als aber die französischen Truppen die Insel räumen mussten, begab ich mich nach New York, wo ich acht Monate kümmerlich vom Schneidern mich erhielt, bis der Himmel es fügte, dass meine Tochter den besten Gatten, ich den edelsten Schwiegersohn fand, der für mich und meinen Alexander[540] gesorgt hat. Seitdem ich nach Bordeaux zurückgekehrt bin, lebe ich sechs Monate bei ihm, dessen Einkünfte beschränkt sind, und sechs Monate bei den Verwandten meines Gatten. – Sie können hieraus entnehmen, ob ich meine Verbindlichkeit anders als durch Gefühle und Worte erfüllen kann usw.« –

Aufenthalt in den nordamerikanischen Freistaaten

Wir finden plötzlich den Grafen (zu Ende 1797) in die neue Welt versetzt und in den nordamerikanischen Freistaaten wieder.[541] Aber noch weit überraschender als die Reise selbst und die Niederlassung ist seine, durch kein Wort von ihm vorbereitete und von seiner bisherigen Denk- und Handlungsweise noch weiter als die neue Welt von der alten entfernte *Vermählung* am 11. April 1799. Mehr mit seinem Charakter übereinstimmend ist die unter gewissen Bedingungen getrennte Ehe (im Juni), die Abreise des Grafen nach England (im Juli), seine Ankunft in

---

[540] Bei diesem Namen können wir einen geheimen Gedanken nicht unterdrücken.

[541] Die einzige Spur des Datums seines Erscheinens in jener Hemisphäre ist ein Schreiben des Vicomte von Noailles, aus Philadelphia, vom 2. November 1797, an den Grafen in New York. »Frau von Lartigues«, heißt es darin, »hat mir Ihren Plan mitgeteilt, zu uns zu kommen. Ich habe ihn für eine Fabel gehalten, denn hierzulande ist nichts Romanhaftes. Aber Ihr Schreiben aus New York vom 28. Oktober beweist mir, dass Sie Ihre Idee verwirklicht haben ... Es wird mich freuen, Sie wiederzusehen, aber ich muss Ihnen frei gestehen, dass der Augenblick hier nichts weniger als günstig ist, etwas zu unternehmen (d'entreprendre des affaires).«

London (im August) und seine bald nachher erfolgte Abreise nach dem Kontinente (noch in demselben Monate).

Diese summarisch-chronologische Angabe wird uns als Leitfaden dienen, um, soviel es uns die Korrespondenz möglich macht, die besonderen Umstände und Ereignisse dieses Hauptpunktes im Leben des Grafen aneinanderzureihen.

Seine erste Bekanntschaft mit einem reichen und respektablen Hause in Philadelphia, mit der Familie des Herrn William Bingham Esqu., war durch den (in Amerika nur General genannten) Vicomte von Noailles, ohne alle nähere Absicht, vermittelt worden. Sie hatte bald die wichtigsten und unerfreulichsten Folgen. Wie es scheint, war der Graf nach Amerika gereist, um dort auf dem Wege einer oder der andern Spekulation (siehe das Schreiben des Vicomte von Noailles) sein Glück zu machen. Das Wörtchen *merkantilisch* wurde mit einem andern »*matrimonialisch*« vertauscht; es handelte sich nicht um Waren, sondern um Herzen. Der Graf hatte in sehr kurzer Zeit bei Mutter und Tochter Bingham Eingang und Zuneigung gefunden. Dass ihm die Mutter gewogen war, geht aus mehreren Briefen hervor, worin sie erwähnt wird. Von der noch sehr jungen Tochter ist dies umso weniger zweifelhaft, da sie selbst mehrere Briefchen an ihn geschrieben hat. Diese, gegen die jungfräuliche, englische Sitte überhaupt verstoßende, vom Grafen sorgfältig aufbewahrte, an sich zwar ganz unbedeutende, aber in den Augen und im Herzen der Schreiberin nichts weniger als unwichtige Korrespondenz »auf Seidenpapier, umrändert mit goldenen Kanten« und mit Bewilligung der Eltern geführt, leitete und verleitete allmählich zu dem Schritte, den sie sich einige Monate später erlaubte, den sie später schmerzlich bereute, der ihrer Mutter (1801) und vielleicht auch ihrem Vater (1804) das Leben gekostet und sie selbst lange unglücklich gemacht hat – zu einer Entweichung aus dem Elternhause und zu einer heimlichen Verbindung mit dem Grafen am 11. April 1799.

Mögen ihre kleinen Zettel als Belege zur Geschichte des weiblichen Herzens, im Original hier stehen.

1) Monsieur et Madame Bingham prient Monsieur le Comte Alexandre de Tilly, de vouloir bien leur faire l'honneur, de diner chez eux *en famille* Dimanche prochain.[542]

---

[542] Warum schrieb nicht der Vater selbst? Hatte er doch eine Einladung des Grafen zum Tee eigenhändig beantwortet und angenommen.

(Ohne Namens-Unterschrift, aber von ihrer Hand, das *en famille* war unterstrichen.)

2) Miss Bingham presents her compliments to Count Tilly. She takes the liberty of sending him some chocolate, having remarked yesterday, that he approved of it –

3) Miss Maria Mathilda Bingham takes the liberty of offering Count Tilly some fruit just taken from the tree.[543] She hopes it may prove acceptable to Count Tilly in his indisposition.

Weit wichtiger als jene kleinen Vorboten der Liebe ist nachstehendes, auf dieses Gefühl von der Hand der Kirche aufgedruckte Siegel:

Ich bescheinige hiermit, dass am elften Tage des Monates April im Jahre unseres Herrn 1799 Jakob Alexander Graf von Tilly, mit Maria Mathilde Bingham getraut worden ist

> von mir, *Thomas Jones*, Prediger der
> allgemeinen Kirche in Philadelphia in Pennsylvanien.[544]

Die Ehe war so gültig, wie nur irgendeine in ganz Nordamerika sein konnte – bis auf den vom Grafen unrichtig angegebenen Taufnamen *Jakob*. Man denke sich aber die Bestürzung, den Schmerz, den Unwillen der Eltern, als sie ihnen bekannt wurde. Man denke sich die Monate April, Mai, Juni in einem Hause, dem bisherigen Sitze der Einigkeit, der Ruhe, des Glücks! – Mit der Familie Bingham verbanden sich die verbrüderten Familien Willing und Francis, nebst Herrn Alexander Baring, auf einer Seite und auf der andern der General von Noailles, Herr Wilhelm Gueroult von Boisclereau, Herr Peter Aupois, um die Sachen dahin einzuleiten, dass alle Verbindung zwischen dem Ehepaar aufhöre und auf jede vom Grafen gemachte Bedingung eingegangen würde, sobald er die Erklärung abgäbe, seine Gemahlin (die Gräfin von Tilly) aller ihrer Verbindlichkeiten gegen ihn zu entbinden und sich selbst aus Philadelphia und Nordamerika zu entfernen. Nach vielen Rücksprachen wurde der Zwist gütlich beigelegt und zwischen dem Grafen und Herrn Alexander Baring die Bedingungen aufgesetzt, bewilligt, unterzeichnet und erfüllt. Der Graf verlangte 1. eine bare Summe von 5000 Pfund zur Be-

---

[543] Wahrscheinlich Winterfrüchte aus Treibhäusern.

[544] This is to certify, that on the 11. day of Apr. in the year of our Lord, one thousand seven hundred and ninety nine, James (Den Namen Jakob hat der Graf von Tilly sonst nirgends geführt.) Alexander Count de Tilly was married to Maria Matilde Bingham. By me, Thomas Jonas, Minister of the Universal-Church in Philadelphia, Pennsylvania.

zahlung seiner Schulden; 2. eine Leibrente von 500 Pfund jährlich, mit der Freiheit, sie überall beziehen und verzehren zu können; 3. eine Bürgschaft, dass man ihn, in Hinsicht seiner Ehe, auf keine Weise beunruhigen werde; 4. eine schriftliche Ehrenerklärung vom Herrn Alexander Baring.[545] – Dagegen versprach der Graf, bei dem Verlust seiner Leibrente sowohl als seiner übrigen Geldforderungen, die Familie Bingham niemals und auf keine Weise zu beunruhigen, die Briefe der Gräfin von Tilly an ihn ihrer Mutter zurückzustellen und, im Falle eine Ehescheidung zu ihrem Glücke beitragen könne, derselben nichts in den Weg legen und nie einen Schilling Abstandsgeld oder Reukauf verlangen zu wollen. »Sobald (schließt er) die Bedingungen angenommen und berichtigt sind, verspreche ich, ein Land zu verlassen, worin ich nur gar zu unglücklich gewesen bin.«[546]

---

[545] Herr von Noailles hat sie in Herrn Barings Namen aufgesetzt und sich dafür verbürgt.

[546] Wir geben den wichtigen, vielleicht in seiner Art einzigen Kontrakt im Originale. Je demande les choses suivantes.

I.

1. Cinq mille livres Sterlings argent comptant pour solder mes dettes. 2. Un traitement annuel, payable où je voudrai, de cinq cents livres Sterlings – dans tous les pays – exceptant les Etats-Unis. 3. Une sécurité que l'on ne m'inquiétera d'aucune manière quelconque par des poursuites pour tous les faits possibles relatifs à mon mariage. 4. Je demande que M. Baring m'écrive ou me fasse dire par le Général de Noailles qu'il m'a poussé dans un moment de tumulte – à raison de l'état où était Mad. sa femme – et jamais sur mon honneur dans ce pays ou ailleurs je ne troublerai la paix de sa famille ou la sienne de la manière la plus distante. Ces quatre articles étant accordés et ratifiés sous la responsabilité du Gén. de Noailles et de M. Th. Willing, je m'engage à quitter immédiatement Philadelphie et l'Amérique de suite.

II.

Je donnerai de ma part toute espèce de sécurité qu'il plaira de m'imposer, comme par exemple la perte de mon traitement annuel et un bon de jugement pour la somme qui m'aura été allouée pour le paiement de mes dettes, que jamais je ne donnerai aucune inquiétude quelconque à la famille de M. Bingham et à la famille de Mess. Willing et Francis. Je renverrai les lettres de la comtesse de Tilly à sa mère, et si on croit à quelque époque que ce soit, qu'un divorce puisse contribuer à son bonheur, je m'y soumettrai à la première réquisition sans demander pour cela un scheling d'indemnité. Je désire avoir la signature de M. Bingham Herr Bingham stellte die verlangte Erklärung aus: Mr. Bingham has received the paper containing certain conditions offered on the part of Monsieur de Tilly – which under certain to. The necessary Paper, to carry the same into operation, shall be prepared immediately, so that Monsieur de Tilly may leave town to morrow morning. Monday morning. Wm. Bingham. sur ces articles avant deux heures après-midi, et que demain matin avant dix heures le reste absolu de ces conditions soit rempli, de manière qu'à l'instant je quitte un pays où j'ai été trop mal-

Die Bedingungen wurden am folgenden Tage angenommen. Der Graf bekam 5000 Pfund in zwei Hälften bar und einen bindenden Kontrakt auf eine Leib- und Lebensrente von 500 Pfund. Er übergab beides in die Hände seines Beauftragten, Herrn Peter Aupois in New York, am 2. und 9. Juli und verließ gleich darauf Nordamerika auf immer.

Seine Vermählung hatte sowohl in der neuen als in der alten Welt Aufsehen gemacht. Schon am 29. April bekam der Graf aus Frederiksburg in Virginien von Herrn Dawson, und später im Jahre, als er schon in London war, von seinem Freunde, dem Herzoge H. von Fleury in Mitau, eine Anfrage darüber. Noch von New York aus hatte er dem Vicomte von Noailles vorgeschlagen, einen seiner Söhne oder seinen Neffen mit der Gräfin von Tilly zu verbinden, worauf dieser (am 28. Juni) edel, stolz, kalt und kurz antwortet: »Ich hege die zärtlichste Zuneigung für Maria, die innigste Verehrung für Mistress Bingham (ihre Mutter), aber unter keinem Vorwande würde ich je zugeben, dass eines meiner Kinder der Schwiegersohn des Herrn Bingham würde; um keinen Preis in der Welt würde ich ihn in die Notwendigkeit versetzen, von der Gnade seines Schwiegervaters zu leben. Mein Neffe, Justus von Noailles (wie man sagt), mit Fräulein von Durfort vermählt, ist mir ganz fremd. Sie können von dieser bestimmten Antwort den Gebrauch machen, den Sie für gut halten werden.«

Aus einem Schreiben des Herrn Barnett an den Grafen geht deutlich hervor, dass Herr Alexander Baring, Sohn des Sir Francis Baring – derselbe, der mit dem Grafen Streit hatte –, die junge Marie später (1806) geehelicht hat.[547]

Noch im Laufe des Jahres 1799 empfing der Graf vom General von Noailles aus Philadelphia, vom 16. November, einen Brief, aus welchem wir das die Familie Bingham Betreffende ausheben und nur mit Mühe den mit so vieler Würde, (Größe und Biederkeit geschriebenen politi-

---

heureux. Pour copie – Signé: Philadelphie le 10. Juin 1799. Alex. de Tilly. Louis de Noailles. modifications, not substantially affecting the terms, he will agree.

[547] Das Konversationslexikon bestätigt es, sagt aber zugleich, dass zwei Brüder Baring sich mit zwei Schwestern Bingham vermählt haben, deren jede einen Brautschatz von 100.000 Pfund zugebracht. Es ist in der ganzen Korrespondenz von keiner Schwester Marias die Rede. Die zweite verehelichte Baring ist vielleicht eine geborene Willing, eine Halbschwester von Marien.

schen Teil übergehen)[548]. »Sie verlangen Freimütigkeit von mir. Sie wissen, dass ich sie oft bis zur Rauheit gesteigert habe. So hören Sie denn. Die Familie hat sich mit einer doppelten Idee beschäftigt, mit einem doppelten Plane. Der erste war eine gerichtliche Trennung, der zweite eine förmliche Ehescheidung. Herr Bingham und seine Tochter bestehen auf der Scheidung. Die Formen werden nichts Anstößiges für Sie haben; man wird sich begnügen, die Verschiedenheit des Alters und Ihre Verführungskünste als Gründe anzugeben. Noch hat sich kein Franzose dadurch beleidigt gefunden, dass man ihm süße Überredung und unwiderstehlichen Zauber schuld gegeben hat.« – Der General wälzt nochmals den Verdacht von sich ab, als suche er eine Verbindung zwischen Marie und seinem Neffen Justus zu vermitteln, und fährt fort: – »Den ganzen Sommer hindurch haben sich viele Freier bei Marien eingefunden. Ihre Flucht aus dem väterlichen Hause hat bloß für einen unüberlegten Schritt[549] gegolten, für weiter nichts. Sie hat vonseiten des Geistes und der Bildung bedeutend gewonnen und in den eleganten Künsten Fortschritte gemacht. Ihr erster Versuch, von der Ehe zu kosten, ist ihr so teuer zu stehen gekommen, dass es schwer halten wird, sie zu einem zweiten zu bewegen. Sie besitzt eine ganz besondere Gabe, die Herzen zu gewinnen; sollte sie aber jemals den Bund der Ehe schließen, so bin ich überzeugt, es wird nur die Folge einer heftigen, lange von ihr bestrittenen und von ihren Eltern, deren Abgott sie ist, gebilligten Leidenschaft sein.[550] – Übrigens habe ich seit Ihrer Abreise weder in der Familie Willing noch in der Familie Bingham Ihren Namen ein einziges Mal aussprechen gehört. Herrn Bingham habe ich Ihr Schreiben an mich teilweise mitgeteilt. Er stellt es Ihnen völlig frei, den Ort Ihres Aufenthalts nach Ihrem Belieben zu wählen. Ich darf noch hinzusetzen, dass Mistress Bingham Ihnen aufrichtig wohl will und Ihnen Gesundheit und Glück wünscht. Ich vereinige meine Wünsche mit den ihrigen.«

Im übrigen Laufe des Jahres 1799 und im folgenden ist jede Spur der Verbindung zwischen dem Grafen und der Familie Bingham verwischt

---

[548] Der Vicomte sagt: »Ich ginge nicht von Philadelphia bis Gray's Ferry, könnte ich auch durch die wenigen Schritte den höchsten Posten in Frankreich, wie es jetzt ist, und unter der neuen Regierungsform, die man ihm zu geben gedenkt, erlangen usw.«

[549] Étourderie.

[550] Wir finden in einem Briefe des Herrn Barnett, dass der Graf seit der Trennung mehrere Male an Maria (und auch an ihre Mutter) geschrieben hat, und dass dies für einen Bruch des Kontraktes seinerseits vom Vater angesehen werde.

und verschwunden; wenigstens schweigt die amerikanische Korrespondenz ganz. Nur 1801 beginnt sie wieder, als der Graf Lust bezeigte, die Annuität gegen Barzahlung eines zweiten Kapitals von 5000 Pfund zu vertauschen. Er trug seinen beiden Freunden, Noailles und Gueroult de Boisclereau, die Verhandlung auf. Sie ließen es an Versuchen nicht fehlen, konnten aber nichts ausrichten. Herr Bingham blieb standhaft bei dem ersten Vertrage, aus Furcht (wie er selbst gestand) den Grafen unabhängig, folglich gefährlich, zu machen; umso mehr, als dieser den Vertrag schon in einigen Punkten verletzt, an seine Tochter geschrieben, auch sich geäußert habe, nach dem Tode der Eltern auf Ansprüche an die Erbschaft der Tochter berechtigt zu sein. Aus allen diesen Gründen müsse er auf dem Buchstaben des Vertrages bestehen. – Selbst seine Gattin fand ihn unerbittlich, wozu noch kam, dass es ihr an Kraft zu Bitten und Vorstellungen fehlte. Denn, im Laufe des Jahres 1800 von einem bald nachher gestorbenen Sohne entbunden, verfiel sie nach dem Wochenbette in einen so bedenklichen Gichtzustand, dass die Ärzte die Luft von Madeira als das einzige Genesungsmittel vorschrieben. Demzufolge schiffte sich am 15. April 1801 die ganze Familie nach Lissabon ein. Die Mutter starb, ohne Madeira erreicht zu haben. Vater und Tochter begaben sich über Paris nach England, um sich dort niederzulassen, und Herr Bingham, dem nach einigen Jahren zur Wiederherstellung seiner geschwächten Gesundheit die Bäder von Bath empfohlen worden waren, erreichte den gewünschten Zweck so wenig, dass er zu Anfang Februar 1804 sein Grab dort fand, nachdem er noch vorher seiner Tochter drei Vormünder in Nordamerika und einen in London gesetzt hatte. Mithilfe eines Freundes, des Rechtsgelehrten Barnett, erlangte der Graf nach vielfältigen bei den Vormündern und Sir Francis Barnett angestellten neuen Versuchen, wie es scheint 1805 oder 1806, den Rückkauf der Annuität durch ein entsprechendes Kapital. Die weitläufigen Verhandlungen gehören nicht hierher.

Noch vor seiner Abreise von Amerika hatte Herr Bingham (in seiner Eigenschaft als Senator) es so weit gebracht, dass mit Beihilfe und Unterstützung der Regierung das Gesuch seiner Tochter um Auflösung der Ehe mit dem Grafen die öffentliche Sanktion erhielt. Als Grund war ihr Alter angegeben worden, welches einen ohne Vorwissen und Einwilligung der Eltern geschlossenen Ehebund ungültig machte. Ob sie bei diesem Schritte ihrem Herzen oder dem väterlichen Geheiß und Willen gefolgt sei, bleibt unentschieden. Wenigstens gibt die Korrespondenz an, dass Mistress Bingham und Marie mit dem General von Noailles noch immer freundschaftliche Briefe gewechselt haben.

Rückkehr des Grafen nach Europa

Der Graf langte im August 1799 wieder in London an und meldete sich am 14. im Alien Office zur Aufenthalts-Freiheit (licence). Er bediente sich aber der erhaltenen Lizenz nicht lange und erbat sich schon im September sowohl von der englischen Regierung als von den kaiserlich-österreichischen und königlich-dänischen Gesandtschaften Pässe nach Dänemark und Deutschland.[551]

Wir sehen den Grafen mit hinlänglichen Pässen versehen aus England abreisen. Seine Ankunft, seinen ersten Aufenthalt in Hamburg, meldet uns ein Schreiben des Herzogs H. von Fleury aus Mitau (vom 25. Oktober), der den Grafen in Hamburg verließ. Von da an aber und wo er das Jahr 1800 zugebracht hat, ist keine andere Spur aufzufinden als eine bloße Vermutung, dass er sich in Dresden und Leipzig aufgehalten, denn von Dänemark geschieht nirgends Erwähnung. Ein Brief des Herzogs von Choiseul (aus Prag vom 11. November 1800) sagt: »Ich erfahre, dass Sie in Leipzig sind.« Ein Familien-Geldgeschäft aus Weimar vom 23. Oktober 1800 gibt den näheren Aufenthalt des Grafen nicht an, scheint aber doch ebenfalls in der Nähe abgemacht worden zu sein. So viel ist gewiss: Die Briefe aus England und Amerika von 1799 bis 1801 sind nach Leipzig an den Bankier *Crayen* gerichtet.

Aufenthalt in Berlin

Wir müssen schon die Hoffnung aufgeben, die Lücke von 1800 auszufüllen, und begleiten den Grafen (1801) nach Berlin. Hier gewinnt seine Geschichte neues Licht und neues Leben. Von hier aus führt ihn ein königlich-preußischer Pass am 3. April nach Dresden; ein zweiter von der kaiserlich-österreichischen Gesandtschaft am Niedersächsischen Kreise nach Teplitz, um die dortigen Bäder zu gebrauchen.[552]

---

[551] Der englische Pass bezeichnet ihn, 34 Jahre alt, 5 Fuß 5 Zoll groß, mit schwarzen Haaren usw. – Die übrige Beschreibung ist nachher vom Grafen unleserlich gemacht.

[552] Wir geben aus diesem Pass die Personalschilderung wieder, weil sie den Grafen ziemlich vollständig darstellt. (Er galt bekanntlich für einen der schönsten und ebenmäßigst

Das Jahr 1801 zeichnet sich für den Grafen durch zwei fast zu gleicher Zeit erhaltene ehrenvolle Auszeichnungen aus. Der König von Preußen ernannte ihn zu seinem Kammerherrn, der Kaiser Paul von Russland zum Malteserritter. Der Graf sah Schlüssel und Bulle als Mittel an, ihm die Tore von Frankreich zu öffnen. Zwei königliche Schreiben vom 14. April und 29. August lassen über seine Absicht umso weniger einen Zweifel obwalten, als mehrere Schreiben des Grafen Tilly-Blaru an ihn und er selbst von Versuchen sprechen, die er gemacht hat, in sein geliebtes Vaterland zurückzukehren. Er beschwerte sich mit Schmerz und Bitterkeit, dass, als im deuxième Senatusconsulte du 6. Floréal an x. (26. April 1802) den Emigranten die Rückkehr nach Frankreich verstattet wurde, er zu den *traurigen Ausnahmen* gehört habe, denen diese Wohltat nicht zuteilward. Er schreibt diese ungünstige Stimmung und Auszeichnung nicht einem besonderen Hasse Bonapartes zu, sondern den Intrigen seiner Umgebung. Später suchte er durch Vermittlung seiner Freunde am Hofe des Königs von Holland durch dessen Fürsprache die Erlaubnis zu erwirken, sich im Haag oder in Brüssel aufhalten zu dürfen. Von da, hoffe er, sei es nur *ein* Schritt über die Grenze und bis nach seinem lieben Paris.

Es scheint auch wirklich, nach jahrelangen vergeblichen Versuchen, dass sie ihm zum Teil (1807) gelangen und er die Erlaubnis zur Rückkehr erhielt; denn wir finden seinen Namen unter den Personen angeführt, denen das Kreuz der Ehrenlegion zuteil wurde.[553]

Doch wir kehren fürs Erste mit ihm wieder zu dem Jahre 1801 zurück.

Die ehrenvolle Auszeichnung des Königs von Preußen war nicht die einzige, die ihm am Berliner Hofe widerfuhr. Er genoss vonseiten der königlichen Familie sowohl als des hohen Adels einen seiner Geburt entsprechenden und zugleich für seine Person schmeichelhaften näheren Zutritt und eine Behandlung, die er nicht genug zu rühmen weiß. Die von ihm aufbewahrten Briefe vom Königlichen Hause und von höchsten und hohen fürstlichen Personen dienen zum Beleg. Unter den fremden Gesandten stand der Baron von Krüdener obenan; das Haus desselben

---

gebauten Männer seiner Zeit.) »36 Jahre alt, mittlere Statur, ovalen und etwas bleichen Gesichts, mit schwarzen Haaren, großen schwarzen Augen und regelmäßiger Nase.«

[553] In dem Aufsatze der Biographie universelle (welchen wir am Schlusse wiedergeben) wird seine Rückkehr anders und später angegeben. Auch sein Alter und sein Todestag sind dort unrichtig.

war das seinige. Einer seiner fleißigsten und freundschaftlichsten Korrespondenten war der berühmte Fürst von Ligne.[554]

Wir haben den Baron von Krüdener genannt, um Gelegenheit zu haben, den Grafen in einem unter seinen Papieren befindlichen Aufsatze »Sur le Baron de Krüdener« selbst wieder auftreten zu lassen. Wir rücken ihn umso lieber ein, da er uns zugleich über den Aufenthalt des Grafen in Berlin (in den Jahren 1801 und 1802) genügende Aufschlüsse gibt.

»Der Baron von Krüdener stammt aus einem vornehmen, livländischen Hause, war kaiserlich-russischer Gesandter in Berlin und starb dort plötzlich, dem Scheine nach mit einem Körperbau und einer Gesundheit begabt, welche ihm ein langes Leben verhießen. Sein Geist besaß einen richtigen Blick, Ausdehnung und Kraft, dabei einen großen Reichtum mannigfaltiger, nützlicher und angenehmer Kenntnisse. Er zeichnete sich durch seltene diplomatische Gaben aus, behandelte die Politik mit Weltkenntnis, ohne Trug und ohne Leichtsinn. Seinen Auftrag, einen der mächtigsten und größten Monarchen zu vertreten, erfüllte er auf eine edle, den Kaiser und sich ehrende Weise, nur vielleicht nicht mit der ökonomischen Pünktlichkeit und Ordnung, worin mittelmäßige Geister ihr Verdienst suchen. Nach seinem Tode gab sein Souverän zu erkennen, dass ihm sein Andenken am Herzen lag; er ließ die von seinem Gesandten eingegangenen Verbindlichkeiten berichtigen und sprach ihn dadurch von jedem Vorwurfe frei.

Herr *von Krüdener* machte ein großes Haus in Berlin, welches, besonders in außerordentlichen Fällen, seine Kräfte überstieg. So gab er sich ein fast kaiserliches Ansehen bei dem ersten Erscheinen der schönen *Jungfrau des Correggio* in Berlin,[555] als er die Ehre hatte, die Fürstin von *Mecklenburg-Schwerin* zu empfangen und zu bewirten, diese liebenswürdige, unglückliche Prinzessin, welche vom Bankett des Lebens abtrat, als sie sich kaum zu demselben niedergesetzt hatte ... Der Kaiser kam bei dieser Gelegenheit seinem Minister großmütig zu Hilfe.

---

[554] Wir teilen weiter unten etwas aus dessen Briefen mit.

[555] Helena Pawlowna, Kaiser Pauls erste Tochter, Kaiser Alexanders erste Schwester, des (1819 verstorbenen) Erbgroßherzogs Friedrich Ludwig von Mecklenburg-Schwerin erste Gemahlin, starb am 24. September 1803 in der schönsten Fülle aller geistigen und körperlichen Eigenschaften. Der Erbgroßherzog (seit 1816 Großherzog) von Mecklenburg-Strelitz sagte mir eins: »Das eine Auge hat etwas von der Venus, das andere etwas von der heiligen Jungfrau.« Wie hübsch gesagt! (Anmerkung des Grafen.)

Der Tod des Herrn *von Krüdener* hat mich empfindlich gerührt, obschon ich ihn die letzten acht bis zehn Monate seines Lebens weniger sah, und das aus dem Grunde, weil eine sinnlose, ungereimte Verleumdung sich gegen mich entsponnen hatte. Es war dem plumpsten Verdacht gelungen, sich bis zu ihm zu schleichen. Abwechselnd fand er Gehör und wurde abgewiesen, setzte ihn aber mir gegenüber immer in Verlegenheit, sei es in den Augenblicken, wo er sich hatte einnehmen lassen, sei es in denen, wo er einsah, dass man mich zum Vorwand gebrauchen wollte.

Bei meiner Ankunft in Berlin überhäufte mich der Baron mit Zeichen und Beweisen einer zärtlichen Teilnahme, welche zuletzt in die wärmste Freundschaft übergingen, besonders nachdem er den Verkehr mit *Rivarol* abgebrochen hatte. Denn so sehr ein Mann von seinem Verstande diese Bekanntschaft suchen musste, so sehr musste ein Mann von seiner Klugheit sie meiden. Ich rede hier von seiner diplomatischen Klugheit. *Rivarol* ist bekannt genug. Man weiß, mit welcher kecken Politik dieser Mann von Geist, dieser schöne Geist, den Gesandten, den Staatsmann, den Diplomaten umspinnen konnte, und wie leicht es in der damaligen Lage von Europa war, einen Schritt über das Ziel zu tun. In seinem Kabinette konnte der Baron – freilich nur im Felde der Politik – den Grafen[556] mit gleichen Waffen bekämpfen; nur an seiner Tafel eine Lanze mit ihm zu brechen, wie es *Rivarol* gar zu oft ihm zumutete, musste ihm höchst zuwider sein und auf die Dauer unausstehlich werden.

Ich speiste gerade an dem Tage, als *Rivarol* starb, bei dem Gesandten. So vielen Anlass er mir zum Bruche und zur Klage gegeben, muss ich dennoch gestehen, dass mir der Gedanke, *Rivarol* liegt im Sterben, peinlich war und sich sichtbar bei mir äußerte. Es war mir zumute, wie in den blühenden Tagen unserer ersten Bekanntschaft. Ich dachte an den schönen Redestrom, der so bald versiegen sollte, an das herrliche Instrument, welches so harmonische Töne von sich gegeben hatte und im Begriff stand, vom Tode zerschmettert zu werden, an die lebendige, künstlich zusammengesetzte, seltene Organisation, welche am Rande des Grabes und der Vernichtung stand. – Ich dachte an dieses alles ... Ich

---

[556] Er war nie Graf. Eines Gastwirts Sohn, hatte er in der Jugend den Namen Abbé de Parcieux angenommen, musste ihn aber, als diese Familie klagbar einkam, wieder ablegen. (*Übers.*)

hatte *Rivarol* nie gehasst ... ich glaubte, in diesem Augenblicke zu fühlen, dass ich ihn noch liebte.

Als ich dem Herrn *von Krüdener* vorschlug, sich nach seinem Zustande erkundigen zu lassen, gab er mir zur Antwort: »Eben dachte ich daran«, und schickte sogleich einen seiner Leute hin, der den Bescheid brachte, Herr von *Rivarol* werde den morgigen Tag nicht erleben.

Rivarol, sagte der Baron, ist ein sehr außergewöhnlicher Mensch; er stirbt zu früh. Schade, dass es ihm an Zeit gemangelt zu haben scheint, etwas Dauerhaftes zu hinterlassen, was ihn der Nachwelt und ihrem richtigen Urteil empfehlen könnte. Ich fürchte, was man von ihm hat, ist nicht hinreichend.[557]

Ihr Urteil mag vielleicht zu strenge sein; so viel aber ist gewiss, die Gabe der Unterhaltung, die er besaß, wird nie aufhören, gerühmt zu werden, und nie ersetzt. Viele Schriften großer, berühmter Männer sind vergessen. *Rivarols* Talent wird die Nachwelt ewig erwähnen und ihn für den ersten Sprecher (parleur), sowie seine Unterhaltung für das bewundernswürdigste Schauspiel erklären. Andere müssen sich unsterblich *schreiben*, er hat sich unsterblich *gesprochen*.[558]

Ließ ich mich nicht schon wieder von der Wut, Exkurse zu machen und Episoden einzuschalten, hinreißen? Ich sprach von Verleumdung; dies brachte mich auf einen der Verleumder, auf *Rivarol*, und dieses wieder auf seinen Tod, auf meine Verzeihung, auf seine Lobrede. – Also wieder eingelenkt!

Frau *von Krüdener*, eine Enkelin des berühmten Feldmarschalls *Münnich*, der als Fremder nach Russland versetzt und dort durch seine großen Eigenschaften und seine noch größeren Unglücksfälle eingebürgert war, hatte für mich viel Güte, die unschuldigste Zuneigung und ein reines Wohlwollen, welches ich tief und dankbar empfand. Die Baronin *von Krüdener* war eine Frau von großem Verstande, von vielen Arten und

---

[557] Rivarol hatte sich über den Baron von Krüdener ein schmutziges Wort erlaubt, welches wir deswegen auch nicht übersetzen. Der Baron erfuhr es und fand sich mit Recht beleidigt. »Je ne mets plus le nez-là«, hatte der Zyniker von ihm gesagt, »il pète son esprit«. In der Tat pflegte der Baron seine Worte aus dem Munde sprudeln zu lassen; es war kein Stottern, es war ein Geräusch anderer Art, ungefähr das, was Rivarol nur zu deutlich ausdrückte.

[558] Sein Discours sur l'universalité de la langue française hat ihn überlebt und wird nur mit der Académie des sciences de Berlin, welche diese Abhandlung gekrönt hat, zu leben aufhören.

Gattungen von Verstande; vor allem aber war sie, was man bei Männern einen Sonderling nennt. Sie war in die Einsamkeit, in die ungezwungene Freiheit, in das dolce far niente wie verliebt. Sie liebte aber auch die schönen Künste und die französische Literatur und hat in dieser Sprache einen Roman geschrieben,[559] der von keiner starken Fantasie zeugt, aber einen zarten, melancholischen Anstrich hat; der Stil ist zwar etwas manieriert und grenzt an Gesuchtheit, wo er aber glücklich genug ist, diesen Klippen zu entgehen, hat er Frische, Reife und Neuheit. Für sie, für eine Ausländerin, kann das Buch ein halbes Wunder genannt werden; von einem weiblichen französischen Autor würde man urteilen, es sei ein sehr gelungenes Werk.

Übereinstimmung in Geschmack und Meinungen bringt uns oft einander näher als die Zuneigung des Herzens. Es ließ sich aus diesem Grunde einfach und natürlich erklären, wenn Frau *von Krüdener*[560] einiges Interesse für mich zeigte. Sie hätte vielleicht weniger Anteil an meiner Fehde mit Herrn *von Rivarol* nehmen sollen, die damals ganz Berlin beschäftigte und das Publikum in Parteien spaltete. Doch mir kommt es am wenigsten zu, mich über die Wärme zu beschweren, mit welcher sie meine Verteidigung führte. Man weiß ja, dass die Frauen überhaupt gar zu gern an dergleichen Streitigkeiten Anteil nehmen, wo der Parteigeist herrscht und wo sie durch ihren Scharfsinn glänzen können; man weiß, wie sehr sie sich darauf verstehen, mithilfe der Fantasie den Faden eines Prozesses auszuspinnen und den Zwist zu verlängern.

Herr *von Krüdener* bildete sich vermutlich ein, dass von einer gewissen Seite zu weit gegangen würde, und in dieser Einbildung geschah es, dass er selbst, ganz ohne Grund, viel zu weit ging. Wenn noch in jener Welt von sublunarischen Dingen dieser Art die Rede sein könnte, so würde er ganz gewiss längst von seinem Irrtume zurückgekommen sein.

Gleichwohl hatte das Ereignis mit *Rivarol* zur Folge, dass er in seinem Umfang mit mir eine Zurückhaltung an den Tag legte, die mir nicht entgehen konnte. Ich folgte seinem Beispiele und trat von meiner Seite um eben so viele Schritte zurück als er von der seinigen. Konnte ich in meiner Lage anders verfahren? Musste ich nicht so handeln, wie es je-

---

[559] Valérie, ou lettres de Gustave de Linar à Erneste de G..., in welchem sie ein Verhältnis schildert, das ihr selbst teuer gewesen war.

[560] Der Graf schreibt: Monsieur de Krüdener, Madame de Krüdener. Letztere unterschreibt sich: Krüdner. Ihre Tochter schreibt: Krüdener.

dem Vernünftigen zukommt, der in einem Dachstübchen[561] haust und sich mit jemandem überwirft, der einen Koch hält und ein großes Haus macht?

Herr *von Krüdener* suchte mich wieder auf, als er sah, dass ich nichts tat, mich ihm zu nähern und ihn wieder zu gewinnen; aber der Zauber war zerstört. Auf beiden Seiten fehlte es an Offenheit. Verlegenheit, Misstrauen, Missbehagen drängten sich zwischen uns. Er, der sonst so gern mit mir plauderte, hatte mir fast nichts mehr zu sagen. Ich hatte noch ein Ohr ihm zu leihen, aber das Herz war nicht mehr da, ihm zuzuhören und ihm zu antworten.

Ich sah ihn nur noch äußerst selten, als ihn der Tod überfiel. Gleichwohl hatte ich zu oft Gelegenheit gehabt, seine schöne Seele und seine vortrefflichen Eigenschaften kennen und schätzen zu lernen, um seinen Verlust nicht inniger und aufrichtiger zu fühlen als so viele andere, welche mehr Ursache hatten als ich, ihn zu beweinen.«[562]

---

[561] Un grenier.

[562] Herr von Krüdener hinterließ einen Sohn und eine Tochter, Sophie, nachherige Frau von Berkheim. Sie beantwortet in ihrem und ihres Bruders Namen das Beileidsschreiben des Grafen über den Tod ihres Vaters. Der Brief schließt mit den Worten: Vous m'annoncez une lettre pour maman; si vous voulez me l'envoyer, je la soignerai. Herr und Frau von Krüdener waren geschieden. Der Graf hatte die Bekanntschaft der letzteren 1801 in Leipzig und Teplitz gemacht. Wir geben hier einen Brief der Frau von Krüdener an den Grafen mit diplomatischer Genauigkeit abgedruckt: Par une Négligence de Sophie; qui voulait à toute force Se Charger d'une de mes Lettres pour Vous et y ajouter quelques mots, Vous n'avés pas reçu cette Lettre, et je vois d'ici Monsieur Le Comte, toutes Les acusations que je ne merite qu'en apparance, je me hate donc de Vous dire que Vous avés bien tort, Si Vous Osés douter des Sentimens d'affection, et du Souvenir d'une famille qui Vous est bien dévouée. Ces demoiselles ont reçus Vos fleurs; elles S'en parent, et elles aiment à Vous devoir nouvelles graces, car elles Se rappellent fort bien que Vous Vous plaisiés a leur en accorder. Sophie devait nommément Vous remercier de touts ces charmants bouquets de toutes ces guirlandes, Mais Son Étourderie l'a découragée. Le temps S'est passée et je me charge actuellement des nemercimens, des excuses et de L'indulgence que je promets en Votre Nom. On me défend d'écrire, car mes Nerfs ne Sont pas badins, ne Viendrés Vous pas essaïer des Eaux d'ici qui Sont excellentes – Vous trouverés de beaux Arbres de beaux Sites, de belles Montagnes, ce qui n'ennuie jamais, Vous trouverés aussi le Prince de Ligne qui est toujours for gai Hier stand an der Stelle und ist ausgestrichen, doch noch lesbar: qui a le même privilége. – et puis une troupe de Seigneurs allemands avec un cortège de Ridicules qui amusent toujours, puis j'espère que Vous me trouvères et que Vous serés bien aise de me Voir, toujours bonne et franche pour mes amis, toujours en guerre Ouverte avec les Allemands aux 32 quartïere; toujours aimant ce qui est aimable, vrai, Simple – n'exigeant rien, vivant à Ma Mode, et vivant Sur une Reputation de bizarrerie fort

Aus den Familienbriefen des Grafen *Karl von Tilly-Blaru* heben wir nur dasjenige hervor, was, ohne ihn und die Seinigen zu kompromittieren, in die Geschichte unseres Grafen eingreift. Schon im Jahre 1800 (am 23. Oktober) war ihm der Graf in einer augenblicklichen Verlegenheit auf die edelste Weise von Leipzig aus zu Hilfe gekommen. Ein Brief vom April 1801 aus Weimar, dessen Schluss aber nicht vor uns liegt, gibt dem Grafen Alexander den Rat, nach Paris zu reisen und dort den Bruder des Grafen Karl zu bewegen, etwas für seinen unglücklichen Bruder zu tun, ihm wenigstens gewisse Beweise und Dokumente, die er in Händen habe, zu schicken.

In einem kurzen Schreiben vom 4. Februar 1802 wünscht er, durch Vermittlung des Grafen, seines Freundes (ami), vom Baron *von Krüdener* einen russischen Pass nach Paris zu erhalten, wo er spätestens in Monatsfrist ankommen musste, wie ihm die Komtesse *de Tilly*, seine Gemahlin, schreibt, um die eheliche Verbindung seiner Tochter abzuschließen. Er habe schon, meldet er, durch seine Gattin die gehörige Ausfertigung der surveillance empfangen. Es ist aber aus seiner Reise ebenso wenig etwas geworden, als aus der von ihm dem Grafen Alexander vorgeschlagenen, denn ein neuer Plan beschäftigt ihn 1803, wie wir aus einem Schreiben aus Karlsruhe vom 2. Februar ersehen. Er wünscht sehnlichst, in kurfürstlich bayerische Dienste zu treten; nur gibt er den Wunsch zu erkennen, dass die Anstellung ihn nicht zu sehr herabsetze. Er sei 48 Jahre alt, habe 32 Jahre mit Auszeichnung gedient, sei als Major bestimmt gewesen, in das Dragoner-Regiment Penthièvre und von da in das Garde-du-Corps zu treten. Die Königin habe seinen Namen eigenhändig gestrichen, um den letzteren Eintritt zu verhindern (zur Strafe wegen seines Duells mit dem Grafen Alexander). In diesem Briefe kommt unter andern eine Auseinandersetzung des Ursprungs und hohen Alters der Familie *Tilly* vor und eine Vergleichung mit dem Hause *von Erlach.* »Will man behaupten«, heißt es, »dass die Familie *Erlach* von den Königen von Burgund[563] abstamme, so dürfen Sie dreist behaupten, die Familie *Tilly* stamme männlicherseits von den Königen von Däne-

---

commode; parequ'on fait ce qu'on veut, qu'on ressemble alors aux pays de montagnes qui par leur diversité n'ennuie jamais: l est temps de ne plus abuser de Votre Patience. Portés Vous bien, et pensés quelque fois à ceux qui Vous Sont dévouées, et desirent Vous revoir, j'ai l'honneur d'etre en attendant ce plaisir Ia Toeplitz, 3. julliet 1801. V. t. h. et t. ob. S. Bar. de Krüdener née de Vietinghoff.

563 De la Bourgogne transjurane.

mark und weiblicherseits von den Königen von England, Herzogen von der Normandie ab,[564] was sich, wie mich dünkt, wohl gegeneinander aufwiegen lässt.«[565] Der Graf setzt hinzu: »Ich habe Urkunden und Schriften gesammelt und 300 bis 400 Folioseiten über unsern Stammbaum zusammengetragen, welche die schlagendsten Beweise enthalten. Überdies haben die Nachkommen des berühmten bayerischen Feldherrn, Grafen Tilly, sich für unsere Verwandten erklärt, was ihnen zu keiner geringeren Ehre gereicht als uns.«[566]

Aus dem allen wird von ihm der Schluss gezogen: »Der Kurfürst werde sich nicht weigern, einen *Tilly* ebenso hoch im Dienste anzustellen und wohl noch höher, als er es in Frankreich gewesen sei.« Er erwähnt seine sehr bedrängte Lage, sein Alter, seine Hilflosigkeit und seinen Bruder, der Frankreich nicht verlassen habe und dort von hunderttausend Franken jährlicher Einkünfte lebte. – Auch einen Sohn hat er, in kaiserlich-österreichischen Diensten, im Regimente des Fürsten *von Ligne.*

Der Name des Fürsten von Ligne mahnt uns, aus seiner Korrespondenz mit dem Grafen dasjenige auszuheben, was die Lebensgeschichte des Letzteren betrifft. Seine Bekanntschaft mit dem Fürsten schreibt sich aus Brüssel her.[567] Sie wurde in Teplitz persönlich und in den Jahren 1804 bis 1806 schriftlich fortgesetzt. Die Briefe des Fürsten atmen eine solche Zuneigung, Teilnahme und aufrichtige Freundschaft für den Grafen, eine solche Hochschätzung für seine Geistesgaben, eine so richtige Beurteilung der Eigenschaften und Fehler seines Herzens und Wandelns, dass wir der Versuchung nur mit Mühe widerstehen, sie, wenigstens teilweise, abdrucken zu lassen. Die ersten sind aus Wien, die letzten aus Teplitz und der allerletzte vom 6. Juli 1806, sämtlich nach Berlin gerichtet. Sie enthalten wiederholte Einladungen, zum Fürsten zu kommen. Je suis bien charmé de Vous lire[568] et de croire Vous parler;

---

[564] Letzteres ist ein Irrtum. Luce de Beauffou, welche im vierzehnten Jahrhundert einen Tilly heiratete, stammte zwar wohl von diesen Herzogen der Normandie (von einer jüngeren Linie) ab; allein ihre männlichen Nachkommen sind schon in der dritten Generation nach ihr erloschen, und die jetzigen Grafen Tilly stammen alle von einem jüngeren Zweige dieses Hauses.

[565] Ce qui, je crois, vaut bien l'autre.

[566] Et cela leur fait autant d'honneur qu'à nous.

[567] Vielleicht aus Paris.

[568] Der Graf hatte dem Fürsten seine Memoiren mitgeteilt.

j'aimerais pourtant mieux encore Vous entendre, car je Vous verrais par la meme occasion ... Quel dommage que nous soyons séparés par une mer de sable! S'il Vous prenait une fois l'envie d'en sörtir, que ce soit pour expier dans nos eaux salutaires *delicta juventutits tuae*, et me récompenser des sentimens que Vous m'avez ihspirés... Der hier gleich folgende Zusatz im Briefe ist merkwürdig und schildert die damalige Zeitlage (Julius 1806) mit kurzen, scharfen, treffenden Zügen. On ne sait trop à présent où aller quand on n'aime des *ruines* que dans un jardin anglais.[569] Aux bains, on ne sait pas où l'on est, on se fait illusion. C'est une petite République sans Doge et sans bonnet rouge. On y va aux *barres*,[570] quand on *y court*, mais point *à la barre*. On n'y a point de gazettes usw. usw. Der humoristische Schreiber setzt die Parallele zwischen der Badewelt und der politischen Welt auf eine höchst sinnreiche und anmutige Weise fort.

In diesem sowie in den übrigen, Briefen gibt er dem Grafen nach vielem aufrichtig erteilten Lobe seiner Memoiren guten Rat, wie er sie am besten und vorteilhaftesten herausgeben könne. Er wünscht, sich darüber mit ihm zu besprechen. Si je vais à Berlin, comme je l'espere, ou si Vous voulez venir à Teplitz, je serai Votre servante de Molière. Depuis les Mémoires sur la Cour de Louis XIV et un peu sur celle du Régent, il n'y a eu que des Porteurs de chaise de Versailles, qui aient écrit. Il est temps que le reste des beaux temps de la France soient en bonnes mains. An einer anderen Stelle schreibt er: Couchez-Vous ‚à Berlin, et traversant une mer de sable, qui ne dérangera pas Votre sommeil, levez-Vous au bout de deux jours à Teplitz à la fin de Juin (1806). Apportez vos manuscsrits. Je suis assez sensé pour en être le Censeur, sans être un Caton, et Votre Censeur est censé un Approbateur, car il n'y aura qu'a Vous rendre justice. – Des Fürsten Rat bezieht sich sogar auf das Finanzielle, auf den Verleger, auf den Druckort, Berlin, Leipzig, Hamburg, Weimar; vor allen empfiehlt er Walther in Dresden, der ihm (dem Fürsten) tausend Dukaten für einige Bändchen seiner Schriften gezahlt hat. Der geistreiche Verfasser nennt diese scherzhaft: »Les bêtises qui me passent par la tête, et qui, en détail, m'ont fait plus de plaisir qu'a mes lecteurs; und einige Zeilen weiter mes pauvres petits vermisseaux de société.« Er ist in seinen Briefen unerschöpflich in Anekdoten vom Hofe Ludwigs

---

[569] Freilich war damals ganz Europa, bis auf England, »eine große Ruine«.

[570] Ein bekanntes Badespiel, unser »Kämmerchen vermieten«. Übrigens ist das hier angebrachte witzige Wortspiel unübersetzbar.

XVI. Auch hier würde es uns schwerfallen diese unseren Lesern vorzuenthalten, wenn wir es uns nicht in mehreren brieflichen Auszügen zum
Gesetz gemacht hätten, nur dasjenige mitzuteilen, was den Schreiber
und den Empfänger persönlich berührt.[571]

Der Graf gab im Jahre 1803 bei seinem Freunde, dem damaligen
Buchhändler *Mettra* in Berlin, unter dem Titel: Oeuvres mêlées du Comte
Alexandre de Tilly und mit dem Motto: Immensum gloria calcar habet,
in einer zweiten vollständigeren Ausgabe eine Sammlung von Gedichten
und prosaischen Aufsätzen heraus, welche schon früher (Paris 1795)
Beifall gefunden hatten und nicht ohne Wert sind. Er eignet sie der Gräfin *von An...* zu und erwähnt in der Zuschrift Namen und Erinnerungen,
wozu er allein den Schlüssel hatte.

In eben diesem Jahre trug sich, wie er selbst es nennt, das traurigste
Ereignis seines Lebens zu. Eine Dame in Berlin, die er zärtlich geliebt
hatte und die ihn noch immer über alles liebte, suchte und fand ihren
Tod in den Wellen. Nicht ohne tiefes Schmerzgefühl untersuchen wir im
Augenblick, wo wir im Begriff sind, diese Notizen zu schließen, ein kleines schwarz versiegelt gewesenes und entsiegeltes Pack, mit der Aufschrift von des Grafen Hand versehen: Monument de la plus grande
infortune, d'un regret, d'une douleur éternels,[572] und finden – neben
anderen Liebeszeichen und Angedenken, ein Abschiedsschreiben von
der Hand seiner *Clara*, auf welches ihr Tod bald nachher folgen sollte.

»Ich erkläre Ihnen, mein lieber *Tilly*, dass ich aus eigener Bewegung,
mit meinem freien Willen das Folgende schreibe:

---

[571] Nur als ein kleines Beispiel der Anekdoten folgende, weil sie Ludwig XVI. gar zu
treffend charakterisiert. Madame de Cassini me dit un jour: La Reine se mefie de Mr.
Necker. II ya dix ans (1776), que faisant des rêves d'ambition, sans croire pourtant les
réaliser, Necker dit à mon frère (le Marquis de Pesaj): Vous serez mon enfant perdu. Je
Vous ferai écrire de lettres au Roi (Vous savez le reste). Dans une de ces lettres il lui
écrivit: »Sire, vous êtes dépourvu de grâce. Jetez vous d'un autre côté; que ce soit celui
de l'autorité. Vous irez demain à une course de cheveaux. Vous verrez un notaire écrire
le pari de Monsieur le Comte d'Artois et de Monsieur le Duc d'Orléans. Vous deman-
derez: quel homme c'est (le notaire). On vous le nommera; et vous direz: »En faut-il entre des Gentilshommes?« Et cela fut exécuté. C'était à Fontainebleau; et je l'ai entendu.
»Quel grand mot, s'écriat-on, pour le Roi!!« – Dans une autre lettre il lai écrit: »Sire, si
en sortant de Votre Cabinet par la porte de glace, Vous ne tournez pas la tête à droite,
ma Correspondance cessera.« Le Roi le fit. Necker fut pris usw. – Wir brechen hier ab.

[572] Denkmal des größten Unglücks, einer ewigen Reue, eines ewigen Schmerzes.

»Ich schwöre, dass alles, was ich meinem geliebten *Tilly* bis jetzt gesagt habe, wahr ist, dass ich ihn niemals, bei Gott, niemals betrogen, auch nur mit einem Gedanken verraten habe! Wenn dieser Schwur falsch ist, möge mich Gott auf das Schrecklichste strafen, durch den Tod, durch das Unglück meines angebeteten *Tilly*. Er möge mich, wenn ich vor seinem Richterstuhl erscheine, ohne Barmherzigkeit von sich stoßen; meiner Kinder Glück und Seligkeit soll hier und dort verloren sein.

Diese Schwüre gelten auch für die Zukunft, wenn ich je Sie betrüge, was nie, nie möglich sein wird, ohne Ihnen vorher zu sagen, dass ich Sie nicht mehr liebe. So treffe meinen *Tilly*, meine Kinder, mich alles Unglück, was ich eben von Gott erbeten habe. Sie, *Tilly*, können dann dieses Papier bekannt machen und mich vor der ganzen Welt für eine Ehrlose erklären.

Noch einmal schwöre ich im Angesicht Gottes, bei Ihrem Tod, unserer Seligkeit, dass keiner der Schwüre, selbst in unbedeutenden Kleinigkeiten, die ich Ihnen bisher getan, falsch war; dass ich von heute an nie etwas gegen mich unternehmen will, was Ihnen Kummer machen kann (!), dass ich mit Fassung und Ruhe das erwarten und ertragen will, was Gott über mich verhängt hat. (?!)

Berlin, den 13. Dezember 1803.

C. E. P... née St...

N. S. Die Geschichte mit den Haaren ist mir selbst ein Rätsel; aber alle diese heiligen Schwüre gelten dafür, dass sie von keinem Manne sind, den ich kenne.«

Die Unglückliche hielt nicht lange, was; sie versprochen und beschworen hatte. Sie stürzte sich in die Spree.

Seit diesem unglücklichen Vorfall verfolgte die rächende Nemesis den Grafen. Seine Achtung und sein Kredit sanken in Berlin. Seine Schulden vermehrten sich. Seine Gläubiger drängten ihn. Die Versuche und Unterhandlungen, wieder in sein Vaterland zu kommen, nahmen im Frühjahr 1806 ihren Anfang und blieben das ganze Jahr über ohne Erfolg. Im Frühjahr 1807 (nach dem 30. April) verließ er Berlin, brach alle dortigen Verhältnisse ab und verschwand.

Hier hören unsere Nachrichten auf und wir verlieren die Spur des Grafen, insofern er selbst sie uns vorgezeichnet hat.

Als Ergänzung, doch ohne die Richtigkeit zu verbürgen, geben wir den Artikel über den Grafen Tilly aus der Biographie Universelle, T. XLVI, p. 67 et suiv. von *Michaud* dem Jüngern.

»Der Graf Alexander von Tilly, geboren 1754[573] in der Normandie,[574] stammte von einer uralten Familie ab, widmete sich schon in früher Jugend den Waffen und zeigte sich von Anfang an der Revolution abgeneigt. 1790 und 1791 rückte er in den Actes des Apôtres und in der Feuille du jour Aufsätze ein, welche sich durch eine kräftige Schreibart und die Wärme, womit er seine Meinungen verficht, auszeichnen. Im Jahre 1792 zeigte er in der Verteidigung Ludwigs XVI. viel Entschlossenheit und hatte den Mut, am 27. Juli desselben Jahres ein langes merkwürdiges Schreiben an den Monarchen zu richten, worin er ihm mit großer Freimütigkeit Rat erteilt und ihn vor den bevorstehenden Gefahren zu warnen keinen Anstand nimmt. Dieses Schreiben machte der Verfasser selbst 1792 in Paris[575] und 1794 in Berlin bekannt. Es befindet sich ebenfalls im XI. Teile von Bertrand von Mollevilles Geschichte der Revolution. Man weiß nicht, ob das Schreiben, welches der Graf Tilly dem Könige zu übersenden gewagt hatte, gut aufgenommen worden ist; nur so viel weiß man, dass der Monarch den weisen und herzhaften Rat des Grafen nicht befolgt hat. Nach dem 10. August sah sich dieser in die Notwendigkeit versetzt, Frankreich zu verlassen. Er ging nach England, ließ sich dann späterhin in Berlin nieder[576] und kam 1814, nach der Restauration der Bourbons, nach Frankreich zurück, folgte ihnen bei ihrer zweiten Entfernung nach und nahm sich das Leben, den 23. Dezember 1816 in Brüssel.[577] In einer Note seiner Epistel an *Chamfort* (1785) verdammt er den Selbstmord.[578] – Man hat von ihm: 1. Oeuvres mêlées, Paris 1785, 8°, 160 S. Berlin 1803, 8°, 214 S. 2. Lettre à Monsieur Philippe d'Orleans (Londres) 1790, ohne Namen, 1/2 Bogen, mit einer anderen Broschüre: A moi Philippe! verbunden. Es ist zweifelhaft, ob beide vom Grafen sind. – 3. Sechs Romanzen, von Garrat in Musik gesetzt 1792. 4. An Herrn von Condorcet, Mitglied der Nationalversammlung. London,

---

[573] Muss heißen 1764 oder 1765.

[574] Muss heißen Le Mans.

[575] Muss heißen London. (1803 in Berlin.)

[576] Vom Aufenthalt in Nordamerika schweigt die Biografie.

[577] Sein Tod wird auf verschiedene Weise erzählt und ist früher erfolgt.

[578] Un coup de pistolet, n'est-ce pas de la belle et bonne Philosophie? Messieurs de la Secte, un suicide n'est-ce pas un mernbre distungué de votre secte? (Chamfort und Tilly haben sich beide das Leben genommen).

5. November 1792. 5. De la Revolution francaise à Londres 1794. 8°. Das so allgemein bekannte Distichon auf Ludwig XVI. ist vom Grafen *Tilly*.

> Il ne sut qufe mourir, aimer et pardonner.
> S'il avait su punir, il aurait su regner.[579]

---

[579] In diesem Distichon, von der eigenen Hand des Grafen geschrieben, heißt es: II auarit dû régner, was einen viel besseren Sinn hat.